Beyaz Müslümanların Büyük Sırrı

Efendi 2

DOĞAN KİTAPÇILIK TARAFINDAN YAYIMLANAN SONER YALÇIN KİTAPLARI

Efendi, Beyaz Türklerin Büyük Sırrı
Bay Pipo
The Özal, Bir Davanın Öyküsü
Reis, Gladio'nun Türk Tetikçisi
Teşkilatın İki Silahşoru
Binbaşı Ersever'in İtirafları
Behçet Cantürk'ün Anıları

BEYAZ MÜSLÜMANLARIN BÜYÜK SIRRI
Efendi 2

Yazan: Soner Yalçın
Asistan: Ebru Akıncı

1. baskı / haziran 2006 / ISBN 975-293-480-3
Bu kitabın 1. baskısı 100 000 adet yapılmıştır.

Kitaba katkılarından dolayı Hürriyet gazetesine teşekkür ederiz.

Kapak tasarımı: Yavuz Korkut
Baskı: Doğan Ofset Matbaacılık AŞ
Doğan Medya Tesisleri Hoşdere Yolu Esenyurt-İSTANBUL

Doğan Kitapçılık AŞ Hürriyet Medya Towers, 34212 Güneşli - İSTANBUL
Tel. (212) 449 60 06 - 677 07 39 Faks (212) 677 07 49
www.dogankitap.com.tr

Beyaz Müslümanların Büyük Sırrı

Efendi 2

Soner Yalçın

DOĞAN KİTAP

biz hepimiz
"Kardelen"dik:
Asaf Koçak
Metin Altıok
Behçet Aysan
Uğur Kaynar
ve Mahmut Öncel
ve Hasan Ağabey
o güzel günlerin anısına...

Birinci bölüm

Yahudi Harun Hoca'nın Sabetayist müritleri

Telefondaki kişi, Doktor Nâzım'la ilgili bazı bilgiler vermek için görüşmek istiyordu.

İttihat ve Terakki Cemiyeti'nin beş önemli kurmayından biri olan Doktor Nâzım, benim için, *Efendi* kitabına başlamama neden olan efsanevî bir isimdi. Biyografisi çok ilgimi çekmişti ve *Efendi* kitabında ondan yüzlerce sayfa bahsetmeme rağmen, Doktor Nâzım'la ilgili bilgiler beni hâlâ heyecanlandırıyordu...

Buluştuk.

Nezaketen hal hatır sorup, hemen konuya girdi.

Aile büyükleri Selanik göçmeniydi...

"Sabetayizm" meselesiyle çok ilgiliydi. Bulabildiği tüm kitapları okumuştu. Sabetayist olduğunu bildiği bazı aileler hakkında, sorular sorup, bilgiler verdikten sonra aniden bir soru yöneltti:

"Sizce, Sabetayistler neden çok dindar gözükmek, tanınmak istiyor? Bu mesele Sabetay Sevi'nin emrettiğinden fazla bir Müslüman gözükme çabası değil mi? Mesela, benim çevremdeki hemen tüm Sabetayistler bir dergâha bağlılar. Müslüman gözükmek yeterli gelmiyor, gidip tarikata katılınıyor. Bunun tek nedeni, hâlâ saklanma ihtiyacı mı sizce?"

Dilinin altında bir şey vardı!

Anlamıştım aslında, sorusu aslında bir yanıttı; Sabetayistlerin tarikatlara girmelerinin tek nedeni gizlenmek mi(ydi)?

"Sabetay Sevi olayının üzerinden 350 yıl geçti. Kendi ifadelerine göre, artık Müslüman olmuşlar" diye, basit ve bildik bir yanıt verdim.

Gülümsedi; verdiğim yanıtı inandırıcı bulmadı; bakışlarından anladım.

O sırada kahvelerimiz geldi, sustuk...

Misafirim, Sabetayistlerin Müslüman tarikatlarla ilişkisi konusuyla neden ilgiliydi?

Konuyu değiştirdim; "Doktor Nâzım'la ilgili bilgiler verecektiniz" dedim.

"Harun Hoca'yı tanıyor musunuz?" diye tekrar soru yöneltti.

"İlgimi çekmiyor" anlamına gelecek bir ses tonuyla tanımadığımı söyledim. Yanıtı kendi verdi:

"Doktor Nâzım'ın torunu Tülin Hanım'ın şeyhidir! Tülin Hanım, Harun Hoca adına İzmir Doğançay köyüne bir aşevi yaptırdı!.."

Özellikle son yıllarda sıkça duyduğum, gördüğüm benzer bir olayla daha karşılaşmıştım. Demek, Osmanlı'nın ilk pozitivist politikacılarından Doktor Nâzım'ın torunu da, şeyhe bağlanmıştı!

"Eşi George Keenan da Müslüman olup Harun Hoca'ya bağlandı mı?" diye hafif alaycı bir ses tonuyla sordum:

Misafirim ciddiydi.

Konuya hep alaycı yaklaşmam biraz canını sıkmıştı.

Ama yılmayacak gibiydi, sohbeti yine aynı konuya çekti:

"Tülin Hanım rahatsızlığına rağmen, sık sık İzmir'den kalkıp İstanbul'a Harun Hoca'yı ziyarete gelirdi."

Araya girip sordum: "Artık gelmiyor mu?"

"Harun Hoca'yı 28 haziran 1993'te kaybettik" dedi.

Ölüm tarihini hemen hatırlaması ve şeyhten "Harun Hoca" diye bahsetmesi, onun da mürit olduğunu gösteriyordu.

Saklamadı, onayladı.

Harun Hoca'ya bağlanmıştı. Ama onun aradığı sorunun yanıtı başkaydı: "Harun Hoca'ya bağlananların çoğunluğu neden Sabetayist?"

Yanıtını ancak kendisinin verebileceğini söyledim.

"Biz birbirimizi Harun Hoca'nın dergâhında tanıdık. Tabiî kimse kimseye Sabetayist olduğunu söylemiyordu" diye sözlerini sürdürdü.

Tesadüf olabileceğini, birbirlerini tanımasalar da aynı çevrenin ve aynı sınıfın insanları olduklarını, Harun Hoca'yı "modernist" buldukları için sohbetlerine gidebileceklerini söyledim. Sözlerimi güçlendirmek için de, "Siz Müslüman mısınız, yoksa hâlâ Sabetay Sevi'nin Mesih olduğuna inanıyor musunuz?" diye sordum.

"Ben Allah'a inanıyorum" dedi.

Güzel, politik bir yanıttı. Nereye çekersen oraya gidecek bir cümleydi bu. Öyle ya, "dönme"liği "teorize" eden Gazzeli Nathan'a göre Sabetay Sevi Tanrı'ydı!

Ama bu yanıtın altında Türkiye'de bugüne kadar pek konuşmadığımız önemli bir felsefe de yatıyordu...

Neyse.

Bu konulara girmek istemiyordum.

Ne yalan söyleyeyim, üç yıl *Efendi* kitabıyla yatıp kalkmış, "Sabetayist meselesi"ne kafa yormaktan canım çıkmıştı.

Üstelik çok ağır ithamlara maruz kalmıştım; bir çevreye göre "Yahudi ajanı", bir başka çevreye göreyse "Yahudi düşmanı"ydım!

Üstelik her iki grubun da, bu ithamları, kitabı okumadan yapması can sıkıcıydı.

Biliyordum, benzer olaylarla diğer kitaplarımı yazdığımda da karşılaşmıştım. Ve bu sadece bana ait özel bir durum değildi.

Türkiye'nin tabularına dokunan herkesin başına benzer olaylar geliyordu. Hemen "casus", "ajan" vb oluveriyorsunuz!

Sonuçta, ben gazeteciydim ve araştırma yapmadan, yazmadan duramayacağımı biliyordum. Ama şimdi yorgundum ve dinlenmek istiyordum.

Doktor Nâzım'ın torununun, Harun Hoca'ya bağlanmış olması ilgimi çekse de, üzerinde duracak, düşünecek, araştıracak –ne yalan söyleyeyim– enerjim yoktu.

Misafirime, artık söyleşimizin sonunun geldiğini hissettirmek istedim. Anladı. Kahvesinden son yudumu alıp, ayağa kalktı. Elini uzatıp teşekkür etti. Tokalaştık. Asansöre kadar uğurlamak için eşlik ettim.

Asansörü beklerken, gülümseyerek, "Herhalde kan çekti" dedi. Anlamamıştım. Devam etti:

"Harun Hoca'nın gerçek adı Aaron Kandiyoti'ydi, Yahudi'ydi. Herhalde bu nedenle biz Selanikliler Harun Hoca'ya hücum ettik!"

Espri miydi şimdi bu?

Öyle bir hali yoktu. Harun Hoca Yahudi'ydi!

Olay, bir gazetecinin merakını çekecek bir hale gelmeye başlamıştı!

Yahudi bir şeyh!

Gerçi, İslam'ın ortaya çıkışından itibaren birçok Yahudi İslam'a dönmüştü.

Ama...

Yine de...

"Yahudi bir şeyh ve Sabetayist müritleri" meselesine/vakasına daha ne kadar kayıtsız kalabilirdim?

Misafirim asansöre binerken, Harun Hoca'nın ilgi çekici bir karakter olduğunu söyleyip, onunla ilgili bilgileri nerede bulabileceğimi sordum.

"Ben size getiririm" dedi ve gitti...

Aldık yine "başımıza belayı"...

Cenk Koray'dan Kabala'ya...

Misafirimin sorusu çok yerindeydi:

Sabetayistlerin tarikatlara/dergâhlara girmelerini, "daha iyi kamufle olmak" diye açıklamak yeterli mi?

Bu tarikatlara/dergâhlara girmelerinin tek amacı gizlenmek olabilir mi?

Osmanlı dönemi için bu nedeni doğru kabul edelim; laik Cumhuriyet Türkiyesi'nde buna neden ihtiyaç duyulsun?

Sabetayistler, Melametîlik, Mevlevîlik, Bektaşîlik gibi sufî dergâhlara bağlanıyorlardı. Niye bu tarikatlar?

Tasavvufu/mistisizmi reddeden İslamî tarikatlar içinde neden hiç Sabetayist yoktu? Ya da yok muydu?

Üstelik, yetmezmiş gibi bir de Yahudi bir şeyh vardı ortada!..

Eski defterleri karıştırmaya başladım...

Sabetay Sevi, Yahudi mistik inancı olan Kabala'ya (Kabbala), yani "Yahudi tasavvufu"na inanıyordu.

Son derece karmaşık Kabala'ya göre, Tanrı, Yahudilere Kitab-ı Mukaddes'i, anlamlarını açacak bir anahtar vermeden göndermişti.

Tanrı, Kabala'yı önce cennette seçkin bir melek grubuna öğretmişti. Melekler bu öğretiyi cennetten kovulan Âdem ile Havva'ya, insanların tekrar aslî asalet ve mutluluklarına kavuşmaları için öğretmişlerdi. Âdem de, Nuh'a aktarmıştı bu sırları.

Sırra vâkıf olan Hz. İbrahim, Mısır'da bu sırların bir bölümünün açığa çıkmasına izin verdi. Böylece Mısır, bilginin bir kısmına sahip oldu.

Ve dolayısıyla Mısır bilgeliğinin tamamına vâkıf olan Hz. Musa, bir melekten aldığı derslerle bilgilerini iyice geliştirdi. Bu "doktrin ilkeleri"ni gizlice şifreli bir şekilde, Tevrat'ın ilk dört kitabına yerleştirdi.

Bu sırra, Hz. Davud ile Hz. Süleyman da vâkıf oldu. Ama onlar bu sırrı anlayabilecek yeterlilikte/nitelikte birilerini bulamamışlardı.

Sır Tevrat'ta kaldı...

Bu sır, Tevrat'taydı...[1]

İşte Kabala, bir tür "şifre kırıcı"ydı.

Tevrat (Eski Ahit ve Talmud) metinlerine sembollerle gizlenmiş bu sırları çözecek anahtardı.

Ama...

Bu sırları öyle herkes çözemezdi. Bunun için belli özelliklerinizin/niteliklerinizin (inisiye) olması gerekiyordu; mükemmel-kâmil insan (Adam Kadmon: İnsan-ı Kâmil) olmanız, bu surette Tanrı'da yok olmanız gerekiyordu...

Bu öyle rasyonel bir akılyürütmeyle filan yapılacak bir iş değildi!

"Ayrıcalıklı" olmanız gerekiyordu.

Bu sırları, onu anlayabilecek yetenekte ve bilgide olanlar çözebiliyordu. Bunun yolu ise Tanrı'yı bilmekle, Tanrı'ya ulaşmakla, Tanrı'yla özdeşleşmekle mümkündü.

Aşk ateşinden geçerek, nefsinizi temizleyerek başarabilirdiniz bu zorlu süreci. Kolay değildi tabiî; bu nedenle kırk yaşını aşmayan kişilere bu "sır" pek açılmazdı.

Bu sırlar ve sırlara ulaşma ritüeli, Kabala'yla ortaya çıkmış değildi.

Yunanlı Pitagoras'ta (MÖ 580-500) vardı bu felsefe.

Pitagoras, öğrencilerini, içrek ve dışrak olmak üzere ikiye ayırmıştı; gizli öğretisini birincilere öğretmişti.

Kabala'ya göre de, dinin bir "iç"i, bir de "dış"ı vardı; gerekli olan dışı değil, içiydi. Ne var ki herkes bu içi anlayamaz, onu ancak anlayabilecek kadar yetişmiş olanlara/"hak edenlere" bildirmek ve ötekilerden gizlemek gerekiyordu.

O "hak eden" olmak, yani Yaratılış'ın sırrına vâkıf olmak hiç de öyle kolay değildi: bireyin kendini arındırıp, geliştirerek mükemmele ulaşması gerekiyordu. Büyük ozan Yunus Emre sırtında, şeyhi Taptuk Emre'nin dergâhına, yıllarca hangi aşkla odun taşıdı sanıyorsunuz.

İlahî Komedya yazarı Dante Alighieri nasıl "Aşk Dostları" (Fedeli d'Amore) akımına uymuş, neden Tapınak Şövalyesi olmuştu?

Yunus ve Dante'nin yolu aynıydı; kendi içindeki sırrı ortaya çıkarıp, "nur"a kavuşarak, Tanrı'ya ulaşmaktı!

1. Tevrat, beş kitaptan oluşuyor: Tekvin, Çıkış, Levililer, Sayılar ve Tesniye. Hz. Musa'dan sonra gelen kitaplarla Yahudilerin Tanah adını verdikleri Eski Ahit meydana geliyor. Yani Eski Ahit, Tevrat'ın yazılı kurallarını içeriyor. Tevrat'ın bir de gelenek halini almış, hahamların yorumlarını içeren sözlü kuralları vardı; bunlar MS 200-500 arasında kâğıda döküldü; buna Talmud deniyor. Tevrat denilince, Eski Ahit ve Talmud birlikte düşünülmelidir.

Çünkü Tanrı insanın içindeydi; insan da Tanrı'nın içindeydi.

Meseleyi biraz daha açmamız gerekiyor.

Önce, Yahudi mistik inancı Kabala'yı anlamaya çalışalım...

Kesin olmamakla birlikte MÖ II. yüzyılda ortaya çıktığı tahmin ediliyor. Ama bunlar sözeldi; yazıya dökülmesi çok sonraları oldu:

Sefer Yezirah, Sefer Zohar, Sefer Bahir...

Kabala'nın "altın çağı" XIII. yüzyıl oldu. Bunun kaynağı ise, Müslümanların egemenliğindeki Endülüs'tü.

Endülüs'te birkaç Kabala okulu vardı. Örneğin haham Abulafia (1240-1292) tarafından yönetilen "Segovia Okulu".

Kabala'nın başyapıtı, İspanyol/Endülüs Yahudisi Madrid'in kuzeydoğusunda, Guadalajara'daki "Guadalajara Okulu" lideri Moşe Şem-Tov de Leon (1230-1305) tarafından derlenen Zohar'dı.

"Derlenen" diyoruz, çünkü kitabı kendisinin yazmadığını, Talmud bilgini Şimon bar Yohay'ın yazıları arasında bulduğunu iddia etmişti.[2]

Zohar; Tanrı, evren ve gizli bilimler üzerine metafizik varsayımlar ansiklopedisi olarak nitelendirilebilir. (Burhan Oğuz, *Türk ve Yahudi Kültürlerine Bir Mukayeseli Bakış*, 2003, s. 253.)

Kabalacı Sabetay Sevi'nin kutsal kitabı doğal olarak Zohar'dı.

Zohar'ın Türkçe karşılığı "ışık" demekti.

Sabetayistlerin kurduğu Işık Lisesi ve Işık Üniversitesi adlarının kökeninin buradan geldiği iddia ediliyor. Bir diğer iddia ise, Sabetayist/Karakaşî "cemaatinde" çok görülen "Feyziye" ismiyle ilgili. "Feyz tasavvuf dilinde, evrenin derece derece Tanrı'dan çıkışı, belirişi. Bu anlamda (Kabala) sudur deyimiyle anlamdaştı." (Orhan Hançerlioğlu, *İslam İnançları Sözlüğü*, 1994, s. 104.)

Bilemiyoruz, Kabala'ya dikkatinizi çekebildik mi?

Kabala anlayışını biraz daha açalım ve sistematiğini kavramaya çalışalım.

Burada sözü felsefeci Orhan Hançerlioğlu'na verelim:

> Kabala, Vahdet-i Vücud (Varlık Birliği) anlayışına benzer, Tanrısal bir doğaçlamanın içrekliğine önem verenlerce pek üstün sayılan sırları kapsar. Felsefesel temeli Yunan stoacılığının kamutanrıcılığı ve yeniplatonculuktur. Kabala'ya göre, Tanrı kendisini dışlaştırmış ve evrendeki her şey bu dışlaşmayla oluşmuştur. Bu oluşma Sefirot (da-

2. Bu çalışmamızda, Sabetay Sevi'nin "ekolü" olduğu için Moşe Şem-Tov de Leon ve ardılı İzak Luria (öl. 1572) Kabalası üzerinde duracağız... Yoksa farklı Kabalist yaklaşımlar vardır. Örneğin, Abraham Abulafia (1240-1295), sadece sessiz harflerden oluşan İbranî alfabesinin tanrısal doğasına inanmaktaydı; hani bizde Cem Yılmaz'ın "stand up" reklamında görüyoruz: CMYLMZ gibi.

ireler) adı verilen 32 daire aşamasıyla gerçekleşmiştir. (İbranî alfabesinin 22 harfi ve Sefirot adı verilen 10 ilahî rakamın toplamı: 32. S.Y.)

1- İçinde her şeyin tohum halinde bulunduğu ilk özdeksel halita (alaşım); 2- Can veren hava; 3- Su; 4- Ateş; 5- Baş yönü; 6- Ayak yönü; 7- Sağ; 8- Sol; 9- Ön; 10- Arka (Bu kutsal on dairenin, ilk dört dairesi varlığın öğelerini; son altı dairesi de varlığın uzaydaki yerini gösterir. Dikkat edilirse bu dairelerde Antikçağ Yunan felsefesinin Anaksagoras, Anaksimenes ve Herakleitos, Tales etkileri açıkça görülür.); 11- Öz; 12- Nicelik; 13- Nitelik; 14- Görelik; 15- Etki; 16- Edilgi; 17- Zaman; 18- Uzay; 19- Sahip olma; 20- Karşıtlık (Bu ikinci kutsal on dairede varlığın durumu ve alabileceği biçimler gösterilmiştir. Bunlar açıkça Aristoteles'in kategorileridir.); 21- Sonsuz; 22- Akıl; 23- Zekâ (Bu kutsal üç birinci üçlemedir ve zihin âlemini kurar); 24- Bağış; 25- Adalet; 26- Güzellik (Bu kutsal üç ikinci üçlemedir ve ahlak âlemini kurar.); 27- Güç; 28- Yer kaplama; 29- Ölçü (Bu kutsal üç üçüncü üçlemedir, özdeksel âlemi kurar.); 30- Zihin Âlemi; 31- Ahlak Âlemi; 32- Özdeksel Âlem. (Üç üçlemeden meydana gelen bu kutsal dokuzlu son üçleme Tanrı Krallığı'nı kurar.)

Bu dairelerden her biri Tevrat'ın Tanrı'ya verdiği adlardan birini ve sonuncusunu Adonai adını alır; hepsi birden Adam Kadmon'dur (Örnek İnsan).

İlk on daire yaratıcı sözdür (kelam); bundan sonra gelen yirmi iki daire bu yaratıcı sözü meydana getiren (Yahudi) alfabe(si)nin yirmi iki harfini karşılar. Her harf aynı zamanda belli bir sayıdır.

Tanrısal sır bu harf ve sayılarda gizlenmiştir ki, okumasını bilene açılır. (*İslam İnançları Sözlüğü*, 1994, s. 218.)

Kafanız karışmasın, Orhan Hançerlioğlu mealen diyor ki: "Bu Kabala, bizim İslamî tasavvuf anlayışındaki 'Vahdet-i Vücud'a benzer; yani, Tanrı, evrenin tümü, bütünüdür; 'tek'tir. Var olan her şey Tanrı'nın bir parçasıdır."

Yani işin özü şuydu: "Bu anlayışın, 'ortodoks' dinlerden farklı bir 'Tanrı' kavramı vardı. Tanrı 'her şeyi' yaratıp bırakmamıştı; o 'her şey' Tanrı'nın bizzat kendisiydi."

Kuranı Kerim ve hadislerin dış anlamlarının altında bir de iç anlamları vardı ve bunlar yorumlarla anlaşılabilirdi. Bunun o adına "Batınîlik" (içrekçilik) deniyordu.

Yani, nasıl, Vahdet-i Vücud felsefesi Kuran'ın "zahirî" yani dışa dönük bir görüntü ve anlamı olduğunu, bunun dışında ise bir de "batınî" yani bir gizli anlamı olduğunu ileri sürmüşse, Kabalacı Sabetay Sevi de benzer düşünceye sahipti:

Tevrat'ın iki ayrı anlamı vardı; birincisi Tevrat'ın dış görünüşüne ait ve herkesin anlayabileceği anlamı olup "Yaratılış Tevratı", ikincisi ise Tevrat'ın ruhanî anlamı olup "Yücelme Tevratı"ydı.

İster Kabala, ister Vahdet-i Vücud deyin, evren ile Tanrı'yı bir ve aynı sayan öğretilerin ve inanç sistemlerinin genel adına panteizm deniliyor.

Ancak...

Evren ve Tanrı'nın nasıl ve ne şekilde "tek" olduğu sorusunun yanıtı, dinler, mezhepler, tarikatlar arasında nüanslar oluşturmaktadır...

Kafanız çok daha fazla karışmasın diye bu detaylı konulara girmeyeceğiz.

Daha basit anlatımlarla yetineceğiz.

Örneğin:

Son yıllarda Türkiye'de de "Kuranı Kerim'in 19 mucizesi" lafı ediliyor ve televizyonlarda tartışılıyor ya, işte o tartışma bu işlerin kökenidir!

Şimdi bu örnekle geldik Kabala'nın bir başka yönüne:

Hani dedik ya, Tanrı'ya ulaşmanın "sırrı" vardır ve Kabala, Vahdet-i Vücud "bu sırra ulaşmanın yolunu" gösterir...

Ayrıca derin gerçekleri iletmekle kalmaz, gelecek olaylar hakkında da kehanetlerde bulunur...

Televizyona çıkıp, "Kuranı Kerim'in 19 mucizesi"ni anlatmaya çalışanlar, önce sizi bu "19 mucizesi"ne inandırmak istiyorlar; arkasından doğal olarak bu "mucize"nin gelecekte hangi haberleri verdiğini söyleyecekler.

Ama bırakmıyorlar ki... Adamlar daha, "19 mucizesi"ni anlatamadılar...

Hatta bunlardan biri Edip Yüksel, "19 mucizesine uymuyor" diye, son üç ayetin Kuranı Kerim'de olmaması gerektiğini söyledi. "Sır" ortaya çıkmasın diye birileri bu üç ayeti sonradan Kuranı Kerim'e eklemişti!

Nice din âlimleri, profesörler televizyon programına bağlanıp, "Edip, yavrum, sen dini bütün bir ailenin çocuğusun, yapma, Kuranı Kerim'i 19'a uyarlayacağına sen Kuranı Kerim'e uysana" diye ikaz etseler, öğütler verseler de Edip Yüksel geri adım atmadı. Hatta, izleyicilere bir de iyilik yaptı, kıyamet yılını açıkladı: 2228.

Rahmetli sunucu Cenk Koray da bu konuda bir kitap yazmıştı; o da Atatürk'ün yaşamındaki "19 mucizesi" ile "Kuranı Kerim'deki 19 mucizesi" arasında paralellikler kurmuştu...

Son dönemlerde, kıvırcık saçlı genç biri de, sık sık Fatih Altaylı'nın "Teke Tek" programına çıkıp, benzer sözler sarf ediyor...

İslam'da 19 sayısının kutsallığına inanan bir mezhep vardı: Bâbîlik. XIX. yüzyılda Şirazlı Ali Muhammed Bâb tarafından kurulan bu mezhebin ana ilkesi şuydu: Tanrı "bir"dir. Muhammed Bâb Tanrı'nın aynasıdır ve Bâb'a bakan herkes Tanrı'yı onda görebilir. 19 sayısı kutsaldır. Özel takvimlerinde yıl 19 ay, aylar 19 gündür. Mezhebi, 19 kişilik bir kurul yönetir; her 19 günde 19 kişiye yemek verilir; her yıl 19 gün oruç tutulur vb.

Yani: Ne Edip Yüksel, ne de rahmetli Cenk Koray Kabalacı'ydı.

Felsefeleri benzerdi...

Hani gazetelerde artık sık sık okuyorsunuz; "İşte bir kehaneti daha doğru çıktı" denilen Yahudilik'ten "dönme" Nostradamus ile "bizim" Edip Yüksel'i birleştiren felsefe aynıydı: Kabala!

Kabala, özellikle Ortaçağ'ın başından itibaren İslam ve Hıristiyan gizemciliğini etkilemişti.

Örneğin:

Eski alfabemizdeki harflerin her birine belirlenmiş birer sayı vererek, bir kelimenin sayısal değerini hesaplama ve bu değerden yola çıkılarak, kelimeyle aynı sayısal değere sahip başka kelimeler veya olaylar arasında bağlantı kurmaya İslam'da "ebced" deniliyor. Batı'daki adı ise "nümeroloji".

Örneğin; "elif"in (1), "ye"nin (10), "kef"in (20), "mim"in (40), "lam"ın (30) vb sayısal değeri vardı.

Hani biraz önce kısaca tanıttığımız; Bâbîlik mezhebi neden 19 sayısına kutsallık izafe etmişti? İşte ebced burada devreye giriyor. Bu mezhebe göre, 19 sayısı Tanrı'yı dile getiren "vahid" ve "vücud" sözcüklerinin ebced hesabıyla bulunan sayısıydı.

Benzer anlayış Kabala öğretisinde de var.

Kabala'da Tevrat'ı okumanın üç temel tekniği mevcut:

Temuria: Sözcükleri oluşturan harflerin yerleri değiştirilerek yeni sözcükler elde etme ve bunları tefekkür etme tekniği.

Gematria: Sözcükleri oluşturan harflerin değerinin hesaplanması tekniği.

Notaria: Bir metnin şifrelenmesi ve kodlanmasında kullanılan akrostiş tekniği.

Ebced "gematria" hesabına benziyordu.

Örneğin, alef (1), bet (2), yod (10), kaf (20), nun (60), tav (400) gibi İbranî alfabesindeki harflerin de sayısal değerleri vardı...

Ebced, özellikle bizim aruzla yazılmış şiirlerimizde görülür; örneğin, şiirin son mısrasındaki harflerin sayısal değeri toplandığında, olayın meydana geldiği tarih ortaya çıkar.

Aynı şekilde, ebced, gizli ilimlerde, gelecek olaylar hakkında tahminlerde bulunmakta, büyü yapmakta/bozmakta vb kullanılır. Buna ise, "cifr ilmi" denilir.

Örneğin, Said-i Nursî cemaati içinde dışarıya hiç sızdırmamaya çalıştıkları bir "cifr ilmi" vardı. Söylediklerine göre, bu hesabı yapıp çok önceden Adnan Menderes'in öleceği tarihi bilmişlerdi!

Bunu "cifr ilmi"ne göre, Said-i Nursî hesaplamıştı; 1980-1990 yılları arasında Mehdî gelecek, inkârcı felsefeyle mücadele edip, 2001 yılında zafer kazanacak ve İslam'ı yeryüzüne hâkim kılacaktı.

Olmadı.

Ancak Nur cemaati "cifr ilmi"ne inanmayı sürdürüyor; onlara göre, kıyametin tarihi, 2056!

Bu durumda ben, Edip Yüksel'e inanmayı tercih ederim!..

Toparlarsak: Kabala'nın Tanrı'yı, evreni anlama felsefesinin bizdeki adı, Vahdet-i Vücud; Kabala'nın hesap yönteminin bizdeki ismi de "ebced-cifr"di...

Kabala, ebced-cifr bir hesap işiydi. Herkes de yapamazdı.

"Sırra" vâkıf olan, hesabı yapabiliyordu; ister Yahudi, ister Müslüman, ister Sabetayist olsun...

Ama...

Ben size bir sır vereyim: Yahudilik'te Hıristiyanlık ve İslamiyet'in aksine ahiret inancı yoktur. Şöyle ki: Müslümanların cennet ve cehennemi dünya dışında bir mekândır; Yahudilik'te ise Mesih'in kuracağı yeni dünyanın mekânı yine dünyadır!

Bu nedenle, bazı Yahudiler dünyayı "yeryüzü cenneti" yapmak için Kabala'ya dört elle sarılırlar. Hıristiyan ve Müslümanlar, "nasıl olsa, öteki dünya var" diye, "yol, su, elektrik" gibi dünyevî işlerle pek ilgilenmezler!

Uzatmayalım: Kabala'ya inanan ve kutsal metindeki sırları bu okuma metotlarıyla keşfeden Sabetay Sevi, İbranî alfabesindeki harflerin kendi aralarındaki gizemli ilişkilerini sayılara döküp hesaplayınca, "yeryüzü cenneti"ni kuracak Mesih'in geliş tarihini bulmuştu: 1666!

Bugüne kadar hesapta yanlış yapan çok oldu!

Ama bazıları, Sabetay Sevi'nin yanlış hesaplamadığına inanıyor, o ayrı...

Sabetay Sevi'nin "şeyhi" (!)

Gördüğünüz gibi, misafirim kafama "çivi çakıp" gitmişti.

Kuşkusuz, Sabetayistler kendi dinsel öğretilerine yakın İslamî mezheplere, tarikatlara, dergâhlara gideceklerdi.

Kabalacı oldukları için Mesih düşüncesine inanıyorlardı; o halde Mehdî'yi bekleyen, "Vahdet-i Vücud"a inanan sufî tarikatlarına bağlanacaklardı.

Tavşan yemiyorlardı; dolayısıyla tavşan yemeyen Alevîlere yakınlık duyacaklardı!

Pulsuz balık yemiyorlardı; o halde sofralarında balık bulundurmayan Mevlevî dergâhlarına yöneleceklerdi.

Tanrı'ya ulaşma yollarından biri de musikiydi; o halde zikir yapan tarikatlara bağlanacaklardı!

Yani Sabetayistlerin, İslamî bazı tarikatlara gitme nedenleri sadece "kamufle olmak" değildi.

Nasıl Kabalacı Sabetay Sevi ile "Vahdet-i Vücud"cu Niyazi Mısrî (1618-1694) yan yana gelip, birbirlerini anlıyorsa, "Vahdet-i Vücud"a inanan Şeyh Bedreddin ile yardımcısı –muhtemelen Kabala'ya inanan– Yahudi Torlak Kemal de "ortak duygu ve inançla" mücadele etmişlerdi...

Zohar ile "Vahdet-i Vücud"un anavatanının Endülüs olması rastlantı mıydı sanıyorsunuz?..

Kabala'nın en ihtişamlı kitabı olarak kabul gören Sefer Zohar'ı kaleme alan Endülüslü Yahudi Moşe Şem-Tov de Leon'du (1230-1305).

Endülüslü Müslüman Muhyiddin Arabî (1165-1239) ise, Vahdet-i Vücud felsefesini ilk kez sistematik ve ayrıntılı yazıp "kitabî" hale getirdi.

Vahdet-i Vücud düşüncesi onunla özdeşleştirildi.

Mevlânâ Celaleddin Rumî'yi, Şems-i Tebrizî'yle birlikte en çok etkileyen Sadreddin Konevî;[3] Bektaşîliğin piri Hacı Bektaş Velî; Alevîlerin tarihsel önderi, toplumsal hareketin sembolü Şeyh Bedreddin; tasavvuf şairlerinin en büyükleri Yunus Emre ve Niyazi Mısrî; boyunlarını verip inançlarından dönmeyen Bosnalı Şeyh Hamza Balî, İsmail Maşukî; üçüncü melamîliği kuran Şeyh Muhammed Nur gibi nice tasavvuf âlimini, şeyhini, liderini etkileyen Vahdet-i Vücud felsefesinin piri Muhyiddin Arabî (İbn Arabî) kimden etkilenmişti?

1194'te Fas'tayken İbn Arabî Yahudilerle dostluk kurdu, Yahudiler de ona Kabala (Yahudi mistisizmi) bilgilerini, harflerin, sayıla-

3. Muhyiddin ibn Arabî, Sadreddin Konevî'nin (babası Mecdeddin İshak ölünce) annesiyle üçüncü evliliğini yaptı. Yani Türklerin eniştesi olur. Hırkasını hem üvey oğlu, hem de halifesi olan Konevî'ye bağışladı. Tarihsel anlamı büyük olan bu hırka, bugün Sultanselim Camii kütüphanesinde bir sandık içinde saklanmaktadır.

rın, şekillerin mantığını ilk kez tanıttılar. (Jean Chevalier, *Sufîlik*, 1993, s. 18.)

Üzerinde zamanın mutasavvıflarından İbn Meserret ül-Cebelî'nin, Afifüddin Telemsanî'nin, mutasavvıf Yahudi filozoflarından İbn Cebirol'un, İbn Meymun'un (Maimonides), tasavvufa meyleden işrakî filozof İbn Tufeyl'in tesirleri olmuştur. (Hilmi Ziya Ülken, *İslam Düşüncesi*, s. 120.)

Kabalacı Moşe Şem-Tov de Leon ile "Vahdet-i Vücud"un piri Şeyh Muhyiddin Arabî'nin çağdaş olması rastlantı mı?

İki Kurtubalı, ikisi de tıp doktoru, ikisi de filozof ve ikisi de Aristotelesçi öğretiye yakın; Müslüman İbn Rüşd (1126-1198) ile Yahudi İbn Meymun (Moşe ben Maimon) [1135-1204] arasındaki benzerlikler nasıl şaşırtıcı değilse, Kabalacı Moşe Şem-Tov de Leon ile tasavvufçu Arabî'nin benzerlikleri rastlantı değildi.

Temel daha önce atılmıştı; "felsefî bina" biraz farklı olmuştu o kadar!

Kabalacı Moşe ve Vahdet-i Vücud'cu Arabî; her ikisi de –Yahudilerin ilk sürgünde İbranîce'yi neredeyse unutup yerine konuştukları– bütün dillerin anası sayılan Aramî dilinde yazmışlardı.

Yazdıkları da aynı felsefeydi: Evrende Tanrı'dan başka hiçbir varlık yoktur. Her şey "tek"tir. Ayrılıklar görünüştedir; öz aynıdır.

Ayrı ayrı görünenler aslında gözün görme yetersizliği, yani bir bilinç yanılmasıydı.

Yani, yaratan ve yaratılan (halik ve mahluk) yoktur; sadece Tanrısal bir varlaşma vardır.

Varoluşçu felsefenin önderi Sartre, "İnsan Tanrı olmak için savaşan bir varlıktır" demiyor muydu?..

Adına ister Kabala, ister Vahdet-i Vücud deyin, ikisinin özü de benzerdi: "bir"e ulaşma; "bir"de kaybolma: Fena fillah

Harflerin ve sayıların gizemliliğiyle sırra ulaşma...

Mesih-Mehdî'yi bekleme...

Yani:

Kabalacı Sabetay Sevi ile Vahdet-i Vücud'a inanan Niyazi Mısrî'den yaklaşık 500 yıl önce Yahudi ve Müslüman mistikler yan yana gelmişlerdi.

Kökleri Endülüs'teydi...[4]

4. Konuyla doğrudan ilişkisi yok ama yazmak istiyorum:
1492'de İspanya'nın birliğini sağlayan ve son İslam kalesi Gırnata'yı alan Kral II. Fernando (1452-1516) Hıristiyanlığın amansız savunucusuydu; sadece Yahudilerin değil Müslümanların da din değiştirmelerini istedi; camilerini yaktı; doğan çocukları-

Her ne kadar bu felsefe Tanrı'yı küçültmek değil, tam tersine yüceleştirmek ve O'ndan başka hiçbir şey bulunmadığını dile getirmek istese de, Yahudi ve İslam dünyasında hiç de öyle kolay kabul görmedi. Bu felsefeyi savunan tarikatların –ister Yahudi ister Müslüman– liderleri ya idam edildi ya da sürgüne gönderildi...

Yahudi Sabetay Sevi ve Müslüman Niyazi Mısrî, Osmanlı merkezî yönetimi tarafından neden istenmeyen kişiler olmuşlardı?

Ayrıca meselenin felsefî yönünden başka ekonomik sebepleri vardı. Öyle ya –gerçek ya da sahte– Mesih/Mehdîler neden hep sosyal adaletsizliğin olduğu bölgelerde çıkıyordu?

Mesih/Mehdî'yi niye hep yoksullar bekliyordu?

Sabetay Sevi döneminde Osmanlı topraklarından ne çok Mesih/Mehdî çıkmıştı: Şeyh Kürt Abdullah, Şeyh Ahmed, Halepli Solomon Laniado...

Demek hiçbiri "Mehdî-i Muntazar" (Beklenen Mehdî) değildi!

Bu kitapta daha çok meselenin iktisadî değil, mistik yönüyle ilgileneceğiz...

Devam...

Madonna'nın Kabala'sı ve bizim Hurufîliğimiz

İslamî tarikatlar arasında Kabala'ya yakın, "ebced-cifr"i benimseyen panteist bir tarikat bile var! Harf ve sayılardan dinsel yorum çıkartan bu tarikatın adı, "Hurufîlik".

Bu inanışın temeli şuydu: Kelam (söz) görünüşünde tecelli eden Tanrı (Hak) kendisine harflerle görüntü buldu. Yani yaratıcı olan harfti.

Açıklamaya çalışayım:

Hurufîliğe göre varlığın görünüşü sesle başlardı.

Ses, gizli âlemden gelmiş ve evrende her varlıkta var olmuştu.

Canlılarda bu ses aktif halde vardı. Cansızlarda ise potansiyel olarak mevcuttu. Bir cansızı bir cansıza vurursak bu ses meydana çıkardı.

nı vaftiz edilmeye zorladı. Soru 1): İnsanlık tarihinin en büyük trajedisinin, bize neden sadece Yahudi tarafı anlatılmaktadır? Soru 2): Endülüs'teki zulümden kaçan Yahudilere kapılarına açan Osmanlı, 1492'de bu duyarlılığı neden, aynı baskılara maruz kalan Endülüslü Müslümanlara göstermemiştir? Sanıyorum neden, Yahudilerin hekim, zanaatçı vb olması değildir; çünkü İslam dünyasındaki en nitelikli işgücü o yıllarda Endülüslü Müslümanlardaydı! Üstelik Osmanlı'yla ilişkileri çok iyi olduğu için, İspanyollar tarafından "beşinci kol" olarak görülüyorlardı. Asıl trajedi sanıyorum bu! Kaçabilen Kuzey Afrika'ya gitti. Din değiştiren Müslümanlara, "Maricos-Mariskos" dendi.

Yani sesin olgunlaşmış hali sözdü. Bu da ancak insanlarda meydana geliyordu.

"Kuran" sözcüğü, "sözlü okuma, ağızla söyleme, yüksek sesle söyleme" anlamına gelmiyor muydu?

Devam edelim, ünlü şarkıcı Madonna gibi isimleri bile çeken Kabala'nın bizde versiyonu yok değildi.

Söz harflerden oluşur.

Bu duruma göre sesin-sözün aslı harfti.

Yani, Hurufîliğe göre yaratıcı olan harfti.

Bu nedenle, Hurufîlik konuşan insanı Tanrılaştırıyordu.

Çünkü söz, gerçekleşmiş, varlık olarak belirmiş olan Tanrı'ydı. Bu da insanda dile gelmişti. İnsan, konuşan Tanrı'ydı (kelamullah-ı natık).

Hurufîlik'te amaç insandı ve insanın açıklanması Tanrı'yı da açıklamaktı.

Hurufîliğe göre, harflerin birbiriyle sonsuz sayıda birleşme olanağı vardı. Harfler insan yüzünde de görünüyordu. Örneğin, Arapça "ayın" harfi ağız, "lam" harfi burun, "ye" harfi çene; bunlar birleşince "Ali" insan yüzünde belirmiş olurdu.

Keza Hurufîler, "elif" harfini burna, burnun iki tarafını iki "lam" harfine ve gözleri de "he" harfine benzeterek insanın yüzünde "Allah" yazılı olduğunu söylerler.

Bugün kolay yazıyoruz, ama dün bunları ifade etmek hiç kolay değildi. Örneğin, en tanınmış şairlerimizden Nesimî, Hurufî'ydi; bu nedenle derisi yüzülerek canı alınmıştı...

"Sofular haram dediler, bu aşkın badesine/Ben doldurur ben içerim, günah benim kime ne?.."[5]

Nesimî'nin derisi yüzülmüştü; ama diğer yandan ise Hurufîlik Osmanlı Sarayı'nı bile etkilemişti. Örneğin Fatih Sultan Mehmed Hurufîliğe ilgi duymuştu. Ama bu yakınlıktan korkan Sadrazam (Vezir-i Âzam) Mahmud Paşa, Şeyhülislam Fahreddin Acemî'yle işbirliği yapıp, oyuna getirdikleri Hurufîleri Edirne'deki Üçşerefeli Cami'nin avlusunda yaktırdı!.. Ateşi canlandırmak isteyen şeyhülislamın ateşi üflerken sakalının ve yüzünün yanması çeşitli rivayetlere neden oldu.

Kimi araştırmacılara göre bir din, kimilerine göre bir mezhep, kimilerine göre ise bir tarikat olan Hurufîliği, bir inanç sistemi olarak kuran Esterâbadlı Şihabeddin Fazlullah Hurufî'ydi (1340-1394).

5. Tarihçi Taha Toros'a göre, Süleyman Nazif, Faik Âli Ozansoy kardeşler Nesimî'nin yedi göbek sonrası torunlarıydı. (*Mazi Cenneti*, s. 150.) "Ozansoy" soyadı Nesimî'den geliyordu.

Hurufî, kırk altı yaşında bir mağarada inzivaya çekilerek "Mehdî" olduğunu iddia etmişti.

Söylemlerinde "Yuhanna İncili"nden bahsediyor; 12 havari ile 12 imam arasında ilişkiler kuruyor; İsrail'in 12 kabilesine göndermeler yapıyordu.

Etkilendiği eser ise, kendisinden bir asır önce Endülüslü Muhyiddin Arabî'nin yazdığı *Fütuhat* adlı kitaptı.

Bu bölümün başında yazdım; Fazlullah'ın inancını dayandırdığı ve bizim yukarıda basitçe anlatmaya çalıştığımız Hurufîlik, aslında Pitagoras kuramı ile Yahudi Kabalası'ndan "alıntı"ydı...

Şihabeddin Fazlullah Hurufî'den önce de İslam âlimleri harflerin kutsallığı üzerinde çok durmuşlardı. Örneğin, Endülüslü düşünür Muhyiddin Arabî, Endülüslü Yahudi Kabalacıların etkisinde kalıp, harflere büyük önem vererek *Fütuhat ül-Mekkiye* adlı kitabını yazmıştı.

Hurufîlik'le ilgili bu bilgileri vermemizin nedenine geliyoruz:

Hurufîliğin en etkin olduğu Rumeli ve Arnavutluk Bektaşîleri arasında Sabetaycıların da çok olması, bu Kabalacı etkiden olabilir mi?..

Soru soruyu doğuruyor, deniyor ki: "Balkanlar'da en güçlü tarikatlar Bektaşîlik, Mevlevîlik ve Melamîlik'tir." Güzel. Peki niye bu tarikatlar güçlü?

Balkanlar'a misyonerlik faaliyetine giden bu üç tarikat başarılı oldu da, diğerleri olamadı mı? Olamadıysa niye olamadı?

Bu sorunun yanıtı, bugüne kadar göz ardı edilmiştir!

Balkanlar'da Müslümanlığı seçen kişilerin büyük çoğunluğunun "Mesihçi" olmaları ve dolayısıyla kendilerini Vahdet-i Vücud'a yakın bulmaları bu sorunun yanıtı olamaz mı?

Hurufîliği kuran Fazlullah aslında bir "Fars milliyetçisi"ydi; Sabetay Sevi'nin "Yahudi milliyetçisi" olması sadece bir tesadüf diye açıklanabilir mi?

Ne rastlantı; Fazlullah, Moğol hükümdarı Timur'un oğlu Miran Şah tarafından idam edildi; idam mahkûmu Sabetay Sevi ise canını kurtarmak için Müslüman oldu...

Bir not eklemeliyiz: Diyanet İşleri Başkanlığı'nın *İslam Ansiklopedisi*'ne göre, Fazlullah İran Yahudisi'ydi! Doğru mu? Bilmiyoruz. Kuşkularımız var.

Esterâbadlı Fazlullah ile Sabetay Sevi benzer yolu takip etmişlerdi; önce Mehdî/Mesih olduklarını, sonra peygamber ve sonunda da Tanrı olduklarını açıkladılar!..

Burada biraz duralım...

İnsanoğlu bu felsefeyi, yani Kabala ve Vahdet-i Vücud'u, Yahudi veya Müslüman mistikler aracılığıyla mı keşfetti? Hayır!

Önceki sayfalarda Orhan Hançerlioğlu da söyledi; bu savın kaynağı Antik Yunan felsefesinin doğatanrıcılık anlayışıydı.

Ah şu Yunan (!)

Yahudilik ve Hıristiyanlık Filistin topraklarında, İslamiyet Arabistan topraklarında doğdu. Ancak bu dinler zamanla Batı'ya doğru yola çıkınca, Antik Yunan felsefesiyle karşılaştı; Aristoteles, Platon, Herodotos, Sokrates, Pitagoras, Tales, Arhimedes ve Eukleides'ten etkilendi.

Nasıl etkilenmesinler?

Hesiodos (MÖ 700'lü yıllar): "Tanrılar ile insanlar aynı köktendir."

Anaksimandros (MÖ 610-545): "Dünya düz değildir; gökte bir yere dayanmadan durmaktadır; Ay ve Dünya ışığını Güneş'ten alıyor."

Anaksagoras (MÖ 500-428): "Güneş ve yıldızlar nurdan değil, Dünya ile aynı maddelerin akkor haline gelmesiyle oluştu. Ay'da dağlar ve vadiler vardır."

Demokritos (MÖ 460-370): "Ruh denilen şey atom organizasyonudur. Bu organizasyon bozulunca ruh kendiliğinden yitip gider."

Alkidamas (MÖ 400-320): "Tanrı herkese özgürlük vermiştir; kölelik kabul edilemez."

Aristarhos (MÖ 310-230): Dünya'nın kendi ekseninde ve Güneş'in etrafında döndüğünü tahmin ediyorum."

Herofilos (MÖ 300'lü yıllar): "Kan dolaşımı kalpten başlıyor."

Ve diğerleri...

Ama yanlış düşünmenizi istemem; bu fikirlerinden ödün vermemek için Sokrates gibi düşünürler idam cezasına çarptırıldılar; yani Antik Yunan da fikir özgürlüğü için "güllük gülistanlık" bir yer değildi.

İslam düşünürü el-Biruni de (973-1051) bu etkiyi kabul etmişti: "İslam medeniyeti Yunan medeniyetinin bir devamıdır."

Hıristiyanlık etkilenmemiş miydi sanki:

"Baba-Oğul-Kutsal Ruh" üçlemesini Hıristiyanlık'tan çok önce, Platon (MÖ 427-347) formüle etmişti. Tanrı'nın Logos (söz) diye bir oğlu ve Sofos (bilgelik) diye bir kızı olduğunu savunmuş, "Tanrı-Logos-Sofos" üçlemesini oluşturmuştu.

Hançerlioğlu'ndan alıntı yaptık: İster Kabala, ister Vahdet-i Vücud olsun, ikisinin de kaynağı, "diyalektiğin atası" sayılan Herakleitos'tu (MÖ 540-480): "Her şey karşıtların çatışmasından doğar; evrendeki bütün nesneler bir ve aynı unsurun değişmeleridir."

Alman filozof Friedrich Hegel (1770-1831), "Varlık, özü gereği kendini aşar ve karşıtına dönüşür" derken kimden etkilenmişti sanıyorsunuz: Herakleitos!

İslam'ı, çağın ve aklın bilimsel verilerine göre yorumlamaya çalışan tasavvuf bilginleri ne diyordu: "Yaratılış diye bir şey yoktur, varlık birliği vardır. Varlık evrende ne varsa, canlı cansız tümünde belirmektedir. Ne başlangıç vardır, ne son; var olan varlığın belirtileridir. İnsan da, hayvan da, bitki de, okyanus da aynı varlığın çeşitli görünüşleridir. Hiçbir şeyin kendine özgü varlığı yoktur."

Peki.

Diyalektiği bilimsel hale getiren Karl Marx (1818-1883)...

Bir dakika...

Kaptırdık kendimizi...

Önsöz yerine ortasöz!

Ben bunlarla uğraşmak istemiyorum...

Böyle karmaşık gizemli bir dünyayı kim araştırıp, yazmak ister?

Zaten böyle bir "deli" çıkmamış da!

Siz bugüne kadar, Kabala ile Vahdet-i Vücud felsefî anlayışının birbirlerine etkileri konusunda tek bir kaynak gördünüz mü?..

"Sabetayizm" ile İslamî tarikatlar ilişkisi ve nedenleri konusunda tek bir çalışma bulabilir misiniz?..

İşin garip yanı, bu konularda soru soran bile çok az!

İnsanlık tarihine baktığımızda Mesihler başarısız olduklarında veya öldürüldüklerinde hareketleri kısa sürede yok olup gidiyor.

Oysa, Sabetayist harekette bu söz konusu olmadı. Sabetay Sevi başarısız olduğu yetmiyormuş gibi bir de dininden döndü! Böyle bir hayal kırıklığına rağmen, bu mistik hareketin yüzyıllar boyu yoluna devam etmesinin bir açıklaması olmalı?

Dinsel, toplumsal ve siyasal bu Sabetayist hareket, Osmanlı'ya karşı neden bir başkaldırı hüviyetine büründü? Sebep yoksulluk mu sadece?

Sabetay Sevi, Gazzeli Nathan ve Cordoza gibi kurmaylarıyla, hahamların "herem"ine/aforozuna rağmen böyle bir dalga yaratmayı nasıl başardı? Tek neden "mistisizm" olabilir mi?

Diyorum ya, soru çok.

Bazı araştırmacılar, Sabetayist hareketin başlangıç nedeni olarak Avrupa'daki Yahudi kıyımını gösteriyor. Kuşkusuz doğruluk payı var, ama tek neden bu olabilir mi?

Aksi takdirde, Mesihçi hareketin, Yahudilerin kıyıma uğradıkları Avrupa'da değil de, şiddet altında yaşamadıkları Osmanlı topraklarında ortaya çıkmasının bir açıklaması olmalı?

Diğer yanda, Mesihçi hareketin desteğini, İstanbul, Selanik, İzmir, Amsterdam, Hamburg gibi kentlerde gayet zengin bir hayat süren Yahudilerden almasını nasıl açıklayacağız? Öyle ya, Amsterdam'ın en zengin adamı Abraham Pereira bütün servetini niye bu hareketin emrine verdi?

Sabetayist hareketin başarısını sadece, Yahudi dinine, tarihine, sosyolojisine, ticaretine ilintilemek ne kadar doğruydu?

Diyoruz ya, soru çok.

Üstelik bu ve benzer soruların yanıtlarını bulabileceğimiz kaynak yetersizliği sorununa hiç girmeyelim.

Sabetayist olduğunu açıklamaktan çekinmeyen Ilgaz Zorlu, *Evet, Ben Selanikli'yim* adlı kitabında, Sabetaycıların "benzet-benzeme" ilkesiyle hareket ettiklerini yazdı.

O halde Sabetayistler, gittikleri Müslüman sufî tarikatları, dergâhları/tekkeleri nasıl değiştirdiler; örneğin benimsedikleri hangi ritüelleri aktardılar?

"Dönüştürme" sadece bazı dergâhların/tekkelerin motifleriyle mi sınırlıydı?

Keza bunun "siyasî kulvara" yansıması olmadı mı?

XX. yüzyıl reform hareketini gerçekleştiren kadroların Sabetayist olmasında, Sabetay Sevi'nin "ortodoks Yahudiliğe" başkaldırısının bir rolü yok muydu? Çağdaşlaşmayı, modernizmi getiren kadroların önemli bir bölümü Sabetayist değil miydi?

İttihat ve Terakki Cemiyeti'yle başlayıp, Cumhuriyet'le süren, "Türk Müslümanlığı", "Türk İslamı" görüşünü ortaya atanlar arasında hiç mi Sabetayist yok sanıyorsunuz? Peki ya Hürriyet ve İtilaf Fırkası ile Halaskâr Zabitan örgütü içindeki Sabeyatistler?

Sabetay Sevi'nin yolundan yürüyen Jakob Frank ve "mürit"lerinin, Batı uygarlığının yolunu açan Fransız İhtilali'nde oynadıkları roller hakkında Avrupa'da yüzlerce kitap yazılmıştır. Reformların, liberalizmin, aydınlanmanın temelinde Yahudi etkisi olduğu konusunda onlarca araştırmacı emek harcamıştır.

Rasyonalizm ile mistik Sabetayist hareketin nasıl bağdaştığı konusunda çalışmalar yapılmıştır. Bizde niye yoktur; örneğin "Türkiye çağdaşlaşması ile Sabetay Sevi hareketi arasındaki bağlantı" konusunda tek bir mastır tezi bile...

İşin özünde konu çok boyutlu.

Bin yıldır tartışılıyor; tasavvufun İslamî olup olmadığı.

Tasavvufun, İslam'ın esaslarıyla bağdaşıp bağdaşmadığı konusunda iki zıt görüş var. Başta İbn Haldun olmak üzere, İslam'a aykırı bulanlar, tasavvufun "yabancı etkilerle" İslam'a sokulduğunu ileri sürdüler.

"Beşinci kol" faaliyeti gibi yani.

Eee, kimdi bu "yabancı etki"ler? İbn Haldun'un dilinin altında ne vardı?

Sosyolojinin bize öğrettiği en basit gerçek; sosyal kurumlar oldukları gibi kalmayıp yer ve zaman içinde birtakım değişikliklere uğrarlar.

Yüzyıllar boyunca, çok geniş ve birbirinden farklı coğrafî alanlara yayılan dinlerin, tarikatların zamanla birtakım ritüel değişikliklere uğraması kaçınılmazdı.

Örneğin, Hıra Dağı'na çıkan iki Müslüman'dan, bir Türk hacı adayı ağlayarak dua ederken, Nijeryalı hacı adayı aynı duayı tef çalıp dans ederek okumaktaydı!

İki farklı ritüel varsa, bir "yabancı etki" söz konusuydu. Ama neydi bu "yabancı etki", ne kastediliyordu?

Bu konuda araştırılacak ne çok tarihsel konu/olay var? Örneğin, işin ticarî boyutunu ele alalım:

Osmanlı ticaretinin "dinamo motoru" Rumlar, Ermeniler ve Yahudilerdi. Zamanla Rumlar ve Ermenilerle yollar ayrıldı, tek kalan Yahudiler ve Sabetayistler oldu.

1980'den sonra İstanbul sermayesi denilen, çoğunluğunu Sabetayistlerin ve Yahudilerin oluşturduğu gruba, Anadolu Kaplanları eklendi.

Kimdi bu Anadolu Kaplanları; Sabetayistlerle ilişkileri ne derecedeydi?

Karadeniz sermayesinin yapısını, gelişim sürecini incelersek ve Ermeni-Rum etkilerini bulursak, bundan kim niye rahatsız olur/olmaktadır? Olursa da, bize ne? Aksi durumda bilim (ve gazetecilik) yapılabilir mi?

Herkesi korkutup, sindirmişler ve artık "yeter" dememiz gerekmiyor mu; araştırılan, öğrenilmek istenen bizim tarihimiz değil mi?

Gördüğünüz gibi, nereden bakarsanız bakın, neresini ele alırsanız alın, bu konu her zaman tepki duyulacak, dipsiz bir kuyu.

Siz olsanız böyle ağır, karmaşık, çapraşık, tehlikeli bir konuyu araştırmak ister miydiniz?

Ben ne din sosyoloğuyum ne de teoloji (ilahiyat) öğrenimi gördüm!

Üstelik *Efendi: Beyaz Türklerin Büyük Sırrı* kitabını yazdım diye beni, "cadı avcılığı" yapmakla itham ettiler. "Antisemitist" olduğumuzu söylediler/yazdılar.

Meğer ben, eskiden "derin devlet"in faili meçhul cinayetleri gibi, karanlık işlerini ortaya çıkarırmışım, sonra bunları bırakıp Sabetayist peşine düşmüşüm!

Halbuki anlayamadıkları şu:

Ben *Efendi* kitabında da "derin devlet"i yazdım!..

Şimdi de, bu nedenle "derin devletin dinini", yani "Beyaz Müslümanların büyük sırrı"nı merak ediyorum!..

Yoksa, kul ile Tanrı arasına niye gireyim?

Öyle ya! Konsept danışmanlığını yaptığım *Kurtlar Vadisi* dizisinin perde arkasını yazarım; hem ünlü olurum, hem de bolca para kazanırım! Niye bu zahmetli yükü omuzlayayım ki?

Şaka bir yana, günümüzde maalesef sıkça gördüğünüz; hafızasız, her şeyi kendisiyle başlatan, en iyiyi hep kendisinin yaptığını sanan, küstahlık ölçüsünde şımarık ve cahil köşe yazarı/akademisyen sayısında artış var.

Çok acıdır karşılaştığımız manzara: Türkiye'de soru sormak, tarihsel olguları anlamaya/kavramaya çalışmak "cadı avcılığı" yapmakla itham edilir oldu.

Bu "ilahî komedi" insanlığın ortaçağıdır aslında!

Bilim, her konuda tartışmayı öneren; yasak, tabu, gizlilik kabul etmeyen bir düşünce yöntemidir. Gazeteciliğin ilkesi de budur; din, dil, ırk farkı gözetmeden doğruyu/gerçeği kamuoyuna aktarmaktır. Olgu/haber insanlığın yararınadır.

Bu ise insanlığın aydınlığıdır, rönesansıdır!

Öte yandan, tartışmak, eleştirmek bilimin temel ilkesidir.

Saygındır. Kabulümüzdür.

Bir de *Efendi*'yi niye yazdığımıza kafayı takanlar vardı!

"Bu konu, neye, kime ve hangi anlayışa hizmet eder?" sorusu bilim düşmanlığıdır. Keza bu gazetecilik de değildir...

Sonuçta, gerçek insanlığın yararınadır...

Somut olguyu görmezlikten, bilmezlikten, duymazlıktan gelmek bilim değil, kaba bir politikadır...

Baksanıza siz: Yahudi tarihinin en büyük Mesih hareketinin

merkezi Osmanlı toprakları olacak ve biz, bu konuda hiçbir çalışma yapmayacak, soru bile sormayacağız öyle mi?

Benzer yakınmayı Gershom Scholem de, Sabetay Sevi hakkındaki kitabının sunuş bölümünde soruyor:

> Kaynaklarla olan doğrudan temas bana gösteriyordu ki, tarihçiler maalesef Yahudi tarihinin bu büyük ve trajik sahifesine adalet etmemişlerdir; bunu ya cehaletlerinden veyahut da cahil kalma arzularından yapmışlardır. (*Sabetay Sevi Mesih mi, Sahte Peygamber mi?*, 2001, s. 7.)

Ya da bir başka nedenden...

Uppsala Üniversitesi Modern Diller Bölümü öğretim üyesi, Profesör İngrid Maier, 1665-1672 dönemi Leh, Ukrayna ve Rus kaynaklarını tarayarak Sabetay Sevi meselesini araştırdı.

> Sabetay Sevi'yle ilgilenmeye başlamamın nedeni, el yazısı Rus gazetelerine olan ilgimdir. Bütün XVII. yüzyıl boyunca Batı Avrupa gazeteleri, özellikle Almanya ve Hollanda kaynaklı olanları Rusça'ya tercüme edilir, Çar (Aleksey Mihayloviç) ve danışmanlarının önünde sesli okunurdu. Bu el yazısı gazetelere "Vesti" (haberler) ya da "Kuranti" (gazeteler) denirdi. 1665-66 arasında, bu gazetelerdeki en önemli konu Sabetay Sevi'yle ilgili olan haberlerdi. (*Toplumsal Tarih*, nisan 2005.)

Benzer alıntılardan yüzlerce yapabilirsiniz. Baruch de Spinoza'dan İsaac Newton'a kadar dönemin tüm düşünürleri bu olayla ilgilenmişlerdir.

Sabetay Sevi, bir tek Türkiye tarihinde yoktur!

Sabetay Sevi hareketine soğuk bakan "ortodoks" Yahudiler olduğunu da belirtmeliyim. Onlara göre, Sabetay Sevi Mesih değil, meczuptu.

Bu nedenle, Sabetay Sevi'nin manik-depresif olup olmadığı bile araştırma konusu olmuştur.

Ama bizde, bu mesele nedense tabudur!

Tabular yıkılmadıkça özgürleşilemez.

Üstelik bir değil bin kez sormalıyız, yeniden yeniden sormalıyız.

Hep denir ya: "Yazmak yanılmaktır!" Kuşkusuz yanılabiliriz. Eksiklerimiz olabilir. Ama arayışımızı sürdürmeliyiz.

Türkiye toplumunun kendi geçmişini yeniden keşfettiği bu dönemde bu çalışma alanımızın araştırılacak o kadar yönü vardı ki...

Sabetayistlerin siyasî faaliyet alanı olarak hep İttihat ve Terakki gösterildi. Bu "Mesihçi hareket" o tarihlerde iki yüz yıllıktı. İttihatçılardan önce hangi "hareketler" içindeydiler?

Hadi, Yeni Osmanlılar (Jön Türk) hareketi içine de koyalım, ya ondan önce? Hürriyet ve İtilaf Fırkası içinde yok muydular? Olduğunu net olarak göstereceğiz...

"Sabetayist aydınlanma, Selanik'teki okulların açılmasıyla oluştu; bu nedenle ondan önce, mistik, içe kapanık gruplardı" diyebilir miyiz?

Diyemeyiz; XVIII. ve XIX. yüzyılda Sebatayistlerin çoğunlukta olduğu Selanik, İzmir, İstanbul, Bursa gibi kentlerin ekonomik gelişmişliği bu tezi çürütüyor.

Soruyu bir daha yineliyorum: XIX. yüzyılda Osmanlı düşünce hayatında Sabetayistlerin "siyasal duruşları" neydi?

Onlar da, tıpkı Sultan II. Abdülhamid gibi Osmanlı'nın ayakta kalabilmesi için İslam dininin "birleştirici çimento" görevini yapacağına inanıyorlar mıydı? Yoksa Türkçü müydüler?

Siyasal İslamcılar arasında Sabetayistler var mıydı?..

İktisadî liberalizmin tarihini ele alanlar Sabetayist/Karakaşî grubunun manevî lideri Cavid Bey'siz bir çalışma yapabilirler mi?

Ayrıca Sabetayistleri sadece İttihatçılar arasında da düşünmek yanlış değil miydi? Keza Cumhuriyet döneminde hangi siyasî gruplar içinde görüyorsunuz; CHP-DP vb? Sosyalist hareketler içinde oldukları da biliniyor; peki, statükoyu koruyan milliyetçi-muhafazakâr çevrelerde? Şöyle düşünelim kabaca: 1960'lı yıllardan itibaren "sermaye düşmanı" sol dalga giderek ivme kazanıyor. Sermayeyi elinde tutanların büyük çoğunluğu Sabetayist; ne yapmışlardır? Sadece muhafazakâr partilere maddî yardım mı; ötesi yok mudur? İşte bu soru bu çalışmanın yapılma nedenidir. Keza bunun tarihsel gelişimini de gözler önüne sereceğiz...

Ve... Ne Yahudi ne de Sabetayist olmayı eksiklik görüyorum. Benim nazarımda diğer dinsel kimliklerden farklı değildir; hepsi saygındır; tarihimizin zenginliğidir...

Aksini düşünmeme ne vicdanım ne ahlakım ne de sol kültürüm elverir...

Efendi kitabına yöneltilen ucuz polemiklerden hep kaçındım. Biliyorum ki, gerçek şaşırtıcıdır ve bu insanı huzursuz eder...

Bir yandan, *Efendi* kitabına yönelik düzeysiz ve spekülatif "eleştiriler" canımı sıkmış ve "yeni bir araştırmaya/çalışmaya girecek enerjim yok" diye düşünürken, diğer yandan –ne yalan söyleyeyim– Sabetayist-Müslüman ilişkisinin nedeni ve tarihî süreci ilgimi çekmiş, okuma yapıyordum...

Gördüm ki, bir iki cesur araştırmacı dışında, kimse bu konu üzerine eğilmemişti.

"Sabetayistler Müslüman oldular ve gizlenmek için bazı tarikatlara girdiler" gibi cümlelerle geçiştirilmiş, koskoca bir tarihsel süreç.

Meselenin, ne teolojik ne sosyolojik ne de siyasî-iktisadî boyutu ele alınmıştı.

Sabetayist meselesi hep, Türk milliyetçileri ile siyasal İslamcılar tarafından politik malzeme olarak kullanılmış ve buradaki söylemlerse, öğrenme/anlama/analiz etme çabalarından ve araştırmalarından çok, genelleyici, kolaycı ve hep kaba ithamlara dayandırılmıştı.

Meselenin en acıklı yanıysa, yıllardır üniversiteler bu konuya kapılarını kapatmıştı sanki. Sabetayist hareketin tarihsel ve dinî kökenleri hiç araştırılmamıştı; böyle bir olay yok sayılmıştı.

Bu tarihsel gerçekliğe sırtını dönmenin, görmezlikten gelme tutumunun ya da ne bileyim, unutturmak istemenin sebebi neydi?

Hep söylenmez mi, tarih bilimi, geçmişi yeniden inşa etmek olduğu kadar, yanılgıları da yıkmaktır...

Peki üniversiteler, akademisyenler Sabetayistleri niye görmedi/görmüyor?

Profesyonel tarihçilerin bu tutumlarını, kaynak yetersizliğinden dolayı, "ihtiyatlı bir yavanlığa gömülme" olarak mı değerlendirmeliyiz? Sanmam. Pek gerçekçi olmaz.

Bildiğim kadarıyla salt bilgi yığını değildir tarih; akılyürütme ister, yorum ister; sıradanlık değil.

Tarih sadece, eski yazıyı okuyabilmeyi esas alan bir formasyonla, fermanların, defterlerin vb peşinden koşmak değildir. Kuşkusuz bu yapılan önemlidir, ama bunun adı aktarmacılıktır, kâtipliktir. Neden-sonuç ilişkilerini araştırmadan bilim yapılamaz.

O halde, kaynak yetersizliği gerekçe olamaz. Neden başkadır.

En iyisi bu acı durumu üniversitelerin özgür olmamasının sonucu kabul edelim! Rahatlayalım...

Umuyorum, yakın gelecekte bu konuda çalışmalar yapılacaktır...

Yahudi şeyh Aaron Kandiyoti'nin hikâyesi

Dönelim bizim hikâyemize...

Bir gün yine misafirim çıkıp geldi.

Elinde bir dosya vardı. Dosyada, Harun Hoca hakkında bilgilerle birlikte, üç adet fotoğraf bulunuyordu.

Öyle dosya dediysek abartmayın, toplamı beş sayfa!

İki sayfasında Harun Hoca'nın biyografisi, üç sayfadaysa, Harun Hoca ile eşinin fotoğrafları vardı.

Fotoğraflara bakınca, doğrusu biraz şaşırdım; Harun Hoca, öyle bildik şeyhlere benzemiyordu! Eşiyle birlikte kiraz ağacının altında çekilmiş fotoğrafında fötr şapkalıydı, eşinin ise saçları açıktı.

Zaten eşi Anna, müritlerinin bildiği isimle "Handan Anne", hiç Müslüman olmamış, hep Yahudi inancını korumuştu!

Harun Hoca, yani Aaron Kandiyoti'nin yaşamöyküsü giderek ilginç hale geliyordu.

Misafirim, meraklandığımı anlayınca elindeki notları sehpanın üzerine bırakıp, şeyhini anlatmaya başladı...

Aaron Kandiyoti, 1931 yılında Çanakkale'nin Lapseki ilçesinde doğdu.

Ona, Hz. Musa'nın ağabeyinin adını koydular: Aaron.

Ailesi Kandiyotiler, 1492'de İspanya'dan Osmanlı'ya sığınmak zorunda kalan Sefarad Yahudilerindendi.

Babası peynir tüccarıydı. Ayrıca üzüm bağları vardı.

Akrabası Leon Kandiyoti cemaat başkanıydı. Bugün hâlâ Londra Üniversitesi'nde öğretim görevlisi olan, İslam ve kadın sorunları üzerine yaptığı çalışmalarla bilinen Profesör Deniz Kandiyoti de akrabasıydı.

Aaron üç yaşında annesini kaybetti. Bu acıyı hayatı boyunca unutamadı; bir de ona küçüklüğünden beri kol kanat geren komşuları Yakub Baba'yı...

Yakub Baba Uşşakî tarikatına bağlı bir sufîydi. İddiaya göre, o da Yahudi dönmesiydi.

Uşşakîleri kısaca tanıyalım, sonra yolumuza devam edelim:

Buhara'nın hatırı sayılır tüccarlarından Hacı Tebrek'in oğlu Hasan Hüsameddin, babasının ticaret işleriyle ilgilenirken "gönül gözü açılmış" ve Anadolu'ya gelerek Uşak'taki Şeyh Ahmed Semerkandî'ye intisap etmişti. Şeyhi vefat edince onun postuna oturdu. Şeyhinin Kübreviye ve Nurbahşiye tarikatı ile Halvetîliği birleştirip bütünleştirerek "Uşşakîliği" kurdu. Manisa Valisi Şehzade III. Murad'ın şeyhi oldu. III. Murad padişah olunca Uşşakî'yi İstanbul'a çağırıp Aksaray'da ev tahsis etti.

Gençlik yıllarında "Helvacızade Ahmed Efendi" diye bilinen; Uşşakiye tarikatının İrşadiye dalının piri olan Ahmed Talib İrşadî ise, Balıkesir, Karabiga, Çardak, Lapseki, Çanakkale, Bayramiç, Kumkale, Edremit ve Gelibolu'da dergâhlar/tekkeler açtı. 1881'de vefat edince postuna Hüseyin Hüsnü Efendi oturdu.[6]

Aaron Kandiyoti'nin ileride "bağlanacağı" Yakub Baba, Hüseyin Hüsnü Efendi'nin müridiydi.

Bölgede Uşakkî mensupları pek çoktu...

Başta Gelibolu ve Lapseki olmak üzere Çanakkale ve çevresi Sabetayist hareketin de önemli yerlerindendi.

Sabetay Sevi bir müddet Gelibolu'daki kaleye hapsedilmişti. Dünyanın çeşitli yerlerinden gelen Sabetayistler arasında Gelibolu'daki bu kale, "Migdal Oz" yani "Kudret Kalesi" olarak anılmaya başlanmıştı. Burayı ziyaret edenler "hacı" oluyordu! Birçok Sabetayist Gelibolu'ya yerleşmişti.

Sabetay Sevi'yi hiç yalnız bırakmıyorlardı. Dünyanın her yerinden ziyaretçiler akın akın Gelibolu'ya geliyordu.

Sabetayistler için bu bölge "kutsal"dı...

Lapsekili Yakub Baba, komşusunun öksüz küçük oğlu Aaron'u çok sevdi; manevî evladı yaptı. İsmini de değiştirip, ona "Aaron" yerine "Harun" demeyi tercih etti. Aslında küçük Aaron'un adı pek değişmemişti; Tevrat'taki Hz. Musa'nın ağabeyi "Aaron", Kuranı Kerim'deki Hz. Musa'nın ağabeyi "Harun"la yer değiştirmişti sadece!..

Yakub Baba sufîydi. Küçük Aaron'la sohbet etmeyi çok seviyordu: "Zahirde (görünen âlemde) nasıl her kapının bir anahtarı, bir açkısı varsa, batında da (görünmeyen âlemlerde de) her kapının bir şifresi, bir kartı, bir anahtar kelimesi vardır."

Uşşakîlerin "Fettah Fettah ya Fettah" diyerek "hu" çekmesi küçük Aaron'un çok ilgisini çekiyordu:

Cümle sırlar açılsın
Arştan nurlar saçılsın
Bigâneler kaçılsın
Fettah Fettah ya Fettah...

Baba Kandiyoti, oğlu Aaron'un mahalledeki Uşşakî dergâhına gitmesine izin veriyordu.

Çünkü, Nazizm yanlısı ırkçı milliyetçilerin kışkırtmalarıyla tahrik olan bazı Türkler, 1934 yılı yazında Edirne, Kırklareli, Lü-

6. *Efendi* kitabında, Uşakîzadelerin öyküsüne kısaca değinmiştim. Helvacızade Hacı Ali Efendi Uşak'tan İzmir'e gelince "Uşakîzade" namını kullanmaya başlamıştı. Hacı Ali'yi takip ederek İzmir'e gelen ailenin diğer kolu ise "Helvacızade" adını kullandı. *Efendi* kitabında ayrıntılarıyla anlatılan Evliyazadeler, Uşakîzadelerle dünürdü. Mustafa Kemal'in eşi Latife Hanım, yazar Halit Ziya, Uşakîzadelerdendi.

leburgaz, Çanakkale, Çorlu, Silivri, Babaeski ve Lapseki'de Yahudilere fizikî saldırılarda bulunmuştu.

3 temmuz 1934 günü Lapseki tarihinin en acı günlerinden birini yaşadı. Tahriklere kapılan bazı Lapsekililer, yıllardır bir arada yaşadıkları Yahudilere saldırdı. Kandiyotileri saldırganların elinden komşuları kurtardı.

Bu olaylardan sonra, kimine göre 10 000, kimine göre 3 000 Yahudi, olayların olduğu bu il ve ilçelerden İstanbul'a göçtü.

Örneğin, 1889'da Yahudi İlya Halyo tarafından yaptırılan ve türkülere konu olan Çanakkale içindeki *Aynalı Çarşı*'nın çoğu Yahudi esnafı kepenk kapatıp İstanbul'a gitti.

Bu baskıların payı var mıdır bilinmez, küçük Aaron, her geçen gün Yahudilik'ten uzaklaşıyor; "Halkı kıran hakkı kırar" diyen Yakub Baba'ya daha çok bağlanıyordu.

O günlerde baba Kandiyoti, oğlu Aaron'u İstanbul'a gönderdi. Dergâha bağlanmasından korktuğu için mi, yoksa saldırılardan tedirgin olduğundan mı oğlunu İstanbul'a göndermişti, bilinmiyor.

Aaron Kandiyoti, teyzesinin Büyükdere'deki evinde kaldı ve Şişli'deki Fransız okulu Saint Michel'e gitti. Ancak okulla ilgisi yoktu, derslerinde başarısızdı.

Sonunda teyzesi okuldan aldı, Eminönü'ndeki Mısırçarşısı arkasında tıbbî aletler satan bir Yahudi tüccarın yanına çırak verdi.

Aaron Kandiyoti, İstanbul'da Yakub Baba'yı ve Uşşakî dergâhını unutmadı. Manevî arayışını İstanbul'da da sürdürdü...

Sonunda aradığını buldu. Arusî tarikatının şeyhi Aziz Çınar Efendi'ye intisap etti.

Yahudi Aaron Kandiyoti neden bu tarikata bağlanmıştı?

Misafirim, "Ben de bunu merak ediyorum" diye "kaçamak" bir yanıt verdi. Ayağa kalkıp dosyayı masamın üzerine koydu. "Harun Hoca bağlı bulunduğu dergâhlarla ilgili hiç konuşmazdı. Çanakkale'de Uşşakî dergâhına bağlıyken, İstanbul'da Arusî şeyhi Aziz Çınar Efendi'ye niye intisap etti, bilmiyorum" dedi.

İş yine bize düştü...

Aaron Kandiyoti nasıl Arusî oldu?

Arusîlik, ekol olarak Nakşibendîlik ile Kadirîliğin iç içe geçmiş hali olarak tanımlanıyor. Yani Nakşibendîliğin gizli zikir ilkesi yanında, açık zikri kabul etmiş, törenlerinde müzik aletlerinin kullanılmasına izin veren bir yoldu. Çünkü o "Afrika'nın yerli tarikatı'ydı." (Şehbenderzade Filibeli Ahmed Hilmi, *İslam Tarihi*, 2005, s. 488.)

Arusîlik, Tunus'ta XIII. yüzyılda Ebülhasan Takiyüddin (ya da Tacüddin) Ali bin Abdullah Şazilî (1197-1258) tarafından esasları belirlenen ve halefi Ebülabbas Ahmed el-Arus tarafından kurulan, zikir ve duadan başka hemen hiçbir kuralı benimsemeyen, özel giysileri yadsıyan, Tanrı'yla dolup kendinden geçme (vecd) durumundan doğal duruma dönülerek işten güçten geri kalmamayı öğütleyen, yani ibadetin yaşamaya engel olmaması gerektiğini ileri süren, Sünnî "Şaziliye" tarikatının bir koluydu.

Bir tarikattan çok "törebilim okulu" niteliğindeydi.

Şaziliye tarikatından ayrılan Ahmed el-Arus kendi adını taşıyan "Arusîliği" XV. yüzyılda kurdu.

Arusîliği, Kuzey Afrika'da giderek yaygınlaştıran Abdüsselam el-Esmer oldu.

Tunus, Cezayir ve Kuzey Arabistan'da, bilhassa kahve ekilen bölgede yayıldı, bu yüzden de Şaziliye kahveyi icat eden tarikat sayıldı!

Tarikatın Anadolu'ya gelişi epey geç oldu.

Arusî tarikatını İstanbul'a ilk getiren kişi, öyle tahmin ettiğiniz gibi "hacı-hoca takımından" biri değildi; aksine babası konsolos (şehbender) olan ve hep iyi okullarda öğrenim görmüş Şehbenderzade Filibeli Ahmed Hilmi'ydi...

Filibeli Ahmed Hilmi: 1865'te Bulgaristan'ın Filibe kentinde doğan Ahmed Hilmi'nin babası Konsolos Süleyman Bey, annesi Şevkiye Hanım'dı.

Galatasaray Sultanîsi'ni bitirip Düyun-ı Umumiye'de memurluk yaptı. Görevli gittiği Beyrut'ta II. Abdülhamid muhalifleriyle ilişki kurdu. Onların etkisiyle gizlice geçtiği Mısır'da, Terakki-i Osmanî Cemiyeti'ne girdi.

Çaylak adlı mizah gazetesini çıkardı.

1901'de gizlice İstanbul'a döndüğünde tutuklandı, Fizan'a sürüldü.

Sürgün hayatının etkisiyle tasavvufa merak sardı. Ziyaret ettiği Asitane-i Arusî Selamiye'nin çok etkisinde kaldı; tarikata bağlandı, zamanla hilafetname aldı. O tarihlerde, tarikat da, Sultan II. Abdülhamid'e karşı isyan bayrağını açmıştı.

Osmanlı sultanına karşıtlık, Filibeli ile Arusî tarikatını yan yana getirmişti, ama sonra ilişki bir başka boyuta taşındı.

Filibeli, İkinci Meşrutiyet'ten sonra İstanbul'a döndü. *İttihad-ı*

İslam adlı haftalık bir gazete çıkardı. Darülfünun'da (üniversite) felsefe dersleri vermeye başladı.

İslam'ı, dünyada Türklerin yücelttiğini düşünüyordu. Onun için ilk "Türk-İslamcı" diyebiliriz.

Dönemin aydınları arasında rağbet görmeye başlayan, pozitivizm ve materyalizme eleştiriler getirdi. Felsefî düşüncelerinin kaynaklarını tasavvuf ve Vahdet-i Vücud oluşturdu.

Filibeli Ahmed Hilmi, Siyonizm ve masonluk konusunu ilk ele alan yazarlardan biriydi.

İttihat ve Terakki Cemiyeti'yle ayrı düştü.

Çıkardığı *Hikmet-i Ceride-i İslamiye* adlı haftalık gazetesi beş kez kapatıldı.

"Şeyh Mihriddin Arusî", "Coşkun Kalender", "Kalender Geda" gibi müstear isimlerle makaleler yazmayı sürdürdü.

1911'de Bursa'ya ve ardından Kastamonu'ya sürüldü.

İttihatçıların 1912'de iktidardan uzaklaştırılmasıyla serbest kaldı. *Hikmet*'i tekrar çıkardı. Ama yayın organı bu kez İtilafçılar tarafından kapatıldı.

Filibeli, her iki fırkanın da politikalarını yetersiz buluyordu.

Filibeli Ahmed Hilmi bağlı olduğu Arusîlik hakkında, *Senusîler* adlı risalesinde bakın ne diyor:

> Arusîler, ilerleme ve medenîleşmeye meyilli, sosyal değişiklik ve reformlara çok müsait olduklarından ve dediğimiz gibi Türklere fazlasıyla muhabbet beslediklerinden Osmanlı Afrikası'nda gerçekleştireceğimiz reformlarda bize çok yardım edeceklerdir.

Filibeli Ahmed Hilmi, Sultan II. Abdülhamid'in Panislamist politikalarını, "sadece ceberut Arap şeyhlerinin desteklemesi" olarak görüyor, bu gerici ilişkilerle, modernist bir İslam birliği kurulamayacağını belirtiyordu. İçtihat ve yorum biçimini beğendiği Senusîleri modern İslam birliğinin kurulmasına örnek gösteriyordu.[7]

Kendini de, modern İslam birliğinin kurulmasına vakfeden Filibeli Ahmed Hilmi, 30 ekim 1914'te bakır zehirlenmesinden vefat

7. Senusîler için asıl sorun II. Abdülhamid'di ! Çünkü Ulusal Kurtuluş Savaşı'nda Şeyh Ahmed es-Senusî Anadolu'da köy köy dolaşarak Mustafa Kemal'e destek aradı. 1922'de Suriye'ye geçtiğinde, onlara Fransızlara karşı ayaklanıp, bağımsızlıklarını kazanarak Türkiye'ye iltihak etmeleri çağrısında bulundu.
Keza Libya 1948'de bağımsızlığını kazandığında, İdris es-Senusî Türkiye'den "başbakan" istedi; İsmet İnönü, Sadullah Koloğlu'nu gönderdi.
Ayrıntılı bilgi için, Orhan Koloğlu'nun, *Arap Kaymakam* kitabına bakılabilir. Yani, tarikat "modernist"ti.

etti. Yandaşlarına göre ise, fikirleri yüzünden masonlar tarafından öldürüldü!..[8]

Arusîliği, Osmanlı'da "kurumsallaştıran" kişi Filibeli Ahmed Hilmi değildi. Mardin'de "Şirin Dede" namıyla tanınan Kadirî şeyhi, Kazasker Yusuf Sıtkı Efendi'nin torunu Ömer Fevzi Mardin'di...

Aile yörede "Erzekîzade" olarak tanınıyordu; sonra bugün bildiğimiz adlarıyla "Mardinîzadeler" oldular...

Annesi Fransız bir şeyh: Ömer Fevzi Mardin

Filibeli Ahmed Hilmi'nin aksine Ömer Fevzi Mardin, Siyonizm ve masonlukla pek ilgilenmedi. Aksine Yahudilere çok yakındı.

> Arusî şeyhi Ömer Fevzi Mardin'in Varlık Vergisi'nin uygulandığı 1940'larda zorda kalan Musevîlere yardım edilmesini tavsiye ettiği ifade ediliyor. (*Yeni Şafak* gazetesi, 20 ağustos 2003.)

Niye sadece Yahudilere? Rumlara, Ermenilere niye değil?

Ömer Fevzi Mardin'in *Kur'an Şerhi* adlı kitabında Yahudilikle ilgili sözleri dikkat çekiciydi:

> Allah'tan başka kimse kendiliğinden değil bir milleti, hatta bir ferdi bile tahkir, tezlil etmek hakkını haiz değildir. Allah filan kavme ağır tenkitte bulunmuştur diye onlara karşı aynı lisanı kullanmak kimsenin hakkı ve haddi değildir. Musevîler ta bidayetten itibaren ıstırap çekerler, fakat dertlerinin ilacı da ıstıraptır. Allah'a sarıldıkça ıstıraptan kurtulmuşlar, gaflete düştükçe ıstıraba uğramışlar, yine Allah'a sarılmaya mecbur olmuşlardır.

Irkçı görüşlerin Türkiye'de giderek yaygınlaştığı ve Yahudilere yapılan saldırıların arttığı bir dönemde bu sözleri söylemek pek kolay değildi...

Peki kimdi Ömer Fevzi Mardin?

Ömer Fevzi Mardin'i biraz daha yakından tanımak için öncelikle aile şeceresine bir göz atmakta yarar var...

"Erzekîzade" ya da bilinen adıyla "Mardinîzade" ailesi, Osman-

8. 1931 doğumlu Doç. Dr. Yaşar Kutluay, Ankara Üniversitesi İlahiyat Fakültesi öğretim üyesiydi. İngilizce, Arapça, İbranîce biliyordu. *İslam ve Yahudi Mezhepler* çalışmasını Kudüs İbranî Üniversitesi'nde yaptı. İki dinin mezhepleri mukayesesi üzerine çalışırken, 1969 yılında, tatil için gittiği memleketi Silifke/Taşucu'nda motorla balık avına çıktı ve bir daha kendisini gören olmadı. Ailesi ve yakınları kaçırılıp öldürüldüğünü düşünüyor. Doç. Dr. Kutluay'ın esrarengiz şekilde kaybolması Türkiye adına büyük kayıptır.

lı'ya ve Cumhuriyet'e birçok devlet adamı, öğretim üyesi ve işadamı yetiştirdi.

Hakkında kitaplar yazılması gereken bu aile hakkında ne yazık ki, kaynak sayısı çok sınırlı.[9]

Elde edebildiğimiz bilgilerle Mardinîzadeleri tanıtmaya çalışalım...

Arusî şeyhi Ömer Fevzi Mardin'in dedesi, İstanbul Kırkçeşme'de dergâhı bulunan Yusuf Sıtkı Efendi'ydi (1816-1903).

Yusuf Sıtkı Efendi, bildiğiniz şeyhlerden değildi; yıllarca devlet bürokrasisi içinde yer aldı, mahkeme kâtipliği, müftülük, kadılık yaptı.

Din âlimiydi; dokuz ciltlik, İmam Gazalî'nin *İhya-yi Ulûm üd-Din* (Din Bilimlerinin Canlandırılması) yapıtını açıklamalı olarak çevirdiği için Sultan II. Abdülhamid döneminde Bitlis'e sürüldü.

Zemahşerî'den yaptığı çevirileri *Nevabig ül-Kelim* (Güzel Söz Söyleyen Büyükler) adıyla yayımlandı.

Dede Yusuf Sıtkı Efendi söylenenlere göre sekiz kez evlendi.

Biliyorsunuz, bazı evlilikler hep dikkatimi çekiyor...

Örneğin:

Yusuf Sıtkı Efendi'nin babası Ömer Şevki Efendi'nin evlilik hikâyesi de hayli ilginçti:

Mardin çevresinin zengin ailelerinden birinin kızı olan Fatma (çevrede "Fatoş" diye bilinirmiş) kimseleri beğenmezmiş. Güya, "Müftü Abdi Efendi'nin eğer bir oğlu olsaydı ben ancak onunla evlenirdim" dermiş. Tesadüf bu ya, Abdi Efendi'nin bir oğlu olmuş, adını Ömer Şevki koymuşlar. Fatoş Hanım ağzından öyle bir söz çıktığı için yirmi yıl beklemiş, yani Ömer Şevki ancak yirmi yaşına gelince evlenmişler. Tabiî Fatoş Hanım evlendiğinde kırk yaşındaymış!..

Öyle ya söz vermiş, bekleyecek...

Mardinîzadelerin dedesi Yusuf Sıtkı Efendi bu evliliğin ürünüydü...

Yusuf Sıtkı Efendi'nin oğlu Muhammed Arif Mardin'di.

Ömer Fevzi Mardin'in babası olan Muhammed Arif Mardin, 1852 Mardin doğumlu. O da bürokrattı; kaymakamlık, savcılık, temyiz mahkemesi üyeliği, Basra, Yemen ve Suriye valilikleri yaptı.

Ömer Fevzi Mardin'in annesi, Hariciye nazırlığı yapan Mısırlı (Süslü) Halil Şerif Paşa kızı Leyla'ydı. Leyla Hanım 1867 Paris doğumlu.

9. Türkiye'de halkla ilişkilerin "diva"sı Betül Mardin Hanımefendi, aile tarihini de içeren bir anı kitabı kaleme almıştır. Ne yazık ki vefatından sonra yayımlanmasını istemektedir.

Leyla Hanım'ın annesi (yani Şeyh Ömer Mardin'in anneannesi) Fransız'dı: Susan Jeanne de Neverley.

Bu güzel aşk hikâyesinden sizi mahrum etmeyeyim:

Sadrazam Ali Paşa, Paris'e geldiğinde Fransızcasını çok beğendiği, Mısırlı Büyük Mehmed Şerif Paşa'nın oğlu Halil Şerif Paşa'yı, Osmanlı Hariciye Nazırlığı'na memur olarak aldı. Ama, bu öyle sıradan memurluk değildi; Mısırlı Halil Şerif Paşa yirmi altı yaşında Atina büyükelçisi oluverdi. Üç yıl sonra (1861) Sen-Petersburg ve ardından da Paris büyükelçisi yapıldı.

Yemeye, içmeye, gezmeye ve resme çok meraklı olan Halil Şerif Paşa'ya Fransızlar "Süslü Paşa" adını taktı.

"Süslü" Halil Şerif Paşa, bir davette karşılaştığı Fransız Susan Jeanne de Neverley'e ilk görüşte âşık olup, hemen evlendi.

Bir yıl sonra, yani 1867'de kızları Leyla doğdu.

Ancak bu mutluluk kısa sürdü; Halil Şerif Paşa, Hariciye müsteşarlığı görevi için İstanbul'a çağrıldı. Fransız eşi Susan dönmek istemedi. Dönmeme sebebi sonradan anlaşıldı: Susan Hanım, kızı Leyla'yı sütninesine bırakıp âşık olduğu bir Fransız'la Cezayir'e kaçtı!

Halil Şerif Paşa olayı öğrenince eşine "boş ol" kâğıdı ile 20 000 liralık bir çek gönderdi; kızı Leyla'yı İstanbul'a getirtti.

Baba kızın mutluluğu, Halil Şerif Paşa'nın 1871'de Viyana büyükelçiliği, 1873'te Hariciye nazırlığı ve Adliye nazırlığı sırasında sürüp gitti. Bu arada Halil Şerif Paşa, Mısırlı Mustafa Fazıl Paşa'nın kız kardeşi Prenses Nazlı Hanım'la ikinci evliliğini yaptı.

Ancak, 1879'da Sultan II. Abdülhamid'in cülus alayında at üzerindeyken, güneş çarpması sonucu felç geçirip vefat etti.

Öksüz kalan Leyla, üvey annesi Kavalalı Nazlı Hanım'la Mısır'a gitti. Miras konusunda bir anlaşmazlık olunca Leyla İstanbul'a gelip temyiz mahkemesine başvurdu.

Temyiz mahkemesi başkanı kimdi? Muhammed Arif Mardin!

Leyla Hanım başarılı bir hukuk mücadelesi sonucu babasının mirasına sahip çıktı ve hayli büyük bir servete kavuştu.

Bu arada mahkeme başkanı Muhammed Arif Bey'le evlendi ve ilk çocukları Ömer Fevzi Mardin doğdu!

İşte bu çalışmada karşınıza çok çıkacak, "Mısırlı" Kavalalı ailesiyle ilk kez Ömer Fevzi Mardin vasıtasıyla tanışmış olduk...

Şeyh Ömer Fevzi Mardin'in annesi Leyla Mardin Türk edebiyatında bir ilke imza attı: "Osmanlı'da yabancı dilde roman yazan ilk kadın yazar" unvanına sahip oldu.

Muhiddin Mardin, babası Muhammed Arif Mardin'in ölümünü şöyle anlatıyor:

> Eve geldiğimde babamın bakışlarında endişe sezdim, sormadan o cevaplandırdı. "İyiyim evladım!" dedi. Babam sırtüstü yastıkla desteklenmiş olarak yatakta oturuyordu. "Faites vite docteur, je me sens ma!" (Ağrım var, bana hemen doktor çağırın! S. Y.) dedi. Annem ve ben yanında ayakta duruyorduk. Birden şahdamarı garip bir nefes alış sesiyle şişti. Babamın yüzükoyun kapandığını gördüm. 17 ekim 1920 cumartesi akşamıydı. İki gün sonra Kahire'de ebedî istirahatgâhına tevdi olundu. (Yusuf Mardin, *Kocataş Yalısı Anılarım*, 1988, s. 143.)[10]

Şeyh Ömer Fevzi Mardin'in babası, son nefesinde bile Fransızca konuşacak kadar bu dile vâkıftı...

Aileyi tanımayı sürdürelim:

Ömer Fevzi Mardin'in amcası ünlü bir hukukçuydu: Ebülula Mardin (1881-1957).

Ebülula Mardin, mesleğe zabıt kâtipliğiyle başladı; muhtelif mahkemelerde ve Evkaf Şûrası'nda azalık yaptı.

1908'de, Osmanlı'da "İslamcılık" düşüncesinin ilk münevver kadrosu içindeydi; şair Eşref Edib'le *Sırat-ı Müstakim* adlı dergiyi çıkardı.

1914-1919 yılları arasında Osmanlı Mebusan Meclisi'nde Niğde milletvekili olarak görev yaptı.

1920'deyse bu kez Mardin milletvekiliydi. İstanbul'u işgal eden İngilizler meclisi kapatınca siyasî hayatı bitti.

Şeyhülislam Turşucuzade Ahmed Muhtar Efendi'nin oğlu olan Osmanlı döneminin ünlü Adliye nazırı Necmeddin Molla'ya damat oldu; kızı Bedriye Hanım'la evlendi.[11]

10. Ebülula Mardin'in oğlu Yusuf Mardin, Feyziye Mektepleri, Şişli Terakki Mektebi, Robert Kolej'de okudu. Robert Kolej'de idare müdürlüğü yaptı. Washington Büyükelçiliği basın müşavirliği ve CHP milletvekilliği görevlerinde bulundu. *Kocataş Yalısı Anılarım* adlı 300 sayfalık kitabında nedense amca çocuğu Şeyh Ömer Fevzi Mardin hakkında bir cümle bile yazmaması tuhaftı. Tüm akrabalarının ne kadar Müslüman olduğunu tekrar tekrar yazarken, şeyh amcasından neden hiç söz etmemişti acaba?

11. Şeyhülislam oğlu Necmeddin Molla, bir diğer kızı Mihrimah'ı, mason Şeyhülislam Mustafa Hayri Efendi'nin küçük oğlu Münip Hayri Ürgüplü'yle evlendirdi. Bu Mihrimah'ın ikinci evliliğiydi. İlk evliliğinden olan kızı Sabiha, Prof. Turhan Esener'le evlendi. Onların kızı Oya ise bir dönem Feyziye Mektepleri Vakfı üyesi, ünlü işadamı Bülent Eczacıbaşı'yla evlidir. Şeyhülislam Ahmed Muhtar Efendi'nin kardeşi (yani Necmeddin Molla'nın amcası) Ali Bey de Şeyhülislam Hayri Bey'in kız kardeşi Bedriye Hanım'la evliydi. Semih Mümtaz'ın *Hayal Olmuş Hakikatler* kitabında (s.15), Necmeddin Molla'nın "şeyhülislam olacağına" dair çıkan rivayetlere inanıp, meşhur beyaz şeyhülislam üniformasını bile diktirdiği yazmaktadır. Aylarca beklemişti. Babası ve amcası şeyhülislamdı ama o yapılmamıştı.

Cumhuriyet döneminde de yıldızı sönmedi: 1923'te, kadı yetiştiren Medreset ül-Kuzat'a müderris oldu.

İsviçre Medenî Kanunu'nun Türkiye'ye uygulanması için kurulan tüm komisyonlarda görev yaptı. 1926'da Medenî Kanun'un kabulüyle medenî hukuk profesörü oldu. 1933'te İstanbul Üniversitesi kurulduğu zaman aynı kürsüde ordinaryüs profesör olarak görev yaptı.

Orucunu, namazını hiç eksik etmeyen, oğlu Yusuf Mardin'in yazdığına göre, bırakın alkolü, sigara, gazoz, soda bile içmeyen Ebülula Mardin, 1951 yılına kadar medenî hukuk ordinaryüs profesörü olarak görev yaptı. Asistanı Sıddık Sami Onar gibi nice profesörler yetiştirdi.[12]

Hukukçu olmasına rağmen Ebülula Mardin ticarete yabancı değildi. Yıllarca Türkiye'ye tanınmış birçok otomobil markasını ve Goodyear gibi oto lastiği getiren TATKO AŞ'nin yönetim kurulu üyeliğini yaptı.

TATKO'ya ailece yakındılar. Kayınpederi Necmeddin Molla'nın baldızı Refia'nın kocası Kemal Halil Tanır bu şirketin ortağı ve yönetim kurulu başkanıydı.

TATKO'nun diğer ortakları gazeteci Ahmet Emin Yalman'ın kardeşleri Rifat Yalman ve Mustafa Vacit Yalman'dı.[13]

Dinine çok düşkün, Ordinaryüs Profesör Ebülula Mardin, Yalmanların babası Osman Tevfik Efendi'yle çok samimiydi.

Sabetayist Osman Tevfik Yalman, Selanik Askerî Rüşdiyesi'nde Mustafa Kemal'in Türkçe yazı (hüsn-i hatt-ı Türkî) öğretmeniydi. Divan-ı Muhasebat (Sayıştay) başkâtipliğinden emekli olmuştu. Ağabeyi Abdurrahman Nafiz'in damadı Fazlı Necib'in sahibi olduğu, Selanik'te çıkan *Asır* gazetesinde bazen başyazıyı yazmıştı.[14]

12. 27 Mayıs 1960 askerî müdahalesi öncesi, DP hükûmetine karşı eylem yapan üniversite öğrencilerinin büyük destekçisi İstanbul Üniversitesi Rektörü Ord. Prof. Sıddık Sami Onar, 1955'ten itibaren Feyziye Mektepleri Vakfı'nın yönetim kurulu üyeliğinde bulundu ve 16 haziran 1969-21 eylül 1972 tarihleri arasında vakfın başkanlığını yaptı.

13. TATKO'nun bugün yönetim kurulu başkanlığını, eski başkanlarından Alp Yalman yapıyor. Şirket bugün hâlâ aile şirketi kimliğini korumaktadır. Ama diğer ailelerle de ortaklıkları vardır. Örneğin, Billur Tuz'un sahibi olan TATKO'nun ortakları, Nadine Perahya ve Edi Bahar'la birlikte Kuyaş ailesidir.

14. Fazlı Necib'in halasının torununun oğlu *Sabah* gazetesinin eski sahibi Dinç Bilgin'dir. Fazlı Necib'in damadı Enis Tahsin Til; kardeşi Nâzım da gazeteciydi. Fazlı Necib'in oğlu Mustafa Necip "Bir" soyadını aldı. Emekli Orgeneral Çevik Bir, atalarının Selanikli olduğunu söylüyordu. Akrabalık var mı bilmiyorum...
Rezzan Yalman'ın kardeşi Sinan Korle, akrabası Mümtaz Faik Fenik de gazeteciydi. İlginçtir, Ebülula Mardin'in yakın dostu ünlü tarihçi İbnülemin Mahmut Kemal İnal da *Asır* gazetesinin bir dönem başyazısını yazdı!..

Kendisi aynı zamanda, hem Kuran hafızı hem de iyi bir hat sanatçısıydı!..[15]

Mardin-Kocataş ailesinde tüccar çoktu: Ebülula Mardin'in kayınçosu (yani Necmeddin Molla'nın oğlu) Hayreddin Kocataş da, otomotiv sektöründeydi; Graham marka otomobillerin Türkiye acentesiydi!

İttihat ve Terakki'nin ünlü Maliye nazırı Cavid Bey'in (Sabetayist Karakaşî grubunun ruhanî önderi) yakın dostu olan Necmeddin Molla, bu ilişki sayesinde, Şirket-i Hayriye'nin yıllarca yönetim kurulu başkanlığını yaptı. Damadı Ebülula Mardin de bu şirketin yönetim kurulu üyesiydi.

Maliye eski nazırı Cavid Bey ile Necmeddin Molla'nın dostluğu sanıyorum güven üzerine kuruluydu. Birinci Dünya Savaşı bittiğinde İttihatçı kurmaylar yurtdışına giderken, Cavid Bey İstanbul'da kaldı ve saklandı. İlişkide olduğu isimler oldukça sınırlıydı: Feyziye Mektebi'nden Nakiye Hanım (on bir yıl CHP milletvekilliği yapmıştır, ilk kadın milletvekillerindendir), Necmeddin Molla gibi. Cavid Bey gizlice yurtdışına çıktığında da kendisini ziyaret eden isimlerin başında Necmeddin Molla geliyordu.

Rıza Nur'un anılarından okuyoruz ki, Necmeddin Molla Yahudi Emmanuel Karasu'yla da samimiydi; hatta Büyükada'daki evini ona satmıştı (*Hayat ve Hatıratım*, c. I, s. 525.)

Sarıyer'deki ünlü Kocataş Yalısı'nın sahibi Necmeddin Molla'ya, –nedendir bilinmez– Varlık Vergisi döneminde 15 000 lira vergi borcu çıkarıldı. Fakat, bu vergi matrahı sonradan kaldırıldı. İstanbul eski defterdarı Faik Ökte anılarını kaleme aldığı *Varlık Vergisi Faciası* adlı kitabında bu konuya değiniyor:

> Necmeddin Molla'ya emlak grubundan fevkalade bir vergi salınmakta idi. Verginin nizamî ölçülere indirilmesi için üç komisyondaki aza hemen hemen müttefikan demarş yaptı. Şaşırmıştım. İstanbul'u tanımıyordum. Sonradan baş başa kaldığımız (Maliye Teftiş Heyeti Başkanı Şevket) Adalan bana (Suat Hayri) Ürgüplü'nün kardeşinin Molla Bey'in damadı olduğunu söyledi. Kampanyayı kimin idare ettiğini öğrenmiştim. (s. 97.)

Ömer Fevzi Mardin'in küçük kardeşi Muhiddin Mardin "dışarıdan" kız almadı; amcası Ebülula Mardin'in baldızı (yani Necmeddin Molla'nın kızı) Fahire'yle evlendi.

15. Osman Tevfik Yalman'ın hat öğretmenlerinden Sakızlı Abdülfettah Efendi de "dönme"ydi. (Süreyya, c. 9, s. 107.)

Muhiddin Mardin, Selanik Bankası'nda müdürlük yaptıktan sonra, Türk Petrol ve Madenî Yağlar AŞ'yi kurdu. Onun çocukları Türkiye'de halkla ilişkilerin duayeni olarak kabul edilen Betül Mardin ve Türkiye'yi yurtdışında başarıyla temsil eden müzik prodüktörü Arif Mardin'di.

Ailede tek "şeyh" Ömer Fevzi Mardin değildi.

Ömer Fevzi Mardin'in halası Cemile, Üsküdarlı Şeyh Tevfik Efendi'nin oğlu Necati Yalım'la evliydi. Avukat Necati Yalım'ın ağabeyi Hayrullah Taceddin (Yalım) Efendi Üsküdar'daki Rifaî Dergâhı'nın şeyhiydi.

Bazı Rifaî dergâhlarıyla Sabetayistlerin yakın ilişkisi vardı. Hatıralarından öğreniyoruz ki, Ahmet Emin Yalman küçüklüğünde Rifaî şeyhi Maruf Efendi'nin Horhor'daki dergâhına gitmişti. Üstelik yalnız da değildi, teyzesinin oğlu Refik gibi akrabaları da bu dergâha gidiyordu... (Ahmet Emin Yalman, *Yakın Tarihte Gördüklerim ve Geçirdiklerim*, 1970, c. I, s. 15.)

Devam edelim:

Ömer Fevzi Mardin'in halası Atiye'nin eşi, kendinden on dokuz yaş büyük Hacı Adil (Arda) Bey'di.

Hacı Adil Bey, Türk siyasî hayatının önemli simalarından biriydi. Posta ve Telgraf müdürlerinden Mehmed Haki Efendi'nin oğluydu. Bulgaristan Lofça doğumluydu. Beş yıl kaldığı (1904-1909) Selanik'te sırasıyla, Emtia-i Dahiliye Gümrük müdürlüğü, Rüsumat Nezareti Muhasebe başkâtipliği, Emtia-i Ecnebiye Gümrük müdürlüğü, Rüsumat nazırlığı yaptı.

Selanik'te yakın arkadaşı Talat Efendi'nin yardımıyla İttihat ve Terakki Cemiyeti'ne girdi. İkinci Meşrutiyet'ten sonra cemiyette hep üst düzey görevlerde bulundu. Edirne valiliği, Dahiliye nazırlığı yaptı. Meclisi Mebusan'da milletvekili olarak bulunurken, Birinci Dünya Savaşı'ndan sonra İngilizler tarafından Malta'ya sürüldü.

Cumhuriyet döneminde İstanbul Hukuk Fakültesi'nde görev yaptı; *Borçlar Kanunu Şerhi* adlı kitabı yazdı.

Ne kadar çok hukukçu yazdığıma dikkat ediyor musunuz?..

Türk hukuk sistemini kimlerin kurduğu, hukuk fakültelerinin, Yargıtay-Danıştay başkanlarının, üyelerinin kimler olduğu vb soruların yanıtlarını, umut ediyorum araştırmacılar, bir de bu "bakış acısıyla" kaleme alırlar...

Mardin ailesinde tek "şeyh" Ömer Fevzi Mardin'di; ama kardeşi Büyükelçi Şemseddin Mardin'in oğlu Profesör Şerif Mardin, din konusunda birçok çalışmaya imza attı: *Din ve İdeoloji* (1969); *Türkiye'de Din ve Siyaset* (1991); *Bediüzzaman Said*

Nursî Olayı (1992); *Etik, Din ve Laiklik* (1995)...

Aile kalabalık.

Ömer Fevzi Mardin'in kız kardeşi Fatma Aliye, Süreyya İlmen Paşa'nın oğlu Atıf İlmen'le evliydi. Süreyya İlmen'in diğer oğlu Hayri İlmen, Uşakîzadelerden Latife Hanım'ın kız kardeşi Vecihe Hanım'la evlendi.

Süreyya Plajı, Süreyya Sineması, Balat'ta yün-iplik fabrikası sahibi, milletvekili Süreyya İlmen'in annesi Uşakîzadelerin kızı Adviye Hanım'dı. Babası Sultan II. Abdülhamid'in son seraskeri Mehmed Rıza Paşa'ydı.

Mardin ailesi bölümünü Ömer Fevzi Mardin'in çocukları ve torunlarıyla kapatalım:

Oğlu Haşim de, kendisi gibi denize meraklıydı. 1952'de ABD'den getirdiği ve adını "Rüyam" koyduğu teknesiyle Atlantik Okyanusu'nu ilk geçen Türk kaptan olarak dönemin gazetelerine manşet oldu.

Şeyh Ömer Fevzi Mardin'in oğlu Haşim'den iki torunu vardı; torunları da denizciliğe meraklıydı. Zamanla ikisi de aynı okulu, İTÜ Denizcilik Fakültesi'ni bitirdi; biri kaptan (Ömer Mardin) ve diğeri uzakyol başmühendisi (Yusuf Mardin) oldu. İki kardeş "Mardin Denizcilik"i kurup şirketi çok büyüttü. Yusuf Mardin siyasetle ilgiliydi; örneğin Sema Pişkinsüt DSP 5. Olağan Kongresi'nde, Genel Başkan Bülent Ecevit'e karşı aday olduğunu açıkladığı için saldırıya uğradığında, Pişkinsüt'e destek veren aydınlar arasında ismi vardı.

Manevî Cihazlanma Cemiyeti!

Evet, sanıyorum Şeyh Ömer Fevzi Mardin'in ailesi hakkında konumuzu ilgilendiren bölümü açısından az buçuk bilgi sahibi olduk. Şimdi biraz da kendisi hakkında bilgi verelim...

Ömer Fevzi Mardin, bahriye teğmenliği sırasında İttihat ve Terakki'ye katıldı. Öyle sıradan bir İttihatçı değildi; Gevgili bölgesi sorumlusuydu.

İdealist subaylardandı. Gönüllü olarak gittiği Trablusgarp Savaşı sırasında Arusî tarikatıyla tanıştı, çok etkilendi.

Birinci Dünya Savaşı'nda Teşkilat-ı Mahsusa'nın fedaileri arasında yer aldı. İran'da ataşemiliter olarak görev yaptı.

Harbiye Mektebi'nde öğretmenlik yaparken komutanı Rauf Orbay aracılığıyla Nakşibendî şeyhi Küçük Hüseyin Efendi'yle tanıştı...

Bahriye binbaşısı rütbesindeyken askerliği bıraktı; şeyhinden icazet aldı; "halifesi" oldu.

Ve...

Ömer Fevzi Mardin zamanla kendi dergâhını kurdu.

Dergâhı eviydi. İstanbul Kalamış'ta küçük bir evde oturuyor, misafirlerini evin üst katında ağırlıyordu.

Bu odanın bütün eşyası, kitap dolu bir kütüphane, pencere önünde bir divan, birkaç sandalye ve bir çini sobadan ibaretti. Oturduğu özel bir koltuğu vardı.

Dizlerinin üstüne ince beyaz bir örtü koyuyordu.

Sırtında daima kolsuz bir yelek, içinde frenkgömleği vardı.

Mutlaka kravat takıyordu.

Yardımcısı, eski bir şehzade zevcesi olan Kadriye Hanım her işine koşuyordu.

Kuranı Kerim Türkçe okunuyordu bu toplantılarda...

Ömer Fevzi Mardin, 1942'de Kadıköy'de "İlahiyat Kültür Telifleri Derneği"ni kurdu. Amacı "dinler arası diyalog"du!

Dünü bilmeyen bugünü hiç anlamaz...

Dinler arası diyalog konusunda Şeyh Ömer Fevzi Mardin'e en büyük desteği, Protestan gezici rahip Dr. Frank Buchman verdi.

Rahip Dr. Frank Buchman Evangelist'ti.

1929'da Amerika'da "Moral ReArmement-Mr"ı (Manevî Cihazlanma Cemiyeti'ni) kurmuştu.

Kuruluş hikâyesi ilginçti:

Dr. Buchman, pazar günü Oxford Üniversitesi yakınında bir köy kilisesinde ibadet ederken, dünyada acı çeken insanlar aklına gelmiş ve bir şeyler yapmak gerektiğine inanarak, kiliseden ağlayarak dışarı fırlamıştı. Bu fikrini karşısına çıkan üniversitedeki ilk sekiz kişiye anlatmıştı. Onlar da dünyayı acılardan kurtarmak için bir araya gelip, manevî bayrak altında insanları birleştirmeye ant içmişlerdi.

Oxford Group adı verilen bu örgüt, İsviçre Caux'taki bir şatoda dünyanın çeşitli ülkelerinden gelen kişilerin katılımıyla her yıl toplantılar düzenliyordu. Bu toplantıların ana hedefi, komünizmdi...

Buraya bir virgül koyalım...

Şeyh Ömer Fevzi Mardin ile Evangelist Rahip Dr. Buchman'ı kim tanıştırdı dersiniz; Ahmet Emin Yalman!

Mardinîzadeler ile Yalmanları bir araya getiren sadece iş ortaklığı değildi!

Bir de ortak bir ezelî düşmanları vardı: komünizm!..

Evangelist rahip Dr. Buchman, Ahmet Emin Yalman ve Fener

Rum Patriği Atenagoras, üçü birlikte, komünizmin yıkılması için, Eyüpsultan Camii'ne gidip dua ediyorlardı!..[16]

Virgül koyduğumuz yerden devam edelim:

Arusî şeyhi Ömer Fevzi Mardin 1949 yılında, Evangelistlerin İsviçre'deki bu ünlü şatosuna konuk oldu. Yaklaşık iki ay kaldı. Sürenin bu kadar uzun olması, şatoda bir toplantı değil, "kurs" olduğunun göstergesi değil midir?

Buradaki toplantıda-kursta, Şeyh Ömer Fevzi Mardin, "İslamiyet ve Ehl-i Kitap Ailesi" konulu bir konuşma yaptı.

> Müslümanlık devrinin bugün faal görevlerini bu varlıklı, imkânlı millet Amerikalılar üzerine almış bulunuyor. Çünkü Allah onları bu işe seçmiş, hazırlamış ve harekete geçirmiştir. Babil'den dünyaya yayılmak için dağılan ırklar sanki Allah'a hizmet için Amerika'da buluşuyor ve en özgür demokrat koşullar içinde birleşiyor. Allah artırsın ve Allah onları korusun diye her mü'min Amerikalılar'a duacı, dünyanın önemli bir bölüm insanlarını analar gibi emziren, kucağında ısıtan, teselli ve ümit veren, dünyanın dert ortağı Amerikalılar'a her insan duacı. (Ömer Fevzi Mardin, *Varidat-ı Süleyman Şerhi*'nden aktaran Özakıncı, s. 113.)

Babil'den dünyaya yayılmak için dağılan ırkların kim olduğunu biliyor musunuz: Yahudiler!

Şeyh Ömer Fevzi Mardin, İsviçre'deki kurstan döner dönmez ne yaptı dersiniz; Mehmetçik'in Kore'ye gönderilmesini savunan bir kitap yazdı:

Kore Savunmasına Katılmamızda Dinî ve Siyasî Zaruret.

Evangelist rahip Dr. Buchman ise savaştan sonra gittiği Güney Kore'de, Sun Myung Moon adlı Koreli aracılığıyla, "dinleri birleştirdiğini" iddia ettiği "Moon tarikatı"nın temellerini attı!

Evangelist rahip Dr. Buchman, Ahmet Emin Yalman'ın "ruhanî lideri" miydi bilinmez; ama, Ahmet Emin Yalman 1 aralık 1951' de, "Avrupa ve Dünya Federasyonu Fikrini Yayma Cemiyeti"ni kurdu.

Kurucuları arasında, Refik Koraltan, Fuat Köprülü, Fevzi Lütfi Karaosmanoğlu, Sıtkı Yırcalı, Fahrettin Kerim Gökay, Prof. Kâ-

16. 21 şubat 1946'da Fener Rum patriği seçilen Maksimos, "Sovyetler Birliği yanlısı" diye, 1948'de istifaya zorlanıp, yerine Kuzey ve Güney Amerika Başpiskoposu Atenagoras, bir gecede Türk vatandaşı yapılarak, ABD Başkanı Truman'ın özel uçağıyla getirilip, Fener Patrikhanesi'nin başına geçiriliverdi ! Başbakan Adnan Menderes'in elini öptüğü Patrik Atenagoras'ın, Türkiye'de ilginç ilişkileri vardı. Mesela, Said-i Nursî'yle sohbeti çok iyiydi...

zım İsmail Gürkan, Prof. Ömer Celal Sarç, Prof. Mustafa Şekip Tunç, Prof. Hıfzı Veldet Velidedeoğlu, Prof. Sıddık Sami Onar, Prof. Kerim Erim, Prof. Ali Fuat Başgil, Prof. Şükrü Baban, Prof. Yavuz Abadan, Nadir Nadi Abalıoğlu, Salamon Adato, Bedri Nedim Göknil, Hamdullah Suphi Tanrıöver, Cemal Eyüboğlu, Necmettin Sadak, Dr. Adnan Adıvar, Burhan Felek, Haşim Refet Hakarar, Prof. Nihat Reşat Belger gibi isimler vardı.

O yıllar Amerika İslam'la tanışma stratejisini hayata geçiriyordu. "Çiçeği burnunda" CİA'nın, "Komünizm Müslüman memleketlere yeşil sarıkla giriyor" değerlendirmesi, ABD'yi harekete geçirmişti.

Kafalarındaki soru "hangi İslam"dı?

Bernard Lewis, *Middle East Journal*'daki makalesinde, "Dinin Türkiye'de oynadığı roller yeni ve belli bir eğilim göstermiyor, devlet için büyük bir tehlike değildir ve kesinlikle, Türkiye'de komünist kaynaklı veya bağımsız bir Panislamist gericilikten söz edilemez" diyerek soruyu yanıtladı.

Türkiye'deki İslamî hareketlere "onay" çıkmıştı. Ama sadece, komünizmle mücadele etmek şartıyla...

11 ekim 1951'de İlim Yayma Cemiyeti kuruldu. Görünürdeki amaç manevî değerleri gençlere öğretmekti; ama asıl niyet komünizmle mücadeleydi.

Bir yanda Said-i Nursî'nin avukatı Seniyüddin Başak, diğer yanda Emekli Kurmay Albay Vehbi Bilimer liderliğinde İlim Yayma Cemiyeti hızla örgütlendi. Sonraki sayfalarda ayrıntılarıyla göreceğiz ki, en büyük destek masonlardan gelmişti; yönetimde masonlar vardı.

Evet. Düğmeye basılmıştı:

İlim Yayma Cemiyeti'nin kuruluşundan altı gün sonra, Millî Eğitim Bakanlığı, İstanbul Samatya'da ilk imam-hatip okulunu açtı.

11 kasım 1966 tarih ve 6/7285 sayıyla Ankara Valiliği, "Manevî Cihazlanma Derneği-Cemiyeti"nin kamu yararına çalışan dernekler statüsüyle kuruluşuna izin verdi.

Başkanı dönemin İstanbul valisi Prof. Fahrettin Kerim Gökay'dı. Ne tesadüf, Vali Gökay aynı zamanda İlim Yayma Cemiyeti'nin de kurucusuydu.

Fahrettin Kerim Gökay'ın üniversitede asistanı Sabetayist Mazhar Osman Usman ise Aydınlar Ocağı kurucusuydu.

"Kendilerinden olmayanlar"ı ne cemiyetlerine ne de üniversite kürsülerine asistan alıyorlardı!

Konuyu dağıtmayalım.

Henry Kissinger tekke açılışı yapıyor

Şeyh Ömer Fevzi Mardin müritlerini "Amerikan hayranı" yapmak için neler söylemiyordu ki; güya ABD Başkanı Franklin Roosevelt, Şeyh Küçük Hüseyin Efendi'nin dervişanından Washington Büyükelçisi Münir Ertegün vasıtasıyla gizlice Müslüman olmuştu![17]

Zaten bu nedenle, Şeyh Küçük Hüseyin Efendi'nin müridi olduğu için, Başkan Roosevelt, kendisine 54 veya 55 santim mesafeden ateş eden suikastçının kurşunlarından kurtuluvermişti!

Bu olay mı neden olmuştu (!) bilinmez:

1944 yılında görev başında ölen Büyükelçi Ertegün, iki yıl sonra mezarından çıkarıldı; naaşı devlet töreni yapılarak Missouri adlı savaş gemisiyle İstanbul'a gönderildi ve Özbekler Tekkesi'ne defnedildi.[18]

Soğuk Savaş döneminde, Türk-ABD ilişkileri, "mezardan adam çıkarma" jestiyle kurulacaktı...

Münir Ertegün, Özbekler Tekkesi'nin şeyhi İbrahim Edhem Efendi'nin kızı Ayşe Hamide'nin oğluydu; bu nedenle tekkeye defnedilmişti.[19]

Şeyh Ömer Fevzi Mardin'e döneceğiz, ama şimdi bir parantez açmama izin verin:

Özbekler Tekkesi binası günümüzde, "Münir Ertegün Tarih

17. ABD Başkanı Roosevelt Müslüman mıydı bilmem, bildiğim onun, dünyanın en eski ve tehlikeli yeraltı cemiyeti "İlluminite" ("aydınlanma" demekti ve ilk 1492'de İspanya'dan kovulan Yahudilere denilirdi) örgütünün, "Ancient Arabic Order of Nobles and Mystics" adlı altbirimine üye olduğuydu. "Pythias Şövalyesi" unvanı taşıyordu. Bu cemiyetin, Hz. Muhammed'in sahabesine mensup kişiler tarafından kurulduğu ve bünyesinde sadece Müslümanların değil, Hıristiyan ve Yahudilerin de yer aldığı biliniyor. Ne karışık işler değil mi?

18. Küçük Hüseyin Efendi'nin müritlerinden Washington Büyükelçisi Münir Ertegün'ün oğlu Atlantic Records'un eski sahibi, yeni CEO'su Ahmet Ertegün ile Arusîlerin şeyhi Ömer Fevzi Mardin'in yeğeni Arif Mardin iş ortağıdır. Şirket, Ray Charles, Bette Midler, Led Zepplin, Rolling Stones, Phill Collins, Pet Shop Boys, Genesis gibi dünya yıldızlarını keşfetmesiyle tanınıyor. Şirketi Türkiyeli Eric Grunberg'den satın almışlardı; Grunbergler Bosch imparatorluğunun sahibidir.
Ahmet Ertegün'ün eşi Macar göçmeni bir Yahudi ailesinin kızı Mika Ertegün'dür. Arif Mardin ise dönemin Denizbank genel müdürü Yusuf Ziya Öniş'in kızı Latife'yle evlendi. Ahmet Ertegün'ün kız kardeşi Selma, 12 Eylül 1980 askerî darbesine karşı demokrasi mücadelesi veren aydınlardan, *Cumhuriyet* gazetesi yazarı Prof. Dr. Hüsnü Göksel'in eşiydi. İnsanlık kültürüne, Türkiye'den birilerinin katkıda bulunuyor olması gurur verici; onlar her türlü saygıyı hak ediyor...

19. Üsküdar Özbekler Tekkesi şeyhi Edhem Efendi (öl. 1904) çok maharetliydi; doğramacılık, marangozluk, hakkaklık, mühürcülük, mürekkepçilik, aharcılık, tornacılık, demircilik, tesviyecilik gibi pek çok iş yapıyor ve ebru sanatıyla ilgileniyordu. Makinelere düşkün olan şeyh, bizzat kendisinin imal ettiği 3 beygir gücündeki buhar makinesini bir sandala monte ederek, Üsküdar Balaban iskelesinden Paşalimanı iskelesine gidip gelmesini İstanbul halkı günlerce konuşacaktı.

Araştırma Vakfı"nı barındırıyor. Vakfın açılışını 1994 yılında kim yaptı dersiniz?

ABD'nin en tanınmış Yahudi politikacılarından, eski Dışişleri bakanı Henry Kissinger!

Eski bakan, Özbekler Tekkesi'nin hemen bitişiğindeki Sabetayist/Karakaşîlerin mezarlığı Bülbülderesi Mezarlığı'nı da ziyaret etmiş miydi acaba?

Henry Kissinger'i hangi güç Türkiye'ye davet edip, tekke açılışına getirmişti?

Artık biliniyor: Türk siyasetinde bir kişi, parti kurmayı veya genel başkanlığa aday olmayı düşünüyorsa, mutlaka ABD'ye gidiyor. Öyle vize alıp ABD'ye gitmekle olmuyor bu işler, size çeşitli güçlü isimlerle ve lobilerle ilişki kurduracak, derdinizi anlatmanıza vesile olacak, özellikle Yahudilere yakın bulunan, onların güvenini kazanmış biri lazım.

İşte bu isimlerin en başında, Türkiye'yi ABD'de başarıyla temsil eden, Ahmet Ertegün geliyor.

Ertegünlerin New York'ta evine davet edilmemişseniz işiniz zor; ABD'ye hiç gitmeyin daha iyi! Amerikalılar, Ertegünlere o kadar çok güveniyor.

Bu bilindiği için, Türkiye'deki nice siyasetçi, işadamı, büyükelçi, sanatçı yıllardır kabul edilmek için sırada bekliyorlar.

New York'ta Ertegünlerden sonra ikinci güçlü isim, İhsan Doğramacı'nın kuzeni Nemir Kırdar'dır; üçüncü sıradaysa bir aile var: Goldenbergler...

Liste böyle uzayıp gider, ama bu konulara hiç girmeyelim, konu dağılır...

Biz, geçmiş yıllara dönelim.

Özbekler Tekkesi'nin ilginç, girift ilişkileri vardı...

İngiliz belgelerine göre, Özbekler Tekkesi postnişini Şeyh Süleyman Efendi (1821-1890), konuk olarak dergâha gelen kişilerden topladığı istihbaratı, İngiliz Büyükelçisi Henry Layard'a para karşılığı veriyordu. (*Tarih ve Toplum* dergisi, nisan 1992, s. 12-16.)

Hoppala...

Bu bilgiyi veren dergi tekzip edilmiş miydi? Hayır. Ama, yine de, bir şeyh veya mürit için toptan bir tarikatı, tekkeyi, dergâhı suçlamak doğru değildir. Örneğin, başka dergiler, tarih kitapları da, Özbekler Tekkesi'nin son şeyhlerinden Şeyh Mehmed Ata Efendi'nin, Ulusal Kurtuluş Savaşı döneminde Anadolu'ya silah ve insan gönderilmesini organize ettiği için işgalci İngilizler tarafından tutuklandığını yazıyor.

Bu olay sadece yazılmıyor, övgüyle anlatılıyor...

Örneğin, TBMM Başkanı Bülent Arınç, 23 nisan 2003 günü, eski Meclis binasında yaptığı konuşmada, Nakşibendî şeyhi Ata Efendi'nin Anadolu'ya nasıl asker ve cephane kaçırdığını "ballandıra ballandıra" anlattı.

Gerçekten de Şeyh Ata İngilizler tarafından gözaltına alınmış mıydı? Bir tutuklama teşebbüsü vardı, ama nedeni pek açık değildi.

Şöyle ki, John Godolphin Bennett, 1897'de İngiltere'de doğdu. Felsefe ve matematik eğitimi gördü. Budist, Hindu ve İslam tasavvufunu inceledi.

Birçok dil bilen Bennett, "Kraliyet mühendisi" olarak çalışırken, Birinci Dünya Savaşı'nda İngiliz ordusunda istihbarat subayı olarak görev yaptı. 1919'da İstanbul'a geldi. Burada başta Özbekler Tekkesi olmak üzere bazı dergâhlarla, tasavvuf düşüncesini yakından öğrenmek için ilişki kurdu.

Mustafa Kemal ve arkadaşlarının Samsun'a gitmesine izin veren İngiliz belgesinin altında onun imzası vardı.

Aslında, müfettişlik görevi için Anadolu'ya giden Mustafa Kemal'in yanındaki personelin kalabalıklığından ve 35 subayın, çoğunun rütbesinin büyük olmasından şüphelenmişti. Ama Saray, "vize verilmesini" istiyordu. Yüzbaşı Bennett de Osmanlı Sarayı'nın "emrini" dinlemişti!..

Yüzbaşı Bennett sıradan bir istihbaratçı değildi; Türk-Yunan heyetleri arasında arabuluculuk görevi yaptı. Lozan'da, Sultan II. Abdülhamid'in Musul'daki petrol hisselerini kurtarmak için çalıştı.

İngiltere'de milletvekili oldu.

İstihbaratçı Bennett'in, yıllar sonra İstanbul'a geldiğinde ziyaret ettiği yerlerden biri, yine Özbekler Tekkesi oldu...

Yüzbaşı Bennett'in Özbekler Tekkesi'yle ilişkisi dikkatinizi çekmiştir.

İngiliz istihbarat subayının sık sık ziyarete gittiği Özbekler Tekkesi, nasıl oluyor da, Anadolu'ya insan kaçırılmasında merkez rolü oynuyordu?

Ayrıca, Halide Edip Adıvar, Adnan Adıvar vb Anadolu'ya niye gizlice gidiyorlardı? İstanbul'dan Anadolu'ya gidiş yasağı mı vardı? Her on metrede nöbetçi askerler kimseye göz mü açtırmıyordu? Hayır.

Peki ya, ulusal mücadeleyle hiç ilgisi olmayanlar İstanbul'a nasıl girip çıkıyorlardı? Ellerini kollarını sallaya sallaya...

Giriş çıkışlar öyle sıkı kontrol edilmiyordu; ayrıca Anadolu'ya her gidenin de ulusal mücadeleye filan katılacağı da düşünülmüyordu; İstanbul bugün gibi olmasa da o tarihlerde de giriş-çıkış trafiği çok olan bir şehirdi!

O halde, "İsmet Paşa, Ankara'ya gitmek için Özbekler Tekkesi'nde saklandı" diye yazmanın sebebi neydi?

Kimse sormuyor, peki hangi gidişinde, diye. Herhalde ulusal mücadeleye katılma kararı verdiği ikinci gidişi kastediliyor! İlk gidişinde rahat gidiyor; öyle ya nasıl olsa dönecek!

Bu saklanmalar, gizlenmeler meselesini artık resmî tarih yazımından çıkarmalıyız; çünkü artık kimseyi ikna edemeyiz.

Bir de silah kaçırma masalları var. Bir iki istisnaî olayı o kadar abartarak yazıyorlar ki, sanırsınız, Kurtuluş Savaşı'nın tüm silahı İstanbul'dan gitti!..

Evet, dün birilerinin bu hikâyelere ihtiyacı vardı. Ama artık yeter, sıktı!

Yakın Tarihimiz adlı dergiden bir alıntı:

> Millî mücadele esnasında İstanbul'dan Anadolu'ya silah ve her türlü harp malzemesi ile bilhassa işe yarar insan kaçırmak hususlarında rakipsiz bir kurul olarak tanınan "M. M. Grubu" gerçekte hiç de öyle değildi. (3. cilt, s. 165.)

O günleri yakından yaşamış ve Anadolu'ya büyük miktarda silah ve mühimmat kaçırmış Hüsnü Himmetoğlu dergiye, bugüne kadar okuduklarımızın tam tersini anlatıyordu. Bu makaleye göre, "M. M. Grubu", neredeyse adı var kendisi olmayan bir örgüttü!

Türkiye'de "Sabetayist bir tarih yazıcılığı" olduğunu kabul etmemiz gerekiyor. Değiştirmek zorundayız.

Hadi söz Özbekler Tekkesi'nden açıldığı için, yine örneğimizi oradan verelim:

Münir Ertegün'ü birkaç cümleyle size tanıttım. Mustafa Kemal'den çok, İsmet İnönü'ye yakındı. "Millî Şef" İnönü döneminde yıldızı parladı.

Tıpkı Özbekler Tekkesi'nde olduğu gibi Münir Ertegün konusunda da bir abartı var. Sanki ulusal kurtuluş mücadelesi veren kadrolar içindeymiş gibi gösteriliyor. Oysa, Münir Ertegün, İstanbul Hükûmeti tarafından, Ankara Hükûmeti'yle görüşmeler yapması için Anadolu'ya gönderilen Ahmed İzzet Paşa heyetinde görevliydi!..

Münir Ertegün'ün ağabeyi Özbekler Tekkesi şeyhi Ata Efendi'nin gözaltına alınmasına da bu nedenle kuşkuyla yaklaşıyorum.[20]

Üstelik, Özbekler Tekkesi şeyhi Ata Efendi, "İlluminate" üyesiydi; tıpkı, "manevî cihazcı" ve "ilim yaymacı" İstanbul Valisi Prof. Dr. Fahrettin Kerim Gökay gibi... (*Haftalık* dergisi, 2004.)

Ve yine artık biliniyor ki, Şeyh Ata Efendi 33. dereceden masondu...

Bakınız:

Ulusal mücadeleye destek vermiş, bu uğurda canından olmuş yiğit Sabetayistlerimiz var. Onları her daim şükranla anacağız...

Ama tarih yazıcılığımızdaki abartılara da son vereceğiz...

Dönelim başa:

Neymiş, "ABD Başkanı Roosevelt gizlice Müslüman olmuştu!"

Şeyh Ömer Fevzi Mardin, müritlerine böyle diyordu!..

Bu topraklar, aynı talihsiz olayları niye hep yaşamak zorunda bırakılıyor:

Alman İmparatoru II. Wilhelm "hacı"ydı!

Adolf Hitler'in gerçek adı "Haydar"; Mussolini'nin ise "Musa Nili"ydi ve dolayısıyla ikisi de Müslüman'dı!

İngiltere Başbakanı Tony Blair, Kuranı Kerim'i üç kez hatmetmişti. (*Sabah* gazetesi, 11 mart 2000.)

Şeyh Nâzım Kıbrısî'ye göre ise, Prens Charles gizlice sünnet olmuş bir Müslüman'dı:

> Prens Charles İslam dinini seçmiş bir mümindir. Sünnet olmuştur. Tarikatımıza bağlıdır. Dinimizi seçmesinden sonra Hüseyin Charles adını almıştır. Kraliyet ailesindeki tüm erkekler Müslüman ve sünnetlidir. Zaten Kraliyet ailesi, Peygamber Efendimiz Hazreti Muhammed'in (S. A.) kırkıncı göbekten torunlarıdır. (*Hürriyet* gazetesi, 4 ocak 1996.)

Bakalım yakında George Bush nasıl Müslüman olacak!..

Çünkü Ariel Şaron'un Türk olduğu "ispatlandı"; Menahem Begin'in dedesi ise Osmanlılar için cepheden cepheye koşmuştu!

"Kerkük Kürt kentidir" diyen Amerikalı emekli korgeneral Jay Garner'a, Kuzey Iraklı Kürtler "Garner Ağa!" adını verdi bile!

Ne tesadüf değil mi? Geçelim, çok tatsız...

Ömer Fevzi Mardin'in "oku(n)muş" müritleri

Arjantin'in unutulmaz kadın lideri Eva Peron öldüğünde, gıya-

20. Şeyh Ata Efendi'nin torunu, Cem Uzan'ın partisinin kampanyasını yürüten ünlü reklamcı Ali Taran'dır.

bında cenaze namazı kıldıran Şeyh Ömer Fevzi Mardin'in, ev sohbetlerine nedense hep "okumuş-yazmış tabaka"dan münevverler geliyorlardı.

Bu "Beyaz Müslümanlar"ı yakından tanıyalım:

Prof. Süheyl Ünver (1898-1986): İstanbul'da doğdu. Baba tarafından dedesi Tırnovalı toprak zengini Hacı Mehmed, anne tarafından dedesi Maliye Nezareti müdürlerinden Mehmed İzzet Efendi'ydi.

Babası Mustafa Enver, Posta Telgraf Nazırlığı'na bağlı Telgraf Bölümü'nün müdürüydü. Selanik Mevlevîhanesi'ne bağlı Mehmed Vehbi Dede'nin arabuluculuğuyla Safiye Hanım'la evlendi. Dört çocukları oldu: Ömer Şevki, Ahmed Sehil (adını sonra Süheyl Ünver yaptı), Fatma Sare ve Hatice Mesat. İlkokulu bir özel okul olan, Menba ül-İrfan Mektebi'nde okudu; sınıf arkadaşı Abdülbaki Gölpınarlı'ydı. Mercan İdadîsi'nde, Darülfünun-ı Osmanî Tıp Fakültesi'nde okudu. Tıp öğrenciliği döneminde, yakın arkadaşı Nureddin'in (Sevin) yardımıyla Bebek'teki özel okul Mekteb-i Güzin'e resim öğretmeni oldu.

Annesi kızdığı için 1921 yılına kadar tekkelere gidemedi. Süheyl Ünver'in basılmamış notlarına göre, annesi bu konuda çok sertti:

> Erkeklerin gittiği yere ihtiyaç hissedebilirsin. Git. Duymamazlıktan gelirim. Ama tekkeye gidersen seni evlatlıktan reddederim. (Ahmet Güner Sayar, *A. Süheyl Ünver, Hayatı Şahsiyet ve Eserleri 1898, 1986*, 1994, s. 134.)

Doktor olduktan sonra Yenikapı Mevlevîhanesi'ne gitmeye başladı. Mevlevîhanenin âdeta özel doktoru gibiydi.

Üniversitede Âkil Muhtar'ın (Özden) asistanı oldu. Hocası sayesinde Paris'e ihtisasa gitti.

Daha önceki sayfalarda anlattığımız Münir Ertegün, İsviçre / Bern büyükelçisiydi. Süheyl Ünver fırsat buldukça ziyaretlerine gidiyordu. Ertegün'ün eşi Hayrünnisa Hanımefendi, Süheyl Ünver'in uzaktan akrabasıydı; Ünver'in dayısı Said Bey'in damadının kız kardeşiydi.[21]

21. Süheyl Ünver'in en ünlü akrabası, teyzesi Rasime'nin oğlu yazar Hüseyin Rahmi Gürpınar'dı. Birlikte büyüdüler. *Şıpsevdi, Şık, İffet, Gulyabanî* gibi Türk edebiyatının unutulmaz romanlarını yazan, Kütahya milletvekili (1936-1943) olarak TBMM'de bulunan Hüseyin Rahmi, yaşamının önemli bir bölümünü Heybeliada'da geçirdi. Sadece yazdıklarıyla değil, yaşamıyla da adaya renk kattı: Hüseyin Rahmi, bazen kadın kıyafeti giyip, adada yürüyüşe çıkardı. 1944'te ölünce, vasiyeti gereği Heybeliada Abbaspaşa Mezarlığı'nda arkadaşı emekli miralay Hulusi Bey'in mezarının yanına defnedildi.

Ünver, Paris dönüşü, doçent oldu. Doktorluğun yanında tarih çalışmalarıyla da meşgul oldu.

Otuz dört yaşında tuğla tüccarı ve inşaat müteahhidi Mehmed Emin Bey'in kızı Arife Müzehher'le evlendi. Şahidi Âkil Muhtar Özden'di. Zaten haftanın belli günleri onun muayenehanesinde hastalara bakıyordu.

> Bir gün Âkil Muhtar Bey bana buyurdular ki, "Süheyl yarın Bebek'e Valde Paşa (Abbas Hilmi Paşa'nın annesi) için beni çağırmışlar. Sen de benimle geleceksin. Aç karına glisemisine bakmak için parmağından kan alacağız" dedi. Arabasına binerek Bebek'e meşhur yalısına gittik. Bizi yukarı katta misafir odasına aldılar. Nihayet ben de aleti hazırladım. Biraz sonra teşrif ettiler. Âkil Beyimiz beni tanıttı: "Benim muavinim Süheyl Bey. Sizin parmağınızdan bir damla kan alacak, muayene edeceğiz" dedi. Hanım Paşamız, "Benim kanımı niye alacaksınız? İnsanlardan Yahudiler kan alırmış. Yahudi misiniz?" diye sordu. Âkil Muhtar Bey, "Hayır efendim, bendelerinizden (köleniz) Doktor Süheyl" dediler. Kendisine eziyet edilmeden parmağından kan aldık. (a.g.e., s. 275.)

Profesörlüğü kolay olmadı. Fuat Köprülü'nün, dönemin Millî Eğitim bakanı Saffet Arıkan'ı "Ünver gibi çoluk çocuklar da profesör oluyor" diyerek etkilemesi üzerine, Süheyl Ünver ile Köprülü'nün arası açıldı. Kavganın temeli aslında Mevlânâ Celaleddin Rumî'nin Türk olup olmadığı tartışmasıydı. Sonunda Ünver, Yenikapı Mevlevîhanesi'nden arkadaşı Hasan Âli Yücel'in Millî Eğitim bakanı olmasıyla, profesör oldu.

Mardin ailesiyle ailece görüşüyorlardı. Necmeddin Molla ve Ebülula Mardin yakın dostlarındandı.

Müslümanlığını şöyle tarif ediyordu:

> Dünyada ender olan Türk-Müslüman'ım. Sadece Müslüman değil laikim. Yalnız ruhum Müslüman. Dışım modern, sünepe değil.
>
> Dinimiz laik dünya dinidir. Mademki geri gelen yoktur, bilmediğimiz ahiret de hayatımızda geçecektir. Cennet ve cehennem hepsi buradadır. Günde sık sık girip çıkıp, bu görünen tek âlemi iyi tanımamız dinimiz icabıdır. (a.g.e, s. 502.)

Atatürk hakkındaki düşüncesi ise şuydu:

> Ben Millî Mücadele'nin ilahî olduğuna inanırım. Kader güzel. Bunu Allah Mustafa Kemal'e nasip etti.

Atatürk gibi eskiden bile Türklüğe ve İslamiyet'e bu kadar hizmet etmiş yok. Yüce ruhu şad olsun. (a.g.e., s. 578.)

Yaşamı boyunca pozitif bilimlerle tasavvufu uzlaştırmaya çalışan Süheyl Ünver masondu...

Şeyh Ömer Fevzi Mardin'in bir başka münevver müridi:

Mehmet Ali Aynî (1869-1945): Manastır'da doğdu, Selanik'te büyüdü, İstanbul'da okudu. Mülkiye'den mezun oldu. Osmanlı döneminde öğretmenlik, maarif müdürlüğü, mutasarrıflık, valilik yaptı.

Cumhuriyet döneminde, Türk tarih tezi çalışmalarına katıldı.

İlahiyat Fakültesi'nde tasavvuf, Harbiye'de ahlak, Harp Akademileri'nde siyasî tarih dersleri verdi.

ABD'de toplanan felsefe kongrelerine katıldı.

İstanbul kütüphaneleri tasnif komisyonu başkanlığı yaptı.

75. doğum yılı nedeniyle Eminönü Halkevi'nde kendisi için jübile yapıldı. *Tasavvuf Tarihi, Hacı Bayram Veli, Türk Ahlakçıları, Bursalı İsmail Hakkı, Milliyetçilik, Demokrasi Nedir?, Felsefe Tarihi* gibi yirmiyi aşkın kitap yazdı.

Vahdet-i Vücud felsefesinin piri sayılan Şeyh Muhyiddin ibn Arabî, her daim İslam dünyasında tartışılan bir isimdi. Mehmet Ali Aynî, *Şeyh-i Ekber'i (İbn Arabî) Niçin Severim?* (1923) adlı kitabı yazdı: İbn Arabî'nin felsefesini övdü.

Tasavvuf felsefesini, özellikle Vahdet-i Vücud'cu anlayışı öne çıkararak, İslam'ın düşünce gelenekleri ile modern felsefe arasında ilişkiler aradı:

İnsan yeryüzünde ne zaman oraya çıkmıştır? Jeoloji ve insan ilmi erbabı bu meseleyi halledememişlerdir. Herhalde insanın neş'eti tarihi Yahudi âlimlerinin haber verdikleri gibi 7 bin senelik olamaz. Fakat ne faydası var ki diğer İsrailiyat rivayetleri sırasında bu rivayet de eski kitaplarımıza girmiştir. Ancak Şeyh-i Mübarek'imiz (Şeyh-i Ekber) bu meseleyi jeoloji mütehassıslarını güzel ve doğru kabul etmeye mecbur edecek bir şekilde halletmiştir. Şeyhimiz bir gün Mekke-i Mükerreme'de tavaf yaparken nazarına şekil ve kıyafeti yabancı olduğuna delalet eden bir adam tesadüf eder. Yanına yaklaşır, kim olduğunu sorar. O yabancı "Ben senin büyük atalarındanım" der. Şeyh sorar, "Hangi asırda yaşıyordunuz?" Yabancı: "40 bin sene önce vefat etmiştim." Şeyh: "Kitaplar insanın babası Âdem'in 6 bin sene önce yaratıldığını haber veriyorlar." Yabancı: "Sen hangi Âdem'den bahsediyorsun? Bil ki, insanların babası olan Âdem'den önce daha 100 bin Âdem geçmiştir."

Şeyhimizin böyle ruhanî bir konuşmaya atfettiği tahminini yeni ilimlerin keşifleri ve tahminleri tamamen tasvip etmektedir. (Aynî, *Şeyh-i Ekber'i Niçin Severim?*, s. 47-53; aktaran İsmail Kara. s. 56-59.)

Ama, *Milliyetçilik* (1944) adlı eserinde heterodoks zümreler için söyledikleri hayret verecek derece kin ve öfke doluydu.

Cumhuriyet, görüşünü mü değiştirmişti acaba?

Çünkü kitap ve makalelerinde, halifeliğin kaldırılmasını, laikliği, yeni medenî kanunu, Ankara'nın başkent olmasını, Osmanlı'daki rütbe-nişan ve üniformaların kaldırılmasını, Türk milliyetçiliğini, Latin harflerini savundu. Kitaplarını Atatürk'e ithaf etti:

Bu eseri büyük bir şevkle yazıyorum. Zira dinimizin şimdiki alemdarı Gazi Mustafa Kemal Paşa Hazretleri'ne ithaf edeceğim.

Mehmet Ali Aynî'nin eşi Feride, ünlü bir ailenin kızıydı:

Feride Aynî'nin annesi bestekâr Leyla Saz, babası Giritli Sırrı Paşa'ydı.[22]

Mehmet Ali Aynî, kayınpederi Giritli Sırrı Paşa'dan çok etkilendi.

Mehmet Ali Aynî'yi daha yakından tanımak için kayınpederini bilmek gerekiyor:

Kayınpederinin gerçek adı Muhammed Selim Sırrı'ydı (1844-1895). Paşanın Girit'teki yaşamı hakkında pek bilgi yok. Babası Girit tüccarlarından Helvacızade Salih Tosun Efendi.

Dört kardeştiler: Sırrı, Fuad, Mehmed ve Nuri.

Kardeşlerden Bilecik ve Kütahya valiliği yapan Fuad Paşa hiç evlenmezken, Hazine-i Hassa Nazırı, Vali Nuri Paşa Abidin Paşa'nın (Adana-Ankara valiliklerinde bulunmuş, Hariciye nazırı) kızı Nefise'yle evlendi. Üç oğulları oldu: Sedat Nuri İleri, Celal Nuri İleri ve Suphi Nuri İleri.

Abidin Paşa, Merkez Efendi Dergâhı postnişini Nureddin Efendi'ye intisap etmişti. İslam'ın üstünlüğünü anlatan *Meali-i İslamiye*; sade ve halkın anlayacağı bir dille yazdığı *Tercüme ve Şerh-i Mesnevi-i Şerif* en tanınmış kitaplarıdır. Ayrıca İmam Busirî'nin *Kaside-i Bürde* isimli eserini tercüme etti.

22. Vehbi Koç, Hıfzı Veldet Velidedeoğlu, Hıfzı Oğuz Bekata, Samet Ağaoğlu, Fuat Bayramoğlu, Oktay Rifat, Melih Cevdet Anday, Orhan Veli, Daniş Koper, Osman Turan, Emin Bilgiç, Ulvi Uraz gibi Türk siyasî-kültürel hayatını etkilemiş bu kişilerin ortak noktası, Ankara Taş Mektebi! Okulun kurucusu dönemin Ankara valisi Sırrı Paşa'ydı. Ondan sonra bu görevi dünürleri Abidin Paşa sürdürdü...

Abidin Paşa'nın torunu, Nuri Paşa'nın oğlu Celal Nuri (İleri) o günlerde aktifti:

> Bu dönemde Siyonist temsilcilere sempatiyle bakan Celal Nuri Bey (İleri), Siyonist temsilci Dr. Viktor Jacobson ile Evkaf Nazırı Hamada Paşa arasında randevu ayarlar. (İlber Ortaylı, *Osmanlı İmparatorluğu'nda Alman Nüfuzu*, 1983, s. 307.)

Aralarında ünlü solcuların bulunduğu bu aileyle, "Beyaz Müslümanlar"la ilgili bir çalışmada sık sık karşılaşmak ilginç gelecek sizlere...

Ailede dine karşı özel bir ilgi vardı...

Mehmet Ali Aynî'nin kayınpederi Sırrı Paşa ilk dinî bilgilerini Girit'te Cevrî Efendi'den aldı; İstanbul'a gelerek medrese eğitimi gördü. İlk resmî görevi Girit Hanya sancağı mahkeme-i şeriyesi kâtipliği oldu.

İzmir'de valilik mektupçuluğunda bulunurken, Vali Hekim İsmail Paşa'nın (Sakızlı Rum Rodokanaki ailesinin oğlu) küçük kızı bestekâr Leyla Hanım'la evlendi.[23] Diğer kızı Adeviye ise Sadrazam Mehmed Kadri (Cenanî) Paşa'yla evlendi.

Kayınpederi Hekim İsmail Paşa sayesinde Sırrı Paşa bürokrasinin basamaklarını üçer beşer atlayarak tırmandı; mutasarrıflık ve valilik yaptı.

Aynı zamanda edip, şair ve hattat olan Sırrı Paşa, dinî bilgilere çok önem verdi. Yirmi kadar eser kaleme aldı: *Sırr-ı Kuran, Ahsen ül-Kasas, Sırr-ı Furkan, Sırr-ı Meryem, Nakd ül-Kelam fi Akaid il-İslam* (İslamî İlmî Kelamın Özü) vb. Bunlar içinde Kuran tefsirlerinin Türkçe'ye çevrilmesiyle ilgili olanlar ağırlıktadır.

Mehmet Ali Aynî'nin eşi Feride Hanım, tıpkı annesi gibi şiire, müziğe meraklıydı; Anadolu'dan mahallî türküler toplayıp derledi.

Leyla Neyzî'nin yazdığına göre, babaannesinin annesi Feride Hanım, yaşlılığında saçlarını erkek gibi kestirerek ceket pantolon giyip kravat takıyordu! Leyla Neyzî'nin, *Küçük Hanım'dan Rubu Asırlık Adam'a* adlı kitabında Feride Hanım bu şekilde çektirmiş olduğu fotoğrafa bakınca, kendisini orta yaşlı bir erkekten ayıramazsınız.

Feride Hanım'la ilgili ilginç bilgiler var bu kitapta:

23. Sotiri Rodokanaki, Sakız İsyanı sırasında Yahudi dönmesi Cerrah İshak Efendi tarafından İzmir'e getirildi. Müslüman yapıldı ve İsmail adı verildi. İzmir, İstanbul, Fransa ve İtalya'da eğitim gördü; Saray'a hekimbaşı oldu.

> Saray'da yetişmiş olan annesi Leyla Hanım'dan farklı bir üslubu vardır Feride Hanım'ın. Leyla Hanım köşke gelen müzisyenlerle fasıl tarzında "meşk ederken" kızı Feride komşu hanımlarla rakı içip, çengi oynatır. Bu arada komşulardan "Mısırlı Prenses" Tevhide Hanım'ın Feride Hanım'ın yeğeni Celile'ye "yakınlığı" komşu köşklerin sakinleri arasında gerginlik yaratacaktır. (s. 26.)[24]

Leyla Neyzî'nin tırnak içine aldığı "yakınlık" sözcüğünden ne anlamalıyız, bilemiyorum...

Kitaptan öğrendiğimize göre, Feride Hanım çok küçük yaşında, sanki istemeden Mehmet Ali Aynî'yle evlendirilmişti.

Hep karşımıza çıkan bir olgu; bu evliliklerde, ilişkilerde hep bir sır var...

Ve mutlaka bir intihar vakası; Feride-Mehmet Ali Aynî'nin kızları Nefise Nezihe Neyzî, 1968 yılında, yetmiş bir yaşında intihar etti...

Yine bu kitaptan öğreniyoruz: Mehmet Ali Aynî eşi Feride'yle birlikte ruh çağırıp medyumluk yapıyordu!

Feride Hanım'ın iki ağabeyi de ünlü isimlerdi: 1910'da İstanbul Belediye başkanlığı yapan mühendis Yusuf Razi ve Saray'ın başmimarı Vedat Tek.

Mehmet Ali Aynî'nin torunu Nezih Halim Neyzî'nin yazdığı *Kızıltoprak Anıları* adlı kitapta da aileyle ilgili ilginç bilgiler var:

> Yusuf (Razi) dayım bir Fransız ile evlenmiş. Marie Belle isminde olan bu hanım kendisinden çok daha uzun boylu ve iri bir kadındı. Beşiktaş'a konağa getirdiği zaman Sırrı Paşa kızmış, "Tuuu, bunu mu buldun?" diye söylenmiş. Neyse hemen şeyhülislama görünüp diyebileceği kadar bir "Lailaheillallah Muhammedün Resul Allah" dedirtmişler. Yatağının başında hep bir haç asılı idi. Zannedersem de gene Hıristiyan mezarlığına kaldırıldı. (s. 83.)

Bu "ikili yaşam"ın hep karşınıza çıkmasına şaşırıyor musunuz?

Bir diğer torun Ali Halim Neyzî de, *Beyzade Paşazade* adlı romanında, Fransız Marie Belle'nin adını değiştirip "İsveçli Alma"

24. Leyla Hanım'ın mezarı Galata Mevlevîhanesi (Divan Edebiyatı Müzesi) bahçesindedir. Yazar Leyla Neyzî'nin, Selanikli Fatma Arığ'la yaptığı "Selanikli Kim" röportajı, Sabetayistlerin inançlarına ne kadar bağlı olduğunu göstermektedir: "Görüyorum ki, benim büyükannem ve büyükbabamın nesli, bu kimliğin bütün kurallarını ve vecibelerini yerine getirmişler. (...) Küçükken annemin yatağına kaçtığımda anneannem benim boş kalan yatağımın 'Osman Baba'nın yatağı' olduğunu söyleyip alay ederdi. Ben de bir şey anlamazdım. Sonradan Sabetay Sevi'den sonra ortaya çıkan Osman Baba adında bir mesih beklendiği için evlerde bir yatak boş tutulduğunu ve başında daima bir kandil yakıldığını öğrendim." (*Gazete Pazar*, 15 ekim 1997.)

diye bahsediyor. Düğünün kilisede yapıldığını, Alma'nın başını bağlamaya yanaşmadığını belirtiyor.

Mehmet Ali Aynî'nin bir diğer torunu da ünlü bir politikacıydı: İsmail Hakkı Arar!

TBMM'de 13. ve 14. dönem CHP milletvekili olarak bulunan İsmail Hakkı Arar, 12 Mart 1971 askerî darbesinden sonra kurulan hükûmetlerde sırasıyla, Adalet bakanı, Millî Eğitim bakanı ve devlet bakanı oldu. Aydınlara, üniversite öğrencilerine yönelik "Balyoz Hareketi"nin başında bulunan sertlik yanlısı siyasetçilerdendi.

12 Eylül 1980 askerî darbesinde de, Danışma Meclisi üyesi oldu!

Mehmet Ali Aynî'nin kardeşi ünlü maliyeci Prof. Dr. Hasan Tahsin Aynî'ydi. Uzun yıllar Maliye Bakanlığı'nda müsteşar olarak görev yaptı.

Hasan Tahsin Aynî'nin kızı Emine Nesrin, Prof. Dr. Reşat Garan'la evliydi. Bu evlilikten doğan Prof. Dr. Hasan Garan (eşi Elinor Garan), ABD'nin önde gelen Türk doktorlarındandır.

Prof. Hasan Tahsin Aynî'nin torunu Nur Garan ise büyükelçi Yüksel Söylemez'le evlidir.

Ali ve Ömer Karacan'ın annesi; *Milliyet* gazetesi eski sahibi Ercüment Karacan'ın eşi Cemile Garan bu ailedendir...

Şeyh Ömer Fevzi Mardin'in müridi "Beyaz Müslümanlar"ı tanımaya devam...

Prof. İsmail Hakkı İzmirli (1869-1946): İzmir'de doğdu. Babası yüzbaşı İzmirli Hasan Efendi, annesi Giritli Hafize Hanım. İlk ve orta tahsilini İzmir'de yaptı. İkiçeşmelik İptidaî Mektebi'ni ve Rüşdiyesi'ni bitirdi.

İzmir'de Farsça öğretmenliği yaparken Şaziliye tarikatından icazet aldı. İstanbul'a gelip yeni açılan, Darülmuallimin-i Âliye'ye (Yüksek Öğretmen Okulu) girdi. Öğretmen oldu. Mercan İdadîsi'nde din, ahlak ve tarih dersleri verdi.

1908'de çıkan *Sırat-ı Müstakim* ve daha sonra *Sebil ür-Reşad*'a makaleler yazdı.

Mülkiye, Darüşşafaka, Darülfünun İlahiyat, Darülfünun Edebiyat, Mekteb-i Hukuk, İstanbul Ünivesitesi Edebiyat Fakültesi'nde dinler tarihi, felsefe gibi dersler verdi. Ordinaryüs profesörlüğe kadar yükseldi. 1932-1937 yılları arasında yapılan tarih kongrelerinde tebliğler sundu.

"Millî Din", "Millî Tarih" çalışmalarına katıldı. Kitaplar yazdı: *Müslüman Türk Hukuku ve Din* (1935); *Müslüman Türk Filo-*

zoflar (1936); *Şark Kaynaklarına Göre Müslümanlıktan Evvel Türk Kültürünün Arap Yarımadasında İzleri* (1937).

Rejimin güvenini kazanan İsmail Hakkı İzmirli'nin jübilesi CHP'nin kontrolündeki Kadıköy Halkevi'nde yapıldı.

Fransızca, Rusça, Rumca, Arapça, Farsça, Latince biliyordu. *İlm-i Mantık, Arap Felsefesi, Felsefe Dersleri, Yahudilik Hıristiyanlık Müslümanlık, Arap Filozofu Yakub el-Kindî, Müslüman Türk Filozofları, Maan-i Kur'an* ve *Tahlil-i Kur'an* gibi elliye yakın kitap yazdı.

Mukaayese kitabında İhvanüssefa ile Darvinizm, Kınalızade ile Descartes arasında fikir akrabalığı görüyordu.

Vahdet-i Vücud'un, Yunan ve Hint mistiklerinden alınarak bazı mutasavvıflarca din boyasıyla boyandığını ileri sürdü.

O dönemin akademisyen İslamî düşünürlerinin hemen hepsi nedense hep keçisakallıydı; İsmail Hakkı İzmirli, Mehmet Ali Aynî, Ferit Kam, Ebülula Mardin gibi. Niye acaba?

Türklerin "bıyık-sakal" meselesi güzel bir kitap konusudur...

Ömer Fevzi Mardin'in ev sohbetlerine Türkiye Öğretmenler Birliği genel başkanlığını yapan Ahmet Sami Ayral gibi sağcıların yanı sıra Sertellerle birlikte hareket eden, "sosyalist" Yeşil Ordu'nun kurucusu Cami Baykut gibi solcu isimler de katılıyordu...

Ama...

Şeyh Ömer Fevzi Mardin için en önemli konuğu bir "peygamber"di: Enis Behiç Koryürek!

Hâşâ, iddia bizim değil; Şeyh Ömer Fevzi Efendi'nin!..

Okuyalım, bakalım...

Enis Behiç Koryürek (1892-1949): İstanbul'da doğdu. Selanik, Üsküp ve İstanbul'da okudu. Mülkiye Mektebi'ni bitirdi.

Osmanlıca'ya hep karşı çıktı, Türkçü'ydü; Ulusal Kurtuluş Savaşı'nı destekledi; Mustafa Kemal'e hayrandı:

Ey sen ki alev saçlı zafer küheylanıyla;
Kurtardığın vatanda en yüce şehsüvarsın...

Çeşitli şiirlerini Erol Sayan besteledi:

Sen gözlerimde bir renk
Kulaklarımda bir ses
Ve içimde bir nefes
Olarak kalacaksın...

Dışişleri'nde görev yaptı; Bükreş ve Budapeşte'de çalıştı. Çalışma Bakanlığı'nda müsteşarlık görevinde bulundu.

Ne olduysa bu görevi sırasında oldu; konuk olduğu bir evde "reenkarnasyonla" tanıştı. Sık sık ruh çağırma seanslarına katılıyordu.

Ve sonunda olan oldu: Trabzonlu Çedikçi Süleyman Çelebi'nin (XVIII. yüzyıl) "ruhundan ilhamlar" aldığını söylemeye başladı. Vahiy yoluyla yazdığını söylediği şiirlerini bir kitapta topladı: *Vâridat-ı Süleyman.*

Şiirlerinin temaları ilginçti:

Ey güzel Mesih, Yahudileri aşkına yandır,
İslam birliği doğrultusunda herkesi birleştir...

Rahip Dr. Buchman gibi Evangelistlerin görüşlerine uygun sözlerdi bunlar!

Ve şimdi gelelim, Şeyh Ömer Fevzi Mardin'in Enis Behiç Koryürek'i yükselttiği mertebeye:

> Bu sene bir kitap basıldı. *Vâridat-ı Süleyman* adlı bu kitabın içeriği eşsiz, benzersiz; oluşma biçimi olağanüstü bir olaydı. Çünkü bu içerik, ölümlü bir insanın sesi kullanılarak ortaya konmuş Allah sözü idi. Olağanüstülüğü şu nedenlerleydi: Ağzından bu sözler çıkan kişinin aktardığı bilgilerin çoğundan, yani ilahiyat ilminden haberi yoktu. Her olağanüstülük gibi bu da ilahî bir olay, yani bir mucizedir. Bu sözleri Enis Bey'in içine girerek Allah'tan başkası söylemiş olamaz. Söyleyen Enis Bey'in sesini kullanan, "Ruh-ül-Kudüs"tür, yani Allah'ın "Zat" nurudur. Cebrail Aleyhisselam bu meyandadır. Peygamberler devrinden sonra Ruh-ül-Kudüs'ün dünyaya kelam getirdiği işitilmiş değildi. Bu ilk kez Enis Bey'de gerçekleşiyor. Allah'ın mucizesidir bu. Böyle olağanüstü ve eşi benzeri olmayan olayı yaratan Allah'ın elbette bir amacı vardır...
>
> Bu kitabı Caux'daki (İsviçre) Allah işçilerinin amaçlarına uygundur. Allah'a sarılarak birleşin. Bu kitap yalnız Türklerin veya Müslümanların değil, bütün insanlığın uygarlığına ve erdemde birleşmesine ve iyiliklerde işbirliği etmelerine neden olacak güzellikte hikmet ve irfan dolu değerdedir. Bu kitap, sanki bütün Kutsal Kitapların bir özetidir. Bütün Kutsal Kitapların özünü vermektedir. (Mardin, *Vâridat-ı Süleyman Şerhi*, İlahiyat Kültür Telifleri Basım ve Yayım Kurumu Neşriyatı, 1951, aktaran Özakıncı, s. 116.)

Şeyh Ömer Fevzi Mardin'in sözlerini nasıl değerlendirmek lazım? Şeyh Cüneyd Bağdadî diyor ki: "Allah'ın velileri ile delilik arasında soğan zarı kadar mesafe vardır."

Ne diyebiliriz ki?

Bu arada:

Rastlantı mı; Mesih-Kral Sabetay Sevi'nin de bir "peygamber"i vardı: Abraham Nathan Aşkenazi!

"Peygamber" Enis Behiç Koryürek'in Mesih'i kimdi acaba?..

Ben çıkaramadım, ya siz?

"Peygamber" Enis Behiç Koryürek'in adı, bugün Ankara Çankaya'da bir sokağa verilerek yaşatılıyor...

Şeyh Ömer Fevzi Mardin'in müritlerinden biri de, Türk siyasî yaşamının renkli isimlerinden DSP Eskişehir Milletvekili Mail Büyükerman'dı. Büyükerman'ın bir kitabı var: *Birinci Otuz.*

Kitapta, İncil, Zebur, Tevrat ve Kuran'ın ortak yönlerini incelemişti. "Bu kitabın meydana gelişinde Üstadım'ın bana öğrettiklerinden çok istifade ettim" diyerek kitabını şeyhine ithaf etmişti: "Üstadım, büyük insan Ömer Fevzi Mardin'i rahmetle anarım." (*Yeni Şafak* gazetesi, 28 mart 2003.)

Evet toparlarsak, "Beyaz Müslümanlar"ın şeyhi Ömer Fevzi Mardin ile müritleri hakkında bilgi sahibi olduk.

Ama "maratonumuzu" sürdürelim; Aaron Kandiyoti'nin "Harun Hoca"lığa yükselişini öğrenebilmek için, şimdi biraz da Ömer Fevzi Mardin'in Nakşibendî şeyhi Küçük Hüseyin Efendi'yi yakından tanıyalım...

Yahudi Garihlerin Nakşibendî şeyhleri

Şeyh Küçük Hüseyin Efendi: Ankara'nın Arslan Bey Mahallesi'nde 1832'de doğdu.

Babası Gökmenoğullarından Katırcı Ali Abdullah Efendi, annesi Havva'ydı.

Beş altı yaşına kadar Ankara'da kaldıktan sonra ailesiyle Mihalıççık'a gitti.[25]

Babasının vefatından sonra on beş yaşında İstanbul'a gitmeye karar verdi.

İstanbul'da Mevlevî tarikatına mensup bir ustanın yanında çıraklığa başladı.

Boyunun 120 santim olması nedeniyle "Küçük" ismiyle çağrıldı.

25. Mihalıççık Osmanlı döneminde "dönme" Mihal Osman tarafından kuruldu. "Dönmeliği" konusunda ayrıntılı bilgi yok. Diğer yanda, 1492'de İspanya'dan gelen Sefaradların bir bölümünün Eskişehir'e yerleştiği bilgisine sahibiz.
Mihalıççık, 1925 yılına kadar Ankara'ya bağlıydı, sonra Eskişehir'e bağlandı. İş ve siyaset dünyasının tanınmış ailesi Sazaklar, Mihalıççık'ın Sazak köyünden.

Çarşamba'da, Murad Molla Dergâhı'na hizmet etti.

Mevlevî usta onu, okuma yazma öğrenmesi için, Beyazıt Camii avlusundaki bir tespihçinin yanına götürdü. Tespihçinin yanındayken, sabahları Süleymaniye Camii'ne gidip, ders aldı.

Bu arada karnında şişlik meydana geldi. İlk şeyhi olacak Nakşibendî tarikatının Halidiye koluna mensup Hacı Feyzullah Efendi'ye giderek manevî tedavi istedi. Şeyh Feyzullah Efendi'nin, "Oğlum bu karnınızdaki şiş geçer, ancak bize intisap etmelisiniz, yoksa biz üfürükçü takımından değiliz" buyurmalarıyla yirmi yedi yaşında dergâha girdi.

Şeyhinin adının, Sultan Abdülmecid'i tahttan indirecek Kuleli Olayı'na (1859) karışması üzerine önce idam cezası alması ve ardından padişahın "Ben adam öldürmek istemem" sözüyle Midilli'ye sürgün gitmesi, Küçük Hüseyin Efendi'yi çok sarstı. Vaktini boş geçirmeyip Dağıstanlı Hacı Musa ve mühtedi (dönme) Cevdet Efendi'den dersler aldı,[26] ancak şeyhinin özlemine dayanamayarak Midilli'ye gitti. Sultan Abdülaziz'in 1861'de tahta çıkması üzerine şeyhi affedilince birlikte İstanbul'a döndüler. Şeyhinin emri üzerine on beş yıl Abdülaziz'in büyük haremi Hanım Efendi'nin yanında çalıştı.

1876'da şeyhinin vefatından sonra, Babıâli civarında Beşir Ağa Dergâhı'nın, Malik Efendi namıyla tanınan şeyhi Mehmed Nuri Efendi'ye bağlandı. Sekiz sene kaldığı bu dergâhta birbiri ardına üç erbain çıkarıp, dizlerinin derisi soyulacak hale geldi.

Bir süre Nakşibendî Şeyhi Hasan Visalî Efendi'yle sohbetlere devam eden Küçük Hüseyin Efendi, burada da on sekiz sene hizmet etti.

Şeyh Hasan Visalî Efendi'nin 1902 yılında vefatından sonra, yetmiş altı yaşındayken şeyhlikle görevlendirildi.

İrşat merkezi haline gelen evi, Kocamustafapaşa'daydı.

Yirmi üç halife yetiştirdi.

Çok talebesi olan Küçük Hüseyin Efendi 397 gün hasta yattıktan sonra 14 mart 1930'da vefat etti.

Kabri, Eyüp'te, Karlıktepe (Gümüşsuyu) diye bilinen yerde, ikin-

26. Hüseyin Vassaf, *Sefine-i Evliya* adlı eserinde Şeyh Cevdet Efendi'nin "mühtedi" (dönme) olduğunu belirtiyor. (2. cilt, s. 334.) Cevdet Efendi'yle ilgili başka bilgi yazmıyor. Sadık Albayrak'ın *Son Devir Osmanlı Uleması* adlı kitabının 1. cildinde bilgi var. Ama "mühtedi" olduğu yazılı değil: "Şeyh Mehmed Ali Efendi'nin oğlu olup 1287 (1862) tarihinde Yanya'da doğmuştur. Sipahioğlu şöhreti ile bilinirdi. Ayrıca Şeyh Mehmed Cevdet Efendi lakabı ile anılırdı. Yanya'da Arslan Bey Medresesi'nde babasından tahsil görmüş ve vücuh-aşare üzerinde de çalışmıştır. Dinî tahsilini bitirip 1310 (1894) tarihinde babasından icazet almıştır. Türkçe, Arapça, Arnavutça ve Rumca bilirdi. Basılmamış eserleri vardır. Dinî icazetnamesini Nakşibendî tarikatından almıştır."

ci şeyhi Mehmed Nuri Efendi'nin kabri civarındadır.

Ve...

İşte geldik, Küçük Hüseyin Efendi'yi tüm Türkiye'ye tanıtan olaya:

Türkiye'nin önde gelen Yahudi işadamlarından Üzeyir Garih, 25 ağustos 2001 tarihinde, Yahudilerin kutsal günü şabatta (cumartesi günü) ziyaret ettiği Küçük Hüseyin Efendi'nin mezarı başında on bir bıçak darbesiyle öldürüldü!

Tüm Türkiye aynı sorunun yanıtını merak etti: Yahudi bir işadamının Yahudilerin kutsal gününde bir Nakşibendî şeyhinin mezarının başında ne işi vardı?

Sonra ortaya çıktı ki, Üzeyir Garih her şabat günü Şeyh Küçük Hüseyin Efendi'nin mezarına gidiyordu. Özel ofisinin çekmecesinde Küçük Hüseyin Efendi'nin vesikalık fotoğrafını bulunduruyordu!

Şeyhin mezarını onartıp boyattırıyordu. (*Zaman* gazetesi, 27 ağustos 2001.)

Kamuoyunun yakından tanıdığı Yahudi işadamının bir Müslüman şeyhe bu yakın ilgisinin sebebi neydi?[27]

Bazi iddialara göre, Üzeyir Garih gizli Müslüman'dı, hatta sadece kendisi değil, babası diş hekimi Ezra Garih de gizli Müslüman'dı!..

Bir iddiaya göre ise, Küçük Hüseyin Efendi Yahudi dönmesiydi!..

Özellikle İslamcı basının kafası çok karışmıştı:

> Şeyh Küçük Hüseyin'in, İslamî kesimin dışında bazı kesimlerle bağlantıları ve yaşayışı, zamanın âlimleri arasında zaman zaman tartışmalara neden oluyor. O günün şartları icabı birçok şeyhe baskı yapılırken, bunun rahat bir şekilde hareket etmesi, tutuklanma, takip ve baskı gibi hallere maruz kalmaması da dikkat çekicidir. Bunun için zamanın gerçek şeyhleri, âlimleri buna hep şüphe gözüyle bakmışlar, kendisinden uzak durmuşlardır. Cenazesine bile iştirak etmemişlerdir. (*İktibas*, 6 eylül 2001.)

Bir yanda Şeyh Hüseyin Efendi'nin kabri, bir yanda "Beni şeyhimin yanına defnedin" diyebilecek kadar ona bağlı Mareşal Fevzi Çakmak'ın kabri! Tam ortada ise Üzeyir Garih! Öyle bir tarikat şeyhi ki, bir "Müslüman mareşal" de, bir "Musevî işadamı" da onun müridi!.. Acaba hangisi gerçek? Ya da yalan olan hangisi? Şahsen ben, çıkamadım işin içinden! Öyle ya, bir yanda "tarikat şeyhi" öte yan-

27. Küçük Hüseyin Efendi, Üzeyir Garih suikastıyla o kadar meşhur oldu ki, yazar Nazlı Eray, *Beyoğlu'nda Gezersin* adlı romanının önemli karakterlerinden birini "Küçük Hüseyin Efendi" yaptı. (Can Yayınları, 2005.)

da biri "Müslüman", öteki "Musevî" iki mürit! Gelin de karışmasın kafanız. Gelin de sormayın: Acaba Şeyh Hüseyin Efendi ve müridi Fevzi Çakmak da birer mason muydu? (H. Karakaya, *Akit* gazetesi, 30 ağustos 2001.)

Nakşibendî şeyhi Küçük Hüseyin Efendi, Müslüman mı, Yahudi kökenli mi, mason mu?

Yanıtı zor. Çünkü ortada anlaşılması zor tuhaf ilişkiler yumağı var...

Şöyle ki, cinayetten bir hafta sonra Vehbi Koç'un kızı Sevgi Gönül, *Hürriyet* gazetesindeki köşesini Küçük Hüseyin Efendi'ye ayırdı:

> Ender, katledilen Üzeyir Garih'in asıl adının Hezakiyer olduğunu, Üzeyir isminin babasına ait bulunduğunu, ama oğul Üzeyir'in daha sonraları adını değiştirerek babasının adını aldığını anlattı.
>
> Üzeyir Bey'in hepimizi acılara boğan hunharca öldürülmesi, ziyaretine gittiği Küçük Hüseyin Efendi'nin mezarı başında cereyan etmişti.
>
> Kimdi bu Küçük Hüseyin Efendi? Mistik dünyaya biraz meraklıydım. Ama bu zat-ı muhteremden bahsedildiğini hiç duymamıştım. E... Ne de olsa bendeniz Hacı Bayram Veli sülalesinden gelmeyim. Dolayısıyla bazı diğer muhteremlerden haberimin olmaması normaldir, diye kendi kendimi avutmaya çalıştım. Ama bir taraftan da kimdir diye araştırmaya, soruşturmaya başladım. Şeytan bir dostum, "Ne araştırıp soruyorsun, müridi Ender Hanım burnunuzun dibinde" diye benimle bir de dalga geçti.
>
> Ailede iki Ender vardı. Biri Prof. Dr. Ender Berker, benden on iki saat küçük teyzezademdi. Diğeri ise gelin Ender Mermerci, o da diğer teyzezademin hanımıdır. Gelin Ender'i yakaladım, sormaya başladım.
>
> Bana babası Prof. Dr. Hasan Reşat Sığındım'ın, Üzeyir Garih'in babası Dr. Üzeyir Garih'in ve Doktor Salih Arazraki'nin Küçük Hüseyin Efendi'nin müridi olduklarını söyledi. (*Hürriyet* gazetesi, 1 eylül 2001.)

Evet, sosyetik Ender Mermerci'nin babası Prof. Dr. Hasan Reşat Sığındım Nakşibendî Şeyhi Küçük Hüseyin Efendi'nin müridiydi.

Prof. Sığındım'ın biyografisine bakarak, bir ipucu yakalayabilir miyiz?..

Ender Mermerci'nin babası

Prof. Hasan Reşat Sığındım: 1884 İstanbul doğumlu. Osmanlı'nın ilk cilt doktorlarındandı. Mekteb-i Tıbbiye-i Mülkiye'yi bitirdikten sonra, Celal Muhtar Özden'in asistanı oldu. Frengi ve deri hastalıkları alanında uzmanlaştı. Berlin'de ihtisas yaptı. Avrupa'nın ünlü Charite Hastanesi'nde ve St. Louis'de çalıştı.

Dönüşünde, Şam, Beyrut tıp okullarında müdürlük yaptı.

Hükûmet tarafından, Afganistan Kâbil'de Tıp Fakültesi'ni kurmakla görevlendirildi.

Uzun yıllar Haydarpaşa Numune Hastanesi'nde çalıştı. Yüksek Sağlık Şûrası üyeliği yaptı. Türk Dermatoloji Derneği'ni kurdu.

1971 tarihinde vefat etti.

Üzeyir Garih'in babası Ezra Garih ile Prof. Dr. Sığındım uzun yıllar aynı dairede bulunan muayenehanelerinde çalışmışlardı.

Küçük Hüseyin Efendi'nin iki müridi Yahudi Ezra Garih ve Müslüman Prof. Hasan Reşat Sığındım aynı çatı altında çalışıyor ve herhalde boş vakitlerinde şeyhlerine sığınıyorlardı!..

"Sığındım" ailesini tanımayı sürdürelim:

Prof. Sığındım'ın eşi Bosna'dan göç eden Cemile Hanım'dı.

Hasan Reşat-Cemile çiftinin kızları, zamanla dünya jet-setine giren Ender Mermerci'ydi.

Ender Mermerci, Yüksek Ticaret Mektebi'ni bitiremedi. Gönlünde hep Brigitte Bardot gibi ünlü bir film yıldızı olmak vardı. Yarışmalara katıldı, hatta birinde "Sinema Güzeli" seçildi. Ailesi bu sektöre girmesine izin vermedi. Genç yaşında Siemens'in pazarlama bölümünde sekreter olarak çalıştı. Ardından Türk Hava Yolları'nda hosteslik yaptı.

Ender Hanım'ın hayatı, kırk bir yaşına kadar hiç evlenmemiş Mehmet Mermerci'yle tanışmasıyla tamamen değişti. Vehbi Koç'un baldızının oğlu Mehmet Mermerci'yle 1973'te evlendi. Tansa, Yosun ve Derin adlı üç kızı oldu.

Yosun Mermerci, Yahudi işadamı Olivier Reza'yla evlendi.

Tansa ise Koç Holding yöneticisi Uğur Ekşioğlu'nun oğlu Can'la evlendi.

Ender Hanım 1992'de eşini kaybettikten sonra, bir süre Yahya Demirel'le flört etti. Ender Hanım kitap yazılırken Hollandalı Herman Van Alkamade'yle nişanlıydı.

Koç ailesinin, Şeyh Küçük Hüseyin Efendi'yle ilişkisi sadece dünürleri Sığındım ailesiyle sınırlı değildi.

Küçük Hüseyin Efendi'nin torunu Sabiha Hanım, Koç ailesinin dostuydu. Sık sık buluşup bezik oynuyorlardı. Sabiha Hanım'ın kızı Nurinisa, Ankara'da Hayyam Şarapları'nı imal eden Celalettin Rodoslu'yla evliydi!

Koç Holding'in üst düzey yöneticisi, akrabadan Can Kıraç'ın eşi Nazlı Kıraç da Şeyh Küçük Hüseyin Efendi'nin akrabasıydı. (*Chronicle*, sayı 2, 2005.) Şeyhin Eyüp'teki mezarını, eşiyle birlikte ziyaret ediyordu. Bu ziyaretler esnasında şeyhin mezarı başında Üzeyir Garih'i görmeleri çok şaşırmalarına neden olmuştu...

Bu ilişkiler ağını çözecek, Sığındım ailesinden yeterli ipucu bulamadık sanıyorum.

O halde, Şeyh Küçük Hüseyin Efendi'yi daha yakından tanımak için, Garih ailesi hakkında bilgi sahibi olmamız gerekiyor.

Bu nedenle gelin önce, Garih ailesinin geçmişine kısaca bir göz atalım...

Yahudi Garihlerin soyağacı

Garih ailesi, 1492'de İspanya'dan Osmanlı'ya sığınan Sefarad Yahudilerindendi. Bağdat'a yerleşmişlerdi. Ailede çok cerrah olduğu için "Carıh" diye tanındılar. Örneğin, Üzeyir Garih'in amcası Harun Garih, Sultan II. Abdülhamid'in hekimiydi.[28]

Ailede sadece hekimler yoktu. Avram Farhi II. Abdülhamid döneminde matbuat reisliği yaptı.

Şam'da yaşayan Haim Farhi ise ailenin en ünlüsüydü; Osmanlı bürokrasisinde yer almış, Cezzar Ahmed Paşa'nın sarrafı ve Napolyon Bonapart'ın karşısında baş destekçisiydi. Aynı zamanda Filistin Musevî cemaatinin lideriydi.

Ailenin gücünü anlatmak için size bir örnek vermem gerekiyor: Kanlı bir olay nedeniyle Akkâ Valisi Abdullah Paşa, Haim Farhi'yi idam ettirdi. Bunu haber alan Haim Farhi'nin kardeşleri durumu İstanbul'daki Musevî cemaati lideri Behor Karmona'ya bildirdi ve yardım istedi. Karmona Sultan II. Mahmud'a haber vermeden şeyhülislamdan bir fetva alarak Vali Abdullah Paşa'nın idam edilmesini sağladı.

İşte bu olay, Yeniçeri Ocağı'nın kaldırılmasına kadar giden olayların ilk kıvılcımı olacaktı; bu meseleyi ileri sayfalara bırakalım...

XIX. yüzyıl sonunda Bağdat'ta Arap milliyetçi hareketlerinin başlaması üzerine Garihlerin bir bölümü İstanbul'a göç etti. Bunlardan

28. Sultan II. Abdülhamid'in baştabibi Yahudi Jak Mandil Paşa'nın torunu –toprağı bol olsun– Tilda Kemal, Yaşar Kemal'in eşiydi.

biri de Üzeyir Garih'in inci tüccarı dedesi Azra Yehazkel Efendi'ydi.

Üzeyir Garih'in babası İzidor Ezra Garih, Mekteb-i Sultanî ve Darülfünun'dan sonra Paris'e gitti; Sorbonne Üniversitesi'nde diş hastalıkları konusunda tıp tahsili yaptı. Türkiye'ye dönüp diş hekimi olarak Beyoğlu Tünel'de muayenehane açtı. Yazdığımız gibi, cilt doktoru Prof. Hasan Reşat Sığındım'la aynı daireyi paylaştı.

Araya girip bir alıntı yapalım:

> Mehmet Faik Erbil Efendi, Küçük Hüseyin Efendi (Arusî şeyhi), tarikatına mensup ünlü isimleri açıklıyor: "Yolumuz ulularından Arif-i Zat-ı Billah Esseyyid Mevlânâ Küçük Hüseyin Efendi'yi ve Halife-i Hassası Zat Mürşidi Esseyid Ömer Fevzi Mardin Hazretleri'ni zikrettikten sonra terbiyesinde yetişmiş pek çok değerli dervişlerinden birkaçının isimlerini burada dercetmek istiyoruz: Eski başvekillerimizden vatanperver Hüseyin Rauf Orbay, beynelmilel tıp ilmi ile mücehhez Ord. Prof. Hasan Reşat Sığındım, yine tıp âleminden Ord. Prof. ve aynı zamanda Paşabahçe Tezyinî Sanatlar hocası muhterem Ahmet Süheyl Ünver, Washington Büyükelçimiz Münir Ertegün, eski Adliye ve Hariciye vekillerimizden Ord. Prof. Yusuf Kemal Tengirşenk, DP'nin ilk Sağlık bakanı tıp profesörü Nihat Reşat Belger, Atina Büyükelçimiz Enis Akaygen, Müzeler Umum Müdürü (Mareşal Çakmak'ın damadı) Prof. Dr. Burhan Toprak ve Mareşal Mustafa Fevzi Çakmak ve teğmen rütbesi ile huzuruna varıp mübareğin kendisine gösterdiği keramet üzerine ömrünün son demine kadar mum ışığında Kuran-ı Kerim okuyan Balıkesir Kumandanı Korgeneral Kurtcebe Noyan Paşa. Musevî Doktor Salih Arazraki, Üzeyir Garih'in diş hekimi babası Ezra Garih." (*Yeni Şafak* gazetesi, 20 ağustos 2003.)

Yazar Erol Güngör'ün deyişiyle, "En kaliteli zihinleri, en parlak zekâları, kültür hayatının dışına çekerek onları düşünsel anlamda kısırlaştıran; Batı'da ortaya çıkan aktif ve müteşebbis insan tipiyle rekabet şansı olmayan; pasif ve içedönük bir insan tipi yaratan" bu dergâhlarda okumuş yazmışların ne işi vardı?

Ama meselenin özü başkaydı; Erol Güngör, "Beyaz Müslümanların büyük sırrı"na vâkıf değildi!

Biz *Yeni Şafak* gazetesinin haberine devam edelim:

Arusî Şeyhi Mehmet Faik Erbil, Mardin ailesinin dünürleri Şeyhülislam Mustafa Hayri Efendi ile oğlu eski başbakanlardan Suat Hayri Ürgüplü'nün, Şeyh Küçük Hüseyin Efendi'yle diyaloglarını anlatıyor.

Ürgüplüler her başı sıkıştıklarında soluğu Nakşibendî şeyhi

Küçük Hüseyin Efendi'nin mezarında almışlardı!

Burada bir soru sormamız gerekiyor:

Mustafa Kemal ve İsmet İnönü dönemi, siyasal İslamcılar tarafından hep din düşmanlığı yapıldığı iddiasıyla eleştirilir.

Peki, Genelkurmay Başkanı Mareşal Fevzi Çakmak'ın Eyüp Mezarlığı'nda şeyhi Küçük Hüseyin Efendi'nin ayaklarının ucunda yatmasını; önce bakan sonra başbakan olan Suat Hayri Ürgüplü'nün her başı sıkıştığında soluğu Küçük Hüseyin Efendi'nin yanında almasını nasıl açıklayacağız?..

Tek parti döneminde akademisyenler, yazarlar, sanatçılar, siyasetçiler şeyhlere koşuyor, kimse onlar hakkında idarî bir soruşturma açmıyor; sohbet evleri baskınlara uğramıyor. Aksine hepsi, siyasî hayatta, akademik hayatta sürekli yükseliyorlar.

Peki Anadolu'da durum neden farklıydı? İstanbul ile Anadolu arasındaki şeyh farkı neydi?

Ya da şöyle mi sormalıyım: İstanbul'da yaşayan şeyh "doğuştan beyaz" mıydı, yoksa "beyazlaştırılıyor" muydu?..

Yanıtı için, Garihlere devam edelim...

Üzeyir Garih'in babası Ezra Garih, ölene kadar, şeyhi Küçük Hüseyin Efendi'nin sohbetlerini hiç kaçırmadı.

Diş hekimi Ezra Garih Küçük Hüseyin Efendi'ye o kadar bağlandı ki, sahibi olduğu yedi katlı apartmanın bir katını şeyhine tahsis etti.

İddiaya göre, Ezra-Adile Garih çifti bir oğul evlat istedi, olmadı; ancak Küçük Hüseyin Efendi'nin duasıyla bir oğulları oldu! Adını Küçük Hüseyin Efendi koydu: Üzeyir!

Yahudi geleneğinde bebeklere, peygamberlerin adı verilmezdi; Üzeyir Yahudi peygamberin adı olduğu halde, Garihler şeyhlerini kırmak istemediler!

Sünnet edildikten sonra da dua ismi olarak "Yehazkel" adını alan Üzeyir Garih, ilköğrenimini Beyoğlu Birinci Karma İlkokulu'nda, orta ve lise öğrenimini önce Saint Joseph, arkasından Beyoğlu Lisesi'nde yaptı.

Genç yaşında hahamlık eğitimi aldı.

1951'de İstanbul Teknik Üniversitesi'ne girdi.

Öğretim üyesi kadrosunda bulunan asistan Necmettin Erbakan'la arkadaş oldu.

Gün gelecek "Millî Görüş hareketi"nin lideri olacak asistan Necmettin Erbakan'la arkadaşlığı oldukça yakındı; öyle ki Üzeyir Garih'e otomobil kullanmasını Erbakan öğretti; asistan olması için Erbakan çok çaba harcadı.

Soru basit: Niye? Sadece arkadaşlık mı?

Bu sorunun ipuçları, Türkiye'deki Nakşibendî tarikatının en güçlüsü Halidiye koluna bağlı Gümüşhanevî Tekkesi'nde olabilir mi?..

Nakşibendî tarikatının "Halidiye ekolü"

Gümüşhanevî Tekkesi'nin kurucusu Şeyh Ahmed Ziyaeddin Efendi (1813-1893), Gümüşhaneli bir tüccarın oğluydu. Babasının tüccar olmasını istemesine rağmen, İstanbul'a gelerek önce Beyazıt, ardından da Mahmud Paşa medreselerinde okudu.

"Kürt Hoca" lakabıyla tanınan Nakşibendî şeyhi Abdurrahman el-Harputî'nin öğrencisi oldu.

1844'te müderrislik icazeti aldı; Beyazıt Medresesi'nde dersler vermeye başladı.

1848'de, Üsküdar'daki Alacaminare Tekkesi'nde Mevlânâ Halid Bağdadî'nin halifelerinden Abdülfettah Ukarî'yle tanışıp onun aracılığıyla Trablusşam müftüsü Ahmed Ervadî'ye bağlandı.

1859'da Cağaloğlu'ndaki Fatmasultan Camii'nde ilk irşada başladı ve burası zamanla Gümüşhanevî Tekkesi olarak ün kazandı.

Mevlânâ Halid Bağdadî'den dolayı "Halidiye" olarak bilinen bu tarikat, Kuzey Irak'ta Süleymaniye'de kökleşmiş, Basra, Kerkük, Erbil, Diyarbakır, Cizre, Mardin ve Urfa gibi Kürt nüfusun bulunduğu merkezlerde hızla yayılmıştı.

Şeyh Ahmed Ziyaeddin Efendi, Nakşibendîliğin Halidiye kolunu başta İstanbul olmak üzere Osmanlı'nın batısıyla tanıştırdı. Bugün Türkiye'de Nakşibendîlik denilince, yalnızca Halidîlik anlaşılmaktadır!

Konu konuyu açıyor, ama, Türkiye'deki tarikatlar arasındaki "farkları" bilmek için Mevlânâ Halid Bağdadî'yi yakından tanımak gerekiyor. Bağdadî'yi bilmezseniz, gerek "Erbakan hareketi"nin gerekse AKP'nin Doğu'da ve Güneydoğu'da neden çok oy aldığını anlayamazsınız!

Başbakan Recep Tayyip Erdoğan'ın danışmanlarının hemen hepsinin neden Kürt olduğunu da analiz edemezsiniz!..

Şeyh Halid Bağdadî, 1776 Kuzey Irak Süleymaniye doğumluydu. Babasının adı Pir Mikail'di. Bölgede nüfusu oluşturan unsurlardan; çokluğu sırasıyla Kürt, Arap, Türk, Yahudi, Ermeni olup olmadığı konusunda bilgi yoktu. Kürt kaynaklarına göre Kürt'tü ve "el-Kürdî" diye tanınıyordu.

Soyunun baba tarafından Hz. Osman'a ulaştığı rivayet edildiğine göre Arap'tı.

Şeyh Halid Bağdadî, Karadağ'da Berzenci ailesinden Şeyh Abdürrahim ve kardeşi Şeyh Abdülkerim'den dersler aldı. Daha sonra Bağdat'a gitti.

Şeyh Abdülkerim Berzenci'nin vefat etmesi üzerine, onun Süleymaniye'deki medresesinin sorumluluğunu üstlendi.

1809'da Süleymaniye'yi ziyaret eden Mirza Rahimullah Azîmabadî adındaki Hindistanlı bir dervişin önerisiyle, bu ülkeye gidip, Nakşibendî şeyhi Abdullah Dihlevî'den el aldı. Şeyhi tarafından tekrar Süleymaniye'ye, bu kez onun halifesi olarak döndü. Ancak başta Kadirîler olmak üzere tarikat şeyhleri tarafından valiye şikâyet edildi. Süleymaniye'deki Şeyh Maruf Berzenci onu, sahtekâr, sapık ve yogi olmakla suçladı!

Bağdat Valisi Said'in koruması altına girdi.

Bir sonraki vali, Mahmud Paşa, ona Süleymaniye'de bir zaviye yaptırdı.

Uzatmayayım, halifeleri aracılığıyla gerek kendi doğduğu bölgede, gerekse Şam, Kudüs, Bağdat ve Güneydoğu Anadolu'da binlerce müride sahip oldu. "Mevlânâ" mahlasını aldı.

Kendi isminden dolayı, kurulan "Halidiye"nin iki temel inanç özelliği dikkat çekiyordu: şeriata bağlılık ve cehrî (yüksek sesle söylenerek yapılan) zikirden kaçınmak.

Başta Kuzey Irak olmak üzere buralarda kurduğu medreselerde Kürtçe'yi eğitim dili olarak kullandı.

Bugün Türkiye'deki Kürt hareketleri Bağdadî'yi, önemli dinî âlimlerden biri olarak görmektedir.

1826'da Şam'da vefat eden Halid Bağdadî'nin, kendi döneminde atadığı altmış yedi halifeden otuz üçünün Kürt olduğu belirtiliyor.

Nakşibendî tarikatında yetişmiş Turgut Özal, Necmettin Erbakan, Recep Tayyip Erdoğan gibi siyasetçilerin, Kürtlere ılımlı bakmalarının sebebi Şeyh Bağdadî olabilir mi?

Şunu belirtmem gerekiyor; Halidîlerin Osmanlı merkezî yönetimiyle ilişkileri hep iyi oldu. Bunun nedeni Şeyh Halid Bağdadî'nin, Müslümanların birliğini ancak Osmanlı Devleti'nin sağlayabileceğini söylemesiydi. Bu nedenle "Halidiye" müritlerinde, Avrupa'nın sömürgeci güçlerine karşı derin bir düşmanlık oluştu...

İşte, bu nedenledir ki, Gümüşhanevî Tekkesi'nin Şeyhi Ahmed Ziyaeddin Efendi, 1838 Osmanlı-İngiliz Ticaret Antlaşması'yla başlayan, Osmanlı pazarının yabancı sermayenin eline geçişini engellemek; gelen yabancı bankaları fonksiyonsuz hale getirmek ve yerli sermaye birikimi sağlamak için yardım sandıkları kurdu. Nakşibendîlerin tarihleri boyunca Osmanlı'ya ilk "siyasal" tepkileriydi bu.

Ama...

Şeyh Ahmed Ziyaeddin Efendi'nin desturu Şeyh Halid Bağdadî'nin yoluydu: Devlete düşman olunmazdı.[29]

Diğer yandan Tanzimat'la gelen reformlara da soğuktu. Tanzimat'la oluşan devlet bürokrasisine hep mesafeli bakacaktı.

İktidarın İslamîleşmesi için kadrolaşma şarttı!

Temel harç, "Bağdadî ekolü"ydü: halvete önem verilmesi, müritlerin riyazatla eğitilmesi vb.

Bağdadî'nin yolundan yürüyen Şeyh Ahmed Ziyaeddin, 116 halife yetiştirdi.

Altmış iki yaşında evlenen Şeyh Ahmed Ziyaeddin seksen yaşında vebadan vefat etti.

Ondan sonra "Gümüşhanevî Tekkesi" silsilesi şöyle devam etti:

Şeyh Hasan Hilmi Efendi, Şeyh İsmail Necatî, Şeyh Ömer Ziyaeddin Efendi, Kâtip Şeyh Mustafa Feyzi Efendi, Hasib Efendi ve Kazanlı Abdülaziz Bekkine...

Devrin önde gelen âlimlerini-münevverlerini tekkede bir araya getirme "geleneği" Kazanlı Abdülaziz Bekkine Efendi (1895-1952) devrinde de sürdü.

Bunları bilemezsek Şeyh Ömer Fevzi Mardin'in "Beyaz Müslümanlar"ını anlamamız zor olur...

Abdülaziz Bekkine, Küçük Hüseyin Efendi'nin sohbetlerine katılıp, kendisiyle dost olmuştu. Keza bu yakınlık, Şeyh Küçük Hüseyin Efendi'nin müritlerine, ölümünden sonra Abdülaziz Bekkine'nin dergâhına gidip bağlanmalarını vasiyet edecek kadar iç içelik taşıyordu.

Şeyhinin isteğine uyanlardan biri de Üzeyir Garih'in babasıydı...

Nakşibendîlerin "tüccar damarı"

Buraya bir not düşmek gerekiyor: Dergâhta bir "tüccar damarı" vardı.

Eğinli Mustafa Feyzi Efendi "Kâtip"diye tanınıyordu. Lastikçi Murtaza Ticarethanesi başta olmak üzere bazı şirketlerin muhasebe işlerini yürütmüştü.

Abdülaziz Bekkine'nin babası Kazanlı tüccar Hâris Efendi,

29. Nakşibendîliği Hindistan'da ilk geliştiren İmam-ı Rabbanî, sufî hareketi, siyasî bir nitelik kazandırarak "devrimcileştirip" mücadeleci bir hareket haline dönüştürecekti. Türkiye'de Rabbanî çizgisini, Necip Fazıl Kısakürek (Büyük Doğu Hareketi) sürdürecekti.

1880'de İstanbul'a gelmiş, Asmaaltı'nda toptan yağ ticaretiyle meşgul olmuştu. Aile, Rus tebaasındandı ve bu nedenle "Sultanov" namıyla tanınıyorlardı.

Nedeni bilinmiyor, 1909 yılında tekrar Kazan'a göçtüler. Halbuki Yusuf Akçura gibi hemşerileri İstanbul'da İttihat ve Terakki Cemiyeti içinde güçlü konumdaydı.[30]

Kazan ve Buhara'da kaldıktan sonra, söylediklerine göre, Bolşevik İhtilali'nin ardından 1918'de tekrar İstanbul'a döndüler.

Bu çalışmamızın ileri bölümlerinde de benzer göçleri okuyacaksınız, bu nedenle burada bir parantez açmamız gerekiyor: Bu göçlerin sebebi olarak ısrarla, "Komünistler bizi zorla dinsiz yapıyorlardı" gibi kaba bir gerekçe ileri sürülmektedir. Bu daha çok Soğuk Savaş döneminin psikolojik harp yalanıydı.

Halbuki doğrusu bunun aksidir: Bolşevikler din özgürlüğü getirdiler; örneğin, yıllardır ezilen, toprak sahibi olamayan Yahudiler rahat bir nefes aldılar. Yeni düzenin Müslümanlara bakış açısı, Bakü'de "Doğu Halkları Kurultayı" organize etmesiyle ortadadır.

Bekkine'nin Kazanlı hemşerisi Lenin 7 aralık 1917'de bakın ne diyor:

> Ey Rusya Müslümanları, ey Volga ve Kırım Tatarları, ey Sibirya ve Türkistan Kırgızları, ey Kafkas Türkleri, ey Kafkas Çerkezleri... Millî hayatınızı serbestçe tanzim ediniz. Size bu hakkı veriyoruz. Biliniz ki sizin ve Rusya'nın diğer milletlerinin hukukunu ihtilalin bütün kuvveti himaye edecektir. (Uygur Kocabaşoğlu-Metin Berge, *Bolşevik İhtilali ve Osmanlılar*, 1994, s. 319.)

Sovyetler Birliği'nde Türkçüler zulüm görüp, öldürülmediler mi ? Evet, Stalin döneminde bunlar yaşandı. Ancak Türkçü oldukları için yok edilmediler; Troçkist-Zinovyevci oldukları için yok edildiler...

Din-dil baskısından bahsediliyor, oysa o yıllarda 123 milyon nüfusu olan ülkenin yüzde 55,7'si Rusça bilmiyordu; çok dinli ve çok milliyetli bir nüfus vardı. Baskıyı kime, hangi kadrolarla yapacaksın ? Üstelik, Bekkine ailesinin döndüğü yıllarda ortada daha Sovyetler yoktu; SSCB 1922'de kuruldu.

Biz bilmiyor olabilir miyiz (!): Sultan Galiyev mi, Gaspıralı İsmail mi Müslümanlara, Türklere baskı yapmıştı ? Şaka bir yana,

30. Şeyh Bekkine'nin hemen hemen aynı dönemde yaşadığı hemşehrileri Türkiye ve dünya siyasetinin önemli isimleriydi. Yusuf Akçura, Kazanlı bir fabrikatörün oğluydu. Ünlü Türkçülerden Kazanlı Sadri Maksudî Arsal'ın ailesi de tüccardı. En ünlü Kazanlı ise, çekik gözleriyle bir Tatar'a benzeyen Vladimir İliç Lenin'di.

o yıllarda Sovyet topraklarından dünyaya enternasyonal rüzgârı esiyordu ve insanoğlu tarihi boyunca din ve milliyet anlamında hiç bu kadar özgür olmamıştı.

Tersi geçerliydi; yüzyıllardır insanları ezen Ortodoks Kilisesi'nin gücü elinden alınmıştı. Din özgürleştirilmişti; laik bir sistem vardı.

Söylenen yalan, ya "bir "örtü"ye gerekçeydi ya da kara bir propagandaya.

Yağ tüccarı Bekkine ailesinin İstanbul'a tekrar dönüş nedeni olsa olsa, Rusya'da 1918'de çıkan iç savaş olabilir. Gerisi hikâyedir.

Müslümanların İkinci Dünya Savaşı'nda Hitler'le işbirliği yapması, Sovyetler'in Müslümanlara bakış açısını değiştirmiştir.[31] Birinci Dünya Savaşı'nda Osmanlı, Ermenilere nasıl tehcir uyguladıysa, benzerini SSCB de İkinci Dünya Savaşı'ndan sonra Hitler'e sempatiyle bakan Tatarlara yaptı. Yoksa Müslümanların dinine yönelik özel bir politika yoktu.

Olsa, "duvar" yıkıldığında, Türkmenlerin, Kırgızların, Özbeklerin, Azerîlerin vb dinsiz olduklarını görmemiz gerekmiyor muydu; aksine hepsi dinlerine bağlıydılar.

Söylediğim gibi, tıpkı "tak şapkayı gir" kaba söylemi gibi, "zorla dinsiz yapma" iddiası da büyük bir yalandı. Amaç, asırlar boyu kandırdıkları gibi, Müslüman halkları korkutmaktı.

Ve ne yazık ki, bu tür spekülasyonlara hâlâ inanan büyük yığınlar var... Bir de artık okuduğumda, dinlediğimde giderek sinirlenmeye başladığım bir konu haline gelmeye başladı bu Anadolu'ya geçiş meselesi. "Kardeşim, kalıp niye mücadele etmediniz?" diye kızmak istiyorum. Ne olacaktı ki, şehit olup cennete giderdiniz! Onu yapmayıp Anadolu'ya kaçmanın nedenlerini anlatmanız-yazmanız artık sıkıcı olmaya başladı... Bugün Balkanlar'da, Kafkaslar'da, Orta Asya'da kalıp dinini-dilini koruyan soydaşlarımız her türlü takdiri hak etmiyorlar mı? Bu göç ağlamalarını artık sona erdirmeliyiz... Bir de bu çevreler, yıllarca Bektaşîliği dinsizlikle/Rafızîlikle suçladılar. Bugün Balkanlar'da, Türklük ve Müslümanlık'tan bahsediliyorsa, bu Bektaşî tekkeleri sayesindedir! Neyse...

Olaylara geniş açıdan bakmamıza vesile olacak bir anekdot eklemeliyiz:

31. Tüm Müslüman Türklerin Almanlarla işbirliği yaptığını söylemek kuşkusuz doğru olmaz. Örneğin, ünlü tarihçi Prof. İlber Ortaylı'nın annesi Şefika Hanım, ünlü basketbolcu Mehmet Okur'un anneannesi Fatma Baştimur, Almanlar tarafından esir alınıp Polonya ve Almanya'daki kamplara götürüldüler. Türk ve Müslüman olduklarını ispatlayınca canlarını kurtardılar.

Buhara'da somut olarak Yahudi yerleşimi XVI. yüzyılda, Semerkand da ise XIX. yüzyılın ikinci yarısında başlamıştır. 1897'de yapılan Rusya'nın ilk nüfus sayımında Türkistan topraklarında 11 463 Yahudi bulunduğu tespit edildi. 1926 yılındaki SSCB nüfus sayımına göre bu sayı 18 698'di. İkinci Dünya Savaşı'ndan sonra yapılan nüfus sayımına göre ise Türkistan'da anadili Yahudi Tacikçesi olan 25 990 kişi vardı. Son verilere, 1993 sayımına göre Taşkent, Semerkand ve Buhara'da Yahudilerin sayısının 31 900 olduğu belirtilmektedir.

Bu rakamları, Dr. Durmuş Arık'ın *Buhara Yahudileri* adlı çalışmasından aldık. Bir de alıntı yapalım:

> Çeşitli tarihlerde Buhara Yahudileri'nden İslam'ı kabul edenler olmuştur. Bunlar hakkında ayrıntılı bilgi bulunamamıştır. Ancak bu kesim zamanla bölgede hâkim unsur olan Özbekler ya da Tacikler arasında erimiştir. Bunun dışında XVIII. yüzyılın ortalarında ve XIX. yüzyılın erken dönemlerinde Buhara Yahudileri'nden "Çala" adı verilen bir grup ortaya çıkmıştır. Bunlar Müslüman geleneğe bağlıymış gibi görünmüşler, inançlarını gizli olarak sürdürmüşlerdir. Çalaların yaşamı sürekli olarak emîrliğin otoritelerince yakından izlenmiştir. 1901'de Buhara'da durum kendisi bir Çala olan Ay-Bibşi Yakubova tarafından Sirderya Rus valisine mektubunda tasvir edilmiştir. Bu tasvirde, Çalaların ibadet edecekmiş gibi camiye gittikleri, genellikle bir Müslümanın yapması gereken her şeyi yaptıkları ve onların komşuları tarafından daima gözetlendikleri belirtilmiştir. Bunun yanında onların kendi evlerinde gecenin karanlığında Yahudi geleneklerine göre ibadet ederek, evlerinde kesinlikle şabat için gerekeni yerine getirdikleri vurgulanmış, herhangi bir kimsenin Çalaları bu durumda bulması ve ihanet etmesi durumunda onların başının derde girdiği anlatılmıştır. Çalalar genellikle tecrit edilmiş bir topluluk olarak yaşamlarını sürdürmüştür. Ne Yahudiler ne de Müslümanlar bu kesimle evlilik yapmış, onlar daha çok kendi toplum yapısı içinde içe dönük bir yaşam biçimi sürdürmüştür. Michael Zand, Yahudi kökenli İngiliz misyoner Joseph Wolff'un (1795-1862) Buhara'daki gözlemlerine dayanarak, 1830'larda Buhara Yahudi nüfusunun yüzde 13'ünün yaklaşık 1 500 kişiden oluşan 300 Çala ailesinden oluştuğunu belirtmiştir. "Yahudi mahallelerinin yakınında bulunan Müslüman mahallelerinde yerleşmişlerdir. Buhara'da tespit edilen bu türden mahalleler arasında, Çarkarvansaray, Hoca Halim, İslam, Mir Masud yer almıştır. Arabon mahallesinin kuzeybatısında tümüyle Yahudi-Müslüman Çala grubu yerleşmiştir. Mehtar Şafeyi mahallesinin ise (50 ev) bütün sakinlerini zengin Yahudi Müslümanlar oluşturmuştur." (s. 203-205.)

Müslümanlığı kabul edip, gizlice Yahudiliklerini sürdüren gruplar İran'da da var olmuştu; bunlara "Cedid el-İslam" (Yeni Müslümanlar) adı verilmişti!

Kuşkusuz bu yazdıklarımızın Bekkine ailesiyle bir ilgisini/bilgisini gösterecek belgeye sahip değiliz. Olması da ihtimal dışı gözüküyor. Zaten meselemiz de Bekkine ailesi de hiç değil.

Bu çalışmamızda karşınıza Balkanlar'dan ve Kafkaslar'dan gelen göçmenler çok çıkacak. Nedense Türk sağı, Balkanlar'dan gelen göçmenlerin Sabetayist olup olmadıkları konusunda güvensizlik içindeyken, Kafkas göçmenlerine aynı kuşkuculuğu göstermez. Balkanlar'dan Sabetayist geliyor da, Kafkaslar'dan Çala gelemez mi? Bu notu yazmamımızın nedeni bu konulara geniş bir perspektiften bakmak gerektiğini göstermek içindir.

Kırım ve Gürcistan başta olmak üzere Kafkas Yahudileri (Doğu Yahudileri) konusunda daha çok çalışmamız gerekiyor. Burada yaşayan Yahudileri bilmeden/tanımadan örneğin, İpek Yolu ticareti konusunda ne söylesek yanıltıcı olur!

Şimdi dönelim, tüccar Bekkine ailesine...

Bekkine ailesi İstanbul'a ikinci gelişlerinde yine, Asmaaltı'nda dükkân açtılar, yağ ticaretine devam ettiler.

Abdülaziz Bekkine ise bir süre sonra Beyazıt Medresesi'ne gitmeye başladı. Kısa bir süre sonra da, Nakşibendî şeyhi Küçük Hüseyin Efendi'yle tanıştı ve ardından da Mustafa Feyzi Efendi'ye intisap etti.

Şeyhi vefat edince dergâhın postnişini oldu...

Kadınların kara çarşaf yerine manto giyebileceğini söyleyen, Osmanlı döneminin ilk Nakşibendî şeyhiydi o.

Bizde din reformlarının pozitivizmin etkisiyle hep Batı'dan geldiği söylenmektedir. Peki, Yusuf Akçura'ya *Üç Tarz-ı Siyaset*'i yazdıracak teorik altyapıyı veren Kazan'daki Muhammediye Medresesi neden göz ardı edilmektedir?

Tatar uyanışının başlıca mimarları Şehabeddin Mercanî, Kayyum en-Nâsırî, Âlimcan Barudî İslam'da reform yapmak gerektiğini söylemiyorlar mıydı? Öte yandan devletin, İslamiyet'i dışlayıp, İslamî kurumları hesaba katmadan modernleşemeyeceğini söyleyip, Tanzimat'ı, Meşrutiyet'i bu açıdan eleştirmediler mi?

Abdülaziz Bekkine Kazan'da bu kültürel ortamda yetişti...

Abdülaziz Bekkine, çevresinde üniversite hocalarından ve öğrencilerinden oluşturduğu geniş bir halkayı kendisinden sonra dergâhın başına geçen Şeyh Mehmet Zahit Kotku'ya bıraktı...

"Misvak kullanın, diş fırçası değil"

Mehmet Zahit Kotku: 1897'de Bursa'da doğdu. Ailesi Kafkas göçmeniydi. Yirmi bir yaşında Şeyh Ömer Ziyaeddin Efendi'ye bağlandı. Şeyhinin ölmesinin ardından eğitimini, Mustafa Feyzi Efendi'yle tamamladı; yirmi yedi yaşında halife oldu.

Kazanlı Şeyh Abdülaziz Bekkine'nin vefatıyla 1952'de dergâhın başına geçti.

Mehmet Zahit Kotku, bir dönem Türkiye'nin en "ünlü" şeyhiydi. Tanınmışlığı, talebelerinden geliyordu. Necmettin Erbakan, Turgut Özal, Korkut Özal, Recai Kutan, Temel Karamollaoğlu, Kahraman Emmioğlu gibi nice politikacı, Kotku'nun öğrencisi olmuştu.

Türk siyasî yaşamına Turgut Özal, Necmettin Erbakan gibi iki başbakan; Korkut Özal, Recai Kutan, Kemal Unakıtan gibi onlarca bakan-milletvekili; Nabi Avcı, Ömer Dinçer gibi yüzlerce bürokrat yetiştiren Şeyh Mehmet Zahit Kotku peki, aydın bir din adamı mıydı? Evde televizyon, müzik aleti bulunmasına karşı çıkan Şeyh Kotku, müridi Ersin Gündoğan'ın yazdığı (Başbakan Recep Tayyip Erdoğan'ın müsteşarlığını yapan Ömer Dinçer'in katıldığı sohbetlerde tuttuğu notlardan yola çıkarak) *Görünmez Üniversite* adlı kitapta bakın ne diyor:

> Misvakı kaçımız kullanır bilmiyorum. Çoğumuz diş fırçasını tercih ediyoruz. Gerçekten efdal olan misvaktır. Diş fırçası bizim değildir. (s. 65.)

Bekkine ile Kotku bu açılardan karşılaştırıldığında Kazan ile Anadolu'nun kültürel ortamlarının iki din adamının dinsel reformlara bakış farklılıklarını ortaya koyduğunu söyleyebilir miyiz?

Türkiye siyasetine, ekonomisine, kültürel hayatına damgası vuran Gümüşhanevî Dergâhı bu ve benzer yönleriyle ele alınılarak analiz edilmelidir...

Şeyh Bekkine döneminde başlayan, akademisyenleri, üniversite öğrencilerini dergâha getirme geleneği, Şeyh Mehmet Zahit Kotku döneminde de sürdü.

Tepki olarak doğan ve gücünü "tüccar damarından" alan, ticaret yapma geleneğinin devamı olarak, Şeyh Kotku döneminde, tarımsal sulamada kullanılan 5-15 beygir gücünde pompa üreten "Gümüş Motor" projesi hayata geçirildi. Sermaye Şeyh Mehmet Zahit Kotku'nun müritlerinden toplandı. Müritler, üzerinde cami motifi olan Gümüş Motor hisselerini alarak ortak olmuşlardı.

Türkiye tarihinde kâr ortaklı İslamî şirketlerin ilk örneğiydi, Gümüş Motor.

Şirketin genel müdürü Necmettin Erbakan'dı.

İlginçtir, Gümüş Motor'un başı ne zaman kredi sıkıntısına girse, Demokrat Parti'nin Sanayi bakanı Sebati Ataman imdada yetişiyordu!..

Gümüş Motor'un sonu, günümüzde sıkça gördüğümüz kâr ortaklıklı İslamî şirketlere benzedi; battı!

Gümüşhanevî Tekkesi, siyasetle ve ticaretle ilgisini hiç kesmedi: Necmettin Erbakan'ı Odalar Birliği başkanlığına getirmek istediler. Olmadı.

Parti kurdular: Millî Nizam Partisi. Kapatıldı. Bunu diğerleri izledi, Millî Selamet Partisi, Refah Partisi... Hep kapatıldı.

Ama hiç yılmadılar. Ve bir gün iktidar oldular. Başbakan Necmettin Erbakan'ın ilk yaptığı icraat da, Türkiye-İsrail Savunma İşbirliği Antlaşması'nı (28 ağustos 1996) imzalamak oldu...

İnsan söylemeden edemiyor: Meğer Tanzimat'a karşı başlayıp, 150 yıldır süren mücadele bunun içinmiş!..

Garih'in cebindeki "Cevşen"in sırrı

Nereden nerelere geldik!

Aaron Kandiyoti'nin şeyhlerini tanımak için Nakşibendîliğin son yüzyıldaki sürecini göstermek zorunda kaldık.

Ama, atlamayalım: "Necmettin Erbakan ile Üzeyir Garih niye dosttular?" sorusu yanıtını henüz bulmuş değil. Bu konuda biraz daha bilgiye ihtiyacımız var...

Üzeyir Garih'in babası Ezra Garih, Küçük Hüseyin Efendi'den sonra Abdülaziz Bekkine Efendi'ye "bağlanmış" mıydı? Kuşkusuz, evet.

Peki, Erbakan ve Garih'i yakınlaştıran bu bağlantı olabilir mi?..

Yani üniversitede değil, dergâhta mı tanışmışlardı? Çünkü yakınlıkları, okul arkadaşlığını aşıyor gibi... İpuçlarına ihtiyacımız var...

Üzeyir Garih, cebinde hep Cevşen duası taşıyordu.

Farsça asıllı olduğu kabul edilen "cevşen" kelimesi "zırh, savaş elbisesi" anlamına geliyor. Şiî kaynaklarında Ehl-i Beyt tarikiyle Hz. Peygamber'e isnat edilen, "Cevşen-i Kebir" ve "Cevşen-i Sagir" denilen iki duanın ortak adıydı.

Bu duayı okuyan veya yazılı olarak üzerinde bulunduran kimsenin, dünyada her türlü beladan korunduğu gibi, Allah'la kendisi arasında perde kalmayacağına ve bütün isteklerinin yerine getirileceğine inanılıyor.

Bu duayı okuyan kimse dört semavî kitabı okumuş gibi sayılıyordu. Her harfi için kendine cennette iki ev ile iki zevce verileceğine; ayrıca insan ve cinlerden olan bütün müminlerinki kadar sevap kazanacağına, asla cehenneme gidilmeyeceğine inanılıyor.

Cebrail, Hz. Peygamber'den duayı kâfirlere öğretmemesini, sadece mümin ve takva sahibi kişilere talim etmesini istemişti.

Kefenlere yazılmış "Cevşen-i Kebir" özellikle Şiî dünyasında oldukça rağbet görüyor.

"Cevşen-i Kebir" Türkiye'deki bazı Sünnî Müslümanlar arasında da ilgiyle karşılanıyor.

Duayı, Şeyh Ahmed Ziyaeddin Gümüşhanevî, tarikatla ilgili *Mecmuat ül-Ahzab* adlı eserinde nakletmişti.

Nakşibendî Şeyhi Ahmed Ziyaeddin Gümüşhanevî'nin *Mecmuat ül-Ahzab* adlı eserini Türkiye'de Nurcular Türkçe'ye çevirip, tercüme ettirdi. Çeviri önemlidir; çünkü Sünnî bazı tarikatlar, İslamî inançlara aykırı bulup reddettikleri Cevşen duasını kabul etmezler. Bu nedenle, 7. Uluslararası Bediüzzaman Sempozyumu'nun 3 ekim 2004'teki açılışının Cevşen duasıyla yapılması enteresandır. Üstelik duayı, sempozyumda Vatikan'ın İstanbul temsilcisi George Marovich okudu.

Bu yazdıklarım, Üzeyir Garih'in neden Cevşen duası taşıdığını anlamamıza yardımcı oldu mu?

Necmettin Erbakan ve Üzeyir Garih'i birleştiren harç, Nakşibendî Gümüşhanevî Dergâhı mıydı?

Mehmet Zahit Kotku'nun müritlerinden AKP'nin Maliye bakanı Kemal Unakıtan'ın, İsrailli işadamı Sami Ofer'e "kol kanat germesinin" bir açıklaması olmalı, değil mi?..

Peki ama siz hep, Yahudileri, "kültürel ve ahlakî yozlaşmanın müsebbibi" olarak göstermediniz mi yıllarca?..

"Sporcuların şartları tesettüre uygun değil" diye yıllarca *Millî Gazete*'de spor sayfası yapmadınız. Mayo-bikini giyenlere kızıp, "Türkiye'yi çıplaklar kampına çevirdiklerini" söylediniz. Sonra iktidar oldunuz, Sami Ofer'le turizm anlaşmaları yaptınız.

Diyorsunuz ki, "değiştik", "geliştik". Güzel. Peki ama dönüşümü nasıl yaptınız; bir kitap okuyarak mı, bir rüya görerek mi? Bunu hiç anlatmıyorsunuz...

Evet, siz niye değiştiniz? Anlatmalısınız...

Yoksa biz bunun siyasî terminolojideki adını iyi biliyoruz!

MSP'nin Yahudi işadamına yardımı

Necmettin Erbakan ile Üzeyir Garih'in ilişkisi hep sürdü...

Babasının ölümü üzerine Üzeyir Garih'in, Erbakan'ın yanındaki asistanlığı son buldu, özel sektöre geçti. Yirmi üç yaşında mason oldu.

Ne Yahudiliği ne de masonluğu Millî Görüş hareketinin lideri Erbakan'la dostluğuna gölge düşürebildi. Ortağı İshak Alaton anlatıyor:

> 1970'li yıllarda bir ara Necmettin Erbakan'ın kabinesi vardı. Millî Selamet Partisi zamanı. Hatta o zaman da hatırlıyorum, hiçbir problemimiz olmadığı gibi ithalat lisansları olayı vardı. Ve Üzeyir bunu müthiş bir melekeyle hallediyordu. Ankara'ya gidiyordu ve derdini anlatabiliyordu. Ve sordum bir gün: "Bunu nasıl hallediyorsun?" "Çünkü" dedi, "Teknik Üniversite'de ben Necmettin Erbakan'ın asistanlığını yaptım." (Faruk Mercan, *Boğaz'ın Şövalyesi Üzeyir Garih'in Son Randevusu*, 2002, s. 56-57.)

Minik bir not yazmama izin verin: Necmettin Erbakan ve arkadaşlarının kurduğu Millî Nizam Partisi'nin tüzüğünde partiye kimlerin üye olamayacağı belirtilmişti: masonlar!

Bu partinin genel başkanı Erbakan'ın yakın arkadaşı Üzeyir Garih, masondu.

Üstelik o dönemde Erbakan'ın nikâh şahitliğini yapan, İTÜ öğretim üyesi Prof. Bedri Karafakioğlu da masondu.

Her ikisi de sıradan mason değildi; en üst mertebeye çıkmışlardı, 33. dereceden masondular!

Peki, "Özel yaşamınızda bu kadar yakın olduğunuz masonları, başkalarına niye düşman gösteriyorsunuz?" diye sorarsak ayıp etmiş olur muyuz?..

Hep bir çifte standart var! Bunun adı politika mı?

Mason localarını basıp, insanlarımızı öldüren bizim çocuklarımız hangi siyasî kültür ortamında büyüdüler? Sorgulamayacak mıyız? İnsanımıza yazık değil mi?

Alın size bir örnek daha:

Tarih 23 şubat 2003. Erbakan oğlu Muhammed Fatih'i İstanbul Çırağan Sarayı'nda evlendirdi. Düğünün organizasyonu kime verdi dersiniz: Daha çok Yahudi çocuklarının on üçüncü yaş kutlamalarını, yani Bar-Mitzva törenlerini organize eden, Dalya Akkohen ve İvet Adut'un, Da-Vet adlı bir organizasyon şirketine. Bize göre bu çok doğal; ama siz otuz yıllık Millî Görüş hareketini İsrail-Yahudi düşmanlığı üzerine kurarsanız, o zaman bunda bir anlam aramamız doğal olmaz mı?

Millî Görüş'ün bu sert ideolojik söylemine rağmen, Üzeyir Garih arkadaşı Erbakan'a siyaset dünyasında çok yardım etti. Örneğin, 1996'da kurulan Refah Partisi-Doğru Yol Partisi koalisyonunu desteklediğini sadece verdiği demeçlerle göstermedi, ABD'de ve Türk Silahlı Kuvvetleri bünyesinde lobi yaptı. ABD'deki Musevî lobisini ikna etti.

Başbakan Erbakan'ın Türk-İsrail antlaşmasını neden imzaladığını sormamıza gerek var mı?

Geçelim lütfen...

Üzeyir Garih ile İshak Alaton 1954'te birlikte Alarko'yu kurdular.

Bu ortaklık sadece ekonomik ortaklık değildi; Türkiye siyasî kulvarlarını da paylaşmışlardı sanki: İshak Alaton, sosyal-demokratlara yakındı; Üzeyir Garih sağcı muhafazakârlara!

Üzeyir Garih'in adı, Nakşibendî tarikatının önemli şeyhlerinden Seyyid Abdülhakim Arvasî'nin talebelerinden Emekli Albay Hüseyin Hilmi Işık'ın kurduğu "Işıkçılar" cemaatinin şirketi olarak bilinen İhlas Holding'in sahibi olduğu TGRT'nin gizli ortağı olarak geçti. Ancak Garih, ilişkisinin kardeşçe işbirliği olduğunu, ekonomik ortaklık bulunmadığını açıkladı hep.[32]

Dostları arasında sadece Işıkçılar yoktu; Nur hareketinin yaşayan en önemli hoca efendilerinden Fethullah Gülen'e de yakındı. Fethullah Gülen her fırsatta Garih'i özel ofisinde ziyaret ediyordu. Birbirleriyle hediyeleşiyorlardı; Gülen amber tespih, ipek halı; Garih ise, tarihî kandil, hat eserleri veriyordu. İlişkileri Gülen ABD'ye gidip orada yaşamaya başladığında da sürdü.

Garih yazdığı kitapları bile hep İslamcı çevrelere yakın yayınevlerine bastırdı!

Üzeyir Garih bölümüne noktayı koyalım artık.

Yorumu size bırakıyorum...

O kadar iç içe geçmiş olaylar anlattık ki, Aaron Kandiyoti'nin Müslüman olup "Harun Hoca"ya dönüşüm macerasını sanırım artık unuttunuz!

Şaka bir yana, Ezra ile Üzeyir Garih'in hikâyesine bakınca, Aaron Kandiyoti'nin yalnız olmadığını hemen anlıyoruz.

32. Dergâh toplantılarınızda yıllarca konuştunuz, sayfalarca kitaplar yazdınız. Hep dediniz ki: "Yahudiler ve dönmeler kültürel hayatımıza büyük zarar veriyor." Bu nedenle TGRT'yi kurdunuz; İslamî yayınlar yapacaktınız. Ne yayını yaptığınızı gördük. Üstelik: tutup, TGRT'yi Yahudi işadamı Rupert Murdoch'a sattınız. Işığınız bol olsun!..

Sizce, Aaron Kandiyoti ile Üzeyir Garih tanışıyorlar mıydı?
Dostları, Üzeyir Garih'in ölümünün birinci yılında, Topkapı Sarayı avlusundaki Aya İrini Kilisesi Müzesi'nde bir gece düzenledi. Gece, Neyzen Yusuf Paşa'nın yazdığı, ancak yıllardır sinagoglarda İbranîce söylenen ilahi okunarak başladı. Şefliğini Aron Kohen'in yaptığı Maftirim Korosu'nun söylediği ilahilerden sonra gecenin finalini bir Türk sanatçı yaptı. Hakan Uluğ gecede İbranîce ilahiler söyledi.
Yıllar önce İsrail'deki gazinolarda da program yapan Hakan Uluğ, Aaron Kandiyoti'nin yani Harun Hoca'nın müridiydi!

Bir Müslüman olarak gecede İbranîce okumama somurtanlar var. Ben onlara şaşı diyorum; şaşılar iki görür; biz şaşı değiliz. Biz bir görüyoruz. İbadet gönüldedir, ruhtadır, güzel görüştedir. Ben çok mutlu ve heyecanlıyım. Çok güzel bir şey başlattık ve bunu yaygınlaştıracağız. (*Akşam* gazetesi, 25 ağustos 2002.)

Aaron Kandiyoti'nin Selanikli müridi, Üzeyir Garih'i anma gecesinde sahneye çıkıyor. Sadece rastlantı mı?
Uzatmayalım. Aaron Kandiyoti'nin tarikata girme sürecine dönelim.
Meseleyi daha iyi kavrayabilmek için son olarak, Aaron Kandiyoti'nin bağlandığı, Şeyh Mustafa Aziz Çınar'ı tanımamız gerekiyor.
Şeyh Mustafa Aziz Çınar da, tıpkı Ömer Fevzi Mardin gibi "sıradışı" bir din adamıydı. Örneğin, Galatasaray Kulübü Divan Kurulu üyesiydi!
Aaron Kandiyoti'nin "yol hikâyesi" bize yakın tarihin, pek bilinmeyen, farklı yönlerini göstermiyor mu?
Küçük Hüseyin Efendi ve Ömer Fevzi Mardin'le süren zincirin sondan bir önceki halkası, bakalım bizlere ne tür sürprizler yapacak...

Türkçü Türkeş ile Kürtçü Zapsu'nun şeyhi aynıydı

Mustafa Aziz Çınar, ünlü "Kürt aşiretlerinden" Bedirhanlara mensuptu.
Aşiretin lideri Bedirhan Bey'in torunuydu. Babası Murat Remzi Çınar, Osmanlı döneminde taşrada bir süre polis olarak çalıştıktan sonra İstanbul'a geldi. Akrabaları sayesinde devlet kadrosunda hızla yükseldi; savcılık, hâkimlik; belediye başmüfettişliği, encümen üyeliği yaptı. 1906'da Bedirhan aşiretinin İstanbul şeh-

remini Rıdvan Paşa'yı öldürmesi üzerine, aşiretiyle birlikte Trablusgarp'a sürgüne gönderildi. Bu sürgün yıllarında yanında oğlu Mustafa Aziz de vardı.

Mustafa Aziz Çınar şeyhi Ömer Fevzi Mardin gibi, Arusî tarikatıyla Trablusgarp'ta mı tanıştı, bilinmiyor.

Tıpkı, Şeyh Ömer Fevzi Mardin'i anlatırken yaptığımız yöntemi burada da uygulayalım; önce Şeyh Çınar'ın ailesini yakından tanıyalım.

Arusî Şeyhi M. Aziz Çınar'ın kızı Hidayet'in kocası Abdurrahman Zapsu (1890-1958). Van Başkale doğumluydu. Anne ve babasının kökeni "Hakkârili" olduğu için "Hakkârili" öz adını kullandı hep.

M. Aziz Çınar'ın çok beğenip, sevdiği damat Abdurrahman Zapsu, bir dönem Türkiye'nin tanınmış isimlerinden biriydi.

Abdurrahman Zapsu: Darülhikmetülislamiye (1918-1922 yılları arasında etkinlik gösteren, İslam akademisi niteliğinde kurum) mezunuydu. "Kürt Teali Cemiyeti" ve "Kürt Hoybun Cemiyeti" kurucusu oldu. İstanbul'da Kürtçe-Türkçe yayımlanan *Jin* dergisine makaleler yazarak yayın dünyasına girdi. *Ehl-i Sünnet* adlı bir dergi çıkardı. *Büyük İslam Tarihi* (Sebil Yayınevi, 1976) adlı üç ciltlik kitabı yazdı.[33]

Bazen ilişkiler o kadar girift hale geliyor ki, bir değerlendirme yapmadan, olayı okuyucuya aktarma kolaycılığına kaçıyorsunuz.

M. Aziz Çınar'ın damadının kimliğini yazdık: Sünnî-Kürt hareketinin önde gelen kurmaylarından biriydi.

Diğer yanda M. Aziz Çınar'ın bir diğer siyasî ilişkisini yazalım:

> Ömrü boyunca Türkiye'deki Arusî şeyhlere yakınlık duyan ve her zaman istişarelerde bulunan MHP lideri Alparslan Türkeş, Hindistan sürgününden döndükten sonra siyasete atıldı. Türkeş siyasete atılma kararını gizlice ziyaretine gittiği Arusî Şeyhi Mustafa Aziz Çınar'a açarak fikrini aldı. Arusîlerin önde gelen isimlerinden Mehmet Faik Erbil Efendi, şeyhi Aziz Çınar ile Alparslan Türkeş arasında geçen görüşmeyi şöyle anlatıyor: "1964 senesinde rahmetli Alparslan Türkeş suret-i mahsusada şeyhim Arif-i Billah Mustafa Aziz Çınar Hazretleri'nin huzuruna ge-

33. Torun Cüneyt Zapsu dedesinin *Büyük İslam Tarihi* adlı eserini bu yıl yeniden bastırdı. Torun Zapsu'nun açıklamasına göre, güya dedesi torunlarına, "Ben ölünce bu eserimi yeniden bastırın, dağıtın, çünkü bu kitapların sizin ve benim ahiretimize faydası olacak" diye vasiyet etmişti. Torun Zapsu vasiyeti yerine getirmişti ama biraz eksik! "Dinî tarikatların siyasîleşmesi Müslümanlığı yozlaştırıyor" diyen Malatya ekolünün lideri Sait Çekmegil'i kitaptan çıkarıvermişti! Çünkü Çekmegil, Malatya'dan çıkan Özal kardeşlerin, Recai Kutan gibi isimlerin politika yapmalarına karşıydı; dolayısıyla politik arenanın tam ortasında bulunan torun Cüneyt Zapsu ve arkadaşlarının da!

lir ve birlikte akşam yemeği yerler. Bir ara Türkeş Bey kendilerine siyaset yolu ile memlekete hizmet etmek arzusunda olduklarını ifade ederler. Mübarek şeyhimden aldıkları cevap aynen şöyledir: 'Alparslan Bey, siz siyaset yapmıyorsunuz. Sizin yaptığınız vatan müdafiiliğidir. Bu yolla hizmete devam ediniz.'" (*Yeni Şafak* gazetesi, 20 ağustos 2003.)

Bir yanda Kürt Teali Cemiyeti kurucu Kürt milliyetçisi damat, diğer yanda MHP'nin efsanevî genel başkanı Türk milliyetçisi mürit!

Ne diyebiliriz...

Damat Abdurrahman Zapsu'nun biyografisine devam edelim:

1916'da Bitlis'te Ruslara esir düştü. Kendisi gibi, esir düşüp Sibirya'ya sürgün giden Said-i Nursî'yle yaşamı boyunca çok samimi oldu. Onun için Said-i Nursî, "muhterem ve muazzam din adamı"ydı.

Üstadı İstanbul'a geldiğinde onun Laleli'deki evinde kaldı hep.

Said-i Nursî ile Abdurrahman Zapsu'nun ortak dostları ve avukatları aynı kişiydi: Solcu Selahattin Hilav'ın babası Avukat Mehmet Mihrî Hilav!..[34]

Abdurrahman-Hidayet (Çınar) Zapsu'nun üç çocuğu oldu: Mustafa Pertev, Jale ve Hale.

Mustafa Pertev, ilk dizel motoru Türkiye'de üreten Uzel Makine'nin sahibi İbrahim Uzel'in kızı Gaye'yle evlendi.

Gün gelecek İbrahim Uzel'in şirketi, Türkiye'nin 500 büyük şirketi arasında 16. sıraya yükselecek, otomotiv sanayiinin duayenleri arasında yerini alacaktı.

"Massey Ferguson" markasıyla traktör üreten Uzel Makine, bu pazarda Türk Traktör'den sonra ikinci büyük pazar payına (yüzde 44) sahip olacaktı.[35]

Gaye Uzel'in o yıllarda güzelliği dillere destandı; gelecekte kayınpederi olacak Abdurrahman Zapsu ile Necip Fazıl Kısakürek'in bir dönem birlikte çıkardıkları *Büyük Doğu* dergisine "Türk Müslüman kadının portresi" diye kapak kızı oldu. (*Milliyet* gazetesi, 17 kasım 2002.)

Bir soru: İş dünyasında yıldızı giderek parlayan İbrahim Uzel, gerek Kürt gerekse İslam hakkındaki sert yazılarıyla tanınan, Şeyh Said ve Bediüzzaman olaylarında gözaltına alınmış, cezaevine konulmuş Abdurrahman Zapsu'nun oğlu Mustafa Pertev'e, kızını nasıl vermişti?

34. Düşün hayatımızı zenginleştiren felsefeci Selahattin Hilav, söz yazarı ve Feyziye Mektepleri'nde 11 yıl İngilizce öğretmenliği yapan Çiğdem Talu'yla evliydi.

35. Ne ilginç değil mi, Mardin ailesi TATKO ve Şirketi Hayriye ile otomobil ve denizcilik sektöründe; Çınar ailesi ise traktör işinde dev olacaktı! Daha bitmedi, kitabın ileriki sayfalarında otomotiv sektöründeki diğer "Beyaz Müslümanlar"ı göreceksiniz...

Türkiye'de bazı evliliklere akıl erdirmek zordu![36]

Mustafa Pertev Zapsu-Gaye Uzel çifti, ilk çocuklarına dedeleri Aziz Çınar'ın adını verdiler: Aziz Zapsu.

Bu çiftin diğer çocuklarını gün gelecek tüm siyasî çevreler tanıyacaktı: Başbakan Recep Tayyip Erdoğan'ın başdanışmanı, AKP kurucusu Cüneyt Zapsu!

Zapsu kardeşler ticarette de başarılıydı; Azizler Holding'i kurup büyütüler. "Türkiye'nin en zengin 100 işadamı" listesine girdiler.

Cüneyt Zapsu, ABD'de kurulan Dünya Fındık Konseyi ve Uluslararası Sert Kabuklu Meyveler Konseyi (İNC) başkanı, TÜSİAD üyesi.

Mustafa Pertev Zapsu'nun kız kardeşi Hale, yani Cüneyt Zapsu'nun halası Hale, kimle evliydi biliyor musunuz? Faili meçhul cinayete kurban giden Kürt aydını Musa Anter'le!

Gerek Ömer Fevzi Mardin ve gerekse Aziz Çınar'ın ailesi sadece tarikata gönül vermemişler, ticaret ve siyasetle de yakından ilgilenmişlerdi.

Ve bir de benim anlamadığım, Abdurrahman Zapsu gibi bir siyasal İslamcı'nın kızları Hale ve Jale'yi, rahibelerin ders verdiği Dame de Sion'a nasıl gönderip okuttuğuydu?

Bu "sırları" ne Kabala öğretisi ne de Vahdet-i Vücud'la çözebiliriz!..

"*Efendi*'de fazla isim var, kafamız karışıyor" diye çok eleştiri aldım. Bu nedenle, Aaron Kandiyoti'nin şeyhi Mustafa Aziz Efendi'nin sülalesi Bedirhanları uzun uzun anlatmayacağım.

Ama, kısa da olsa bahsetmezsem, "derdimi" anlatamam...

Gönensay ailesi

Arusî şeyhi Mustafa Aziz'in amcası, yani Bedirhan Bey'in oğlu Abdurrahman Çınar, İngiliz Elizabeth'le evliydi.

Bu evlilikten doğan Müveddet, Selanikli Gönensay ailesinin oğlu Bülent'le evlendi.

Bu evlilikten Dışişleri eski bakanlarından Emre Gönensay doğdu. Yani, Dışişleri eski bakanı Emre Gönensay'ın annesi, Bedirhan aşiretine mensuptu; anneannesi bir İngiliz'di, baba tarafı ise Sela-

36. Gaye Uzel'in ağabeyi Ahmet Uzel, kızı Şafak'ı kimle evlendirdi: Ali Kibar'la! Ali Kibar bugün, Kibar Holding'in patronlarından. Kayınpederi gibi traktör olmasa da, o da otomobil üretimiyle yakından ilgili; Hyundai Assan Yönetim Kurulu başkanı.
Ahmet Uzel ölünce, aile ikiye bölündü. Ahmet Uzel'in eşi Türkân Uzel damadı Ali Kibar'la bir olup, şirketi yöneten oğulları İbrahim Önder Uzel ile Ahmet Serdar Uzel'i hisseleri üzerlerine geçirdikleri iddiasıyla mahkemeye verdi.

nikli'ydi. Dedesi Mehmed Talat, Selanik'in tanınmış avukatlarındandı. Avukatlığını Türkiye'ye göçünce de sürdürdü; İstanbul Barosu'nun 4 sicil numaralı üyesiydi.

Oğlu Bülent Gönensay'ın da hukuk okumasını istedi. Oğul hukuk fakültesinden mezun oldu ama, ağabeyi Hıfzı Tevfik Gönensay gibi hep öğretmenlik yaptı.

Bülent Gönensay, Robert Kolej'de öğretmendi.

Hıfzı Tevfik Gönensay ise, Selanikli iki Sabetayist kardeşin, B. Galip Azmi Sandalcı ile Kudret Sandalcı'nın kurduğu Feyz-i Ati Okulu'nun yıllarca müdürlüğünü yaptı.[37]

Emre Gönensay'ın büyük amcası Ord. Prof. Ahmet Samim Gönensay yıllarca İstanbul Hukuk Fakültesi öğretim üyeliği yaptı. Önde gelen mason üstatlardan olan Prof. Ahmet Gönensay, Prof. Ebülula Mardin gibi Türk Medenî Kanunu'nu hazırlayan isimlerden biriydi.

Şeyh Ömer Fevzi Mardin ve Şeyh Mustafa Aziz Çınar, Doğu'dan gelen Arusîliği Türkiye'de yaygınlaştırmak isterken, yeğenler, iki hukuk profesörü olarak, Batı'dan getirilen medenî hukuk sistemini Türkiye'ye "monte etmek" istiyorlardı!

Gönensayların anne tarafında şeyh olacak da, baba tarafında olmayacak mı? Üstelik sadece şeyh de değildi, iki dinsel kimliği vardı:

Selanikli Gönensay ailesinin büyüğü İshak Paşa'nın hem haham hem Mevlevî şeyhi olduğu konusunda İnternet ortamında ve yazılı basında birçok makale bulunmaktadır!

> Karakaş Sabetaycı'larının önemlilerinden olan, İshak Dede Mevlevîliğe intisabından bir süre sonra Selanik Mevlevîhanesi'nin postnişinliğine yükselir. Aynı zamanda güçlü bir Sabetaycılık eğitimi de alan İshak Dede, Mehmed Esad Efendi'nin (ilerki sayfalarda değilinecektir S. Y.) aksine Sabetaycı geleneği ve inancı gizliden güçlü bir şekilde sürdürür. Sabetaycılar içerisinde hahamlık (Ogan) mevkiine yükselir. Selanik'teki Sabetaycı mezarlığının bitişiğinde olan mevlevîhanenin şeyhi olarak maruf günlerde Mevlevî ayin ve erkânını sürdürdüğü gibi, bu mevlevîhanede çifte kimlikli müritleriyle birlikte gizliden Sabetaycı ayinlerine de devam eder. Mübadele sonrasında İzmir'e gelen İshak Dede'nin ölüm tarihini tespit edemedik. Dışişleri eski bakanı Prof. Dr. Emre Gönensay, İshak Dede'nin torunlarındandır. (*Yarın* dergisi, temmuz-ağustos, 2004.)

37. Feyz-i Ati Okulu'nda Kadir Has, Hayrettin Karaca, Haldun Simavi gibi birçok tanınmış isim öğrenci oldu. Sert yazılarıyla tanınan ve muhafazakâr çevrelerin çok beğendiği edebiyatçı Nihat Sami Banarlı da bu okulda öğretmendi.

İki not yazarak Gönensay ailesiyle ilgili bilgilere nokta koyalım:

Birinci not: Emre Gönensay'ın eşi Aylin Hanım'ın kızlık soyadı Koçibey! Cem Uzan'ın eşi Alara'nın babası Renç Koçibey'le kuzenler.

İkinci not: Mardin ailesi ile Gönensay ailesi aynı zamanda akraba; Gönensaylardan Emine Necile Hanım, Mardinîzadelerden Yusuf Mardin'in annesiydi. (*Hürriyet* gazetesi, 16 şubat 2002.)

Eeee, Şeyh Ömer Fevzi Mardin'in halifesi Mustafa Aziz Çınar olacak; Ord. Prof. Ebülula Mardin'in asistanı Prof. Ahmet Gönensay olacak ve bu ilişkiler bir de evlilikle taçlandırılmayacak! Hiç olur mu?

Bedirhanlara devam:

Bedirhan Bey'in oğlu Ali Şamil Paşa, Bedrifem Hanım'la İstanbul'da evlenerek içgüveysi oldu. Bir kızları oldu ama evlilikleri fazla yürümedi. Bedrifem Hanım ikinci evliliğini Selanikli Mehmed Edip Bey'le yaptı; bu evlilikten Halide Edip (Adıvar) doğdu.

Halide Edip Adıvar'ın, *Mor Salkımlı Ev* romanının kahramanlarından biri de üvey babası Ali Şamil Paşa'dır.

Buraya bir not eklemeliyiz: İslamcı yazar Münevver Ayaşlı da Selanikli'dir. Nedense, "dönme" olmadıklarını ısrarla söylemek zorunda hisseder kendisini. *İşittiklerim Gördüklerim Bildiklerim* adlı kitabında, Halide Edip Adıvar'ın Sabetayist olduğunu belirtiyor ve *Kenan Çobanları* adlı tiyatro eserinde Yahudi propagandası yaptığını yazıyor. (s. 81-88.)

Bu oyun, İttihatçıların önde gelen ismi Cemal Paşa'nın Suriye'de bulunduğu dönemde oynanmıştı. Suriye ve Garbî Arabistan Orduları Umum Komutanı Cemal Paşa bölgeyi "Türkleştirmek" amacıyla Halide Edip gibi münevverleri bölgeye görev yapmaya çağırmıştı. Bu çağrıya uyanlardan biri de Feyziye Mektebi Müdiresi Sabetayist Nakiye Hanım'dı[38] ve orada özel bir okul açmıştı. İşte Halide Edip'in tiyatro oyunu bu okulda sergilenmişti!

38. Nakiye Hanım (1882-1954), Birinci Dünya Savaşı'ndan sonra İstanbul'u işgal eden İngilizlerin Ermeni tehcirinde rolü olduğu gerekçesiyle aradıkları Sabetayist/Karakaşî grubunun lideri eski Maliye nazırı Cavid Bey'i uzun bir süre Sadrazam Said Paşa'nın damadı Nuri Bey'in Nişantaşı'ndaki evinde sakladı. *Cavid Bey'in Hatıraları*'ndan anlıyoruz ki, kendisini sık sık ziyaret edenlerin başında Halide Edip de vardı! (s. 87-142.) Nakiye Hanım politikayla yakından ilgiliydi: Cumhuriyet döneminin ilk kadın milletvekillerinden biriydi. Üç seçim döneminde toplam on bir yıl milletvekilliği yaptı. Nakiye Hanım'ın arkadaşı Seniha Nafiz Hanım da (1887-1985) Feyziye Mektebi'nde müdirelik yaptı ve o da ilk kadın milletvekillerinden biri olarak TBMM'ye girdi! Münevver Ayaşlı'nın iddiasına göre, Halide Edip Adıvar ve Nakiye Hanım, Hamdullah Suphi Tanrıöver'e âşıktı. (Münevver Ayaşlı, *Dersaadet*, 2002, s. 89-90.)
Nakiye Hanım, Balkan Savaşı'nda "Tayyare'ye binen ilk Türk kızıydı". Türkiye'de bütün "ilkler" Sabetayistlere aittir!..

Ne yapsın büyük yazar, Mevlevîliği övdüğü *Sinekli Bakkal*'ı daha yazmamıştı: "(Mevlevî Vehbi Dede anlatıyor) Bence şeytan ve Allah diye kâinatta iki kuvvet yoktur. Hepsi, bir ve tek gerçeğin, bir tek kudretin görünüşüdür." (s. 53.)

Gerek Halide Edip'in kendisi gerekse babası Edip Bey ve ilk eşi matematikçi Salih Zeki'nin uğrak yerleri Özbekler Tekke-si'ydi![39]

Halide Edip'in felsefe hocası Rıza Tevfik'ti.

Ve ne yazık ki, Ulusal Kurtuluş Savaşı'mızın "onbaşı"sı, Türk kadınının simgesi Halide Hanım için bugüne kadar kapsamlı bir eser ortaya konulamamıştır...

Bedirhanları tanımaya devam...

Bedirhan Bey'in oğlu H. Kenan'ın kızı Mihriban, Bekir Şasa'yla evlendi; bu evlilikten doğan Avni Şasa, Rauf Orbay'ın kız kardeşi Melike Orbay'la evlendi.

Ömer Fevzi Mardin'e "şeyhlik yolunu açan" kişinin Rauf Orbay olduğunu umarım anımsıyorsunuz.

Avni Şasa-Melike Orbay evliliğinden doğan Ayşe Şasa, birinci evliliğini gazeteci Atilla Tokatlı, ikinci evliliğini yönetmen Atıf Yılmaz ve üçüncü evliliğini ırkçı-milliyetçi Cevat Rıfat Atilhan'ın oğlu senarist Bülent Oran'la yaptı. Yeşilçam'da *Son Kuşlar, Yedi Kocalı Hürmüz, Gramofon Avrat* gibi ünlü senaryolara imza atan Ayşe Şasa yıllar içinde, aile büyüklerinin "yolunu" takip etmeye karar verdi; Nakşibendî şeyhi Esat Coşan'ın müridi olup, tesettüre girdi.

Bedirhan ailesi kalabalık. Devam...

Bedirhan Bey'in bir diğer oğlu Hasan Fevzi'nin kızı Mükerrem, *Sabetay Sevi* kitabının da yazarı İbrahim Alaettin Gövsa'yla evlendi. Yukarıda yazdığım Feyz-i Ati Okulu'nda öğretmenlik de yapan Gövsa, "Hanımlar İçin" adlı manzumesini Halide Edip'e ithaf etmişti. Zaten ailece görüşmekteydiler; Halide Edip'in kız kardeşi Belkıs Hanım'la Tayyare Apartmanları'nda komşuydular.

İstanbul Makriköy'de (Bakırköy) yatılı kız lisesinin müdürlüğünü yaparken, öğrencilerin defterlerinde sık sık Sabetayist dualar bulmasıyla, bu konuya eğildi; *Sabetay Sevi* adlı kitabı yazdı...

Bedirhan Bey'in oğlu Tahir Kutay'ın evladı ünlü tarihçi Cemal Kutay'dı. *İslamî Millet* ve *Hakka Doğru* dergilerini çıkaran; özellik-

39. Halide Edip Adıvar'ın üvey oğlu diplomat Faruk Sayar, İkinci Dünya Savaşı'nda Paris'teki Yahudilere Türk pasaportu temin ederek 176 kişinin hayatını kurtarmıştı.

le yakın tarihe ilişkin yüzlerce kitap kaleme alan; "Türkçe ibadeti" savunan Cemal Kutay, kızı Süreyya İnci Kübra'yı, Yahudi Moris Maçoro'yla evlendirdi. Maçoro ailesi Vitali Hakko'nun akrabasıdır.

Mossad ajanı Bedirhan

Bedirhanlar siyasetle hep ilgili oldular. En faalleri Emin Ali Bey'di. "Kürt Teavün ve Terakki Cemiyeti" ile "Kürt Neşr-i Maarif Cemiyeti" kurucularından olan Bedirhan Bey'in oğlu Emin Ali Bey, "Kürdistan Teali Cemiyeti"nin ikinci başkanlığını ve "Kürt Teşkilat-ı İçtimaiye Cemiyeti"nin başkanlığı yaptı. Birinci Dünya Savaşı sonrasında "Cizre Beyliği"ni kurmak için İngilizlerle ve Yunanlılarla işbirliği yaptı.

Emin Ali Bey'in oğlu Süreyya Bedirhan, 1908-1909 yılları arasında *Kürdistan* gazetesini çıkardı. İttihat ve Terakki Cemiyeti'yle yıldızı hiç barışmadı; 1917'de Mısır'da "Azizi Ahmed" müstear adıyla yine *Kürdistan*'ı çıkardı.

Daha sonra kurduğu "Kürdistan İstiklal Komitesi"nin genel sekreterliğini yürüttü.

1927'de Hoybun Cemiyeti'ne girdi. İngilizlerle ve Fransızlarla işbirliği yapan Süreyya Bey, Kürt sorununu anlatmak için ABD'ye giden ilk politikacıydı.

Emin Ali Bey'in oğlu Kâmuran Bedirhan da babasının "izinden" yürüdü. Karanlık ilişkileri hayli dikkat çekiciydi.

Kod adı "Yolcu"ydu. Mossad'dan aylık 50 000 Filistin lirası alıyordu.

> Klasik anlamda bir casus değildi. Ancak İsrail'in teklifiyle hassas siyasî işler yapıyordu ve Kürt mücadelesi için İsrail'den yardım alacağını düşünüyordu... Bedirhan İsrail'in teklifiyle daha başka siyasî görevler de gerçekleştirmişti. Ancak her ne sebepten ise bu görevler hâlâ gizli tutuluyor. (Şalom Nakdimon, *Irak ve Ortadoğu'da Mossad*, 2004, s. 18-19.)

Şalom Nakdimon'un *Mossad* kitabından öğreniyoruz ki, Kâmuran Bedirhan, Mossad için çok önemli bir isimdi. İsrailliler kendisine, Avrupa'daki Kürt lobisi arasındaki ilişkiyi sağlayacak, radyo cihazlarının ve telsizlerin alımı için 20 000 dolar vermişti.

1 nisan 1963'te İsrail'e giden Kâmuran Bedirhan, Başbakan David Ben Gurion, Dışişleri Bakanı Golda Meir ve Mossad başkanıyla görüştü.

Uzatmayalım, bir minik notla Bedirhanlara son noktayı koyayım:

Kâmuran Bedirhan'ın kız kardeşi Meziyet Çınar, genel başkanlığını Turhan Feyzioğlu'nun yaptığı Güven Partisi'nin Kadın Kolları başkanıydı.

Türk sağının tanınmış ismi Turhan Feyzioğlu, Selanik doğumlu gazeteci yazar Cahit Uçuk'un halasının oğluydu.

Cahit Uçuk'un amcasının oğlu ise Coşkun Üçok'tu.

Coşkun Üçok, haince öldürülen ilahiyat profesörü Bahriye Üçok'un eşiydi.

Şeyhinden, Selanikli Cahit Uçuk'a tespih

Bu bölüme nokta koyayım istiyorum ama gördüğünüz gibi, ister istemez konu konuyu açıyor. Gel de şimdi, bir dönemin tanınmış kadın gazetecisi Cahit Uçuk'un manevî hayatına değinme...

Dönemin önde gelen yazarlarından Samiha Ayverdi, Safiye Erol, Sofi Huri ve Nezihe Araz, Cahit Uçuk'u kendi şeyhleriyle, yani Kenan Rifaî'yle tanıştırmak istiyorlar. Cahit Uçuk kabul ediyor ve başına gelenleri şöyle yazıyor:

> Gittim. Adamın gözlerine baktım, velfecir okuyor. Dört tane de karısı var. Her biri bir tarafını ovuyor. Bizim kızların şeyhi bu. Karşısında oturup hayran hayran bu manzarayı izliyorlar. Beni de bu Rifaî tarikatına sokmak istiyorlar. Ben kabul etmedim tabiî ve mürşit aramaya devam ettim, İstiklal Marşı'nın bestekârı Zeki Üngör'ün genç bir hanımı vardı. Onunla ahbap olmuştuk. Bir gün onu yolda gördüm. Zeki Bey'in şirpençe çıkardığını ve ameliyata gireceğini söyledi. Arkasından da, "Ama" dedi, "ben şeyhime danışmadan bu ameliyatı yaptırmam." "Senin şeyhin mi var?" diye sordum. "Var" dedi. Kim olduğunu sorunca da, "Ömer Fevzi Mardin" dedi. Her neyse, Fevzi Baba ameliyata izin vermiyor. Bir patates alıp okuyor ve Zeki Bey'den yastığının altına koymasını istiyor. "Patates buruştukça bu yara da buruşacak" diyor. Nitekim öyle de oluyor. Aydınlık adamdı yani. (hurriyetim.com.tr)

Oysa, gazeteci Cahit Uçuk'un anılarını yazdığı *Yıllar Sadece Sayı* adlı kitabında Şeyh Ömer Fevzi Mardin'in yeri apayrıydı:

> Fevzi Baba'nın sesinde, kelimelerin birbirlerine yakışarak söylenişinde sanki neylerin, santurların musikisi vardı. İçim yıkanıyordu. Gözlerim yarı örtülmüştü, çevremden uzaklaşıyor, bilmediğim, tanımadığım, hiç görmediğim bir başka âleme gidiyordum sanki. Meyveleri olduran güneş gibi, insanların hamlıklarını da ıstırapların ateşleri

olgunlaştırır. Biraz sonra yumulu avucunu bana uzatarak açtı. Avuçlarının ortasında yeşil ipek püsküllü siyah parlak taneli bir tespih vardı. "Bu benim tespihimdir kızım. Beni kırk yaşımda, son derece sağlıklı, vatan sevgisi ile hizmet eden erkânıharp albayı iken, bir tıbbî muayeneden sonra, 'Senin kalbin hasta, bu kalbinle askerlik vazifesini ifa edemezsin' diye, birdenbire emekli yaptılar. İmdadıma, Eyüp'te yaşayan Küçük Hüseyin Efendi yetişti, gördüğüm bir rüyayı tefsir ettirmek için ona gitmiştim. Boynundaki tespihi bana armağan etmişti. Ben de sana armağan ediyorum." Bana uzattığı tespihi alarak dudaklarıma götürüp öptüm, göğsüme bastırdım, sonra da boynuma geçirdim...

İçim bağrım yıkanmıştı. Hem de nasıl berrak, duru sularla yıkanmaktı bu. İçimin derinlerinde vakit vakit başkaldıran sinsi korkular yoktu artık. (s. 110-111.)

Hemen her hafta Fevzi Baba'nın toplantılarına gidiyordum. Oraya kimler gelmiyordu ki, memleketimizin en ünlü hekimleri, avukatlar, bilim adamları, gençler, yaşlılar... (s. 169.)

"Beyaz Müslümanlar" yani...

Cahit Uçuk, "Fevzi Baba'nın gözleri melaike gibidir" dediği şeyhinin ölüm haberini aldığında nasıl yıkıldığını anlatıyor:

Postacı bir telgraf getirmişti. Bu bir taziye telgrafıydı, korkuyla okudum. "Büyük kaybınızın acısına bütün kalbimizle iştirak eder ve Allah'tan gidene rahmetler, size de başsağlığı dileriz..." İmzaları: N. Araz, S. Ayverdi, S. Huri, S. Erol.

Birdenbire bulunduğum yerde dimdik olduğum halde çöküvermiştim. Yüreğim parça parçaydı. Fakat bu parça parça yürek de yerinden kopmuş gibiydi. Gözlerimde bir damla yaş yoktu. O göğsümden kopan yüreğim miydi ağlayan?

Nasıl giyindiğimi, nasıl çıktığımızı, Fevzi Baba'nın evinin kapısından içeri nasıl girdiğimizi bilmiyordum. Yüzüm buz kesmişti. (s. 198.)

Selanikli Cahide Uçuk, "Sabetay Sevi" adını öylesine duymuştu:

Duyduklarımıza göre yıllar önce Sabetay Sevi adında harika bakışlı bir Musevî yeni bir din kurmuş. Kendisi de bu dinin lideri olmuş, yıllar yılı, gizli gizli bu dine bağlı kimseler kendilerine emredilen çizgilerin dışına çıkmadan yaşamışlar. (s. 47.)

Cahit Uçuk ile dönemin yazarları hanım arkadaşlarının dergâh/tekke ilişkilerini ileriki sayfalarda sürdüreceğiz.

Artık, Aaron Kandiyoti'nin şeyhlerini tanıdıktan sonra, onun "kişisel serüvenine" bakabiliriz...

Resmen Müslüman oluyor

Aaron Kandiyoti, uzun yıllar şeyhi M. Aziz Efendi'nin dizinin dibinden ayrılmadı. Şeyhi, genç müridini hep sevdi, korudu ve kolladı.

Bu durum, diğer müritlerin içten içe Aaron Kandiyoti'yi kıskanmasına yol açtı.

Aaron Kandiyoti, Kasımpaşa Rifaî şeyhi Muhiddin Ensarî'den icazetname aldı; Şeyh Aziz Efendi de muvafakat etti.

O artık "Harun Hoca"ydı...

Aynı günlerde, teyzesi aracılığıyla Edirne Yahudi cemaatinden Anna'yla Beyoğlu Zülfaris Sinagogu'nda evlendi.

Söylenenlere göre, Anna'nın ailesi yoksuldu, drahoma (başlık parası) vermemek için kızlarının "Harun Hoca"yla evlenmesine izin vermişlerdi. Zaten damadın ailesinin söylediğine göre de elbet bir gün "Harun Hoca", tekrar Yahudi olacaktı!..

Anna Kandiyoti girdiği bu yeni çevreye uyum için, "Handan" adını kullandı. Ama inancını hiç değiştirmedi.

Buna rağmen, yine de, Sadiye/Cibaviye tarikatı[40] şeyhlerinden Erenköylü Raşid Efendi'nin müridi oldu! Ama yazdığım gibi dinini hiç değiştirmedi.

Kitabın ileriki bölümlerinde göreceğiniz gibi, İstanbul/Erenköy, "Beyaz Müslümanlar"ın önemli üslerinden biriydi...

Eşi Anna'nın neden dinini değiştirmediği Harun Hoca'ya sorulduğunda, o hep aynı yanıtı veriyordu: Hz. Muhammed Efendimiz de, Hayber Kalesi'nden esir alınan Yahudi kızı Safiye'yle (Safiye binti Huyay) evlenmedi mi? Safiye Yahudi akrabalarıyla görüşmeyi sürdürmedi mi? Hatta, Yahudi yeğenine mirasının üçte birini vermedi mi?

Harun Hoca, uzun uzun, örnekler vererek eşinin Yahudilik'te ısrar etmesinin önemli olmadığını anlatıyordu.

"Ama hocam, Safiye Müslüman oldu!" denilince, Harun Hoca'nın yanıtı hazırdı: İslam'da zorlama yoktur.

40. Kurucusu, gençlik yıllarında eşkıyalık yaparken tövbe eden Kudüs doğumlu Sadeddin Musa Cibavî'ydi. Özellikle, ruh hastalıklarını telkin yoluyla tedavi etmekle tanınan Cibavî'nin tarikatı, İstanbul ve Rumeli'de yaygınlaştı. Rifaîlik ve Bektaşîliğin etkisi altında kaldı. Sesli zikrin esas olduğu tarikatta dervişler bir salonun etrafında sağ topukları üzerinde durdukları halde gözler kapalı, kollar açık bir durumda zikir yapıyorlardı. Tağlebiye, Vefaiye, Âciziye gibi kolları vardı.

Zamanla Anna ismi tamamen "Handan" oldu ve Handan'ın Yahudiliği unutulup gitti...

Ama bir gün Harun Hoca'nın Müslümanlığını, Yahudi cemaati unutmadı:

Müslüman olduğu öğrenilen Aaron Kandiyoti, Sanhedrin Konseyi[41] kararıyla sinagogdan atıldı.

Aaron Kandiyoti bunun üzerine, İstanbul Müftülüğü'ne başvurup resmen Müslüman oldu.

"Harun Kan" adına nüfus cüzdanı çıkardı.

Bu olayla ilgisi var mı, bilinmiyor, o yıllarda babası ve kardeşleri İsrail'e göçüp Rehovot şehrine yerleşti.[42]

Harun Hoca, hoşgörülü, neşeli bir mizaca sahipti, herkesin sempatisini kazanmıştı. Ancak ailesiyle ilgili sorulara sinirleniyor, konuşmak istemiyordu. Çok nadir de olsa ailesini görmeye İsrail'e gidiyordu.

Yahudi cemaati kendisini dışlamıştı ama o yeni çevrelere giriyordu.

Mason Geometri Locası bunlardan biriydi. Zaten Müslüman kimliğini almaya gittiği Çanakakale'ye bu mason locasının üstad-ı muhteremi götürmüştü kendisini!

Harun Hoca nevi şahsına münhasır bir kişiydi.

Başında kırmızı takkesi, bütün dergâhları dolaşırdı. Herkesin yardımına koşardı. Örneğin, uzaktan akrabası Yusuf Nathan'ı, eşinden ayrılınca yıllarca evinde misafir etti. Oğlu İzzet'i öz oğlu sayıp okuttu, büyüttü; Neva Şalom'da evlenmesine tanıklık etti.

Dergâh olarak kullandığı evinin bir odası, genellikle İstanbul ve İzmir'in zengin aileleriyle dolup taşıyordu. Yemekler kadınlı erkekli yeniliyor, aynı odada zikir yapılıyordu.

Bu törenlere bazen şarkıcı Çelik'in annesi de katılıyor, güzel sesiyle ilahi söylüyordu. Gelmediği zamanlar sesinin olduğu kasetler dinleniyordu...

Zaman ilerledikçe Harun Hoca için de efsaneler yayılmaya başladı kulaktan kulağa. Güya Arusî şeyhi M. Aziz Çınar vefat ederken, Harun Hoca'ya verilmesi için son icazetini halifesi Celal

41. Yunan ve Roma hâkimiyeti altındaki İsrail toprağında, Yahudilerin oluşturduğu yasama ve yürütme konseyi için kullanılan İbranîceleşmiş Yunanca sözcük. Napolyon da 1807 yılında Paris'te topladığı yetmiş yaşlıdan oluşan Yahudi meclisine bu ismi vermişti.

42. Tarihimizin sahipsiz oluşuna üzülüyorum. İsrail'e binlerce vatandaşımız göçtü. Bunlar umduklarını bulabildiler mi; ne kadarı geri dönüyor? Biliyoruz ki, İsrail'de günümüzde hâlâ süren Sefaradlar-Aşkenaziler çatışması var. Türkiye'den giden Sefaradlar, Aşkenazi iktidarına karşı ne yaptılar? Aşkenazilerin egemenliğine karşı kurulan "Kara Panterler" örgütü içinde yer aldılar mı? Aşkenaziler genellikle İşçi Partisi'ni desteklerken başta Siyonizm'e mesafeli duran Sefaradlar bugün niye milliyetçi-dinci Cihad'ı destekliyor?

Efendi'ye bırakmıştı. Fakat Celal Efendi, "Yahudi dönmesine icazet mi verilir?" diyerek vermemişti. Ve o gece Celal Efendi vefat etmişti! Diğer halife Bahaeddin Efendi korkusundan bu icazeti Harun Hoca'ya ulaştırmıştı!

Harun Hoca da bu icazetle Arusî şeyhi olarak tasavvuf âleminde yerini almıştı...

Aaron Kandiyoti'nin "şeyhliğe" yükselmesine karşı çıkanların dayanakları Kuranı Kerim'di. Maide Suresi'nin 51. ayetini gerekçe gösteriyorlardı:

> Ey inananlar, Yahudileri ve Hıristiyanları veliler edinmeyin. Onlar birbirlerinin velileridirler. Sizlerden kim onları veli yaparsa o da onlardandır. Şüphesiz Allah zalim toplumu doğru yola iletmez.

Mesele, Aaron Kandiyoti'nin "dönmesi" değil, "veli" mertebesine çıkarılmasıydı.

İtirazlara rağmen, Harun Hoca'nın yükselişini kimse durduramadı...

Ama, her yolun bir sonu vardı:

Harun Hoca, 28 haziran 1993'te kalp krizi geçirerek vefat etti.

Karacaahmet Camii'nde öğle namazını müteakip, Nureddin Cerrahî Dergâhı şeyhi Sefer Dal Efendi'nin[43] kıldırdığı cenaze namazından sonra, Karacaahmet Mezarlığı'nda Ömer Fevzi Mardin, Mustafa Aziz Çınar gibi şeyhlerinin mezarlarının bulunduğu özel yere defnedildi.

Harun Hoca'nın makamında "postnişin" olarak bugün bir Sabetayist mi oturuyor?..

Misafirim bu soruma yanıt vermedi. Sadece gülümsedi.

Sohbetimiz hayli uzun sürmüştü; kalkmak için izin istedi.

Geldiği gibi sessizce gitti...

Aslında, "Tarihte buna benzer çok vakalar vardı; Aaron Kandiyoti'nin hikâyesi de bunlardan biriydi" deyip, üzerinde hiç durmazdım.

43. Karagümrük'teki Nureddin Cerrahî Dergâhı bugün medya, magazin ve sanat dünyasındaki ünlü müritleriyle tanınıyor. Dergâhın ABD/Kaliforniya'da da tekkesi var. Bu tekkenin şeyhi, Yahudi'yken Müslümanlığı seçen, "The Institute of Transpersonal Pyschology" (Ben Ötesi Psikoloji Enstitüsü) Başkanı Prof. Robert Frager; diğer adıyla "Şeyh Ragıb Efendi". Harward ve UC Berkeley üniversitelerinde psikoloji dersi vermiş Prof. Frager, "Şeyh Ragıb Efendi"ye dönüşmesinin nedenini şöyle anlatıyor:
"Psikoloji üzerine bunca yıldır çalışan insanlar olarak, bugüne dek bildiklerimizin çok ötesinde şeyler söylüyor sufiler. Bir de tasavvufun size söylediği çok güzel şeyler var: sevmeyi bilmek. Kendinizden başkasını sevmediğiniz zaman mutsuz olmanız kaçınılmaz." Üniversitelerdeki onca yıllık eğitimine-öğretimine yazık olmuş!..

Keza, Sabetayist ailelere mensup kişiler de zaman içinde tamamen Müslümanlığı benimsemiş, Harun Hoca'ya intisap etmiş olabilirlerdi.

Ama bir soru hep kafamı kurcalıyordu...

Önceki sayfalarda da yazdım:

Sabetayistler, Mesih gelene kadar, yaşadıkları toplumu Müslüman olduklarına inandırmak için, Müslüman ismi almış, Müslümanlar gibi dinî inançlarını yerine getirmiş vb ritüelleri yapmıştı/yapıyordu. Bu görüntü içinde tarikatlara, tekkelere-dergâhlara gitmek de vardı.

İşte yanıtını aradığım soru burada ortaya çıkıyordu: Sabetayistler gizlenmek için mi dergâh ve tekkelere bağlanıyorlardı?

Yoksa, Yahudi tasavvufuna (Kabala'ya) yakın buldukları için mi, bazı Müslüman sufî dergâhlarına gidiyorlardı?

Söylediğim gibi bu soru üzerinde Türkiye'de pek durulmadı.

Abdullah Aydemir, *Tefsirde İsrailiyyat* adlı kitabında bakın ne diyor:

> İslam'ı kabul eden kimseler herhangi bir kasıtları olmaksızın eski dinî alışkanlıklarını ve birtakım hurafelerini yeni girdikleri dine ve bunun mensuplarına aktarıyorlardı. Bunlar tarafından getirilen az da olsa birtakım görüş ve fikirler, zamanla Müslümanlar arasında yayıldı ve tefsirlere girme fırsatı buldu. (s. 14.)

Peki Kabalacı Sabetayistler, 350 yıldır gittikleri Müslüman tarikatları, dergâhları nasıl etkilediler?

Hangi dinî yol, yöntem ve merasimlerini tarikatlara, dergâhlara götürdüler?

Yeni bir "din", yeni bir "tarikat", yeni bir "dergâh" oluşturdular mı?

Ya da var olanları dönüştürdüler mi?

Kabala'nın Hıristiyanlığı nasıl etkilediği konusunda yüzlerce kaynak bulabilirsiniz.

Kabala'nın Müslümanlığı etkilemediğini düşünmek biraz saflık olmaz mı?

Hüseyin Hatemî Hoca bu konuda mizahî bir olay anlatıyor:

> Benim sezgilerime göre, Hahambaşı Haleva Hazretleri, Kabala gerçeğini bilen ve sayısı çok azalan ariflerdendir. Onun çevresinden bir zat, beş yıl kadar önce, benim bir iftar sofrasındaki konuşmamı dinledikten sonra, yanıma gelerek şöyle demişti: "Konuşma-

larınızın dörtte üçü tamamen bizim Kabalistlerin söylediklerine uygundu." Ben de ona şakayla karışık şu cevabı verdim: "Benim de Kabalist olduğumu biliyor muydunuz?" (*Akşam* gazetesi, 15 ekim 2005.)[44]

Kabala ve Said-i Nursî

Kabala ve İslamiyet'e etkileri konusuna soğukkanlı yaklaşabilecek miyiz?

Örneğin, Türkiye'nin en çok tartışılan din adamı Said-i Nursî'nin Kabala'dan etkilendiğini söyleyebilir miyiz?

Said-i Nursî'nin *Lem'alar*'ından bir alıntı yapalım:

> Bu cifr işi ("Kabala" da diyebiliriz S. Y.), meraklı ve zevkli bir iş olduğu için, insanı gerçek görevinden uzaklaştırır, boş yere meşgul eder. Bir kere bu, "La yelemül'gaybe illallah" yani "Gaybı Allah'tan başkası bilmez" ayetine karşı, edep dışı davranıştır. Sonra, iman ve Kuran'ın temel gerçeklerini, kesin delillerle halka anlatmak, cifr ilmi gibi gizli bilgiler yoluna başvurmaktan yüz derece daha iyi olur. Çünkü yapılacak kutsal görevde, iman ve Kuran'ın gerçeklerini dile getirme işinde kullanılması gereken kesin deliller, kötü maksatlara alet edilmelere meydan vermez. Oysa cifr gibi, güçlü temellere dayanmayan gizli bilimler, kötü maksatlar için kullanılmaya çok daha müsaittirler. (Turan Dursun, *Müslümanlık ve Nurculuk*, 1996, s. 130.)

Yani Said-i Nursî, bir dönem, şair Ziya Paşa gibi düşünüyordu:

> Müstakbele şimdi hükmolunmaz,
> Gaipteki cifr ile bulunmaz! *(Harabat.)*

Fakat, gelin görün ki Said-i Nursî sonra değişmiş görünüyor:

Sikke-i Tasdik-i Gaybî'de, "cifr ilmini" Hz. Muhammed'e dayandırıyor:

44. Prof. Hüseyin Hatemî bir dönem Doğan Avcıoğlu'nun *Yön* dergisinde makaleler yazardı; bugün *Yeni Şafak* gazetesinin köşe yazarı oldu. Benim bildiğim Hatemî Hoca değişmedi; sanıyorum zamanla değişen ve İslam'la arasına ne yazık ki büyük mesafeler koyan "bizim sol" oldu! Sağcıların bile "romantik sosyalist" olduğunu kabul ettiği ırkçılığa karşı çıkan Nurettin Topçu'yu sol niye kucaklamadı? Müslüman gençlerin "elkitabı" Roger Garaudy'nin *Sosyalizm ve İslamiyet* kitabını Doğan Avcıoğlu ile Mihri Belli çevirmedi mi? Anababanızın, yaşadığınız toplumun inancına kayıtsız kalmanın da, ne bileyim küçümsemenin de adı "yabancılaşma"dır. İslam kültürünü bir gericilik kaynağı olarak görmek kendi tarihî mirasının farkında olmamak demektir...

Beni İsrail âlimleri, Kuranı Kerim'deki elif, lam, mim, kaf, ha, ya, ayn, sad gibi harfleri işitmiş, ebced hesabıyla cifre vurmuşlar ve Peygamberimize gelerek, "Senin ümmetinin ömrü azdır" demişler. Peygamberimiz de başka surelerin başlarındaki mukattaat harflerini okumuş ve "İşte bunlarda var; demek ki benim ümmetimin ömrü az değildir" demiş. (a.g.e., s. 129.)

Bu anlatılan gerçek mi, rivayet mi?

Bilinmiyor.

Ama diğer yandan, İbn Haldun olmak üzere, birçok düşünürün, bu olayın doğru olmadığını yazıp söylemesine rağmen, "cifr"e inananlar, iddialarını Hz. Ali'ye dayandırarak da sürdürdüler.

Bunlardan biri de Said-i Nursî'ydi:

Hazreti Ali'nin "Celcelutiye" diye bir kasidesi olduğunu ve kasidenin, baştan sonuna kadar ebced hesabı ve cifrle telif edildiğini, Cafer-i Sadık ile Muhyiddin Arabî'nin de cifrle uğraştıklarını bu alanda hesaplar yaptıklarını iddia etti. (a.g.e., s. 128.)[45]

Buradaki iki paragraf yazıdan da anlaşıldığı gibi, cifr, Müslümanları ikiye bölmüştü. Her ne kadar Diyanet İşleri Başkanlığı'nın hazırladığı *İslam Ansiklopedisi* ile *Mukaddeme-i İbni Haldun* vb "cifr"i, "eski Yahudi uydurmaları" olarak gösterse de, Said-i Nursî gibi "ilim" olduğuna inananlar da vardı.

Özellikle Niyazii Mısrî'nin Hurufîlikle ilgili görüşlerinde İbni Arabî'nin büyük bir etkisi olduğunu düşünüyoruz. Zira, İbni Arabî'nin *Fütuhatü'l Mekkiye*'sinin daha ilk bölümleri harflerin mertebeleri ve onların metafizik manaları ile başlar. (Mustafa Aşkar, *Niyazii Mısrî ve Tasavvuf Anlayışı*, 1998, s. 356.)

Gördük: Said-i Nursî'nin cifr konusunda zamanla değişen iki farklı tutumu vardı. Önceleri, "sahteliğe müsait edep dışı bir yol" dediği "cifr ilmine", Said-i Nursî'yi kim, ne zaman ikna etmişti?

Makalelerinde, Endülüslü Muhyiddin ibn Arabî'ye çatan, Vahdet-i Vücud düşmanı Şeyhülislam Mustafa Sabri bir süre, "Cemi-

45. Nur cemaatinin manevî önderlerinden Fethullah Gülen, 31 ocak 1986 tarihinde İzmir İl Nüfus Müdürlüğü'ne başvurarak, 3881 kayıt numaralı kimliğindeki ismini "Fetullah"tan, "Fethullah"a çevirdi. Bu "h" harfi değişikliği, kimine göre ebced hesabına uydurmak, kimine göre ise Said-i Nursî'nin Siirt'teki hocası Molla Fethullah'ın adını almak istemesi nedeniyle yapılmıştı! Fethullah Gülen'in, cifr ve ebced konusunda ne düşündüğünü kitaplarında bulamadım.

yet-i Müderris"te birlikte çalıştığı Said-i Nursî hakkında yazdığı, *Kürt Said'in Mezhebi Hakkında Reddiye Armağanı* adlı kitabında, Said-i Nursî'ye ebced hesabını Mısırlı âlimlerin öğrettiğini yazıyor.

Şeyhülislam Mustafa Sabri, Said-i Nursî'nin Endülüslü Muhyiddin ibn Arabî'nin "yoluna" girdiğini söylüyor.

Said-i Nursî Rusya'daki esirlikten kurtulup İstanbul'a geldiğinde, İttihatçılar tarafından kurulan Darülhikmetülislamiye (İslam akademisi) kurumunda çalıştı. Meslektaşları arasında İzmirli İsmail Hakkı gibi "okumuş" akademisyenler vardı.

Said-i Nursî'nin geçirdiği ruhî değişiklik bu döneme denk geldi; "eski Said" yerini "yeni Said"e bıraktı. Tıpkı Muhyiddin Arabî gibi, Niyazi Mısrî gibi "yeni Said" de, "büyük sır"rın temelini kavramaya adayacaktı kendini...

Uzatmayalım...

Sonuçta, Nur cemaati bugün hâlâ "cifr ilmi"ne inanıyor. Cemaatin gazetelerinden *Yeni Asya*'da Süleyman Kösmene bakın ne yazıyor:

> Kuranı Kerim'in bu lisanı vahiy dili olarak kabul edip, bu lisanın yan ürünü diyebileceğimiz Cifr İlmi'ni reddetmesi düşünülemezdi. Esasen Cifr İlmi'ni reddetmesi için geçerli bir sebep de yoktu. Zira Kuranı Kerim prensip olarak, insanlığın zararına kullanılmayan her "birikime" kapılarını açan bir İlahî Kitap'tı. (...) Ancak bu çalışmayı bu ilme vâkıf ehliyetli ulema yapabilir. Cifr İlmi'nin Hazreti Ali (ra), Hazreti Cafer-i Sadık (ra), Muhyiddin ibn Arabî (ra) gibi birçok İslam uleması ile birlikte Üstad Bediüzzaman (ra) tarafından da kullanıldığı ve muhtelif tarihlere, haberlere ve müjdelere işaret ettiği bilinmektedir. (1 eylül 2004.)

Buradan yola çıkarak, Nur cemaatinin "motiflerinin" bütünüyle Yahudi Kabalası'na benzediğini söylemek büyük hata olur.

Ama bir etkilenmenin olmadığını söylemek yanlıştır.

Mesele bu etkileşiminin nedenlerini, nasıllarını bulmaktır.

Örneğin, Yahudi doktrininin öğretildiği gelenekçi okullardaki öğretmenlere "soferim" (yazıcılar) denilmektedir. Bu okullarda Yazılı Tora ve Sözlü (vahiy edilmiş ama yazılmamış) Tora vardır. Soferimlerin görevi, vahiy edilenleri açıklamak ve bunun toplum ile birey tarafından öğrenilmesini sağlamaktır.

Nurcu cemaat içinde, Said-i Nursî'nin *Risale-i Nur Külliyatı*'nı aslından (yani Latin harfleriyle basılmamış haliyle), okuyan, açıklayan, topluma ve bireye öğretenlere de "yazıcılar" denilmektedir!

Tesadüf olabilir mi? Olabilir.

Öte yandan, "Bediüzzaman Sempozyumu"na neden Yahudi ilim adamları daha çok ilgi gösteriyor, merak ediyorum...

"Dindar, fakat antisiyonist bir Yahudi'yim" diyen Central Connecticut Üniversitesi öğretim üyesi Prof. Norton Merzinsky sunduğu tebliğde, risalelerin diğer kitaplardan ayrılan üç özelliği olduğunu belirtiyor:

Barışa sık sık atıfta bulunması; kendisi gibi düşünmemeye anlayış ve Müslüman-Yahudi ilişkilerine bakışta tek bir tarafı haklı çıkarır bir tutum sergilememesi! Said-i Nursî'nin Yahudilerin de hak ve hukukunun bulunduğunu yazması; Kudüs ve çevresinin Yahudiler için kutsal olduğundan bahsetmesi Yahudi profesörü çok şaşırtmıştı.

Bir diğer Yahudi Profesör Yehezkel Landau'nun 2004'teki konferansta sunduğu tebliğin konusu, "Yahudi geleneği ve Said-i Nursî"ydi.

1978'de vatandaşı olduğu ABD'yi terk edip İsrail'e yerleşen, 1980'lerde dindar bir Siyonist hareket olan Netıvot Şalom'da yöneticilik yapan, 1991-2003 yılları arasında İsrail'in Ramle şehrinde Arap ve Yahudi birlikteliğini hedefleyen "Açık Ev" merkezini kuran, Prof. Yehezkel Landau, *Zaman* gazetesinden Nuriye Akman'ın sorularını şöyle yanıtlıyordu:

> Nursî'nin hayatı ve eserleri bazı Yahudi düşünürleriyle benzerlikler gösteriyor. XIX. yüzyıldan itibaren bazı hahamlar Yahudilere bilimsel çalışmalar ile modern dünya arasında bağlantı kurma konusunda yardım etmeye çalıştı. Tel Aviv yakınlarında dinî ilimler ve seküler bilimleri birleştiren Barilan isimli harika bir üniversitemiz var. Yine New York'ta Yashiva isminde böyle bir üniversite var. Ben Nursî'nin fen ve din ilimlerini birlikte öğretmek üzere Doğu Anadolu'da kurulmasını planladığı üniversite (Medresetüzzehra) fikrini duyduğumda, Barilan Üniversitesi'nin Türkiye versiyonunu kurmak istemiş diye düşündüm. Bence Nursî, devlet sistemi olarak tamamen seküler Atatürk modeli ve imamlarca yönetilen İran modeli arasında bir sentez istedi. İsrail de bunu yapmaya, tamamen seküler olmayan, parlamentosunda dinî partilerin de yer aldığı, hahamların en yüksek yetkiye sahip olmadığı bir Yahudi devleti kurmaya çalışıyor. İsrail'de sivil mahkemeler, anayasa mahkemesi ve kişilerin özel statüleriyle ilgili konulara bakan hahamlarca yönetilen dinî mahkemeler var. Bu Osmanlı döneminden kalmadır. Bana göre sosyal sahada dini özel bir meta yapmak yeterli değil. İnanıyorum ki Nursî için de yeterli değildi. (31 ekim 2004.)

Said-i Nursî'ye sadece Yahudiler değil, Sabetayistler de ilgi gösteriyor.

Nur cemaatine yakın *Matbuat* dergisinin Sabetayist olduğunu saklamayan ve *Evet, Ben Selanikli'yim* kitabını yazan Ilgaz Zorlu'yla yaptığı röportajdan bir bölüm aktarmak istiyorum:

Soru: Kabalizm sizin için çok önemli bir nokta. Peki Bediüzzaman'ın ebced hesabıyla ilgili çalışmalarını biliyor musunuz?

Yanıt: Evet biliyorum ve o konuya girmeyeceğim. Enteresan ifadeleri var. Bence Said-i Nursî yazmak istediği şeylerin çoğunu yazmamış bir insan. Özellikle cifr konusunda bir hayli bilgisi var. Bunu açık bir şekilde yazmamış. Bu çok önemli...

Soru: Bediüzzaman'ın eserlerinin sizde ne gibi tesiri oldu?

Yanıt: En çok ilgimi çeken *Tabiat Risalesi.* Dinsizlik ve materyalizm karşısında bu insan çok sağlam delillerle bu kitabı atıyor ortaya ve ben onun vermiş olduğu örnekleri kendi dinî tartışmalarımda kullanıyorum. Diyorum ki, Bediüzzaman Said-i Nursî de böyle söylüyor. Ve ben bundan hicap duymuyorum. Niye duyayım? Çünkü o da aynı yola gidiyor? Din olarak Yahudiliği seviyorum, Yahudilik üzerine çok araştırma yapıyorum ama bu benim Bediüzzaman'ı araştırmayacağım anlamına gelmez. Eminim ki Bediüzzaman Said-i Nursî yaşasaydı ondan öğreneceğim çok şey olurdu.

Nur cemaati hakkında uzun örnekler vermemizin nedeni, Said-i Nursî hakkında kafa karıştırmak değil. Meselemiz, Kabala'nın Türkiye'de var olan tarikat/cemaat-dergâh/tekkeleri nasıl etkilediğini öğrenmektir.

Konumuz, Said-i Nursî'nin cifr konusunda neden farklı görüşler savunduğu değil, cifrin İslam dünyasını nasıl etkilediğidir.

Kabala ile ebced-cifr arasındaki benzerlik şaşırtıcı olduğu gibi, bazı dinî ritüeller arasındaki benzerlik de şaşırtıcıdır. İşte bir örnek:

Halvetîlik, Allah'a zikir yoluyla ulaşılacağını söylüyor. Ana ilke "zikrullah", yani Allah'ı anmak. Halvetîler de yüz kez istiğfar, yüz kez de salavat getiriyorlar, sonra da esma-yı seba (yedi ad) zikrine geçiyorlar. Ondan sonra mürit, önce kafasını sağ omzuna sonra sol omzuna doğru "İllallah" deyip sallayarak otuz üç kez kelime-i tevhit zikri yapıyor ve işte sonra bildiğimiz görüntülerle vecd, kendinden geçme başlıyor. Müridin en son ulaştığı nokta, aşamalar var çünkü, "sufî marifet" denen nokta.

Kabalacılar da zikir yapıyor:

Önce "üç baba" denen, üç İbranî harfini bilmek gerekiyor; bunlar yod, he, vav. Bu harflerin okunuşları dört yöne, aşağıya ve yukarıya olmak üzere altı adet permütasyonu söylenerek zikir başlıyor. Daha sonra Kabala'da belirtilen hayat ağacı ya da sefirot ağacı denen on adet kavramı temsil eden oldukça uzun söz ve hareketlerle kendinden geçme başlıyor. Bu on kavram, "adam kadmon"a, yani mükemmel insana ulaşma durumuna geçmek için yapılıyor ve bu duruma "şiur hohma", yani "akıl ve bilgelik ruhu" deniyor.

Kabalacılar "şem" sözcüğünü sürekli tekrarlayarak da zikir yapıyorlar.

Süleyman Uludağ'ın "zikir" konusundaki sözlerine bakalım:

> İslam'ın ilk zamanlarındaki zikir şekli ile sonraki dönemlerde ortaya çıkan ve bi'dat sayıldığı için muhafazakâr kişilerce tenkit edilen zikir meclisleri arasındaki farklardan biri de, ilk zamanlarda zikir, tam cümleler halinde yapıldığı halde sonradan, "Allah Allah... Hu Hu..." tek kelimeleriyle icra edilmiş olmasıdır. Bu tarzdaki bir zikir anlayışının ortaya çıkmasında dış tesirlerin rol oynadığı muhakkaktır. (Burhan Oğuz, *Türk ve Yahudi Kültürlerine Bir Mukayeseli Bakış*, 2003, s. 375.)

"Dış tesirler" nedir bilinmez ama, tasavvuf tarikatlarında zikir çok önemlidir ve uygulama biçimi yüzünden birçok tarikat bölünmüştür.

Her tarikatın ayrı bir zikir biçimi, anlayışı vardı.

Sufî-Sabetayist ittifakı

Sabetayistleri Osmanlı tarihinin siyasal tarihinden ayırıp bağımsız-tekil olarak ele almak olmaz. Yazdık; Sabetay Sevi meselesi sadece dinsel bir hareket değildir; iktisadî, siyasî kültürel nedenleri vardır.

Peki Sabetayistleri, tasavvufî hareketlerden ayrı düşünebilir miyiz? Kabalist Sabetay Sevi'yi zorla Müslümanlaştıran Osmanlı Devleti'nin, Müslüman tasavvuf dergâhlarına bakışı farklı mıydı?

XVII. yüzyıl, sadece Sabetayistler için değil, Müslüman sufî tarikatlar-tekkeler için de tam bir yıkım yüzyılı olmadı mı?

Biliyoruz, 1666'da Sabetay Sevi, yakalanıp Edirne Sarayı'na getirildi; başta Sultan IV. Mehmed'in büyük güvenini kazanmış vaiz Mehmed Vanî Efendi'nin de bulunduğu bir heyet tarafından sorgulandı ve önüne iki seçenek kondu: Ya Mesihlikten vazgeçip Müslüman olacaktı ya da idam edilecekti. Müslüman oldu ve Mehmed Aziz Efendi adını aldı.

Aynı yıl Mevlevîlerin "korkulu rüyası" da yine Mehmed Vanî Efendi'ydi.

Mutasavvıflar (tasavvufa inananlar) ile kadızadeliler (fakihler) arasında şiddetli tartışmalar yaşandı.

Kadızadeliler, XVI. yüzyılın ikinci yarısında yaşamış Osmanlı din âlimi Mehmed Birgivî'nin fikirlerinin hayat bulmasını istiyorlardı. Yani, şeriattan en ufak bir sapma yapılamazdı. VII. yüzyıldaki Hz. Muhammed dönemi geleneklerine dönüş gerçekleşmeliydi; o dönemden sonra yapılan yenilikler kabul edilemezdi.

Bu nedenle, musiki eşliğinde Kuranı Kerim okunmasına, ezan ve mevlidin makamla okunmasına, salavat getirilmesine, mezarların ziyaret edilmesine, selam verilirken eğilmeye, el öpmeye, birden fazla minaresi olan camilere, raksa, semaya, deverana ve tekkelere, matematiğin öğretilmesine, kaşıkla çorba içmeye, billur bardakla su içmeye, pantolon giymeye, içkiye, tütüne karşıydılar.

Tekkeler yıkılıp temeli birkaç arşın kazılarak çıkan toprak denize dökülmedikçe orada namaz kılmak caiz değildi!

Dolayısıyla kadızadeliler Kabala'ya; Vahdet-i Vücud'a karşıydılar.

Onlara göre, âlemi Tanrı yoktan var etmişti. İnsanı topraktan yaratıp, ona ruhundan üflemişti.

Kabala ve Vahdet-i Vücud'a göre ise, âlem Tanrı'nın zuhuruydu. Tanrı âlemin batını, âlem ise onun zahiriydi.

İnsan da Tanrı'nın âlemde zuhuruydu...

Kuşkusuz bu kavganın felsefî yönüydü.

Bir de ekonomik boyutu vardı:

"Mesih/Mehdî, kesede para kalmayınca gelir" cümlesi meseleyi özetliyordu aslında. Bu yüzyıl, Osmanlı "fetih savaşlarının" sona erdiği; maddî kaynakların azaldığı ve dolayısıyla Hıristiyan ve Yahudi tebaanın zenginliğinin Müslüman çevrelerce kıskanıldığı bir dönemdi.

Meselenin dinsel-iktisadî boyutu yanında politik nedenleri de vardı: Tasavvufî hareketlerin –"kötü mezhepli" dedikleri– İranî kökenli (Safevî) olduğu varsayılıyordu. Osmanlı'yı silah gücüyle yenemeyenler, imparatorluğun silahlı gücü Müslümanlar arasında ikilik çıkararak, devleti parçalamak, yok etmek istiyorlardı!

Ama bu kitapta bizi kavganın siyasî-iktisadî değil, felsefî yönü ilgilendiriyor.

Kadızadeliler ile mutasavvıflar arasındaki kutuplaşma XVII. yüzyılda sertleşti.

Kadızadelilere en büyük destek Mehmed Vanî Efendi'den geldi. Mevlevî zikrini yasaklattı. Bazı Bektaşî tekkelerini yıktırdı. (Mesela Kamber Baba Tekkesi.)

Halvetî tarikatının Mısriye kolunu kuran; Vahdet-i Vücud'un piri sayılan Şeyh Muhyiddin Arabî'den etkilenen; Simavnalı Şeyh Bedreddin'in yolundan giden tasavvuf şairi Niyazi Mısrî'yi Limni'ye sürdürdü.[46]

Tek sürülen Niyazi Mısrî değildi; Karabaşî Şeyh Ali Efendi 1679'da Limni Adası'na; Osman Fazlı Atpazarı 1690'da Magosa Kalesi'ne; İsmail Ankaravî kaynaklarda yeri belirtilmeyen bir yere sürgüne gönderildi.

Sabetay Sevi'yi ve hareketini bu gelişmelerden ayrı değerlendirebilir miyiz?

Mehmed Vanî Efendi, hangi dinden olursa olsun tasavvufa/Kabala'ya savaş açmıştı. Mesih'e de, Mehdî'ye de karşıydı!

Abdülbaki Gölpınarlı'nın Sakıb Dede'den (*Sefine-i Nefise-i Mevleviye*'den) aktardığına göre, semanın yasak edildiği hafta bine yakın Mevlevî öldürülmüştü. Mevlevîlerin bu zorlu dönemi on sekiz yıl sürdü, Vanî Efendi'nin ölümünden bir yıl önce 1684'te yasak kalktı.[47]

Sonuçta, iktisadî ve siyasî meseleler yüzünden din kullanılarak, Anadolu'da ve Rumeli'de büyük bir katliam yapıldı.

Meselenin bir diğer açısını not düşmek zorundayım. Bu yüzyıl Osmanlı'nın duraklama dönemiydi. İngilizler "buhar makinesi"nin peşinden koşarken, Osmanlı yönetimi, bazı şeyhülislamların telkiniyle, medreselerdeki "Razî ekolü"nün, yani, matematik, astronomi ve felsefe gibi derslerin öğretilmesine önem vermez oldu. Dersler daha çok fıkıh alanına kaymıştı.

Bu "yeni ekol"ün kurucusu, kadızadelilerin fikir babası Birgivî Mehmed Efendi'ydi...

46. Mustafa Aşkar, *Niyazii Mısrî ve Tasavvuf Anlayışı* adlı kitabında, Mısrî'nin sürgüne gönderiliş nedeni konusunda farklı bir tez ileri sürüyor: "Tarihî kaynaklar Mısrî'nin bu cezayı almasında onun tasavvuf çizgisinde söylediği aşırı sözleri ve cifr hesabına dayalı abartılı yorumlarını gerekçe gösterirlerse de, kanatimizce asıl sebep onun devletin siyasî otoritesine karşı aldığı menfi tavırlardır." Aşkar'a göre Niyazi Mısrî müritlerini, askerî bir güce dönüştürerek, nizam-ı âlemi düzeltmeye kalkışmasının sonucunda sürgün edilmişti. Benzer ayaklanmayı XV. yüzyılda Şeyh Bedreddin yapmıştı. Gerek Mısrî'nin, gerekse Bedreddin'in piri Endülüslü Muhyiddin Arabî'ydi. Ne yazmıştı divanında Mısrî: "Muhyiddin ü Bedreddin, ettiler ihya-yı din..."

47. Bugün İstanbul'daki Mevlevîler, Vanî Efendi'nin Vaniköy'de yaptırdığı camiye, "Vani-Cani" derler ve önünden bile geçmezler. Nedendir bilinmez (!) bazı tarih kitapları Mehmed Vanî Efendi'ye hep bir mesafeli bakar, hakkında pek övücü sözler sarf etmez. Halbuki, Osmanlı'da "Türk kavmiyetinden" ilk bahseden odur. Ona, Osmanlı'nın ilk milliyetçisi diyebiliriz! Kuran'da bozguncu bir kavim olarak nitelenen Yecüc ve Mecüc'ün Türkler olduğu tezine karşı çıkmış, aksine onlara karşı koyan Zülkarneyn'e yardımcı olan milletin Türkler olduğunu ileri sürmüş, hatta Zülkarneyn'in Oğuz Han olduğunu yazmıştır.

Tartışmalıyız: Osmanlı, İslam yüzünden mi geri kalmıştır, yoksa İslam, Osmanlı yüzünden mi gericileşmiştir? Osmanlı'yı geri bırakanlar, aynı ortam içinde İslam'ı da yobazlaştırmışlardır.

Sufîler, 1666 yılını hiç unutmadılar ve bu yasağa "yesağı bed 1077" terkibini tarih düşürdüler.

Kadızadelilere hep kin duydular. Kendisi de bir Mevlevî olan Abdülbaki Gölpınarlı, yıllar geçse de nefretini, kendisine hiç yakışmayacak bir dedikoduyu *Mevlânâ'dan Sonra Mevlevîlik* adlı kitabına alarak gösterdi:

> Fakılardan (Kadızadelilerden) bir zengin, güzel bir delikanlıya, cinsî münasebette bulunurken ikrahla yüzünü buruşturarak sesleniyor: "Topla şu ipek uçkurunu, haram şey değmesin mübarek vücuduma!" (s. 161.)

Anlaşılan aradan yıllar geçmesine rağmen kavga hâlâ sürüyordu...

Aslında kavganın tarihi daha eskilere dayanıyordu: Şems-i Tebrizî, "Minberlerde söz söyleyenler ile seccadelerde oturanlar, Muhammed dininin yol kesicileridir" dememiş miydi?

Sabetayistler ve tasavvufa inanan sufîler, o dönemde aynı kaderi paylaştılar.

Yahudi tasavvufuna inanan Sabetayistler Mesih'leri gelene kadar görünümde Müslüman, içte Yahudi yaşamı seçtiler.

İslam tasavvufuna inanan sufîler ise ritüellerini gizli gizli yapmak zorunda kaldılar. Örneğin Mevlevîler, geleneği unutmamak için, "Dar ül-Mesnevî" adı verilen ve gizlice *Mesnevî* okutulan yerler açtılar.

Toparlarsak, Sabetay Sevi'yi sorgulayan Vanî Efendi, aslında bir numaralı tasavvuf düşmanıydı. Nasıl Yahudi Kabalası'na düşmansa, sufîlere de aynı tepkiyi gösterdi.

Bu nedenle Yahudi Sabetayist Sevi ile Müslüman Niyazi Mısrî hemen hemen aynı kaderi paylaştı.

Peki, Vanî Efendi ve yandaşlarına karşı, Yahudi Kabalistler ile Müslüman sufîler nasıl bir ittifak yaptı?

Sabetay Sevi ile Niyazi Mısrî'nin yaptığı "ittifakı", daha sonraki yıllarda hangi isimsiz şeyhler/Sabetayistler devam ettirdi?

İslam, Hıristiyan ve Yahudi heterodoks (kabul edilmiş dinî esaslara uymayan; cemaat dışı) akımlar, hangi dinin sembolik yapısı ya da kültür kuşağı içinde olursa olsunlar, birbirlerine yakın dururlar.

Tarihsel olarak da bu heterodoks akımların bağlılarının birbirleriyle ilişki içine girdiklerinde dostane yakınlıklar kurdukları, hatta kendi ortodoks mezheplerine karşı güç birliği yaptıkları görülmüştür. Örnek vermek gerekirse, Şeyh Bedreddin ayaklanmasının önemli unsuru, Hıristiyan heterodoksisinin bağlıları olan Bogomilcilerdir. (Sırp-Boşnak. S. Y.) [Reha Çamuroğlu, *Günümüzde Aleviliğin Sorunları*, 1992, s. 54.]

Sabetayizm konusunda kitap/makale yazanlar, Sabetayistlerin genellikle Mevlevî, Bektaşî, Melamî tarikatlarına girdiklerini yazıyor.

Doğru. Peki niye bu tarikatlara girmişlerdi?

"Bu tarikatlar daha hoşgörülüydü" yanıtı ne kadar gerçeği yansıtıyor?

Bizim üzerinde durduğumuz şey daha farklı: Yahudi Kabalası ile İslam tasavvufu "kalp ikizi"ydi.

Kabala ve Vahdet-i Vücud'un sırrına ulaşma yolları, yöntemleri, ritüelleri, motifleri benzerdi. Bu nedenle Sabetayistler kendilerine yakın buldukları, yani "Kabala sembollerini" gördükleri sufî tarikatlara "bağlandılar".

XVI. yüzyılda Melamîler; XVII. yüzyılda Mevlevîler ve XIX. yüzyılda Bektaşîler Osmanlı'nın kıyımına maruz kaldılar. Ve buna rağmen Sabetayistlerin bu üç tarikata bağlılıklarını sürdürmelerinin bir nedeni olmalı, öyle değil mi?

Eğer Sabetayistlerin "meselesi" sadece gizlenmek olsaydı, hep Osmanlı baskısıyla karşılaşan sufî tarikatlar yerine "ortodoks" tarikatlara gitmeleri daha doğru olmaz mıydı?

Osmanlı zulmüne rağmen, Sabetayistlerin, sufî/tasavvufî tarikatları seçmelerinin nedeni, yukarıda yazdığım gibi, Tanrı'ya ulaşma yollarının/ritüellerinin benzerliğiydi...

"Nur" değil "ışık" aşkı...

Bernard Lewis, *İslam Dünyasında Yahudiler* kitabında diyor ki:

> Elbette pek çok Yahudi dönme olmuş ve aralarında bazıları çok önemli roller oynamışlardır; ama bu mutlaka İslam'ın kabul edildiği anlamına alınmamalıdır. (s. 93-99.)

Kabala'ya inanan Sabetayist, girdiği dergâhın âdetlerini, gelenek ve göreneklerini ne derecede dönüştürdü?

Çünkü biliyoruz ki, onlarca tarikat, yüzlerce, binlerce tekke ve dergâh var. Ve bir tekkenin şeyhi, kendi ritüellerini belirleyebiliyor. Bu nedenle bazı şeyhler, babalar, dedeler, hocalar dönemlerinde "farklılıklarıyla" ya ilgi görmüşler ya da tepki çekmişlerdir. Bunların bazıları Sabetayist olabilir mi?

Sabetaycılık konusunda İsrail ve ABD'de araştırmalar yapan Doç. Dr. Cengiz Şişman bakın ne diyor:

> Sabetaycılık araştırmalarının en muammalı sorularından birisi cemaatin XVII. ve XX. yüzyıllar arasında kimliği nasıl muhafaza ettiğidir. Cemaat hakkında XVII. ve XIX. yüzyıl sonlarından birtakım bilgiler bulunsa da XVIII. yüzyıl yaşantısı hakkında hemen hemen hiçbir bilgi yok gibidir. Oysa bu dönem Osmanlı topraklarında yaşayan Sabetaycılığın diğer tür Sabetaycılardan ayrılıp daha Osmanlı ve İslamî unsurların ağır bastığı kendine has bir kimliği oluşturma dönemidir. (*Tarih ve Toplum* dergisi, sayı 223, s. 12.)

"İslamî unsurların ağır bastığı kendine has kimlik" neydi?

Sabetay Sevi ne diyordu: "Onlara benzeyin, onlardan olmayın!"

Sabetayist olduğunu açıklayan Ilgaz Zorlu'ya göre, İslamî tarikatlara giren Sabetayistlerin tek ilkesi vardı: "Benzet, benzeme!"

"Benzet, benzeme" ilkesi İslamî tarikatları nasıl etkiledi?

Gel de, bu sorunun yanıtını merak etme!

Türkiye'de Sabetayistlerin sosyal ve siyasî hayatı nasıl etkilediklerini siz merak etmiyor musunuz?

Peki bizim sosyal bilimcilerimizin kafasında bu soru niye yok?

Anlamak zor.

Bu konunun soğukkanlılıkla derinlemesine ele alınmasından kim rahatsız olmaktadır?

Mesele, Aaron Kandiyoti'nin Müslüman olması değil. "Harun Hoca"nın müritlerinin Sabetayistlerden oluşmasıdır.

Harun Hoca ile Sabetayistlerin inanç ritüellerinin benzerliği onları bir araya getirmişti kuşkusuz. Yoksa Doktor Nâzım'ın torunu ne diye İzmir'den kalkıp gelerek Harun Hoca'ya bağlanacaktı?

Selanik'in özgür liberal ortamında büyüyen, tıp fakültesini bitiren, Sorbonne Üniversitesi'nde okuyan Doktor Nâzım, İttihat ve Terakki Cemiyeti'yle nasıl ideolojik bir yakınlık bulduysa, torunu da inanç açısından Harun Hoca'da öyle bir yakınlık bulmuş olmalı...

Eğer döneminin en güçlü felsefî inancı pozitivizm Doktor Nâzım'ı o kadar çok etkilemeseydi, kuşkusuz o da, diğer Sabetayistler gibi heterodoks bir İslamî tarikat içinde mi olacaktı?..

Soru o kadar çok ki...

Bu çalışmada herkesten şüphe ettik, özellikle herkesin doğru bildiği her şeyden!

Örneğin, Süleymancılık olarak bilinen dinî cemaatin kurucusu Silistreli Süleyman Hilmi Tunahan, neden kızına, Türkçe'de bulunmayan İbranîce "Yaratılış" anlamına gelen "Beria" ismini koymuştu?[48]

"Işıkçılar" olarak bilinen dinî cemaatin kurucusu Hüseyin Hilmi Işık, neden "Işık" soyadını aldı?

Nurcuların öğrenci pansiyonlarına neden "Işık Evleri" adı veriliyor?

Önceki sayfalarda okuduk, Yahudi Kabalası'ndan etkilenerek, harflere esrarengiz anlamlar yükleyen Hurufîlere "ışık" denmesinin, bunlarla bir ilgisi var mı?

İslamî tarikatların, partilerin, dergâhların bu ışık/ampul merakı nereden geliyor?

Tasavvufî tarikatlar üzerinde uzun yıllar uğraş vermiş Abdülbaki Gölpınarlı diyor ki:

> Işık, ehl-i sünnet inancına uymayan, batınî inançları benimsemiş bulunan, Şia'ya temayül eden dervişlere, bilhassa Bektaşîlere, Alevîlere, Hurufîlere verilen addır. (*Tasavvuftan Dilimize Geçen Deyimler ve Atasözleri*, 2004, s. 157.)

Gölpınarlı örnek de veriyor: Sarı Saltuk Tekkesi, Sarı Baba Zaviyesi ve Varna'daki Akyazılı Tekkesi'ndeki Bektaşîlere "ışık" deniyor.

İslam gizemciliğinin adı "işrakiye" (ışıkçılık) değil midir?

O halde, Kabala'dan etkilenen İslamî heterodoks tarikatları anlayabiliriz.

Peki, İslamî ortodoks Sünnîlerdeki bu "ışık aşkı" nereden geliyor?

Denebilir ki, İslam'da da "nur" var; "Kuran nurdur"... Güzel.

Ama, meselemiz "nur"la değil; çünkü daha kökenine inerseniz,

48. "Beria" adı için dört örnek:
1) Sabetay Sevi'nin on sekiz maddelik emirlerinde "Beria" adı sık sık geçer.
2) Sovyetler Birliği'nde Stalin döneminde KGB'nin ünlü polis şefinin adıydı: Lavrentiy Pavloviç Beria!
3) 5 eylül 1999 tarihli *Radikal* gazetesinin haberine göre, Nedet-Paul Bollam çifti çocuklarına "Mina Jasmin Beria Bollam" adını koymak istiyor; nüfus müdürlüğü "Jasmin" ve "Beria"yı kabul etmeyince, kızlarının adını nüfus cüzdanına "Mina Bollam" diye yazdırmak zorunda kalıyorlar!
4) Kabala'ya göre dünyanın dört hali vardır: Azilut, Beria, Yezira, Asiya.

"nur" Tevrat'ta da var. Keza, "Hür ve Kabul Edilmiş Masonlar"ın, 1987'de İsrail'de kurdukları localarının adı da "Nur"; ama benim aradığım "nur" değil, "ışık"!..

Uluslararası masonluk "evrensel bilgi" anlamında "nur-u ziya"yı amaçlar. Genel merkezlerinin İstanbul Beyoğlu'nda niye Nuru Ziya Sokak'ta olduğunu sanıyorsunuz!

Yineliyorum, bu örnekleri verdik diye, bu isimler ve cemaatler üzerinde şüpheler oluşturmayı amaçladığımızın düşünülmesini istemiyorum. Hiçbir kişi ya da cemaat hakkında önyargımız yok.

Hatta, tarikatları, cemaatleri, dergâhları, bizi çağdaş uygarlık yolundan alıkoyan, Türkiye'yi Ortaçağ karanlığına döndürmek isteyen umacılar olarak gören kaba bir anlayış yanlışlığına düşmek istemiyoruz.

Din-tarikat önemli bir vakıadır. Onu, yok sayarak yok edemezsiniz; onu "laiklik sopası"yla tehdit edip, yasaklayarak da engelleyemezsiniz.

Yapılacak tek doğru, dini, tarikatı, dergâhı anlamaktır...

Bakmayın siz çok gürültü çıkarıldığına, radikal örgütler dışında, Türkiye'deki İslamcıların ana eğilimi şeriatın hâkim olduğu siyasal ve toplumsal bir düzen değildir.

Türk İslamcılığının nasıl bu noktaya geldiği-getirildiği, yani "modernist" olduğu/yapıldığı bir araştırma konusudur.

Soru çok.

Ve bıkmadan, yorulmadan sormaya devam edeceğiz...

Tarihe bakışımızı, tarih bilincimizi ve tarih yazıcılığımızı değiştireceğiz; başka "yol" yok... Diğer yandan:

Akademiyi ve akademisyenliği önemsiyorum, bu kitabı "Türkiye tarihi üzerine denemeler" olarak görmenizi istiyorum.

Kitapta yeni tezler vardır ve tartışılması gerekmektedir.

Sanıyorum, "Beyaz Müslümanlar" konusunda bir "kazı faaliyeti" başlattık ve daha "yolun" çok başındayız...

İkinci bölüm

Yahudi okulu mezunu şeyh

Beni şaşırtan kitapları seviyorum...

YÖK "mucidi" İhsan Doğramacı'nın biyografisi konusunda sanıyorum, herkesin az buçuk bilgisi vardır. Okuduğumda şaşırdığım bir anekdotu yazmak istiyorum:

Hacettepe Tıp Fakültesi Dekanı Prof. Doğan Karan bir gün yanına hademe takmış olduğu genç bir adamı mikrobiyoloji odasına gönderdi. Telefonda demişti ki: "Bu zat İsrailli bir mikrobiyoloji profesörüdür. Amerika'dan vatanına dönerken Hacettepe'ye uğramış, saat 17.00'de İhsan Doğramacı Hoca'yla randevusu var. Aynı bilim dalından olduğun için o saate kadar adamı oyala." Oyaladım. Oturduk çay kahve içtik, her şeyden konuştuk. Benden görüşeceği İhsan Doğramacı hakkında bilgi almak istedi, boyunu bosunu, görünümünü, özelliklerini, dilimin döndüğü kadar anlattım. Hangi dilde konuşabileceğini de sorunca, "İngilizce, Almanca, Fransızca, Arapça, Farsça bildiğini biliyorum" dedim. Randevu saati gelince birlikte dekanın makam odasına gittik. Hoca (İhsan Doğramacı) oradaydı. Ben İngilizce olarak İsrailli profesörü Doğramacı Hoca'ya takdim ettim. Hoca söze başladı ve ne olduğunu anlayamadığım bir dilde konuşmaya başladı. Yalnız ben ve Doğan Karan değil, misafir profesör de şaşkındı, ağzı bir karış açık Doğramacı'ya laf yetiştirmeye çalışıyordu. Görüşme bittikten sonra ben Hoca'ya hangi dilde konuştuklarını sorunca, "Hangi dil olacak anadili İbranîce tabiî ki" diye yanıt verdi. Misafir profesöre sordum: "Nasıl, Doğramacı Hoca İbranîce'yi iyi biliyor mu?"

Adam hayretler içindeydi.

"Benden daha iyi" dedi. (Muvaffak Akman, *Yaşantımda Hacettepe ve Sonrası, Bir Emekli Rektörün Anıları*, 1995, s. 193-194.)

Bitmedi. Prof. Şinasi Özsoylu'nun *İhsan Doğramacı ile 40 Yıl* adlı kitabındaki bir bilgiye de şaşırdığımı anımsıyorum: İhsan Doğramacı profesörlük aşamasında güvenlik soruşturması engeliyle karşılaşıyor. Millî İstihbarat Teşkilatı'nın (MİT) "babası" MAH, İhsan Doğramacı için bir rapor hazırlıyor. Bu raporun yazdığına göre, "İhsan Doğramacı Müslüman, karısı da Türk" değildi. (s. 23.)

Prof. Doğramacı'nın biyografisinde "İbranîce" bildiği bilgisi yoktu. Ama İbranîce'yi anadili gibi konuşabiliyordu.

Tıpkı bu bölümünde yaşamını ele alacağımız Rifaî şeyhi Kenan Rifaî gibi...

> Mektebe girdiğinin ilk senesi aile İstanbul'da değildir, çocuk daimî bekâr yazdırılmıştır. Fakat birkaç ay sonra kızamığa tutulur. Mektebin müdürü olan Ali Suavi, babasının yakın dostudur. Hasta çocuğu alıp evine götürür. İngiliz olan karısı, bu son derece zeki ve sevimli misafirden o derece hoşlanır ki onu kırk gün kendi yatağında yatırarak bir ana şefkatiyle bakar. Nekahet haline geçtiği günlerden bir gün, artık evin içinde dolaşan çocuk bir ara Ali Suavi'nin kütüphanesine girer. Müdürün elinde bir kitap olduğunu görünce de, ne olduğunu sorar.
>
> Suavi, "Kuran!" der ve "Bunun içinde her şey vardır" diye ilave eder.
>
> Çocuk tekrar sorar: "Yahudice de var mı?"
>
> Genç müdür, tereddütsüz hemen bir sahifeyi açıp verevleme bir işaret yaparak, "İşte, bu baştan bu başa okursan İbranîce olur!" der... (s. 27.)

Dört kadın müridi, Samiha Ayverdi, Nezihe Araz, Safiye Erol ve Sofi Huri tarafından kaleme alınan, *Kenan Rifaî ve Yirminci Asrın Işığında Müslümanlık* adlı kitaptan bir alıntı daha yapalım:

> Mektepten çıktıktan sekiz on sene sonra bir gün Köprü üstünde karşılaştığı Muallim Naci'ye, "Beni unuttun mu hocam?" diye sorması üzerine, Naci, "Ah, unutulur mu Kenan illeri, unutulur mu Kenan illeri?"[1] diye bütün bir feveranıyla cevap vermiştir. (s. 26.)

Sanıyorum, sizin de anladığınız gibi karşınızda çok farklı bir dergâh şeyhi var:

1. Kenan, Yahudiler için "vaat edilmiş topraklar"ın adıdır. Günümüzde Filistin ve İsrail'in üzerinde bulunduğu topraklardır. "Kenan diyarından Fırat Irmağı'na kadar olan bütün toprakları senin zürriyetine verdim." (Tekvin/18.) Kenan Rifaî üzerinde Muallim Naci'nin büyük bir etkisi var mıydı? Muallim Naci, *Hikem ür-Rüfaî* adlı kitabında, bu tarikatın kurucusu Ahmed er-Rifaî'nin sözlerini derledi. Muallim Naci, Endülüs hayranıydı; Osmanlı'nın Endülüs'e benzemesini isterdi. Hatta "Musa bin Ebülgazan yahut Hamiyet" adlı şiirinde, Endülüslü Musa adlı bir generalin kahramanlığını anlatır.

Rifaî Şeyhi Kenan Büyükaksoy.
Yani, "Kenan Rifaî"...

İlginç bir yaşamöyküsü

Kenan Rifaî, 1867 yılında Selanik'te dünyaya geldi.

Babası Abdülhalim Efendi aslen Filibeli'ydi. Memurdu.

Annesi Hatice Cenan Hanım ev kadınıydı.

Yukarıda alıntı yaptığımız, dört kadın yazar müridi tarafından kaleme alınan *Kenan Rifaî ve Yirminci Asrın Işığında Müslümanlık* kitabına göre, Abdülhalim Efendi, nedense çocuk sahibi olmak istemiyordu. Eşinin hamile olduğunu öğrenince, bebeği düşürmesi için ona her türlü ilacı içirdi. Bebeği düşürme çabaları sürerken, Abdülhalim Efendi bir gün rüyasında, doğacak bebeğin göbeğinden çıkan bir ağacın bütün dünyayı kapladığını gördü. Bu rüya üzerine müdahalelerinden vazgeçti.

Bebek 1867'de doğdu ve adını "Kenan" koydular.

Annesi Hatice Cenan oğlunu "Kenko" diye seviyordu!

Anneyi tanımadan, Kenan Rifaî hakkında sağlıklı bilgi sahibi olamayız. Bu nedenle sözü, dergâhın kadın müritlerinden Nezihe Araz'a bırakacağız. Aynı zamanda bu dergâha bağlı olan Nezihe Araz, *Anadolu Evliyaları* adlı kitabında, dergâhın ilk şeyhi Hatice Cenan hakkında bilgiler veriyor:

> Hatice Hanım'ın nerede nasıl bir ailede doğduğunu bilmiyoruz. Fakat kendisinin Kafkasya'dan göç ettiğini ve bir beyin kızı olduğunu biliyoruz. Belki, çocukluk günlerine bir daha hiçbir zaman geri dönemeyeceğini bildiğinden, belki de çocukluğu ve anne babasıyla ilgili hatıralarını kimseyle paylaşmak istemediğinden, Kafkaslar'daki yaşantısından hiç söz etmezdi. (...) Hatice Hanım ilk olarak Filibe'nin tanınmış ailelerinden birinin gelini olarak karşımıza çıkıyor. (s. 438.)

Nezihe Araz, Hatice Cenan Hanım'ın tarikata bağlanma süreci hakkında ilginç bir olay anlatıyor:

> Filibe'de oturdukları konağın hemen karşısında bir ev vardı ve bu evde birçok çocuğu olan genç bir kadın yaşamaktaydı. Bu kadın Hatice Cenan Hanım'a geldiğinde, Hatice Hanım artık kendi değildi. Bu kadının çocukları da her zaman diğer çocuklardan çok farklıydı. Hatice Hanım, bir dahaki ziyaretinde ona bir sürü soru sormayı düşün-

dü. Ama bir araya geldiklerinde yaptıkları tek şey oturup birbirlerine gülümsemekti.

Bir gün çocuklar oynuyorlardı ve iki arkadaş da nakış işliyorlardı. Hatice Hanım şöyle dedi:

"Sen ve ben aynı kaderi paylaşıyoruz!" Arkadaşı bunun ne anlama geldiğini dile getiremedi fakat gülümsedi. Hatice Hanım ise kendi ağzından çıkan sözler karşısında şaşkınlık içinde kaldı. Bu kadınla nasıl bir kader paylaşıyor olabilirdi? Böyle bir şeyi söylemek için görünürde hiçbir neden yoktu. Hatice Hanım'ın konuğu, "Yarın eşim gelecek, ben gideyim" diyerek izin istedi ve yerinden doğruldu.

Hatice Hanım o sabah, değişik bir his, değişik bir heyecanla uyandı. Henüz yaşamın kendisine neler hazırladığının farkında değildi. Verandasına oturdu ve nakış işlemeye başladı. Komşusunun eşinin geldiğini gördü. Arkası ona dönüktü ve çocuklarını kucaklıyor, eşiyle sohbet ediyordu. Bu son derece normal bir sahneydi. Fakat birdenbire Hatice Hanım, bayılır gibi olduğunu hissetti. Benzi soluklaştı, kendini tuhaf hissediyordu. Gözü dünyaya kapanmıştı. Kenko bağırmaktaydı: "Ne oldu anneciğim, neyin var?"

Hatice Hanım, oğlu eteğini çekerken kendine geldi. Ama bir daha hiç ayılmamayı tercih ederdi.

Daha sonra öğrendi ki, bu kişinin adı "Tütüncü Güzeli" idi ve Filibeli tüm kadınlar onun seyahatten dönmesini beklerdi. Onun yüzünü görenler, âb-ı hayat içmiş ve bir daha hiç ölmeyeceklermiş gibi hisse kapılırlardı.

Hatice Hanım kendi kendine sordu: "Ben onu gördüm mü? Onu gören kimdi?" Ama kısa bir süre sonra kendisinin de "Tütüncü Güzeli" Edhem Efendi'nin seyahatten dönmesini beklediğinin farkına vardı. Onu gördüğünde kendisini cennette gibi hissediyordu. Ama onu göremediğinde, her şey sanki cehennem karanlıklarına gömülüyordu.

Hatice Hanım artık, arkadaşını, "Tütüncü Güzeli"nin eşini ziyaret edemiyordu. Şaşkınlık içindeydi. Oysa Hatice Hanım ona ait her şeye hasret çekmekteydi. Amansız, takat getirilmez bir hasret! Bir gün arkadaşı Hatice Hanım'ın evine çay içmeye geldi. Bir miktar endişeli görünüyordu. Perşembe günü Hatice Hanım'ı evlerine öğle yemeğine davet ediyordu. Hatice Hanım böyle bir davete nasıl hayır diyebilirdi. Heyecanla perşembe gününün gelmesini beklemeye başladı. Fakat arkadaşının bir sorunu vardı. Evet, Hatice Hanım'ı öğle yemeğine davet etmişti ama ona sadece kuru fasulye ikram edebilecekti. Eşi Edhem Efendi sadece kuru fasulye ikram etmesini söylemişti. Zaten Hatice Hanım'ı yemeğe davet etmesini söyleyen de oydu. Eşi, Edhem

Efendi'nin böyle demesinin altında mutlaka bir hikmetin gizli olduğunu biliyordu ama, konuğunun bunun nasıl karşılayacağı konusunda kaygılıydı. (a.g.e., s. 439-442.)

Uzatmayayım, Hatice Cenan Hanım o perşembe gününden itibaren şeyhi Edhem Efendi'ye bağlandı.

Anne ile oğlunun önünde artık başka bir yol vardı...

Şeyhin anadili İbranîce mi?

Kenan Rifaî'nin dünyevî öğrenim yolu, tarikat yolundan biraz farklıydı...

Şeyhlerinin hayatını yazan kadın müritler nedense Kenan Rifaî'nin okul yaşamını sadece birer cümleyle geçiştirmişlerdi. Satır aralarından anlıyoruz ki, Kenan Rifaî, Mekteb-i Sultanî'den sonra, Yahudi Alliance İsraelite Universelle'e (Evrensel Yahudi Birliği), dilimizdeki adıyla Alyans okullarına gitmişti.

Genellikle Yahudi çocuklarının gittiği bu okula Kenan Rifaî neden verilmişti? Bilinmiyor!

Mekteb-i Sultanî'de okurken, Yahudi Alyans okuluna verilmesinin sebebi ne olabilirdi?

Kitapta bu konularda hiç bilgi yok.

Belki Alyans okullarının amacı ve kuruluş sürecini öğrenerek, bilgi sahibi olabiliriz.

Alyans okulunun temeli Paris'te dünya Yahudilerine yönelik bir çağrıyla atıldı.

Fransız Yahudi örgütü Alliance İsraelite Universelle, 1860'taki çağrısında şöyle diyordu:

> Çok sayıda dindaşımızın yirmi asırdır türlü acılar, yasaklamalar ve hakaretlere maruz kaldığına, ama birer insan ve vatandaş olarak haysiyetlerini yeniden kazanabileceklerine inanıyorsanız; yoldan çıkmışları kınamak yerine ıslah etmek, körleşmişleri bir başlarına bırakmak yerine aydınlatmak, bitkinlere acımak yerine onları tutup ayağa kaldırmak gerektiğine inanıyorsanız; bütün dünyanın Yahudileri, eğer tüm bunlara inanıyorsanız gelin, çağrımıza kulak verin...

Paris'ten dünyaya yayılan bu çağrıya ilk yanıtı veren Selanik Yahudileri oldu. Özellikle 1860'lı yıllarda pamuk ticareti nedeniyle hayli zenginleşen Selanikli Yahudiler, cemaatlerinin önündeki en büyük engelin eski alışkanlıklar, boş inançlar olduğuna; bunların yerini üretken, faydalı bireylerin alması gerektiğine inanıyorlardı.

Geleneksel Yahudiliğin yenileşmesini istiyorlardı. Örneğin, İbranîce ve Yahudi yasalarının öğretileri Talmud'a ağırlık veren gelenekçi eğitimi yoz buluyorlardı.

Bir avuç Yahudi dışında, Osmanlı Yahudileri, toplumun diğer kesimlerinden soyutlanmış, hahamlık geleneklerine bağlı, cahil, hoşgörüsüz, çocuklarını okullara göndermeyen, bozuk bir İspanyolca (Ladino) konuşan, erken evlilikler yapan gerici bir topluluktu.

Alyans okulları, Fransa kültürünü benimseyecek liberal Yahudi burjuvazisi yaratmak istiyordu. Bu nedenle Batılılaşmak şarttı. Bunun yolu da genç Osmanlı Yahudilerini eğitmekten geçiyordu. Örneğin, çok iyi Fransızca konuşmaları gerekiyordu. Kız çocukları mutlaka okutulacaktı. Yahudi kız çocukları Osmanlı Yahudi tarihinde ilk defa böyle esaslı eğitimden geçeceklerdi.[2]

Alyans okulları Siyonizm'e karşıydı. Amacı, Yahudileri, bulundukları ülkenin "iyi insanı" ve "iyi vatandaşı" yapmaktı.

Selanikli Yehuda Nehama, 14 nisan 1863'te Alyans'ın Paris'teki merkezine mektup yazarak ilk resmî ilişkiyi başlatan kişi oldu. Okullar açılması için ardı ardına komiteler oluşturuldu: Selanik, İstanbul, İzmir, Gelibolu, Volos, Edirne, Bağdat, Şam...

Selanik'te Dr. Moiz Alatini, İstanbul'da Abraham Kamondo gibi zengin Yahudiler bu komitelere yüklüce bağışta bulundular. Örneğin, Türkiye'de ilk demiryollarını finanse eden demiryolu kralı Baron Mauritz Hirsch, 1873'ün aralık ayında özellikle Osmanlı Yahudilerinin eğitiminde harcanmak üzere Alyans'a bir milyon frank tutarında bağışta bulundu.

Alyans okulları kısa zamanda Osmanlı'nın önemli kentlerinde sırayla açılmaya başlandı. Pek çok Yahudi bu okullarda öğrenim görecekti.

İttihat ve Terakki'nin sivil lideri Sadrazam Talat Paşa Edirne Alyans okulunda öğretmenlik yapacaktı.

İttihatçıların sadrazamı suikasta kurban giden Mahmud Şevket Paşa; üçüncü cumhurbaşkanı Celal Bayar; siyasetin ve düşün hayatının "yaramaz feylesofu" Rıza Tevfik; Millî Eğitim Bakanı Dr. Reşid Galib; CHP milletvekili, "Türkçü" *Çınaraltı* dergisinin yazarların-

2. İstanbul Büyükada'da Splendid Oteli vardır; yaz aylarında bir gün yolunuz düşerse mutlaka uğrayın; hatta bir gece kalın. Dünyanın çeşitli yerlerinden gelen ve çoğunluğu seksen yaş üstünde olan; yaz tatillerini bu otelde geçiren Yahudi hanımefendilerin çokluğuna şaşırırsınız. Bu hanımefendilerin hemen hepsi sohbetlerini genellikle Fransızca yaparlar; arada sırada Ladino ve Türkçe de konuşurlar. Arjantin, Kanada, Brezilya gibi dünyanın bir ucundan her yaz Büyükada'ya gelen bu hanımefendilerin Türkiye sevgilerinin hiç bitmemiş olduğunu görüp şaşırırsınız.

dan şair Yusuf Ziya Ortaç;[3] sosyalist Mihri Belli; ressam Avni Lifij gibi birçok tanınmış isim Alyans'ta öğrenim gördü.

Rifaî şeyhi Kenan Rifaî de bu isimlerden biriydi: Alyans okulunda eğitim gördü. Okulunu hiç dilinden düşürmedi. Ne okulunu ne de okulda tanıdığı arkadaşlarını unuttu. Örneğin sınıf arkadaşı Dr. İzrail Kalep'in izini, hep görüştüğü diğer sınıf arkadaşlarının yardımıyla elli beş yıl sonra bulup, karşısına çıkarak büyük bir sürpriz yaptı.

Kenan Rifaî gerek Mekteb-i Sultanî, gerekse Alyans okulunda Fransız kültürüyle yoğrulmuştu. Çok iyi Fransızca konuşuyordu.

Bir gün olsun papyonsuz, kravatsız sokağa çıkmadı. Çok şık takım elbiseleri vardı. Kolalı gömleklerinden, şapkalarından, kravatlarından ve kravat iğnelerinden hiç vazgeçmedi.

Ama, yeri geldiğinde, cuma günü yaptığı sohbet toplantılarında sarıklı ve cüppeli kıyafetini de giydi.

Fransız düşünürleri gibi "keçisakalı" vardı.

Evdeki yaşamı da bir Fransız burjuvası gibiydi.

Görünen o ki, gençlik döneminde, gezip tozmuş, çapkınlık yapmıştı; içki bile içmişti. Fakat gün gelmiş, hepsini bırakmıştı, tek bırakamadığı Fransız kültürü ve sigarası olmuştu.[4]

Fransızca'ya, ders verecek kadar hâkimdi. Rumca ve İbranîce biliyordu.

Fener Rum Erkek Lisesi'nde on üç yıl, Yuvakimyon Kız Lisesi'nde üç yıl Fransızca öğretmenliği yaptı.

Fener Rum Erkek Lisesi'nde derse girdiğinde, "Elhamdülillahi alâ külli hal" tabirini Rumca, "Doksa to Teo pandon eneken" tarzında söylemesi öğrencilerin çok hoşuna gidiyordu.

İlk görev yeri İstanbul'da Babıâli Hariciye Kalemi oldu.

Acem Mektebi'nde tabiat muallimliği yaparken Posta-Telgraf Nezareti'nde Alman müşavir Groll'ün muavinliğine getirildi; bu arada Hukuk Fakültesi'ne devam etti.

Balıkesir İdadîsi, Adana, Manastır, Üsküp, Trabzon Maarif müdürlükleri, daha sonra Numune-i Terakki ve Medine-i Münevvere İdadî-i Hamidî müdürlüklerinde bulundu.

İstanbul Erkek Muallim Mektebi Fransızca hocalığı, Tetkikat-ı İlmiye Encümen azalığı, Darüşşafaka müdürlüğü ve Meclis-i Ma-

3. 1940'lı yılların bir diğer önde gelen Türkçülerinden *Millet* dergisi başyazarı Remzi Oğuz Arık, 1899 Kozan doğumlu olmasına rağmen, ortaöğrenimi için Selanik'e gönderilmişti. Niye? Selanik'te hangi okulda öğrenim gördüğünü bulamadık.

4. Günümüzde "Fransız yaşam tarzı"nı sürdüren İslamcı yazar Mehmet Şevket Eygi, Tophane Kadirî Tekkesi şeyhi Mehmet Misbah Erkmenkul gibi Galatasaray Lisesi mezunu isimler var. Şeyh Erkmenkul'un babası da Fransız Saint Joseph Lisesi'nde öğrenim görmüştü.

arif azalığı görevlerinde bulundu.

Emekliliğinden sonra da yukarıda yazdığım okullarda öğretmenlik yaptı.

Kenan Rifaî'yi tasavvuf hayatına hazırlayan en önemli mürşitlerinden biri annesi Hatice Cenan Hanım'dı.

Diğer mürşidi ise "ilk şeyhim" dediği Edhem Efendi'ydi.

Şeyhi Edhem Efendi ona "el vermişti".

Hüseyin Vassaf, *Sefine-i Evliya* kitabında Kenan Rifaî'den bahsederken, bir ayrıntı yazıyor. "Edhem Efendi bir tekke şeyhi değildi. Ehl-i kemal bir zat imiş" diyor. (cilt I, s. 227.)

Ama dört kadın yazar, Edhem Efendi'nin "ulu bir şeyh" olduğunu yazıyor. Tipik, "şeyh uçmaz mürit uçurur" hikâyesi!..

Öyle ya, şeyhi şeyh yapan mürit değil miydi?..

Kenan Rifaî, mürşidi Edhem Efendi'yi hiç unutmadı; anılarını müritleriyle hep paylaştı:

> Mürşidim efendimle bir gün Sırbistan'da tren yolculuğu yapıyorduk. Karşımızda halinden kalantor bir Musevî taciri olduğunu anladığım birisi oturuyordu. Gençlik bu ya, latife olsun diye mürşidim efendimin kulağına eğilerek, "Ben size Yahudice bir cümleler kuracağım, siz sanki bana anlamış gibi sadece, 'Boeno' deyiniz" dedim. Kendileri beni kırmamak için peki dediler.
>
> Biz böyle danışıklı dövüş konuşunca karşımızdaki adam fevkalade heyecanlandı, ırktaşlarını görmekten duyduğu memnuniyetle kim olduğumuzu ısrarla sormaya başladı. Ben, Türk olduğumuzu, Yahudi olmadığımızı kendisine ne kadar söyledimse de inanmıyor: "Hayır Musevîsiniz, boşuna saklamayın, ayıptır, insan milliyetini saklar mı?" diye bizi sıkıştırıyordu. (*Kenan Rifaî ve Yirminci Asrın Işığında Müslümanlık*, s. 542.)

Kenan Rifaî, İbranîce'yi ailesinden mi, yoksa Alyans okulunda mı öğrenmişti? Mekteb-i Sultanî'deyken öğretmeni Ali Suavi'ye "Yahudice de var mı?" diye sorduğuna göre, o tarihte İbranîce'yi biliyordu. Çünkü Alyans okuluna Galatasaray'dan sonra gitti!

İbranîce'yi annesinden öğrenmiş olabilir mi?

Peygamberlere inanmayan şeyh!

9 eylül 2005 tarihli *Sabah* gazetesine göre Ahmed er-Rifaî'nin (1118-1182) kurduğu tarikatın Türkiye'de en çok tanınan temsilcisi Kenan Rifaî'ydi.

Ancak, ne Diyanet İşleri Başkanlığı'nın hazırlamış olduğu *İslam Ansiklopedisi*'nde ne de tanınmış İslam profesörleri tarafından yapılan araştırmalarda "Kenan Rifaî" adı pek geçmiyor.

Müritleri tarafından kutsallaştırılıp, "şeyh", "hazret" mertebesine çıkarılan Kenan Rifaî'nin ismi, neden din, tasavvuf, İslam vb kitaplarında yoktu? Müritlerinden başka, kimse onu ciddiye almıyor muydu?

Yoksa bir dışlama mı söz konusuydu?

Halbuki, Kenan Rifaî, Medine'de "İdadî-i Hamidî"de müdürlük yaparken, dört yıl boyunca Şeyh Hamza Rifaî'nin hizmetinde bulundu; icazet alınca İstanbul'a döndü.

1908'de, annesi Hatice Cenan'ın inşa ettirdiği Fatih semtindeki Altay Dergâhı'nda irşat vazifesine başladı.

Neydi bu dergâhın felsefî özü:

> Kenan Rifaî tasavvufu, ne Gazalî gibi sırf bir ahlak anlayışı olarak kabul etmiş; ne Muhyiddin-i Arabî gibi sadece Vahdet-i Vücud'da kalmış; ne de Mevlânâ gibi aşkıyla dünyayı ve ahireti de atlayıp geçmiştir. Üçünü birleştirerek bir yaşam şekli haline getirmiştir. (a.g.e., s. 220.)

Kenan Rifaî'ye göre tarikat, edep, irfan ve insanlık demekti; zikir ve devran şekillerine, tespih, sarık, cüppe gibi kisvelere takılıp kalınmamalıydı. Asıl olan görüntü değil, kalpti; kerametin de değeri yoktu.

Kamuoyunda Rifaîler, bir yandan vücutlarına kızgın şişler batıran, ateş yutan, cam yiyen müritlerden oluşan bir tarikat olarak bilinmekteydi.

"Eski Rifaîler" denilen bu grup daha çok esnaf kesiminden oluşuyor; metot olarak temizlik, dürüstlük, inançlı ve erdemli olma prensibini benimsiyorlardı.

Zikir esnasında "burhan" adını verdikleri kızgın demir üzerine basmak, "gül" dedikleri kızgın demir çubuğu dillerine sürmek ve vücuda şiş batırmak gibi gösteriler yapıyorlardı.

"Entelektüel tasavvufçuluk" akımına örnek gösterilen Kenan Rifaî ve müritlerinin zikri bunlara hiç benzemiyordu. Kızgın şişler, kılıçlar, demir çubuklar yoktu onların ritüellerinde.

Kenan Rifaî, 1925'te dergâhların kapatılması kararını uyulması gereken bir "ulu emir" diye görüp, Allah'ın bir tecellisi olarak yorumladı.

Ona göre, tarikat devrinin artık sonu gelmişti. Tasavvuf geleneğini artık ev sohbetlerinde sürdürecekti.

Bu ev sohbetlerinin konukları, üniversite ve sanat çevrelerinden gelenlerdi.

Müritler arasında hayli kadın da vardı.

Müritleri Kenan Rifaî'ye "kendileri" diye hitap ediyordu.

Ev sohbetlerine diğer dinlerden misafirler de katılıyordu.

Öyle ki, aile kuyumcusu Ermeni kardeşler övgüde, Kenan Rifaî'nin müritlerini geçmişti:

> Aile kuyumcusu Levon ve Hıraçya Nişastacıyan kardeşler, uzun yılların münasebeti ile esnaflık tanışıklığından çok ileri giderek âdeta birer aile dostu olmuşlardı. Bunlardan Levon Nişastacıyan'ın bir gün Kenan Rifaî'den bahsederken, "Eğer ben peygamberim dese, ilk iman edecek benim" dediğini hatırlıyoruz. (a.g.e., s. 560.)

Ermeni Levon Nişastacıyan'ın sözleri üzerinde biraz durmak istiyorum. Bu sohbetlerde ne olmuş, nasıl konular geçmiş ki, Levon Bey, böyle bir düşünceye sahip olmuştu.

Bu ev sohbetlerinde, Hz. Muhammed'in adı peygamber olarak geçmiyor muydu? Geçiyorsa, Levon Bey, neden "yeni bir peygambere" ihtiyaç duysun?

İlginç!

Burada sözü Cemil Meriç'e bırakıyorum:

> Kenan Rifaî bir XIX. asır entelektüeli. Bir eski Galatasaraylı. İmparatorluğun uçsuz bucaksız coğrafyasında yıllarca dolaşmış. Geniş bir tecessüs. Büyük bir asimilasyon gücü. Zengin bir tecrübe. Bir parça Hint, bir parça Mevlânâ. Ve kanma bilmeyen bir yaşama susuzluğu. O da bir tekrar. Ama şeriatın katı kaidelerine mahsus değil. Aşkı dinginleştiren bir Tanrı adamı. Müslüman'dan çok deist. Daha doğrusu panteist. Maddecilikle zehirlenen bir çağa ancak bu esnek, bu her şeyi kucaklayan inanç sesini duyurabilirdi. (*Jurnal*, 2005, cilt II, s. 216.)

Ne diyor Cemil Meriç: Kenan Rifaî, "Müslüman'dan çok deist"ti, yani peygamber tanımıyordu; ne Hz. İsa'yı ne Hz. Musa'yı ne de Hz. Muhammed'i...

Diyoruz ya, karşımızda farklı bir şeyh portresi var...

Safiye Ayla'yla rakı içen mürit

Şeyh Kenan Rifaî'nin ev sohbetlerine kimler katılmadı ki:

1884 Sivas doğumlu, Osmanlı Meclis-i Mebusanı'nda III. dönem, TBMM'de I.-V. dönemler arasında Sivas milletvekili olarak bulunan Rasim Başara.

1885 Gaziantep doğumlu TBMM'nin VI. dönem milletvekili, tüccar Nuri Pazarbaşı.

Bir önceki bölümde ayrıntılarıyla anlattığımız İlahiyat Fakültesi profesörü Mehmet Ali Aynî ve emekli diplomat Enis Behiç Koryürek.

Latince profesörü Fazıl Nazmi Rukün.

1883 Kahire doğumlu, İkinci Meşrutiyet'in İslamcı yazarlarından, Mehmet Akif Ersoy'un damadı, 1950'de DP Konya milletvekili olarak Meclis'e giren Ömer Rıza Doğrul.[5]

1906 doğumlu, sanat tarihçisi, yazar; Sorbonne'daki felsefe öğreniminden sonra Güzel Sanatlar Akademisi'nde hocalık yapan, *Yunus Emre Divanı*'nı yazan, Mareşal Fevzi Çakmak'ın damadı Burhan Toprak.

İstanbul Gayret Kitabevi sahibi Garbis Fikri.

Robert Kolej Kütüphane Müdürü Mehmet Ali Pazarbaşı.

Hattat Aziz Efendi, Harbiye Nezareti öğretmenlerinden Mazhar Aktuğ...

Ressam, müzisyen, şair, mimar-mühendis; Nezihe Meriç'in babası Halis Meriç.

1888 İstanbul doğumlu; Tophane Müşiri Mustafa Zeki Paşa'nın oğlu, Galatasaray mezunu, Fransızca, Almanca, İtalyanca, İngilizce, Rusça bilen, diplomat, IX. dönem DP Sivas milletvekili Sedat Zeki Örs.[6]

Yazar Nezihe Araz'ın babası; III.-IV. dönemler arası Ankara CHP

5. Ünlü ses sanatçısı Safiye Ayla, anılarını anlattığı kitabında, Ömer Rıza Doğrul hakkında ilginç bilgiler veriyor: Ömer Rıza Doğrul'un en yakın iki arkadaşı gazeteci Naci Sadullah ve yazar Kemal Tahir'di. Safiye Hanım'ın evinde geceleri toplanıp sabaha kadar rakı içerek, sosyalizm üzerine konuşuyorlardı. (*Safiye Ayla'nın Anıları*, Necati Güngör, Milliyet Yayınları, 1996, s. 27.)

6. Tophane Müşiri Mustafa Zeki Paşa da İsmet Efendi Tekkesi'ne bağlıydı. Mustafa İsmet Efendi, Yanya Mahkeme-i Şeriyesi kâtipliğini yaparken, "Cenab-ı Hakk'ın gönüllerine yerleştirdiği muhabbet ateşi hararetini hissettirmeye başladığında" Mekke'ye gidip Abdullah-ı Mekkî'ye intisap etmiş, şeyhinin vefatından sonra Edirne'ye gelmiş, Hüseyin Kudsî Efendi'nin kızıyla evlenmiş, kayınbabasının İstanbul Çarşamba'da aldığı konağı tekkeye çevirmiş, on altı sene irşat faaliyetinde bulunmuş, Sultan II. Abdülhamid döneminde Dahiliye Nâzırı Memduh Paşa gibi birçok devlet görevlisine feyz vermiştir. Nedense halifelerinin çoğunluğu hep Rumelili'ydi: Dimetokalı Mehmed Şerif Kudsî Efendi, Kavalalı Hüseyin Efendi, Nevrakoplu Hacı Ahmed Efendi (hocası "İngiliz" lakaplı Kerim Efendi'ydi), Tikveşli Süleyman Remzi Efendi...
Tophane Müşiri M. Zeki Paşa'nın diğer oğlu Dr. Vedat Örs, engin kültüre sahip bir aydındı; *Türk Ansiklopedisi*'nin çıkarılmasında büyük emeği vardı. İsviçre'de başladığı filoloji eğitimini Almanya'da doktora yaparak sürdürmüştü. İngilizce, Almanca, Fransızca, İtalyanca, Yunanca, Latince, İbranîce, İspanyolca, Rusça, Çince, Japonca, Arapça, Portekizce, Sanskritçe, Esperanto gibi dilleri biliyordu.

milletvekili; bankacı Rifat Araz.

1918 İstanbul doğumlu, Ankara Üniversitesi Eğitim Fakültesi'nin ilk dekanı; Hacettepe, DTCF ve Sosyal Hizmetler Akademisi'nde öğretim görevlisi olarak çalışan; başta *Eski İsrail Hukuku* olmak üzere birçok eser yazan Hamide Remzi Uzbark.

Medine'den gelerek Kenan Rifaî'ye bağlanan Ömer Bali...

Askerler de vardı:

1871 İstanbul doğumlu Emekli Korgeneral Pertev Demirhan.

Albay Necati Özver, Albay Fahri Cantürk. Yarbay Şükrü İmre, Yüzbaşı Ahmet Tecer.

Dört kadın müridinin yazdığı *Kenan Rifaî ve Yirminci Asrın Işığında Müslümanlık* kitabında, dergâhın müritlerinden pek bahsedilmemesine rağmen, Esat Sagay'ın, hep sık sık "dönemin Maarif vekili" olarak adı geçiyor. İki yıl (1930-1932) Millî Eğitim bakanlığı yapan Esat Sagay'ın en iyi icraatı herhalde Türk Eğitim Derneği'nin (TED) kurulmasını sağlamaktı. Kitapta yazılmıyor ama biz söyleyelim: Kenan Rifaî gibi Esat Sagay da Selanikli'ydi.

Dergâha bağlı bir Millî Eğitim bakanı! Ne deniyor: "Cumhuriyet Müslümanları ezdi!"

Bu nasıl ezmeyse! Millî Eğitim bakanlığı neredeyse, bir dergâhtan diğerine geçiyordu sanki: Kenan Rifaî'nin müridi Esat Sagay gidiyor, Yenikapı Mevlevihanesi'nin müridi Hasan Âli Yücel geliyordu!.. Ünlü şair Can Yücel'in babası Hasan Âli Yücel'e ilerideki sayfalarda genişçe yer vereceğiz.

Şimdi konuyu fazla dağıtmayalım, bu meseleyi ileriki sayfalara bırakalım...

Kenan Rifaî'nin müritleri arasında, babası Katolik bir papaz olan yazar Sofi Huri, Keldanî Patrik Vekili Monsenyör Abid Efendi gibi Hıristiyanlar da vardı...

Kenan Rifaî'nin yaşamını yazan dört kadın yazardan biri olan Sofi Huri, Hıristiyanlık'tan dönmüş, Müslümanlığı seçmiş ve Kenan Rifaî'nin müridi olmuştu. Aynı zamanda, ABD kökenli Hıristiyan misyoner örgütü "American Board" adlı kuruluşun Türkiye'deki yayınevi Redhouse'un editörüydü.

Yayınevi Sofi Huri'nin editörlüğünde, *Rabiat ül-Adeviye*, *Kebir'den Seçme Şiirler*, *Hallac-ı Mansur* gibi eserlerin yanı sıra *Tasavvuf Âleminden Simalar Serisi* çıkardı.

Sofi Huri bu "ABD patentli" misyoner örgütünde, Türkiye'deki insanları Müslüman yapmak için mi, yoksa Hıristiyanlaştırmak için mi çalışıyordu? Karışık bir konu!

Sabetayist "Yeşil Yol" tarikatı

Hatice Hanım'ın mutlu edemediği tek kişi eşiydi. Belki kocası, eşindeki bu evliyalığın farkındaydı. Ve hiçbir zaman ona "sahip olamayacağını" ve onun yanında yetersiz kalacağını biliyordu. Bu arada Hatice Hanım'ın oğlu Kenan, Medine'ye gitmek ve Muhammed Peygamber'in huzurunda bulunmak aşkıyla yanıyordu. Ancak bu seyahati yalnız başına değil, annesiyle yapmak istiyordu. Ancak Hatice Hanım'ın eşi gitmesine izin vermiyordu. Bunun üzerine Hatice Hanım'ın aklına bir fikir geldi. Kocasına karşı olan vazifelerini hiçbir zaman onun istediği şekilde yerine getiremediğini biliyordu. Nasıl getirebilirdi ki, kendisinde kendisine ait olan hiçbir şey bulamıyordu ki! Onun tüm benliği ve yaşamı Allah yoluna adanmıştı. Fakat kocasına yeni ve genç bir eş verebileceğini biliyordu. Öyle de yaptı. Kocası artık mutluydu. Böylece anne oğul, Medine'nin yolunu tuttular. (C. A. Helminski, *Sufi Kadınlar-Saklı Bir Hazine*, 2004, s. 368-369.)

Kenan Rifaî'nin biyografisinde babası hakkında nedense hiç bilgi yok. Diğer yanda, yaşamında olduğu gibi, hayatını anlatan kitaplarda da annesi Hatice Cenan Hanım'dan böylesine ayrıntılarla bahsedilmekteydi.

Evet, Hatice Cenan Hanım eşinden ayrıldıktan sonra bir daha hiç evlenmedi.

Ama, oğlu Kenan Rifaî'nin dört eşi vardı:

Semiha Cemal, Güzide, Lütfiye ve Behice!..[7]

Kenan Rifaî'nin eşleri öyle sıradan kadınlar değildi:

Semiha Cemal, Kenan Rifaî'nin halifelerinden Şeyh Cemal Bey ile müritlerinden öğretmen Nazlı Hanım'ın küçük kızıydı. Selanik'in ünlü ailelerinden Evrenosların çocuğuydu.

Selanikli Evrenoslar büyük bir aileydi...

Vahiy gelen Selanikliler

Burada araya girip "vahiy gelen Selanikliler"den bahsetmek istiyorum.

7. Rivayet midir bilinmez: Osmanlı Sultanı Abdülaziz, diplomatik anlamda yurtdışına ilk çıkan padişahtı. Osmanlı heyeti, Paris'te İmparator III. Napoléon'un eşi Eugenia'nın eleştirisiyle karşılaşır: "Dört kadın sizlere fazla gelmiyor mu?" Hazırcevaplığıyla bilinen Hariciye Nazırı Keçecizade Fuad Paşa hemen yanıt vermiş: "Haşmetmeap, dört kadının en güzeli kocasıyla ilgilenir; ikincisi ev işlerine bakar; üçüncüsü misafirlerle uğraşıp, toplum hayatını idare eder; dördüncüsü ise çocuklara bakar. Eğer dünyada zat-ı haşmetpenahîleri gibi bu dört meziyetin dördünü de üzerinde toplamış bir kadın bulabilsek, herhalde onunla yetinirdik!"

Bu Selanikliler ilginç insanlardı; dinle ilişkileri de çok farklıydı.

Bunlardan birini size tanıtmak istiyorum.

Ankara'da Devlet Planma Teşkilatı'nda çalışırken, Allah'tan vahiy geldiğini açıklayıp, peygamber olduğunu iddia eden, tıpkı Sabetay Sevi gibi fiziken uçan, Cebrail'le karşılaşan, Hz. Muhammed'le namaz kılan; Mihr Vakfı'nın kurucusu, Denizli'de yerel Nur TV adlı televizyon ve radyo kanallarının sahibi, İnternet'te "University of Allah"ı (Allah'ın Üniversitesi) kuran ve rektörlüğünü yapan, İskender Erol Evrenosoğlu (doğ. 1933), soyadından da anlaşıldığı gibi bu aileye, Evrenoslara mensuptu.

ABD (1990 ve 1991), Azerbaycan (1991), Almanya (1992), Belçika (1992) gibi ülkelerde seminerler vermişti. Başta *Risalet Nurları* olmak üzere toplam yirmi yedi kitabı vardı. Bu kitaplarda söylediği hep aynıydı: "Dinlerin birliği projesini hayata geçirmeliyiz."

Zamanla, "Erol" adını atıp "Ali" ismini almıştı; ayrıca soyadı olan "Evrenosoğlu"nu da "Mihr" yapmıştı.

Yani o artık "İskender Ali Mihr"di...

Kitabın ilerleyen bölümünde Mevlevî-Melamî Evrenoszadeleri de yakından tanıyacaksınız.

Ama, size bir başka Selanikli'yi daha tanıtmak istiyorum:

Abdurrahman Giray Atatür.

Sabetayist olduğunu saklamıyor;[8] sadece, yabancı bir kadınla evlendiği için dışlandığını söyleme gereği hissediyor.

Abdurrahman Giray Atatür, 1927 İstanbul doğumlu. İstanbul Erkek Lisesi'ni bitirdikten sonra ABD'ye gitti; Oklahoma Üniversitesi'nde inşaat mühendisliği ve ardından da, Michigan Üniversitesi'nde gazetecilik okudu. Uzun yıllar ODTÜ'de İngilizce dersleri verdi. Emekli olunca ABD'ye yerleşti. Ne olduysa orada oldu.

Söylediğine göre, 1982 yılının bahar ayında başlayarak, sonbahara kadar 64 vahiy gelmişti. Gelen vahiyleri unuturum diyerek küçük kâğıtlara not etmişti.

Bu vahiyleri 1990 yılında, *İn His Name* (O'nun Adına) kitabında topladı.

Ardından "Yeşil Yol" tarikatını kurdu.

Ona göre, aslında Hz. Musa'ya on değil on üç emir bildirilmişti. On birincisi, "Komşularınızla her şeyi paylaşın"dı. Diğer ikisi henüz bilinmiyordu.

8. Abdurrahman Giray Atatür'ün, Bülbülderesi Mezarlığı'ndaki bazı akrabaları şunlardı: Abdurrahman Eran Atatür (1934-1953), Muzaffer Atatür (1897-1940).

Yeşil Yol yeni bir din değildi; tarikattı. Dinleri reddetmiyordu, iyi yönlerinin alınması gerektiğini belirtiyordu: "Ortak bir yolda birleşmenin zamanı gelmiştir."

Şeyh Atatür, müritlerine emretmiyor, davet ediyordu.

Eğer, doğanın tahribatı bu şekilde sürerse dünya 2200 yılında kıyamete sahne olacaktı.

Atatür'ün formülü vardı: "Y=Tan X...Y"

Y, teknolojik gelişmeyi; X, zamanı gösteriyordu. Tüm bunların tanjantı alındığında kıyamet tarihi çıkıyordu!

Sloganları bile vardı: "X ekseni üzerindeki tanjant seni bekliyor!"

Meali: "Kıyamet gelecektir."

"Yeşiller size de çok büyük iş düşüyor. Bu kez insanlığı kurtarmak görevi size verildi. Bu kez Nuh'un Gemisi'ni sizler hazırlayacaksınız."

Tarikatın bayramları diğer dinlerden farklıydı:

6-8 mayıs tarihleri arasındaki Vahiy Bayramı'ydı; kırlara çıkılıp, piknik yapılarak, ağaç dikilerek kutlanacaktı.

Ne ilginç, Sabetay Sevi'ye, 11 haziran 1648'de vahiy gelmişti:

> Sen İsrailoğullarının kurtarıcısı, Davud'un oğlu, Yakub'un Tanrı'sının kutsadığı Mesih'sin. İsrailoğullarını kurtarmak, onu dünyanın dört bir köşesinden toplayıp Kudüs'e getirmek senin kaderindir.

Sabetayistler bu günü bayram olarak kutluyorlardı.

> Selanik'teki dönmelerin XX. yüzyılda da bu bayramı kutladıkları biliniyor, belki de bugün İstanbul'daki dönmeler tarafından da hâlâ kutlanmaktadır. Bu olayın anısına ve Sabetay'ın onuruna söylenen ilahilerden biri günümüze dek gelmiştir:
>
> Tanrı İsrail'i unutmadı
> Ve EMİRE'nin kutsanması tamamlandı.
> Onun kutsanmış gününde
> Şehine huzur buldu.
>
> (John Freely, *Kayıp Mesih*, 2001, s. 40.)

Burada EMİRE adı, İbranîce'de "Efendimiz ve Kralımız, ihtişamı yücelsin" anlamına gelen kelimelerin ilk harflerinden oluşan ve Sabetay'ın müritlerinin ona verdiği bir addır." (a.g.e., s. 29.)

Yani, Sabetay Sevi'ye müritleri "EMİRE" diyordu...[9]

Selanikli Şeyh Atatür'ün Yeşil Yol tarikatı cinselliğe farklı bakıyordu:

> Seksten doğacak kıskançlık, hayvanlara terk edilmiş bir içgüdüdür; bilimsel mantığın önderliğini kabul eden liberal insanlara yakışmaz.
>
> Bizde tam bir liberalleşme, bir centilmenin yeni tanıştığı bir hanımefendiyi nasıl bir akşam yemeğine davet etmesi bir incelik olarak telakki edilmekteyse, aynı incelikle sekse davet edebilmesi de mümkün olacaktır.

Kocası ölen dul kadının seks ihtiyacı tarikat sayesinde giderilecekti. Böylece seks dürtüsüyle cemaat dışı erkekle ilişki kurması engellenecekti...

Uzatmayalım; bakalım ABD'den bize daha ne "dinler-tarikatlar ihraç" edilecek...

Mesut Yılmaz'ın annesi

Dönelim bir başka Selanikli'ye...

Kenan Rifaî'nin eşi Semiha Cemal, dadılarla büyümüştü. Küçük yaşında evlendirildi; çünkü şeyhi âşık olmuştu!

Evliliği döneminde de öğrenimini sürdürdü. Kenan Rifaî genç eşinin öğrenim görmesine hiç itiraz etmediği gibi, onu teşvik de etmişti.

Semiha Cemal, Darülfünun'un Felsefe Bölümü'nü bitirdi. Fakülteye asistan oldu. Daha sonra liselerde öğretmenlik yaptı. *Aşk Peygamberi*, *Aşk* ve *Güldemeti* adlı kitapları yazdı; *Mark Orel*, *Hipyas*, *Kriton*, *Apoloji*, *Otifon* gibi klasikleri tercüme etti.

Annesi Nazlı Hanım gibi ablası Behire Emre de müritti...

Behire Emre'nin kocası Mehmet Zeki Emre de müritti ve İstanbul Kız Lisesi müdürüydü.

9. Hatırlar mısınız: 1996'da Emire (Ersoy) Kalkancı diye biri vardı; hani üniversitelerde okumuş, zengin bir ailenin sosyetik kızı olmasına rağmen Şeyh Ali Kalkancı'yla evlenmişti. Aczmendî Dergâhı şeyhi Müslüm Gündüz'ün, torunu yaşındaki Fadime Şahin'le uygunsuz bir durumda basılmalarıyla başlayan olaylar karmaşık meseleleri gözler önüne sermişti. O yıllar televizyon haberlerinde mide bulandıracak kadar çarpık cinsel ilişkiler gösteriliyordu... İşin garip yanı, Müslüm Gündüz'ün, Fadime Şahin'le basıldığı evin sahibi Türk-İslamcı Hüseyin Üzmez'di ve o da birkaç yıl sonra torunu yaşında genç bir kızla dünya evine girdi. İnsan genç kızlarla ilişki kuran bu Müslümanları anlamakta zorlanıyor. Keza, gazeteci Fehmi Koru'nun kayınpederi Süleyman Karagülle de Kırgızistan'da on sekiz yaşında bir Kırgız kızıyla evlendi!

Bir diğer eş, Güzide Hanım, Doktor Rifat Osman Bey ile *Meşahirü'n Nisa* ve *Ni'metü'l-İslam* gibi eserlerin yazarı Hadiye Hanım'ın kızıydı. Dedesi Hacı Zihni Efendi, Galatasaray'da Kenan Rifaî'nin Arapça öğretmeniydi.

Bir başka eş, Lütfiye Hanım'dı.

Dördüncü eş Behice Hanım ise dergâhta yemek işlerine bakardı. Kenan Rifaî'nin eşlerine "valide" deniyordu.

Ne diyordu Cahit Uçuk, anımsayalım:

> (Kenan Rifaî tekkesine) Gittim. Adamın gözlerine baktım, velfecir okuyor. Dört tane de karısı var. Her biri bir tarafını ovuyor. Bizim kızların şeyhi bu. Karşısında oturup hayran hayran bu manzarayı izliyorlar. Beni de bu Rifaî tarikatına sokmak istiyorlar. Ben kabul etmedim.

Cahit Uçuk Kenan Rifaî'ye bağlanmayı içine sindirememişti. Peki bu durumu, iyi okullarda okumuş, eğitimli kadın müritleri nasıl kabullenmişti?

Kadın müritleri arasında bakın kimler vardı:

1905 İstanbul doğumlu, yazar, Türk Ev Kadınları Derneği kurucusu Samiha Ayverdi.

1922 Konya doğumlu, DTCF mezunu, gazeteci-yazar Nezihe Araz.

1902 Uzunköprü doğumlu, Almanya'da filoloji mastırı yapan, öğretim üyesi, yazar Safiye Erol.[10]

1897 Halep doğumlu, Hıristiyan bir papazın kızı, Gaziantep Amerikan Koleji, İngiltere Cambridge mezunu, çevirmen, yazar Sofi Huri.

1898 İstanbul doğumlu, Dame de Sion'u ve Alman Lisesi'ni bitirdikten sonra İstanbul Üniversitesi Edebiyat Fakültesi'nden mezun olan, felsefe öğrenimi için Almanya'ya giden, çeşitli çeviriler yapan, liselerde öğretmenlik görevini yürüten Şaziye Berin Kurt.

1913 Fransa Nancy doğumlu, çevirmen Zühre Uluant...

Bu kadın müritlerin arasında biri daha vardı ki, onun oğlu gün gelecek başbakan olacaktı:

10. Safiye Erol'un babası İstanbul'da Düyun-ı Umumiye İdaresi'nde çalışıyordu. Kızını Fransız Mürebbiyeler Okulu'na verdi. Başta Safiye Erol'un annesi İkbal Hanım olmak üzere Bektaşî'ydiler. Beyoğlu Alman Lisesi'nden sonra Almanya'ya giden Safiye Erol üniversite eğitiminin ardından, Deniz Kuvvetleri çarkçısı M. Nurettin Erol'la evlenir. Şiir ve hikâye yazan Safiye Erol'un, *Ülker Fırtınası* adlı romanı hayli ses getirir. Roman, romanın kahramanı Nuran Yerli'nin şu sözüyle şöyle başlar: "Ben Yehuda'yı gördüm..." 1948 yılında Kenan Rifaî Dergâhı'na bağlanır...

Başbakan Mesut Yılmaz'ın annesi Güzide Yılmaz da[11] Kenan Rifaî'ye intisap etmişti.

Güzide Hanım, dergâha bağlanmıştı ama, öyle sandığınız gibi değildi bu dergâh; başı açıktı, makyaj yapıyordu, İstanbul'da otomobil kullanan nadir hanımefendilerden biriydi.

Mesut Yılmaz'ın teyze kızları, Marmara Üniversitesi Güzel Sanatlar Fakültesi'nde görevli İnci Derman ve Çiçek Derman da Rifaî Dergâhı'nın müdavimlerindendi.

Doç. Dr. Çiçek Hanım'ın *Türk Tezyinî Sanatlarında Motifler* adlı kitabı dergâhın sahip olduğu Kubbealtı Neşriyat'tan çıktı.

Anlamak zor; bu kadar eğitimli, modern, yazar kadınlar, şeyhlerinin dört eşli olmasını nasıl kabulleniyorlardı?..

Aslında bu kadın yazarların eserlerini okuduğunuzda, bu kabullenişin ipuçlarını yakalayabiliyorsunuz.

Türkiye'deki birçok muhafazakâr gibi, bu kadın yazarlar da "kadın hakları" ve "feminizm" gibi kavramlardan rahatsızlık duyuyorlardı.

Samiha Ayverdi'ye göre, kadın ile erkeğin fizyolojik ve psikolojik olarak birbirlerinden farklı olmaları, hakları arasında da fark olmasını gerektiriyordu. Yaradılışından ötürü erkekten farklı olan kadın, haklarını zorla değil, liyakat kazanarak almalıydı!..

Mahremiyeti koruyarak Batılı kadınların kılık kıyafetini giyen; başörtüsü konusunda modernliği savunan Kenan Rifaî Dergâhı kadınları, kadın özgürlüğü konusunda hayli gelenekçiydi.

Ancak Kenan Rifaî'nin müridi bu kadın yazarların haklarını yememek lazım; evden çıkmayan, çalışmayan, erkeklerle konuşmanın bile günah olduğunu düşünen Müslüman kadınların günlük hayatın içinde var olmalarında katkıları vardı.

Ama, bu noktada uzun bir not eklememiz gerekiyor...

Yahudi kadın önder

Uzun bir not:

"Türkiye'de Müslüman kadınların iş, eğitim ve sosyal alanlardaki yeri ne olmalıdır?" sorusunun yanıtını buldukları yazarlardan biri de Meryem Cemile'ydi.

11. Otuz dört yaşındaki Hasan Yılmaz, dükkân komşusu Ispartalı Raşit Özbarlas'ın kızı yirmi yaşındaki Güzide'ye ilk gördüğünde âşık olmuştu. Güzide'nin annesi Rumelili Vasfiye Hanım'dı. "Hacı Raşit Bey, tipik bir İç Anadolulu'ydu. Vasfiye Hanım ise eşinin tersine dışa dönük bir kişilikti. Güzide de ona benziyordu. Güzelliğinden emin, girdiği yerde başların kendisine dönmesinden memnun olan, gezmeyi, takmayı takıştırmayı, lüks yaşamayı seven bir genç kızdı." (Faruk Bildirici, *Hanedanın Son Prensi*, s. 27.)

Sanmayın ki, Meryem Cemile, Kenan Rifaî Dergâhı mensubu kadınlarından farklıydı. Hayır. Üstelik, Meryem Cemile'nin *Feminist Harekete Karşı Müslüman Kadın* adlı kitabı Müslüman kadının konumunu daha da aşağıya çekiyordu. "Kadınlar kendilerini evlerindeki görevlerine adamalı"ydı.

Ne acı ki, *Millî Gazete* günlerce Meryem Cemile'nin bu kitabından pasajlar yayımlamakta hiç sakınca görmemişti.

Öte yandan, siyasal İslam'ın gelişmesinde Meryem Cemile gibi "Müslüman yazarlar"ın katkısı göz ardı edilemez...

Bu konuya girmeden önce, sanıyorum Meryem Cemile'yi tanıtmamız gerekiyor:

Ailesi Adolf Hitler iktidar olmadan önce Almanya'yı ilk terk eden Yahudilerdendi; ABD'ye gittiler.

Meryem Cemile 1934'te New York'ta doğdu.

Felsefe eğitimi gördü. Önce Yahudilik'ten Hıristiyanlığa döndü. Ama aradığını bulamadı.

1959'dan itibaren "Margaret Marcus" adıyla İslam'ı öven makaleler yazmaya başladı.

1961'in ramazan ayında Müslüman olduğunu açıkladı.

Pakistanlı bilginlerden Seyyid Ebülalâ el-Mevdudî'nin daveti üzerine bu ülkeye gitti. Mevdudî'nin yakın arkadaşıyla evlendi.

Yazdığı kitaplar İslam dünyasında büyük etki yaptı; hemen her kitabı Türkçe'ye çevrildi. Kitaplarının özünü, "milliyetçilik kötüdür, ümmetcilik iyidir" oluşturuyordu. İslam'ın en büyük düşmanı milliyetçilikti!

Meryem Cemile bu görüşlerini ne zaman söyleyip yazmıştı?

İsrail'e karşı Baas hareketinin başını çektiği Arap milliyetçiliğinin yükselişe geçtiği bir dönemde...

Meryem Cemile'nin şeyhi, Pakistan'daki Cemaat-i İslamî'nin kurucusu Mevdudî, Pakistan millî hareketini "milliyetçi-laik" bulduğu için, radikal İslamcı bir muhalefet oluşturdu. Modern dünyadaki bütün toplumları şeytanî, lanetli, ahlaksız ve günahkâr bulan Mevdudî'nin, gelenekselcilikten çok, siyasî yönü ön plana çıkardığı İslamcı bir söylemi vardı. İslamcı akımların önemli teorisyenlerinden biriydi.

Ama diğer yanda Suudî Arabistan Kralı İbn Suud'la çok samimiydi; Medine'de bir İslam üniversitesi kurulması ve Kâbe'nin örtüsünün hazırlanması gibi konularda işbirliği yapıyorlardı.

Modern hayata düşman Mevdudî, hastalandığında soluğu Londra'da alıyordu! Hilton Oteli'nde kokteyllere katılıyordu.

"Duyumsal arzu uyandıran, ahlakı tehdit eden, boş vakit zamanı eğlenceleri" sinema, tiyatro ve güzel sanatlara karşı çıkan Mevdudî, İtalyan ve Alman televizyonlarına röportaj vermekten çekinmiyordu.

Milliyetçi hareketlere karşı radikal İslamî bir söylem tutturan Mevdudî'nin örgütü Cemaat-i İslamî bugün Almanya'daki İslam Konseyi, İngiltere'deki İslam Partisi'yle bağlantılıdır.

İşte Meryem Cemile, bugün radikal siyasî İslamcıların el üstünde tuttuğu bu Mevdudî'nin öğrencisiydi.

Uzatmayayım, Soğuk Savaş döneminde, milliyetçiliğe ve komünizme karşı ortaya çıkan radikal siyasî İslamcı örgütlerin (Taliban gibi) CİA tarafından, nasıl kurulduğunu sanıyorum biliyorsunuzdur...

"Görünmez eller" Meryem Cemile'nin kitaplarını o yıllarda tüm İslam coğrafyasında bedava dağıtıyordu.

Türkiye'de 1960'ların ortasına kadar İslamî harekette milliyetçilik/ulusalcılık karşıtı tek bir söylem yoktu.

O halde sormamız gerekiyor:

1965'ten itibaren ortaya çıkan miliyetçilik/ulusalcılık karşıtı İslamcı yazarlar/gruplar kimlerden etkilendi?

Başbuğ Alparslan Türkeş o yıllarda, parti ideolojisinin omurgasını oluşturan eski pagan-Şaman ve Türkçü çizgisini değiştirip, milliyetçiliğin yanına neden İslam'ı ekleyiverdi?

Türkçülüğün sembolü "bozkurt" ortadan kaldırılıp, yerine İslam'ın sembolü "hilal" neden yerleştiriliverdi? Nereden çıktı bu dokuz "ışık" aşkı?

Önceleri İslamiyet'i Arap ırkının yayılmacı idelojisi olarak gören Türkçüler, nasıl "bir gecede" kulvar değiştirdi?

İslam, Soğuk Savaş döneminde Batı'nın kullandığı en önemli silahlardan biri haline nasıl geldi; kimlerin çabası oldu bu konuda?

Meryem Cemile bunlardan sadece biriydi... Meryem Cemile, sadece kişisel arayışlarıyla birkaç defa din değiştirip sonunda Müslüman olsaydı bu kitabın konusu olmazdı. Benzerlerinden binlerce var. Ama kendini dinin uhreviyatını yaşamakla sınırlamayıp, siyasal İslam'ın bir ideoloğu olmaya karar vererek, Arap milliyetçilerinin, Fransız ve İngiliz işgaline karşı mücadele verdikleri bir dönemde karşılarına "ümmetçilik"le çıkması, onu konumuz haline getiriyor.

Dün Meryem Cemile vardı, bugün Amerika'da "karma namaz"ı savunan Amina Vedud, Esra Numani var... Dün radikal antikomünist Müslüman kadın gerekiyordu, bugün reformist Müslüman kadın!..

Yahudi oyununu hep solda arayanlar neden hiç aynaya bakmazlar!..

Samimi Müslüman hiç düşünmez mi, yıllarca Siyonizm düşmanlığını bayrak edinen siyasal İslamcılar bugüne kadar ne yaptı diye?

Hiç aklına gelmez mi, Mesud Barzanî ile İsrail'in "Kürdistan"ı kurmak amacıyla yaptıkları işbirliğinin delillerini toplayan Uğur Mumcu'yu öldürmek için neden Müslüman gençler maşa olarak kullanıldı diye? Suikasttan birkaç saat sonra, İran'ın derhal baş düşman ilan edilişinin analizini yapamaz mı? Veya güya olayı soruşturmak için İsrail'den Mossad ekiplerinin geldiğini bildiren uyduruk haberlerin neden yapıldığı konusunda fikir üretemez mi?

Ya da, hiç düşünmez mi, Ülkücüler 12 Eylül zindanlarında "siyasal İslam'la nasıl tanıştırıldılar" diye?

İster milliyetçi, ister İslamcı, ister bir başka siyasal kimlikte olsun, bu idealist çocuklar, neden hep "aynı düşman" üzerine gönderiliyor?..

Solla ne alıp veremedikleri olabilir bu çocukların?

Geçelim...

Sabetayistlere düşmanlığının nedeni merak konusu

7 temmuz 1950'de vefat eden Kenan Rifaî arkasında, Kâzım Karabekir'in kızı Timsal Hanım başta olmak üzere çoğunluğu kadın yüzlerce mürit bıraktı.

İşin garip yanı bu müritlerin çoğu birbiriyle akrabaydı...

Kenan Rifaî'nin yaşamındaki en önemli isimlerden biri, Galatasaray'dan sınıf arkadaşı İstanbullu Dr. Server Hilmi'ydi. Bu dostluk öylesine uzun ömürlü ve yakın oldu ki, her ikisi de "Büyükaksoy" soyadını aldı.

Yazdığımız gibi, Kenan Büyükaksoy, günlük yaşamda "Kenan Rifaî" adını kullanıyordu!

İki aile kız alıp verdiler; Kenan Rifaî'nin kızı Aliye, Dr. Server Hilmi'nin torunu (Sedat Büyükaksoy'un oğlu) Prof. Dr. Ziya Cemal Büyükaksoy'la evliydi.

Torun, Cemil Büyükaksoy ise, Nezihe Araz'ın kız kardeşi Vecihe Araz'la evliydi. Çift, yıllar sonra Toronto'ya yerleşti.

Dr. Server'in eşi Sabiha Hanım ile kayınvalidesi Münire Hanım da müritti.

Dergâhın idaresi yıllarca Münire Hanım'ın kontrolünde oldu. Münire Hanım İstanbullu "aristokrat" bir ailenin kızıydı; Bağdat,

Bursa, Kastamonu valiliği, Ticaret ve Bahriye nazırlığı gibi üst düzey görevlerde bulunan Mehmed Namık Paşa'nın torunuydu.

Dr. Server Hilmi'nin kız kardeşi Fatma Meliha Ayverdi de müritti. Meliha'nın iki çocuğu İslamcı yazar Samiha Ayverdi ve Mimar-Mühendis Ekrem Hakkı Ayverdi de zamanla dergâhın önde gelen isimlerinden oldular. "Ayverdi" soyadını Kenan Rifaî vermişti.

Samiha Ayverdi sıradan bir mürit değildi; Kenan Rifaî ve Selanikli Evrenosların kızı Nazlı Hanım'dan sonra o "postnişin" oldu.

"Tanzimat'ı zorlama bir inkılap" olarak niteleyen Ayverdiler, tıpkı şeyhleri gibi Fransız kültürüne yakın oldular. Müritlerin hemen hepsi Fransızca biliyordu. Günlük yaşamda Fransız görgü kurallarını harfiyen uyguluyorlardı.

Örneğin, evde pijamayla dolaşmak yasaktı.

Kenan Rifaî'nin kadın müritlerinin ve eşlerinin hepsinin başı açıktı; hiçbiri tesettürlü değildi. Kadına kara çarşaf yerine manto giymeyi öneriyorlardı!

Tesettür konusunda katıydılar:

Samiha Ayverdi yirmili yaşlarında, ikindi namazını kılmak için Eminönü'deki Yeni Cami'ye gidiyor. Camiye girdiğinde eşarbını kaşlarına kadar indirmediği için kendini uyaran kadın cemaati ve hademeyi, "İslam dininin zarafetini ve adabını" bilmemekle suçluyor ve hışımla camiyi terk ediyordu.

Şeyhleri Selanikli'ydi; Yahudi Alyans okulunda öğrenim görmüştü; en azından bu iki olgu bile Kenan Rifaî müritlerinden, Sabetayistler konusunda daha hoşgörülü olmalarını bekliyor olabilirsiniz.

Hayır, aksine nedense çok tepkiliydiler. Samiha Ayverdi, *Ne İdik Ne Olduk* kitabında Sabetayistlerin "ne kadar tehlikeli" olduğunu, "dönme" bir hanımla yaptığı sohbetten çıkarıvermişti. "Dönme" hanımefendi Samiha Ayverdi'ye bakın neler demişti:

> "Ben Selanik dönmesiyim. Elhamdülillah Müslüman oldum. Bir Türk'le evlenerek Abdülhakim Efendi'ye mürit oldum. İsmim Zahide, mezhebim de Şafiî'dir" dedi. Canı yanık bir kadın olduğu her hali ile belli oluyordu. Hayat hikâyesini anlatmak ihtiyacı içinde bulunduğu da aşikâr gibiydi. Ama buraya (dergâha) kendi macerasını söylemekten ziyade, bir iyilik yapmak için gelmişe benziyordu. Nitekim, anlattıkları bence meçhul gerçeklerden olmamakla beraber mühim olan bu hakikatleri bir sabık dönmenin ağzından dinlemekti. "Siz" dedi, "dönmelerin bu memlekete ne derece zararlı bir kütle olduğunu bile-

mezsiniz. Hiçbir düşman, dönmeler kadar Türklere kötülük edemez. İktisadî, içtimaî ve bilhassa kültür sahalarında öyle planlı düşmanlıkları vardır ki, bunları ancak benim gibi o soydan gelmiş ve aralarında yetişmiş bir kimse bilebilir. Benim bir Müslüman Türk'le evlenmiş olmam, hepsini deli etti. Ailem ve hatta anam, aleyhime öyle işler yaptılar ki, çevirdikleri oyunlarla beni kuru tahta üzerinde bıraktılar. Buraya gelişimin sebebi, dönmeler hakkında kulağınızı bükmek ve onlardan uzak durmanızı tavsiyedir" dedi ve çıkıp gitti. O zamandan sonra kendisini bir daha hiç görmedim. (s. 77.)

Samiha Ayverdi bir de babasının tanık olduğu bir olayı anlatıyor:

Babamın, Aydoslu Vehbi Bey adında bir tanıdığı vardı. Bu zatın oğlu, Bahçekapı'nın en büyük ticarethane sahiplerinden biri olan Mustafa Şamlı ailesinden bir kız ile anlaşıp evlenmeye karar vermişler. İşbu karar ortaya çıkınca, bir kızılca kıyamettir kopmuş. Mesele, yalnız iki aile arasında kalsa gene de, izdivaca engel bazı pürüzlerin olduğu bahane edilerek bir dereceye kadar tefsir yoluna gidilebilirdi. Fakat, temeldeki gerçek sebep, varlık yokluk, güzellik çirkinlik, tahsil terbiye, asalet ve mevki gibi mahzur teşkil edebilecek pürüzler değil, bir "avdetî" ile bir Müslüman Türk'ün birleşmesini önleyen Yahudi ırkçılık ve şeriatçılığıydı. (a.g.e., s 85.)

Bitmedi. Samiha Ayverdi bu kez annesinden duyduğu bir olayı naklediyor:

Bir de annemden dinlemiş olduğum meşhur Kâni (İpekçi ? S. Y.) macerası vardır. Saray'a mensup bir paşa kızı Kâni'ye (Kapalıçarşı'da mağazası bulunan ve dönmelerden olan) öylesine büyük bir aşk ile bağlanmış ki, ne unutturmak mümkün, ne de vazgeçirmek kabil. Kızın ailesi, evlatlarının hayatı bahis mevzuu olur hale gelmiş bulunduğundan, bir "avdetî" ile evlenmesine rıza gösterirse de, karşı tarafı yumuşatmak mümkün olamaz. Araya ricacılar sokulur, varlık dirlik teklif edilir, fakat gene de fayda vermez. Hülasa, hiçbir ısrar hiçbir rica, "dönmelik" prensiplerini yıkamaz. Nihayet kızın babası artık yatağa düşmüş evladının son defa yüzünü güldürmek kararı ile irade çıkartarak nikâh kıydırır. Gerçekten de birkaç gün sonra, bu tek ve son arzusu yerine gelen kız, Kâni'nin elinden uçup gider. (a.g.e., s 86.)

Samiha Ayverdi'nin bu anlattıkları nedense bana, Karakaşzade Mehmed Rüşdü olayını anımsattı. Ankara, Atina'yla mübadele görüşmeleri yaparken, Sabetayist olan Karakaşzade Mehmed Rüşdü, TBMM'ye bir mektup göndererek, "dönmeler, Türk ve Müslüman değildir, bu nedenle Türkiye'ye getirilmemesi gerekir" diyor.

> (...) Dönmeler Türk değildir. Çünkü tarihen müspet olmakla beraber şimdiye kadar kendilerinden başka bir unsurla aşılanıp ıstıfayı (saf hale gelmeyi) kabul etmemişlerdir. Dönmeler Müslüman değildir. Çünkü asırlarca muhitlerinde yaşadıkları Selanik Müslüman Türklerince malum olduğu gibi, benim gibi aynı ırktan gelmiş pek çok namuslu münevver kimselerin ikrar (beyanı) ve ispatı da sabittir. O halde size samimane hitap ederek soruyorum: Ey Türklüğün istiklal ve selamet ve saadeti için her türlü varlığı fedadan çekinmeyen Büyük Millet Meclisi azayı kiramı (sayın üyeleri), bunlar için ne düşünüyorsunuz? Mübadele edecek misiniz?
>
> (...)
>
> Kendi kanınızdan, kendi dininizden olmayan bu eski mültecileri ya hudut-ı millî haricinde bırakmanızı veyahut bunları tespit ederek, âdeta damgalayarak memleketin her tarafına dağıtıp, bir kanun-i mahsusla (özel kanunla) Türk aileleriyle ihtilat (karıştırarak) ve ıstıfalarını temin buyurmanızı teklif ve istirham ederim.

Dönemin *Vakit* gazetesinin olayı gündeme getirmesi, Tansu Çiller'in babası gazeteci Necati Çiller'in, Karakaşzade'yle röportajlar yapması Sabetayistleri Türkiye gündemine taşımıştı.

Peki kendisi de Sabetayist olan biri, neden böyle bir açıklama yapmıştı? Bu soru bugüne kadar hiç yanıt bulmadı.

Ermeni'yi, Rum'u ve Yahudi'yi bağrına basan, tasavvuf aşkıyla yoğrulmuş Samiha Ayverdi neden Sabetayistlere (dönmelere) düşmandı?

İçinde bulunduğu sufî kültürüne rağmen, Sabetayistler konusunda bu kadar sert yazılar kaleme alan Samiha Ayverdi'nin, buna neden ihtiyaç duyduğunu sorsak da, yanıtını bulmamız hiç kolay olmayacaktır...

Yoksa bir "örtü" mü vardı?

Yanıtları zor, ama biz yine de bulmaya çalışacağız...

Ayverdi kardeşlerin kökeni

Samiha Ayverdi'nin, *Millî Kültür Meseleleri ve Maarif Davamız* adlı eserine göre, Ayverdilerin anne tarafı Budapeşte'de türbesi olan Gülbaba'ya kadar uzanıyordu.

Keza aynı tarihli *Hürriyet* ve *Tercüman* gazetelerine Ekrem Hakkı Ayverdi için verilen vefat ilanında da Gülbaba'nın adı geçiyordu: "Budapeşte'nin manevî fatihi Gülbaba ahfadından..." (26 nisan 1984.)

Peki Gülbaba kimdi?

Başında sürekli bir gül taşıdığı için "Gülbaba" olarak tanınıyordu; asıl adı Seyid Cafer'di. Evliya Çelebi'ye göre Merzifonlu'ydu. Fatih Sultan Mehmed ve Kanunî Sultan Süleyman dönemlerinde birçok savaşa katıldı. Macaristan'da Budin kuşatması sırasında (1541) şehit düştü ve oraya defnedildi.

Bugün Budapeşte'nin en güzel manzarasına sahip Gellert Tepesi'nde türbesi var.

Gülbaba ve türbesiyle ilgili birkaç satırbaşı vermek istiyoruz:

1867'de Gülbaba Türbesi'ni ziyaret eden –Bektaşî olduğu bilinen– Sultan Abdülaziz'in girişimiyle türbe yasayla korunacak tarihî anıt statüsüne kavuştu.

Türkiye'de, 1931'de "Gülbaba İslam Cemiyeti" ve 1932'de "Gülbaba Derneği" kuruldu.

Macar Besteci Jenö Huszka *Gül Baba Opereti*'ni besteledi. Timur Selçuk'un da *Gülbaba Senfonik Süiti* var. Danimarkalı yazar H. C. Andersen Gülbaba'nın hayatını yazdı.

Yenilenen Gülbaba Türbesi, 1997'de Macaristan'ı ziyaret eden Cumhurbaşkanı Süleyman Demirel tarafından törenle açıldı.

12 ağustos 2001'de Gülbaba Türbesi'nin bulunduğu Törökkopany köyünün merkezine heykeltıraş Metin Yurdanur'un yaptığı Gülbaba'nın büyük bir heykeli kondu.

Şimdi tüm bunları niye yazdık?

Çünkü, insan sormadan edemiyor; nedir Gülbaba ve türbesine bu kadar ilginin sebebi?

Osmanlı tarihinde binlerce Gülbaba gibi isim ve türbe var, ama Gülbaba gibi korunanı yok.

Üstelik, araştırmacı Gülay Öz, Gülbaba'nın Alevî dedesi olduğunu yazmaktadır. Araştırmacı Nejat Birdoğan'a göre ise Bektaşî'ydi.

Yani, Gülbaba Alevî-Bektaşî'ydi! Osmanlı ve Türkiye Cumhuriyeti ne zamandan beri Alevî-Bektaşî türbelerine bu kadar büyük özen gösterdi ki?

Kenan Rifaî gibi Yahudi Alyans okulunda öğrenim gören Rıza Tevfik, *Peyam*'ın 36. sayısında Gülbaba'nın bir başka yönünü yazıyor:

Gülbaba, "İslam Kabalası" Hurufîlik inancına sahipti!

> Esterâbadlı Fazlullah Naimî, bu inanışın (Hurufîlik) kurucusudur. Ancak bu inanışın dayanağını oluşturan asıl inanış eskiden beri az çok bilinen ve Yahudilerin bâtınî kesimlerince geçerliydi. Bu alanda iki tarihsel belge vardır ki, önemi çok büyüktür. Çok güçlü olarak inanıldığına göre Endülüs uygarlığından bizlere aktarılan bu iki kitaptan birisi *Seferiye Zirah* yani *Tarih-i Tekvin*, öbürü de *Zuhal* yani *Nur* adlarıyla bugün çok bilinen iki yapıttır. Bu iki kitapta Yeni Eflatun felsefesinin garip bir cilvesi görülür. Bilindiği gibi Yeni Eflatun felsefesinin kurucusu da Philo adlı İskenderiyeli Yahudi bir düşünürdü. Yeni Eflatun düşüncesi tasavvufta asıldır. Kudret-i Ezelî'yi kabul eder. Âlem-i Katman'da iken onun gerçek yönü bilinmez. Sırr-ı mutlak ve gizliler gizlisidir. Ondan başka gerçek beden yoktur. Kendi kişiliğine olan aşkı ile tecelli etmiş ve öncelikle kelam (söz) olarak cilve göstermiştir. Logos bu demektir. Dünyada madde ve ruh olarak her ne varsa tümünün asıl özü (cevheri) kelamdı. Her şey harflerden oluşan bir söz olarak alınıyordu.
>
> (...)
>
> Budin kentinde türbesi olan Gülbaba, *Miftahül'ül Gayb* (Gizlerin Anahtarı) adlı yapıtında bu düşünceyi (Hurufîlik inancını) açıklamış ve bu matematiği özenle her şeye uygulamıştır. (Nejat Birdoğan, *İttihat-Terakki'nin Alevî-Bektaşîlik Araştırması*, 1994, s. 200-202.)

Abdülbaki Gölpınarlı da *Hurufîlik Metinleri Kataloğu* adlı kitabında Gülbaba'nın Hurufî olduğunu yazdı:

> Bektaşîlerce Gülbaba diye tanınan Mitali, Türk divan edebiyatının en güçlü ozanlarından olan Bağdatlı Ruhî vb hep Hurufî'dirler.

Aynı kaynaktan beslenen, Sabetayist felsefe ile Gülbaba'nın tasavvuf anlayışı birbirine çok yakındı. Peki, bu benzerliğe rağmen, Samiha Ayverdi'nin Sabetayist düşmanlığı niye?

Bektaşîlik'ten uzaklaşıp Sünnîleşen Ayverdi kardeşlerin, baba tarafının bilinen ilk ismi, Sultan II. Mahmud döneminde Bolu'dan İstanbul'a gelip Mekteb-i Harbiye'nin ilk öğrencilerinden olan Zerdebıyık Hasan Bey.

Samiha Ayverdi ile Ekrem Hakkı Ayverdi'nin babaları da Piyade Kaymakamı (yarbay) İsmail Hakkı Bey'di.[12]

Aileye bakarak, "Sabetayist düşmanlığı"nın nedenini bulama-

12. Samiha Ayverdi, annesi Meliha Hanım'ın amcası, Sultan II. Abdülhamid döneminin Meclis-i Maliye Reisi İbrahim Efendi'yi bir romanına isim yaptı: *İbrahim Efendi Konağı.* Romanda, çocukluk anılarına yer veren Samiha Ayverdi, İbrahim Efendi Konağı ile Osmanlı'nın çöküşü arasındaki simgesel ilişkiyi anlatmaktadır.

yacağız gibi gözüküyor. O halde Kenan Rifaî Dergâhı'nın müridi, bu iki kardeşin ideolojik görüşlerine bakarak, bir sonuç elde etmeye çalışalım:

İki kardeş İstanbul Fetih Derneği'ni -daha sonraki adıyla Cemiyeti'ni- kurdular.

Ekrem Hakkı Ayverdi İstanbul Fetih Cemiyeti'nin uzun yıllar başkanlığını yürüttü.

Efendi kitabında yazdım; ne Osmanlı döneminde ne de Cumhuriyet döneminde İstanbul'un alınışı bir törenle kutlanmazdı. Ne zaman İngiltere Kıbrıs'tan çekilme kararı aldı, Türkiye'de "İstanbul'un fethi" kutlanmaya başlandı. Töreni gündeme getirenler, Selanikli Sedat Simavi'nin sahibi olduğu *Hürriyet* gazetesi ile İstanbul Fetih Cemiyeti'ydi.

Yüzlerce yıldır kutlanmayan İstanbul'un fethi neden birden gündeme getirilmişti.

Bunu anlayabilmek için "doğru okuma" yapmak gerekiyor: Yahudiler için Kıbrıs hep önemli bir ada olmuştu; Kıbrıs Yahudiler için "Kenan Ülkesi"ydi. Bu nedenle Kıbrıs'ı fetheden Sultan II. Selim, Yahudi Nassi'ye "Seni Kıbrıs'a kral yapacağım" sözü vermişti. Dönemin siyasal karışıklıkları ve sultanın vefatı bunu önlemişti. Keza başta Theodor Herzl olmak üzere Siyonistler XX. yüzyılın hemen başında "yeni bir vatan" (Kenan Ülkesi) kurmak için Sultan II. Abdülhamid'den parayla satın almak istedikleri yerler arasına Kıbrıs'ı da koydular.

Yani, Kıbrıs konusunda analiz yaparken Yahudi etkenini hiçbir zaman göz ardı etmememiz gerekir. Unutmayın, İsrail Kıbrıs'a Türkiye'den daha yakın mesafede!

Devam edeyim: 1789 Fransız İhtilali dünyada, ulusçuluk siyasal rüzgârının esmesine neden oldu. Bunun, çok kimlikli Osmanlı'yı etkilemesi uzun sürmedi. Yunanlılar 1826'da bağımsızlıklarını ilan ettiler ve ardından neredeyse yüzyıl süren Osmanlı/Türkiye-Rum/Yunan mücadelesi başladı.

Ancak Ulusal Kurtuluş Savaşı'ndan sonra genç Türkiye Cumhuriyeti ile Yunanistan arasında dostluk köprüleri kuruldu. Balkan Paktı gibi oluşumlarda Türkiye'nin en büyük yardımcısı Yunanistan'dı. Venizelos ile Atatürk arasındaki dostluk iki ulusu birbirine kardeş yapacak düzeye getirdi.

İsmet Paşa/CHP ve Celal Bayar/DP dönemlerinde de bu değişmedi. Öyle ki, 1953'te DP iktidarı, "Yunanlılar gücenir" diye İstanbul'un fethinin 500. yılı kutlamalarını bir iki küçük törenle geçiştirmek istedi.

Ancak tam o sırada devreye *Hürriyet* gazetesi ve Fetih Cemiyeti girdi; "İstanbul'da gençler iktidar aleyhine gösteriler yaptı. İstanbul'un alınmasıyla ilgili törenler yapılsın" istekleri kısa zamanda yön değiştirdi ve Kıbrıs'ı "millî dava" haline getirdi...

Dört kadın yazar müridi tarafından yazılan Kenan Rifaî'nin hayatını ele alan, *Kenan Rifaî ve Yirminci Asrın Işığında Müslümanlık* adlı kitabın 568. sayfasında bir fotoğraf var:

Samiha Ayverdi, Safiye Erol, Nezihe Araz ve Sofi Huri'nin yanında bir de erkek var: Nihat Sami Banarlı.

Edebiyatçı Banarlı'nın neden o fotoğraf karesinde yer aldığına ilişkin kitapta bir bilgi yok. Ama biliyoruz ki, Nihat Sami Banarlı, Kenan Rifaî'nin yakın çevresindendi ve aynı zamanda da Fetih Cemiyeti'nin en aktif üyesiydi.

Bu "militan üye" nerede çalışıyordu: *Hürriyet* gazetesinde!..

Nihat Sami Banarlı ile Sedat Simavi'nin arkadaşlığı eski yıllara dayanıyordu. 1940'larda Sedat Simavi'nin sahibi olduğu *Yedigün* dergisinin "Cevaplar Köşesi"ni Banarlı yönetmişti.

Banarlı, *Hürriyet* gazetesinin kuruluşuyla birlikte 1948'den-1963'e kadar "Edebî Sohbetler" yazdı.

Nihat Sami Banarlı'nın ismini daha önce okuduğunuzu, anımsıyor musunuz: Galip Azmi Sandalcı ve Kudret Sandalcı adlı Selanikli iki Sabetayist kardeşin açtığı Feyz-i Ati Okulu'nda öğretmendi...

Selanikli Sedat Simavi Sabetayist miydi? Hâlâ tartışılıyor.

Ama gazetenin "iki numaralı adamı" Selanikli Fahri Refiğ'in, Sabetayist olduğu biliniyor...

Denir ki, *Hürriyet* gazetesi patronu Sedat Simavi, "*Hürriyet* gazetesi Yahudi sermayesiyle kuruldu" iddialarına yanıt vermek için, "İstanbul'un fethi kutlansın", "Kıbrıs millî davamızdır" gibi popülist-milliyetçi talepleri bilerek abarttı!

Pek inandırıcı değil.

Önemli de değil.

Sonuçta *Hürriyet* gazetesi ve İstanbul Fetih Cemiyeti amacına ulaştı. DP hükûmeti, yayınlar ve baskılar sonucunda, "Ya taksim ya ölüm" tezini benimsedi.

Ama bu durum soru sormamıza engel değil:

– Türkiye'de hava neden birdenbire dönüvermişti? Bu uzlaşmaz tavrın altında 1948'de kurulan İsrail'in etkisi var mıydı?

– Yahudi ve Müslüman Türkler bin yıldır Anadolu'da birlikte yaşamışlardı. Özellikle XVI. yüzyıldan başlayarak, inişli çıkışlı Yahudi-Müslüman ittifakı, Ermeni-Rum sermayesine karşıydı. Yeniçeri Yahudi sermayesiyle içlidışlıydı; Yeniçeri Ocağı'nın XIX. yüzyılın başında lağv edilmesi, Hıristiyan tacirlerin üstünlüğüne neden oldu. Yahudiler bu yıldan sonra hızlı bir çöküş sürecine girdiler. İktidarı ancak, Müslüman-Yahudi-Sabetayist ittifakı olan İttihat ve Terakki Cemiyeti'yle ele geçirdiler. Bu tarihten başlayarak, Yahudilerin piyasaya hâkimiyeti her geçen yıl arttı, Hıristiyanlar ise piyasadan yavaş yavaş silindi.

Bu rekabet sadece iktisadî değil, siyasal ve dinsel alanda da vardı. Hıristiyanlar ile Yahudilerin tarihsel çatışmalarını biliyorsunuz.

Yani Yahudi, bu bölgede yıllardır Rum ve Ermeni'yle husumet halindeydi.

Osmanlı'nın gerileme ve yıkılış döneminde tüm boşalttığı topraklarda Yahudi ağırlığı vardı ve onlar da buraları terk etmek zorunda bırakılmışlardı. Örneğin Selanik.

Birkaç sayfa önce yazdım. Kıbrıs, Türkiye ve Yunanistan'dan çok İsrail'e yakındır!

– Sizce İsrail, Kıbrıs'ın Yunanistan'ın mı, yoksa Türkiye'nin mi kontrolünde olmasını ister?

– O dönemde çok iyi ilişkiler içinde olan Türkiye ile Yunanistan, Kıbrıs meselesini daha barışçıl çözemezler miydi?

– Kıbrıs'ın bir çözümsüz bir sorun haline gelmesinde kimin menfaati vardı?

– İki halkı birbirine düşman ederek, "millî dava" yaratanlar, kimlerin "ekmeğine yağ sürdü"?

– 6-7 eylül 1955'te, Kıbrıs "millî davasını" bahane edip, İstanbul'u yakıp yıkarak, bir avuç Rum'un da Türkiye'den gitmesine neden olanlar kimlerdi?

Bu bölümü kapatmadan size bir not aktarayım: Balkanlar'da Müslümanlar ile Rumlar arasındaki ilişkilerin bozulmasından sorumlu tutulanların başında Sabetayist kökenli sufî dervişlerin olduğu tezi, ne kadar doğruydu, araştırılması gereken bir sorudur!..

İlim Yayma Cemiyeti başkanı masondu

Türkiye'de, 1970'li yıllarda solcularla mücadeleyi "millî dava" haline getiren Aydınlar Ocağı'nın kuruluş çalışmalarında da yine Ayverdi kardeşler vardı.

Ekrem Hakkı Ayverdi, Aydınlar Ocağı'nın bir numaralı üyesiydi.

Gün gelecek, iki kardeş yapmış oldukları hizmetlerden dolayı, Aydınlar Ocağı tarafından "Üstün Hizmet Armağanı"yla ödüllendirilecekti...

"Yarı masonik" ve muhafazakâr olan bu teşkilatın amacı, devlet seçkinlerini etkileyerek millî kültürü korumak ve yüceltmekti.

Atatürkçülüğü solun hegemonyasından kurtaracaklardı!

"Disiplinli" bir demokrasi istiyorlardı. Esas olan fert değil devlet ve milletti.

"Komünistlikle Mücadele Polisi" kurulmasını öneriyorlardı! Devlet istediği şahsı durdurup, "Komünist olmadığını ispat et" diyebilme vasıta ve selahiyetine sahip olmalıydı!..

Ayverdi kardeşlerden başka, kimler vardı bu Aydınlar Ocağı'nın diğer kurucuları arasında?

Sedat Simavi'nin yol arkadaşı Nihat Sami Banarlı, üç numaralı kurucu üyeydi.

Otuz numaralı kurucu ise annesi Atiye'yi Sabetayistlerin mezarlığı olarak bilinen Bülbülderesi Mezarlığı'na defneden Dr. Mazhar Osman'dı.

Kitabın ileriki bölümlerinde diğerlerini de yakından tanıyacaksınız...

Soğuk Savaş döneminde komünizmle mücadeleyi en birincil vazife sayan İlim Yayma Cemiyeti başkanlığı yapmış, tüccar Mazhar Çelebi'yi kaç "dava arkadaşı" tanıyordu!

> Mazhar Çelebi tüccar. İlim Yayma Cemiyeti idare heyetinde çalıştı. Önceki yıl (1966) Vefa Kulübü reisliği yaptı. Muhitinde kendisini Müslüman hamisi ve iyiliksever olarak tanıtmıştı. Gayesi masonluk olan ve masonların hâkim bulunduğu Beynelmilel Lions Kulübü üyesidir. Uzun seneler bir nakliyat şirketi müdürlüğü ve hissedarlığı yapmıştır. Hicaz'a Türk hacıları götürmüştür. Yahudi ve Ermeni talebelere yardım yaptığı söylenir. 9 kasım 1967 tarihinde Murat Locası'na Moşe Şalom ile birlikte girerek mason olmuştur. (Yalçın Çeliker-İzzet Nuri Gün, *Masonluk ve Masonlar*, 1968, s. 204.)

Bunları "dava arkadaşları" yazıyor. Bakın M. Şahap Tan, *Bugünün Dervişi Kimdir?* adlı kitabında Mazhar Çelebi'nin kardeşi, İlim Yayma Cemiyeti'nin genel sekreteri Nazif Çelebi hakkında ne diyor:

> Son derece kurnaz ve tecrübeli, dinimizin tüccarlarından biri daha: Hacı Nazif Çelebi'den bahsetmeden geçemeyeceğim. Türkiye'deki birçok gizli açık dinî veya hayır müesseselerinde aza olan bu zat, bu kutsî teşekkülleri alet ve vasıta edinerek milyonlar kazanmıştır. İlk servetinin temelini on beş sene evvel Yahudilere paravana olarak kurdurduğu Hac Turizm Şirketi'yle yapmıştır. (...) Hacı Nazif Çele-

bi'nin sekreteri ve iş ortağı Yahudi'dir. Fakat camide ve Müslümanlar yanında olunca daima Yahudiler aleyhinde görünür ve konuşur. Yazıhanesinde ve mağazasında Müslümanlar olunca Yahudi dost ve ortakları ile telefonda Fransızca konuşur. Bilhassa göze batacak yerlerde Yahudi arkadaşlarıyla bulunmamaya dikkat eder. (s. 28.)

Burada bir alıntıya ihtiyacımız var; mason üstadı Enver Necdet Egeron anlatıyor:

> Kaldı ki, İsrail kurulduktan sonra ben New York'taydım. Bana vazife vermek istediler. Dediler ki, "Sen İsrail'de bir Yüksek Şûra kur, yardım et git ve kur." Dedim ki, "Benim vazifem değil. Ben büyük loca değilim. Bunu Türkiye'deki Yüksek Şûra'ya intikal ettiririm, onlar bana yapar." Zannediyorum, gittiler, kurdular. (Hulki Cevizoğlu, *Masonluk ve Rotaryenlik*, 2003, s. 27.)

Ne ajitasyon ama, söylemlerinde masonluğa, Yahudiliğe karşı olduklarını söylüyorlar hep! Ya uygulamada yaptıkları...

Masonların Türk sağına verdiği kadroların çokluğu da araştırma konusudur...

Biliyoruz ki, Sabetayizm ile masonluk iç içedir. Masonların ritüelleri Kabala'dan alınmadır. "Mason Müslümanlar"a bu açıdan bakmayı öneriyorum.

Şarkıcı Tarkan'ın büyük amcası

Türk sağı, Sabetayist meselesini analiz edememiştir, maalesef sadece küfretmiştir!

Örneğin, 4 aralık 1945'te Sertellerin *Tan* gazetesini "Komünizme hayır" sloganıyla basıp, tahrip edenler arasında Sabetayistler yok muydu?

Sabetayist/Karakaşî grubunun önde gelen ailelerinden Dilberler ve Atatürlerle dünür olan Selanikli Mehmet Şuhubî (eşi Nükte Hanım Selanikli Atatür ailesinin kızıdır; kızı Fatma Sedef ise Selanikli Dilberlere gelin gitmiştir). *Tan* gazetesi baskınında yer aldığını bizzat açıkladı. (Cemal A. Kalyoncu, *Paranın Efendileri*, 2003, s. 144.)

Gazetesi-matbaası yıkılan Sertellerin Sabetayist/Kapanî, yıkanların ise Sabetayist/Karakaşî olmasını nasıl değerlendirmemiz gerekiyor?

Bu olay, iki grup arasındaki tarihsel çekişmenin hâlâ sürdüğünü mü gösteriyor?

Yoksa, Sabetayislerin, kendilerinden bile olsa, komünist-demokrat Sabetayistlere karşı bile hoşgörülerinin olmamasını mı ispatlıyor?

Ya da Sabetayist meselesinin artık unutulduğu görüşünün haklı olduğunun mu kanıtı?

Son sorunun doğru olmadığını biliyorum, en azından Sabetayist/Karakaşî grubu açısından!

Geçelim.

Türk sağı, bu "yarı masonik" Aydınlar Ocağı'nın kurucu üyelerini mercek altına ne zaman alacak?

Ne bileyim, araştırmaya ünlü şarkıcı Tarkan'ın büyük amcasından başlanabilir:

> Cihat Fethi Tevetoğlu, 1916 yılında Dursun Ali ve Hafize Zehra'nın oğlu olarak İstanbul'da dünyaya gelmiştir; çocuklarına Filiz, Nur, Aliye, Tolunay ve Tomris adlarını veriyor. "Filiz", "Nur" ve "Aliye" isimleri onomastique planda, son derece dikkat çekicidir. Yaşamının özetine göre, 1944 yılında A. Türkeş ve V. Togan'la birlikte Almanya yanlısı, ırkçı örgüt kurma nedeniyle tutuklanmışsa da orduda görevini sürdürmüş, doktor binbaşı olmuş, Genelkurmay'da çalışmış ve bu arada Texas'ta eğitim görmüştür. Hem İslam Ülkeleri Konferansı'nda görev almış, hem de "World Anti-Communist League" üyesi olmuştur; İslam Bankası'nda çalıştı (1975-1987). NATO'dan, Milliyetçi Çin'den ve Güney Kore'den madalyaları var. Bu bilgiler bir ağa, söz uygunsa bir şebekeye işaret ediyor; isim-bilim, Sabetayizm çağrıştırıyor. (Yalçın Küçük, *Tekelistan*, 2004, s. 346.)

Yalçın Küçük bu bilgilere bir de ekleme yapıyor: Fethi Tevetoğlu'nun önceki soyadı "Tevet"ti, Özbekçe olduğu iddia edilmektedir. Ancak dilimizde "nisan", "temmuz" ayları var, İbranî kökenlidir ve İbranîce'de "tevet" bir ay adıdır. Tam "tevet" olarak söyleniyor.

Tevetoğlu, Soğuk Savaş'tan önce yazılarına "Atsız Yoldaş" diye imza atıyordu; sonra "yoldaş" sıfatına düşman oldu, neden?

Hep soracağız: Türk ve Müslüman bir ülkede "Türkleşmek" ve "İslamlaşmak" ne demektir?

Bu kavramların gündeme getirilmesinin sebebi nedir? Eğer niyetinizde samimiyseniz, Fethi Tevetoğlu'nun ABD'de Amerikan bayrağını kucaklayarak poz vermesine niye ses çıkarmadınız? (*Milliyetçilik*, c. 4, s. 620.)

Bunların "kodlarının" artık çözülmesi gerekmiyor mu?

Soğuk Savaş döneminin getirdikleri bir yana; Türkiye'de sermaye içi çelişkilerin arttığı/keskinleştiği, orta sınıfın yoksullaşma sürecine girerek daha sert söylemleri olan partilere koyması; statükoyu korumak isteyen Sabetayistleri nasıl bir arayışa yöneltti? Bu dönemde partiler ve sivil toplum kuruluşları arasında reel politik bir rol oynayan laik muhafazakâr İslamcı, Kemalist milliyetçi, devletçi Aydınlar Ocağı'nın kontrolü kimdeydi?

Keşke yaşasaydı da bu soruları, Aydınlar Ocağı eski başkanı rahmetli Prof. Ayhan Songar'a sorsaydık. Belki, bize cemiyetin masonlarla ilişkisini de anlatırdı...

Prof. Gencay Şaylan, *İslamiyet ve Siyaset* adlı çalışmasında, Aydınlar Ocağı'nı, 1928 Katolik bir rahip tarafından İspanya'da kurulan "Opus Dei"ye benzetiyor. Üyeliğine seçkin, önderlik niteliğine sahip kişileri kabul eden örgüt, 1950'de Papa tarafından resmen onaylandı. Üniversitelerden etkin yönetici bir konum elde eden; yurtdışı burs, doktora gibi akademik olanaklar kullandıran; yükseköğrenim kurumları ve yurtlar açan; partiler üstü bir konumu olan; büyük toprak sahiplerinden sanayicilere kadar sermayeyle iyi ilişkileri bulunan; Kilise'ye ve orduya uzanan geniş yelpazeli antikomünist olan; ihracata yönelik sanayileşmeyi, enflasyonla birlikte büyümeyi hedefleyen, laik Opus Dei, birçok özelliğiyle Aydınlar Ocağı'na benziyordu.

Kuruluşunun ilk yıllarında Türkçülüğü ağır basan Aydınlar Ocağı, daha sonra, "İslam"ın Türk kimliğinin önemli bileşenlerinden olduğunu kabul ederek, "Türk-İslam sentezi" gibi eklektik bir düşünceyi hayata geçirdi.

Keza, Aydınlar Ocağı, Türk-İslam sentezinin devletin resmî tezi haline gelmesinde de büyük rol oynadı. Ya da "birileri" Türk İslam sentezinin, hem Aydınlar Ocağı'nın hem de Türk devletinin tezi olmasını istedi!

(Türk-İslam sentezi) Bize özgü değildir. Amerikan sosyal bilimlerinde üretilen "yeniden gelenekselleşme" tezleri, daha doğrusu "yeniden gelenekselleştirme" ideolojisi, ABD güdümündeki Batı emperyalizminin nüfuz bölgesindeki Üçüncü Dünya ülkelerinde yürütülen politikaların rehberi olmuştur. Din kutusunun içi Asya'da İslamiyet'le, Latin Amerika'da Hıristiyanlık'la doldurulmaktadır. Bu bakımdan Türk-İslam sentezi Soğuk Savaş'ın örtük sürekliliği çerçevesinde Türkiye'deki demokratik ve sol gelişmeleri durdurmak üzere tasarlanmış bir "Türk-İslam-NATO sentezi"dir. (Taha Parla, *Türkiye'nin Siyasal Rejimi/1980-1989*, 1995, s. 217.)

Konuyu biraz daha açmak için 1970'li yıllara dönmek gerekiyor: Yahudilerin kontrolündeki "think-tank" kuruluşu Rand Corparation'da ortaya çıkan ve ABD Başkanı Jimmy Carter'ın Ulusal Güvenlik danışmanı Yahudi Zbigniew Brezinski ve Prof. Huntington gibi "akademisyenler" sayesinde Amerika'nın resmî doktrini haline gelen "Yeşil Kuşak Projesi" (Green Containment), Sovyetler Birliği'ni, Türkiye, İran, Pakistan, Afganistan gibi Müslüman ülkelerle çevreleyip, içindeki 50 milyon Müslüman'ı da ayaklandırarak parçalama hesabını içeriyordu.

Bu topraklarda emperyalist hedefler yüz elli yıldır değişmemişti; XIX. yüzyılda İngilizler, XX. yüzyıl başında Almanlar "Panislamizm reçeteleri" uygulamaya koymuştu. Sıra ABD'nin "Yeşil Kuşak Projesi"ndeydi...

ABD, bu plan çerçevesinde İran Komünist Partisi (TUDEH) yerine Ayetullah Humeynî'ye destek vermişti.

Ama umduğunu bulamadı.

Sonuçta KGB'nin başarıyla planladığı üniversite öğrencilerinin Tahran ABD Büyükelçiliği baskını, Amerika ile İran'ı karşı karşıya getiriverdi.

İran ve Afganistan'da kaybeden ABD, Türkiye'yi kaybetmeyi göze alamazdı. 12 Eylül 1980 askerî darbesinin, bu basmakalıp "Türk-İslam sentezi"ni benimsemesinin asıl nedeni buydu.

"İslam Ortak Pazarı", "okullarda zorunlu din dersi", "daha fazla imam-hatip okulu açılsın" gibi istekleri nedeniyle Millî Selamet Partisi Genel Başkanı Necmettin Erbakan ve arkadaşlarını cezaevlerine sokarken, 12 Eylül 1980 askerî rejimi İslam Konferansı'na üye oldu, İslam Ortak Pazarı kurmayı talep etti; okullara mecburî din dersi koydu; imam-hatip okullarının sayısını artırdı vb.

Bu ne yaman çelişkiydi?

Kim Türkiye'yi "İslamlaştırmak" istiyordu; MSP mi, 12 Eylül askerî cuntası mı? İslam, Türkiye'de "altın çağını" bu dönemde yaşamadı mı?

Aydınlar Ocağı'nın 9-10 mayıs 1981'de İstanbul'da lüks bir otelde düzenlediği "Millî Eğitim ve Din Eğitimi" konulu seminerde konuşulanlar tek tek hayata geçiriliyordu: "Laiklik zorunlu din eğitimiyle çelişmezdi." Amaç, ABD'nin "İslam"a karşı İslam" stratejisini hayata geçirip, ABD'ye sıcak bakan, diyalogdan çekinmeyen İslamî gruplarla ittifak kurup komünizme karşı savaşmaktı!..

Solcularla hesaplaşmasını hep kökü dışarıda olmak ve yerlilik üzerine kuran Aydınlar Ocağı, ANAP hükûmetleri döneminde Türk-İslam sentezine bir ilave yaptı: "Türk-İslam-Batı sentezi."

Batı, bilimi, sanayileşmeyi, medeniyeti temsil ediyordu!

Uzatmayayım, bu yazdıklarımız konusunda artık sanıyorum, sağcısıyla solcusuyla herkes fikir birliği içinde.

Aydınlar Ocağı, İlim Yayma Cemiyeti, Komünizmle Mücadele Derneği vb dün Soğuk Savaş döneminde görevlerini "başarıyla" yapıp, bugün köşelerine çekilmişlerdir...

Türk sağı, insanları ne olduklarıyla değil, ne yaptığıyla değerlendirmelidir...

Kenan Rifaî Arapları niye sevmiyordu?

Şimdi tekrar dönelim Kenan Rifaî Dergâhı'nın müritlerinin en ünlülerinden İlim Yayma Cemiyeti ve Aydınlar Ocağı gibi "antikomünist" örgütlerin kurucusu Ayverdi kardeşlere...

Zengin bir hat, çini, cam eşya, evanî koleksiyonuna sahip mimar Ekrem Hakkı Ayverdi, ömrünü Osmanlı mimarî üslubunun Arap değil, Türk olduğunu ispatlamakla geçirdi.

En büyük hayali, özellikle Balkanlar'da kalmış Türk eserlerini yok olmadan önce tespit etmekti. Yaptı da, dört ciltlik *Avrupa'da Osmanlı Mimarî Eserleri* adlı kitabını yazdı.

İlginçtir, ağabeyi gibi Samiha Ayverdi'nin de milliyetçi bir söylemi vardı. Ama özellikle Rumeli Türklüğü'ne büyük önem verdi.

Kendi ifadesine göre, Rumelili olmamasına rağmen, Rumeli Türklüğü'nü, Anadolu Türklüğü'ne göre daha üstün gördü. Yazılarında Rumeli göçmenlerinin acılarına sık sık yer verdi: *Bizim Selanik, Muhacirlik, Ah Tuna Vah Tuna, Radoviçli Bir Beyzade, Hakkımız Kalan Ülkeler*...[13]

Kenan Rifaî'nin icazetini bir Arap'tan almasına rağmen, ne kendisi ne de müritleri, nedense Arapları pek sevmiyorlardı. Bu bir küçümseme değildi; sanki düşmanlık duyuyorlardı.

Anti-Arap Tarzda İslamlaşmak kimin eseriydi? Örneğin, Yahudi Türkologlar Cahun ve Vámbéry'in bu "düşmanlığa" katkısı neydi?

Arap düşmanlığını İttihatçılar içinde körükleyenler neden hep

13. Konumuzla direkt ilişkisi yok, ama yazmak istiyorum. Bugün yaşı ellinin üzerinde olanlar yakından tanıyacaktır. *Battal Gazi, Malkoçoğlu, Seyit Ali Reis, Kızıltuğ* gibi Türklüğünden ve Müslümanlığından hiç ödün vermeyen, kahramanlık öyküleri yazarı Abdullah Ziya Kozanoğlu, dün birçok kişinin milliyetçi-muhafazakâr görüşlere sempati duymasına neden olacak kitaplar yazdı, bastırdı.
Oğlu Ahmet Kozanoğlu, Nazlı Ilıcak'ın ağabeyi Ömer Çavuşoğlu'yla ortaklık kurdu; "Hisarbank", "Odibank" gibi sahip oldukları bankalarla hızla büyüdü. Ama battılar. Ahmet Kozanoğlu-Ahu Tuğbay çiftinin çocuğu Yasemin Kozanoğlu'dur. Yazar Abdullah Ziya, birkaç nesli etkilemişti yazdıklarıyla; oğlu ve torunu hariç!

Halide Edip, Celal Nuri, Cavid Bey gibi Sabetayistler ve Nesim Russo, Emmanuel Karasu[14] gibi Yahudilerdi?

Türk sağındaki "Arap düşmanlığı" sanıyorum yeteri kadar incelenmedi. Araplara saldıran ve Osmanlı'nın Arap kültürüne ihtiyacı olmadığını söyleyen hemen hemen ilk münevver Hüseyin Cahit Yalçın'dı; yıl 1896.

Ona karşı çıkan ise, adı Cumhuriyet'in ilanıyla Yüzellilikler listesine konacak olan Şeyhülislam Mustafa Sabri'ydi...

Tarihi yeniden yazmalıyız, ama resmî ideolojinin jargonlarıyla/terminolojisiyle konuşup tartışarak değil!..

"Birinci Dünya Savaşı'nda Osmanlı ordusunu arkadan vurdular, o nedenle sevilmiyorlar" değerlendirmesi ilkokul müsameresi konusudur! Sanki Arnavut arkadan vurmadı?[15]

Ve sanki "Arap tartışması" Birinci Dünya Savaşı'yla başladı!

Batılıların, "Arap hilafeti" fikrini ortaya attıkları yıl 1878 değil midir?

Araplar arasında Osmanlı'dan ayrılıp bağımsız devlet kurmak isteyen yok muydu? Elbet vardı: Mekke Emîri Şerif Hüseyin. Birinci Dünya Savaşı'nda İngilizlerle işbirliği yaptı, ama oyuna getirildi. Bunu anlayınca, Suriye, Filistin, Irak'ta manda yönetimlerin kurulmasını öngören Versailles Antlaşması'nı tanımadığını söylediyse de iş işten geçmişti.

Oğulları, Irak'ta Kral Faysal'la, Ürdün'de Kral Abdullah'la, Sudî Arabistan'da Kral Ali'yle ilişkileri hep iyi olmadı mı? Kral Ali'yi tahttan indiren İbn Suud'la hiçbir konuda anlaşmazlığa düşülmedi. O halde bu düşmanlık niye?

Osmanlı'ya isyan eden sadece Araplar değildi ki!..

Ayrıca, Osmanlı'dan ayrılan Araplar vardı da, Osmanlı'yı savunan yok muydu? Öyle olmasa Çanakkale'de, Kafkaslar'da, Balkanlar'da iki yüz bin Arap Müslüman şehit olmazdı.

Gidin yurtdışında rasgele bir Osmanlı şehit mezarlığına bakın; mutlaka Bağdatlı, Şamlı, Halepli, Trabluslu, Beyrut doğumlu bir şehit Arap askerine rastlarsınız...

Eğer "arkadan vurma" söz konusuysa, Osmanlı'nın dört yüz

14. İttihatçıların en önemli kurmaylarından Emmanuel Karasu, işgal yıllarında İtalya'ya gitti; 1930'da Türkiye'ye döndü; dört yıl sonra vefat etti. Selanik'teki kuzeni İzak Karasu, Selanik 1912'de işgal edildiğinde, atalarının sürgün edildiği İspanya'ya göçtü. Doktordu ama, İspanya'da yoğurtçuluğa başladı ve bir dünya markası yarattı: Danone yoğurt! (*Sabah* gazetesi, 19 kasım 2005.)

15. Arap düşmanlığı Fethullah Gülen hareketinde daha açıktır. Gülen, Arapları Osmanlı'ya ihanet etmek ve İslam'ı bir çeşit ideolojiye indirgemekle suçlar. Osmanlı'nın "şehir İslamı"nı Arabistan'ın "kabile İslamı"ndan üstün görür! Okullarının çoğu Balkanlar'da ve Orta Asya'dayken, Arap ülkelerinde hemen hemen hiç okulu yoktur. Neden?

yıllık Kudüs hâkimiyetine son veren İngiliz ordusunun üç taburu, gönüllü Yahudi askerlerden oluşuyordu: Hakotel Yahudi Birliği.

Keza Çanakkale Savaşı'nda da İngilizlerle birlik olup, Osmanlı'ya karşı savaşanların arasında, başlarında Yahudi Jabotinsky'nin olduğu Siyon Katır Birliği vardı.

Ne diyeceğiz şimdi, Yahudiler Osmanlı'yı arkadan vurdu!

Hadi canım sen de...

İki münferit olaya bakıp, genelleme yapmak hata yapmamıza neden olur.

Birinci Dünya Savaşı'nda Britanya ordusunda binlerce Hintli Müslüman vardı; hanginiz Hintlilere düşmansınız?

Pakistan'dan kardeş ülke diye bahset, Araplara düşman ol!..

"Araplar bizi sevmiyor; hakkımızda kötü sözler sarf ediyor, küfrediyorlar." Peki İmam Gazalî, Türkler hakkında ne yazıyor, okudun mu? "Vahşi hayvanlara benzeyen Türkler, Kürtler ve aşağı yaratık bedevîler" nitelemesini yapmasına rağmen seviyorsun. Sev. Bir şey demiyorum.

Ama... Şunu da not et, Arapların uluslaşma sürecinde Osmanlı'yı/Türkleri kötülemelerini anlayışla karşılayabiliriz. Zaten benzerini Türk uluslaşmasını gerçekleştiren kadrolar da yapmadı mı?

Osmanlı'nın İslam dünyasının lideri olması, Araplarda kıskançlıklara sebep olmuş olabilir; örneğin, İmam Hazin, Ömer el-Beyzavî, Ahmed en-Nüveyrî gibi bazı Arap âlimler tefsirlerinde, dünyayı bozguna uğratan Yecüc ve Mecüc'ü Türk olarak gösteriyor, tüm bunları da anlayabiliriz.

Zaten bu tefsirleri yıllarca da anlamını bilmeden okumuşuz! Bu da ayrı bir konu ya, neyse.

Ama, Arapların, Birinci Dünya Savaşı'yla birlikte Türklere düşman olduklarını söyleyenlerin amaçları farklıdır...

Aksine, Arap Yurtseverler Hareketi, 1921'da Ankara Hükûmeti'ne "Türkiye-Suriye-Irak Konfederasyonu" önerisi getirmedi mi?

Mısır'da Nâsır, Irak'ta Abdülkerim Kasım, Tunus'ta Burgiba, Libya'da Kaddafi, Suriye'de Şükrü el-Kuvvetli gibi liderler Mustafa Kemal hayranı değil miydi?

Özellikle Soğuk Savaş'ın başlamasıyla Türkiye'de oluşan anti-Arap rüzgârını iyi analiz etmemiz gerekmektedir.

O günleri sıcağı sıcağına yaşamış Yalçın Küçük, Türk solcuları Filistin meselesinde Arapların yanında yer alınca, birçok Sabetayist solcunun devrimci hareketi terk ettiğini söylüyor. (*Putları Yıkıyorum*, 2004, s. 37.)

Benzer durum Türk sağında olmuş mudur? Sağcı Sabetayistler, milliyetçi, muhafazakâr çevreleri, Arap düşmanlığı konusunda etkilemiş midir?

İslamcıların dindaşlarına soğuk bakmaları size tuhaf gelmiyor mu? Üstelik solcuların Arap dostluğunu öne çıkardığı bir dönemde.

Türk muhafazakârları bu soruyu kendilerine sormuyorlar mı?

Türkçüleri, Müslümanları kimler ABD'nin "silahlı milisleri" haline getirdi, tartışmalıyız artık.

Yakın tarihimizde örnekler çok.

1964'te Türkiye Kıbrıs'a çıkarma yapmak istediğinde ABD, "6. Filo'yu üstünüze yollarız" diye tehdit edip, Mehmetçik'in Kıbrıs'a çıkmasını önlememiş miydi?

Hani Kıbrıs "millî dava"ydı; 6. Filo'nun gelmesini, İstanbul Fetih Cemiyeti'nin, *Hürriyet* gazetesinin protesto etmesi gerekmiyor muydu? Onlar, aksine protesto edenlerin karşısındaydı? Niye? Hangi amaçla?

İstanbul ve İzmir genelevlerinin Amerikalı Coni'lere hizmet etmesi için beyaza boyatılıp, hazırlatılması hangi milliyetçinin, Müslüman'ın vicdanına sığdı?

Savaşmak için Filistin'e giden Deniz Gezmiş gibi genç idealist solculara, samimi bir Müslüman neden düşman olsun?

1969'da, ABD 6. Filosu'nun Türkiye'ye gelmesini protesto eden gençlere, hangi Müslüman, neden saldırıp, iki devrimci üniversite öğrencisini, Duran Erdoğan'ı ve Ali Turgut Aytaç'ı öldürsün?

Dikkat buyurunuz, o yıllar İsrail'in, ABD desteğini yanına alıp Müslüman topraklarını işgal ettiği dönemdir.

Hatırlayın, türbanın "sorun olmaya" başladığı yıllardır o günler aynı zamanda.

İsrail Araplarla savaşacak ve "bildik güçler" Türkiye'de "bir şeyler" yapmayacaklar; saf olmayın lütfen.

Serinkanlı düşünmeliyiz, sorularımızın yanıtlarını aramalıyız, bulmalıyız.

Toplasan sayıları bin kişiyi geçmeyecek Türkiyeli komünistleri 1950'li yılların başında büyük bir tehdit olarak gösterenler kimlerdi?

Her taşın altında komünist arayan "Komünizmle Mücadele Derneği"ni kimler, niye kurdu?

Türk milliyetçi-muhafazakârların artık bu konularda daha serinkanlı düşünmesi gerekmiyor mu?

Bu düşmanlığı kimlerin yarattığını sorması/araştırması gerekmiyor mu?

Soruların yanıtlarını, Türk milliyetçileri ve İslamcıları duygusallıktan arınıp vermelidir...

Bu bir görevdir; bunu "günah çıkarma" veya "affettirme" için değil, "önünü görmek" için yapmalıdır...

Samimi Kenan Rifaî müritlerinin, Soğuk Savaş döneminin ABD Dışişleri Bakanlığı görevlisi, siyaset uzmanı -muhtemelen CİA görevlisi- George Keenan'ın Amerikan dış politikasını nasıl değiştirdiğini, sosyalizm karşısına hangi güçlerle çıkılacağını nasıl planladığını araştırması gerekiyor...

CİA ajanı Graham Fuller o dönemi artık saklamaya ihtiyaç hissetmiyor: "Komünizme karşı İslam'ı destekledik." (*Vatan* gazetesi, 1 kasım 2004.)

Peki, CİA ile Türkiye'deki İslamcılar arasındaki "köprü" görevini kimler üstlendi?

Geçelim mi?

Turco: Tanrı Dağı

Her fırsatta tasavvuf, hoşgörü ve sevgi söylemini dile getiren İstanbul hanımefendisi Samiha Ayverdi'nin, İstanbul Karaköy iskelesinde solcuların yayın organını satan gençlerden bir adet dergi satın aldıktan sonra gözleri önünde yırtıp parçalamasını nasıl açıklayacağız?

Solcu yazarları bu memleketin yazarı saymamasını, sürekli, komünistlerin başının ezilmesi gerektiğini dile getirmesini nasıl değerlendireceğiz? Bunun adı "millî hassasiyet" olamaz...

Bu sunî düşmanlığın perde arkasında ne tür ilişkiler vardı?

Sabetaylstleri hep solun içinde arayanlar, niye dönüp *Tercüman* gazetesine bakmazlar? Neden kimse bu konuda kalem oynatmaz?

Amerikan vatandaşı Merve Kavakçı ile Sabetayist/Kapanîlerin kızı Nazlı Ilıcak'ı hangi "ulvî amaç" yan yana getirdi?

"Sağcı Sabetayist" iyi, "solcu Sabetayist" kötü mü?

Olumsuz anlamda yazmıyoruz, ama anlamak da istiyoruz; dünyada örneğini bulamazsınız; bir İsrail'de, bir de Türkiye'de vardır; milliyetçi bir partide İsrail sevgisinin olması...

Kimse bu konuda, kardeşlik vb hamasî nutuklar atmasın; partinin siyasal çizgisini "Türk-İslamcı" yapmak için örgüt amblеminden "bozkurt"u çıkarıp, "üç hilal"i koyacaksın; kımız içen Türkçü gençleri dövüp-öldürüp partiden kovacaksın ve üstelik aynı yıllar İsrail, Müslümanlarla savaşacak sesini sen çıkarmayacaksın. Niye?

Sormayalım mı; Alparslan Türkeş niye sinagog açılışına gitti?

Necip Fazıl Kısakürek'le el ele verip, Yahudiler için, "beynelmilelciliğin, kozmopolitliğin, maddiyatçılığın, soysuzluğun, köksüzlüğün kök-mecazı" deyip, Sabetayistlere karşı dışlayıcı ve düşmanca kampanyalar düzenlemedi mi?

Yıllarca, Yahudi/dönme söylemiyle hep komünistler/solcular eşleştirilip antisemitizm rüzgârı estirilmedi mi?

Soru çok: Türkçülüğün içinden antikapitalizmi, antiemperyalizmi kim çıkarıp attı? Partiyi, sadece "komünizmle mücadele örgütü" haline kim dönüştürdü? Soğuk Savaş döneminden önce, *Atsız*, *Birlik*, *Millî İnkılap* gibi onlarca dergide, solcularla birlikte çalışan, solcularla ittifaklar kuran Türkçü/milliyetçileri kim sola/solcuya düşman haline getirdi? Sormak durumundayız: 1948'de kurulan İsrail'in bunlarla ne derecede ilgisi vardı?

Devam edelim:

En yakın müridi Livornolu Moses Pinheiro'ya göre, Sabetay Sevi mektuplarını "Turco" diye imzalıyordu. Gershom Scholem, "Turco" kelimesinin İbranîce yazılışının, Kabalacı bir yorumla "Tanrı'nın Dağı" olarak okunabileceğini belirtiyor. (John Freely, *Kayıp Mesih*, 2001, s. 212.)

"Tanrı Dağı kadar Türk, Hıra Dağı kadar Müslüman" sloganını Ülkücü gençlere kimler öğretti? Bu sloganın "mucidi" kimdi?

MHP niye bu açılardan masaya yatırılmıyor?

Partinin finans kaynakları kimlerdi, niye susuluyor?

Bilen bildiğini anlatmalıdır...

Sevindirici, umut yeşerten gelişmeler var.

Özeleştiri konusunda Türk sağında da son dönemlerde kitaplar çıkıyor. İrfan Küçükköy'ün kaleme aldığı *Mücadele Birliği* adlı eseri, bir dönemin güçlü gençlik örgütü "Millî Mücadeleciler"in, zaman zaman istihbarat servislerinin nasıl oyununa geldiğini anlatan bu kitaplara örnektir.

> İkinci liderimiz Yavuz Aslan Argun'un Kırklareli'ndeki çevresi içinde, MİT ve askerî istihbarat mensupları vardı. Onlar gelerek Yavuz Aslan Argun'u bulmuşlardı. (s. 105.)

> MİT eski yöneticisi Mehmet Eymür, "Beni Abdullah Çatlı ile falan kişi, 1976'da tanıştırdı" diyormuş. Bunu işitince çok ürperdim. Çünkü adı geçen kişi, bizim şimdi rahmetli olan bir arkadaşımızdı. (a.g.e., s. 299.)

Yıl 1976. Bir gün elli beşine yakın bir hanım nefes nefese mecmuaya geldi... Çantasından anti-Siyonist ve masonluk aleyhtarı birtakım kitaplar çıkardı. Siyonistler aleyhine birkaç söz etti ve sonra "Ben buraya Türkiye'deki öğrenci hareketlerini durdurma konusunu konuşmaya geldim" dedi. Şaşırdım. Konuyu o zamanki cumhurbaşkanının (Fahri Korutürk S. Y.) kız kardeşiyle görüştüğünü, CHP'den Turan Güneş'le görüştüğünü ve bizimle görüşmek üzere geldiğini aktardı. Ben kendisine hangi milletten olduğunu sordum. "Alman'ım" dedi. "Ne zaman Müslüman oldun?" dedim. "Müslüman olmadım, ben Hıristiyan'ım" dedi. "Bu meseleler sizi neden ilgilendiriyor?" dedim. "Ben bir Türk'le evliyim, yirmi beş senedir bu ülkede yaşıyorum. Bu ülkenin ekmeğini yedim. Kaos içinde olmasına gönlüm razı olmuyor" dedi. Çok canım sıkıldı. Kapıyı gösterdim ve "Lütfen dışarı" dedim. Şöyle cevap verdi: "Siz benim önemimi anlamadınız. 1967 Arap/İsrail Savaşı'ndan önce Filistin müftüsünü ziyaret ettim. Durumun vahametini anlattım. Bazı tedbirler anlattım. Önemsemedi, sonunda kaybettiler. Ben size projemi bile anlatmadım. Tekrar geleceğim, o zaman kabul edeceksiniz" dedi, ayrıldı. Ben bunu liderimiz Aykut Edibali'ye hemen ulaştırdım. O şöyle dedi: "Keşke projesini bir dinleseydin. Bilgimiz olurdu. Bir daha gelirse projesini açıklamasını söyle." Nitekim üç beş gün sonra kadın yine geldi. Bu sefer normal karşıladım ve anarşiyi önleme projesini sordum. Şöyle söyledi: "Gençler arasında bir kucaklaşma senaryosu düzenlemek istiyoruz. Önce falan asistanın (daha sonra medyada çok görünen meşhur bir profesör oldu) sağcılar ve solcular arasındaki taraftarlarını kucaklaştıracağız. Sonra Mücadeleci ve CHP'li gençleri kucaklaştıracağız, sonra bu mizansenleri basında büyüterek sunacağız. Daha sonra diğer gruplar gelecek." Bu esnada öğrenci yurtları hakkında bilgiler sundu. Hayli araştırma yaptığını anladım. Sonra şöyle söyledi: "Sizin falan profesörle görüşmeniz gerekiyor." Profesör adına randevu saati ve buluşma yeri verdi... Bu proje bizim dışımızda kısmen uygulandı. Basın büyüttü ve fakat başarılı olamadı. Daha sonra görüşmemiz teklif edilen profesörün adı ikinci Milliyetçi Cephe hükûmetinin kuruluşunda sıkça telaffuz edildi. (a.g.e., s. 300.)

Millî Mücadeleci İrfan Küçükköy, asıl şimdi bu yazdıklarıyla Türkiye'ye hizmet etmektedir...

Hiram Abas'ların, Mehmet Eymür'lerin azılı solcu düşmanı olmalarında "Sabetayist" olmalarının etkisi var mıydı? Bu ikilinin Mossad hayranlığını, İsrail işbirliğini nasıl analiz etmemiz gerekiyor?

O kan ortamında, "yangına benzinle giden" Samiha Ayverdi

gibi ülkesinin gencine, yazarına kin duyan sağcılarını tekrar gözden geçirmeliyiz. Yaptıklarından değil, neden yaptıklarından dolayı...

Şeyhlik hep kadınlardan geçiyor

Dönelim Kenan Rifaî Dergâhı'nda neler olduğuna...

Kenan Rifaî Dergâhı'nın müridi Ekrem Hakkı Ayverdi de şeyhi gibi, dört kez evlendi: Hamdiye, Adviye, Azize ve İlhan.

Samiha Ayverdi ise genç yaşta evlendi, kızı Nadide (Uluant) doğduktan sonra boşandı. Ne kendi yazdıklarında ne de dergâhla ilgili kitaplarda Samiha Ayverdi'nin eşinden hiç bahsedilmez; ismi bile bilinmez. Bu konuda bir sansür var. Niye acaba?

Ekrem Hakkı Ayverdi 24 nisan 1984, Samiha Ayverdi ise 22 mart 1993 tarihinde vefat etti. Her ikisi de İstanbul Merkezefendi Mezarlığı'nda Kenan Rifaî'nin "ayakucuna" defnedildi.

Mesut Yılmaz, eşi Berna Yılmaz'la, Samiha Ayverdi'nin cenaze törenine katılan tek siyasî liderdi.

Müritlik bağı var mıydı? Sanmıyorum. Ama Samiha Ayverdi'nin torunu Gülşah Uluant, Mesut Yılmaz'ın kuzeni Tarık Akçal'la evliydi; akrabalık vardı.

Selanikli Kenan Rifaî'yle de akrabalık olabilir, çünkü Mesut Yılmaz'ın kuzeni (Yahudi işadamı Sami Ofer'in ortağı) Mehmet Kutman, 24 temmuz 2004 tarihinde CNN Türk'te katıldığı programda, babasının Karadenizli, annesinin ise Selanik kökenli olduğunu söyledi.

Şişli Terakki mezunu Berna (Müren) Yılmaz'ın anne tarafı da Selanikli'ydi...

Ayverdi kardeşlerin kurduğu "Kubbealtı Cemiyeti" zamanla "Kubbealtı Akademisi Kültür ve Sanat Vakfı"na dönüştürüldü.

Başkanlığını, Ekrem Hakkı Ayverdi'nin son eşi (baba tarafından Kafkasyalı, anne tarafından Selanikli) İlhan Ayverdi yürütmektedir.

Ekrem Hakkı Ayverdi Bibliyografyası ve *Samiha Ayverdi Bibliyografyası* Kubbealtı Neşriyat'tan çıktı.

Her iki kitabın yazarı da Kenan Rifaî Dergâhı müritlerinden İsmet Binark.

Kırk yedi yıl Devlet Arşivleri genel müdürlüğü görevini yürüten İsmet Binark, Türkiye'nin önde gelen arşivcilerinden biriydi.

İsmet Binark'ın amcası da ünlü bir isimdi: Prof. Dr. Hikmet Binark.

Prof. Binark, İstanbul Teknik Üniversitesi rektörlüğü; TBMM Kurucu Meclis üyeliği yaptı.

Ve uzun yıllar yaptığı bir görevi daha vardı: Feyziye Mektepleri Yönetim Kurulu başkanlığı.

Binark ailesi Feyziye Mektepleri'yle ilgilerini hep sürdürdü. Dr. Murat Binark da halen Feyziye Mektepleri Vakfı Yönetim Kurulu başkanlığını yürütüyor.

Bilindiği gibi Feyziye Mektepleri'ni Sabetayist/Karakaşîler kurdu...

Ben de düşünüp duruyordum, Rifaî şeyhine bağlanmış bir müride, devlet nasıl güvenmiş de, yarım yüzyıla yakın arşivlerini teslim etmiş diye!..

Anladım ki, bunlar derin işler, derin ilişkiler...

"Beyaz Müslümanlar" dergâhının son şeyhiyle bu bölüme nokta koyalım.

Samiha Ayverdi'den sonra Kenan Rifaî Dergâhı'nın postnişini yine bir kadın oldu: Cemalnur Sargut.

Bu dergâhta şeyhlik kadından kadına geçiyordu anlaşılan!..

Sargut ailesi üç göbektir Kenan Rifaî'ye bağlıydı. Anneannesi Şadiye Hanım, annesi Meşkûre Hanım ve Cemalnur Sargut.

Öyle ki, doğduğunda anne Meşkûre Hanım'ın adını Kenan Rifaî koymuştu.

İngiliz Filolojisi'nde okurken, Dr. Ömer Faruk Sargut'la tanışıp evlenen Meşkûre Hanım, yıllar içinde iki kitaba da imza attı: *Gönülden Gönüle* ve *Arifler Bahçesinden.*

Dergâhın mürşidi Cemalnur Sargut 3 kasım 1952 İstanbul doğumlu.

Kenan Rifaî'nin otuz bir yaşında vefat eden kızı Semiha Cemal'in adından dolayı "Cemalnur" ismi verildi.

Cemalnur Sargut, Kadıköy Kız Koleji'nden sonra Devlet Mimarlık ve Mühendislik Akademisi Kimya Fakültesi'ni bitirdi; Güneş Koleji ile Cumhuriyet Lisesi'nde kimya öğretmenliği yaptı.

Kendi adına kurulan İnternet sitesinde hakkında şöyle deniliyor:

> Cemalnur Sargut, sevgili annesi Meşkûre Sargut ve mürşidi Samiha Ayverdi'den aldığı eğitime ilaveten Hayri Bilecik Bey'den Kuran dersleri almış, Nermin Suner Pekin Hanımefendi'yle de uzun yıllar *Mesnevî* ve Kuran üzerinde mukayese çalışmaları yapmıştır. Yirmi beş yılı aşkın süredir İslam tarihinin altın sayfaları olan ve kütleleri peşlerinden sürükleyen büyük İslam mutasavvıflarından Hz. Ahmed er-Rifaî, Hz. Kenan Rifaî ve Hz. Mevlânâ Celaleddin Rumî başta olmak üzere

Hz. İbn Arabî, Hz. Niyazi Mısrî, Hz. Şiblî, Hz. Konevî ve Hz. Cillî hakkında inceleme ve araştırma faaliyetlerine devam etmektedir.

İbn Arabî, Sadreddin Konevî, Niyazi Mısrî hakkında önceki bölümde bilgiler vermiştim. Bu isimler gösteriyor ki, Kenan Rifaî ve müritleri Vahdet-i Vücud felsefesine bağlıydılar...

İlacın sendedir fakat ki göremezsin
Derdin de sendedir lakin farkında olamazsın
Sen kendini küçük bir cisim zannedersin
Halbuki sende dürülür koskoca âlem...

Hz. Ali'nin bu sözleriyle açılan, Cemalnur Sargut'un İnternet sitesinde, nerelerde seminerler verdiği de yazılı:

Amerika'da Duke Üniversitesi ile Kuzey Carolina Üniversitesi'nde İslam konusunda dersler vermişti. Söylediğine göre, özellikle Kuzey Carolina tasavvufun merkezi olmuştu.

Cemalnur Sargut, New York'taki Mevlânâ festivaline katılıp konuşmalar yapmıştı. Almanya'da Frankfurt Frau Liebe (Kutsal Kadın) Kilisesi'nde "Hz. Yusuf" ve "Hz. Meryem" hakkında seminerler vermişti. Frankfurt Üniversitesi'nde verdiği dersin adı İslam tasavvufuydu.

Bu İnternet sitesini hazırlayanlar Cemalnur Sargut için bakın ne diyor:

Cemalnur Hocamızı anlatmak için sadece şunu yazmak yetecekti aslında: "O" 'hiç' olma gayreti içindedir; yaşanır fakat anlatılamaz."

Başı açık, modern görünüşlü Cemalnur Sargut Hanımefendi, Pitagoras'tan Buddha'ya, Platon'dan Sokrates'e kadar filozofları araştırmış, Sartre'ı okumuştu:

Ben en çok Nietzsche'yi okudum. Çok negatif etkisinde de kaldım. Fakat sonra onun da çok faydalı olduğunu anladım. Nietzsche'nin "La ilahe illallah"ın "la" kısmı olduğunu gördüm. La "yok" demek. İnsanın bir "yok" devresi vardır. "Hiçbir şey yok, ben büyüğüm" dediği. Sonra "ilah" kısmı gelir. Kendimizden başka şeylere âşık oluruz. Kadınlara, erkeklere, aklımıza, başarımıza. Sonra "la ilahe" dediğimiz her şeyin geçici olduğu bir devre gelir. Sonra Allah "illallah" der. "Yalnız ben varım" der. Nietzsche'den de Allah razı olsun. O da bana "la" kısmını öğretti. Ama kendisi mutlu olamamış. Doğru olanın da mutsuzluk olduğunu savunmuş. Bu beni çok rahatsız etti. Ben yapı olarak mutlu bir insanım. Mevlânâ'ya yönelişim de bu dönemden sonra oldu...

Kenan Rifaî'nin talebeleri bugün, Kubbealtı Vakfı, Samiha Ayverdi Enstitüsü, Türk Kadınları Kültür Derneği, Kenan Rifaî'nin annesinin adını taşıyan Cenan Vakfı gibi çeşitli vakıf ve derneklerde irşat faaliyetlerini sürdürüyor...

Unutmadan son bir not yazayım: Kenan Rifaî'nin bazı güftelerini, Selanikli Mevlevî Necib Dede bestelemişti...

Selaniklilerin çoğu Mevlevîliğe bağlanmıştı.

Bu bölümde hikâyesini anlatacağımız Mehmed Esad Efendi gibi...

Üçüncü bölüm

Mevlevî Sabetayistler...

Yıl 1876.

Selanik'in tanınmış tüccarlarından Refik Receb Efendi, her sabah çıkmadan önce, "talet" giyerek, Yahudi İspanyolcası'yla (Ladino) yazılmış "peraşa" kitabından duasını ederdi.

Karısı Ayşe, Yahudi geleneğinin tersine, dua okunan evdeki bu "Khal"da yanında oturur, ona eşlik ederdi.

Sabetayistler için "Ayşe" isminin mistik bir anlamı vardı; Sabetay Sevi'nin son eşinin adıydı.

Refik Receb Efendi ve Ayşe Hanım, aradan iki yüz yıl geçmesine rağmen Sabetay Sevi'ye inançlarını sürdürüyorlar, bir gün Mesih olarak döneceğine inanıyorlardı.

> Evet, o gün büyük bir boru çalınacak; Asur'da yitenlerle Mısır'a sürgün edilenler gelip kutsal dağda, Yeruşalim'de RAB'be tapınacaklar. (Yeşaya, 27/13.)

Refik Recep-Ayşe çiftinin büyük dedeleri –1594 İtalya'da Toscana eyaletinin başkenti Livorno'nun Alvo köyü doğumlu– Osman Çelebi, Sabetay Sevi'nin önde gelen müritlerindendi.

Livorno, Sabetayist hareketin en önemli üslerinden biriydi. Sabetay Sevi'yi gençlik yıllarından beri tanıyan, birlikte Haham İsaac di Alba'dan din dersleri alan, yine beraber Kabala'yı öğrenen, en sadık mürit Moses Pinheiro ve diğer önemli Sabetay Sevi müridi Haham Meir Rofe Livornolu'ydu.

Ve Selanik'in zengin Yahudi ailesi Alatiniler de Livorno'dan gelmişlerdi. *Efendi*'de yazmıştım; Sultan II. Abdülhamid hal'edilince, Selanik'te Moiz Alatini'nin Yalılar semtindeki köşkünde yaşamaya mecbur edilmişti.

O dönemde Livorno'da yaşayan herkes Sabetay Sevi'ye sempatiyle bakmıyordu. Karşı çıkan Yahudiler de vardı.

Örneğin, Haham Yosef Ha Levi'nin Sabetay Sevi hakkında olumsuz bir risalesi vardı. Haham Ha Levi gibi dönemin ünlü şairi Livornolu Emmanuel Frances de, Sabetay Sevi aleyhinde, İzmir'den kovulmasını alaya alan *Sevi Muddah* (Kovulan Sevi) adıyla şiirler kaleme almıştı. (John Freely, *Kayıp Mesih*, 2001, s. 43-44.)

Bu olgular da gösteriyor ki, Sabetay Sevi'nin Mesih hareketi Livorno'yu derinden etkilemişti.

Sabetay Sevi'den önce de İtalya'da Kabala rüzgârı vardı. "Hıristiyanlaşmış Kabala"nın en önemli kaynaklarından biri, dünyada resim sanatı deyince ilk akla gelen, Botticelli gibi dâhi ressamların "sponsoru" olan, Floransalı Medici ailesinin hamiliğini yaptığı Platon Akademisi'ydi. Amaç, Hıristiyanlık ile Yahudi mistisizmi arasındaki bağlantıları ortaya çıkarmaktı.

Fransa'dan kaçıp İtalya'ya sığınan Yahudi astrolog Nostradamus'a da "kol kanat geren" Medicilerdi.

Dünyada ve Türkiye'de en çok satan kitap, Dan Brown'un *Da Vinci Şifresi*'nin tarihsel kökeninin nereye dayandığını düşünebiliyor musunuz?

Sabetay Sevi'nin üçüncü eşi Sarah'ın bir dönem Livorno'da yaşamış olması da, Sabetay Sevi hareketinin burada güçlenmesine neden olmuştu.

Sabetay Sevi, Müslüman olup "Mehmed Aziz Efendi" adını alınca, adını bilemediğimiz Livornolu Sabetayist de, "Osman Çelebi" adını almıştı.

Osman Çelebi'nin Sabetay Sevi'nin çok yakını olduğunu düşünebiliriz; çünkü Sabetay Sevi Müslüman olup, "Mehmed Aziz Efendi" adını alarak Saray kapıcıbaşılığına getirildiğinde, Osman Çelebi de, Sultan IV. Mehmed'in ibriktarbaşısı olmuştu.

İbriktarbaşının görevi padişahın yıkanmasına yardımcı olmaktı; yani Sultan IV. Mehmed'i eşleri dışında çıplak gören tek görevliydi.

Demek Osman Çelebi bu kadar güvenli bulunmuştu...

Ayşe dokuz aylık hamileydi. Refik Receb Efendi bebeğin kız olacağına inanıyordu.

Ve bu nedenle daha doğmamış kızını, ortağı Ali Molla'nın yedi yaşındaki oğlu Halil Ali'ye (Bezmen) vermişti!

> (Sabetayistlerde) nişan ve nikâh genellikle çocuklar doğmadan önce yapılır. (Abraham Galante, *Sabetay Sevi ve Sabetaycıların Gelenekleri*, 2000, s. 92.)

Refik Receb Efendi, daha doğmamış kızını iyi bir aileye gelin verdiği için mutluydu. "İyi aile"den kasıt neydi?

Refik Receb Efendi'nin ortağı Ali Molla'nın babası Halil Ağa bin Karaveli, Sabetayist/Kapancıların liderlerinden biriydi. Sabetayistler, "ağa" sanını "halife" yerine kullanıyorlardı.[1] Halil Ağa bin Karaveli, herkesin gelip akıl danıştığı dinî bir liderdi. Kimine borç, kimine akıl, kimine nasihat verirdi. Sözü sayılırdı, itibar görürdü...

Refik Receb Efendi genç yaşına rağmen Selanik'in zenginlerinden sayılırdı; tekstil ticareti yapıyordu. Kardeşi Emin Receb'in İngiltere'nin Manchester şehrinden gönderdiği tekstil ürünlerini Selanik'te ve İstanbul'da pazarlıyordu.[2]

Ortakları Ali Molla da, Manchester'den gelen malları Arnavutluk ve civarına satıyordu.

Refik Receb Efendi ile ortağı Ali Molla'nın, Yahudi mahallesi Bedaron'da genellikle kumaş tüccarlarının bulunduğu Bezciler Hanı'ndaki dükkânları hayli hareketliydi.

İki ailenin birlikteliği yıllar sonra Türkiye'nin en büyük tekstil fabrikalarından birini kurmaya kadar gidecekti...

Selanik'te, Sabetayistler, havlu, çorap, peştamal, beledî (yerel pamuklu kumaş), basma imalatında söz sahibiydiler; Yahudiler çuha imalatında, Rumlar ise keçe ve kumaş boyacılığında tekeldiler.

Selanik ticaret hayatına, şehir nüfusunun çoğunluğunu oluşturan Yahudiler hâkimdi. İlk atılımlar hep onlardan geliyor, diğerleri Rumlar, Sabetayistler, Bulgarlar onları takip ediyordu.

İthalat-ihracaat yapan ailelerin iş yaptıkları ülkelerde büro açmaları fikri de Yahudilerden çıkmıştı. Refik Receb Efendi'nin örnek aldığı isim, ataları gibi Livorno'dan gelip Selanik'e yerleşen Yahudi Moiz Alatini'ydi.

1800 doğumlu Doktor Moiz Alatini Selanik'in simge isimlerindendi. Floransa Tıp Fakültesi'ni bitiren bu idealist doktor her

1. Bezmen ailesi bu nedenle Halil Ali Bezmen'e (Halil Ağa bin Karaveli'nin torunu) "ağababa" derken, diğer dedeleri Nâzım Ali Bezmen'e sadece "dede" diye hitap ediyorlardı. Her iki dedeye farklı hitabın nedeni buydu! *Sabetay Sevi* adlı kitabın yazarı Gövsa'ya göre, "Ağalık unvanının kaldırılması üzerine Sabetayistler Osman Ağa'ya, Osman Ogan demeye başladılar." (s. 77.)

2. İstanbul Bülbülderesi Mezarlığı'ndaki bir mezar taşı yazısından o yıllarda Selanik'ten Manchester'e giden Sabetayist sayısının birden fazla olduğunu anlıyoruz:
"Hayatım birçok hastalıkların ıstırabına göğüs gererek mütemadi çalışmakla geçti. İngiliz, Fransız, Alman lisanlarını edebiyatına vâkıf olarak öğrendim. Manchester'de büyük babamızdan tevarüs ettiğimiz ticarî mevkii pek az zaman sonra kardeşim Nuri'ye terk ettim. Muvaffakiyetimin vârisi hakikisi olan Nuri ailemi yükseltti. Ben yirmi iki yaşında Selanik topraklarına gömüldüm. Şimdi kemiklerim bile kalmadı. İsmimi yâd için Nuri'nin mezarına resmimi koydular. Babam, kardeşlerim Hüsnü ve Nuri'nin kemiklerini, benim de resmimi sinesinde taşıyor."

dinden yoksul hastalarına bedava bakmasıyla herkesin sevgisini kazanmıştı. Hekim olmasına rağmen ticarette de hayli başarılı olmuş, Alatini firmasını çok geliştirmişti. Un ve kiremit fabrikaları, alkol damıtımhanesi kurmuştu. Yurtdışındaki işlerin takibi için ailesinin yarısını Marsilya'ya yerleştiren Alatini'nin bu girişimci ruhunu, birçok tüccar gibi Refik Receb Efendi de takip etmiş, kardeşi Emin Receb'i Manchester'a göndermişti.

Refik Receb ve ortağı Ali Molla Manchester'dan gelen gemileri boş göndermiyor; halı, ipek gibi yerli mallar ihraç ediyorlardı.

Aynı hareketlilik birkaç gün sonra Refik Receb'in evinde de yaşandı.

Eşi Ayşe doğum yaptı. Ama minik bir sürpriz vardı: bebek erkekti!

Yıllar sonra Türkiye'nin en zengin işadamlarından olacak, Ali Molla'nın oğlu, yedi yaşındaki genç damat adayı Halil Ali (Bezmen) biraz bekleyecekti...

Refik Receb ile Ayşe arasında ilk oğullarına ne isim verecekleri konusunda ufak bir anlaşmazlık yaşandı. Ayşe, oğluna büyük âlim olarak gördüğü ağabeyi Mehmed Esad'ın adını vermeyi çok istiyordu.

Ağabeyi Mehmed Esad birkaç yıl önce İstanbul'a göç etmişti...

Selanik'teki ailenin öyküsüne biraz ara verip, İstanbul'daki ağabey Mehmed Esad Efendi'yi tanıyalım...

Rüyaların tanığı yoktur

> Hace-i irfanım olub, Selanik tüccarından ve avdetîlerden (dönmelerden) Receb Efendi'nin sulbünden (olup); hicretin 1259 (1843) senesinde Selânik'te dünyaya gelmiştir. Meskenleri Kadı Abdullah Efendi Mahallesi'dir.

Sefine-i Evliya kitabının yazarı Hüseyin Vassaf (1872-1929), hocası Mehmed Esad Efendi'yi anlattığı bölüme böyle başlıyor.[3]

3. Hüseyin Vassaf'ın babası Ürgüplü Osman Efendi, Kahire'de Kavalalı Mehmed Ali Paşa'nın; annesi Fatma Emsal Hanım ise, Kavalalı Mehmed Ali Paşa'nın eşi Şemi Nur Kadın'ın hizmetinde çalıştılar. Kavalalı ve eşi ölünce, her ikisi de İstanbul'a dönüp, Kavalalı'nın kızı Zeynep Kâmil ile eşi Sadrazam Yusuf Kâmil Paşa'nın (Bektaşîlere kol kanat geren, konağında "cem"ler düzenleyen) konağında çalıştılar. Burada evlendiler. Hüseyin Vassaf'ın babası Sinaniye, annesi ise Ziyaeddin Gümüşhanevî dergâhlarına bağlıydı. Sanırım annesi nedeniyle, *Sefine-i Evliya* kitabının önsözünü Gümüşhanevî Dergâhı'nın son şeyhi Prof. M. Esat Coşan yazmıştı. İşin garip yanı, Hüseyin Vassaf, Vahdet-i Vücud'a inanan, cifre dayalı gizemli sözler söyleyen ve hatta Hz. Hüseyin ile Hz. Hasan'ın peygamber olduğunu iddia eden Niyazi Mısrî'ye hayrandı; ayrıca kitabında Vahdet-i Vücud'a

Bir ara tespit yapalım: Hüseyin Vassaf, hocası Mehmed Esad Efendi için rahatlıkla "dönme" olduğunu yazabiliyor! Demek ki "dönme" sözcüğü Osmanlı'da "küfür" gibi algılanmıyordu...

Mesele sadece küfür ve aşağılama mıydı?

Sadece Mehmed Esad Efendi değil, Osmanlı biyografilerinde benzer çok sayıda yaşamöyküsü ele alınırken, kişinin "dönme" olduğu açıkça yazılır.

Bu Cumhuriyet'le mi değişti?

Ya da İkinci Dünya Savaşı'ndaki Yahudi katliamlarının büyük travması mı buna neden oldu? Çünkü bilmiyor ki, Hitler "dönme" Yahudi'yi de yok ediyordu. Hitler Türkiye'ye girseydi, Sabetayistlerin akıbeti, Türkiye'deki Yahudilerin akıbetinden farklı olmayacaktı.

Bu tespitten sonra devam edebiliriz:

Dönemin mutasavvıflarından Hüseyin Vassaf için Mehmed Esad Efendi'nin yeri başkaydı: Hüseyin Vassaf'ın babası Ürgüplü Hacı Osman Efendi, her fırsatta gittiği Topkapı'daki Pazar Tekkesi'nde bulunan Şeyh Salih Efendi'nin ve Çayırlı Medresesi'nde Mehmed Esad Efendi'nin sohbetlerine oğlunu da götürmüştü hep. Tanışmaları ilerlemiş, Mehmed Esad Efendi, Hüseyin Vassaf'a Farsça öğretmişti; *Mesnevî*'yi okutmuştu.

Vassaf, hocası hakkında hep, "Kalbime genç yaşımda tohm-ı tasavvuf ve aşkı eken Mehmed Esad Dede olmuştur" diyecekti...

Hüseyin Vassaf'ın bir yanında Sabetay Sevi'nin sağ kolu Osman Çelebi'nin torunlarından hocası Mehmed Esad Efendi, diğer yanında Sabetay Sevi'yle "aynı yoldan yürüyen" üstadı Niyazi Mısrî vardı! Hepsini birleştiren, Tanrı'ya ulaşma yollarının benzerliğiydi kuşkusuz...

Önceki sayfalarda, başta Osman Çelebi olmak üzere ailesini biraz olsun tanıdığımız; bir dönem İstanbul'un en ünlü Mevlevî'si olacak Sabetayist Mehmed Esad Efendi kimdi?

Mehmed Esad Efendi'nin öyküsü Selanik'te başladı.

Zengin bir Sabetayist ailenin oğluydu. Bize söylenene göre, sadece zengin değil, yaşam biçimleri ve kültürleriyle de Selanik'in önde gelen aristokrat ailelerindendi.

Mehmed Esad Efendi, Selanik'te mahalle mektebini bitirdikten

inanan birçok mutasavvıfın biyografisi vardı. Prof. Coşan, Hacı Bektaş Veli'nin yazdığı iddia edilen *Makalat* adlı kitap üzerine yaptığı çalışmayla doktora tezini vermişti. Şimdi... Prof. Coşan'dan bu iki örneği vermemin temel bir nedeni var: Gerek Hacı Bektaş, gerekse Vahdet-i Vücud anlayışına inanan tasavvufçular, son yıllarda hep Sünnîleştirilmeye çalışılıyor. İbn-i Arabî'nin, Hacı Bektaş Veli'nin, Mevlânâ'nın, Niyazi Mısrî'nin, Yunus Emre'nin vb'nin ehli sünnet olmayla ne ilgisi vardı?

sonra, kendi çabasıyla Arapça ve Farsça öğrendi. Babasının dükkânında çalışmaya başladı. Mutsuzdu.

Babası gibi tüccar olmak istemiyordu.

Memurluğu denedi: Kısa bir dönem vilayette tahrirat memurluğu yaptı.

Ancak, Hüseyin Vassaf'a göre iki olay Mehmed Esad Efendi'nin yaşamını değiştirdi.

Bunlardan birincisi:

> Bedevî tariki (tarikatı) meşayihinden (şeyhlerinden) Şeyh Osman Efendi namında bir zattan iktisab-ı malumat (bilgiler edinme) ve hatta tarikatan ve teberrüken (uğur olsun diye) şerbet alarak kesb-i füyüzat (bilim, irfan kazanma) eylediler.

İkincisi:

> Hususî muallimden tahsil-i ilme başlayıp, henüz sinn-i buluğa vâsıl olmadığı bir çağda iken rüyasında görür ki, kendisi bir kuyuya düşmüş; server-i âlem (s.a.s.) Efendimiz Hazretleri şeref-zâhir olup mübârek yed-i saâdet-i Muhammedîlerini uzatıp Cenâb-ı Es'ad'ı kurtarmıştır. İşte bu neş'e onun hâlini diger-gûn etmiş (değiştirmiş), rütbe-i celîle-i İslâmiyyet'te sâhib-i makâm ve nâil-i merâm olmasında (amacına ulaşmasında) amil-i müessir (etki yapan) olmuştur. (Hüseyin Vassaf, *Sefine-i Evliya*, 1999, cilt I, s. 329.)

Mehmed Esad Efendi rüyanın etkisiyle mi, yoksa hocası Şeyh Osman Efendi'nin isteğiyle mi bilinmez; 1863'te Selanik'i terk edip İstanbul'a taşındı.

Niye Selanik'te bir dergâha bağlanmadı da İstanbul'un yolunu tuttu?

Şu nedenle sordum:

Tekkelere ilişkin ilk bilginin yer aldığı 1870 vilayet salnamesine (yıllığına) göre, Selanik'te, Mevleviye (2), Nakşiye (2), Kadiriye (4 tekke+2 zaviye=6), Mısriye (2), Sünbüliye (1), Sadiye (1) tekke ve zaviyeleri bulunmaktaydı.

Selanik'te bu kadar çok tarikat ve tekke varken neden İstanbul'a gitmişti?

Mehmed Esad Efendi'nin İstanbul'a gidiş nedeni ve maksadı bilinmiyor. Sabetayist kimliğini saklamak olabilir mi?

Hayır, çünkü bu kimliğini hiç saklamadığı, kitaplara bile "dönme" olarak geçmesinden belli...

Sanıyorum "arayış" için gitti...

Mehmed Esad Efendi geldiği Osmanlı'nın başkenti İstanbul'da şeyh, hoca bırakmadı, hepsinin "tedrisatı"ndan geçti...

İlk hocası Hoca Şevket Efendi'ydi.

Onun işaretiyle Gelibolulu Hoca Adil Efendi'ye gidip icazet aldı.

Ardından Fatih'te Yeni Hamam yanındaki Çayırlı Medresesi' nin hocası Şeyh Temimî'den "mutavvel" (Arap edebiyat tarihi) okudu.

Şeyh Şetvan Efendi'nin Fatih Camii'ndeki "Buharî-i Şerif" dersinde bulundu.

Bitmedi.

Abdülkerim Efendi'nin "Şerh ül-İşarat" ve Mağribî Şeyh Mustafa Efendi'nin "Fütühat-ı Mekkiye" okumalarına katıldı.

Okumaya yazmaya çok meraklıydı.

Eline geçtiği paraları hep kitap almaya harcıyordu. Kütüphanesine hemen her gün bir iki kitap koyuyordu.

Ve aralıksız yazıyordu:

> Görünen cümle eşyadan (nesnelerden) Huda'dır (Tanrı'dır)
> Sakın sanma anı (onu) senden cüdadır (ayrıdır)...

Bu şiirinden Mehmed Esad Efendi'nin Vahdet-i Vücud felsefesine inandığı sonucunu çıkarabilir miyiz?

İster Kabala'ya inansın, ister Vahdet-i Vücud felsefesine, hangi dinden olursa olsun, mistiklerin ortak özelliği, kutsal bildikleri yerleri ve önem arz eden önde gelen din adamlarını ziyaret etmekti, bir tür "arayış"tı yani!..

Sabetay Sevi'nin de, Niyazi Mısrî'nin de çok dolaşıp gezmesinin nedeni vardı. Tanrı'yı arayan bütün kâinatı dolaştıktan sonra O'nu nihayet kendi kalbinde bulurdu. Buna ise, oruç, namaz, duayla değil, ruhun cömertliğiyle ulaşabilirdi.

Mehmed Esad Efendi de, "gerçeğe ulaşmak için manevî bir yolculuğa çıktı". Selanik'ten İstanbul'a bu nedenle gelmişti.

İstanbul'dan ise, sırasıyla, Kudüs, Şam, Konya, Bursa ve Mekke'ye gitti; ilim irfan öğrendi; din hocalarından feyz aldı ve "hacı" oldu.

Mehmed Esad Efendi'nin "hacı" olmasının Müslümanlık dışında bir anlamı var mıydı?

Şu nedenle soruyorum:

Sabetayistlerin "hacı" olma süreci, iki yüz yıl önce hiç de öyle kolay olmamıştı.

Sabetay Sevi öldükten sonra, "inananlar grubu" içinde, "Mekke'ye gidip hacı olmalı mı, olmamalı mı?" tartışmaları yaşandı. Ve grup arasında, ilk ayrılık biraz da bu meseleden çıktı: "Hacı" olmaya karşı çıkan Karakaşîler gruptan ayrıldı!

> Yakov Kerido (Müslüman adıyla Abdullah Yakub S. Y.) Müslümanlığı gerçekten benimsediğini göstermek amacıyla Selanik'teki dönmelerin itirazlarına karşın, İslam'ın gereklerinden birini yerine getirmek üzere hacca gitmeye karar verdi. 1690'lı yılların başında çok sayıda müridiyle birlikte Mekke'ye doğru yola koyuldu. (...) Hacca gitme konusu, Selanikli dönmeler ile Kerido'nun müritleri arasında çıkan anlaşmazlıklardan sadece biriydi. (John Freely, *Kayıp Mesih,* 2001, s. 256.)

Sabetayistlerin Kapancı koluna mensup Mehmed Esad Efendi yaşamı boyunca altı kez hacı oldu!

Dönelim tekrar Mehmed Esad Efendi'nin İstanbul günlerine...

Günlerce, aylarca dedelerde, hocalarda, şeyhlerde dolaşan; okuyan, dinleyen, icazet alan Sabetayist Mehmed Esad Efendi'nin neredeyse gitmediği tarikat kalmadı: Şazelî, Kadirî, Şabanî, Nakşibendî...

Mekke'de Senusî-İdrisî; Halep'te Ekberî tarikatlarından icazet aldı.

Hintli Şeyh İsmail Nüvvab İstanbul'a geldiğinde hemen yanına gitti ve emirleriyle medresede erbain çıkardı; yani kırk gün az yemek yiyip, az içip, az uyuyarak, kendini tamamen ibadete verip, nefsini terbiye etti...

> Sabetay Sevi, Kudüs'e korumasız ve hizmetkârsız geldi, odasına çekildi ve asla çıkmadı. Hafta boyu oruç tuttu ve şebt günü çarşıya çıkarak, kendisine üst baş aldı. (Gershom Scholem, *Sabetay Sevi Mesih mi, Sahte Peygamber mi ?*, 2001, s. 122.)

Benzerlikler hem şaşırtıcı, hem değil. Devamlı altını çizdiğimiz gibi, yüzyıllarca iç içe olmuş dinlerin birbirlerini etkilememeleri söz konusu olamazdı...

Yıllarca tarikatları ve dergâhları dolaşan Mehmed Esad Efendi sonunda aradığını buldu.

Önce, aşkı, neşeyi, müziği, raksı ve şiiri, ruhu temizleme vasıtası olarak kabul eden Vahdet-i Vücud inancını benimsemiş tasavvufa inanmıştı.

Sonra, dönemin ünlü sufîsi, İstanbul Yenikapı Mevlevîhanesi şeyhi Osman Salaheddin Dede'ye bağlandı.[4]

Mehmed Esad Efendi, başına "taç"ını, sırtına "hırka"sını geçirmeden önce sormak zorundayız: Neden, Mevlevî tarikatına bağlanmıştı? "Aradığı" neydi, bulduğu ne oldu?..

Sorunun yanıtını bazı alıntılar yaparak vermeye çalışalım:

Alıntı yapacağımız, Reynold A. Nicholson'un *İslam Sufîleri* adlı kitabının, 1978'de Kültür Bakanlığı tarafından yayımlandığını öncelikle belirtiyorum ve bu açıdan da okumanızı istiyorum.

> Yahudilik, Hıristiyanlık ve İslam, aralarındaki derin dogmatik farklara rağmen, azımsanmayacak ortak öğelere sahiptir; bu ortak öğenin manevî içeriği Yahudi, Hıristiyan ve İslam tasavvufunda, en iyi şekilde görülebilir, ki bu üç dinin tasavvufu, ister Musevî, ister İsevî ve isterse Muhammedî olsun, zühd ehlinin bütün kalbiyle Tanrı'ya yönelişinde, sürekli derinleşen bu ruh tecrübesine aynı derecede tanıklık eder. (s. 8.)

Pir Sultan Abdal ne diyordu:

Deniz çaldım asa ile
Göğe ağdım İsa ile
Tur Dağı'nda Musa ile
Münacata dura geldim...

Her üç dinin mistiklerinin de aynı "kaynaktan beslendiklerini" belirttikten sonra şimdi bir alıntı daha yapalım:

> Muhyiddin Arabî ve Vahdet-i Vücud mektebi: Mevlânâ'nın tasavvuf anlayışında en çok etkili olan mekteplerden birisidir. (...) Muhyiddin Arabî'nin evlatlığı ve halifesi, Mevlânâ'nın yakın dostu Sadreddin-i Konevî (öl. 1274) sayesinde anlaşılabilir hale gelen Vahdet-i Vücud telakkisi, Anadolu'da gerek elit tabaka tasavvufunu, gerekse popüler tasavvufu derinden etkiledi. Muhyiddin Arabî'nin ileri gelen öteki halifeleri Müeyyedüddin-i Cendî, Sadeddin-i Ferganî ve Afifeddin-i Tilemsanî'nin faaliyetleri sayesinde Vahdet-i Vücud tam anlamıyla bir mektep haline gelerek yayıldı. Bu mektebin bir önemi, Mevlânâ'nın

4. Yazmıştım: Ünlü şarkıcı Madonna önce Kabala'ya merak sardı. Sonra tüm ritüelleri yerine getirerek Yahudi oldu. Hint asıllı Amerikalı Dr. Deepak Chopra'nın hazırladığı, *A Gift of Love* müzik albümüne, Mevlânâ'nın "Beni Sever misin" şiirini İngilizce okuyarak katkıda bulundu. Kabala'ya inancın yolu Mevlevîlik'le bir yerde çakışıyor muydu?

> tasavvuf telakkisinin (anlayışının) oluşmasına olan katkısı kadar, Osmanlı dönemi boyunca da resmî din anlayışına muhalif çevrelerin ideolojisini oluşturmuş bulunmasından gelmektedir. (Ahmet Yaşar Ocak, *Türk Sufîliğine Bakışlar*, 2004, s. 92.)

Bütün İslam dünyasının tüm zamanlarının en büyük ve en sistematik tasavvufçusu Muhyiddin Arabî, Mevlânâ'yı derinden etkilemişti.

Şeyh Arabî'nin üvey oğlu ve halifesi Sadreddin Konevî, Mevlânâ'nın yakın dostuydu; fikirdaşıydı.

Mevlânâ, Konevî'den Endülüs ekolünün Vahdet-i Vücud felsefesini ve ahlakçı karakterini; Şems-i Tebrizî'den ise, Horasan Melamîliği'nin ilahî aşk ve cezbeye dayalı, estetikçi tasavvuf ekolünü almıştı.

"İnsan-ı Kâmil" ya da Kabala'nın deyimiyle "Adam Kadmon" olma yolunda ilerleyen Selanikli Mehmed Esad Efendi'nin bu yola girmesinde, yani Mevlevî olmasında, Endülüslü İbn Arabî'nin metafizik sistemi haline getirdiği Vahdet-i Vücud felsefesinin etkisi olduğunu yazarsak hata yapmış olur muyuz?..

> Mevlânâ Celaleddin, Vahdet-i Vücud'culuğunu da hiç şüphe yok ki, tasavvuf tarihinin akışını derinden etkileyen en sistematik mutasavvıf Muhyeddin ibn Arabî'ye borçludur. Ancak Mevlânâ, bu sistemin ahlakçı karakterinin üstüne kendi estetikçi damgasını vurmuş, onun varlık meselesine verdiği ağırlığı insan faktörü üstüne kaydırmış, böylece bize göre tasavvuf tarihinin en ilginç sentezlerinden birini meydana getirerek büyük bir iş başarmıştır. Mevlânâ Celaleddin'in orijinalliği buradadır. Aynı başarıyı Yunus Emre'de de görmek bizi hiç şaşırtmıyor. (a.g.e., s. 132.)

Adı ister İbn Arabî, ister Mevlânâ, ister Mehmed Esad Efendi olsun, tasavvufun Tanrısı ile dindarın Tanrısı birbirinden mahiyet olarak farklıydı, ayrıydı! Dindara göre Tanrı ile âlem birbirinden farklıdır; mistik inanca göre ise vücut birliği vardır.

Mevlevîlerin, çocuklarına "Tanrılık sırlarını bilen" anlamına gelen "Agâh" adını vermelerinin nedenidir bu felsefe...

Mehmed Esad Efendi'nin Mevlevî olması için bu felsefî bir nedendi...

Hadi bir de "komik" bir neden bulalım:

Yahudiler, geviş getirmeyen ve çatal tırnaklı olmayan (buna uymamasına rağmen deve, domuz, tavşan da dahil) hayvanlar ile pulsuz, yüzgeçsiz deniz ürünlerini yemiyorlardı; kalkan, yengeç, midye gibi.

Mevlevî matbahına (mutfağına) balık giremezdi! Onlara göre balık, varlığın büründüğü en aşağılık şekildi! Denizden çıkanlar yenilirse insanın manevî feyzinin kapanacağına inanıyorlardı...

Güzel. Peki ama biliniyor ki, Mevlânâ balığı çok severdi. Hatta bu nedenle oğlu Sultan Veled, canlıları ikiye ayırıyordu: hayvanlar ve melekler. Hayvanlar, toprakta yaşayan yılanlar; melekler ise denizlerde yaşayan balıklardı; çünkü babası balık seviyordu!

Türkiye'de Mevlevîlik konusunda hâlâ tek uzman olarak görülen Abdülbaki Gölpınarlı diyor ki:

> Mevlevîlik, edep, erkân ve merasim bakımından XVI. yüzyıldan sonra kat'i şeklini almıştır. (*Mevlânâ'dan Sonra Mevlevîlik*, s. 288.)

Balık yememe ritüeli Mevlevîliğe ne zaman girmişti acaba?..

"Kabul" töreni kolay geçmedi

Mehmed Esad Efendi'nin Mevlevîliğe girişi, o kadar kolay olmamıştı.

"Gerçek mürşit" olabilmesi için, her türlü acıyı ve eziyeti çekerek, zorlu ritüelleri bir bir yapması gerekiyordu.

"Aday" olabilmek için birtakım koşullar aranıyordu: bekâr olmak, bedensel bir sakatlığı bulunmamak, kötü ünü ya da cezaî hükümlülüğü olmamak, kendini geçindirebilecek bir mesleğe sahip olmak vb.

Mehmed Esad, bekârdı; fizikî bir engeli, kötü ünü, cezaî hükümlülüğü yoktu.

Hemşehrisi Selanikli Abdi Kâmil Efendi'nin kurduğu, Şems ül-Maarif Mektebi'nde Farsça öğretmenliği yapıyordu. Yani kendini geçindirecek mesleği de vardı.

Ama, kendisinin tarikata bu açıklamaları yapması yeterli değildi; Mevlevîler, dergâha girmek isteyen aday hakkında önce gizli bir soruşturma yapıyorlardı. "Meydancı dede" gerekli soruşturmayı ve adayın kişiliğiyle ilgili bilgileri gizlice topluyordu.

Mehmed Esad Efendi, bu soruşturmadan da başarıyla çıkmıştı.

Sabetayist olması dergâha girmesine engel değildi.

Soruşturma olumlu sonuçlanınca, "meydancı dede" Mehmed Esad'ı çağırtıp, ona dervişliğin çilesini, yol ve yöntemin güçlüğünü anlattı.

Kararını bir kez daha gözden geçirip, düşünmesi için birkaç gün süre verdi.

Birkaç gün sonra tekrar dergâha gelen Mehmed Esad Efendi, kararının kesin olduğunu söyledi.

"Meydancı dede" onu, "kazancı dede"ye götürdü.

Bir kez de, "kazancı dede" dilinin döndüğünce, tarikata bağlanmanın zorluğunu anlattı ve yeniden düşünmesi için ikinci kez süre verdi.

Bu zaman sürecinde, Mehmed Esad Efendi'nin, ahlaksal niteliklerini öğrenebilmek amacıyla, ona, birtakım kabahatler ve suçlar işletilmeye çalışıldı.

Bu sınavı da başarıyla geçince, bu kez "aşçıbaşı dede"ye götürüldü ve yine birtakım öğütler verildi.

Sonuçta tüm bu "sınavları" geçip, tarikata bağlanmakta ısrarlı olduğu görülünce, "Hak ve erenler yardımcı olsun" dileğiyle, tekrar "meydancı dede"ye teslim edildi.

"Meydancı dede", elinden tutup onu doğruca "meydan-ı şerif"e götürdü...

Sanmayın ki, Mehmed Esad Efendi'nin "tarikata girişi" tamamlandı. Hayır. Önünde şimdi daha zorlu bir süreç vardı...

"Meydan-ı şerif"e teslim edilen Mehmed Esad Efendi, abdest aldırıldıktan sonra, dergâh meydanının dış kapısı yanına serilen ve "ayak postu" denilen beyaz bir posta oturtuldu; başına "arakiye" denilen derviş külahı, sırtına da "tören hırkası" giydirildi. Burada kimseyle konuşmadan, dizüstü, üç gün üç gece oturdu. Sadece tuvalet ihtiyacı için kalkabildi. Üç günün sonunda, bir kez daha soruldu, "Kararın kati mi?" diye.

"Evet" dedi.

Bunun üzerine, "meydancı dede" onu alıp Yenikapı Mevlevîhanesi şeyhi Osman Salaheddin Dede'ye götürdü.

Ve burada, sikkesi[5] tekbirlenerek giydirildi.

Bütün bu zorlu sürecin amacı, adayın nefsini öldürmesiydi...

Tarikata kabul edilmek kolay değildi; bu konuda hep bir örnek olay anlatılır:

> Bir genç tarikata girmek, tasavvuf yolunu seçmek ister, şeyhe başvurur. Şeyh ona öğütler verir; ondan birtakım görevlerin yerine getiril-

5. Mevlevîlerin giydikleri yüksek ve tepesi düz keçe külah. Mevlevîler sikkeleri başlarına giyerken ve çıkarırken bir saygı belirtisi olarak sikkenin kenarını öperlerdi. Sikke gece yatarken çıkarılmazdı. Ancak kimi Mevlevî çıkarır, onun yerine "arakiye" gibi başlıklar giyerdi.

mesini ister. Genç bunların hepsini yerine getirir, tekkede yıllarca içe kapalı bir yaşam sürer. Günün birinde şeyh onunla kısa bir geziye çıkar, yolda giderken birdenbire şeyh durur, öksürür, yere katı bir tükürük atar, sonra gence döner; "Git şunu yala" der. Genç tekkede yıllarını geçirmesine karşın, tükürükten tiksinir, iğrenir, şeyhin dediğini yapamaz. Şeyh güler, "Git nefsini öldür de gel" diyerek gence olgunlaşmadığını bildirir. (İsmet Zeki Eyüboğlu, *Tasavvuf-Tarikatlar, Mezhepler Tarihi*, 1987, s. 22.)

Müslüman tasavvufunda bulunan nefsi öldürme ritüeli, Kabala'da yok mu sanıyorsunuz:

İspanyol Kabalacı İshak'ın (1300) anlattığı aşağıdaki hikâye bunu iyice belirtmiştir. "Devekut"a, Tanrı'ya merbut (bağlı) olmanın sırrına ermiş kişi temkinin (itidalin, ölçülü olmanın) sırrına varır ve itidal sahibi yalnızlığa varır ve buradan Kutsal Ruh'a ve peygamberliğe gelir. Ancak itidalin sırrı konusunda bana Rabbi Abner tarafından şunlar söylenilmişti: "Günün birinde gizli öğreti âşığı biri bir münzevîye gelip şakird (öğrenci, çırak) olarak kabulünü diler. Ve münzevî ona şunları söyler: 'Oğlum, amacın takdire layıktır ama itidale sahip misin, değil misin ?' Cevap verir şakird: 'Gerçekten övülmekten hoşlanıyorum ve hakaretten acı duyuyorum ama müntakim (intikamcı) değilim ve kin beslemem.' Bunu üzerine üstad ona şunu söyler: 'Oğlum, evine dön, şöyle ki itidale sahip olmadığın ve hâlâ hakaretin ıstırabını duyduğun sürece, düşüncesini-zihnini Tanrı'ya bağlama durumuna gelmemişsin.'" (Burhan Oğuz, *Türk ve Yahudi Kültürlerine Bir Mukayeseli Bakış*, 2003, s. 304.)

Benzerlik şaşırtıcı mı ? Sanmam.

Şöyle ki:

Tasavvuf, genel olarak, birer nebî sayılan sekiz ulu kişinin sekiz güzel haslet ve âdetine dayandırılmıştır ki, onlar da şunlardır:

1- Hz.İbrahim'in kerem (soyluluğu) ve sahaveti (cömertliği).
2- Hz. İshak'ın kaza ve kadere rızası.
3- Hz. Eyyüb'un sabrı.
4- Hz. Zekeriya'nın münacatı (Tanrı'ya yakarması).
5- Hz. Yahya'nın garipliği.
6- Hz. Musa'nın suf (yünlü) hırka giyişi.
7- Hz. İsa'nın seyahati ve tecerrüdü (Tanrı'ya yönelmesi).
8- Hz. Muhammed'in fakrı.

Bunların ilk altısı (hatta yedisi) Musevî dinî tarihinin nirengi kişileri değil mi ? (a.g.e., s. 351.)

Benliğini (nefsini) ortadan kaldıran Mehmed Esad Efendi sonunda Mevlevî tarikatına girdi. Mevlevî olan ilk ve tek Sabetayist o değildi...

Sabetayist/Kapancılar ile Mevlevîlerin ilişkisi eski yıllara dayanıyordu:

(Kapancıların lideri) Derviş Efendi'ydi.

Derviş Efendi, büyük olasılıkla Sabetaycılarla yakın ilişkiler kurdukları bilinen Mevlevî tarikatındandı.[6]

XX. yüzyıl başlarında Selanik'te değişik tarikatlara ait yaklaşık otuz iki tekke vardı ve bunların çoğu Bektaşî ve Mevlevî tekkeleriydi. Aralarında en büyük ve varlıklı olanı, Mevlevîlerin baş tekkesi olan Mevlevîhane'ydi. Mevlevîhane, Yenikapı'nın hemen dışında, iki dönme mezarlığının bulunduğu yerdeydi. Hiç şüphesiz Derviş Efendi ile Kapancı tarikatının diğer üyelerinin bağlı bulunduğu tekke burasıydı; Yakubîler ve Karakaşlar ise Bektaşîlere yakınlıklarıyla tanınıyorlardı. (John Freely, *Kayıp Mesih*, 2001, s. 270.)

6. Ünlü Kapancı ailelerden birinin "Derviş" soyadını seçmesinin nedeni, Mevlevîlik ilişkisi olabilir mi ?
Örneğin, Sabetayist/Kapancıların kurduğu Şişli Terakki Okulu kurucuları arasında üç "Derviş" var: Celal Derviş, Kemal Derviş, Mecdi Derviş...
Oğlu Neş'e Deriş'in iddiasına göre, 1934 yılında Soyadı Kanunu çıkınca, babası Celal Derviş, "dinsel adlara pek sıcak bakılmadığı için Derviş yerine Deriş" soyadını seçmişti. (Mehmet Ö. Alkan, s. 383.)
Celal'in ağabeyi Mecdi Derviş ise "Eren" soyadını almıştı. Akrabaları Kemal Derviş ise "Derviş" soyadında ısrar etmişti.
Avukat Celal Derviş, Türkiye'nin ilk kadın gazetecilerinden Sabiha Sertel'in ağabeyiydi. Sabiha Sertel, eşi Zekeriya Sertel'in yazdığına göre "kendilerinden olmayan" biriyle evlilik yapan ilk Sabetayist'ti. Bu evliliğe izin veren isim ise Avukat Celal Derviş'ti. (Zekeriya Sertel, *Hatırladıklarım [1905-1950]*, s. 57.)
Kendi ifadesine göre, ilk dönme evliliğini gerçekleştiren Zekeriya Sertel de, "Tarih-i te'sisinden itibaren Şişli Terakki Mektebi Encümeni 'Aza-yı Faale' ve 'Aza-yı Hamiye'liğine kayıtlı" bulunan 62 kişiden biriydi !
Zekeriya Sertel, 1968'de anılarını kaleme aldığı *Hatırladıklarım* adlı kitabında kayınçosunun adını "Celal Derviş" olarak yazarken; Sabiha Sertel 1969'da anılarını kaleme aldığı *Roman Gibi* adlı kitabında ağabeyinin adının "Celal Deriş" olduğunu belirtiyor.
Zekeriya Sertel'in, kayınbiraderinin soyadını "Derviş" olarak hatırlaması "Derviş" adının hep kullanıldığını gösteriyor...
Yazılanlara göre, ilk Sabetayist-Türk Müslüman evliliğini gerçekleştiren Derviş ailesiydi. İlginçtir, bugün hâlâ Kapancıların "ağa"lığını yapan kişinin soyadı da Derviş'tir !
Manchester'den Selanik'e dokuma tezgâhı ithal eden Refik Efendi'nin torunu, ünlü yönetmen Halit Refiğ, ilk dönme evliliğini gerçekleştiren Sabiha Sertel'in teyzesi Ayşe Hanım'ın torunudur. Şişli Terakki Mektebi mezunu Halit Refiğ de "bu ailede yabancıyla evlenenlerden" biri oldu: Eşinin adı Eva Abrahamson'du.

Öte yandan bize sözle aktarılmış bir bilgi olarak kaydedelim ki Selanik'teki Kapanî grubu üyelerinden bir kısmı daha çok Mevlevîliğe meyletmiştir. Elde bulunan bir fotoğrafa göre Terakki Ticaret Mektebi Zükür kısmı binasında yapılan bir tören esnasında Mevlevî dervişlerinin de hazır bulundukları görülmektedir. Ayrıca Mevlevî şeyhlerinin zaman zaman Terakki okullarına ücretsiz kabul edilmek üzere öğrenci gönderdikleri de belirlenmiştir. (Mehmet Ö. Alkan, *İmparatorluk'tan Cumhuriyet'e Selanik'ten İstanbul'a Terakki Vakfı ve Terakki okulları 1877-2000*, 2003, s. 50.)

Siyasetin merkezindeki dergâh

Mehmed Esad Efendi, Yenikapı Mevlevîhanesi'ne bağlandığı günlerde, İstanbul'da sıcak gelişmeler vardı. Osmanlı'nın başkenti kaynıyordu.

Ve bu hareketlilik merkezlerinden biri de Mehmed Esad Efendi'nin bulunduğu Yenikapı Mevlevîhanesi'ydi...

Osman Salaheddin Dede, kırk beş yıldır İstanbul Yenikapı Mevlevîhanesi'nin şeyhliğini yapıyordu. Amcası Abdürrahim Künhî Dede, 1831 yılında vefat ettiğinde, onun yerine postnişin olduğunda on bir yaşındaydı.

Osmanlı Devleti'nin karışık döneminde kırk beş yıl bir dergâhı yönetmek hiç de kolay değildi. Beş padişah, altmışa yakın sadrazam görmüştü.

Keçecizade Fuad Paşa, Ali Paşa gibi sadrazamlar; Mehmed Sadeddin Efendi, Ahmed Muhtar Beyefendi gibi şeyhülislamlar; Mehmed Ali Paşa, Said Efendi, Rıza Paşa gibi nazırlar; Hıfzı Paşa, İzzet Bey gibi valiler; Başhoca İshak Efendi gibi âlimler; Emine Behiye Hanım, Nimet Hanım, Saadet Hanım gibi devrin önemli şahsiyetlerinin eşleri ve kızları Osman Salaheddin Dede'ye intisap etmişlerdi.

Şeyh, Sultan II. Mahmud ile Sultan Abdülmecid'in teveccüh ve iltifatlarını almıştı. Her iki padişah da dergâhın müdavimlerindendi. (Sezai Küçük, *Mevlevîliğin Son Yüzyılı*, 2003, s. 124.)

Sultan II. Abdülhamid ve Sultan Reşad da (V. Mehmed) şehzadelikleri döneminde Yenikapı Mevlevîhanesi'ni ziyaret etmişlerdi.

Osmanlı Sarayı'nın Mevlevîhanelerle ilişkisi Sultan III. Selim döneminde çok gelişmişti. Bu ilişki Sultan II. Mahmud döneminde de sürdü. Bunun önemli nedeni, yeniçerilere, dolayısıyla Bektaşîlere karşı olan padişahların, Mevlevîleri yanlarına alma taktiğiydi.

Sultan III. Selim ile Sultan II. Mahmud'un yolunu diğer padişahlar da tutmuştu.

Özetle, Osmanlı Sarayı'nın, Şeyh Osman Salaheddin Dede'ye saygısı büyüktü.

Saray ne kadar iltifat sunsa da, Osman Salaheddin Dede'nin kendine en yakın bulduğu isim Midhad Paşa'ydı...

Bu arada, Midhad Paşa'nın Mevlevî olduğuna dair hiçbir kanıt yok. Tek yakınlık, Midhad Paşa'nın, dergâhın yakınındaki Arapzade Çiftliği'ni satın alması ve bu komşuluk sayesinde tanışmalarıydı. Karşılıklı ziyaretlerle tanışıklık kısa sürede dostluğa dönüşmüştü. Midhad Paşa'nın kızı Memduha Hanım, Dede Efendi'ye intisap etmişti.[7]

Midhad Paşa ile Yenikapı Mevlevîhanesi şeyhi Osman Salaheddin Dede arasındaki dostluğun "ortak payda"sı neydi?

Tanrı'ya olanaklar ölçüsünde yaklaşmanın yolu olarak görülen tasavvuf, bir fikir hareketi olmaktan ziyade, bir gönül ve ruh hali meselesi olarak görülse de, pratikte durum hiç de öyle değildi...

Bu uzun cümleyi biraz açayım:

Osman Salaheddin Dede, 1876 yılını hayli aktif geçirdi.

O yıl, askerî darbeler, tahttan padişah indirmeler, intiharlar, suikastlar ve payitahtın üç kez el değiştirmesi olaylarının perde arkasındaki isim, Osman Salaheddin Dede'nin sırdaşı, Midhad Paşa'ydı.

30 mayısta Sultan Abdülaziz askerî darbeyle tahttan indirildi. Sultan V. Murad padişah yapıldı.

Artık biliniyor ki, bu darbenin sivil lideri Midhad Paşa'ydı. Paşaya en büyük yardımı Askerî Mektepler Komutanı Süleyman Paşa[8] yapmıştı. Tarihte askerî öğrencilerin darbeye kalkıştığı ilk olay buydu.

Ve darbenin arkasında İngiliz Büyükelçisi Sir Henry Elliot var-

7. Memduha Hanım, Midhad Paşa'nın Naima Hanım'dan olan tek kızıydı. Halep Valisi Vefik Bey'le evlendi. Memduha-Vefik çiftinin oğulları mühendis, CHP milletvekili (1943-1946) Refik Fenmen, Yanyalı Lamia Hanım'la evlendi. Bu evlilikten büyükelçiler Rasim Fenmen (Başbakan Adnan Menderes'in özel kalemliğini de yaptı) ve Şefik Fenmen ile ressam-heykeltıraş Seniye Fenmen, piyanist sanatçı Mithat Fenmen, mühendis Sabahattin Fenmen oldu. Seniye Fenmen, Selanikli bir tüccarın oğlu, yağ ve sabun fabrikası sahibi Tarık Taylan'la evlendi. Bu evlilikten ressam Orhan Taylan doğdu. Ne yazık ki, Türkiye'nin çağdaş bilge kadınlarından Seniye Fenmen, 14 nisan 1997'de evine giren hırsız tarafından, kendi yaptığı heykeli kafasına vurularak öldürüldü.

8. Bu olayda "Süleyman Paşa faktörü" sanki hep göz ardı edilir. Halbuki: *Tarih-i Âlem* adlı genel bir tarih kitabı yazan Paşa, bu eserinde Türklerin Osmanlı ve İslamiyet öncesi dönemlerini ele alıyordu. Örneğin; Oğuz Han, aslında Çin kaynaklarında adı geçen Hiung Nu (Hun) İmparatoru Mete Han'dı. Süleyman Paşa, Osmanlı tarihindeki ilk "Türkçülerden" biriydi. Bugün bilinen "ırkımızın ilk kahramanlarının" çoğunu Süleyman Paşa'ya borçluyuz. Sultan II. Abdülhamid bu kitabı yasakladı. İttihatçılar 1911'de tekrar yayımladılar.

dı. Sultan V. Murad, Midhad Paşa ve Sir Elliot'u birleştiren "harç" masonluktu. Hepsi masondu. Düşmanları, Rusya yanlısı politika izleyen Sultan Abdülaziz'di...

Darbe sonucu Sultan Abdülaziz, bir iddiaya göre intihar etti; diğer iddiaya göre öldürüldü...

Yenikapı Mevlevîhanesi şeyhi Osman Salaheddin Dede'nin bu darbede rolü var mıydı?

Bu soruyu şu nedenle soruyorum:

Osman Salaheddin Dede'den bahseden birçok kaynak kitap, Sultan II. Mahmud ile Sultan Abdülmecid'in dergâha geldiklerini, şeyhe iltifatlarda bulunduklarını yazıyor.

Benim dikkatimi çeken şey, Sultan Abdülaziz'in dergâha gelmemesi!

Sultan Abdülaziz, Yenikapı Mevlevîhanesi'ne neden mesafeliydi, soğuktu?

Sebep şeyhin en önemli müridi Fransız yanlısı Sadrazam Keçecizade Fuad Paşa'yı, Sultan Abdülaziz'in iki kez görevden alması olabilir mi?

Keçecizade Fuad Paşa, eşi Emine Behiye Hanım, oğulları Nâzım ve Kâzım beyler, gelinleri Nimet Hanım, torunları Hikmet ve Reşad beyler hepsi Osman Salaheddin Dede'nin müridiydiler.

Bir diğer müridi -keza yine Fransız hayranı- Sadrazam Ali Paşa, Keçecizade Fuad Paşa'yla birlikte hareket ediyordu.

Fuad ve Ali paşalar, Tanzimat Fermanı'nı okuyan Sadrazam Mustafa Reşid Paşa'ya karşı olmalarıyla ünlüydüler.

Yazdığım gibi, Fransız taraftarı olmakla şöhret kazanmışlardı.

İkisi de "Tercüme Bürosu"nda yetişmişlerdi. Osmanlı'da yeni filizlenen "milliyetçilik" fikirlerinin daima aleyhinde olmuşlardı. Bu fikirlerin çeşitli unsurlardan oluşan imparatorluğu parçalayacağına inanıyorlardı. Osmanlı pazarını yabancılara açan Islahat Fermanı'nın altında da, bu iki sadrazamın imzası vardı. Yabancılara emlak satışı gibi birçok yasa, ilk onların döneminde çıktı. Camondo, Oppenheim, Alatini ve Rothschild gibi zengin Yahudi hanedanlarla, ailelerle yakın ilişkileri vardı. Ve her ikisi de masondu.

Fuad ve Ali paşaları yazmamın nedeni, bu kadar faal iki sadrazamın, Yenikapı Mevlevîhanesi şeyhi Osman Salaheddin Dede'yle siyaset konuşmadığını düşünmemiz biraz saflık olmaz mı?

Yazılanların aksine Şeyh Osman Salaheddin Dede'nin siyasetin içinde olmaması söz konusu olabilir mi?

Yenikapı Mevlevîhanesi siyasetin hem de tam göbeğindeydi.

Fransızlardan ve İngilizlerden "bağımsız" bir politika sürdürmekten yana olan Sultan Abdülaziz, "Fransızcı" dergâha soğuktu. Ve ilginçtir bu dergâh daha sonra "İngilizci" olacaktı...

Kırım Savaşı'ndan sonra İngilizlerin ve Fransızların Osmanlı Sarayı üzerindeki etkisi çok artmıştı. Başta sadrazamlar olmak üzere Babıâli bu iki emperyal güçten birini arkasına almadan mevki ve statü sahibi olamayacağını biliyordu. Artık sadrazamlar, paşalar, "İngilizci", "Fransızcı" olmakla tanınıyordu; yeni tip bir devlet adamlığı doğmuştu.

Doğal olarak Rus yanlısı Sadrazam Mahmud Nedim Paşa ile Sultan Abdülaziz bu lobi karşısında hiçbir şey yapamayacaklardı. Hele hele, dış borç ödemelerini durduran bir ferman yayınladıktan sonra!

Yenikapı Mevlevîhanesi önce Fuad ve Ali paşalarla Fransızlara yakındı; sonra Midhad Paşa vasıtasıyla İngilizlere yaklaşmıştı!..

İngilizlere yakınlık konusunda Sadrazam Mustafa Reşid Paşa'dan kalan boşluğu Midhad Paşa dolduruyordu. Ona göre, dünya siyasetinin ve iktisadının merkezi İngilizlerdi.

Bildiğiniz gibi, Yahudi Benjamin Disraeli (1804-1881) iki kez İngiltere başbakanı olmuş, hatta güçlü lobi nedeniyle, Parlamento'ya, İngiltere'nin adının "İsrail" olmasını teklif etmişti!

Avam Kamarası'nda Baron Lionel, Nathaniel de Rothschild, Sir Arthur Montaigue, Lionel Cohen, Sir Julian Goldschmidt gibi büyük servet sahibi Yahudiler vardı. 1871'de Sir George Jessel başsavcı oldu ve birçok hükûmette bakanlık yaptı. Lord İsaac Reading Adalet bakanı yapıldı.

Uzutmayayım. Liste uzun; 1840-1948 arasında İngiltere'de doksan Yahudi milletvekilliği, bakanlık yaptı.

Midhad Paşa ve Yenikapı Mevlevîhanesi bu güce inanıyorlardı.

Sultan V. Murad'ın ruh sağlığının bozuk olması, İngilizler ile Midhad Paşa'nın tüm planını bozdu.

Peki, İngilizler ile Midhad Paşa'yı hangi amaç bir araya getirmişti?

Midhad Paşa Rusçuklu Hacı Hafız Mehmed Eşref Efendi'nin oğlu olarak bilinmektedir. On yaşında Kuran-ı Kerim'i ezberlediği söylenen Midhad Paşa'nın Yahudi bir aileden geldiği iddia edilmektedir. 1889 yılında yayımlanmış olan Edvaro Drumont'un *La France Juwe* adlı kitabının birinci cildinin 113. sayfasında Yahudilik'ten geldiği ileri sürülmektedir. Bu kitapta Midhad Paşa'nın annesinin Macaristanlı bir hanım olduğu yazılmaktadır. (Hikmet Tanyu, *Tarih Boyunca Yahudiler ve Türkler*, 2005, cilt I, s. 259.)

Peki, İngiltere'de siyasetin ve ekonominin başında kimler vardı: Yahudiler.

Yahudi Benjamin Disraeli'nin iki kez İngiltere başbakanlığına geldiğini anımsatmak isterim.

Öte yandan Başbakan Disraeli'nin akrabası, Osmanlı'nın en zengin adamı Yahudi Abraham Salomon Camondo ise o tarihlerde, Saray'ın soğuk tavırları, Şam ve Rodos'taki kan iftiraları sonucu çıkan olaylar nedeniyle İstanbul'u terk edip Viyana'ya gidiyordu.

Uzatmaya gerek yok, Sultan Abdülaziz karşısındaki lobinin yapısı ortaya çıktı.

Tarih hâlâ Sultan Abdülaziz (öl. 1876) ile veliaht yapmak istediği oğlu Yusuf İzzeddin'in (öl. 1915) intihar mı ettiklerini, yoksa öldürüldüklerini mi ortaya çıkaramamıştır!

Sonunda lobi başarmıştı. Ancak problem vardı, Sultan V. Murad alkolikti ve ağır bir depresyona girmişti. Beklemişler ama düzelme olmamıştı.

Bu nedenle, Sultan V. Murad tahttan indirildi.

Onun yerine Sultan II. Abdülhamid'in tahta çıkmasını sağlayan en kilit isim, Yenikapı Mevlevîhanesi şeyhi Osman Salaheddin Dede'ydi...

Devrin etkili siyasî ismi Midhad Paşa ile Abdülhamid Han'ın diyaloğunu da Osman Salaheddin Dede temin etmiş ve bu görüşmeler neticesinde Midhad Paşa da bazı şartlarla Abdülhamid Han'a destek sözü vermiştir.

> Hamid Efendi ile Midhad Paşa arasında ilk görüşme Boğaziçi'nde Hacıosman Bayırı ile Maslak yolu üzerindeki köşkte olmuştur. Anayasa'nın ilan edileceği va'di işte burada ilk defa olarak Veliaht Hamid Efendi tarafından Midhad Paşa'ya yapılmıştır. Şeyh Osman Efendi'nin de hazır bulunduğu bu mülakatta Hamid Efendi'den bir de senet alındığını işittim. (Ziya Uygur, *İnkılaplar, İhtilaller ve Siyonizm*, 1968, s. 185.)

Abdülbaki Gölpınarlı da *Mevlânâ'dan Sonra Mevlevîlik* kitabında, Midhad Paşa'nın organize ettiği, Sultan V. Murad'ı indirip yerine Veliaht Abdülhamid'i getirme planının en kilit isminin Osman Salaheddin Dede olduğunu yazıyor:

> Veliaht Abdülhamid ile Midhad Paşa'yı yakınlaştıran, buluşturan oydu. (s. 272.)

Osman Salaheddin Dede, Sultan II. Abdülhamid'in tahta çıkarıldığı gün, Kocamustafapaşa Dergâhı şeyhi Razî Efendi, Merkez Efendi şeyhi Nureddin Efendi ve diğer meşayihle beraber Topkapı Sarayı'nda yapılan biat merasimine çağrıldı. Saray'da ilginç bir olay meydana geldi.

Herkes fetva-yı şerifi bekliyordu. Fetvanın gecikmesi o zaman şeyhülislam olan Hayrullah Efendi'yi biraz telaşa düşürdü. Bu hali bilen Osman Efendi şeyhülislama hitaben, "İçtima-i ümmet (herkesin toplanması, aynı şeye karar vermesi) fetva değil midir?" hitabı ile şeyhülislam ikaz edilmiş oldu. Böylece Sultan Abdülhamid'e (II.) biat edilmiş oldu. İşte şeyhin bu sözleri üzerine padişah eğilip Osman Efendi'nin elini öpmüştür. (a.g.e., s. 183-184.)

Abdülbaki Gölpınarlı ise "alnını öptü" diyor. (s. 272.)

Sabetayist Mehmed Esad Efendi'nin şeyhi Osman Salaheddin Dede siyasetin merkezinde iktidar tayin ediyor, padişaha el/alın öptürüyor!

Sonunda başarıya da ulaşıyor:

Sultan II. Abdülhamid padişah, Midhad Paşa ise sadrazam oluyor. İktidarın perde arkasındaki önemli güçlerden biri de Yenikapı Mevlevîhanesi'ydi.

Dikkatinizi çekti mi, bilmem; Sabetayistlerin siyasetle ilişkileri anlatılıp/yazılırken hep İttihat ve Terakki Cemiyeti'nden bahsedilir. Üç yüz elli yıllık Sabetayist tarihinde, Sabetayistlerin ilk ve tek siyasî organizasyonu İttihat ve Terakki Cemiyeti midir? İlk planlı adım daha önce atılmış olamaz mı? Örneğin, Sultan Abdülaziz ile Sultan V. Murad'ın tahttan indirilmelerinde Sabetayistlerin etkileri yok mudur?

Osmanlı'nın üç büyük kenti, Selanik, İzmir ve İstanbul sermayesinin önemli bir miktarını elinde tutan Sabetayistlerin, İttihatçılardan önce siyasetle hiç ilgilenmedikleri söz konusu olabilir mi?

Tanzimat'la başlayıp Islahat Fermanı'yla süren Osmanlı'nın bu reform sürecinde ticarî-siyasî güçlerin başında kimler geliyordu? İngiltere'nin Manchester kentinde büroları olanların bu siyasal gelişmelere seyirci kaldığını düşünebiliyor musunuz?

Tanzimat Fermanı'nın okunuşunda İstanbul hahamının bütün Osmanlı Yahudilerini temsil eden bir hahambaşı niteliğiyle törene davet edilmesi, gerçekte bulunmayan bir makamın resmiyet kazanmasına neden olmuştu.

Osmanlı tebaası Hıristiyanlar, "Siz bizi nasıl Yahudi'yle eşit hale getirirsiniz?" diye neden serzenişte bulunmuşlardı. Tanzimat ve Islahat fermanlarına en çok karşı çıkanlar Hıristiyanlardı. Patrikhane ile Hahambaşılık'ın eşitlenmesine büyük tepki gösterdiler!

Yahudilere karşı en büyük "kan iftirasının" Hıristiyanlar tarafından Islahat Fermanı'ndan bir yıl sonra Maraş, Halep, Cidde, Şam ve Rodos'ta çıkması tesadüf müydü?

Keza Islahat Fermanı'ndan hemen sonra İstanbul'da da "iğneli fıçı ve çocuk kanı içme" safsatalarıyla birlikte olayların çıkması da rastlantı değildi.

Yani, Osmanlı siyasî ve ekonomik çekişmelerine bu tür tarihsel vakaları koymuyorsanız, yapacağınız değerlendirmeler yüzeyselliği aşamaz.

Sabetayistlerin 1876'daki darbelerde rolü vardı veya yoktu, ama gelişmeler ne onlar ne de Yenikapı Mevlevîhanesi için iyi olacaktı...

Sultan II. Abdülhamid tahta geçtikten sonra da Osman Salaheddin Dede'ye yakın ilgi ve alaka göstermiş, saltanatı süresince zaman zaman huzura çağırmış, bazı konularda görüşlerine başvurmuş, sarayda *Mesnevî* okutmasını istemiş ve kendisine ayda 1 000 kuruş maaş bağlamıştır. (Sezai Küçük, *Mevlevîliğin Son Yüzyılı*, 2003, s. 126.)

Sultan Hamid Han, Midhad Paşa'ya yakın olup ona iltifat ettiği sürece, Şeyh Osman Efendi'ye de hürmet etmeyi kendi siyasetine uygun bulur. Çünkü Osman Efendi Midhad Paşa ile aynı fikirde idi. Şeyhin Midhad Paşa'ya yakınlığını pekâlâ biliyordu. Hatta bir defa padişah Midhad Paşa'nın bazı sert tavırlarından şikâyet eder şekilde şeyhe mektup bile yazmıştı ki şeyh bu mektuptan bahsederek Midhad Paşa'ya nasihat etmekte siyasî bir lüzum görmüştü. (Ziya Uygur, *İnkılaplar, İhtilaller ve Siyonizm*, 1968, s. 187.)

Fakat bu yakınlık fazla sürmemiş, Midhad Paşa'nın Sultan Abdülaziz'in hal'inde dahli bulunduğu suçlamasıyla Saray nezdinde gözden düşmesi, onunla samimiyeti bilindiği için, Osman Salaheddin Dede ile Abdülhamid Han arasındaki ilişkileri de etkilemiş, yaşlı olması bahane edilerek sarayda verdiği *Mesnevî* derslerine son verilmiştir. (Sezai Küçük, *Mevlevîliğin Son Yüzyılı*, 2003 s. 126.)

Ve ardından 1 000 kuruşluk maaşı da kesildi.

Osman Salaheddin Dede'nin mutluluğu sadece kırk yedi gün sürdü. Midhad Paşa 19 aralık 1876'da sadrazam oldu; 5 şubat 1877'de azledildi.

Bu gelişmeler üzerine, Osman Salaheddin Dede tamamen köşesine çekildi.

Yerine oğlu Mehmed Celaleddin Efendi'yi hazırladı.

Oğlunu emanet ettiği hocalardan biri de Selanikli Mehmed Esad Efendi'ydi. Mehmed Esad Efendi, yakında postnişin olacak Mehmed Celaleddin Efendi'ye *Mesnevî* okutuyordu!..

Ne tesadüf!..

Mehmed Esad Efendi, siyasetin merkezindeki Yenikapı Mevlevîhanesi'nin başına yeni şeyh hazırlarken, Selanik'teki eniştesi Refik Receb ise kurucusu olduğu Terakki Mektebi'nin (Şişli) açılışına hazırlanıyordu...

Esat Efendi'nin akrabaları ve Terakki Mektebi

> Okulun dönmeler tarafından kurulduğu düşüncesine gelince. Daha önce yazdığımız gibi bu konuda herhangi bir belgeye dayanmak olanaklı değildir. Ancak bu konudaki genel kaynaklar ve konu ile ilgili kısa anı değinilerine bakıldığında, Terakki Mektebi'nin başlangıçta, Kapanîler olarak adlandırılan ve bir altkültür oluşturduğu bilinen dönme cemaati tarafından kurulduğu anlaşılmaktadır. (Mehmet Ö. Alkan, *İmparatorluk'tan Cumhuriyet'e, Selanik'ten İstanbul'a Terakki Vakfı ve Terakki Okulları 1877-2000*, 2003, s. 50.)

Okulun dönmeler tarafından kurulduğu tespiti önemlidir; çünkü bu alıntı, Terakki Vakfı tarafından çıkarılan kitaptan yapılmıştır. Bu tarihte "dönmeliğin" ilk "kabul" edilişidir. Ne güzel. Çünkü, bunda çekinilecek, korkulacak bir şey yok; bu bizim tarihimiz...

Enişte Refik Receb Efendi'nin Terakki Mektebi kurucuları arasında yer almasının bir başka nedeni de, tüccarlığını örnek aldığı Selanikli Dr. Moiz Alatini'nin, eğitim alanındaki çalışmalarıydı.[9]

Dr. Alatini, 1520'de yapılmış ve sonraki yıllarda bakımsızlıktan harebeye dönmüş, dilencilerin mekânı haline gelmiş, Selanik'teki Yahudi okulu Talmud Torah'ı tamir ettirmişti. Avrupa uygarlığından uzakta yaşayan Yahudi cemaatinin Batılılaşması için modern okullarda eğitim almasının şart olduğuna inanmıştı.

9. Osmanlı'da Yahudilerin ilk modern okulu dünyaca ünlü Yahudi işadamı Abraham Salomon Camondo himayesinde açıldı. Yıl: 1854.

Bu modern okula başta hahamlar olmak üzere Yahudi gericiler karşı çıktılar. Camondo'yu aforoz ettiler; evine giderek ona sövdüler. Ama Camondo yılmadı; Yahudiler aydınlanma hareketini başlattılar. Benzer hareketi Sabetayistler de başlattılar. İnsan sormadan edemiyor: Dine göre siyasî ve iktisadî anlamda daha güçlü olan Sabetayistlerimiz bugün neden Kemalist Cumhuriyet'in kazanımlarından ödün vermek isteyen çevrelerle kol kola olmaktan, evlerinde onlara partiler düzenlemekten rahatsızlık duymuyorlar!

Alliance İsraelite Universelle 1873'te Selanik'te ilk okulu açtığında en büyük yardımı Moiz Alatini'den görmüştü. Doktor ölene kadar okul komitesinin başkanlığını yürütmüştü.

Yahudilerin çağdaş eğitim konusundaki adımları, Selanikli Sabetayistleri de etkiledi.

Yıl 1882.

Soyadlarını Türkiye'nin yakından bildiği Selanikli aileler; Kapancı, Bezmen, Telci, Esen, Eren, Akev, Aker, Derviş, Deriş, Uras, Paker, Refiğ, Atabek, Edin, Güçer, Basmacı vb Terakki Mektebi'nin kurulması için çaba sarf ettiler.

Terakki Mektebi'nin ilk encümenleri arasında Refik Receb Efendi ve kardeşi Emin Receb Efendi de vardı.

Ve okulun açıldığı gün, iki kardeşi kapıda okulun müdürü Fransız Mösyö Chevalier ile öğretmenlerden Derviş Efendi karşıladı.

Herkes heyecanlıydı.

Biliyorlardı ki, beş sınıfı, iki yüz öğrencisi olan Terakki Mektebi'nin kuruluş süreci hiç de kolay olmamıştı...

Terakki Mektebi'nin kuruluş harcında herkesin yakından tanıdığı bir isim vardı: Şemsi Efendi (Şimon Zvi)!..

Şemsi Efendi kimdir?

Şemsi Efendi'yi tanımadan bu süreci anlatmak zor...

Selanik çarşısında bir tuhafiye mağazasında çalışan Abdi Efendi ile ev kadını Rabia Hanım'ın oğlu Şemsi (doğ. 1852), Selanik Rüşdiyesi'ni bitirdikten sonra, babası gibi Kâtipleriçi'nde bir tuhafiye dükkânında çalışmaya başladı. Diğer yandan okula gidemeyen fakir öğrencilere okuma öğretiyordu.

> Şemsi Efendi, bir taraftan Kâtipleriçi'nde bir dükkânda işine devam ederken, diğer taraftan da o zaman rüşdiyeye gidemeyen fakir çocukları hususî surette okuturdu. İşte Selanik'in en eski ve en muhterem hocasının ilk talebesi bu çocuklar, ilk dershanesi de bir dükkân peykesi olmuştur. (Azmi Koçak, *Atatürk'ün İlk Öğretmeni Şemsi Efendi*, 2000, s. 28.)

İki yıl sonra Şemsi Efendi'nin Aynaroz Gümrük Kâtipliği'ne tayini çıktı. Bu işi bir süre yaptı, çünkü onun gönlünde öğretmenlik vardı. 1 eylül 1869'da yayımlanan Maarif-i Umumiye Nizamnamesi ona beklediği fırsatı doğurdu.

Tanzimat Fermanı, eğitime ilişkin yenileştirmeler getirmese

de, yönetimde ortaya çıkardığı yapısal dönüşümler eğitim sistemini tamamen değiştirdi. Örneğin klasik Osmanlı düzeni "divan", yerini örnekleri Avrupa'da görülen "hükûmetlere" bıraktı.

Bu Osmanlı sivil bürokrasisinin doğmasına, büyümesine neden oldu. Sivil bürokrasinin oluştuğu ilk dönemlerde, "memur" usta-çırak ilişkisine dayanılarak yetiştiriliyordu. Ama bu büyüyen bürokrasinin memur ihtiyacını karşılayamadı.

Ayrıca Yunanistan'ın bağımsızlığını ilan etmesi, Girit'te ayaklanmaların başlaması, Osmanlı bürokrasisinde oldukça iyi durumda olan Rumlara güven duyulmamasına ve onların yerini Ermeni, Yahudi bürokratların almasına neden oldu.

Sonuçta çeşitli nedenlerle okullara ihtiyaç duyuldu.

Ayrıca yine Tanzimat'la birlikte Osmanlı'nın dışa açık kapitalistleşme süreci hızlandı, bu da modern okulların kurulmasını zorunlu kıldı.

Eğitimin artık vakıf kuruluşlara bırakılmayacağını ve merkezî devletin önemli bir işlevi haline geldiğini açıklayan Islahat Fermanı, Osmanlı toplumunda tüm milletlere okul açma hakkı tanıdı.

Bu amaçla "Maarif-i Umumiye Nezareti" kuruldu. Eğitimin sistemleştirilmesi ve denetim altına alınması için "Maarif-i Umumiye Nizamnamesi" yayımlandı. Buna göre her vilayette bir meclis-i maarif bulunacaktı.

Selanik'e tayini çıkan Radoviçli Mustafa Bey, idealist öğretmen Şemsi Efendi'nin elinden tutacak ve ona ilk okulunu açma olanağı sağlayacaktı...

Şemsi Efendi ailesini kızdırma pahasına Aynaroz'daki gümrük kâtipliği görevinden istifa etti. Selanik'te bir Fransız okulu olan Pères Lazaristes Mektebi'nde Türkçe öğretmeni oldu.

Ama onun istediği hep kendi okulunu açmaktı.

Niye?

Torunu Ilgaz Zorlu *Evet, Ben Selanikli'yim* kitabında açıklıyor:

> Şemsi Efendi'nin diğer bir özelliği ise, yaşadığı dönemin en büyük Sabetaycı Kabalistlerinden biri olmasıydı. Sabetay Sevi ortaya koyduğu birtakım dinî teorileri klasik Yahudi anlayışından farklı olarak Zohar'a dayandırmaktaydı. Ancak bilgilerini yalnızca ona inanan müritlerine açıklamıştır. Literatürde "Hoca" veya "Ogan" ya da "Ağa" olarak geçen Sabetaycı din adamları kurdukları okullarda bu bilgileri genç kuşaklara aktarmaktaydılar. Şemsi Efendi de XIX. yüzyılın en büyük Kabala üstatlarından biri idi. (s. 19.)

Maarif Müdürü Radoviçli Mustafa Bey, yeni okul açmak için lazım gelen ruhsatın alımında ve bina tahsisinde büyük destek verdi Şemsi Efendi'ye.

Para yardımını ise mensubu olduğu Sabetayist/Kapancı grubu yaptı.

Selanik'teki ilk özel Türk okulu, "Şemsi Efendi Mektebi" 1872'de faaliyete başladı. Şemsi Efendi'nin en büyük yardımcısı, kendisi gibi idealist öğretmen Abdi Kâmil Efendi'ydi.

General Pasinler anlatıyor

İlk günlerde her şey yolundaydı. Şemsi Efendi'nin ilk öğrencilerinden Emekli Korgeneral Galip Pasinler, hocasının çektiği güçlükleri anlatıyor:

> Henüz altı yaşlarında idim. Selanik'te benden büyük kardeşimle meşhur Hafız Kerim Mektebi'ne devam ediyorduk. (...) Bir gün sabahleyin mektebe gitmek üzere hazırlandığımız vakit babam bize yeni açılmış başka bir mektebe göndereceğini söylemiş ve bizi hizmetçimize katarak o yeni mektebe göndermişti.
>
> Bu yeni mektebin sokak kapısından girince ufacık bir avlu. Sol tarafta dört beş merdivenle çıkılacak ve küçük bir sahanlıktan geçilerek önümüze tesadüf eden kapıdan dershaneye girilecekti. Avluda yirmi otuz çocuk oyun oynuyorlar, ortalarında dolaşan bir genç bizi görünce dikkatini bize çevirdi ve hizmetçimizin elindeki, babamızın yazdığı tezkereyi aldı, okudu. "Memnun oldum" diyerek bizi de oynayan çocukların içerilerine kattı. Bu genç hocamız Şemseddin Efendi idi.
>
> Biraz oyun oynadık, çocuklarla birbirimizi tanımaya başladık.
>
> Bu sırada bir kumanda... "Dershaneye giriniz çocuklar..." kumandası kulağımıza çarptı; iki sıra olduk; merdivenleri evvela kendisi çıktı, biz de çıkmaya başladık. Dershane kapısından girince karşısında burcu burcu kokan yepyeni çam tahtasından yapılmış sıralar iki tarafa dizilmiş, ortada bir gezinti bırakılmış. Kapının solunda Şemsi Efendi duruyor ve onun arkasında iki ayak merdivenle çıkılır güzel bir kürsü ve duvara dayanmış bir siyah tahta ve silgi, tebeşir.
>
> Hocamız bizi o güzel sıralara sevk etti ve hepimiz dershaneye girince, oturunuz dedi. Yüksekte oturuyoruz, önümüzde yüksek ve dolaplı rahleler. Ne güzel ! Bugün mektebin ilk açılış günü idi. Hocamız bizi oturduğu kürsüden şöylece tetkik etti ve şimdiye kadar mektebe gidenlerle gitmeyenleri ayırdı. İki kısım yaptı ve hepimize alfabeyi "a, e, i, ü, ba, be, bi, bu, ilh" usulünde ezberletmeye ve ken-

disi bunları karatahtaya yazmaya ve yazdırmaya başladı.

Saatte bir tatil yapar, avluda bizi nezareti altında oyunla meşgul eder, jimnastik yaptırırdı ve aynı zamanda ders odasının kapı ve pencerelerini açarak bozuk havayı değiştirirdi. Oyun esnasında birbirimizle kavga etmemize, fena sözler söylememize bilhassa dikkat ederdi.

Bir iki ay sonra bir gün sokakta bir kalabalık ve bir gürültü peyda oldu. Fena sözler, küfürler söyleniyor, sofa kapısı kırılıyor ve içeriye hücum ediliyordu. Hocamız bu hali görünce, zaten kulağı kirişte imiş, hemen yerinden fırladı ve komşunun bahçesine açılan bir pencereden atlayarak kaçtı.

Kalabalık, serseri takımından kırk-elli kadar adamdan teşekkül etmiş haşarılardı. Dershaneye girdiler ve bizi küfürlerle dışarı attıktan sonra o canım sıraları, hocanın kürsüsünü ve karatahtayı, pencere ve kapıları parça parça kırarak dershaneyi bir harabeye çevirdiler. Ve biz de evlerimize kaçtık. Sebep !.. Şemsi Efendi çocuklara gâvur usulünde ders okutuyor. Oyun oynatıyor ve jimnastik yaptırıyormuş.

Amma ! Bugüne kadar talebenin miktarı her gün biraz daha azalmakta idi. Biz zabit ve memur çocukları olmak üzere yirmi kişi kadar kalmıştık.

Birkaç gün geçti. Hizmetçimiz bizi Şemsi Efendi'nin yeni açtığı mektebe götürdü. Bu mektep hocanın kendi evinin altında büyük bir oda idi. Hocamız çalışıyor ve çalıştırıyordu. Metanetine, gayretine daha doğrusu muallimlik aşkına zerre kadar halel getirmemişti. Bilakis şevki artmıştı.

Derken, bir gün buraya da aynı şekilde hücum vaki oldu. Tehditler, küfürler arasında çocukları sokağa çıkardılar. Şemsi Efendi Hocamız saklanmış, tehlikeden kurtulmuştu. Gene sıraları, karatahtayı o gâvurluk alameti olan kapkara tahtayı parçaladılar ! Eve bir şey yapamamışlar.

Çok sene sonra hocamın kendi ağzından dinlediğime göre kendisini sokakta yakalamışlar, dövmüşler, tahkir ve bıçakla hayatını tehdit etmişler. Şemsi Efendi ya Selanik'i terk etmeli yahut mektebinden yahut hocalıktan vazgeçmeli yahut da ölümünü göze almalı imiş.

Şemsi Efendi bunlara da ehemmiyet vermemiş, bir üçüncü tedbir düşünmüştü, akşamdan sonra evlerimize gelmeye ve bize ders vermeye başladı. Son kalan yirmi kadar talebesini böylece her gece ziyaret eder beş on dakika ders verir veya kontrol eder giderdi. (*Akşam* gazetesi, 13 aralık 1938.)

Şemsi Efendi yılmadı.

Devrin önemli öğretmenlerinden, Hayem Şalom adlı bir Yahudi'nin mektebinde okumuş ve orada modern eğitimin nasıl olması gerektiğini öğrenmiş İsmail Hakkı Efendi'yle birlikte Selanik Aktarönü'nde yeni bir okul açtı.[10]

General Galip Pasinler'in bahsettiği Hafız Kerim adındaki mahalle mektebi hocası, Sabetayistlerin bu okuluna düşman olmuştu. Öğretmenleri dinsizlikle suçluyordu. Nihayet konuyu vilayet meclisi idaresine getirip okulu kapattırdı. Ancak, 1873'te Midhad Paşa'nın Selanik'e vali olarak tayini bu mektebin yeniden açılmasına neden oldu.

Osmanlı Devleti, modern okulların açılmasına izin verirken, yerel yöneticiler her türlü kolaylığı gösterirken, Hafız Kerim'in okulu kapattırmasını nasıl açıklayacağız? Şemsi Efendi'nin torunu Ilgaz Zorlu, dedesinin devrin ünlü Kabalistlerinden olduğunu ve öğrencilerine dinî bilgiler verdiğini yazdı; bu bir neden olabilir mi?

Olabilir de olmayabilir de, çünkü, başta Nakşibendî tarikatı olmak üzere bazı çevreler, Batılılaşmayı, İslam dininden ve kültüründen uzaklaşma olarak görüp, düzenin giderek bozulmasının ve fakirliklerin artmasının sebebi saydılar. Bu nedenle Batılılaşmanın simgesi olan kurumlara saldırılar olmuştu. Şemsi Efendi Mektebi bu nedenle de tepki çekmiş olabilir...

Tespit:

Sanayi devrimini gerçekleştirecek bir atılımı yapamayan Osmanlı, geri kalmışlığının önüne geçebilmek için Batı'dan birtakım kurumları kopya etmiştir. Tepeden inme bu eğreti modernleşme süreci, yozlaşmış bir düzen yaratmıştır.

Batılılaşmanın ilk adımı 16 ağustos 1838'de Sadrazam Reşid Paşa ile İngiliz Elçisi Lord Stratford Canning arasında imzalanan Osmanlı-İngiltere Ticaret Antlaşması'dır. Tanzimat ve Islahat fermanları, bu ticarî antlaşmanın gerekli kıldığı idarî, malî yapının kurulması için hayata geçirilmiştir.

Soru:

Osmanlı'yı büyük bir açık pazar haline getiren, halkı yoksullaştıran, yozlaşmış bir düzen yaratanların başında gelen Sadrazam Reşid Paşa neden hep başarılı bulunur; ders kitaplarında "Büyük Reşid Paşa" olarak gösterilir?

10. Bugün Türkiye'de tekstil dünyasının en önemli markalarından "Atalar Giyim"i yaratan Ata Refik Atabek, İsmail Hakkı Efendi'nin yetiştirdiği öğrencilerdendi. Refik Atabek'in torunu Nur Atabek, TOBB eski başkanlarından (Dünya Odalar Federasyonu [WCF] başkanı) Rona Yırcalı'nın eşidir. Diğer torun ve bugün Atalar Mağazaları'nın başında bulunan Feyzi Atabek'ın kızı Aylin, ANAP döneminde ekonomiden sorumlu bakanlık görevinde bulunmuş Güneş Taner'in oğlu Kemal Taner'le evlidir.

Çünkü, okullarımızda Osmanlı tarihini hâlâ, Ahmed Vefik Paşa'nın yazdığı, *Tarih-i Osmanî* kitabından öğreniyoruz (öğretiyoruz).

Ahmed Vefik Paşa kim, Mustafa Reşid Paşa'nın "çömezi"!

Ama tek başına Ahmed Vefik Paşa'nın kitabıyla "büyük" olunamaz, başka etmenlerin de olması gerekiyor...

Anlatmaya çalışayım:

Sadrazam Reşid Paşa, Osmanlı tarihinin en büyük rüşvet yiyen devlet adamıydı.[11]

Katıksız bir İngiliz hayranıydı. İngilizlerin İstanbul'daki elçisi gibi davranmaktaydı.

Türkiye'de tarih genellikle, Anglosakson kaynaklara, yorumlara dayanılarak yazılmaktadır; tarih bilincimizi İngiliz tarih yazıcılığı oluşturuyor; bu "kopya tarihçilik" nedeniyle İngilizlere yakın isimleri hep tarihimizde el üstünde tutuyoruz; muhaliflerin adlarını bile bilmiyoruz!

İngiliz desteğini alan devlet adamları bu nedenle hep "büyük"tür!

Mustafa Reşid Paşa niye "büyük"tür biliyor musunuz? Hindistan yolunun Fransızların egemenliğine girmesinden korkan İngilizlerin isteğini gerçekleştirip, Süveyş Kanalı'na inşaat izni verilmesini uzun süre engellediği için!

Bu sadece tek bir örnek.

Sağlam bir formasyona dayanmayan, "salon adabı" sınırlarını aşmayan, yani görgü ve davranış itibariyle "Batıcı" Mustafa Reşid Paşa, "büyük"tü!

Paris ve Londra elçilikleri dönemini tavla oynayarak geçiren bir paşa nasıl "büyük" oluveriyordu?

Avrupalı, o yıllarda Mustafa Reşid Paşa'nın ne kadar reform yanlısı olduğunu değil, muazzam servetini nasıl elde ettiğini konuşuyordu. Ama "büyük"tü işte.

Bugün farklı mı? Türkiye'de "büyük" Mustafa Reşid Paşa'nın görevini yapanlar; büyük politikacı, büyük yazar, büyük profesör,

11. Mustafa Reşid Paşa'nın ölümüyle ilgili trajikomik bir hikâye anlatılır. Paşa 7 ocak 1858'de, altmış yaşında vefat ettiğinde, nezleden mi, kalpten mi öldüğünü kimse anlayamadı. Şöyle ki: Reşid Paşa, nezlesini yenmek için Emirgân'daki yalısının hamamına giriyor. O saatlerde ünlü banker Abraham Salomon Camondo ziyaretine geliyor. Geliş nedeni paşadan verdiği borçları istemek. Paşa da aldıklarını hep hediye kabul edip, vermeye yanaşmayan biri. Söylentiye göre, Camondo'nun geldiğini duyan paşa hamamda kalp krizinden ölüyor. Selamlık sofasında paşayı beklerken ölüm haberini alan Camondo, "Eyvah yandım! Paşa gitti! Paşa gitti!.." diye bağırarak kendini bahçeye atıyor; bağrışmasına koşan kâhya ve ağalar, telaşla "Paşa nereye gitti?" diye soruyorlar. Aklı başına gelen Camondo, "Cennetlere gitti... Cennetlere gitti..." diyor. (H. Yazgan, *Galata Bankerleri*, s. 22-23.)

büyük ekonomist olarak gösterilmektedir! ABD ve İngiliz politikalarına muhaliflerin, ne söylediklerini duyabilir ne de yazdıklarını okuyabilirsiniz...

Farklı perspektifler sunmak istiyorum.

Hollywood neden, 75 milyon dolar harcayarak Salaheddin Eyyubî'nin filmini *(Kingdom of Heaven)* yapmak istiyor; Hıristiyanları yenip, Kudüs'ü alarak Yahudileri özgürleştirdiği için mi?

Öyle ya, Salaheddin Eyyubî, "Büyük Ortadoğu Projesi"nin ilk mimarıydı!

Demek istediğim şu: Siz Osmanlı tarihinde Yahudilere, İngilizlere karşı olup da, sıfatı "büyük" olan hiç padişah, sadrazam vb okudunuz mu?

Bir de tersini düşünün; karşı çıkanların önündeki sıfatları neydi? "Avcı", "Deli", "Kızıl" vb.

Midhad Paşa'dan öğretmen Şemsi Efendi'ye ödül

Saldırılar Şemsi Efendi'yi yıldırmadı; İsmail Hakkı Efendi'yle tekrar kolları sıvadı ve yeni bir mektep açtı.

Bu kez kadro genişti: Derviş Efendi, Halil Vehbi Efendi, Abdi Kâmil Efendi...

Selanik'te Sinancık Mahallesi'nde kullanılmayan bir mescit onarılarak okula dönüştürüldü. Onarım işlerine Vali Midhad Paşa bizzat destek verdi.

Okulu kısa zamanda modern bir eğitim yuvası haline getirdikleri için Midhad Paşa, Şemsi Efendi ve Halil Vehbi Efendi'ye birer saat hediye etti.

İşler yoluna girmişti.

Ancak bu kez kendi aralarında uyumsuzluk çıktı.

Şemsi Efendi'nin, ortakları yokmuş gibi kararları tek başına alıp, itiraz gelince de buna sert mizacıyla tepki göstermesi, başta Halil Vehbi Efendi olmak üzere arkadaşlarıyla arasını açtı.

Bir diğer iddiaya göre ise Şemsi Efendi, Sabetayist/Kapancıların okuluna Sabetaycı/Karakaşî grubunun çocuklarını da almak istemesi sorun çıkarmıştı. O dönemde iki grup da Sabetayist olmasına rağmen, Kapancılar ile Karakaşîlerin ilişkileri çok kötüydü; selam bile vermiyorlardı birbirlerine.

> (Şemsi Efendi'nin) Amacı 1800'lerde yaşanan Osman Baba Olayı'ndan sonra ayrılan Karakaşlar grubuyla kendi grubunu birleştirmekti. (Ilgaz Zorlu, *Evet, Ben Selanikli'yim*, 1998, s. 20.)

Kapancı grubunun önde gelen isimlerinden Emin Lütfi Efendi ile Hüsnü Efendi'nin araya girmesiyle, Halil Vehbi Efendi ile Şemsi Efendi'nin yolları ayrıldı.

İşte bu ayrılık Terakki Mektebi'nin doğmasına neden olmuştu.

Aralarında Refik Receb Efendi gibi, Selanik'in tanınmış Sabetayist/Kapancı ailelerine mensup tüccarların finans desteğiyle, Türk eğitim hayatının en köklü okullarından Terakki Mektebi açıldı.

Refik Receb Efendi, tören alanında Terakki Mektebi kurucularına ayrılmış bölüme geçip oturdu. Yanına artık İstanbul'da yaşayan hemşehrisi Abdi Kâmil'in oturmasına çok sevindi. Sevinmesinin sebebi kayınbiraderi Mehmed Esad Efendi hakkında bilgi alacak olmasıydı.

Abdi Kâmil, Emekli Bahriye Yüzbaşısı Nadir Efendi'yle birlikte Şems ül-Mekâtip[12] adlı mektebi açmışlardı. Şehzadebaşı Feyziye Caddesi'ndeki Neşatbey Konağı okul haline dönüştürülmüştü.

Abdi Kâmil Efendi kuruluşunda bulunduğu için Terakki Mektebi'nin açılışına gelmeyi çok istemiş, hastalığına rağmen töreni kaçırmamıştı.

Refik Receb Efendi, hoşbeşten sonra konuyu kayınbiraderine getirmeyi düşünürken, Abdi Kâmil Efendi sohbeti Şemsi Efendi'ye getirdi. Anlatmaya başladı:

Terakki Mektebi kurulana kadar çalışmayı çok istemişti...

İstanbul'daki okul Şems ül-Mekâtip'te işler daha yeni yeni yoluna girmişti... Kardeşi Galatasaray mezunu Ali Saib Bey'i de mektebin başına geçirmişti... Kardeşine yardımcı olması için de Şemsi Efendi'yi İstanbul'a çağırmıştı...

Teklif Şemsi Efendi'nin de hoşuna gitmişti...

İstanbul'a gelmiş ama kısa bir süre sonra kardeşi, Şemsi Efendi'yi istememişti...

Zaten Nadir Bey de kendilerinden ayrılmış, Numune-i Terakki Mektebi'ni açmıştı...

Sinir hastalığına yakalanmıştı...

Bu işleri bırakmayı düşünüyordu...

Davetliler gelmeyi sürdürüyordu ve Abdi Kâmil Efendi susmadan anlatıyordu.

Refik Receb Efendi, pür dikkat, fırsatını yakalayıp, Şems ül-

12. Bu okul gün gelecek İstanbul Erkek Lisesi olarak ün yapacak, Mesut Yılmaz, Necmettin Erbakan, İhsan Sabri Çağlayangil gibi birçok ünlü ismi mezun edecekti. İddiaya göre, okulun kurucularının Sabetaycı olduğu, okulun ilk döneminde Sabetaycıların okuduğu, ancak daha sonra kurumun bu özelliğini yitirip İstanbul Erkek Lisesi'ne dönüştüğü belirtiliyor. Okulun bugün adı İstanbul Lisesi'dir.

Mekâtip'te Farsça öğretmenliği yapan kayınbiraderi Mehmed Esad Efendi'nin durumunu öğrenmek için, Abdi Kâmil Efendi'nin nefes almasını bekliyordu!..

Abdi Kâmil Efendi, kendi özel hikâyesi bittikten sonra cebinden, Selanikli gençlerin yayımlamaya başladığı *Gonca-i Edeb* adlı mecmuayı çıkardı.

Refik Receb Efendi, Sabetayist/Yakubî Fazlı Necib'in çıkardığı dergiyi, Abdi Kâmil Efendi'nin övmesini, biraz şaşkınlıkla karşılasa da, dergide Mevlevîlerden övgüyle bahsedildiğini duymasıyla rahatladı.

Gonca-i Edeb'de hiçbir dinden bahsedilmemesine rağmen, Selanik Mevlevî Dergâhı duvarlarında asılı yazıların dergide yayımlanıyor olması ilginçti...

Sabetayist/Yakubîler de Mevlevîlere sıcak bakıyordu.

Ama Sabetayist/Kapancılar kadar değildi...

Neden Yenikapı Mevlevîhanesi?

Terakki Vakfı tarafından çıkarılan *Terakki Vakfı ve Terakki Okulları* adlı kitapta Mehmet Ö. Alkan, "Selanik Terakki Mektebi 1326-1332 Zabıt Defteri"nden örnek veriyor:

> Mevlevî şeyhi Hakkı Efendi vasıtasıyla vuku bulan bir çocuğun meccanen (parasız) kabulü teklifi takdir olunur. (s. 378.)

İlgi karşılıklıydı...

Selanikli Mehmed Esad Efendi de, İstanbul Yenikapı Mevlevîhanesi şeyhi Osman Salaheddin Dede'nin koruması altındaydı!

Mehmed Esad Efendi'nin neden Mevlevî olmak istediğinin yanıtını daha önceki sayfalarda vermeye çalıştık.

Peki, Mehmed Esad Efendi neden, Yenikapı Mevlevîhanesi şeyhi Osman Salaheddin Dede'ye bağlandı?

Yani, herhangi bir başka Mevlevî dergâhına gidebilirdi; Yenikapı Mevlevîhanesi'ne bağlanmasının özel bir nedeni var mıydı?

Itrî, İsmail Dede Efendi, Şeyh Galib, Zekâî Dede gibi musikinin ve edebiyatın birçok ünlü ismi bu dergâhta yetişmişti, ünü büyüktü, bu nedenle olabilir mi?

Sanmam.

Nedeni başkaydı...

Mevlevîlik, harflerden dinsel anlamlar çıkaran "İslam Kabalası" diyebileceğimiz Hurufîlik'ten etkilenmişti.

Kendisi de bir Mevlevî olan Abdülbaki Gölpınarlı'dan iki alıntı yapalım:

> XVI. yüzyılda Mevlevîlerin rint kısmında, Hurufîlik inançlarının adamakıllı ve köklü bir surette yerleşmiş olduğunu söylememiz gerekir. Evet, Mevlevîler Hurufîlik tesiri altında kalmışlardır. Nitekim Hurufîlik Melamî-Hamzavî yoluna da tesir etmiştir. (*Mevlânâ'dan Sonra Mevlevîlik*, 1983, s. 316.)

> Bâki Efendi, babası Ahmed Celaleddin'le, onun babası Osman Salaheddin'in Hamzavî olduğunu söyler, hatta Yenikapı'dan Silivrikapı'ya giden ve şimdi asfalt döşenen yolun sağ tarafındaki merkadi, Hamza Bali'nin sanarak Kaptanıderya Mehmed Ali Paşa'ya tamir ettirdiğini ve bu kenarı altı tane kalın taş ve demir parmaklıkla çevrilmiş, üstü açık türbenin ayak tarafında ve üstte beyzî bir taştaki "Türbe-i âliyşe Hazret-i Bali-i şehid; Eser-i hayr-i Muhammed Ali Paşa'yı vahid" beytinin Salaheddin Efendi'nin tek beyti olduğunu bildirdi. (a.g.e., s. 310.)

Mehmed Esad Efendi'nin şeyhi Osman Salaheddin Dede, Vahdet-i Vücud felsefesine inanan ve bu uğurda kellesini feda eden Bosnalı Hamza Bali'yi piri olarak görüyordu.

Ailenin tarihine baktığınızda, Yenikapı Mevlevîhanesi postnişini olan hemen hepsinin Melamî-meşrep Mevlevî olduğunu görüyorsunuz... İleri sayfalarda Melametçiliği okuyunca "manzara" daha netleşecek!

İşin özüne baktığımızda, aslında hep bildik "manzara" karşımıza çıkıyor: Sabetay Sevi nasıl Niyazi Mısrî'yle "aynı yolda yürüyorsa", Selanikli Mehmed Esad Efendi de, Vahdet-i Vücud'u savunduğu için idam edilen Bosnalı Hamza Bali'yi pir kabul eden Osman Salaheddin Dede'ye bağlanıyordu.

Aslında bunun şaşılacak bir yanı yok. Yahudi Kabalası ile İslam Vahdet-i Vücud'u aynı kaynaktan doğmuştu!..

Mehmed Esad Efendi İstanbul'a ilk geldiğinde rüşdiye mektepleri için açılan Farsça seyyar muallimliği sınavına girmişti. 300 kuruş maaşla Davutpaşa Rüşdiyesi'ne tayin olmuş, ardından Aksaray Valide Sultan Mektebi'ne geçmişti. Bu iki okulda altı yıl çalıştıktan sonra Selanikli hemşehrisi Abdi Kâmil Efendi'nin okulu Şems ül-Mekâtip'te çalışmaya başlamıştı.

Mehmed Esad Efendi okula Yenikapı Mevlevîhanesi'nden gidip geliyordu, çünkü orada kalıyordu...

1882'de yapılan genel sayımda İstanbul'da bulunan 260 tekkede 1 901'i erkek 1 184'ü kadın toplam 3 085 nüfus vardı. İstanbul'daki mevcut beş Mevlevî tekkesinden biri olan Yenikapı Mevlevîhanesi'nde 24'ü erkek, 17'si kadın toplam 41 kişi ikamet ediyordu.

Bunlardan biri de Mehmed Esad Efendi'ydi.

Şeyh Osman Salaheddin Dede artık tamamen köşesine çekilmişti. Yenikapı Dergâhı'nda her pazartesi yapılan mukabelelere bile katılmıyordu. Bunun iki nedeni vardı:

Birincisi, artık yaşlıydı.

İkincisi ise, siyasî şartların dayatmasıydı. Sultan II. Abdülhamid, Yenikapı Mevlevîhanesi'ni deyim yerindeyse "gözaltına" almıştı. Okunacak mevlide kadar karışıyordu. İstibdat döneminin kara bulutları dergâhın üzerinden hiç gitmedi. Mesele sadece Midhad Paşa değildi. Veliaht Reşad'ın da Osman Salaheddin Dede'ye sevgisini, bağlılığını bilen Sultan II. Abdülhamid, her an kendisine bir darbe yapılacağından şüpheleniyordu.

Bu gergin ortam, Osman Salaheddin Dede'yi zatürree etti. Artık çok az kişiyle görüşüyordu. En güvendikleri arasında müridi Mehmed Esad Efendi de vardı.

Osman Salaheddin Dede iki yıl sonra hayata tamamen küstü.

Midhad Paşa'nın Taif'te boğularak öldürüldüğü haberi onu derinden etkiledi. Hastalığı daha da arttı. Hava değişimi için kızı Fatma Aliye'nin kocası Bahariye Mevlevîhanesi[13] postnişini Hüseyin Fahreddin Dede'nin dergâhına gitti.

Damadı Hüseyin Fahreddin, sekiz yaşında, 1860 yılında poştnişin olmuştu.

> Bahariye Mevlevîhanesi Alevîlik'le meşhurdu. Şeyh Hasan Nazif Dede, bir Bektaşî'den çok aşırı Alevî olduğu gibi oğlu Hüseyin Fahreddin Dede de aynı meşrepteydi. Hüseyin Fahreddin Dede, bilhassa oğlu (babasının adını vermişti S. Y.) Şeyh Nazif hemen her akşam demlenirlerdi. "Mevlevî'ye 'Neden külahınız bu kadar uzun?' diye sormuşlar, 'Şişenin boyuncadır erenler, ağyar gelirken üstünü örter, sırlarız' demiş." Bu hikâyeyi de Nazif Efendi merhumdan duymuştum. (a.g.e., s. 211.)

Araya girip bir not eklemeliyim:

Mevlânâ Celaleddin Rumî, yaşamında bir tarikat kurmamıştı; onun vefatından sonra tesis edildi Mevlevîlik.

13. Bahariye Mevlevîhanesi birkaç yer değiştirdiği için isim konusunda kafalar karışmaktadır; Beşiktaş Mevlevîhanesi, Çırağan Sarayı arasında kalmıştı. Saray büyütülmek istenince önce 1867'de Maçka'ya, sonra da 1873'te Eyüp Bahariye'ye taşınmıştı.

Ve kısa bir zaman sonra Mevlevîlik iki ana kola ayrıldı:

1) Ehl-i sünnet yolunu takip eden "Veled kolu".

2) Sema ağırlıklı "Şems kolu".

"Şems kolu"na bağlı Mevlevîler, Hz. Ali'ye yakın, kalender bir yaşam tarzı seçiyor; şarap içiyor, saçlarını uzatıyor, musikiyi hayatlarının vazgeçilmezi görüyorlardı.

Dinî musiki, Osman Salaheddin Dede'nin yaşamının vazgeçilmeziydi. Ona göre musiki, ruhanî sırlara, manevî gerçeklere ve iç âlemlerinde duyduğu ulvî seslere ulaşma yoluydu.

Öyle ki, tıpkı Mevlânâ Celaleddin Rumî gibi öleceğini anlayınca ney ve kudüm (nakkare) çaldırarak dua okutmuştu.

Mevlevî şeyhlerinin cenazelerinin yıkanışı sırasında öteden beri ayin-i şerif okunması âdet idi. Şeyhin cenazesi yıkanırken o sırada İstanbul'da bulunan Karahisar Mevlevîhanesi şeyhi merhum Kemaleddin Çelebi Efendi ateşbaza (mutfak) gelerek ve son derece müteessir bir vecd ile gözyaşları dökerek, "Vah Osman sen de mi gittin" diye ism-i Celal okumaya başladı. Kudümzenbaşı olan şeyhin kız kardeşinin oğlu merhum Ahmed Hüsameddin Efendi'ye şefkatli ve vakur bir eda ile: "Ey zi hicran" okuyun, emir ve ihtarı üzerine mutrib ehli (saz heyeti) hüzünlü bir sesle, hep bir ağızdan, iç yakıcı kıtayı okumaya başladılar. (Ziya Uygur, *İnkılaplar, İhtilaller ve Siyonizm*, 1968, s. 176.)

Mevlevî şeyhinin öğretmeni: Haham Mandil

Son yıllarda Türkiye'de, özellikle sanatçıların, düşün adamlarının cenazelerinin alkışlanarak uğurlanması tartışılıyor.

Koca koca profesörler alkışlayanları kınıyor.

Vatandaş çıksa, "Cenazemde Neyzen Niyazi Sayın Hocam ney üflesin" dese veya başka birisi çıksa, "Bezmârâ Topluluğu, Tanburî Angeli'nin *Kürdî Peşrev* berefşanıyla beni mezara koyun" dese, herhalde dayak yer!

Halbuki...

Mevlevîler, neye kutsiyet atfederler.

Ney, Mevlevîler için, basit bir müzik aleti değil âdeta bir ibadet aracıdır. Örneğin, Osman Salaheddin Dede'nin yanında ruhunu teslim ettiği, damadı Hüseyin Fahreddin Dede aynı zamanda neyzendi. Öğrencileri arasında, Rauf Yekta, Hüseyin Sadettin Arel, Suphi Ezgi gibi Cumhuriyet döneminin ünlü müzik adamları vardı.

Şimdi geliyoruz, bir tartışmaya...

Hiç düşündünüz mü, "klasik Türk müziği" ne zaman doğmuştur?

Ne acıdır ki, Türk musikisinin kapsamlı, teorik temelleri olan bir tarihi yazılmamıştır bugüne kadar. Türk musikisi elyazmalarının envanteri bile yoktur. Musiki tarihi konusunda yapılan çalışmaların neredeyse tek temel bilgi kaynağı, Charles Fonton'un (1725-1795), *Şark Musikisi Hakkında Deneme* başlıklı eseridir.

Evet, kaynaklarımız daha çok Batılı gözlemcilerin yazdıklarıyla sınırlıdır dersek yanlış söylemiş olmayız. Örneğin Cizvit papazı Giambatista Toderini'nin iddiası, "İstanbul Türkleri IV. Murad'ın Bağdat'ı aldığı hicrî 1047 (1677) yılına kadar musiki sanatını yahut bilimini tanımıyorlardı" şeklindedir.

Burada kastedilen yüzyıllardır kültür geleneğimiz olan halk müziği değildir kuşkusuz. Mesele halk müziği değil.

Batılıların söylediği, yazdığı gibi klasik Türk musikisinin Osmanlı'ya geliş tarihi pek eski değildi.

Zaten, Osmanlı'nın musikiye pek sıcak baktığını söyleyemeyiz. Hele yüksek tabakadan insanların toplumla birlikte musiki dinlemesi hafiflik olarak görülürdü. Eğer musiki dinleyecekse, köle evde çalıp söylerdi!

Cizvit papazının söylediği tarihi en fazla bir yüzyıl geriye çekebiliriz: Türkçe olarak kaleme alınmış ilk musiki risalesinin, Çemişkezekli olduğu tahmin edilen Ahmed oğlu Şükrullah'a ait olduğu iddia ediliyor.

Musikinin günlük yaşamdaki yerinin, XVII. yüzyılla birlikte arttığını söyleyebiliriz. Peki ama, neden bu yüzyıl?

O halde, gelin, kısa bir yolculuğa çıkalım...

Önce yakın tarih:

Yahudi işadamı Üzeyir Garih'i anma gecesinin yapıldığı Aya İrini'de, Aaron Kohen şefliğinde Maftirim (Şarkılar) Korosu, klasik Türk müziği usullerine göre bestelenmiş İbranîce ilahiler söylediler.

Galata Mevlevîleri Sema ve Tasavvuf Topluluğu bu ilahilere semayla eşlik etti.

Yahudi ilahileri ile Mevlevîlerin seması nasıl bir araya geliyordu?

Daha garip olanını yazayım:

Nakşibendîlerde zikir sessiz olduğu için, diğer tarikat kurucuları ve önde gelen şahsiyetleri (örneğin Abdülkadir Geylanî, Mevlânâ, Sadeddin Konevî vb) adına ilahiler olmasına rağmen, bu tarikat şeyhleriyle ilgili ilahilere pek rastlanmazdı. Ancak, ilk kez, bir önceki bölümde okuduğunuz ve Üzeyir Garih'in öldürülmesiyle Türkiye gündemine gelen Şeyh Küçük Hüseyin Efendi'nin adına, *Hüseynî Nakşibend* ilahi bestelenmişti!

Yahudi mistikler ile Mevlevîlerin musiki ilişkisine göz atarsak, belki Şeyh Küçük Hüseyin Efendi adına neden ilahi bestelendiğini anlayabiliriz...

Yahudi tasavvufçular ile Mevlevîlerin etkileşiminden doğan müziğe "maftirim" deniyor. Maftiriminin hikâyesi, 1492'de İspanya'dan gelen Yahudilerin en önemli yerleşim merkezlerinden biri olan Edirne'de başladı.

Yahudiler, Endülüs'te Arap musikisini çok iyi biliyorlardı. Araplardan etkilenip yaptıkları ilahilere "piyyutim" diyorlardı.

> Her ikisi de İspanya'da doğmuş olan Saint Jean de la Croix ile İbn Arabî arasında trubadur (Ortaçağ'da Güney Fransa'da halk ozanlarına verilen ad) şarkıları ile sufi ozanların şarkıları arasında ne benzetmeler yapılabilir. (Jean Chevalier, *Sufîlik*, 1993, s. 18.)

Şimdi burada bir dakika duralım:

1492'de Osmanlı topraklarına ayak basan Yahudi bestekârların, bugün bizim anladığımız klasik Türk musikisinin yaratılmasına büyük katkıları var mıydı?

Galiba, "evet" demek için daha fazla olguya ihtiyacımız var!

Kanunî Sultan Süleyman döneminde Haham Şelomo Ben Mazaltov (1509-1571) ve ardından İbranî mutasavvıf İsrael Ben Moşe Nadjara Avtalyon'un (1555-1625) "İbranî tasavvufî ilahileri"yle maftirimin temelleri Osmanlı topraklarında atıldı.

Bu yolu takip eden Yahudi besteciler çeşitli form ve makamlarda eserler verdi.

Maftirim asıl yükselişini XVIII. ve XIX. yüzyıllarda gerçekleştirdi.

Haham Moşe Faro, Haham Nesim Sevilya, Haham Avtolios, Haham Şemoel Mandil, İshak Amigo, Yehuda Benaroya, Avram Barzilai, Haham Yomtov Danon, Hahambaşı Avram Aryos, Elia Levi, İshak Barki, Haim Alazraki, Şemtov Şikior, İshak Varon, İshak Algazi, Avram Hayat Levi (Mısırlı İbrahim), Moşe Faro gibi Yahudi bestekârlar sayısız eserler besteledi.

Bu tarih, "klasik Türk müziği"nin geliştiği, altın çağını yaşadığı söylenegelen dönem değil miydi?

Evet. O halde devam...

Yahudi bestekârlar hep övgü aldılar. Örneğin Tanburî Ruşen Ferit Kam, musiki dünyasında "Musi" olarak tanınan Haham Moşe Faro'dan, "Musi'nin bestekârlık kudret ve yeteneğinin en güzel ürünleri ve Türk musiki anlayış ve kavrayışının en kuvvetli örnekleri" olarak bahsetti.

Yahudi sanatçılar sadece bestekâr değil, aynı zamanda öğretmendiler:

İsak Frenco Romano (Tanburî İsak), Sultan III. Selim'in tanbur hocasıydı.

Müzikologların üzerinde anlaştıkları konu, klasik Türk müziğinin Sultan III. Selim döneminde altın çağını yaşadığıydı.

Bir diğer öğretmen Haham Abraham Mandil (Haham Ağa) ise, Galata Mevlevîhanesi postnişini Ataullah Efendi'nin hocasıydı. Bazen Galata Mevlevîhanesi'ne gidip ilahi okuyordu.

Keza, Galata Mevlevîhanesi'ndeki Mevlevîlerle birlikte, Zekâîzade Ahmed Efendi, Rauf Yekta Bey, Muallim İsmail Hakkı Bey, Hafız Burhan, İshak Algazi'nin güzel sesini dinlemek için, sinagoga gidiyorlardı. İlgi karşılıklıydı.

Edirne'de Musevîlerin maftirim korosu "jonk" adlı bir müzik türünde, dinî şarkılar icra ederdi. Kökeni "cong" olan ve Fransızca kökenli bu şarkılar dinî ve ilahiler şeklindeydi. Örneğin, hüseynî faslı gibi. Bu tür müziğin Mevlevî müziğine uygunluğu nedeniyle Edirne hahambaşı ve hahamlarının, Edirne Muradiye Mevlevîhanesi'nde yapılan semalara katıldığını yaşlı Yahudilerden işitmiştim. Hatta, Mevlevîhanenin kapanmasından sonra çalışma alanı bulamayan birçok Mevlevî şeyhi ve dedeleri de Edirne Sinagogu'nda yapılan dinî törenlere katılarak kendi müzik zevklerini ve çalışmalarını bu şekilde karşılamaktaydı. (Oral Onur, *1492'den Günümüze Edirne Yahudi Cemaati*, 2005, s. 72.)

1940'larda son ünlü hattat ve hakkaklarımızdan Yeniköylü Nuri Bey'den şunu dinlemiştik: Mevlevî şeyhi babası ile Hahambaşı Becerano Efendi, eski dostmuşlar. Hahambaşı bir sohbet sırasında bir "pismon"un (ilahi) bestesini hatırlayamadığından bahsetmiş. Bunun üzerine şeyh, bazı ilahileri söylemeye koyulmuş. Bir ara birinin ortasında "Buldum" demiş, hahambaşı... (Burhan Oğuz, *Türk ve Yahudi Kültürlerine Bir Mukayeseli Bakış*, 2003, s. 364.)

Yahudi bestekârlar ile Mevlevîlerin birbirlerinden etkilenmeleri yeni musiki sistemlerinin de doğmasına neden olacaktı...

Şeyh Osman Salaheddin'in babası Abdülbâki Nâsır Dede (1765-1821) aynı zamanda bestekârdı. 1794 yılında Sultan III. Selim'in emriyle yazdığı, *Tedkik u Tahkik* adlı kitabı XVIII. yüzyılın müzik teorisiyle ilgili en önemli eserdi.

Tahririyet ül-Musiki adlı kitabında ise, icat ettiği ve kendi adını taşıyan "ebced nota" sistemini yazmıştı.

Artık "ebced"in ne olduğunu biliyorsunuz...

Abdülbâki Nâsır Dede "ebced notası"yla Sultan III. Selim'in suzidilara ayin-i şerifini, aynı makamdan peşrev ve sazsemaisini ve de Vardakosta Seyid Ahmed Ağa'nın suzidilara peşrevini yazdı.

Bugünkü nota sistemi çıkana kadar, Şeyh Nâsır Dede'nin "ebced nota sistemi", özellikle Sultan III. Selim döneminde epey kullanıldı.

Şeyh Osman Salaheddin'in amcası Ali Nutkî Dede de (1762-1804) musikişinastı. Günümüze gelen tek bestesi, *Şevk u Tarab* ayiniydi.

Ailede herkes musikişinastı:

Haham Abraham Mandil'in öğrencisi olan Galata Mevlevîhanesi'nin otuzuncu postnişini Mehmed Ataullah Dede, ebced notası sistemini bulan Yenikapı Mevlevîhanesi Şeyhi Abdülbâki Nâsır Dede'nin yeğeniydi.[14]

Tüm bunları yazmamım nedeni var kuşkusuz:

Yahudiler, makam, usul, okuma gibi musiki tekniği konularında Osmanlı'yı derinden etkilemişlerdi.

Hadi bırakalım dinî musikiyi; bu topraklarda tam yüz yıldır klasik Türk müziğinin kökeni tartışılmaktadır.

Ziya Gökalp, *Türkçülüğün Esasları* adlı kitabının "Millî Musiki" bölümünde, konuya apayrı bir noktadan yaklaşıyor ve dört asırdır bilinen, şehir müziği geleneği olan klasik Türk musikisinin, Türk olmadığını yazıyor.

Gökalp "millî musiki" konusunda çok sertti; klasik Türk müziğini yabancı ve gayrimillî buluyordu. Olsa olsa, Osmanlı toplumunu oluşturan çeşitli unsurların ortak musikisiydi, ama Türk değildi.

Bu görüşler devlet katında o kadar onay gördü ki, klasik Türk musikisi bir dönem radyolarda bile yasaklandı. Ama yasak bir yıl sürebildi.

Bu musiki lehinde ve aleyhinde yüzlerce kişi görüş bildirdi. Ama nedense "kök meselesi" hep Bizans, Acem ve Arap musikisi üçgeninde tartışılmıştı. Bazıları da kökeni Hititlere, Sümerlere kadar götürüyordu. Yunan, İran, Arap, Mısır, Roma hatta Ermeni

14. "Tam bir İstanbullu olan Kont Ostrorog'un da meşhur yalısı Kandilli'dedir. Bu Polonya asıllı, Fransız asilzadesi ne kadar Türk'tür, İstanbullu'dur tarif edemem. Kont Ostrorog Beyoğlu'nda, büyükbabasının, Galata Mevlevîhanesi'nin karşısındaki konağında dünyaya gelmiş. Mevlevîhane'nin postnişini afif, latif ve arif Ataullah Efendi Hazretleri, çocuğun doğumu münasebetiyle kapı komşusuna gider. Büyükbaba da küçük Léon Ostrorog'u Şeyh Efendi'nin kolları arasına verir. Şeyh Efendi Hazretleri küçüğü okurlar, üflerler. Bunun izleri hâlâ yaşamaktadır. Zaten Kont Ostrorog, 'Mevlevîlerin şeyhi tarafından takdis edildim' der." (Münevver Ayaşlı, *Dersaadet*, 2002, s. 198.)

adı bile (Ermenice yayımlanan *Nıvak Osmanyan* [Osmanlı Nağmesi] adlı dergileri vardı) geçmişti ama nedense Yahudi adı yoktu! Bunun bir maksadı var mıydı? Bilmiyorum.

Klasik Türk müziği kökeni meselesinde Yahudi musikisi etkisi göz ardı edilirse, dinsel ilahiler konusuna, doğal olarak kimse el atmaz!..

Anlatmak istediğim, klasik Türk musikisini kimlerin değiştirdiği, yeni biçimlere soktuğu değil; aradığım dinî musikiye kimin/kimlerin etki ettiğidir...

Biraz daha devam edelim...

Tuhaf bir "dönme": Ali Ufkî

Ama bu meseleye devam etmeden önce, hayatında birçok karanlık noktalar olan bir kişiyi size tanıtmaya çalışacağım.

Gelin XVII. yüzyıla bir daha gidelim...

Gerçek adı tam bilinmiyor:

Albertus Bobowski... Alberto Bobevio... Leopolitano Bobowsky... Albertus Bobovius... Albert Bobowski... Wojciech Bobowski.

1610 yılında zengin ve asil bir ailenin oğlu olarak Lehistan'ın Lwów şehrinde doğdu. Litvanyalı olabileceği de iddia ediliyor.

İyi eğitimliydi, on yedi dil biliyordu, nümerolojiye meraklıydı, musiki ve tıp tahsili görmüştü.

Otuz yaşında esir alınıp Osmanlı Sarayı'na getirildi.

Müslüman oldu ve "Ali Ufkî" adını aldı.

Enderun'da eğitildi.

Sultan IV. Mehmed'in tercümanlarından biri olan Ali Ufkî, kısa zamanda santur çalmayı ve Türk musikisini öğrendi.

Öğrendiklerini unutmamak için notaya aldı. Bu sayede, Türk musikisi eserleri ilk kez Batı notasıyla kâğıda döküldü.

XVI. ve XVII. yüzyıllara ait beş yüzden fazla eserin söz ve saz notasını yazdı, bunları *Mecmua-i Saz ü Söz* adlı (bugün hâlâ British Museum'da bulunan) kitabında topladı.

Ali Ufkî, bir yandan da dinî tasavvufî şiirler yazıp, ilahiler besteledi.

Tevrat ve İncil'den çeviriler yaptı; bazı metinler ilk kez onun tarafından Türkçe'ye çevrildi.

Türklerin dinî inançlarını, İslam'ın ibadet şekillerini, sünneti, imanın şartlarını, Müslüman kültürünü konu alan Latince bir risale kaleme aldı.

Ve dikkat buyurunuz, İncil'i ve Tevrat'ı Türkçe'ye çevirdi! Niye Türkçe'ye çevirdiğini anlayamadım. Osmanlı'da ilk "misyoner" çalışma bu olabilir mi?

Ali Ufkî'nin bizi ilgilendiren yanı, çevirileri değildi; 1665-1673 yılları arasında yazdığı, ilahi olarak okunan kutsal şiirler, yani "mezamir"di.

Tek şiire mezmur; çoğuluna mezamir deniyor. (Orhan Hançerlioğlu, *İslam İnançları Sözlüğü*, 1994, s. 337.)

Tanrı'ya övgü, yakarma, dileme, şükür gibi değişik konuları işleyen mezamir, ilk kez Yahudilerin Zebur adını verdikleri kutsal kitapta yer aldı. Bu kitapta 150 mezmur vardı.

> Davud Yahudilere Yeruşalayim'i verdi. Davud savaşlarla krallığı büyük ölçüde genişletti... Davud ruhanî duyarlılığı ile görkemli Mezmurlar Kitabı'nı yazdı... Davud dünyanın dua kitabını yazabilen bir kişi. Bu başyapıtın dili, her ülkede ulusların gündelik yaşamının bir parçası haline gelmiş, atasözlerine geçmiş, konuşmalarına karışmış ve varlıklarının kritik anlarında kullanılmıştır. Derler ki Mezmurlar Kitabı, dinin konuşmaya dönüşmüş halidir. Eğer Tora Tanrı'nın insanlara konuşması ise, Mezmurlar Kitabı da insanların Yaratan'larıyla cüretli –ve başarılı– konuşma çabalarıdır. (Blech, s. 105.)

> Vilnalı Abraham Kokeş akrabası Leyb ben Ozer'e, "Sabatay Sevi, mezmur (Davud'un dualarını) okurken yüzüne bakamazdınız" der. İzmir'de tevkif edildiğinde, tevkifhane yolunda geçtiği caddelerde de bağıra çağıra dualar ettiği (mezamir okuduğu) kaydedilmiştir. Müziğe bayılırdı, sesi de güzeldi ve tagannisi çok başarılıydı. Gelibolu'da yanından çalgıcı müzisyenler eksik olmamıştı. (Gershom Scholem, *Sabetay Sevi Mesih mi, Sahte Peygamber mi?*, 2001, s. 134.)

Sabetay Sevi, Müslüman olup, "Mehmed Aziz Efendi" adını aldıktan sonra, kendisine sadık kalanlara uyulması gereken on sekiz emir verdi; bunların on dördüncüsü şuydu: "Davud'un mezamiri her gün gizli olarak okunsun."[15]

15. Sabetay Sevi'nin on sekiz emrinin ortaya çıkış hikâyesi ilginçtir. Selanikli bir Sabetayist, yeleğini tamir ettirmek için bir terziye bırakır. Yeleğinin cebinde Ladino diliyle yazılmış, bu on sekiz emrin bulunduğu kâğıt parçasını unutmuştur. Terzi belgeyi, *Journal de Selanique*'in yayın yönetmeni Sadi Levi'ye gösterir; o da belgenin kopyasını çıkarır. 1897'de Paris Şarkiyat Kongresi'ne sunulan bir tebliğde, Sabetayistlerin gizli esasları ilk kez ortaya çıkar.
Neden on sekiz emir olduğuna da açıklık getirelim: Sabetay Sevi Yahudi tarihinde on yedinci mesihti; on sekizinci mesih kıyamet gününde gelecekti. İnançlı Sabetayistler, on sekizinci mesihi bekliyorlar.

Ali Ufkî de ilk kez Türkçe güfteli mezamir yazdı.

Mezamirin metinleriyle notalarını içeren çok sayıda kitap tertip edilmiştir. Bu kitaplara İngilizce Psaltery, Almanca Psalmbuch, Fransızca da Psautier adı verilir. Anlaşılan Ali Ufkî de ilk kez Türkçe besteli mezamir kitabı tertip etmek istedi. Ali Ufkî'nin mezmurları elyazması Hazret-i Davud'un ilk 14 mezmurunun Türkçe çevirisiyle notalarından oluşur. (*Tarih ve Toplum* dergisi, kasım 1987.)

Mezmurların ilk 14 tanesi Ali Ufkî Bey'in tayin ettiği makama göre bestelenmiş olup bundan Türk tasavvuf musikisinin etkilenmiş olması melhuzdur (düşünülebilir S. Y.). Yahudi sinagog nağmelerinin Türk klasik musikisine yakın ilişki benzerliği, Kanunî Levi ile Sultan öyküsüne konu olmuştur.

Bir oruç günü, Yahudi yılının en can sıkıcı günü olan Tisba B'AV'ın arifesinde, Abdülhamid, Levi ve takımını Saray'da icraya çağırıyor. Levi altüst olmuş; bu oruç gününü bir yandan bozmamak azminde, öbür yanda da Sultan'ın arzusuna karşı gelmenin sonuçlarını düşünmektedir. Bütün gün işi enine boyuna mülahaza eden Levi, bir yol buluyor: Yahudi-İspanyolca ağlayıp sızlama endechas olan ve geleneksel olarak Tisba B'AV'da söylenen (İbranî) kinot'u oynamaya karar veriyor. Yahudi dinî musikisi, sanat musikisi olduğuna göre sorun çıkmıyor. Sultan icradan son derece memnun oluyor ve hatta mugannîlerin İbranîce şarkı söylemiş olduklarının farkına varmıyor ve Levi'ye değerli bir armağanda bulunuyor. (Burhan Oğuz, *Türk ve Yahudi Kültürlerine Bir Mukayeseli Bakış*, 2003, s. 368-369.)

Yahudi ibadet şekillerinin vazgeçilmez öğesi tef, zurna, zil, saz ve diğer telli çalgılar eşliğinde dans etmekti.

Örneğin mezmurlarda neler yazdığına birkaç örnek verelim:

Tef ve raks ile ona hamdedin.

.....

Rabbe çenk ve güzel ses ile, borularla ve zurna ile hamdedin.

.....

Çenk çalıp Rabbe şükredin on telli santur ile ona terennüm eyleyin.

Sabetayistler için de dinsel müzik ibadetin önemli bir parçasıydı.

Sabetay Sevi müzikten ve şarkı söylemekten çok hoşlanırdı. Bazen İspanyolca bir aşk şarkısının müziğine kendi dinî güftesini yazar, onu,

Macar ve Slav şarkılarına dinî güfteler yazan Hasid boyundan R. İsaac Kalov ve Kozniceli R. İsrael'in ahfadı gibi, din sahasına aktarırdı. (Gershom Scholem, *Sabetay Sevi Mesih mi, Sahte Peygamber mi ?*, 2001, s. 125.)

Türk musikisini Yahudi kültüründen ayırabilir misiniz? Hayır.
Peki bu niye yazılmıyor, anlatılmıyor?
Gerçi son dönemde bu konuda umut veren çalışmalar var.
Bunların başında Cem Behar geliyor:

> Osmanlı şehirlerindeki Yahudi cemaatlerinin on yedi, on sekiz ve on dokuzuncu yüzyıllarda Hazret-i Davud'un bazı mezmurlarını veya başka herhangi bir İbranîce dinî metni klasik Osmanlı repertuvarının sözlü veya enstrümantal parçalarına giydirdiklerini ve sinagoglarda ibadet sırasında bu İbranîce güfteli Osmanlı bestelerini terennüm ettiklerini biliyoruz. Bu türden eserlere müzikoloji literatüründe "contrafacta" adı veriliyor. (*Musikiden Müziğe*, 2005, s. 265.)

Efendi kitabında yazdığımızda çok kişi şaşırdı; Ayten Alpman'ın söylediği "Memleketim" parçasının orijinali/aslı, geleneksel Yahudi müziğinin çok tanınmış şarkısı "Rebe Eumelekh"ti.
Gelelim sonuca:
Musiki konusunda tüm bunları yazmamızın nedeni, Mehmed Esad Efendi'nin neden Yenikapı Mevlevîhanesi'ne bağlandığının ipuçlarını bulmaktı.
Yazdığım gibi, Sabetayistler "salt gizlenmek amacıyla" tekkelere ve dergâhlara gitmiyorlardı. Kendilerine "yakın" buldukları tarikatlara ve tekkelere gidiyorlardı; musiki bu yakınlık nedenlerinden sadece biriydi...
Bu yoldan hangi Sabetayistler geçti?
Bildiğim, Mehmed Esad Efendi yalnız değildi...

Sabetayist "Kürdîli Ahmed Efendi"

Adı Ahmed. Doğum yeri Selanik. Doğum yılı 1870.
Okula gitmedi. Eğitimini iki yerde yaptı: dayısının berber dükkânı ve Selanik Mevlevîhanesi.
Selanik Mevlevîhanesi'nin postnişini Niyazi Dede'ye bağlandı.
Mevlevîhane'de musikiye heves etti; Ferid Efendi'den ut, Halepli Şavul Efendi'den nota dersleri aldı.

Musiki alanında ilerleyince berberliği bıraktı. Fasıl takımı kurdu. Besteler yaptı.

31 Mart Ayaklanması'nı bastırmak için, 1909'da Mahmud Şevket Paşa komutasında Selanik'te oluşturulan Hareket Ordusu'na gönüllü yazılıp, İstanbul'a geldi.

Yeni geldiği Osmanlı başkentinde iki muhite yakın oldu: Mevlevîler ve musiki çevreleri.

Güzel sesi, düzgün okuyuşu ve tavrıyla bir fasıl hanendesi olarak kısa zamanda tanındı; takdir gördü.

Yedi yüz civarında bestesi olduğu tahmin ediliyor. Bunun iki yüz kadarı şarkı türündeydi. Hüzzam, karcığar, segâh makamlarındaki şarkılarını, bu makamlarda fasıl eserleri az bulunduğu için besteledi.

Kürdîlihicazkâr makamını çok kullandığı; bu makamdaki şarkıları çok beğenilip tutulduğu için, "Kürdîli Ahmed Efendi" diye ünlendi.

Kürdîlihicazkâr "Kalb-i sevdazedeler ah ile daim inler" güfteli şarkısı fasıl musikisinin vazgeçilmez eserlerinden sadece biriydi.

Yaşamının son altı yılını felçli geçirdi.

4 aralık 1928'de İstanbul'da vefat etti.

Sabetayistlerin mezarlığı olarak bilinen Üsküdar Bülbülderesi Mezarlığı'na defnedildi.

Yakın arkadaşı, "Gel güzelim Çamlıca'ya" nihavent makamındaki şarkının bestecisi Faiz Kapancı da Sabetayist'ti; babası Selanik Belediye Başkanı Ahmed Kapancı'ydı.

Bugün fasıl musikisini sevmemizde Kürdîli Ahmed Efendi, Faiz Kapancı gibi bazı Sabetayist, İbranî kökenli sanatçıların katkılarını göz ardı edemeyiz...[16]

Selanikli Ramazan Efendi, Selanikli Muhiddin Efendi, Selanikli Abdi Efendi bunlardan sadece birkaçıydı...

Günümüzde, Burhan Öcal annesinin; Sümer Ezgü anneannesinin Selanikli olduğu açıklamasını yaparken, kim bilir belki de bu musiki mirasına dikkat çekmek istiyorlardı...

16. "Tanburî Cemil Bey'in (oğlu Mesud Cemil) babasının veya babasının babasının Macar mühtedisi olduğunu vaktiyle işitmiş ve üzerinde durmamış, hatta unutmuştum. Fakat bunların Macar olmayıp 'Macar Tziyani' (Çingene) olduklarını hiç duymamış, hiç bilmiyordum. Bunu Âsım Sönmez Bey'den işittim ihtiyatla naklediyorum. Büyük şairimiz (Yahya Kemal) Varşova'da elçi, oranın ileri gelme Yahudilerinden birine sormuş:
'Niçin Polonya'da Yahudiler bu halde de, Londra Yahudileri aristokrat?'
Yahudi cevap vermiş;
'Her memleket, layık olduğu Yahudi'ye sahiptir.'" (Münevver Ayaşlı, *Dersaadet*, 2002, s. 74.)
Cüneyt Gökçer'in annesi de Macar'dı.

Sabetayist musiki üstatlarının sadece Mevlevîhanelerde olduğunu düşünmeyiniz. Örneğin, Halvetî Debbağzade Tekkesi zakirbaşısı Yahya Efendi de Sabetayist'ti.[17]

Mevlit camilere ne zaman girdi?

Musiki konusunu uzattık. Bu nedenle, tasavvuf musikisinde usulsüz olarak bestelenmiş; Vahdet-i Vücud fikrini dile getiren Niyazi Mısrî gibi şairlerin güftelerinden seçilen "durak" meselesine -Mevlevî dergâhlarında okunmadığı için- hiç girmeyelim isterseniz.

Zaten bu konuda bilgi de yok:

> Durak formunun tarihsel kökeni hakkında kesin bir şey bildiğimizi söyleyemeyiz. On dokuzuncu yüzyıl öncesi dönemlerde Durakların dinsel ve tasavvufî kurumlar içindeki işlev ve konumları hakkında da bilgilerimiz kıt.
>
> Durak formunun hangi tarikatlar (Halvetî, Celvetî, Kadirî, Cerrahî vb) içerisinde başlayıp nasıl geliştiği, bizzat bu tarikatların zikir törenlerindeki değişimle birlikte nasıl evrildikleri, dindışı müziklerle ilişkileri gibi meseleler henüz tasavvuf tarihi araştırmacılarınca ciddi olarak ele alınmış değil. (a.g.e., s. 284-285.)

Mevlevîler, bilindiği gibi dergâhlarında sadece Mevlevî ayinleri okuyorlar; ama bu "durak"a tamamen karşı oldukları anlamına gelmiyor. İsmail Dede, Zekâî Dede gibi Mevlevî besteciler durak repertuvarını biliyorlardı.

Keza, XIX. yüzyılın en tanınmış durak icracısı Behlül Efendi de Mevlevî'ydi.

Karay Yahudilerinden, yazar Refik Halit Karay'ın akrabası Behlül Efendi, genç yaşında Osman Salaheddin Dede'ye bağlanmıştı. Yenikapı Mevlevîhanesi'nde *Na't-ı Mevlânâ*'yı okur ve ayinlik yaparken, diğer yanda Nasuhî (Prof. Gülten Kazgan'ın dedesinin şeyhliğini yaptığı) ve Nalçacı tekkelerinde durak okurdu. Ayrıca Osman Salaheddin Dede'nin öğrencisi Yeniköylü Hasan Efendi, Tanburî Behor ve Kemanî Ağa Aleksan'ın da içinde bulunduğu musiki topluluğuyla, Hıdiv İsmail Paşa, Prens Halim, Şeyhülislam Sahib Molla gibi devrin önde gelen-

17. Halvetî şeyhlerinden Sinan Erdebilî'nin torunu Yasemin Hanım, işadamı Jefi Kamhi'yle evli. Yasemin Hanım'ın babası işadamı Halil Sırrı Gerçin, "Erdebil Tekkesi"nin son şeyhi; tekkenin mührü onda, ama şeyhliğin, tekkenin çok eskilerde kaldığını söylüyor. Zaten babası Mehmet Nazif Gerçin de tekkeyle ilgilenmemiş, Galatasaray ve millî takımda futbol oynamıştı. Dedesi Halil Sırrı Gerçin ise Cumhuriyet'in ilk hâkimlerindendi.

lerinin yalılarına gidip fasıllarda serhanendelik yapıyordu.

Mehmed Esad Efendi ile Behlül Efendi aynı dönemde Yenikapı Mevlevîhanesi'ndeydiler; arkadaş oldukları kesindi.

Aynı dönemde Zekâî Dede vb'nin de yaşadığı düşünüldüğünde Mehmed Esad Efendi'nin bu topluluklarda bulunduğunu tahmin edebiliriz.

Evet, Yenikapı Mevlevîhanesi'ne bağlanmasının bir önemli nedenin de bu musiki ortamı olduğunu düşünebiliriz.

Dinî musiki, sufîler arasında bile hep tartışma konusu oldu. Bazı tasavvuf çevreleri, semayı çok sert eleştirdi. Kimi ise belli koşullarda caiz gördü.

Sahi, sema meclisleri Müslüman tarikatlarına ne zaman ve nasıl girdi?

Sadece, İranlı Şems-i Tebrizî'nin Mevlânâ'ya öğrettiğini biliyoruz. Öncesi yok.

Konu konuyu açıyor ama sormalıyız:

"Asr-ı saadet"te (Hz. Muhammed döneminde) olmayan, ama zamanla "icma"ın bir öğesi olarak kabul edilen, bugün İslam dünyasında büyük değer taşıyan mevlit, camilere ne zaman girmişti?

Merak etmiyor musunuz?..

"Allah'ın ipine sımsıkı sarılın; asla tefrikaya düşmeyin" sözünü kim unutturdu?

Çok uzattık, musiki konusunu kapatalım.

Ama gördüğünüz gibi, ne çok "tabu"muz var!

1492'de İspanya'dan gelen Yahudilerin kültür hayatımızı nasıl etkiledikleri konusunda ne yazık ki pek çalışma yok.

Sadece musiki mi? Örneğin, Sefaradlar, Türk seyirlik oyunlarını nasıl etkiledi?

Bilgileri sadece satır aralarında bulabiliyoruz...

Osmanlı Sarayı'nın kukla oynatıcıları, soytarı ve hokkabazlarının büyük çoğunluğunu Yahudilerin oluşturduğu biliniyor. Zaten bu oyunları, İspanya'dan Osmanlı'ya getirmişlerdi.

Evliya Çelebi, XVII. yüzyılda İstanbul'da bulunan oyuncu kollarını sayarken bütün üyeleri Yahudi olan üç önemli topluluğa işaret ediyor:

Patak Kolu, Haşune Kolu ve Samurkaş Kolu...

Örneğin, İspanya'dan getirdikleri oyunlardan biri olan, "Mattesina", bizim Bursa kılıç-kalkan oyununa benziyordu; kılıç ve kamalarla dans ediliyordu.

Önemli not:

Efendi kitabında başıma geldi.

Bu yazdıklarımızdan sonra, kötü niyetli bazı çevreler, "değişik" sonuçlar çıkarabilirler; *Efendi* kitabı, Ulusal Kurtuluş Savaşı'na ve Cumhuriyet'in kuruluşuna Sabetayist katkıyı yazdı; ama niyeti bozuk olanlar, "Kurtuluş Savaşı'nı sadece Sabetayistlerin yaptığını, Cumhuriyet'i de Sabetayistlerin kurduğunu yazmış" diye feveran ettiler! Ayıptır.

Ama önlemini alayım:

Türk kültürel hayatını sadece Yahudiler etkilememiştir; Bizans'ın, İran'ın, Şaman'ın, Arap'ın ve Osmanlı'nın çeşitli tebaaları Ermeni'nin de, Rum'un da tesiri olmuştur. Hitit, Sümer, Moğol, Hun vb'yi de unutmayalım.

Biz bu çalışmamızda Sabetayistleri ele aldığımız için, sadece Yahudi etkisini göstermekteyiz. Yoksa, Osmanlı musikisine besteler vermiş tanbur üstadı; Boğdan Voyvodası Konstantin'in oğlu, o da babası gibi Boğdan voyvodası olan Dimitri Kantemiroğlu'nu (1673-1723) unutmuş değiliz!..

Yani, kimsenin kaşlarının çatılmasını istemiyorum.

İbn Haldun'un dediği gibi, "Tarih bilimlerin anasıdır" ve biz, tarihe haksızlık yapmak istemiyoruz...

Şimdi gönül rahatlığıyla devam edebiliriz!..

Yazdım: Şeyh Osman Salaheddin de musikişinastı ve ünlü besteci Zekâî Dede'nin (1824-1897) hocasıydı.

Gelenek hep bir sonraya aktarılıyordu...

İsmail Dede Efendi'nin öğrencisi, Hacı Arif Bey ile Şevki Bey'in çağdaşı Zekâî Dede de o geleneği sürdürdü, birçok öğrenci yetiştirdi. Ünlü edebiyatçı Ahmed Rasim de Zekâî Dede'nin öğrencisiydi.

Ahmed Rasim bazı şiirlerini kendi besteliyordu:

Kaçma didemden aman ey gül tenim
Hatırım şad olmuyor sensiz benim
Sen misin ömrüm, hayatım, güneşim
Hatırım şad olmuyor sensiz benim...[18]

Mevlevîhanelerde usta-çırak ilişkisi hep sürdü; Zekâî Dede'nin oğlu Mevlevî Ahmet Irsoy da (1869-1943) bestekârdı. Bahariye ve Yenikapı Mevlevîhanelerinin kudümzenbaşısıydı.

Irsoy'un öğrencileri arasında, Münir Nurettin Selçuk, Şerif Muhittin Targan, Kemal Batanay, Mesut Cemil, Vecihe Daryal gibi Türk musikisinin ünlü isimleri vardı.

18. "Bu akşam gün batarken gel / Sakın geç kalma erken gel" gibi besteleri bulunan Ahmed Rasim'in kızından torunu Osman Nihat Akın da, dedesi gibi besteciydi: "Bir ihtimal daha var, o da sevmek mi dersin..." gibi kırka yakın bestesi vardı...

Bu bir "bayrak devir teslimiydi"; Münir Nurettin Selçuk'un öğrencisi Rafael Abuav bugün İsrail'in önde gelen klasik alaturka şarkıcılarından...

Artık musiki meselesine bir son verelim. Nokta.

Şeyhi "dönme" Hasan Dede

Yenikapı Mevlevîhanesi'nin elli yedi yıl postnişinliğini yapan Osman Salaheddin Dede'nin yaşamı, 1887'de son buldu.

Yerine oğlu Mehmed Celaleddin geçti...

Bu arada, Mehmed Esad Efendi artık İstanbul'da tanınan bir "mesnevîhan" olmuştu.

Altı ciltlik *Mesnevî*'yi okuyup manasını vererek açıklamaya "mesnevî okutmak", mesnevî okuyan ya da okutmaya hak kazanan kimseye de "mesnevîhan" deniyordu.

Mesnevî okutmak için icazet almak şarttı. Bir de Farsça bilmek gerekiyordu. Ama Farsça bilmek öyle kolay değildi. Osmanlı Devleti'nin Safevîlerle ve İran'la siyasî çekişmesi Farsça'yı da etkilemiş; bu dili bilenlere kin duyulmasına neden olmuş, sonuçta halk arasında, "Kim okur ki Farisî, gider dinin yarısı" sözü hayli yaygınlaşmıştı.

Mehmed Esad Efendi bu olumsuz atmosfere rağmen Farsça'yı öğrenmişti.

Hasan Âli Yücel *Tasavvuf Dünyası ve Mevlevîliği* adlı eserinde Mehmed Esad Efendi'yle ilgili ilginç bilgiler veriyor:

> Bizim çocukluğumuzda merhum Esad Dede destarlı sikkesi ve derviş hırkasıyla Fatih Camii'nde mesnevî okurdu, okuturdu ama cemaati seyrekti, hocalar ona pek de muhabbetli nazarlarla bakmazlardı. Babamın götürdüğü bu ayetli, hadisli okutulan mesnevî derslerinde sarıklı hiç kimseyi görmüş değilim. (aktaran, Ahmet Güner Sayar, s. 40.)

Bu üç cümlelik anlatıda, ne çok soru var.

Esad Dede'nin cemaati niye seyrekti?

Hocalar niye pek muhabbetle bakmıyorlardı?

Halk niye Mehmed Esad Efendi'yi dinlemeye gelmiyordu?

Neden sarıklılar ona soğuktu?

Acaba, Sabetayist olduğu için mi?..

Gelecekte Millî Eğitim bakanı olacak Hasan Âli Yücel'i okumayı sürdürelim:

> Mesnevîhan Esad Dede'nin Çayırlı Medrese'deki küçük odasında toplanılırdı. Babamın oraya beni götürmesi için yalvarırdım. Esad Dede, *Hafız Divanı*'nı okuturdu. Dinleyenler, not alırlar, ona tasavvuftan sualler sorarlar, okuma bitince hepsi birer birer üstadın elini öpüp giderlerdi. O ne saygı, o ne ince terbiyeydi. Yumurta, elma, limon, portakal gibi kabuklu şeylerden başka hiçbir yiyeceği ağzına koymayan, uykularını oturduğu sedir üstüne büzülerek uyuyan bu münzevî ihtiyar, Şarklı üslupta bir hakim idi. Hayatından memnun, mesud bir insandı. Bana hediye ettiği *Nasayih ül-Hükema* (Filozofların Öğütleri) kitabından ilk felsefe dersini aldım diyebilirim. (a.g.e., s. 29-40.)

Mehmed Esad Efendi'nin yedikleri konusuna girerek, sizi ana hikâyeden koparmak istemiyorum...

Yücel ailesi Yenikapı Mevlevîhanesi'yle yıllar öncesinden tanışıyordu. Hasan Âli Yücel'in dedesi Hasan Âli Efendi, Şeyh Osman Salaheddin Dede'ye bağlanmıştı. Onu Hasan Âli Yücel'in babası Ali Rıza Efendi, amcası bestekâr İzzet Efendi, annesi Neyire Hanım ve anneannesi Ayşe Hanım takip etmişti.

Babasından sonra Yenikapı Mevlevîhanesi'nin şeyhi olan Mehmed Celaleddin Dede de, Yücel ailesiyle çok samimiydi; Feyz-i Ati Mektebi'nin anaokuluna giden ikizler Can Yücel ile Canan Yücel'i çok seviyor, dizinin dibinden ayırmıyordu.

Gelecekte Türkiye'nin en iyi şairlerinden olan Can Yücel'in dadısı Habeşî Gülşen Hanım'ın ilginç bir hikâyesi vardı.

Gün gelecek, Yenikapı Mevlevîhanesi'nin müezzini, kudümzeni, güzel naat ve ayin okuyan Hasan Dede'yle evlendirilecekti.

Burada bir dakika duralım:

Bir dönem Kütahya Mevlevîhanesi'nin şeyhi olacak Hasan Dede kimdi?

Sorunun yanıtını, Yenikapı Mevlevîhanesi postnişini Mehmed Celaleddin Dede'nin torunu Resuhi Baykara'ya bırakalım:

> Yenikapı Mevlevîhanesi dervişlerinden Hasan Dede'nin Musevîlik'ten ihtida ettiğini (döndüğünü), babam merhum Şeyh Abdülbâki Bey tarafından merhum Hasan Âli Yücel'in dadısı Gülşen Bacı ile evlendirildiğini biliyorum. (Z. Tezeren, *Erciyes* dergisi, sayı 68, s. 8.)

Yine sormadan geçemeyeceğiz:

Musevîlik'ten dönüp Kütahya Mevlevîhanesi postnişini olacak kadar yükselen Şeyh Hasan Dede, neden Habeşî bir kadınla evlendirildi?

"Dönme" olduğu için kimse onunla evlenmeye yanaşmamış mıydı?

Şeyh Hasan Dede'nin düğünü nasıl oldu acaba?

Bunu "maksatlı" soruyoruz.

Çünkü...

Sultan II. Abdülhamid'in, dergâhın kendine karşı yapılacak muhalif hareketlerin içinde yer almaması için, Yenikapı Mevlevîhanesi'ni hep gözaltında tuttuğunu, içişlerine müdahale ettiğini yazmıştık.

Bunlar yetmezmiş gibi, Mehmed Celaleddin Dede'nin oğlu Abdülbâki Efendi'nin düğününe bile karışmıştı.

> Şeyhin oğlu Abdülbâki Efendi'nin evlenişi sırasında dergâhın içi ve dışı birçok hafiye ile dolduğu gibi, kale kapısından çıkıp dergâha doğru yürüyen kapalı kadın arabalarına varıncaya kadar aranmıştı. (Ziya Uygur, *İnkılaplar, İhtilaller ve Siyonizm*, 1968, s. 202.)

Devletin resmî belgesi: "Nihal Atsız 'dönme'dir..."

Sultan II. Abdülhamid, 1888 yılında, yani Osman Salaheddin Dede öldükten bir yıl sonra, dergâhla ilişkilerini, veliahtlığı döneminde olduğu gibi iyileştirmek için, Yenikapı Mevlevîhanesi'nin müridi, Hasan Âli Yücel'in dedesi Hasan Âli Efendi'yi Posta ve Telgraf nazırı (bakan) yaptı.

Hasan Âli Efendi mayıs 1888-kasım 1895 tarihleri arasında yedi yıl Posta ve Telgraf nazırlığında kaldı.

Nazırlık "rüşvetine" rağmen Yenikapı Mevlevîhanesi Sultan II. Abdülhamid'e muhalifliği alttan alta sürdürdü. Kimi zaman dergâha İttihat ve Terakki Cemiyeti'nin gazeteleri gizlice sokuldu; kimi zaman Veliaht Reşad'ı iktidara getirmek için çeşitli senaryolar kurgulandı. (a.g.e., 204-205.)

Mehmed Esad Efendi bu siyasî kulislerin içinde miydi? Bu konuda kaynaklarda hiçbir bilgi yok.

Geleceğin Millî Eğitim bakanı Hasan Âli Yücel, sadece manevî hayatı değil, siyaseti de Yenikapı Mevlevîhanesi'nde öğrenecekti. Mehmed Celaleddin Dede'nin Galatasaray Sultanîsi'nde okuyan yeğeni Ali Nutkî, Hasan Âli Yücel'e siyasetin ne olduğunu öğreten ilk politik öğretmeniydi.

Hasan Âli Yücel yedi yıllık (28 aralık 1938-5 haziran 1946) Millî Eğitim bakanlığı döneminde gerek dergâhtaki derslerden, gerekse Ali Nutkî Efendi'nin özel derslerinden çok yararlanacak;

Farsça bilgisiyle Mustafa Kemal'in gönlünde yer edecek; okuduğu Kuranı Kerim'le "Millî Şef" İsmet İnönü'nün annesi Cevriye Hanım'ın güvenini kazanacaktı.

Tasavvufa bu kadar sıcak bakan, devrin din âlimlerinin derslerini kaçırmayan Hasan Âli Yücel, başta köy enstitüleri olmak üzere yaptığı birçok icraat nedeniyle "komünistlikle" suçlanacaktı!..

En sert eleştirileri getiren, bunu zaman zaman küfür seviyesine çıkaranlardan biri de, 1944 Turan Davası sanığı, ırkçı Nihal Atsız'dı.

Hasan Âli Yücel için "Türk değildir" diyecekti.

Hasan Âli Yücel bu iddiaya karşı "Dinle Benden" adlı bir manzume yazacaktı:

Babam Boşnak'mış benim bahçıvanlık edermiş
Bahçıvanlıktan önce dağda davar güdermiş
Boşnak olsa ne çıkar, o da Allah'ın kulu
Fakat ecdadım belli Trabzonlu
Geleyim anamgile o taraf Tekirdağlı
Köyleri Dedecik'tir hepsi toprağa bağlı...

Ara not:

Gariptir, Hasan Âli Yücel başta olmak üzere birçok aydını "Türk" olmamakla itham eden, alnına Hitler'inkine benzer bir perçem bırakan, ırkçı-milliyetçi Nihal Atsız'ın kendisi bir "dönme"ydi!

Bunu devletin resmî belgesi diyordu. Eylül 1944 tarihli, "Turancıların Muhakemeleri Hakkında Örfî İdare Komutanlığı'nın İlk Duruşmalara Ait Raporu" bakın ne diyordu:

> Menfi ruhlu olan bu maznun (Nihal Atsız), 1905 senesinde İstanbul'da doğmuş. Babası Mehmed Nail, Gümüşhane'nin Midi köyünden İstanbul'a hicret eden Çarkçı Kolağası Hüseyin Efendi'nin oğludur. Hüseyin Efendi de, Midi köyünde yaptırılan tetkikat neticesinde "Nihal'in üçüncü babası" Çiftçioğlu lakabıyla tanınan, dönme Mervî Ahmed'in oğludur. Esasen kendi tarafına göre, Türk diye "üç batın Türk olduğunu ispat edenlerdir" demesinin sebep ve hikmeti üçüncü batını olan Çiftçioğlu Ahmed'den biraz yukarı çıkınca ırkının karışacağındandı.

Peki hangi dinden dönmüştü?

"Atsız, İbranî asıllı Türkçülerimiz arasındadır." (Yalçın Küçük, *Putları Yıkıyorum*, 2004, s. 49.)

1942 yılında liderlik kavgası "Türkçüleri" böldü. R. Oğuz Türkkan ile Nihal Atsız karşı karşıya geldiler; birbirlerine söylemedik söz bırakmadılar. Birbirlerini safkan olmamakla itham ettiler. Türkkan'a göre, Atsız'ın kafatası "brakisefalik" (kafatasının en uzun ve en geniş noktaları arasındaki oran) değildi.

Atsız da, Türkkan'ın atalarının Anadolu'daki bir Ermeni köyünden olduğunu iddia etti. (Günay Göksu Özdoğan, *Turan'dan Bozkurt'a*, 2002, s. 296.)

Şaşırdınız mı?..

"Dönme" hocanın ünlü öğrencisi

Selanik'teki akrabaları Terakki Mektebi'nde yüzü Batı'ya dönük öğrenciler okuturken, Mehmed Esad Efendi de kendi "okulu" Fatih Camii'nde imanlı çocuklar yetiştiriyordu.

Bunlardan biri de İstiklal Marşı'nın yazarı millî şair Mehmet Akif Ersoy'du.

Mehmet Akif Ersoy, Fatih Camii'nde Mehmed Esad Efendi'nin mesnevî derslerini hiç kaçırmadı...

Mehmet Akif, annesi ve babasının kendisinin eğitimi konusunda yaptıkları tartışma sonucunda tanışmıştı Mehmed Esad Efendi'yle!

Kendisinin, hangi okula gideceği konusunda, babası Fatih Camii dersiâmlarından İpekli Tahir Hoca ile annesi Emine Şerife Hanım çok tartışmışlardı. Anne rüşdiyeden sonra medreseye gitmesini isterken, babasının, "Medresede öğreneceklerini ben öğretirim" demesiyle, Mehmet Akif, rüşdiyeden sonra Mülkiye İdadîsi'ne devam edecekti.

Medrese eğitimini ise kâh babasından, kâh babasının Mehmed Esad Efendi gibi arkadaşlarından aldı.

Akif'in babası Tahir Hoca ile Mehmed Esad Efendi'yi birbirine yakınlaştıran "İslam Kabalası" olan Hurufîlik olabilir mi? Bunu şu nedenle yazıyorum: Tahir Hoca, oğluna ebced hesabıyla doğum tarihi olan "Ragif" ismini vermişti.

O dönemde çocuklara ebced hesabıyla isim vermek çok yaygındı. Millî şairimiz adını daha sonra "Akif" yapmıştı...

Mehmet Akif'in felsefî ve siyasî düşüncelerinde, çocukluğunda ve gençliğinde dinlediği Mehmed Esad Efendi'nin ne kadar katkısı vardı acaba?

Örneğin, geleneği unutmadan Batılılaşmayı savunan Mehmet Akif, İslam'ın gelişmeye mâni olmadığını, Müslümanların zamanla İslam'ın gerçek anlamından koptukları için gerilediklerini düşünüyordu.

Mehmed Esad Efendi bu konuda ne düşünüyordu acaba?

Osmanlı'nın gerileyişinin durdurulmasına ilişkin "reçetesi" neydi?

İngilizci miydi? Fransızcı ya da Almancı mıydı?

İttihatçılara nasıl bakıyordu?

Hiçbir bilgi yok...

Belki öğrencilerini takip ederek bir ipucu bulabiliriz...

Hilmi Ziya Ülken'e göre "Müslüman sosyalist" Mehmet Akif Ersoy, Osmanlı'daki İslamcılık akımının ilk önderlerinden biri sayılıyor.

Devrin önemli yayın organları, *Sırat-ı Müstakim* ve *Sebil ür-Reşad*'daki başyazılarında hep İslam birliğini savundu.

Bir tespit yapalım:

Osmanlı'nın Batı medeniyeti karşısında gerilemesi askerî alanda da peş peşe başarısızlıklar getirdi. 1774'te imzalanan Küçük Kaynarca Antlaşması'yla Batı artık Osmanlı'nın içişlerine müdahale edecek bir güce ulaşmıştı. 1826'da Yunanistan'ın bağımsızlığını ilan etmesi; Balkanlar'da Slav ayaklanmalarının başlaması Müslümanları yavaş yavaş Osmanlıcılık düşüncesinden uzaklaştırdı.

1798'de Napolyon Mısır'ı işgal etti. İngilizler 1852'de Hindistan'a girdi; Afganistan'ı denetimi altına aldı.

Örnekleri çoğaltabiliriz ama özetle sadece Osmanlı değil tüm Müslüman ülkeler işgal tehlikesi altındaydı. Bu durum Müslümanlarda büyük "travma"ya neden oldu. Müslümanlar, İslam dünyasının niçin böylesine gerilediğine, bu durumdan nasıl kurtulucağına yanıt aramaya başladılar.

Cemaleddin Afganî'nin (1838-1897), başını çektiği "İslamcılık" akımı kısa sürede hayli taraftar buldu. Afganî'den etkilenenlerin başında Mehmet Akif Ersoy vardı...

Cemaleddin Afganî'nin görüşüne göre, İslam gelişmeye mâni değildi; zamanla Müslümanlar İslam'ın gerçek anlamından uzaklaşmışlar ve bu yüzden gerilemişlerdi.

İşgalci Batı'ya karşı durabilmek için Müslümanlar birleşmeli ve İslam'ın aslî yüzüne dönmeliydi.

Cemaleddin Afganî'nin siyasal duruşu böyleydi; peki dinî ve felsefî anlayışı neydi?

Bu konu biraz karışık...

Şöyle ki, 1869'da İstanbul'da, peygamberliğin aslında bir "meslek" ve "sanat" olduğunu iddia edip, Osmanlı ulemasının ayaklanmasına neden olmuştu!

Afganî, Tanrı'ya inanan, peygamberlere inanmayan bir deist miydi?

Ama onun materyalizme karşı kaleme aldığı sert makaleler, onun vahye inanmayan (deist) tutumunu unutturuverecekti.

Türkiye'de İslamî araştırmaların acıklı durumudur bu; görmemezlikten gelme tutumu hâlâ sürüyor!

Neyse, yanıtını aradığımız soruyu biraz daha geliştirelim:

Batı'nın işgalci yayılmacılığının olduğu bu süreçte, Yahudilere yönelik saldırıların arttığı biliniyor.

Yani Osmanlı'nın gerilemesi, Batı'nın emperyalist yayılmacılığı, yıllar önce İspanya'dan kovulma travmasını yaşayan Osmanlı Yahudilerini de hakkıyla çok tedirgin ediyordu. Osmanlı Devleti dışında, güvenle gidecek pek yerleri yoktu.

Eskisine nazaran İngiltere, Fransa gibi ülkelerde artık rahattılar. Ama bu durumun ne kadar süreceğinden hiç emin değillerdi.

Sonuçta, Mehmed Esad Efendi'ye yönelttiğimiz soru, Yahudiler için de geçerliydi:

Kurtuluş için "reçeteleri" neydi?

Osmanlıcılık, Türkçülük, İslamcılık... Hangisi?

Bu soruyu kurtuluşu Osmanlı'yla birlikte arayanlara soruyoruz. Çünkü bir grubun düşüncesinin "Siyonizm" olduğunu biliyoruz...

Dün farklıydı. O nedenle şu soruyu rahatlıkla sorabiliriz:

Osmanlı'nın çöküş döneminde ortaya çıkan "İslamcılık akımı"nın, Sabetayistlerin tümünü rahatsız ettiğini düşünmek ne kadar doğrudur?

Mehmet Akif gibi isimler zaten "modern İslam"ı savunuyordu.

Sırat-ı Müstakim dergisinin kurucuları arasında Mardin ailesinden iki isim vardı: Ebülula Mardin ve Şeyh Ömer Fevzi Mardin'in babası Arif Bey.

Derginin sahibi Selanik, Serezli Eşref Edib'in (1882-1971) yetişmesinde en büyük rolü Ebülula Mardin oynamıştı...

Selanik'te sıbyan mektebini ve rüşdiyeyi bitiren Eşref Edib, Müftü Ümadüddin Efendi'den ilimler tahsil etti. Bir yıl kadar Mahkeme-i Şeriye'de kâtip olarak çalıştıktan sonra İstanbul'a geldi. Mekteb-i Hukuk'a devam ederken Atikalipaşa Camii'nde medrese derslerini takip etti.

Eşref Edib ileri bölümlerde ayrıntılarını okuyacağınız, "masonik-İslamî" bir cemiyet olan Tarikat-ı Salahiye'nin "Kırklar Meclisi"ndeydi!

Ebülula Mardin'in kız kardeşi Atiye'yle evli olan İttihat ve Terakki Cemiyeti merkez-i umumî heyeti yöneticisi Hacı Adil Bey ve Hakkı Paşa (sonradan sadrazam olan) gibi İttihatçıların sohbetlerinden feyz alıyordu.

İkinci Meşrutiyet'in ilanından hemen sonra yayın hayatına başlayan *Sırat-ı Müstakim*'in yazarları arasında Şeyhülislam Musa Kâzım Efendi[19] (bir dönem Darülfünun'da rektörlük yapan, mason) Babanzade Ahmed Naim Bey (Halide Edip'in "Yahudi dönmesi" dediği); Ahmed Ağayev (Ağaoğlu), Yusuf Akçura (Türkçü), Ethem Nejat (sosyalist) gibi isimler de vardı.

Ancak yollar zamanla ayrıldı. Ebülula Mardin ve arkadaşlarının çekilmesinden sonra Eşref Edib ve Mehmet Akif Ersoy yanlarına, Prens Abbas Halim Paşa'yı alarak yola devam ettiler. *Sırat-ı Müstakim*'in adını *Sebil ür- Reşad* olarak değiştirdiler.

Bu kopuşun ideolojik arka planı neydi?

Ebülula Mardin ve arkadaşları gitmiş, Prens Abbas Halim Paşa gelmişti.

Gidenler ile gelenler arasında siyasî ve kültürel bir fark yoktu.

Ama bir ayrılık yaşanmıştı. Yüzeysel miydi?..

Hep ipucu arıyoruz. Aramaya da devam edeceğiz...

Göz ardı edilen "Kavala tarihi"

"Müslümanların uyandırılması ve yüceltilmesi için çıkarılan" *Sebil ür-Reşad*'ın adının bulunması da ilginçti; Prens Abbas Halim Paşa bir teklifte bulunuyor: "Kuran'dan bir sayfa açalım, ne isim çıkarsa oradan alalım."

Ardından paşa besmeleyle bir sayfa açıyor, "İttebiuni ehdiküm sebil ür-reşad" ayeti çıkıyor ve ismi buluyorlar: *Sebil ür-Reşad*.

Basın tarihinin en uzun ve etkili fikir yayın organlarından *Sebil ür-Reşad*'ın malî kaynağı Kavalalı ailesiydi.

Hayır hayır, Türkiye'nin fikir dergilerinden *Birikim*'i de çıkaran İletişim Yayınları'nın sahibi Kavalalı ailesini kastetmiyorum.

Hayır, yanıldınız: Kabala değil, Kavala! Gerçi Yunan alfabesinde "b" (beta) "v" okunuyor. Yani "Kabala" yazılan, "Kavala" diye okunmaktadır!

Efendim, Türkiye'de sözcüklerin etimolojik kökenleriyle ne

19. Şeyhülislam Musa Kâzım Efendi, yaşamı boyunca, mason olduğunu hep reddetti. Ama gelin görün ki, Hür ve Kabul Edilmiş Masonlar Büyük Locası'nın resmî İnternet sayfasında, mason olduğu yazılıdır. Ayrıca koca bir de fotoğrafı vardır. Ben bugüne kadar pek kaynaklarda görememiştim, fotoğrafı olan bir diğer mason şeyhülislam ise İzzeddin Efendi'ymiş! Listede adı olan bir diğer mason da, Şeyhülislam Hayri Efendi. Mason olan diğer din adamları şunlardı: Müderris Mahmud Esad Efendi, Berlin Sefareti baş imamı Mustafa Hafız Şükrü, sefaret imamı Haşim Veli.

yazık ki bir iki düşünür dışında kimse uğraşmaz. Onlara da "deli" gözüyle bakar bizim aydınımız...

Geçelim.

Gerek bizim yaşamlarından kısaca bahsedeceğimiz Kavalalı, gerekse Türkiye'deki ünlü Kavalalı ailesinin her ikisi de Kavala'dan ve her iki aile de tütüncüydü.

Ama biri nedense daha sonraki yıllarda "Kavala" adından rahatsız olmaya başladı. "Örtüye" ihtiyaç duydular.

Şöyle ki:

Osmanlı'nın son yıllarını okuduğunuzda karşınıza sık sık "Sadrazam Mısırlı Said Halim Paşa"; "Vezir Mısırlı Halim Paşa"; "Mısırlı Prens Abbas Halim Paşa" gibi "Mısırlı paşalar" çıkar.

İşin garip yanı, bunlar Mısırlı değildir!

Daha ilginç olanı; Osmanlı'nın son iki yüz yılında neye el atsanız karşınıza bu aile çıkar: Osmanlı reformu; masonluğun ilk örgütlenişi; Jön Türkler; İttihatçılar; siyasal İslamcılar; liberalizm; lüks hayat, köşkler, konaklar, araba sevdaları ve Fransız lobisi...

Evet, olay biraz karışık gibi gelmiş olabilir; en iyisi öyküyü başından anlatmak...

Hikâyemiz Selanik'in kazası Kavala'da başlıyor; kahramanımız Kavalalı Mehmed Ali Paşa.

Doğum tarihi kesin olarak bilinmiyor; 1769-1770-1771.

Bunun nedeni olarak, çocukluğuna ilişkin hep yalan söylemesi, uyduruk hikâyeler anlatması gösteriliyor. Örneğin bazen babasının o daha çocukken öldüğünü, kendisini amcası Tosun Ağa'nın büyüttüğünü söylüyor; ama daha sonra babasının o, yirmi bir yaşındayken öldüğü ortaya çıkıyor gibi.

Atalarının kökleri konusunda da kafa karışıklığı vardı:

Kimine göre Arnavut, kimine göre Türk, kimine göre ise bilinmiyordu! "Parsimony.net" forum sayfasına yazan Arpad Manas, Mehmed Ali Paşa'nın Sabetayist / Yakubî olduğunu belirtiyor.

İlginçtir, Ahmet Safi'nin *Dönmeler Âdeti* kitabına göre, Selanik Valisi Hüsnü Paşa'nın, Selanik'te Sabetayistlerin merkezi olarak bilinen bir eve yaptırdığı baskında, Kavalalı Mehmed Ali Paşa'nın Yakubî cemaatine hediye ettiği bir kılıç bulunuyordu!

Kimse tam emin değil ama, Kavalalı Mehmed Ali Paşa'nın büyük dedesi Konya, dedesi Osman Ağa ise Edirne doğumlu.

Babası İbrahim Ağa, Kavala'da hem yolların güvenliğinden sorumlu, hem de tütün tüccarı.

Okuma yazma bilmeyen ve tütüncülük yapan Mehmed Ali, baba mesleğine Fransız Yahudi tütün tüccarı Leon'un yanında başlıyor.

On dokuz yaşındayken, Kavala "valisinin" otuz üç yaşındaki dul kızı Emine'yle evlendiriliyor.

Bu tuhaf evlilikler de hep bizim çalışmalarımızı buluyor!..

Mehmed Ali'nin hayatını hep Fransızlar değiştirdi; yukarıda yazdım, Fransızlar Mısır'a girince Osmanlı ordusu Serdarıekrem Yusuf Ziya Paşa komutasındaki orduyu Mısır'a gönderdi. Bu orduya Kavala'dan 300 kişi katıldı; bu askerlerden biri de Kavalalı Mehmed Ali'ydi.

Hayatında örnek aldığı tek kişi Napolyon Bonapart'tı. Hep onun gibi olmanın hayalini kuruyordu. Ve Napolyon ordusuna karşı savaşmak üzere orduya katıldı.

Osmanlı ordusu İngilizlerle birlikte Mısır'ı tekrar ele geçirdi; ancak yönetimde kargaşa çıktı; İngilizler yönetimi Osmanlı'ya bırakarak çekildi; bu kez Osmanlılar ile Memluklar birbirine girdi; yani huzursuzluklar hiç bitmedi.

> Zekâsı ve cesur kişiliği nedeniyle kısa zamanda orduda sivrilen Kavalalı Mehmed Ali, kurnaz kişiliği ve çevresini etkileyebilme gücü sayesinde bölgede hatırı sayılır biri oldu.
>
> Kavalalı Mehmed Ali Paşa bazen yeniçeriler ile Arnavutları birbirine düşürdü; bazen her ikisini Mısır valisine karşı ayaklandırdı; yaptığı kargaşalıklarla her geçen gün Mısır iktidarını ele geçirmeye başladı. Yanına Memluk beylerini[20] alarak amacına 1805'te ulaştı. Memluk beylerinin üç yüzünü tuzağa düşürüp öldürterek, Mısır'ın tek hâkimi oldu. (Anonim!)

Zorunlu olarak araya gireceğim: Bizim tarih yazıcılığımız niye hep böyle; salt kişisel özellikleriyle insanları "bir yerlere" getiriveriyor! Evet, "bireysel özelliklerin" etkisini göz ardı edemeyiz, ama sadece bu mudur yani?

Sadece kişisel kabiliyetiyle mi, Kavalalı Mehmed Ali iktidar olmuştu?

Mısır'ın tarihi/talihi Kavalalı Mehmed Ali Paşa'yla değişmeye başladı.

Kavalalı, Fransa'dan uzmanlar getirerek önce ordusunu yeniledi. Ardından harp ve hekimlik okulları açtı. Matbaaların kurulmasını sağladı. Buhar makineleri getirtti. Telgraf sistemi kurdu. Su

20. 1250-1517 tarihleri arasında Mısır'a hâkim olan Memluklar, neden bizim tarihimizde hak ettiği ilgiyi görmemektedir? Tarihte, resmî olarak "Türkiye Devleti" (Devlet üt-Türkiye) adını kullanan ilk devleti Memluklar kurmuştu. Ne ilginç değil mi, Yavuz Sultan Selim'in İran'da Safevîler ve Mısır'da Memluklar tarafından kurulan Türk devletleriyle savaşmasını nasıl değerlendirmemiz gerekiyor?

kanalları yaptırdı. Çölün kıyısına yüz bin zeytin ağacı, üç yüz bin erik ağacı diktirdi. Kumaş dokumacılığına büyük önem verdi; Avrupa'dan yeni tezgâhlar ithal etti; Floransa, Malta ve Marsilya'dan iplik ustaları getirtti.

Yani bayındırlık, tarım ve ticaret alanında birçok yeniliğe imza attı.

Türkçe'yi resmî dil ilan etti; Türkçe gazete çıkardı.

Dikkat: Tüm bunları kırk beş yaşında çat pat okumayı öğrenen biri yapıyor!

Bu reformları askerî başarılar izledi. Suriye, Sudan ve Vahhabî isyanını bastırarak Arabistan'ı ele geçirdi.

Osmanlı'nın, Yunan isyanı gibi başı her sıkıştığında yardımına koştu.

Ölmeden bir yıl önce 1848'de iktidarı oğlu İbrahim'e bıraktı.

İşte "Mısırlı" sıfatı bu dönemde oldu.

İbrahim 1790'da, Kavala'da veba salgını olduğu için Drama'da doğdu. Mısır'a on beş yaşında ayak bastı. Babasının tersine Türkçe değil Arapça konuşmayı tercih etti; Türk ya da Arnavut olarak değil Mısırlı olarak tanınmak istedi.

İşin garip yanı, iktidarı aldığı yıl -babasından önce- vefat etti; ancak "Mısırlı" sıfatını bundan sonra çocukları kullanmaya başladı; keza, "prens" ve "prenses" unvanlarını da!

İbrahim'den sonra iktidara Mehmed Ali Paşa'nın torunu (oğlu Tosun Paşa'nın oğlu) Abbas Paşa geçti.

Kavalalı, pardon Mısırlı hanedanının hikâyesi uzun, uzatmayayım. Ama bir anekdot vereyim: Kavalalı Mehmed Ali Paşa'nın çocukları, torunları her ne kadar "Mısırlı" adını kullansa da, "Mısırlı hanedanlığı", Arap milliyetçisi Baas hareketinin lideri Nâsır (Cemal Abdünnâsır) tarafından yıkıldı.[21]

Son "Kavalalı" Kral Faruk, Kavalalı Mehmed Ali Paşa'nın torunu İsmail'in torunuydu.

Hikâyenin özeti bu.

Özeti diyorum, çünkü size Kahire'de yaşayan ve Arapça konuşan Mustaripler başta olmak üzere Mısır Sarayı üzerinde etkili olan Yahudi lobisini anlatmadım. Ayrıca, "kadın Mesih" bulmak

21. Mısır hanedanından geriye, bu günlerde hayli meşhur gece kulübü olan "360"ın bulunduğu Beyoğlu'ndaki Mısırlı Apartmanı kaldı! Abbas Halim Paşa'nın yaptırdığı bu apartmanın bir dairesinde Mehmet Akif Ersoy da yaşadı. Büyük şair burada vefat ettiğinde küçük kızı Suad ve torunları Ferda ve Selma Argon'la kalıyordu.
Mehmet Akif'in diğer kızları; Cemile, DP milletvekili ve yazar Ömer Rıza Doğrul'la, Feride ise işadamı Muhittin Akçar'la evlendi. Feride-Muhittin Akçar'ın torunu TKP Genel Başkanı Aydemir Güler'dir.
Mehmet Akif'in iki oğlu Emin ve Tahir yoksulluk içinde öldüler.

için Mısır'a gelip, bulamayınca Süveyş Kanalı projesini ortaya atan, bu da yetmezmiş gibi Kahire'de teknik okullar kuran Yahudi "Saint-Simoncular"dan da bahsetmedim!

Sabetayistlerin adını ise hiç geçirmedim:

> (Sabetay Sevi döneminde) Kuzey Afrika'da Mısır'dan Fas'a büyük Mesihçi heyecan yaşanmaktaydı ve asıl büyük odak Kahire'ydi. (Gershom Scholem, *Sabetay Sevi Mesih mi, Sahte Peygamber mi?*, 2001, s. 328.)

Kavalalı ailesinin çevresinde Nubar Paşa, Bogos Efendi, Artin Bey gibi Ermeniler, Fransız Albay Joseph Sèves, Yüzbaşı Mari (bir dönem Arabistan Ordusu'nda Genelkurmay başkanlığı yaptı), İtalyan Baffi gibi "dönmeler" de vardı. Kavalalı, Osmanlı'nın Islahat Fermanı'ndan önce, Mısır'daki tebaasını eşitledi; din özgürlüğünün olması dünyada ilk kadın Katolik tarikatının Mısır'da doğmasına neden oldu.

Son not: Kavalalı Mehmed Ali Paşa'nın, ülkenin genel muhasebe yönetiminin başına getirdiği Basileus Gali, BM eski genel sekreteri Butros Gali'nin büyük dedesiydi.

Siyasal İslam... Masonluk... Ve para...

Kavalalı Mehmed Ali Paşa'nın 17'si erkek, 13'ü kız tam 30 çocuğu vardı. Ancak bunlardan sadece 7'si erkek 3'ü kız 10'u yaşadı, diğerleri bebekken öldü.

Sebil ür-Reşad dergisinin finansörü Abbas Halim Paşa, Kavalalı Mehmed Ali Paşa'nın torunu; Abdülhalim'in oğluydu.[22]

Abbas Halim Paşa'nın ağabeyi ünlü bir isimdi: İttihat ve Terakki'nin en sert döneminde dört yıl (1913-1917) sadrazamlık yapan Said Halim Paşa.

Sadrazamlıktan önceki görevi, İttihat ve Terakki Cemiyeti genel sekreterliğiydi; yani öyle sıradan bir İttihatçı değildi.

1913 Babıâli baskınına karar veren merkez komitenin içindeydi.

Kardeşi Abbas Halim Paşa ise İttihat ve Terakki döneminde önce Bursa valisi, sonra Nafıa nazırı oldu!

22. Abbas Halim Paşa, amcası Tosun Paşa'nın kızı Prenses Hatice Hanım'la evliydi. Bu evlilikten olan küçük kızı Vicdan, Moralı İbrahim Paşa'nın oğlu, İttihat ve Terakki Cemiyeti'nin aktif isimlerinden Naci Moralı'yla evliydi. Moralı İbrahim Paşa'nın kızı Hasena ise, İttihatçı Salah Cimcoz'la evliydi ki, bu evlilikten olan Emel Hanım, Fahri Korutürk'ün eşiydi. Yani Türkiye Cumhuriyeti'nin altıncı cumhurbaşkanı Fahri Korutürk Abbas Halim Paşa'nın dünürlerinin damadıydı. Ne akrabalıklar ama, ya sadrazam oluyorlar ya cumhurbaşkanı ya da kral!

Ne diyor siyasal İslamcılar, "İttihatçıların arkasında Yahudiler, masonlar vardır!" Peki kimdir bunlar? Bildik isimler yüz yıldır yazılıp duruyor. Ama hiçbiri İslamcı *Sebil ür-Reşad*'ın arkasındaki masonlardan, Sabetayistlerden bahsetmiyor!..

Osmanlı'da, siyasal İslamcı akımların lideri konumundaki *Sebil ür-Reşad*'ın en hassas olduğu konu masonluk ve Yahudilik'ti. Masonluğun perde arkasında Siyonizm'in olduğunu yazıyorlardı. Yahudi ve masonlara "sarı irtica" diyorlardı.

İlginç değil mi, "küfrettikleri" İttihatçıların başında "siyasal İslamcı" *Sebil ür-Reşad*'ın finansörü ve yazarı Said Halim Paşa vardı; kardeşi Abbas Halim Paşa ise hükûmette bakandı!

Sıkı durun:

İslamcı *Sebil ür-Reşad* dergisinin finansörü ve yazarı Sadrazam Said Halim Paşa aynı zamanda masondu! (İlhami Soysal, *Dünyada ve Türkiye'de Masonlar ve Masonluk*, 1978, s. 380.)

İngiltere'nin İstanbul büyükelçisi Sir G. Lowtherin, İngiltere Dışişleri Bakanı Sir C. Harding'e gönderdiği "gizli" mahreçli raporlarda, İttihatçı-Yahudi ve mason ilişkisini isim isim anlatmaktadır. "Top secret" damgalı bu raporda, "Mısırlı farmason Prens Halim belediye başkan vekili oldu. (...) Mısırlı Prens Said Halim'den bahsedildi yukarıda. O, kardeşi Abbas Halim, Prens Aziz Hasan, hıdive karşı duydukları şiddetli nefretten ötürü İttihat ve Terakki'yle çalışmış, malî bakımdan cemiyeti desteklemiştir. Selanik yoluyla başşehre yayılan Jön Türk farmasonluğunun Mısır masonluğuyla münasebeti, Boğaz'daki yalısına çekilişi bu akıntılı politika neticesindedir" denmektedir... (Prof. Eli Kidor, *Arabic Political Memories and Other Studies*, Londra, 1974; aktaran, *Gündüz* gazetesi, 19 mayıs 1998.)

Said Halim Paşa'nın masonluğu babadan "mirastı"; ailece masonlar yani...

Babası Prens Muhammed Abdülhalim Paşa, masondu; üstelik Fransız Yüksek Şûrası (Büyük Doğu/Grand Orient) üyeliğine kadar yükselmiş önemli bir masondu.

Mason olmakla kalmamış, 1861'de Fransa maşrık-ı âzamından patent alarak, "Şûra-yı Âli-i Osmanî" adında Osmanlı locasını kurmuştu!..

"Mısırlı" ailesinin tıpkı İttihatçılığı gibi masonluğu da "derin"di!

Durun bitmedi: 1909'da kurulan Türkiye Büyük Locası'nın kuruluşuyla ilgilenmesi için Avrupalı büyük üstatlar kimi görevlendirdi dersiniz; Mısırlı Prens Aziz Hasan Paşa'yı! Yani Said Halim Paşa'nın amca oğlunu...

Geniş yetkilerle İstanbul'a gelen Prens Aziz Hasan Paşa'nın yardımcılığına da Belçika'dan Joseph Sakakini getirildi.

Burada bir dakika duralım:

Joseph Sakakini, Kavalalı ailesine uzak biri değildi. Kavalalı'nın torunu; İbrahim Paşa'nın oğlu Mustafa Fazıl Paşa'nın Avrupa'daki özel temsilcisiydi. Suriyeli bir Yahudi'ydi.

Mustafa Fazıl Paşa, ağabeyi İsmail'den sonra Mısır valisi olacağını düşünüyordu. Ancak ağabeyi İsmail veraset usulünü değiştirerek, oğlu Mehmed Tevfik'e valilik yolunu açıp, Osmanlı Sarayı da bunu onaylayınca, Mustafa Fazıl Paşa, Osmanlı'ya ve Mısır Hıdivliği'ne karşı isyan bayrağını açtı. Aralarında Namık Kemal, Ziya Paşa, Ali Suavi ve Şinasi'nin de bulunduğu Osmanlı'nın ilk "ihtilalci örgütü" Genç Osmanlılar Cemiyeti'nin (Jön Türklerin) koruyuculuğunu ve finansmanını üstlendi.

Mayıs 1867'de İstanbul'a gelerek Ziya Paşa, Şinasi, Namık Kemal gibi "Jön Türkler"i Avrupa'ya davet eden kişi kimdi biliyor musunuz: Mustafa Fazıl Paşa'nın özel temsilcisi Yahudi Joseph Sakakini.

Kavalalı ailesi mason olmaya koşar adım giderken, Paul André Desjardin gibi masonlar, "Fransız localarını fazla Yahudileşmiş bulup, o çevrelerden uzaklaşmak için uykuya yatmayı tercih ediyorlardı." (*Tarih ve Toplum* dergisi, 14 şubat 1985.)

Kavalalı Mehmed Ali Paşa'nın evlatları-torunları sadece mason değillerdi; bir torunu Jön Türkleri örgütlüyor, finansmanını sağlıyor; bir diğer torunu İttihatçıları örgütleyip finansmanını sağlıyordu...

Arada "İslamcı düşünürler" de unutulmuyordu hani...

Örneğin *Sebil ür-Reşad* dergisinin finansörü Abbas Halim Paşa, tıpkı amca oğlu Mustafa Fazıl Paşa'nın Jöntürkler'e yaptığı gibi, derginin yazarlarından Prof. Ömer Ferit Kam vb "İslamcı düşünürler"i Avrupa'ya gönderiyordu.[23]

Bir yanda masonlar, bir yanda İttihatçılar, diğer yanda "İslamcı düşünür"ler.

Osmanlı masonlarını örgütleyebilmek için, Fransızlar da İstanbul'da yaşayan işadamı David J. Kohen'i görevlendirdi.

23. *Sırat-ı Müstakim* ve *Sebil ür-Reşad* ekibi içinde yer alan Ömer Ferit Kam'ın babası askerî doktordu. Annesi kütüphane sahibi Defterdar Atıf Efendi'nin torunun kızı Fatma Fıtnat Hanım'dı. Ömer Ferit Kam, Mekteb-i Hukuku bitirdi. Özel hocalardan Arapça, Fransızca ve Farsça dersleri aldı. En büyük yardımı gelecekte Maliye nazırlığı görevinde bulunacak Sabetayist Faik Nüzhet Efendi yaptı. (Oğlu Sadun Terem büyükelçilik yapmıştır.) Faik Nüzhet sayesinde Hariciye Nezareti Tercüme Odası'na memur olarak girdi. Fatma Rukiye Hanım'la evlendi. Mehmet Akif vasıtasıyla tanıştığı Abbas Halim Paşa tarafından Avrupa'ya gönderildi. Hep iç içeler.

Sonuçta Talat Paşa, Mithat Şükrü Bleda, Cavid Bey, Dr. Rıza Tevfik, Nesim Mazelyah, David J. Kohen, Osman Adil, Âsım, Mişel Noradunkyan, Mehmed Galib ve Mehmed Arif'e masonluğun en büyük rütbesi 33. derece verilerek, Türkiye Yüksek Şûrası kuruldu.

İstanbul Tokatlıyan Oteli'nde yapılan ilk toplantıda, amir-i hakim-i âzamlığa (en saygıdeğer üstatlığa) Prens Aziz Hasan Paşa; yardımcılığına da (Sabetayist/Karakaşî grubunun lideri) Maliye Nazırı Cavid Bey; kâtib-i umumî azalığına Yahudi David J. Kohen getirildi!

Ne ittifak ama...

Aradan yıllar geçmiş, ama Osmanlı topraklarında masonluğun temelini atan, yukarıda isimlerini geçirdiğimiz kişiler unutulmamıştır. Masonluğun en yüksek ödülü olan "İn Memoriam Ödülü"ne layık görülmüşlerdir:

1885 yılında 01 numarayla 33. dereceden mason Muhammed Abdülhalim Paşa;

1886 yılında 09 numarayla 33. dereceden mason Aziz Hasan Paşa;

1890 yılında 10 numarayla 33. dereceden mason Joseph Sakakini...

Neymiş, *Sebil ür-Reşad*'ın "en hassas olduğu konular masonluk ve onunla doğrudan bağlantılı Yahudilik"miş!

Sormazlar mı: "Kardeşim bu derginin kâğıdı ve parası nereden/kimlerden geliyor?" diye.

Bunu öğrendik...

Peki...

Bu derginin düşünce ideoloğu kimdi: Cemaleddin Afganî...

Yani Mehmet Akif, Eşref Edib, Şemsettin Günaltay, Said Halim Paşa gibi *Sebil ür-Reşad* yazarlarını en çok etkileyen İslamî düşünür.

Keza Said-i Nursî gibi İslamî cemaat liderlerini de etkilemişti.

Cemaleddin Afganî ile öğrencisi Muhammed Abduh'un makaleleri *Sırat-ı Müstakim* ve *Sebil ür-Reşad* gibi İslamcı dergilerde sık sık yer alıyordu.

Ama nedense "Doğu'nun Çırpınan Şahini" ismi takılan Afganî ile öğrencisinin gizli kimlikleri bu yayınlarda pek yazılmıyordu...

Lafı uzatmadan yazayım:

Cemaleddin Afganî masondu!

Kahire'deki "Şark'ın Yıldızı Locası"na 7 temmuz 1868'de girmişti. Numarası 1355'ti.

Afganî'nin masonluğuna dair ayrıntılı bilgi isteyenler, 1960'ta Fransa'da basılan *Les Francs Macons* adlı kitaba bakabilirler:

> Mısır'da kurulan mason localarının başına Cemaleddin Afganî ve ondan sonra Muhammed Abduh getirildi. Bunlar Müslümanlar arasında masonluğun yayılmasına çok yardım ettiler. (s. 127; *Yahudilik ve Masonluk*, s. 350.)

Cemaleddin Afganî öyle sıradan bir mason değildi...

İslamcı *Yeni Mesaj*'dan M. Emin Koç'un makalesinden alıntı yapalım:

> İran Esedâbad doğumlu Cemaleddin Afganî, İngiliz belgelerine göre "Tanrı'ya inanma" şartı koşan İskoç Mason Locası'na üye iken, buradan "Tanrısızlık ithamıyla" kovulmuş, o da "Tanrıtanımazlık"ın makul sayıldığı Fransız Grand Orient Locası'na reis olmuştur. (Bkz. Alaaddin Yalçınkaya, *Cemaleddin Afganî*, İstanbul, 1991, Osmanlı Yayınları, s. 131-132; Muhammed Reşad, *Cemaleddin Afganî Hakkında Makaleler*, İstanbul, 1461/1996, s. 21, dipnot s. 36.) Afganî aynı zamanda Kahire Mason Locası'nı kurdu ve oranın reisi oldu. Öğrencisi Abduh ile birlikte Paris'te *Urvetü'l-Vüska* adlı bir gazete çıkardı.
>
> II. Abdülhamid Han'ın Afganî'yle ilgili söylediği şu sözlere bakarsak Afganî'nin nasıl birisi olduğu daha iyi anlaşılacaktır: "Cemaleddin Afganî'yi yakından tanırdım. Mısır'da bulunuyordu. Tehlikeli bir adamdı. Bana bir ara Mehdîlik iddiasıyla bütün Orta Asya Müslümanlarını ayaklandırmayı teklif etmişti; buna muktedir olamadığını biliyordum. Ayrıca İngilizlerin adamı ve çok muhtemel olarak İngilizler beni sınamak için bu adamı hazırlamışlar idi. Derhal reddettim. Bu sefer İngiliz Blund'la işbirliği yaptı. Kendisini İstanbul'a çağırttım. Bir daha İstanbul'dan çıkmasına izin vermedim." (Bkz. *Abdülhamid Han, Sultan Abdülhamid'in Hatıra Defteri* ([Haz. İsmet Bozdağ], İstanbul 1986 [8. baskı], Pınar Yayınları, s. 73.)
>
> Afganî'nin talebesi olan Muhammed Abduh ise Mısır doğumlu. Abduh gibilerin kimler tarafından destek gördüğüne dair zamanında İngiltere'nin Mısır sömürge valisi Lord Cromer'in söylediği şu söz ibretliktir: "Kuşkusuz İslamî reformist hareketin geleceği Şeyh Muhammed Abduh'un çizdiği yolda ümit vaat ediyor. Ve o yolun yolcuları Avrupa'nın her türlü yardım ve teşviklerine layıktırlar." (M. Muhammed Hüseyin, *Modernizmin İslam Dünyasına Girişi* [çev. S. Özel], İstanbul 1986, İnsan Yayınları, s. 91-92; Cromer'in 1905 yıllığının 7. maddesinden naklen.)

Merhum Şeyhülislam Mustafa Sabri Efendi, Abduh ile ilgili şunları söylemiştir: "Üstadı Afganî vasıtasıyla, masonluğu Ezher'e idhal (sokan) eden odur." (M. Sabri Efendi, *Mevkıfu'l-Akl ve'l-ilm ve'l-Âlem*, Beyrut 1314, c. I, s. 133.) [21 ekim 2004.]

Tarihte sürpriz çok!

Cemaleddin Afganî, İngiltere karşıtı politikaları nedeniyle, İngilizlerin baskısı sonucu Haydarâbad ve Kalküta gibi yerlerde yıllarca hapis yattı. Daha sonraki yıllarda ise İngiltere'de yaşamaya başladı. Hatta Londra'da *Ziya ül-Hafıkayn* adlı Arapça-İngilizce bir dergi çıkardı.

Ve ne yaptı biliyor musunuz; Sudan'daki Mehdî İsyanı sırasında, bu ayaklanmayı nasıl bastırabileceğine ilişkin İngilizlere akıl hocalığında bulundu.

Ben bir söz etmeyeyim artık. Cemil Meriç *Umrandan Uygarlığa* kitabında şöyle söylüyor:

> Zavallı Türk intelijansiyası! Kimlerin peşinden gitmemiş. Düşmanları dost, dostları düşman olarak tanımış. Peygamber'in adını anmaya cesaret edemeyen bir Afganî'yi Peygamber kadar saygıya layık görmüş.

Cemaleddin Afganî yakalandığı kanser hastalığından kurtulamayarak İstanbul'da vefat etti. Maçka Şeyhler Mezarlığı'na defnedildi. 1926'da Amerikalı Charles Cron tarafından mezarı yaptırıldı. 1944'te Afganistan Hükûmeti'nin istemesi üzerine kemikleri Kâbil'e gönderildi...

Cemaleddin Afganî ve öğrencisi Muhammed Abduh tarafından temelleri atılan bu hareketin yolundan yürüyenler, artık kimliklerini gizleme ihtiyacı duymuyor.

Örneğin, Almanya İslam Konseyi Başkanı Muhammed Salim Abdullah mason olduğunu rahatlıkla açıklıyor; 1966'dan bu yana Rheinland-Pfalz eyaletinde Zweibrücken Locası'na bağlı olduğunu söylüyor. Masonluğa övgüler düzen M. Salim Abdullah, Mevlevîlik düşüncesi ile masonluğun bire bir örtüştüğünü belirtiyor. (*Cumhuriyet* gazetesi, 27 mart 1994.)

M. Salim Abdullah sıradan biri değildi; merkezi Viyana'da bulunan Dünya İslam Kongresi'nin BM nezdindeki temsilcisiydi. Almanya'daki İslam Arşivi Müdürlüğü'nü kurup yönetmişti.

Tüm bunlardan çıkan sonuç:

Parası, kâğıdı, düşüncesi masonlardan gelen *Sırat-ı Müsta-*

kim ve *Sebil ür-Reşad* için artık bir tek söz söylenebilir; bunu da bir Yahudi atasözüyle yapalım:

"Bez havaya göre kurur!.."

"Kavalalı" oldu "Mısırlı"

Durun bitmedi...

Türk tarih yazıcılığında, Abbas Halim Paşa ve ağabeyi Said Halim Paşa için, "Mısırlı" diye yazılmaktadır. Niye öyledir? Yanıtı yok!..[24]

Udî, bestekâr ve Perihan Altındağ-Sözeri gibi ünlü ses sanatçılarını yetiştiren ünlü musiki hocasının ismi de "Mısırlı İbrahim Efendi"ydi. Halbuki "mısırlı" İbrahim Efendi 1878 Halep doğumluydu. Keza Halep'in zengin ve dindar bir Yahudi ailesine mensuptu. Kendisi de o kadar dindardı ki, şabat (cumartesi) günü hiçbir radyo ve gazino programına çıkmıyordu. O da kendisine "Mısırlı" diyordu. Niye?

Bazı Yahudi ve Sabetayistlerin aradan beş yüz yıl geçmesine rağmen İspanya'yı unutmadıkları gibi, bazıları da binlerce yıl önceki Mısır'dan kovulmayı mı unutamıyorlardı?

Evet, soruyu yineliyorum: Said Halim Paşa ve Abbas Halim Paşa için niçin "Mısırlı" diye yazılmaktadır? Diğer yandan, masonluğu yazılıyor mu? Hayır!

Osmanlı yaşamına "görgüsüz zenginliği" sokmaları, "araba sevdasını" başlatmaları yazılıyor mu? Hayır!

Neyi yazılıyor; İslamcı olduğu!

Evet doğru.

Sadrazam Said Halim Paşa, *Sırat-ı Müstakim* ve *Sebil ür-Reşad*'da yazdığı makalelerde, Batı medeniyetinin karşısına hep İslam medeniyetiyle çıktı.

> Müslüman milletlerin kurtuluşu ve saadeti onların tam olarak İslamlaşmalarındadır. (aktaran İsmail Kara, *Türkiye'de İslamcılık Düşüncesi Metinler/Kişiler*, 1987, cilt I, s. 114.)

> Müslümanlığı kabul eden milletler arasında İslamlığın esaslarını en iyi anlayan ve en güzel tatbik eden Türkler oldu. (a.g.e., s. 122.)

Said Halim Paşa, Osmanlı "millî varlığı" için tehlike gördüğü Kanunuesasî'ye, yani meşrutiyete karşıydı.

24. Kavalalı ailesinin ne olduğuna siz karar verin. Ama bazı aile mensupları "Türk" olmak için çok çaba sarf etti. Mısır Hıdivi Abbas Hilmi Paşa, Türkiye Cumhuriyeti uyrukluğuna girmek için CHP'ye 900 000 TL bağış yaptı!

Osmanlı siyasî birliği, Avrupa Hıristiyan hükûmetlerinde olduğu gibi milliyet esasına değil, İslam birliği ve kardeşliği esasına dayanmaktadır. (...) Kanunuesasîmizi seçerken çok aldanmış olduğumuzu itiraf etmemiz lazım gelir. (a.g.e., s. 144-145.)

Sadrazam Said Halim Paşa'nın bu tür görüşlerinin yer aldığı, *Buhranlarımız* adlı eseri *Sebil ür-Reşad*'da yayımlanan yedi kitaptan oluşuyordu. Yine *Sebil ür-Reşad*'da yayımlanan *İslam'da Teşkilat-ı Siyasiye* adlı kitabı vardı.

Ziya Gökalp'in başını çektiği, "Batı'nın medeniyetini alalım, kültürünü bırakalım" tezlerine bile karşıydı.

Ama görünen o ki, masonluğa karşı değildi...

Üstelik bir mason biraderinin şeyhülislam olması için çaba sarf etmişti.

Sultan farmason istemiyordu. Kim, şeyhülislam olacak? Ali Fuad Bey, Hayri Efendi'nin yerine gelmesini salık verdiği isimleri, Sultan Reşad'a arz eder. Sultan der ki:

"Musa Kâzım Efendi'nin önceki şeyhülislamlığında farmason olduğuna dair Saray'a pek çok kâğıtlar geldiğinden o olmaz. Mahmud Esad Efendi (Seydişehirli), Avrupa'da karıları koltuğuna takarak sokaklarda gezmiş, o ö... herifi de istemem. Necmeddin Molla ile Evliya Efendi'nin hangisi münasip ise onu intihap etsinler. Git sadrazama (Said Halim Paşa'ya) söyle!"

Said Halim Paşa'ya söylenir, olay partinin genel merkezinde müzakere edilip, öyle karar verilir. Sadrazamın dediği çıkar ve İttihat-Terakki'nin genel merkezi, farmason Musa Kâzım Efendi'nin tekrar meşihat makamına getirilmesinde ısrarlı olduğu, Saray'a bildirilir.

Musa Kâzım'ın Topkapı dışındaki köşküne gidilir. Musa Kâzım Efendi, amele kıyafetiyle köşkünün bahçesinde, soğan yerken bulunur; elbiseleri değiştirilip otomobile alınır ve Saray'a getirilir. Ağız kokusu giderilmediğinden etrafındaki adamlara hayli rahatsızlık verir. (www.yenisafak.com)

Mason dayanışması!

Kavalalı ailesi başından beri hep Fransızlara yakın oldular.

Masonluk serüvenleri, Jön Türk süreci, yaşam biçimleri vb hep Fransız etkisindeydi.

Sormadan geçemeyeceğim: Said Halim Paşa'nın siyasal İslam'ı da İngilizlere karşı bir Fransız stratejisi miydi?

Said Halim Paşa, İngilizlerin İstanbul'u işgali ardından, tutuklanarak önce Bekirağa Bölüğü'ne kondu, sonra Malta'ya sürüldü. Sürgünden sonra Türkiye'ye dönmedi. 6 aralık 1921'de Roma'daki evinin önünde Ermeni komitacılar tarafından şehit edildi.

Bir vücutta iki Günaltay var

Sebil ür-Reşad'la ilgili bir not eklemeliyim:

İslamcı dergi bir değil iki başbakan çıkardı; *Sebil ür-Reşad* yazarlarından M. Şemsettin Günaltay da, tek parti döneminde (1949-1950) başbakanlık yaptı.

Peyami Safa'nın dediği gibi, "bir vücutta yaşayan iki Günaltay" vardı sanki. İslamî çevrelere göre, "Türkiye'nin ilk İslamcı başbakanı"ydı.

Ancak o da İttihatçı'ydı...

Şemsettin Günaltay, siyasî yaşamına İttihat ve Terakki Cemiyeti'nde başladı; Bilecik milletvekili olarak Osmanlı Meclis-i Mebusanı'na girdi.

Tıpkı partili arkadaşı Said Halim Paşa gibi, o da sıradan bir partili değildi; fırkanın kendini feshettiği 1918'deki son kongrenin ikinci başkanıydı; keza İttihatçıların 1918'de kurdukları Teceddüt Fırkası'nın kurucuları arasındaydı.

Bu arada akademisyen kimliğini hep sürdürdü; Darülfünun İlahiyat Fakültesi'nde dinler tarihi, Edebiyat Fakültesi'nde medeniyetler tarihi derslerini verdi.

Cumhuriyet'ten sonra Diyanet İşleri Başkanlığı'na dönüştürülen Şeriye Vekâleti'nin yayın heyeti üyesi oldu. İstanbul Üniversitesi'nde kurulan, ibadet dilinin Türkçe'ye çevrilmesi komisyonunda görev aldı.

Yirmi yıl Türk Tarih Kurumu'nun başkanlığı yaptı. TBMM'ye Sivas milletvekili olarak girdi. Başbakanlığa kadar yükseldi. İrtica tehlikesinin önüne geçilmesi için hazırlanan Türk Ceza Kanunu'nun 163. maddesi Şemsettin Günaltay'ın başbakanlığı döneminde kanunlaştı!

Günaltay, Yahudi Alyans okullarının kuruluş felsefesinin benzerini İslam dünyası için savundu: Eğer "toplum aydınlatılır, cehaletten/hurafelerden kurtarılırsa; yani bilim ve çağdaş medeniyetlerle uyumlu bir din anlayışı gerçekleştirilirse, sorun olan gerileşme ortadan kalkar"dı.

"Hem dindar hem milliyetçi hem de modern bir devlet olabiliriz."

"İlerleyişimize mâni olan İslam değil, bize öğretilen Müslümanlık'tır."

"İslam'ı ancak Türkler kurtarabilir"di!

Peki Sabetayistler farklı mı düşünüyordu?

Hayır. Ama suçlamalar hiç eksik olmuyordu: *Sebil ür-Reşad*, başta Ahmet Emin Yalman olmak üzere Sabetayistlere ateş püskürüyordu.

Gazeteci Ahmet Emin Yalman geçmişini hiç saklamamıştı; *Sebil ür-Reşad*, bu nedenle her yazdığına, her söylediğine "sarı irticaî" tehlike gözüyle bakıyordu!

Peki ya geçmişini saklayanların yazdıkları, söyledikleri?..

Samimi "dönen" ile samimi olmayan "dönme" arasındaki ayrım değildi bu; bilinen ile bilinmeyen arasındaki farktı sadece...

Bu çevrelerde bilinen kötüydü, bilinmeyen iyi!

Yani, Sabetayist bilinen düşman, Sabetayist bilinmeyen dosttu; her şey aslında bu kadar basitti!

Ve sadece Sabetayist bilindiği için Ahmet Emin Yalman'ın başına gelmeyen kalmamıştı; suikasta uğramak da dahil!..

Neyse, tarihin bir garip cilvesini yazarak bu konuyu kapatalım:

Cumhuriyet döneminde Şeyh Said İsyanı'yla başlayan sıkıyönetim, farklı sesleri susturma düşüncesiyle bazı gazeteleri kapattı, sahipleri ve yazarları tutukladı. 1925'teki İstiklal Mahkemeleri'nde yargılanan gazeteciler arasında Eşref Edib ve Ahmet Emin Yalman da vardı...

Halil Ali'den (Bezmen) maaş alıyor

Mehmed Esad Efendi'den ve bu bölümün başında bahsettiğimiz Selanik'teki ailesinden çok uzaklaştık.

Osmanlı'nın "kurtuluş reçetesi" bizi nerelere götürdü...

Selanik'e dönelim.

Yeni bir yüzyıl yaklaşırken, bakalım, Mehmed Esad Efendi'nin kız kardeşi Ayşe'nin evinde ne gibi değişiklikler olmuştu...

Hani daha doğmadan Refik Receb Efendi ile Halil Ali'nin (Bezmen) babası Ali Molla'nın "beşik kertmesiyle" başını bağladıkları kız nihayet 1883'te doğdu:

Vedia Nefise.

Vedia dördüncü çocuktu; ilki Refik Receb, ikincisi İsmail Receb, üçüncüsü Emin Receb.

Yıllar geçti. 7 ağustos 1901'de Vedia Nefise ile Halil Ali (Bezmen) dünya evine girdiler. Düğünde erkek tarafı kalabalıktı: gün gelecek bu evlilikten olacak Fuat Bezmen'in kayınpederliğini yapacak, Halil Ali'nin kardeşi Nâzım (Bezmen),[25] üç kız kardeş Rukiye (Telci), Fatma (Esen) ve Leyla (Edin) [Kemer Country'in sahibi Edinlerin babaannesi] törendeydiler.

Törenin en heyecanlı iki ismi, Vedia'nın annesi Ayşe ile damadın annesi Zübeyde Hanım'dı. İki kayınvalide bu kadar heyecanlı olunca, iş Zübeyde Hanım'ın ağabeyi tütün tüccarı Fuat Abdi'nin (Akev) eşi Kamer İzzet'e düşmüştü, koşturup duruyordu.

Bu mutlu beraberlikten kısa bir süre sonra, önce Halil Ali'nin babası Ali Molla ve arkasından Vedia'nın babası Refik Receb Efendi vefat etti.

İki ailenin sorumluluğu Halil Ali'nin omzuna bindi.

Kız kardeşi Ayşe'nin çağrılarına rağmen, Mehmed Esad Efendi'nin, Yenikapı Mevlevîhanesi'ni bırakıp işlerin başına geçmemesi, ailenin çatırdamasına yol açtı.

Mehmed Esad Efendi'nin yeğenleri babalarından kalan mirası paylaşıp dünyanın dört bir yanına dağıldılar:

Refik Receb Selanik'te evlendiği hamile karısını bırakıp bir daha dönmemek üzere Manchester'e gitti. İngiliz vatandaşlığına geçti. Ne acıdır ki, Birinci Dünya Savaşı'nda İngiliz ordusunda savaş pilotu olarak görev yaptı! Savaştan sonra Fransa'da Nice'e yerleşti. 1930'da Hispano Suiza marka ısmarlama bir otomobil yaptırdığı için, "Hispano Suiza'lı adam" diye tanındı. Hakkında roman yazıldı ve bu romanı aynı adla beyazperdeye aktarıldı.

Hamileyken terk ettiği eşinden olan oğlu Refik Recep Erden'i 1950 yılında gördü. Neden eşini ve ülkesini terk etmişti, hiç bilinemedi.[26]

Diğer kardeş, Emin Recep'in ikametgâh adresi Viyana'ydı. Yunan kralının sevgilisi olmuş, Avusturyalı Tante Lucy'yle evlendi. Verdiği balolarla ünlenmişti. Bilinmeyen bir nedenle şakağına ateş ederek yaşamına son verdi.

İsmail Recep (Erden) bir süre eniştesi Halil Ali'yle (Bezmen)

25. İki kardeş çocuğu, Halil Ali Bezmen'in oğlu Fuat Bezmen ile Nâzım Ali Bezmen'in kızı Fatma Bezmen 1938 yılında evlendiler. Fuat Bezmen, ilkokula Viyana'da başladı; daha sonra sırasıyla İstanbul'da Mekteb-i Sultanî'yi, Paris'te Lycée Michelet'yi ve Marsilya'da École Supérieure de Commerce'i (Yüksek Ticaret Mektebi) bitirdi. 1930'da Türkiye'ye döndüğünde yanında sevgilisi Fransız Media vardı. Bakırköy'de bir evde yaşıyorlardı. Ancak Bezmenler yabancı gelin istemiyorlardı; iyi okullarda okumuş, Avrupalı olmuş Fuat Bezmen âşık olduğu kadından ayrılıp amca kızıyla evlendi! Sabetayist geleneğin devam etmediğini düşünmek biraz saflık olmaz mı?

26. Refik Recep Erden'in üvey babası Selanikli Dr. Fethi Erden (1895-1966) Türkiye masonları üstad-ı âzamıydı. Bir büyük mason üstadı Sahir Talat Akev ve Nafiz Zeki Egemen de bu ailedendir.

İstanbul'da çalıştı, ancak eşinin kumar sevdası onu da yurtdışında yaşamaya mecbur etti; Milano'ya yerleşti.

Ayşe Hanım oğullarının gitmesine engel olamamıştı. Aileyi toparlamasını istediği ağabeyi Mehmed Esad Efendi'den de umduğunu bulamamıştı. Tek umudu damadıydı.

Damadı Halil Ali (Bezmen) kayınbiraderlerinden çok farklıydı; işlere dört elle sarıldı; çok başarılı oldu.

İşlerinin bir bölümünü İstanbul'a taşıdı. İlk dükkânlarını Sultanhamamı'nda açtı. Ardından bu dükkânları, İzmir, Bursa, Samsun, Adana ve Mersin'de açtığı mağazalar izledi.

İlk ihracatçılardan oldu; Mısır'a tekstil sattı.

Gün gelecek Türkiye'nin en büyük tekstil fabrikası Santral Mensucat'ın temelini iki Yahudi ortağı, Yosef Behar ve Leon Taranto'yla atacaktı...

Halil Ali Bezmen'i, Raif Ali Dinçkök gibi Selanikli hemşerileri takip edecekti; tekstil sektöründe Selanikliler tekel olacaktı...

İlerki sayfalarda göreceksiniz, tekstil sektörü sık sık karşımıza çıkacak...

Söylediklerine göre, aile yaptıkları ticaret gereği "Bez-men" soyadını aldı.

Varlık Vergisi, ailenin bir bölümünün yıllar sonra yine yurtdışına çıkmasına neden oldu. Halil Ali Bezmen'in kardeşi Nâzım Ali Bezmen, kızları Zübeyde ve Fatma'yı alıp –Sefarad Yahudilerinin hayli büyük bir nüfus oluşturduğu– Arjantin'in Buenos Aires kentine yerleşti. Yirmi iki yıl sonra döneceklerdi.

Nâzım Ali Bezmen, DP milletvekilliği de yaptı.

Halil Ali Bezmen, kayınpederi Refik Receb Efendi'nin vefatından sonra sadece işleri devralmadı, uzun yıllar Terakki Mektebi'nin encümen heyetinde yer aldı. Terakki Mektebi, 1919'da İstanbul'a taşındı. Halil Ali Bezmen 1925 yılında Şişli Terakki Lisesi Encümeni'nde yer aldı. Yine haziran 1927'de, 1928 yılının ocak ayında ve mart 1930'da "neyet-i idare"de ismi "reis-i sâni" olarak geçti. 1934 yılında Şişli Terakki Lisesi Türk Limited Şirketi kurucu ve ortakları arasında 1 000 TL'lik en büyük sermayeyi koyan iki kişi Halil Ali (Bezmen) ile İbrahim Tevfik'ti.

19 ocak 1936 ve 10 ocak 1937'de yapılan Şişli Terakki Lisesi Türk Limited Şirketi Vazifedarlar Heyeti seçimlerinde Halil Ali (Bezmen) birinci reis seçilmiş; 9 ocak 1938, 8 ocak 1939 ve 7 ocak 1940 seçimlerinde ise Halil Ali Bezmen ikinci reis seçilmişti. Bezmen'in ismi eylül 1941'de İdare Heyeti'nde ve ocak 1943'te Vazifedarlar Heyeti'nde reis olarak geçti.

Halil Ali Bezmen, 1954'te ölene kadar okul yönetimindeki görevlerini eksiksiz yerine getirecekti...

Yüzyılın başına dönersek: Tüm aileye artık Halil Ali (Bezmen) bakıyordu. Öyle ki, İstanbul'daki mağazanın bulunduğu Aşirefendi'deki merkez bürodan her ay Mevlevîhan Mehmed Esad Efendi'ye maaş veriyordu! (Fuat Bezmen, *Bir Duayenin Hatıratı*, 2002, s. 26.)

Yazdım. Mehmed Esad Efendi kitaba çok meraklıydı. Hep okuyordu. Kütüphanesinde yüzlerce kitap vardı. Bunun önemli bir bölümü Yenikapı Mevlevîhanesi'ndeydi.

Aldığı maaşı hep kitaplara gidiyordu. Osmanlı'nın ilk kütüphanesi Kütüphane-i Umumî'ye (günümüzün Beyazıt Devlet Kütüphanesi) 700 cilde yakın kitap armağan etmişti.

Bağış nedeniyle 1882'de dördüncü rütbeden bir adet Mecidî Nişanı verilmişti.

Mehmed Esad Efendi'nin kitaplarıyla ilgili hoş bir anıyı aktarayım:

1905 yılında, yeğeni Nâzım Ali Bezmen yakın arkadaşı Vasfi Rıza Zobu'yla birlikte, film artisti olmak hülyasıyla, Mehmed Esad Efendi'nin kitaplarını satıp, Hollywood'a gitmek için bilet alıyorlar. Gemi tam kalkarken iki kafadar aileleri tarafından gemiden indiriliyor. (a.g.e., s. 102.)

Sadece okumuyor, yazıyordu...

294 beyitlik manzum *Tevhidname*'si;

Numune-i Kavaid-i Farisî;

Istılahat-ı Sufiye;

Divançe-i Eş'ar;

Mesnevî-i Şerif'in ilk beytine şerh;

İbn Fariz'in *Kaside-i Taiye*'sinin ilk beyitlerine mufassal şerh, 53 beytine özet şerh;

Risale-i Mead adlı Vahdet-i Vücud düşüncesine dair bir risalesi vardı. (Hüseyin Vassaf *Sefîne-i Evliya*, 1999, s. 331-332.)

Okuduğu bazı eserleri tercüme ediyordu:

Şeyh Mehmed İmdadullah'ın *Ziya ül-Kulûb*'unun tercümesi;

Mesnevî-i Şerif tercümesi (I. ciltten 360 beyit);

Ebu Said Ebülhayr'ın rubaîlerinin şerh ve tercümesi;

Mevlânâ Câmî'nin *Teveccüh ve Hacegân* tercümesi;

Cevahir-i Aynî isimli eserden bazı tercümeler;

Hz. Ömer'in oğlu Ebu Şahme hakkında Farsça tercümesi gibi farklı alanlarda yaptığı tercüme eserleri vardı.

Mehmet Esad'ın en acı günü

14 kasım 1906'da yaşamının en acı olayını yaşadı. Yenikapı Mevlevîhanesi yandı. Dergâh kütüphanesinin altında bulunan ahırdaki çalı çırpının tutuşmasıyla başlayan yangın, yarım saat içinde dergâhın tamamını sardı. Mısır'daki bazı gazeteler bu yangının, Yenikapı Mevlevîhanesi'ne karşı olan muhalifler tarafından çıkarıldığını iddia etti. Mehmed Tahir Efendi gibi isimler bu iddiayı destekleseler de, çoğunluk yangının dikkatsizlik sonucu çıktığına inanıyordu.

Mehmed Esad Efendi'nin kitaplarının bir bölümü bu yangında yok oldu.

Artık çok yaşlanmıştı; üstelik mesnevî okuttuğu öğrencisi dergâhın postnişini Mehmed Celaleddin Dede yangının acısına dayanamayıp vefat etmişti; bu ölüm onu daha da sarsmıştı.

Rahat edeceğini düşündüğü Kasımpaşa Mevlevîhanesi'ne gitti. Yeni ikametgâhı burasıydı. Ne kadar rahat etti bilinmez; çünkü Kasımpaşa Mevlevîhanesi İstanbul'da mevcut diğer Mevlevî dergâhları arasında Saray ve yüksek bürokrasi mensuplarından çok, yoksul halkın rağbet ettiği bir yerdi. Buradaki dedeler bazı dinsel yasaklara uymuyor, kalenderane bir hayat sürüyorlardı.

Kasımpaşa Mevlevîhanesi, Galata (Kulekapısı), Yenikapı, Beşiktaş (Bahariye) gibi asitane (büyük Mevlevî tekkesi) olarak kabul edilirdi.

Kasımpaşa Mevlevîhanesi İstanbul'da Mevlevî şeyhleri tarafından inşa edilen ilk dergâhtı. Mehmed Süreyya'nın *Sicill-i Osmanî adlı* eserine göre, Halil Mehmed Rifat Paşa 1834'te inşa eylemişti. (c. 2, s. 581.) Bahriye Nazırı Rifat Paşa Sultan II. Mahmud'un kızı Saliha'yla evliydi. Bu evlilikten doğan Mahmud Celaleddin Paşa, Sultan Abdülmecid'in kızı Seniha'yla evliydi. Bu evlilikten doğan Prens Sabaheddin, Osmanlı fikir hayatının önde gelen liberallerindendi. Ama burada benim anlatmak istediğim başka: Osmanlı'da "gulam sistemi" vardı ve bunun son temsilcisi Sadrazam Hüsrev Mehmed Paşa'ydı. Kendisi de "dönme" olan sadrazam başta Sakız Adası olmak üzere küçük çocukları alıp, Müslüman yaparak devlet kadroları için yetiştiriyordu. Rifat Paşa bunlardan biriydi. Ressam Osman Hamdi'nin babası Sadrazam İbrahim Edhem; hattat Abdülfettah Efendi; Müşir Ali Paşa gibi on çocuğu büyütüp, okuttu ve Osmanlı yönetiminin üst düzey kadrolarına yerleştirdi.

Asıl adı Abdullah olan, fakat "Şeyh Sırrî Abdi Dede" diye ün salan dergâhın ilk şeyhi Abdi Dede, Urfalı'ydı. Yenikapı Mevlevîhanesi'nde çile çıkarmıştı. Mehmed Esad Efendi'yle o zaman tanışmış, dost olmuşlardı. İki yıla yakın Galata Mevlevîhanesi'nde postnişin olarak bulunan Abdi Dede, bilinmeyen bir sebepten, Mevlânâ Dergâhı postnişini Bostan Çelebi tarafından bu makamından azledilmişti.

Tarih Vakfı'nın *İstanbul Dergisi*'nde çıkan bir habere göre Mevlevîhane şöyle doğmuştu:

> Abdi Dede'nin bu Mevlevîhane'yi kurmasının özel bir nedeni vardır; Galata Mevlevîhanesi'nin şeyhlik makamı boşaldığında kendisinin o makama getirileceğini ummuştur. Ne var ki şeyhlik makamı Mesnevî şarihi Ankaralı İsmail Rusuhî Dede'ye verilince buna çok üzülmüş ve Kasımpaşa'da babadan kalma bostanlar içerisine kendisini sevenlerin yardımıyla bu Mevlevîhane'yi yaptırmıştır. Kasımpaşa Mevlevîhanesi, harem ve selamlık olmak üzere birbirini tamamlayan iki ayrı bölümden meydana gelmiştir.

Mehmed Esad Efendi Kasımpaşa Mevlevîhanesi'nde, Birinci Dünya Savaşı'nın başlamasından iki hafta sonra 11 ağustos 1914 pazartesi günü vefat etti.[27]

Öldüğünde yüz bir yaşındaydı.

Ordunun moralini düzeltmek için kurulan ve 138 kişiyle en büyük katılımı Yenikapı Mevlevîhanesi'nin yaptığı, Gönüllü Mevlevî Taburu'nu görememişti...

Kasımpaşa Mevlevîhanesi'nin bahçesine defnedildi.

Ve ne yazık ki, Mehmed Esad Efendi'nin mezarı bugün kayıptır...[28]

> Mesnevîhan, kenz-i esrar-ı hikem Es'ad Dede,
> Âlem-i devranda, derviş-hüma pervaz idi.
> Feyz-i nutkun ahz edenler, söyledi tarihini:
> Gitdi, su'yı la-mekâna, nasih-i mümtaz idi.

27. Hüseyin Vassaf *Sefine-i Evliya* kitabında bu ölüm tarihini verirken, İbnülemin Mahmut Kemal İnal'ın *Son Asır Türk Şairleri* adlı kitabına göre, 13 şubat 1913'te ölmüştü. Vassaf, Esad Efendi'nin öğrencisi ve hep yakınında olduğu için onun yazdığını doğru kabul etmek gerekiyor. Esad Efendi'nin ölüm nedeni bilinmiyor. Mahmut Kemal İnal, yıllarca göğsünden ve basurundan mustarip olduğunu yazıyor.

28. Kasımpaşa Mevlevîhanesi'nin yerinde bugün, Beyoğlu Sururi İlköğretim Okulu var. Mevlevîhane'den geriye kalan ise, Mevlevîhane'nin taştan yapılmış ve üzerinde hâlâ yazıları duran bahçe kapısı ile 1979'da yandığı söylenen ahşap Mevlevîhane binasının taştan dizilmiş iki giriş merdiveni. Esad Efendi'nin mezarı ise Kasımpaşa Stadyumu'na feda edilmiş; mezarının üzerinde Kasımpaşalı futbolcular, şampiyon olma mücadelesi veriyor!

Üçüncü kuşaktan yeğeni Pamir Bezmen'in çevirisiyle:

> Mesnevîhan değerli sırlara hâkim Esad Dede.
> Nutuklarından feyz alanlar düştüler tarihi
> Dönen cihande derviş yüksekte uçar idi
> Gitti tarafına yersizlerin, öğütleri seçkin idi.
> (*Antik-Dekor*, sayı 23, 1994.)

Bezmen ailesinden "devrik işadamı" Halil Bezmen (doğ. 1949) maceralı bir hayattan sonra, elli yedi yaşında Yahya Efendi Dergâhı'na bağlandığını açıkladı:

> Çocukken imanım vardı, yirmi beş yaşlarında rafa kaldırdım, buzdolabına koydum, önemini kaybettim. "Ben onsuz da yaparım" havasına girdim. Baktım ki o kadar da kolay değilmiş. Eski dosyaları yeniden açtım. Kaçakken de ilk gittiğim yer, Mescid-i Aksa oldu. En ihtiyacım olan yer orasıydı. Hazreti Ömer Camii ile Mescid-i Aksa'ya gidip şükrettim.
>
> Namaz kılıyorum. Bunu da evde yalnızken yaptığımda tadını alıyorum. Bir de Yahya Efendi Dergâhı'na gidiyorum. (*Sabah* gazetesi, 30 nisan 2006.)[29]

Demek, İSKİ yolsuzluğu, tarihî eser kaçakçılığı gibi suçlardan Türkiye'de aranırken, Halil Bezmen İsrail'e gitmişti!

Şu nedenle ilginç; ABD'de bulunduğu dönemde, "Yahudi dönmesi olduğumuz için Türkiye'de bize baskı yapıyorlar" dediği iddia edilmişti.

Neyse, bizi ilgilendiren, yıllar sonra Mehmed Esad Efendi'nin yeğenlerinden birinin dergâha bağlanması...

Mehmed Esad Efendi ne mutlu olmuştur...

Madem Mevlevîlerden bahsettik, bu bölümü, Selanik valisi Mevlevî dedesi Mehmed Nâzım Paşa'dan Mevlânâ sevgisi alan, Selanikli büyük bir şairin, Nâzım Hikmet'in gençlik yıllarında (1917) yazdığı bir şiiriyle bitirelim:[30]

29. *Sabah* gazetesi haberinde Yahya Efendi Dergâhı'nın müritleri arasında, Tülay Ulusoy ve kızı Revna Demirören, modacı Neslihan Yargıcı gibi tanınmış isimlere yer veriyor. Gazetenin haberine göre, Atatürk'ün annesi Zübeyde Hanım da vasiyetinde Yahya Efendi Dergâhı'na gömülmek istemişti.

30. Nâzım Hikmet'in baba tarafından dedesi Mehmed Nâzım Paşa Mevlevî olmakla birlikte tasavvuf hayatına ilişkin yazılar da kaleme aldı. *Muhataba* (1887), *Kerbela* (1911), *Yek Avaz* (1917) risalelerini; *Ahd-i Şehriyarî* (1887) ve *Nizam ül-Has fi Ehli İhtisas* (1910) kitaplarını yazdı. *İbn Fariz* (1914) ile *Esrar-ı Tevhid* (1915) tercümelerini yaptı.

Sararken alnımı yokluğun tacı
Gönülden silindi neşeyle acı
Kalbe muhabbete buldum ilacı
Ben de müridinim işte Mevlânâ...

Ebede set çeken zulmeti deldim
Aşkı içten duydum Arş'a yükseldim
Kalbden temizlendim huzura geldim
Ben de müridinim işte Mevlânâ...

Dördüncü bölüm

Bektaşî Sabetayistler...

Yıl 1720.

Sabetayistlerin Karakaşîler denilen grubunun lideri Osman Baba (Barukiya Ruso) öldü. Cenazesi Selanik Bektaşî Tekkesi yanındaki mezarlığa defnedildi...

Yıl 2005.

Adı Cemil İpekçi. Mesleği modacı/kıyafet tasarımcısı.

İslamî-muhafazakâr AKP, hükûmetiyle, belediyesiyle Cemil İpekçi'yi çok beğeniyor, takdir ediyor.

Cemil İpekçi, THY, PTT, İstanbul Büyükşehir Belediyesi ve Beyoğlu Belediyesi'nin personel kıyafetlerinin tasarımını yaptı.

Ünlü modacı Cemil İpekçi, cinsel kimliğini hiç saklamadı; sevgilisi Bekir Coşar onu bir kadınla aldattığında neler hissettiğini gazetelere açıklamaktan çekinmedi. Türkiye gibi muhafazakâr bir ülkede, eşcinsel olduğunu açıklamak hayli yürek isterdi. Korkmadı, "mesleğimi yapmama engel olur" diye düşünmedi.

Cemil İpekçi hiç riyakâr değil; gizlisi saklısı yok; ailesinin geçmişinden de utanmıyor, korkmuyor ve "Sabetay Sevi'nin torunuyum" açıklamasını da cesurca yapabiliyor.

Cemil İpekçi'nin yaşamöyküsü ilginç:

Örneğin "İpekçi" aslında onun soyadı değil!

Babaanne bildiği Şefkat İpekçi aslında onun teyzesi; dede bildiği Cemil İpekçi ise, büyük eniştesi!

Karışık değil mi?

O halde baştan alalım:

Selanikli Prof. Mahir Tokay İstanbul'un en iyi doktorlarındandı. Saray doktorluğu yanında, anatominin tıpta kullanılmasına öncülük eden bilim adamıydı. Güzel Sanatlar Akademisi'nin kurulmasına öncülük edecek kadar, sanatla ilgiliydi.

Mahir-Ganimet Tokay çiftinin beş çocuğu oldu: Fazilet Melahat, Vildan, Sabahat, Nejat ve Rezzan.

Ganimet Tokay'ın kız kardeşi Şefkat Hanım, Cemil İpekçi'yle evliydi. Ve ne yazık ki çocukları olmuyordu.

Mahir-Ganimet Tokay çifti, oğulları Nejat'ı, Cemil-Şefkat İpekçi çiftine evlatlık verdiler. Ancak Nejat, "İpekçi" soyadını almadı, yani İpekçi nüfusuna geçirilmedi.

Galatasaray Lisesi mezunu, mühendis Nejat Tokay, Sahire Çeyrekgil'le evlendi. Bu evlilikten Şefkat, Kenan ve Cemil adında üç çocuğu oldu.

İşte 1948'de doğan, üvey dedesinin adını taşıyan Cemil, ünlü modacı Cemil Tokay'dı (İpekçi)...

Cemil Tokay (İpekçi), "İpekçi, Dilber, Germen, Cezzar, Mısırlı, Şamlı, Tokay ailelerinin birbiriyle akraba olduğunu" söylüyor. Yani bu aileler Sabetayist'ti. Artık bu biliniyor.

Ama buna karşı çıkanlar da var.

Örneğin, Cemil İpekçi'nin amcası (Kore'de Türk Tugayı'nın komutan yardımcılığını yapan; ünlü Bilderberg toplantılarına katılan; büyük holdinglerde çalışmış) Emekli Tümgeneral Selahattin Tokay-Fazilet Melahat Tokay çiftinin kızı Aysen, ünlü sanatçı Özdemir Erdoğan'la evliydi.

Sanatçı Özdemir Erdoğan diyor ki:

> Türkiye'de bugün artık sanatçı denen kişilerin çoğu resmen çeşitli bloklara bölünmüşlerdir. Bugün Türkiye'de Sabetayistler vardır, sözde dinî kurallar içinde o şemsiyeyi düşünen insanlar vardır, kendisine çok milliyetçi diyen sanatçılar vardır, homoseksüeller kulübü vardır. Bütün bunlar çeşitli bloklar, çeteler halinde dağılmışlardır. Kendinize bir yerlerde yer bulabilmek için muhakkak o şemsiyelerden birinin altında bulunacaksınız. (...) Sonradan Müslüman olmuş gibi gözüken Musevî asıllı, ama sonradan Türkleşmiş olanlar var. Bütün iletişim araçları ellerinde! Herkese tavsiye ediyorum Yalçın Küçük Hocamızın *Tekelistan*'ını okusun. (*Aydınlık*, 12 ocak 2004.)

Sanatçı Erdoğan çok öfkeli...

Tokayların çoğunluğu İstanbul Feriköy'deki aile kabristanında, sadece Adalet Rabia Tokay (1906-1960) Sabetayistlerin mezarlığı olarak bilinen Bülbülderesi Mezarlığı'nda...

Cemil İpekçi'nin söylediği akraba aileleri sayısını çoğaltabiliriz; ancak Cemil İpekçi nedense annesinin ailesini bu akrabalar içinde saymayıp, unutmuştu.

Modacı Cemil İpekçi'nin annesi Sahire Tokay kimdi?

Sahire Hanım, opera sanatçısı, soprano Leyla Gencer'in halası Müesser'in kızıydı.

Evet, primadonna Leyla Gencer ile modacı Cemil İpekçi'yi birleştiren bu akrabalık ilişkisinden biraz bahsetmemiz gerekiyor:

Söylentiye göre, "Yağma Hasan'ın böreği" diye bilinen deyimin ortaya çıkmasına neden olan Karaköy Börekçisi Hasan Çeyrekgil, aslen Safranbolulu'ydu. İstanbul'a göç etmişlerdi. Zamanla ticarî işlerini büyütmüşlerdi. İstanbul'daki ilk gazoz fabrikası onlarındı.

İki oğlu bir kızı vardı: Hüseyin, İbrahim ve Müesser.

Müesser Sanvar (Çeyrekgil) Cemil İpekçi'nin anneannesiydi.

Müesser Hanım, İstanbul alındığında surlar içinde yaşayan bir Rum ailenin kaçıncı kuşaktan torunu olduğu bilinmeyen Remzi Bey ile babası Saray'da müneccimbaşı olan Makbule Hanım'ın oğlu, Ekrem Sanvar'la evlendi.

Cemil İpekçi'nin dedesi Ekrem Sanvar, Şehzade Abdülhalim Efendi'nin yaverliğini yaptı. Cumhuriyet döneminde Budapeşte ve Paris Türk büyükelçiliklerinde kültür ataşesi olarak bulundu. Muhtemelen istihbarat görevlisiydi ki, daha sonra İstanbul Emniyet müdürü oldu.[1]

Müesser-Ekrem Sanvar'ın kızı Sahire, Nejat Tokay'la evliydi.

Karaköy Börekçisi Hasan Çeyrekgil'in oğlu İbrahim, Leyla Gencer'in babasıydı.

İbrahim Çeyrekgil ağabeyi Hüseyin'le birlikte ticaretle uğraşıyordu. Sinemacılığa da el attılar. Örneğin, Beyoğlu'nda Lale Sineması onlarındı.

Metin Filmer anlatıyor:

> Lale Sineması'nın sahibi Hüseyin Çeyrekoğlu'ydu. Bu adam eskiden Karaköy Meydanı'nda ünlü bir poğaçacı imiş. O zaman poğaça çeyrek para (beş kuruş) imiş. Adı ve serveti oradan gelirmiş. Lale Sineması'nın yapıldığı yerde daha önce Kemal Bey Lokantası vardı. Hüseyin Bey orasını alıp sinemaya çevirdi. Babam (Cemil Filmer) gidip talip oldu, Hüseyin Bey de, tamam size kiralayacağım, dedi. İş böyle bağlanmışken, hemen arkasından İhsan İpekçi (İsmail Cem'in babası S. Y.), Çeyrekoğlu'na gidip bizim verdiğimizden çok daha fazla para

1. Türkiye'nin ilk kadın emniyet müdürü Feriha Sanerk ve eşi Adnan Sanerk, anne tarafından Cemil İpekçi'nin akrabasıydı. Feriha Sanerk'in kızı Nurdan Canca da, ilk kadın il emniyet müdürüdür! Nurdan Canca'nın eşi Natık Canca da emniyet müdürüdür. Natık Canca'nın babası Nâzım Canca ise Atatürk'ün yakın korumasıydı. Ne güzel, bazı aileler dünyaya "ilkleri" başarmak için gelmişlerdi!

teklif etti. Ama Hüseyin Bey sözünden dönmedi. (Gökhan Akçura, *Aile Boyu Sinema*, s 63.)

Lale Sineması'nı akrabalarına kiraya vermeseler de, Çeyrekgillerin sinema sektörüne girmesine İpekçiler mi önayak olmuştu? İstanbul'da Elhamra, Melek ve İpek sinemalarının sahibi İpekçilerdi. O yıllar sinema sektörüne ilişkin film ithali, yapımı, seslendirmesi vb aklınıza ne geliyorsa İpekçiler onu yapıyordu.[2]

Lale Sineması'nı da istemeleri doğaldı. Tekel olmak istiyorlardı.

Hüseyin-İbrahim Çeyrekgil'in kız kardeşleri Müesser'in kızı Sahire, Nejat Tokay'la evliydi.

Nejat Tokay, Cemil-Şefkat İpekçi tarafından büyütülmüştü.

Yani Çeyrekgiller ile İpekçiler dünürdü.

İki ailenin dünürlüğü sadece bu evlilikle sınırlı değildi.

Abdi Raif-Süreyya İpekçi çiftinin kızları Rabia Afet de, Münir Gencer'le evlendi.

Rabia Afet-Münir Gencer çiftinin oğlunun adı İbrahim Gencer'di.

İbrahim Gencer, Leyla (Çeyrekgil) Gencer'le evlendi.

Afet Gencer ile oğlu İbrahim Gencer'in mezarları Büldülderesi Mezarlığı'ndadır.

Hep akraba evliliği ve hep aynı mezarlık...

Leyla Gencer'in yaşamı boyunca acılarını, sevinçlerini, bunalımlarını paylaştığı üç kadın dostu vardı:

Fatma Cezzar, Ayşe Kapancı ve Sevim Moran.

Bu üç kadın kız kardeşti.

Ve bu üç hanımefendi, Leyla Gencer'in kayınvalidesi Afet İpekçi Hanım'ın üvey kardeşleriydi.

Şöyle ki, Afet Hanım'ın annesi Süreyya Hanım, Abdi Raif İpekçi'den sonra, Mehmet Şamlı'yla evlendi. Bu evlilikten, oğulları Hikmet ve kızları Sevim, Fatma, Ayşe oldu.

Leyla Gencer'in hep yanında olan, Cumhuriyet hanımefendisi bu üç kız kardeşi birer cümleyle yazayım:

1) Fatma Şamlı, Mehmet Sena Cezzar'la[3] evlendi.

Mehmet Sena-Fatma Cezzar çiftinin iki çocuğu oldu: Gülriz Sururi'yle evli –ki anne "Fatiş" bu evliliği hiç onaylamamıştır– tiyat-

2. Sabetayistler konusunda araştırma yapılmasını istemiyorlar, tepki gösteriyorlar. Peki o halde, İspanya/Endülüs'ün iki güzel saray ve kalesi "Elhamra" ile "Alkazar" 450 yıl aradan sonra hâlâ neden sinemalara isim olarak veriliyordu? Sormayalım mı? Bu duygusal unutamamanın nedenini anlamaya çalışmayalım mı? Diyoruz ya, bu tarihsel olay, Sabetayistlere bırakılmayacak kadar önemlidir!

3. Hep neden birbirleriyle evlendiklerine bir örnek daha vermek istiyorum:
Mehmet Sena Cezzar'ın anne ve babası, Bülbülderesi Mezarlığı'nda yatan Hüsnü-Leyla

ro sanatçısı Engin Cezzar ve Prof. Cevat Çapan'la evli, ne yazık ki canına kıyan Mine Cezzar.

2) Sevim Şamlı kiminle evliydi: Kenan Rifaî'nin müritlerinden Sedat Zeki Örs'ün babası Tophane Müşiri Mustafa Zeki Paşa'nın İsmet Efendi Dergâhı'na bağlandığını yazmıştım. İsmet Efendi Dergâhı'nın bir diğer müridinin de Dahiliye Nazırı Mehmed Memduh Paşa olduğunu belirtmiştim. 1925'te ölünce İsmet Efendi Dergâhı'na defnedilen Dahiliye Nazırı Mehmed Memduh Paşa'nın torunu Memduh Moran, Sevim Şamlı'yla evliydi.

3) Ayşe Şamlı, Kapancı ailesinin oğlu Ahmet Kapancı'yla evlendi. Üç çocukları oldu: Ali, Cem ve Ayşe Hülya Kapancı.

Evet bu üç kız kardeş Leyla Gencer'in yaşamında hep etkili oldu. Ama bir kadın daha vardı; Leyla Gencer'in hep yanında olan: Alexandra Angela Minakovska. Yani: Leyla Gencer'in annesi...

Leyla Gencer'in Polonyalı annesi

Alexandra Angela Minakovska, Polonyalı'ydı.

> Annesi, Alexandra Angela Minakovska: Polonyalı aristokrat bir aileden. Son derece dindar. Her akşam Meryemana'ya mum yakıyor ama Müslüman bir aileye gelin geldiği için de başını örtüyor. Prensiplerine çok bağlı. Hep biraz "yabancı". Sert ama çok duyarlı. Evde piyano çalıyor, bol bol kitap okuyor. Güzelliklere, inceliklere, en çok da öğrenmeye meraklı. Keyiflendiğinde Lehçe şarkılar söylüyor gitar eşliğinde. Bir de hiç yakınmadan köşkün eksik olmayan konuklarını, kocasının soyunu sopunu ağırlıyor. Mükemmel bir ev sahibesi... (Sonradan, eşini yitirdikten sonra Musluman olacaktı. Adı: Aliye.) [Zeynep Oral, *Tutkunun Romanı-Leyla Gencer*, 2002, s. 14.]

Leyla Gencer'in çocukluğunda evde bir "yabancı" kadın daha vardı:

> Madam Lejeune: Leyla'nın "Matmazel"i. 1919'da Rusya'dan İstanbul'a gelmiş bir Fransız kontes... Her şeyini bırakıp geldiği ve geçimi-

Cezzar'dı.
Hüsnü-Leyla Cezzar'ın diğer çocukları şunlardı:
Rikkat Cezzar, İhsan İpekçi'yle evliydi. İki çocukları oldu: İsmail Cem, Selanikli Razi Trak'ın kızı İnci'yle; Alev İpekçi ise karikatürist Ali Ulvi Ersoy'la evlendi. İhsan İpekçi bir dönemin en hızlı çapkınlarındandı. Bir diğer kızları Belkıs Cezzar, Afet Gencer'in kardeşi Osman İpekçi'yle evliydi. Torunları Samiye, yayıncı Erdal Öz'le evliydi.
Üçüncü kızları Aliye Cezzar iki evlilik yaptı; Mehmet Balcı'dan doğan oğlu gazeteci Ergun Balcı'ydı; İsmail Nihat Çamlı'yla yaptığı evlilikten yine bir gazeteci İbrahim Çamlı doğdu.

ni sağlamak zorunda olduğu için Çeyrekgil ailesinin yanına yerleşmiş. Görevi, çocuklara Fransızca öğretmek. Nasılsa köşkte öteki işleri yapan, hizmetleri gören başka kişiler var... Madam Lejeune, Leyla için Fransız ve İtalyan edebiyatının, dünya klasiklerinin kapısını araladı. (a.g.e., s. 14-15.)

Bitmedi.
Ve ilk aşk:

Adı Eugenio Hilinski. Polonyalı. Mimar. Hitler'in Avrupa'da estirdiği vahşet rüzgârıyla dünyanın dört bir yanına savrulanlardan biri. Ülkesi Polonya'dan savrulup İstanbul'a varanlardan... Eugenio Hilinski için geçici bir duraktır İstanbul. Aklı, yüreği daha uzaklarda, gerçekleştirilmesi daha güç tasarılarla, daha büyük düşlerle doludur... Eugenio Hilinski, düşlerinin, tasarılarının coşkusuyla, kitap yüklü sayısız bavuluyla doludizgin girdi Bayan Alexandra Angela Minakovska'nın yani Bayan Atiye Çeyrekgil'in Beyoğlu'ndaki evinden içeri... Leyla on altı yaşında. Eugenio otuz altı. Leyla okuldan eve döndüğünde, Eugenio ona, derslerine yardım ediyor... Edebiyatsa edebiyat... Felsefeyse felsefe... Sanat tarihiyse sanat tarihi... Leyla soruyor o yanıtlıyor... Leyla merak ediyor o anlatıyor. (...) Eugenio Hilinski karşısında yapabileceği tek şey vardı: ona âşık olmak. Ve öyle oldu. (...) Önce anne karşı çıktı. Eugenio Hilinski'yle evlenmek mi? Asla! Kesinlikle olmaz! (...) Annenin dediği oldu. Eugenio, mimarî tasarılarının peşinden Bağdat'a gitti. Tek başına... Leyla tekrar derslerini çalışmaya yöneldi. Yalnız... (a.g.e., s. 22-23.)

Aradan sadece iki yıl geçti. Bir bankada çalışan İbrahim Gencer, Leyla'ya ilk görüşte âşık oldu; tek başına gidip annesinden istedi.

Sürpriz! Annesi hiç itiraz etmedi; daha İtalyan Lisesi'nde öğrenci olan kızını İbrahim Gencer'le evlendirdi...

Diyorum ya, hep bir sır var!

Ve hep birbirleriyle evleniyorlar...[4]

Ama artık buna şaşırmıyoruz. Bizim aradığımız bu kez farklı...

Yukarıda yazdıklarımın hepsi birbiriyle akraba ve hemen hepsi Sabetayist/Karakaşî'ydi.

Keza, hepsi Bektaşî ve çoğunluğu aynı dergâha bağlıydı:

4. Leyla Gencer'in adı yıllar sonra ABD Ankara Büyükelçisi (1950-1953) George McGhee'yle aşk dedikodularına karıştırıldı. Toprağı bol olsun usta gazeteci Müşerref Hekimoğlu, *Anılar* adlı kitabında bu konuya değiniyor. Amerikan büyükelçisinin eşinin Leyla Gencer'den nasıl şikâyetçi olduğunu yazıyor. (s. 165.)

Nafi Baba Tekkesi!..[5]

Bektaşîlik tarikatının dört kapısı, müridi, "Kâmil İnsan"a (Adam Kadmon) götürüyordu: şeriat, tarikat, marifet ve hakikat. Şehitlik Tekkesi olarak da bilinen Nafi Baba Tekkesi'nde "Kâmil İnsan"a ulaşmanın başka bir yolu olabilir mi?..

Şu nedenle sordum:

Nafi Baba Tekkesi Robert Kolej sınırları içerisindedir. Ve 1983'te restorasyonu yapılmıştır.

Nafi Baba'nın oğlu Mahmud'un Robert Kolej'de gizlice öğrenim gördüğü tahmin ediliyor.

Robert Kolej'den mezun olan ilk erkek Türk öğrenci Hüseyin Hulusi (Pektaş), Nafi Baba'nın kızı Fatma Hayriye'nin de oğluydu.

Nafi Baba'nın torunu Hüseyin Pektaş, Robert Kolej'in Türk müdürüydü.[6] Eşi Robert Kolej öğretmenlerinden Mihri Hanım'dı. Mihri Hanım, V.-VIII. dönemler arasında CHP Malatya milletvekilliği yaptı. Hüseyin-Mihri Pektaş çiftinin kızları Necla ile Fatma Süveyda, Atatürk'ün yakın arkadaşı, Cumhurbaşkanlığı Genel Sekreteri Hasan Rıza Soyak'ın iki oğlu Sungu ve Enver Ertan'la evlendiler.

Hepsi önce, Sabetayist/Karakaşîlerin kurduğu Feyziye Mektepleri'nde, sonra da Robert Kolej'de okudular! Ailelerde Robert Kolej geleneği hâlâ sürmektedir: Fatma Süveyda-Enver Ertan Soyak çiftinin oğlu Ali Necip de (eşi Mona Olson) Robert Kolejli'ydi.

Hüseyin Pektaş'tan sonra, Nafi Baba'nın oğlu Ali Şir Efendi'den torunu Muzaffer Yeşim de Robert Kolej'in müdürü oldu. 1959'un ramazan ayında, havaların çok sıcak ve sınavlar dönemi olması nedeniyle öğrencilerin oruç tutmayabileceklerini söylemesi ve bunun basına yanlış yansıması üzerine Muzaffer Yeşim

5. Bektaşîlik genellikle Alevîlik'le birlikte ele alınır ve karıştırılır. Alevîlik ile Bektaşîlik birçok ortak özellik taşımasına rağmen farklıdır; Alevîlik, Hz. Ali soyundan olmaya önem verir; bu nedenle Alevî bir ailede doğmayı gerektirir; dışarıdan girmek veya sonradan Alevî olmak mümkün değildir. Bektaşîlik ise bir tarikattır, isteyen girer. Örneğin Alevîlik'te olan semah, musahiplik gibi ritüeller Bektaşîlik'te yoktur. Alevîlik Şiîlik de değildir. İranlı dinî lider Şeriat Medarî, dönemin Diyanet İşleri başkanı Süleyman Ateş'le yaptığı resmî görüşmede Türkiye'deki Alevîler için bir öneri getirmişti: "Ya siz Sünnîleştirin ya da biz Şiîleştirelim." (Ali Yıldırım, *Alevî Öğretisi*, 2000, s. 176.)

6. Hüseyin Pektaş'ın bir gün kapısını Nâzım Hikmet çaldı; Piraye'den olan üvey çocukları Mehmet'i Robert Kolej'e, Suzan'ı ise Arnavutköy Amerikan Kız Koleji'ne vermek istediklerini ama ekonomik güçlerinin olmadığını dile getirdi. Hüseyin Pektaş, iki çocuktan tek çocuk parası alacaklarını, bunu da üç taksitle ödeyebileceklerini söyledi. Çocuklar bu okullara verildi.

görevinden alındı; yerine yardımcısı Nezihe Sadak getirildi.[7]

Nafi Baba'nın torunu Abbas Nüzhet Baba'nın, Amerikan Kız Koleji mezunu kızı Neşet, Robert Kolej mezunu, Büyükelçi A. Nuri Eren'le evlendi.

Sabetayist/Karakaşîler... Robert Kolej... Bektaşîlik...

Sanıyorum, Bektaşî Nafi Baba'nın kim olduğunu merak ettiniz!

O zaman tarihin tozlu sayfalarını aralayalım...

Yüz seksen yıllık yalan

İstanbul Rumelihisarı'nda bulunan Nafi Baba Tekkesi'nin ilk adı, Şehitlik Tekkesi'ydi. Ve kuruluşu XVIII. yüzyıla dayanıyordu.

Bilinen en eski postnişini Ali Baba'ydı (öl. 1771). Sonra sırasıyla, Hisarlı Seyyid Ahmed Baba (öl. 1783), Mazlum Mustafa Baba (öl. 1812), Büyük Mahmud Cevad Baba (öl. 1861) tekkenin başına geldi.

Ancak 1826 yılı Bektaşîler gibi Rumelihisarı Şehitlik Tekkesi için de hiç iyi geçmedi...

Yeniçerilik 17 haziran 1826'da kaldırıldı.

Yirmi bir gün sonra Bektaşîlik, 8 temmuz 1826'da yasaklandı...

Bu noktada Nafi Baba Tekkesi'ni anlatmaya ara vereceğiz...

Biz tarihî olaylara nasıl bakılacağını "mahalle mektebi"nde öğrendik; her tarihsel olayı belirleyen "üretim biçimleri" ve "üretim ilişkileri"ydi.

İktisat ayağı olmayan tarih yazıcılığı, topal olmaya mahkûmdu!

Bizde tarih, neredeyse sadece "yönetici zümre"nin tarihidir...

"Yeniçeriler disiplinsizdi, düzensizdi; reform isteklerine sürekli olarak karşı çıkıyorlardı; her fırsatta sadrazam gibi Osmanlı üst yönetimindeki yöneticilerin kellesini istiyorlardı; bu nedenlerle her fırsatta başkaldıran bu soyguncu gücü Sultan II. Mahmud kaldırdı" şeklindeki dar ve sınırlı "hikâye", üstelik yetkin kalemlerce yıllardır yazılıp duruyor.

Ama, ne yazık ki çok kişiyi ikna ediyor bu masallar!

Hadi, o yıllarda Osmanlı Sarayı'nın böyle bir yalana ihtiyacı vardı, ama bu abartılı gerekçelerin günümüzde hâlâ tekrarlanıyor

7. Kitabın birinci bölümünde Mardin ailesini sizlere tanıtmıştım. Nezihe Sadak, Mardin ailesindendi. Yusuf Sıtkı Efendi'nin kızı Atiye'nin çocuğuydu. Atiye (Mardin), İttihat ve Terakki'nin genel sekreteri, Dahiliye nazırı, "İslamcı" *Sırat-ı Müstakim* yazarı Hacı Adil Bey'le evliydi. Ne ilginç; Robert Kolej genel sekreteri Nezihe Hanım'ın annesi Atiye Hanım da Arnavutköy Amerikan Kız Koleji'nin müdürüydü. Aileden Yusuf Mardin de, Robert Kolej'de genel sekreterlik yapmıştı. Bir yanda dergâhlar diğer yanda Amerikan kolejleri...

olmasının sanıyorum amacı farklı. Bunlar, Osmanlı dönemindeki her toplumsal olayı ve başkaldırıyı Rafızî, Kızılbaş, mülhit (ateist) vb olarak tanıtan Türk-İslam merkezci tarihçiler! Onlara lafımız yok; amaçları bilim değil, anlayabiliyoruz.

Bir de, masum "aktarıcılar" var; dönemin Osmanlı vakanüvisi Mehmed Esad Efendi'nin *Üss-i Zafer* isimli eserini "akıl süzgeci"nden geçirmeden olduğu gibi tekrarlıyorlar. Üstelik vakanüvis Mehmed Esad Efendi'nin, bu yalanları yüzünden Saray'dan, 10 000 kuruş ve 2 630 altın gibi yüklüce bir prim aldığının bilinmesine rağmen!

Bilim, düşünmeyle ilgilidir; içinde düşünce unsuru olmayan, arşivcilik veya belge toplama; ampirizmdir...

Bu nedenle:

Yeniçeri olayı resmî tarih yazıcıları tarafından tek taraflı yazılmıştır; tutarsız ve çelişkilerle doludur.

Oysa olay bambaşkadır:

Sanıldığından çok karışık olan yeniçeri meselesini daha iyi anlamamız için bazı anekdotlar verelim. Çünkü bu olay, Bektaşî-Sabetayist ilişkisini çok yakından ilgilendiriyor...

• Hıristiyanlar (Bulgar, Sırp, Hırvat, Rum, Boşnak) arasından alındıktan sonra devrişirilip Müslüman yapılarak, Yeniçeri Ocağı'na verilen yeniçerilerin evlenmeleri, iş sahibi olmaları yasaktı. Katı bir disiplin vardı. Model, Roma İmparatorluğu'nun "muhafız alayı"ndan alınmıştı.

• Yeniçeri Ocağı'nın ne zaman ve nasıl kurulduğu konusunda hâlâ tartışma var.

Kimi araştırmacılara göre, Yeniçeri Ocağı'nın kurulması Bektaşilerin fikri ve ürünüydü. Bunlara göre, Yeniçeri Ocağı'nın kuruluşuna Hacı Bektaş Veli duayla iştirak etmişti.

Hatta kimi kaynaklar, Hacı Bektaş ile Sultan Orhan'ın görüştüğünü, sultanın yeni orduyu kutlaması için Hacı Bektaş'tan ricada bulunduğunu yazmaktadır.

İşin garip yanı Hacı Bektaş'ın ölüm tarihi 1271, Sultan Orhan'ın tahta çıkışı 1324'tür!

• Yeniçeri Ocağı klasik biçimini XV. yüzyılda aldı; XVI. yüzyılda gücünün doruğuna ulaştı. Askerlik dışında bir iş yapmaları yasak olduğu için seferlerde elde ettikleri ganimetleri, paraları bezirgân/tüccar Yahudiler aracılığıyla işletiyorlardı. Tatsız olaylar da olmuyor değildi. Örneğin, III. Murad döneminde, kendilerini kandırdıklarını düşündükleri Yahudilere karşı ayaklandılar; bazı zengin Yahudiler ile III. Murad'ın baş kadını Safiye Sultan'ın yakın arkadaşı Yahudi Ester Kira ve iki oğlu öldürüldü.

• Sultan III. Murad döneminde ocağa devşirmeler dışında Müslümanlar da kabul edildi. Yeniçerilerin evlenmelerine, askerlik dışı mesleklerle ilgilenmelerine göz yumulması da bu dönemde başladı. Çünkü, Osmanlı ekonomisinin temelini savaş ganimetleri oluşturuyordu.

Ortaçağ'dan çıkan Avrupa artık "büyük kaos"una son vermek için devrimci adımlar atıyordu; Otuz Yıl Savaşı geride kalmıştı; İngiltere'de 1648'de "Cromwell Cumhuriyeti" kuruldu. "Kuvvetler ayrılığı" ilkesiyle hukuk yavaş yavaş Kilise'nin dışına çıkarıldı; özellikle deniz ulaşım olanakları ticareti büyüttü.

• XVII. yüzyıldan itibaren Yeniçeri Ocağı silahlı bir kurumu aşan toplumsal ve ekonomik ilişkiler içine girdi. Bu nedenle, Yeniçeri Ocağı'nı salt bir silahlı kuvvetler örgütlenmesi olarak görmek yanıltıcı olur.

Yeniçeri Ocağı artık aynı zamanda bir esnaf grubuydu; yani bir sermaye örgütlenmesiydi.

Osmanlı pazarına giren yeniçeriler, ilk Müslüman-Türk sermaye birikimini oluşturuyordu. Boyacılık, marangozluk, terzilik gibi iş alanlarında aktiftiler. Eminönü'nde dükkânları vardı. Yeniçeri, "yoksulluk erdemdir" denilen dinsel anlayışı kırıyordu!

• 1718 Pasarofça Antlaşması'nın önemi toprak alınıp verilmesinden ziyade, Avusturya'yla yapılan ticaret antlaşmalarıydı. Ve bu ticaret antlaşmaları, Yahudileri yine eski gücüne getirecekti; Viyana'daki dindaşlarıyla işbirliği yapıp her iki imparatorluk nezdinde iktisadî ve siyasî güçlerini artıracaklardı.

• 1719'da paranın değeri düşürüldü. Osmanlı'nın malî durumu "esnaf" yeniçerileri artık daha yakından ilgilendiriyordu. Halkla iç içeydiler; sorunları yakından biliyorlardı. Örneğin, Osmanlı yöneticileri savaş hazırlıklarına başladıklarında halka büyük vergiler (imdad-ı seferiye) yüklüyordu. Vergi alındığı halde savaşa gidilmemesi bir yana, alınan vergilerle Saray'da lüks bir hayat sürülmesi, örneğin Çırağan Sarayı ile Sadâbad'da üç yüz köşk yaptırılması, halkla birlikte yeniçerilerin de tepkisini çekiyordu. Lale Devri'nde yeniçeriler halkla birlik olup bu nedenle ayaklanmışlardı. Patrona Halil İsyanı'nın[8] temelinde ne var sanıyorsunuz?

8. İsyancıların lideri Halil'e "Patrona" adı niye verilir bilir misiniz; "patrona" kadırgasının (kadırga donanması komutanının bindiği gemi) leventlerinden olduğu için! Tarihi sevmemin nedeni bu tür ayrıntılardır; Rusya'da Ekim Devrimi öncesi Potemkin Zırhlısı'nda çıkan isyan, sosyalizmle sonuçlandı. Ünlü yönetmen S. M. Ayzenştayn'ın bu gemideki isyanı konu olan filmi "dünyanın her daim en iyi on filmi" arasındandır. İki gemi iki isyan!

• Osmanlı yoksullaşırken, rakipleri Rönesans'la birlikte zenginleşme sürecine girmişti. İngiltere'de sanayi devrimi süreci başlamıştı. Modern sınıflar doğuyordu.

Artık Ortaçağ savaş dönemindeki işsizlerden-çapulculardan, derme çatma ordular yerini, vurucu gücü fazla, hareket kabiliyeti olan merkezî ulusal ordulara bırakıyordu. Askerlik zorunlu bir hizmet haline getirilmişti. Avrupa'daki kültürel dönüşüm, teknik gelişmeler savaş araçlarına da yansıyordu. Avrupa "askerî devrim"i gerçekleştirmişti. Ortaçağ şövalyeleri, ateşli silahların yayılması sonucu yerlerini subaylara terk etmişti.

Osmanlı'nın ise, kalabalık, hareket kabiliyeti olmayan, hantal ve yüz yıl önceki en büyük silahı toplarını geliştirememiş bir ordusu vardı. Yeniçeriler, Avrupa'nın kullandığı sahra toplarına (örnek: Prut Savaşı) palalarla hücum ediyordu! Yeniçeriler, geleneksel cesaret ve yiğitlikleriyle Osmanlı'yı ayakta tutuyorlardı.

• Osmanlı'nın her alanında reforma ihtiyaç vardı.

"Nizamıcedid" terimini ilk kullanan kişi İbrahim Müteferrika'ydı (1670-1745). 1732'de kaleme aldığı *Usul ül-Hikem fi Nizam il-Ümem* adlı eserinde, Osmanlı'nın Avrupa devletleri karşısında geri kalmasının sebeplerinden bahsederken, bu terimi terminolojiye sokmuştu.

• 1789 Fransız İhtilali tarihin gidişatını değiştirdi. Katolik Fransa, tıpkı İngiltere gibi liberalizmi benimsedi. Yahudilerin Fransa'ya girişi serbest bırakıldı. Fransa reformlar konusunda rakibi İngiltere'ye yetişmek istiyordu.

Osmanlı gelişmeleri izlemiyordu bile! İthale dayalı aşırı lüks tüketim, varlıklı ailelerin gösteriş yarışı sürüyor; bu tüketime yetecek para rüşvetle sağlanmaya çalışılıyordu.

• XVIII. yüzyıl sonlarından itibaren Osmanlı, askerî reformlar için Batı'dan subay davet etmeye başladı. İstanbul'a gelen Baron François Tott, J. Saint-Denys gibi subaylar yeniçeriler tarafından çiçeklerle karşılandı. "Gâvur subay istemiyoruz" lafı koskoca bir yalandı.

Kırım'ın Ruslar tarafından alınması hemen herkesi derinden sarstı.

"Avrupa tipi askerlik", "Avrupa tipi askerî eğitim" yıllar önce başlamıştı. Bu nedenle Nizamıcedid'in kurulmasına kimse itiraz etmedi. Tek şikâyet, bu modern ordunun kurulması için gerekli 200 000 kese altının, yeni vergi sistemiyle halkın sırtına yüklenmesi olacaktı. Vergiden kaçmak isteyen bazı tüccar Yahudiler, Avusturya, Fransa gibi imparatorlukların "vatandaşlığına" geçiyorlardı.

• Napolyon'un askerî başarıları Osmanlı'nın gözünü kamaştırmıştı. Reform sürecini başlatamadan, Fransızlara inanıp güvenerek, XVIII. yüzyılın ikinci yarısından sonra, 1768 ve 1787'de iki kez Ruslarla savaşa girdi. Kaybedilen Kırım, Eflak, Boğdan'ı Napolyon'un desteğiyle geri alacağını düşünüyordu. Ama yenildi.

Ayrıca Fransa, Osmanlı'yı hayal kırıklığına uğratacak, Ruslarla anlaşacak ve Mısır'a girecekti.

Bu arada sanayi devrimine tekstille başlayan İngiltere, dünyanın en önemli pamuk üreticilerinden Mısır'a girdi. İngiltere ve Fransa karşı karşıya geldiler. Ama mutabakat sağlandı.

İngiltere ile Fransa arasındaki askerî ve diplomatik "pazar kapma" mücadelesinin en çetin geçeceği yerlerden biri Osmanlı ülkesi olacaktı.

Ve bu iki büyük emperyal gücün birbirleriyle rekabetini göz önünde bulundurmadan tarih yazıcılığı yapılamaz.

• 1804'te Napolyon Bonapart imparatorluğunu ilan etti. İngiltere, Rusya, Avusturya kabul etmedi; Osmanlı önce çekimser kaldı ama sonra Sultan III. Selim, kişisel olarak sempati duyduğu Fransa'yı tanıdı.

Dünya güçleri arasında Fransa'dan yana tavır koymak, Sultan III. Selim'i kendi ülkesinde de zora soktu. Muhalifleri arasında gördüğü Sadrazam Hafız İsmail Paşa'yı görevinden aldı; yerine Ağa İbrahim Hilmi Paşa'yı atadı. Ama bilmiyordu ki, Ağa İbrahim Hilmi'nin akıl hocası Selanikli Musa Paşa'ydı ve Musa Paşa'nın, çoğunluğu Yahudi olan Selanik tüccarlarıyla çok iyi ilişkileri vardı. Bu çevreler, Nizamıcedid'e karşı, yeniçerilerin yanındaydılar.

• Sultan III. Selim Fransızlara güvenip Ruslara üçüncü kez savaş açtı. Yeniçeri Ruslarla savaşırken, İstanbul kalelerini korumakla görevli Nizamıcedid'e yardımcı olarak verilen "yamak"lar isyan çıkardı. Ayaklanmanın başında bulunan Kabakçı Mustafa, topladığı yamaklara, yağma yapmayacaklarına dair yemin ettirdi; hedefleri rantiyeci "halk düşmanı yöneticiler"di. Tahta Sultan IV. Mustafa geçti. Bu arada Nizamıcedid dağıtıldı. Bir yıl iki ay sonra bu kez Sultan IV. Mustafa tahtından oldu.

• Ayaklanmayı bastırıp Sultan IV. Mustafa'yı tahttan indiren "Rusçuk Yâranı" adlı komitenin arkasında başta Ermeni sarraf Manuk Mirzayan olmak üzere Hıristiyan sermayesi vardı.

Yavaş yavaş olayın can alıcı noktasına geliyoruz.

• Sultan II. Mahmud döneminde, Osmanlı tebaası içinde Hıristiyan olarak Ermeniler güçlü bir lobi oluşturmaya başlamıştı; çünkü Rum yöneticiler ve tüccarlar, Yunan ayaklanmaları nedeniyle güvenilmez görülüyor, artık gözden düşüyorlardı.

Bu dönemde kuyumcu, tüccar, fırıncı, terzi, esnaf vb olan Ermeniler "Saray bürokrasisi"ne; genellikle tefecilik yapan tüccar/sarraf Yahudiler ise Yeniçeri Ocağı'na yakındı.

Yeniçeriler ve Yahudiler eski linç girişimiyle sonuçlanan geçen yüzyıllardaki olayları unutmuşlardı.

Ermeniler, Yeniçeri Ocağı'nın kaldırılması ve yerini Nizamıcedid'in almasını isterken, Yahudiler mevcut durumun devamından yanaydılar. Zira Yeniçeri Ocağı'nın kaldırılması demek, Yahudi sarrafların önemli bir gelir kapısının kapanması demekti; yeniçerilerin paralarını işletiyorlardı. Keza yeniçerileri kontrolleri altına alarak, saltanat üzerinde de baskı kurabiliyorlardı.

• Sultan II. Mahmud, tanık olduğu kanlı olayların etkisindeydi; III. Selim'i öldüren "Kabakçı Mustafa ekibi"nin bir gün kendisini de yok edeceğini düşünüyordu. Benzer güçler dedesi Sultan III. Ahmed'i de tahttan indirmişlerdi. Bu nedenle, ne olursa olsun "yeniçerileri yok etme" fikrini bir saplantı haline getirdi.

Kararı doğru bile olsa, zamanlaması çok hatalıydı: büyük komşu Rusya'nın gözü Boğazlar'daydı; İngilizler ve Fransızlar iki emperyal güç olarak Osmanlı topraklarını paylaşma hesabı içindeydiler; Sırplardan sonra Yunanlılar da bağımsızlığını ilan etmek üzereydi vb.

İşte bu kötü zamanlamaya, Osmanlı ordusunu modernize etmek için gelen Alman subayı Helmuth von Moltke gibi Avrupalılar da şaşıracaktı.

• İşin özünde, Sultan II. Mahmud mutlak iktidar istiyordu; reform/yenileşme sadece kamuflajdı. Ve planını hayata geçirdi.

Önce, askerî reformlar konusunda yeniçerilerle anlaşma yapıldı. Hatta reformların görüşüldüğü divan toplantısında yeniçeriler aşağılandı; yobazlıkla, bağnazlıkla, dinsizlikle suçlandı. Buna rağmen anlaşma yapıldı; İstanbul ve çevresindeki yeniçeri ortalarında 150'şer kişi modern yöntemlerle yetiştirilecekti. Terfiler artık kıdem esasına göre yapılacaktı. Mevkilerin parayla satın alınmasına son verilecekti; yani, yeniçeri ağası tayin olduğunda sadrazama artık "caize" ödemeyecekti. Her birliğin bir imamı olacaktı vb.

• Her şey yolunda gibi gözüküyordu. Ama Sultan II. Mahmud'un asıl hedefi Yeniçeri Ocağı'nı hemen ortadan kaldırmaktı. İktidarına başka türlü sahip olamayacağını biliyordu.

Konu olan iktidardı sadece...

Benzerini Rusya'da Büyük Petro yapmış; iktidarını güçlendirmek için, ayaklanan Yeniçeri Ocağı benzeri "Streltsıy"ları lağv etmişti...

• Osmanlı, 1826 yılına iki güçlü "hizip"in çatışmasıyla girdi.

Bir tarafta Saray, Ermeni sarraflar, ulema sınıfı, Nakşibendîler vardı; diğer yanda Yeniçeri Ocağı, Yahudi tefeciler ve Bektaşîler bulunuyordu.

Her iki grup da iktidarını mutlaklaştırmak istiyordu...

Yaklaşmakta olan değişim hangi güçlerle, kimin denetiminde yapılacaktı?

Yani bu bir, "ilerici-gerici" veya "gerici-moderncі" çatışması değildi.

Keza Sultan II. Mahmud'un "bel bağladığı" Nakşibendîlik, başta matbaa gibi gerçekleştirilen her türlü teknik gelişmenin karşısında olmuştu.

Diğer yanda ise, İslam tarikatları arasında görüşleri itibariyle yeniliğe en açık, liberal, hoşgörülü olan, ama dinsizlikle itham edilen Bektaşîlik vardı.

Evet, mesele modernizme karşı veya taraf olmak değildi; reformlarla hiç ilgisi yoktu bu olan bitenin...

• Sultan II. Mahmud, Hüseyin Ağa gibi satın aldığı yeniçerilerden sonra düğmeye bastı. Bunun için bir gerekçesi olmalıydı...

Buldu da:

Size ünlü işadamı Üzeyir Garih'in atalarını tanıtırken, Filistin'deki Yahudi cemaatinin lideri Hayim Farhi'nin öldürülmesinin intikamının alınmasının, Yeniçeri Ocağı'nın kaldırılmasıyla sonuçlanan olayların ilk kıvılcımı olduğunu yazmıştım.

Kısaca hatırlatayım: Üzeyir Garih'in atası Hayim Farhi'nin intikamının alınması için devreye giren İstanbul Musevî cemaati lideri Behor Karmona, Yeniçeri Ocağı'nın en büyük sarrafıydı. Bu gücünü kullanarak padişahın haberi olmadan şeyhülislamdan fetva alıp Akkâ Valisi Abdullah Paşa'nın idam edilmesini sağlamıştı.

Şimdi o kaldığımız yerden devam edelim:

Sultan II. Mahmud, kendisinden habersiz şeyhülislamdan fetva alınarak Akkâ Valisi Abdullah Paşa'nın idam edilmesine büyük tepki gösterdi.

Sultan II. Mahmud artık bu "ikili iktidar"a son vermek istiyordu. Yeniçeriler ve onların arkasındaki Yahudi sarraflar Behor Karmona, Yeşeye Aciman, Yeheskel Gabay'ı gözden çıkardı.

Sultan II. Mahmud'a bu konuda en büyük desteği Kazez Artin

Bezciyan, Darphane'yi elinde tutan Düzyan ailesi gibi Ermeniler verdi.[9]

Bir paragraf açayım; Osmanlı Darphanesi'nin yönetiminin kimde olacağı meselesi Ermeniler ile Yahudiler arasında hep bir çatışma doğurdu. Sultan III. Mustafa döneminde Darphane'nin kontrolü Yahudilerdeydi. Sultan III. Mustafa, Darphane Müdürü Yahudi Yako Bonfil Efendi'yi görevinden alıp yerine Düzyan ailesinden Mikail Çelebi'yi tayin etti. Kontrol Ermenilere geçti.

Darphane önemliydi, çünkü Darphane'nin kimin kontrolünde olacağı piyasada kimin güçlü olacağı anlamına geliyordu. Darphane'de bir sistem uygulanıyordu; Darphane müdürünün emriyle bir miktar altın büyük sarraflara veriliyor, sarraflar da bunu piyasada işletiyorlardı...

Uzatmayalım; Sultan II. Mahmud Ermeni sarrafların da desteğiyle Yahudi sarraflara savaş açtı; Yeniçeri Ocağı'yla iş yapan Behor Karmona, Yeşeye Aciman, Yeheskel Gabay adlı sarraflar öldürüldü.

Yani Yeniçeri Ocağı'nın arkasındaki malî güç yok edildi.

Sırada yeniçerilerin manevî destekçileri Bektaşîler vardı...

"Hayırlı Olay" Osmanlı'nın bir iç savaşıydı aslında; 15-16 haziran 1826 tarihinde, Sultanahmet Camii çevresinde yoğunlaşan çatışmalarda 3 000 yeniçeri olay sırasında öldürüldü; 7 000-8 000 yeniçeri Atmeydanı'nındaki kışlalarına sıkıştırılıp önce top ateşiyle sonra binalarıyla birlikte yakılarak yok edildi. Yakalanan yeniçeriler hemen idam edildi; kaçanlar ise Belgrad Ormanı'yla birlikte yakıldı!

Ahmed Cevdet Paşa'ya göre, İstanbul yeniden fethedildi!

İnsanlık tarihinde eşine az rastlanır bu büyük katliama tarihçiler, "Vaka-i Hayriye" adını verdiler!

Aslında gerçek adının, "Vaka-i Şerriye" olması gerekiyordu!..

"Reform yanlısı" Sultan II. Mahmud, yeniçerilerin halk desteğini yok etmek için dini siyasal bir araç olarak kullandı.

Halkı, Sancak-ı Şerif altında toplanmaya davet etti. Taşraya dağıtılan fermanlarda yeniçerilerin şeriata uymadıkları; Kuranı Kerim'in sayfalarını palalarıyla yırtıp parçaladıkları dedikoduları yayılıyordu.

9. Sultan II. Mahmud nasıl Yeniçeri Ocağı'nı gözden çıkardıysa, yeniçeriler de Sultan II. Mahmud'u tahttan indirmeyi tartışıyorlardı. Ancak II. Mahmud'u öldürürlerse Saray'da yerine oturacak erkek yoktu. Bu nedenle kimi yeniçeri "II. Mahmud'un kız kardeşi Esma Sultan'ı padişah yapalım" önerisi getirdi. Ama kabul görmedi. Hayır, Esma Sultan'a kadın olduğu için değil, çapkın olduğu için kimi yeniçeriler karşı çıkmıştı! Yirmi beş yaşında dul kalan Sultan I. Abdülhamid'in kızı Esma Sultan, giyimiyle, eğlence anlayışı ve zevkiyle Osmanlı Sarayı'nın kendine has kadınlarının başında geliyordu. Farklı bir eğlence anlayışı olan Esma Hanım Sultan'ın Ortaköy'deki yalısı bugün İstanbul sosyetesinin düğünlerine ve konserlere ev sahipliği yapmaktadır!

Bu sırada, Sultan II. Mahmud, kurduğu yeni ordusunun adını açıkladı: "Asakir-i Mansure-i Muhammediye"; "Allah izniyle muzaffer olacak Muhammed'in ordusu!"

Tüm bu dinsel aldatmacalara karşı, hâlâ yeniçerlerin yanında olan İstanbul hamallarının önde gelenleri öldürüldü; diğerleri taşraya sürüldü. Yerlerine Ermeni patriği aracılığıyla Anadolu'dan Ermeniler getirildi. Hazindir, yaklaşık yüz yıl sonra Ermeni hamallar da aynı akıbete uğrayacaklardı...

Sonuçta Osmanlı malî sıkıntılarından kurtulamadı. Yeniçeriler aracılığıyla piyasaya giren Müslüman Türk sermayesi etkisizleşti. Böylece tarihte ilk kez ortaya çıkan Türk-Müslüman tüccarların "doğuşuna" izin verilmedi.[10]

Bunun yerine, vergi ödemeyen ulema ve paşa gibi rantiye âyan sınıfı eski güçlü konumuna yükseldi. Şekilci değişimler, "reform", "modernizm" diye yutturuldu. Ve en acısı, bu rantiye iktidar kliği, kişisel para kazanma hırsları yüzünden Osmanlı'yı daha da geriletecek, emperyal güçlerin elinde oyuncak yapacaktı.

Bitmedi.

Tarihçilerin anlaştıkları ortak bir görüş vardır:

Rumeli'ye ilk giden Osmanlı misyonerleri/dervişleri Bektaşî'ydi. Bu nedenle Rumeli hep özerk bir "Bektaşî cumhuriyeti" olmuştur.

Yeniçeriler, "Taife-i Bektaşîyan", "Güruh-ı Bektaşîyan"; yeniçeri ağaları, "Sanadid-i Bektaşîyan" gibi isimlerle anılır, Yeniçeri Ocağı ise "Dûdman-ı Bektaşîye" olarak bilinirdi.

Geleneğe göre Bektaşî babalarından biri Hacı Bektaş Veli'nin vekili olarak 94. Orta odasında otururdu. Hacı Bektaş dergâhında şeyh olarak göreve başlayan kişi İstanbul'a gelir, şaşaalı bir törenle karşılanır, Ağakapısı'na götürülür, tacı yeniçeri ağasının başına geçirilir, daha sonra Babıâli'ye gönderilirdi.

Yeniçeriler savaşa giderken ve dönerken şu gülbankı okurdu:

Allah Allah eyvallah
Baş uryan sine uryan kılıç al kan
Bu meydanda nice başlar kesilir hiç olmaz soran
Eyvallah eyvallah
Kahrımız kılıcımız düşmana ziyan

10. XIII. yüzyılda Selçuklular döneminde kurulan "Ahilik"in Hıristiyanların "Tapınak Şövalyeleri" ya da Yahudilerin "Essen" örgütüne benzeyen yanları vardı. Salt bir esnaf örgütlenmesi olmamakla birlikte, Anadolu'da Müslüman sermaye birikiminin ilk oluşumuydu. Ne var ki, Vahdet-i Vücud ilkelerini savundukları için Osmanlı tarafından zamanla yok edildi.

Kulluğumuz padişaha ayan
Üçler yediler kırklar
Gülbank-ı Muhammed, Nur-i Nebî, Kerem-i Ali
Pirimiz hünkârımız Hacı Bektaş Veli
Demine devranına hu diyelim
Huuuu...

Dönemin Batılı uzmanlarının şaşırdığı konulardan biri de şuydu: Balkanlar isyanlarla kaynarken, saltanat bölgedeki en güçlü kurum olan Bektaşîliği nasıl yok eder?

Ekleme yapalım:

Daha sonraki yıllarda Arnavutluk'un kaybedilmesinde, Bektaşîler'e yönelik bu kıyımın etkisi olmadığını kim iddia edebilir?

Üstelik, sanki bilinçli yapılıyor gibiydi; olaydan yıllar sonra bile Balkanlar'da çeşitli söylentiler çıkartılıyordu.

Örneğin, ağustos 1833'te, *Takvim-i Vekâyi* adlı gazete, Tırnova'da, Abdi Alemdar ve Ali Alemdar adlı iki yeniçerinin mezarının açıldığını ve bunların saç, sakal ve tırnaklarının uzamış olduğundan, geceleri dirilip, vampirlik yaptıklarının anlaşıldığını yazıyordu!

Sonuç:

Tüm bunlar, her türlü dalaverelerin/entrikaların döndüğü Saray'dan adımını hiç dışarı atmamış bir Osmanlı padişahının yetersizliği miydi?

Resmî vakanüvislerin yazdıkları dışında bu konuyu serinkanlılıkla araştırıp tartışmamız gerekmiyor mu?

Çünkü ipin ucu bugünlere uzanıyor...

Karacaahmet Sultan Dergâhı'nın İnternet sitesine "www.karacaahmet.net" girdiğinizde, Sultan II. Mahmud'un mezarından "II. Mahmud'un leşi" olarak bahsedildiğini göreceksiniz.

Hâlâ bazı Bektaşîler Sultan II. Mahmud'un türbesine tükürmektedirler. Meselenin kişisel olduğunu düşünen yanılır; bu toplumsal bir yaradır.

Nafi Baba Tekkesi yıkılıyor

"Hacı Bektaş oğulları" denen yeniçerilerin yok edilmesi, Bektaşîlik üzerinde çok büyük yıkım yaptı.

Bektaşîlik yasaklandı.

Bazı din görevlilerine, halk ile Bektaşîleri ayırma görevi verildi.

Başta İstanbul ağası Zade Baba olmak üzere Bektaşîler idam edildi.

Çoğu tekke şeyhi sürgüne gönderildi. Tekkeler yağmalandı.

Sadece altmış yıl önce yapılan tekkelere dokunulmama kararı çıktı. Diğerleri -ki, bu hemen hemen tümü demekti- ya yıkıldı ya da cami ve medreseye dönüştürüldü.[11]

Mezar taşları bile kırıldı.

Bektaşîlerin "takiye" yapıp diğer tarikatlara sızmasını önlemek için, her tarikat mensubunun kendisine mahsus kıyafet giymesi mecburiyeti getirildi. Tekkelerin malvarlıkları Nakşibendîlere nakledildi. Hacıbektaş'taki dergâhın başına bile Nakşibendî şeyhi Kayserili Mehmed Said Efendi getirildi; dergâhtaki caminin adı Nakşibendî Camii yapıldı.

Amaç, Bektaşîleri Sünnî yapmaktı.

Sultan II. Mahmud'a en büyük desteği veren Şeyhülislam Mekkîzade Mustafa Âsım Efendi, Mevlânâ Halid Bağdadî'nin kurduğu Nakşibendîliğin "Halidiye" koluna mensuptu.

Daha önce belirttim: Nakşibendîliğin Halidiye kolu Osmanlı merkezî yönetiminin "resmî tarikatı" görünümündeydi.

Tüm tarikatları merkezî yönetim altına toplamak ve hepsini Sünnîleştirmek bu planın en birincil amacıydı...

Bu gelişmeler, Bektaşîlik ile Nakşibendîliğin arasını günümüze kadar düzelmemek üzere açtı...

Bu nedenle, yaklaşık iki yüz yıl geçmesine rağmen, Nakşibendîliğin Halidiye koluna bağlı İstanbul Büyükşehir Eski Belediye Başkanı Recep Tayyip Erdoğan, Karacaahmet Dergâhı'na yıkım dozerlerini gönderebiliyordu!..

Yahudi sarraflarla başlayan, Yeniçeri Ocağı'nın lağv edilmesiyle süren iç savaş, Bektaşî tekkelerinin kapatılması, dedebabalarının idam edilmesi ve sürgüne gönderilmesiyle devam etti...

Bu olaylar, doğal olarak Bektaşî Rumelihisarı Şehitlik (Nafi Baba) Tekkesi'ni de etkiledi.

Tekke bir günde yerle bir edildi.

Dergâhta bulunan Bektaşîler apar topar, sorgusuz sualsiz cezaevlerine konuldu. Bir daha Bektaşî tekkelerine gitmeyeceklerini; ehl-i sünnet olduklarını; yaşamları boyunca Sünnî kalacaklarını açıklamaları halinde, serbest bırakılacakları söylendi.

Kaçabilen Bektaşîler dağlara çıkıp, izlerini kaybettirdi.

XVII. yüzyılda Kadızadelerin yaptığı zulmün daha kanlısını Bektaşîler, bu kez XIX. yüzyılda yaşadı...

11. Sadece İstanbul'da yıktırılan tekkeler şunlardı: Rumelihisarı Şehitlik Tekkesi, Öküzlimanı Tekkesi, Karaağaç Tekkesi, Yedikule Tekkesi, Sütlüce Tekkesi, Eyüp Karyağdı Tekkesi, Çamlıca Tekkesi... Yapımı altmış yılı geçmiş olduğu için Üsküdar Karacaahmet Dergâhı ve Şahkulu Dergâhı yıkılmadı, ama kapatıldı.

Yezitler elinde müşkül halimiz
Münkir münafık faş eyledi yolumuz
Elaman Bâkır sen al elimiz
İmam Cafer üs-Sadık dili gel yetiş...

İlginçtir, Bektaşî-Osmanlı merkezî yönetim ilişkisi, büyüme/ilerleme döneminde iyi olmuş; duraklama döneminde araya soğukluk girmiş; gerileme döneminde ise ayrılık gerçekleşmişti...

Bu genel bilgilerden sonra gelelim, daha özel Nafi Baba haberlerine. Nafi Baba'nın babası Büyük Mahmud Cevad Baba yedi dervişiyle birlikte Kayseri'ye sürüldü.

Yalnız değildi:

İstanbul'dan, Ahmed Baba Konya/Hadım'a, Hüseyin Baba Konya/Hadım'a, İbrahim Baba İzmir/Ödemiş'e, Mustafa Baba İzmir/Ödemiş'e, Yusuf Baba Aydın/Güzelhisar'a, Mehmed Baba İzmir/Tire'ye, Mustafa Baba İzmir/Tire'ye sürgüne gönderildi.

Büyük Mahmud Cevad Baba kısa bir süre kaldığı Kayseri'den, Kütahya'ya gitti. Uzun süre burada ikamet etti: yedi yıl.

Kütahya'da Nakşibendî tarikatından süluk aldı.

1826'dan sonra Bektaşî babalığı resmî olarak kabul edilmediğinden ve Bektaşî tekkelerinin başına Nakşibendî şeyhler atandığından, Bektaşî tekkelerinin başına şeyh olarak atanabilmek için bir Nakşibendî şeyhinden icazet alınması ve bu alınan icazetin meclis-i meşayihe (şeyhler meclisi) sunulması gerekiyordu.

Büyük Mahmud Cevad Baba aldığı Nakşibendî icazetiyle İstanbul'a döndü. Rumelihisarı Şehitlik Tekkesi bu nedenle uzun bir süre Nakşibendî sayıldı!..

Yaşadığımız topraklar üzerinde çeşitli dinsel gruplar, yaşamlarını sürdürebilmek için "takiye" yapmak zorunda kalmışlardı...

Tüm dinlere hoşgörülüyle bakılmasına rağmen bu durumu nasıl değerlendirebiliriz? Araştırılması gereken bir konudur...

Bir dönme hikâyesi: Molla Süleyman

Burada araya girip, inanılmaz sürprizlerle dolu Anadolu coğrafyasından, din-mezhep değiştirmeyle ilgili bir olayı anlatmak istiyorum...

Rumca'da din değiştirenlere, yani "dönme" olanlara, "klostoi" deniyor.

Yorgo Andreadis, 1936 yılında Selanik'in muhacir barakalarından oluşan Kalamaria Mahallesi'nde doğdu. ABD'nin verdiği Fulbright bursuyla Selanik'teki "Anadolu Koleji"ni bitirdi. Bu okul, Amerikan misyonerlerinin kurduğu tarihî "Merzifon Koleji"nin devamıydı.

Yorgo Andreadis, Almanya'daki Freiburg Üniversitesi'nde iktisat okudu. Ailesinin göç ettiği Karadeniz bölgesinin tarihiyle ilgilendi. 1960'tan günümüze kadar bölgeye kırkı aşkın gezi yaptı. Kendini Türkiye ile Yunanistan arasında iyi bağlar kurulmasına adadı ve Abdi İpekçi Türk-Yunan Dostluk Ödülü'ne layık görüldü.

Yorgo Andreadis hakkındaki bu kısa bilgilerden sonra gelelim işin özüne:

Yazar Andreadis, 1995 yılında, *Gizli Din Taşıyanlar* adlı bir kitap yazdı. Trabzon'a 70 km uzaklıktaki Kromni ve çevresindeki Müslümanların, aslında nasıl gizli Hıristiyan olduklarını yer ve zaman adları vererek, örnek olaylarla anlattı.

Bunlardan, "Molla Süleyman" adını alan bir Hıristiyan'ın hikâyesi ilginçti:

> Arapça yazamazmış ve dolayısıyla bu karanlık cehalet yılları boyunca köylüler bilmediği için, rahatlıkla Kuran'dan değişik metinleri ezberden okuyabilirmiş. Nihayetinde onların topraklarının ürettiği bir hocaydı. Onların hocasıydı, öylesine ketum, ciddi ve akıllıydı ki, birbirleriyle o kadar farklılıklar gösteren köylülere tavsiyelerde bulunabilecek yegâne kişi olarak, bölgeyi etkisi altına almıştı. Herkes fikirlerine saygı gösterir ve onu vaiz bir kadı olarak sayarmış. (s. 12.)

Yorgo Andreadis'in kitabını duygulanarak okuyorsunuz. İkili yaşamın ne denli güç olduğunu bir kez daha anlıyorsunuz.

Bu öylesine zorlu bir hayat ki, gizli Hıristiyanlar, kızlarını isteyen Müslüman Osmanlıların çöpçatanlıklarını bertaraf etmek için, nice oyunlara/hilelere başvuruyorlardı. Kızlarının gerçek anlamda Müslümanlaşmasını, Türkleşmesini istemiyorlardı.

Keza, oğullarına Müslüman kız aldıklarında ise, gelin, önce görümceler ve evin kızları tarafından Hıristiyan olmaya ikna ediliyordu; gelin vaftiz edilmeden gerdeğe sokulmuyordu.

Bebek vaftizleri, düğünler, bayramlar hep gizlice yapılıyordu. Gizli din taşıdıklarından şüphelenilmesin diye cami yapıyorlardı.

Görünürde Müslüman olan, Müslüman ismi taşıyan bu Hıristiyanlar, gerçek dinleri ortaya çıkmasın diye, dışarıda Müslümanlık konusunda aşırı tutucu gözüküyorlardı. En "yobaz" onlardı! Öğrenmişlerdi; kim daha "radikal"se en iyi dindar oydu!

Dışarıda "dini bütün" gözüküyor, evde ise gizli mabetlerinde ibadetlerini yapıyorlardı.

> Mabetler genellikle yer altındaydı ve insanlar, gizli bir iç kapıdan aşağıya inerlerdi. Oda, ikonlar ve şamdanlarla doluydu. Hıristiyanlar dua ve ayin için orada bir araya gelirdi.
>
> Gizli Hıristiyanlar aynı Osmanlılar gibi giyiniyorlardı ve konak olarak adlandırılan evleri Osmanlılarınkine benzerdi. Genelde evler iki katlıydı. Dış cepheleri mavi boyalı olup, basit geometrik figürler veya geometrik çiçek tasvirleri taşırdı. Bu evler gerçek Osmanlıların konaklarından hiçbir fark içermezdi. Zemin kat, hayvanlarını, sığırlarını kapattıkları ahırdı. Hayvanlar zemin katın yarısını veya daha azını işgal ederdi. Kalan bölüm ağıldan bölünür, kiler olarak kullanılırdı. Burada, dua ve diğer dinî görevler için şapel olarak kullanılan bir oda daha vardı. (a.g.e., s. 27.)

Yazar Andreadis'e göre din değiştirmelerin başlangıç yılı 1650.

Yöre halkı yaklaşık iki yüz yıl gizli din taşıdıktan sonra, bir bölümü 1828'deki Osmanlı-Rus Savaşı'nda Rus ordularının bölgeye gelmesiyle, Molla Süleyman'ın karşı çıkmasına rağmen, onu dinlemeyip gerçek dinlerini açıkladılar.

Bir bölümü de, Tanzimat Fermanı'yla dinî özgürlükler ve etnik eşitlik geldiğini düşünüp, gerçek dinlerine döndüler. Ama bilemediler ki, bu özgürlük mevcut Hıristiyanlarla ilgiliydi! Hiçbir yerde, Müslümanların dinini bırakıp başka bir dine geçebileceği söylenmemişti!

Tanzimat'ı yanlış yorumlamışlardı. Tanzimat'a rağmen, ne İslam'ın ne de Osmanlı'nın din değiştirenlere sıcak bakmayacağını anlayamamışlardı. Son olarak şanslarını 1856'da Islahat Fermanı'yla denediler. Çünkü İngiliz Büyükelçisi Stratford Canning, İslamiyet'ten ayrılmayı yasaklayan şer'i yasaların da değiştirilmesini istemişti.

Ama öneri daha hayata geçirilmeden, dinsel kimliklerini açıklayanların sonu yine acı oldu; öldürüldüler.

Yasa hiç değişmedi: Müslüman olmuşken pişmanlıkla eski dinine dönmenin cezası idamdı. Örneğin, 25 ağustos 1843'te eski dini Hıristiyanlığa dönmek isteyen bir genç idam edilmiş ve bu olay üzerine İngiltere'nin İstanbul büyükelçisi konuyu uluslararası mesele haline getirmişti.[12]

Bu arada belirtmem lazım, gizli din taşıyanlar kuşkusuz sadece Karadeniz'de değildi. Tarihçi Bardhly Graceni, Balkanlar'da; Elbasan, İşkodra, Draç civarında bazı köylerde görünüşte İslam fakat aslında Ortodoks ve Katolik inançta olan köyler tespit etmişti. (aktaran İlber Ortaylı, *Osmanlı Toplumunda Aile*, 2001, s. 316.)

Yorgo Andreadis'in kitabını okuyup, kütüphaneme kaldırmıştım. Yıllar sonra, *Cornucopia* (cilt 6, sayı 34, 2005) adında İngilizce bir dergiye göz atarken, Doğu Karadeniz evleriyle ilgili bir haber dikkatimi çekti.

Biri Çamlıhemşin'de, diğeri Sürmene'de iki ayrı konağın alt katlarında; birinin duvar kemerinde, diğerinin ise şöminenin üzerinde, –birçok kültürde olmasına rağmen– özellikle Yahudiler için kutsal olan, altı köşeli yıldız şeklindeki "Süleyman Mührü" ya da diğer adıyla "Davud'un Kalkanı" vardı...

Bu amblem/sembol, Doğu Karadeniz evlerine sadece süs amacıyla mı yapılmıştı? Dergiye göre, yaşayanlar bu sorunun yanıtını bilmiyordu; bu bir sır olarak kalmıştı!..

Süleyman Mührü'nün sırrı

Bu kitabın yazarının da çözümleyemediği bazı sırlar da vardı:

İsmet Kür adını günümüzde kaç kişi biliyor merak ediyorum.

İsmet Kür, gazeteci ve yazardır.

Sanıyorum kızını günümüzde daha çok kişi biliyor: Pınar Kür. Yazar.

İsmet Kür'ün ablası Halide Nusret Zorlutuna da şairdi, yazardı.

12. Sabetayist tarihinde, tekrar Yahudi dinine dönme olayının yaşandığı üç vaka vardı. Birincisi, Türkiye ile Yunanistan arasında yapılan mübadele sonucu, Müslüman gözüktükleri için Türkiye'ye yollanmak, ancak kendileri gitmek istemeyen bazı Sabetayistler Selanik Hahamlığı'na başvurdular. Ama hahamlık, "nesillerin meşru izdivaçtan doğup doğmadıklarının bilinmediğini" gerekçe göstererek bu istekleri reddetti. Burada ilginç bir değerlendirmeyi aktarmak istiyorum: İsrailli yazar Errol Gelardin, *Sabetaycı Selim'in Öyküsü* adlı romanında, Sabetay Sevi'nin Mesih olduğunu; çünkü Sabetayistlerin Müslüman kabul edilip Türkiye'ye gönderildikleri için, Hitler'in Selanik'teki soykırımından kurtulduklarını yazdı. Sabetay Sevi üç yüz yıl sonra bile "müritlerinin" hayatını kurtarmıştı! İkinci teşebbüs, İstanbul'un işgali döneminde oldu; ticaret-seyahat müsaadesi almak isteyen bazı Sabetayist tüccarların dönme teşebbüsüne İstanbul Hahamlığı izin vermedi. Üçüncüsü ise bireyseldi; yazar Ilgaz Zorlu'nun başvurusunu Kudüs Hahamlığı önce reddetti, sonra Ilgaz Zorlu'nun, Yahudi dinine geçmek isteyenlerin yapacağı gerekli ritüelleri yerine getirmesiyle kabul etti. Hahamlığa göre, Sabetayist'in Müslüman'dan farkı yoktu! Selanik'teki 56 000 Yahudi, Alman toplama kampına götürüldü; 46 000'i geri dönemedi!

Bizim böyle nice değerde ailelerimiz var; neden bunların romanları, hikâyeleri yazılmaz...

Ama...

Benim anlatmak istediğim başka...

İsmet Kür'ün, *Yarısı Roman* adlı günlüklerini okuyordum, 231'inci sayfadaki bir çocukluk fotoğrafı dikkatimi çekti. İsmet Kür, ablası Halide Nusret'le yan yanaydı ve İsmet Kür'ün boynundaki madalyonu, altı köşeli yıldız "Süleyman Mührü"ydü!

İlginç deyip geçtim...

Yıllar sonra, Sermet Sami Uysal'ın, *Eşlerine Göre Ediplerimiz* kitabında, Halide Nusret Zorlutuna ve eşi Emekli General Aziz Zorlutuna'yla yaptığı röportajında bazı cümleler beni çok şaşırttı.

Halide Nusret, genç kızlığında adı duyulmuş, önemsenen bir şairdi, yazardı. Daha yirmi dört yaşındayken *Sisli Geceler* adlı romanını yazmıştı. Babası Namık Kemal'in yakın arkadaşıydı; yani pek muhafazakâr olmayan bir aileydiler.

Ama, bu ünlü yazar yirmi beş yaşında, eşini görmeden görücü usulüyle evlenmişti.

Hadi bunun üzerinde de durmayalım.

Sermet Sami Uysal'ın röportajı edebiyat üzerineydi.

Ama nedense, General Aziz Zorlutuna birden, ortada sorusu bile yokken, eşinin "beş vakit namaz kıldığını" söyleyiverdi.

Belki ifade edemiyorum ama, röportajı okuduğunuzda, diyorsunuz ki: "Şimdi bunun bu soruyla ne alakası var?"

Ne yalan söyleyeyim, Halide Nusret'in genç kızlığında boynuna taktığı altı köşeli "Süleyman Mührü" beni bu kadar şaşırtmadı. Çünkü birkaç on yıl öncesine kadar "Süleyman Mührü" bugün olduğu gibi bütünüyle Yahudilere ait değildi. Herkes kullanıyordu.

Ben asıl, bu apansız çıkışların altında bir "anlam" arıyorum. Belki yanılıyorum; belki gazetecilik "içgüdüsü", ama öyle "okuyorum"...

Ahlat'ta Selçuklular Mezarlığı'ndaki bir mezar taşında; Edirne Kadirî Ali Fettavî Tekkesi'ndeki sandukada ya da ne bileyim "Barbaros"[13] Hayreddin Paşa'nın sancağındaki "Süleyman Müh-

13. "Barbaros"u tırnak içinde yazdım, çünkü "barbaros" Yunanca "barbar" demektir; bu lakabı onlar takmıştı.
Bir diğer iddia ise, Fransızca "barberousse", yani "kızıl sakal" demekti; lakap onlara aitti. Biz düne kadar kullanmıyorduk; "Hayreddin Paşa" diyorduk. Günümüzde artık "Barbaros Hayreddin Paşa" deniyor. Hatta daha da ileri gittik, sadece "Barbaros" diyoruz. Örneğin İstanbul Beşiktaş'taki bulvarın adı "Barbaros Bulvarı"!

rü" beni bu, ani çıkışlı "Eşim de beş vakit namaz kılıyor" cümlesi kadar şaşırtmadı.

Hadi, İttihatçı Maliye Nazırı Cavid Bey döneminde, tedavüle çıkmış kâğıt on (10) paranın üzerindeki "Süleyman Mührü" bizi birazcık şaşırtıyor diyelim. Ama yine de, emekli bir "paşa"nın birdenbire, "Eşim beş vakit namaz kılıyor" demesi kadar değil!..

Halide Nusret'in kızı Emine Işınsu da yazar. *Bukağı* adlı romanında, Niyazi Mısrî'yi anlatıyor! Yaşasaydı babası ne derdi acaba: "Ama kızım beş vakit namaz kılıyor!"

Sayın generalim, bize ne? Biz mi sevap kazanıyoruz? Niye söyleme ihtiyacı hissediyorsun?.. Sizi böyle bir çıkışa zorlayan sebep nedir?

Bütün solcu gençleri "psikolojileri bozuk insanlar" olarak gösteren yazar kızınca biz bir şey söylüyor muyuz?

Bu "örtü" görevi gören "şallara" bazen kızdığımız oluyor!

Örneğin: Azra Erhat...

Bu adın bizim için ne çok anlamı vardı. Hümanizm düşüncesini ilk ondan öğrendi bizim kuşağımız. Antik Yunan felsefesinin ne olduğunu ondan okuduk.

Anadolu'nun ne kadar "bizim" olduğunu Azra Erhat anlattı bize.

12 Mart 1971 askerî darbesinin cezaevlerinde, Azra Erhat'ın yiğit, başı dik direnişini örnek aldık.

Başta Doktor Şefik Hüsnü olmak üzere bizi biz yapanlar arasında Sabetayistler yok muydu; vardı ve biz hepsiyle hâlâ gurur duyuyoruz.

Öyle olmaları değerlerini hiç azaltmadı.

Ama Azra Erhat...

Bize Anadolu'nun kültür varlıklarını anlatan; başta *İlyada* ve *Odysseia* olmak üzere efsaneleri/mitolojiyi okumamazı sağlayan; hümanizmin öncüsü o yiğit kadın. O bize anlatabilirdi.

Ninesinin, Maliye Nazırı Cavid Bey'i saklamasının nedeninin, Sabetayist/Karakaşî ilişkiler olduğunu yazabilirdi. Yapmadı. Anlatmadı. Sakladı işte, tıpkı ninesi gibi...

Neden bahsetmedi; yazsa bizdeki değeri mi azalacaktı? Rum olsa, Ermeni olsa, Türk olsa ne bileyim daha başka "bişey" olsa ne fark ederdi.

Bunları niye gizledi; böyle bir hayatı bize niye anlatmadı?

Halbuki, biz hiç orda değildik ve bu onu en iyi bilendi. Ama yazmadı işte...

Sonra gitti; Bülbülderesi Mezarlığı'na defnedildi.

Mutlaka bir nedeni vardı...

Bilin ki, Türkiye'nin ufkunu genişleten o aydın kadını, Azra Erhat'ı biz hâlâ seviyoruz. Hep saygı duyacağız, çünkü bizi çok zenginleştirdi...

Ama ne bileyim, bazen kırıldığımız oluyor işte...

İkili yaşam insan ruhunda nasıl bir "erozyon"a neden oluyor artık tahmin edebiliyoruz...

İşte, bir İstanbul hanımefendisi Rezzan Yalman; gazeteci Ahmet Emin Yalman'ın eşi, gazeteci Sinan Korle'nin ablası. Bakın çocukluğuna ilişkin ne anlatıyor:

> Çocukluğumda evde sarıklı bir hocadan, Erşad Efendi'den Kuran dersi aldım. Ondan eski yazıyı ve Kuran okumayı öğrendim. Annem her gece yatmadan dua okurdu. Hâlâ geceleri okurum. Anneannem namaz kılardı. Annem ve babam ramazanda oruç tutarlardı, ama namaz kılmazlardı. Lisede din dersinde fıkıh okurduk. Hoca anlatırdı. "Kuyuya fare düşerse üç kova su çekilecek; kedi düşerse yedi kova su çekilecek" diye. "Hoca Efendi temizlenir mi kuyu suyu böyle?" derdik. "Hanım kızım karışma, fıkıh böyle diyor" derdi. Hiçbir şeyin nedenini sormazdık. (*Tarih ve Toplum* dergisi, haziran 1986.)

Gerek var mı bunları anlatmaya?

Tevfik Fikret'in dediği gibi, "Örtün, ey İstanbul..."

Sadece İstanbul mu?..

Ermeni Yahudiler: Pakraduniler

Selanikli Sabetaycılar, İspanyol Marranolar-Konversolar ve İranlı Meşhedîlerden sonra Ermeniler içinde de gizli Yahudi bir cemaatin iki bin yedi yüz yıldır varlığını sürdürdüğünü biliyor muydunuz?

Pakraduniler (Bagratuni/Bagradits) adı verilen ve asırlarca Ermeni toplumunu yöneten bu gizli Yahudi cemaatin hikâyesi, MÖ 730 yılında başlıyor ve günümüze kadar uzanıyor.

İddianın iki sahibi var: Yahudi Prof. Dr. Abraham Galante, *Pakraduniler veya Ermeni-Yahudi Cemaati*; diğeri Ermeni yazar Levon Panos Dabağyan, *Türkiye Ermenileri Tarihi.*

Her iki yazarın, Galante ve Dabağyan'ın iddiaları benzer. Hikâye MÖ 730 yılında başlıyor:

Ermeni Kralı Sannasar, Beni İsrail'e yaptığı seferde İsrail Kralı Osee'yi öldürerek, on Yahudi kabilesini esir aldı. Esirleri Fırat'ın ötesine, Güney Ermenistan'a yerleştirdi.

Yahudilerin uğradığı zulüm bitmemişti; MÖ 700'lerde, bu kez Babil Kralı Nabukodonosor, Mısır Kralı Neho ile Kudüs Kralı Yoakin'e karşı bir sefer düzenledi. Söz konusu sefere, Doğu Ermenistan Kralı Hıraçya da büyük bir orduyla iştirak etti.

Hıraçya'nın bu savaşta gösterdiği olağanüstü başarı, Nabukodonosor'u fazlasıyla memnun etti ve esir aldığı on bin Yahudi'nin yarısını Ermeni Kral Hıraçya'ya verdi. Bu esirler arasında İsrailoğullarının önemli şahsiyetlerinden Prens Şampat da vardı. Şampat, kısa zamanda Ermeni Kral Hıraçya'nın iltifatlarına mazhar oldu; önemli mevkilere yükseldi.

Prens Şampat'ın yükseldiğini gören bir başka Yahudi, Pakarad Şampa, aile menşeinin Hz. Davud'a dayandığını iddia edip, Ermenistan Kralı Vağarşak'a müracaatta bulunarak, Saray hizmetine girmek istedi. Kabul edildi.

Yahudi Pakarad Şampa yaptığı hizmetlerle, kısa sürede Yahudi Prens Şampat'ı gölgede bıraktı. Ermeni krallarına taç giydirme ve on bin kişilik özel süvari birliğine komutanlık yapma yetkisini aldı.

Ermeni Sarayı'nda Yahudilerin yükselişi sürerken, Ermeni krallarından, II. Dikran (Büyük Dikran) [MÖ 90-36] Beni İsrail'e bir sefer düzenledi ve bu işgal esnasında tutsak ettiği binlerce Yahudi'yi ülkesine götürdü. Bu esirler arasından seçtiği Aşod adında bir Yahudi'yi özel hizmetine aldı.

Yani, zamanla nüfusları daha da artan Ermenistan'daki esir Yahudiler, Beni İsrail Prensi Şampat'ın hatırasını kendilerine rehber edinerek, Pakarad Şampa'nın liderliğinde örgütlenip, öz varlıklarını/dinlerini gizli de olsa koruyabilme mücadelesine giriştiler. Ermeni gibi görünüyor ama Yahudi gibi yaşıyorlardı: örneğin, domuz eti yemiyorlardı. Şabat(cumartesi) günü çalışmıyorlardı. Cemaat dışından kimseyle evlenmiyorlardı.

Ermenistan, MS 637'den itibaren Arap hâkimiyetine girdi. Saray'da egemenlik kuran Pakraduniler, ağır vergi verme sözüyle Araplarla anlaşarak iktidarı tamamen ele geçirdiler.

Ermenistan'daki gizli Yahudiler, Pakradunilerin iktidarı MS 1045'e kadar sürdü. Bizans İmparatorluğu'nun işgali bu gizli yaşama son noktayı koydu.

Bizanslılar için Ermeni/Yahudi insan olarak hiçbir değer taşımazdı. Bu sebeple her iki kavmin mensupları tiksintiyle karşılanır ve hatta köleliğe dahi layık görülmezlerdi. Bizanslıların akıl almaz fanatik-

> liğinden doğan vahşetleri neticesi, on binlerce Ermeni imha olmuş, hemen birçoğu Ortodoks mezhebine girmeye zorlanmış, karşı çıkan Ermenilerin ağızlarına eritilmiş kurşun dökülerek, tüyler ürpertici şekilde katledilmişlerdir ki, Karaman (Konya) Rumları bu iğrenç icraatlar nitecesinde Rumlaştırılmış Ermenilerdir. (Levon Panos Dabağyan, *Türkiye Ermenileri Tarihi*, s. 59.)

Bizans zulmü sonucunda Pakraduniler yok olmadılar, her yana dağıldılar.

Yahudi araştırmacı Dr. Gad Nassi, Pakradunilerin XX. yüzyılın ilk yarısına kadar özel gelenekleriyle Sivas/Divriği ile Erzincan/Eğin (Kemaliye) arasındaki bölgede varlıklarını sürdürdüklerini belirtiyor. Dr. Nassi'ye göre cemaatin yayılımı, Arapkir, Kapadokya ve Kilikya/Çukurova'ya kadar uzanıyor.

Dr. Nassi, Pakraduni soyundan gelenlerin fizikî görünüşlerinin Ermenilerden farklı olduğunu, kafa yapısı olarak Yahudiler gibi dolikosefal olduklarını belirtiyor.

Ermeni yazar Dabağyan Pakradunilerin hâlâ var olduklarını belirtiyor:

> Ama sayıları ne kadar, organizeler mi bilemem. Ancak, bizde birine, "Pakraduni!" dedin mi, bu hakaret için kullanılırdı. Çocukken birine kızdığımızda, "Pakraduni misin ulan sen!" derdik. Onların ırklarından gelen bir zekâları, müstehzi bir bakışları, hesapçı, işini bilir bir yapıları vardır. Tarım ve zanaattan çok hep ticaretle, para/finans işleriyle uğraşmışlardır. (*Yeni Aksiyon* dergisi, 3 nisan 2006.)

Yahudi'yken Ermeni olan herkesi "Pakraduni" olarak görmek hatalı olur.

Örneğin, Ermeni yazar Arsen Yarman, nitelikli çalışması *Osmanlı Sağlık Hizmetlerinde Ermeniler ve Surp Pırgiç Ermeni Hastanesi Tarihi* adlı çalışmasında bir başka "dönme" olayına değiniyor:

> Püzant Keçyan'ın yine bu dönemde (XIX. yüzyıl ortaları) Surp Pırgiç Ermeni Hastanesi'nde eğitim gören üç Yahudi çocuğa ilişkin olarak aktardığı anekdot ise hayli ilginçtir: Önce hastaneye sığınan ve Yahudi olarak kalan çocuklar, daha sonra Cemaran'a giderek Ermenice öğrenirler ve Hıristiyanlığı kabul ederler. "Ohannes", "Antranik", ve "Iğnatyos" adlarını alan çocukların soyadları ise "Nor İsrael" (Yeni İsrail) olur. Daha sonra Eçmiyadzin'e de gidip gelen bu çocuklar İs-

tanbul'da Ermeni kızlarıyla evlenirler ve çocuklarını da Ermeni olarak yetiştirirler. (s. 477.)[14]

Yahudilerin, Ermeniliğe "dönme"leriyle ilgili olaylara kitabın ileri bölümlerinde yine devam edeceğiz, ama bu bölümü trajikomik bir olayla noktalayalım.

Ermeni Diyanet İşleri başkanı kim?

Yazar Arsen Yarman, bundan üç yıl önce, Ermeni cemaatinde çok konuşulan bir olayı aktardı:

"İstanbul Kumkapı eski Ermeni patriği Şinork Kalustyan ölmeden önce çevresine, Diyanet İşleri eski başkanı Lütfi Doğan'ın üvey kardeşi olduğunu açıklamış."

Hangi Lütfi Doğan'la kardeşti; aynı adı taşıyan biri MSP'li, diğeri CHP'li iki Diyanet İşleri başkanı vardı.

İkisi de milletvekilliği yaptıkları yıllarda bile karıştırılırdı.

MSP'li Lütfi Doğan, 1968-1972 yılları arasında Diyanet İşleri başkanlığı yapmıştı. Gümüşhane Kelkitli'ydi.

CHP'li Lütfi Doğan 1972-1976 yılları arasında Diyanet İşleri başkanlığı yapmıştı. Konya Ermenekli'ydi.

Biz, Arsen Yarman'la sohbetlerimizde o mu, bu mu derken, Almanya Ermeni Cemaati önderi Başpiskopos Karekin Bekçiyan, *Yeni Aktüel* dergisinden Mehmet Asal'a, "Kalustyan'ın üvey kardeşi din adamı Lütfi Doğan'dır" açıklamasında bulundu. (5 eylül 2005.)

Dergi, iyi bir habercilik örneği vererek, konuyu kapak haber yaptı. Her iki Lütfi Doğan'a da sordu.

Kalustyan Yozgat İğdeli'ydi. 1915 Ermeni tehcirinde ailesini kaybetmişti. Sonraki yıllar öğrendiğine göre, ailesinden herkes ölmüştü; hayatta kalan sadece annesi Şuşan'dı ve o da bir Türk Müslüman'la evliydi. Üvey kardeşi bu evliliktendi.

Yıllar sonra, 1965'te, Kalustyan ve annesi Şuşan (Güldane) Ha-

14. Yazar Arsen Yarman'la yan yana gelir, Osmanlı tarihiyle ilgili sohbetler yaparız. Sadece bilgi değil, belge alışverişinde de bulunuruz. Bu ikili aydınlatma toplantılarımızın birinde, yanıtını bulamadığımız bir soruyu sizinle paylaşmak istiyorum. Kalust Sarkis Gülbenkyan (1869-1955) Ermeni bir işadamıydı. Özellikle Ortadoğu petrolleri sayesinde çok zengin oldu. Adına vakıf kuruldu. Kafamızı karıştıran bundan sonrası; bugün 14 kişilik vakıf yönetiminin çoğunluğu Yahudilerin elinde! Yılda 400 000 dolar Ermeni vakıflarına giderken, 18 milyon doların örtülü Yahudi vakıflarına gittiği iddia ediliyor. Araştırılması gereken güzel bir konu! Araştıracak olanlara, Musul petrolleri konusunu Londra'da İngilizlerle görüşmeye giden Maliye Nazırı Cavid Bey'in yanında Gülbenkyan'ın olduğunu anımsatmak isterim. Cavid Bey görüşmeyi yarıda bırakıp İstanbul'a dönmüş, Gülbenkyan toplantıları sürdürmüştü; tabiî yüzde 5 komisyon karşılığı!..

nım birbirlerine kavuştular. Annesi ölene kadar oğlunun yanında kaldı.

İddiaya göre, Şuşan Hanım, 1 kasım 1969'da vefat ettiğinde oğlu Lütfi Doğan da, İstanbul Kumkapı Ermeni Patrikhanesi'ndeki cenazeye katıldı; Balıklı Ermeni Mezarlığı'na defin sırasında kendi inancında dua etti.

Her iki Lütfi Doğan da tüm iddiaları reddettiler.

CHP'li Lütfi Doğan, "Ben Ermenekli'yim, Yozgat'la hiçbir ilgimiz yok" derken, MSP'li Lütfi Doğan'ın ailesinin, Birinci Dünya Savaşı sırasında Kelkit'ten Yozgat'a gelip iki yıl kaldıktan sonra tekrar memleketlerine döndükleri ortaya çıktı.

MSP'li Doğan, babasının o yıllarda daha reşit olmamış bir yaşta olduğunu; 1926'da Mecbure Hanım'la evlendiğini; onun ölümüyle, kendi annesi Pullu Hanım'la evlendiğini söylüyordu. Kardeşliği reddediyordu.

Tartışma, gazete-dergi ve televizyon haber bültenlerinde sürerken, olayla hiçbir ilgisi olmadığı halde, Diyanet İşleri eski başkanı Süleyman Ateş'in annesinin Ermeni olduğu ortaya çıktı!

atv haber merkezine konuşan, Süleyman Ateş'in kardeşi Yavuz Ateş, annelerinin Ermeni olduğunu açıkladı. (8 eylül 2005.)

Bu iddiayı yıllar önce, Prof. Zekeriya Beyaz *Hür Gün* gazetesinde ortaya atmış, Prof. Süleyman Ateş yalanlamıştı. (24 nisan 1977.)

Sonuçta. Anadolu bir kavimler kapısı...

İnsanoğlu hayatta kalabilmek için geçici veya sürekli olarak dininden, kimliğinden vazgeçmek zorunda kaldı.

Günümüzde hâlâ bunları yaşamıyor muyuz? 12 Eylül 1980 askerî darbesi Alevî köylerine zorla cami yaptırırken, Siirt'in 600 haneli Acar köyünün aynı tarihlerde topluca Müslumanlığa geçmeleri ve köydeki kiliseyi camiye dönüştürmeleri tesadüf müydü?

Dün Bektaşîlerin yaşadığı bunlardan farklı mıydı; zorunlu olarak "takiye" yapıp hayatlarını-inançlarını Nakşibendî olarak gösterip korumak zorunda kalmadılar mı?..

Dönelim, Nafi Baba Tekkesi'ne...

Bektaşîlere yardım eden iki sultan

Mahmud Cevad Baba vefat etmişti...

Rumelihisarı Şehitlik Tekkesi'nin açılması, Abdülmecid döneminde İsmail Baba'ya (öl. 1855) nasip oldu. Ama açılış sadece yıkıntıların onarılarak, "Nakşibendî kimliği" altında faaliyetleri sürdürmekle sınırlıydı.

Tekkenin gerçek açılışı, Büyük Mahmud Cevad Baba'nın oğlu Mehmed Abdünnafi Baba döneminde oldu.

Diyeceksiniz ki: "O kadar gürültü patırtıyla kapatılan Bektaşî tekkeleri aradan birkaç yıl geçince nasıl açılıverdi?"

Öncelikle şunun altını çizmek lazım: Bu "açılma" hiçbir zaman eskisi gibi olmayacaktı. Tekkeler açılsa da, Bektaşîler kendilerini saklamaya, gizli bir hayat sürmeye devam ettiler. Evlerinde gizli ayinler ve toplantılar yaptılar.

Ve üzerlerinde hep "Nakşibendî örtüsü" vardı...

Gelelim açılma meselesine; Bektaşîlik, son tahlilde "şehirli" insanların bağlandığı bir tarikattı. Özellikle Rumeli'de çok güçlüydü. Yani "okumuşu yazmışı" çoktu. Ve bunlar, kendilerine sempatiyle bakan Osmanlı entelektüelleri, asker-sivil bürokratlar aracılığıyla Osmanlı Sarayı üzerinde, tekkelerin yeniden açılması için baskı unsuru oluşturdular.

Ama, Bektaşîlik üzerindeki baskıların kalkmasında, tüm araştırmacıların üzerinde uzlaştığı bir ismin büyük katkısı vardı:

Bunlardan birincisi, Bezmiâlem Valide Sultan'dı!

Sultan II. Mahmud'un ikinci kadını; Sultan Abdülmecid'in annesi; V. Murad, II. Abdülhamid, V. Mehmed (Reşad) ve VI. Mehmed'in (Vahideddin) babaannesiydi!

> Bezmiâlem Sultan, Leon adında bir Rus Yahudisi'nin kızıydı. İki kardeşi daha vardı. Her üçü de Kafkaslar'da tutsak edilerek Osmanlı Sarayı'na satılmışlardı. Bunlardan biri Sadrazam Damat Halil Paşa tarafından II. Mahmud'a sunulmuştu.
>
> Halil Paşa, Hüseyin Paşa'nın kölelerinden devşirme bir Sırp'tı. II. Mahmud, kızı Saliha Sultan'ı bu adamla evlendirdi; "Bezmiâlem" adını taktığı Rus Yahudisi Leon'un kızı ve gerçek adıyla "Suzi"yi kendisine sunduğu için. (Ali Kemal Meram, *Padişah Anaları*, 1997, s. 566.)[15]

Bezmiâlem, köklü değişikliklerin olduğu "kaotik" bir dönemde, on altı yaşında tahta çıkan genç ve deneyimsiz oğlu Sultan Abdülmecid'le yakından ilgilendi.

Cevdet Paşa, Bezmiâlem Sultan'ın rüşvetler aldığını, gümrük

15. XIX. yüzyılın başında Osmanlı Sarayı'nda Sultan II. Mahmud dışında tahta oturacak erkek yoktu. Bu nedenle Sultan II. Mahmud'a hep güzel cariyeler sunuldu. On yedi karısı vardı. Altıncı kadını Pervizifelek Sultan da Yahudi'ydi. Asıl adı Suzan'dı ve Filistin dolaylarında kaçırılarak Saray'a satılmıştı. Sultan II. Mahmud, kara kaşlı, siyah saçlı, esmer kadınları çok beğeniyordu; bu nedenle Pervizifelek'i ilk gördüğünde çok beğenmiş ve hemen odasına kapatıp günlerce çıkmamıştı.

işlerinden çıkar sağladığını yazsa da, o İstanbul'a yaptığı, Bezmiâlem (Dolmabahçe) Camii, Bezmiâlem Gureba Hastanesi, Beykoz'da Bezmiâlem Valide Mektebi, Edirnekapı'da Bezmiâlem Sıbyan Mektebi, Maçka'da Bezmiâlem Sultan Çeşmesi gibi eserlerle halk tarafından hep sevildi.

Bezmiâlem Sultan, Osmanlı Sarayı'nın Bektaşîlere tekrar hoşgörüyle bakmasına neden olmuştu.

Bektaşîlik üzerindeki yasakların kalkmasına neden olan ikinci kişi ise yine bir sultandı: Pertevniyal Sultan.

Sultan II. Mahmud'un beşinci kadını, Sultan Abdülaziz'in annesiydi.

Ailesi hakkında kesin bilgi bulunmayan Pertevniyal Sultan,[16] oğlunun tahta çıkması için Bektaşî tekkelerine adak adadı.

Tasavvufa ilgi duyuyordu. Beşiktaş'taki Yahya Efendi Türbesi'ni onarttı ve Yenikapı Mevlevîhanesi kapısında gömülü Ebubekir Çelebi Türbesi'ne vakıflar yaptı.

Araştırmacı Baki Öz, sultanın Bektaşî olduğunu yazmaktadır.

Uzatmayayım, Bezmiâlem Sultan ve Pertevniyal Sultan'ın da desteğiyle Bektaşîler yavaş yavaş sürgünden dönüp, tekkelerini yeniden sessizce kurmaya başladılar.

Rumelihisarı'ndaki Şehitlik Tekkesi kısa sürede eski günlerine dönmeyi Büyük Mahmud Cevad Baba'nın oğlu Mehmed Abdünnafi Baba döneminde başardı.

Tekke onun döneminde "Nafi Baba Tekkesi" olarak tanınmaya başladı.

Nafi Baba Tekkesi'ne devam etmeden önce, bir konunun daha üzerinde durmamız gerekiyor:

Çünkü, bu çalışmanın yapılış amacından ister istemez bazen uzaklaşmak zorunda kalıyoruz.

Halbuki, bu bölümde tüm anlattıklarımız şu soruyu sormak içindi:

Bektaşî tekkeleri yıkıldı, Bektaşîler idam edildi, sürgüne gönderildi.

Peki bu durum Bektaşî tekkelerindeki Sabetayistleri nasıl etkiledi?

Bektaşî kalmayı mı südürdüler? Yoksa başka tarikatlara mı bağlandılar?

16. Araştırmacı Ali Kemal Meram'ın *Padişah Anaları* adlı kitabına göre Pertevniyal Sultan'ın hikâyesi, Victor Hugo'nun unutulmaz klasiği *Notre-Dame'ın Kamburu* adlı romanındaki Çingene kızı Esmeralda'ya benzemektedir. Meram'a göre, Sultan II. Mahmud, yolda gördüğü Çingene kızı Besime'ye âşık olmuş, kadını yapmış, ona Pertevniyal adını vermiştir!

Ya da birçok Bektaşî'nin yaptığını yapıp mason mu oldular?

Bu sorular bu bölümün "ana omurgasını" oluşturuyor...

O halde...

Şimdi geldik, Bektaşî-Sabetayist-mason ilişkisine...

Hoşgörülü, herkesçe benimsenmiş töre ve inançlar karşısında, kendi özgün fikirleri ve ritüelleriyle bilinen Bektaşîlerin, hemen hemen aynı ülküyü paylaşan masonlarla yan yana gelmesi doğaldı.

Tıpkı gizlenen Sabetayistler mason localarına girebilmek için ne kadar hevesli ise, sadece felsefî yakınlık değil, tarihî şartların da dayatması sonucu Bektaşîler de mason oldular.

Bektaşî tekkelerinin başına gelenler, kendisi de bir Bektaşî olan Kavalalı Mehmed Ali Paşa'yı çok kızdırdı. Osmanlı'yla savaş noktasına gelecek kadar Bektaşî'ydi.

Bektaşîler üzerindeki Saray baskısının kalkmasında Kavalalı ordusunun Kütahya'ya kadar gelmesinin de etkisi vardı.

İttihat ve Terakki'nin "İslamcı" sadrazamı Said Halim Paşa'dan bahsederken, ailece mason olduklarını yazmıştım. Babası Prens Abdülhalim Paşa da masondu, üstelik Fransız Yüksek Şûra üyeliğine kadar yükselmiş önemli bir masondu. Osmanlı'da mason locası kurmaya yetkili görülecek kadar Fransız masonlarının güvenini kazanmıştı.

Yani, Bektaşî-mason ilişkisinin temellerini Kavalalı Mehmed Ali Paşa'nın çocukları ile torunlarının atmış olmasını tesadüf olarak mı değerlendireceğiz?

Entelektüel gelişmesine büyük katkısı olan Bektaşî dedesi Vali Abdüllatif Paşa'nın etkisinde büyüyen, bu tesirle Hz. Ali aşkıyla dolup taşan mısralar kaleme alan, Kerbela mersiyeleri yazan; Kavalalı Mehmed Ali Paşa'nın torunu Mustafa Fazıl Paşa ilişkisi nedeniyle Avrupa'ya gidip Jön Türk hareketini başlatan Namık Kemal gibi Osmanlı münevverleri Bektaşî-mason ilişkisinde köprü görevi mi yaptılar?

Evet.

O baskıcı günlerde birçok Bektaşî'nin mason olduğu artık bilinen bir gerçek. Ama bu ilişkinin nerede, ne zaman, nasıl, kimler aracılığıyla başladığı konusunda pek bilgi yok.

Şehirli insanın tarikatı Bektaşîlik, liberaldi; yani dinsel anlamda katı kuralcı, tutucu ve bağnaz değildi. Bu nedenle, dinler ve mezhepler üstünde gördüğü masonlukla hemen kaynaşması normaldi.

Üstelik ortak siyasî çıkarları vardı: Bektaşîler ve masonlar Jön (Genç) Türklerin örgütlenmesinde, İttihat ve Terakki'nin kurulmasında hep ittifak yaptılar.

Bu birlikteliğin itici gücü Sabetayistler miydi?..

Bektaşî, mason ve Sabetayistlerin ortak noktası, değişmez ritüeli "sır" saklamak, sırla dolu hayatı sürdürmekti.

Bektaşîlik, Sabetayistlik ve masonluk; üçü de "sırlar cemiyeti"ydi; gizliliği kurumsallaştırmışlardı.

1666'dan sonra Sabetayistlik; 1738'de Papa XII. Clemens'in yasaklamasıyla masonluk ve 1826'dan sonra Bektaşîlik varlıklarını hep "gizli cemiyet" olarak sürdürmek zorunda kaldılar.

Toplanmaları, törenleri, simgeleri hep bir sır barındırıyordu.

Ne diyordu Bektaşî nefes derlemesi:

Behey kardaş yolumuza
Giremezsin demedim mi?
Bizim gizli sırrımıza
Eremezsin demedim mi?

Bu sırrı her kişi bilmez
Bilenler de haber vermez
Bu sırrı gayri göz görmez
Göremezsin demedim mi?..

Konu konuyu açıyor; belki Nafi Baba Tekkesi'nden uzaklaşıyoruz, ama bu "sır" konusunu örnek vererek anlatmak en iyi yöntem.

Bektaşî-mason-Sabetayist ittifakına en iyi örnek: Tarikat-ı Salahiye...[17]

İslamcı masonik bir örgüt: Tarikat-ı Salahiye

Asıl adı, "Müdafaa-i Kübra-i Hukuk-ı Hilafet".

Gizli bir örgüt olduğu için kuruluşu konusunda kesin bir tarih verilemiyor. Tarık Zafer Tunaya "eylül 1921" tarihini veriyor. (*Türkiye'de Siyasî Partiler 1859-1952*, 1995, s. 468.) Prof. Ergun Aybars daha kesin bir tarih veriyor: "1 eylül 1921". (*İstiklal Mahkemeleri*, 1998, s. 319.)

Tüm araştırmacıların hemfikir oldukları, cemiyetin Sevr Antlaşması'ndan sonra kurulduğuydu.

17. Bu bölümün konusu olduğu için Tarikat-ı Salahiye üyelerinin önemli bir bölümünün Melamî olmasına rağmen, bu tarikatın değil, Bektaşîliğin üzerinde duracağız. Kitabın ileri bölümlerinde Melamîlerden ayrıca söz edeceğiz. Rumeli'de oldukça güçlü olan Üçüncü Devre Melamîleri, Bektaşîliğe çok yakındılar; çoğu Melamî, "Bektaşîleşmişti".

Kurucuları, Mehmed (Topal) Tevfik Baba, Yahya Adnan Paşa, Elif Rıfkı, Celal Bafrevî, Ahmed Refik, Seyid Yusuf Zakarî, Hafız İsmail Hakkı.

Başkanının, cemiyet içindeki adıyla "Hadim ül-İslam"ın, kim olduğu da pek belli değildi. Kimine göre Sultan Vahideddin, kimine göre Sultan Vahideddin'in fahrî yaveri Kirazlı Hamdi Paşa başkandı.

Tarikat-ı Salahiye öyle sıradan bir cemiyet değildi. İttihat ve Terakki Cemiyeti'ne muhalifleri bir çatı altında toplamıştı. Hürriyet ve İtilaf Fırkası, Osmanlı İlâ-yı Vatan Cemiyeti, Nigehban Cemiyet-i Askeriyesi gibi partilerin-örgütlerin perde arkasındaki güçtü.

Cemiyetin amacı konusunda da farklı görüşler var:

Kendilerine sorarsanız, İslam dünyasını esirlikten kurtarmayı amaçlayan, saltanat ve hilafet yanlısı, Ankara'daki millîcilere karşı bir cemiyetti.

Bu topraklarda, "siyasal İslam"ı parti/cemiyet programına koyan ilk örgüttü Tarikat-ı Salahiye: "Siyaseti diniye en hâkim siyasettir; buna temessük (sarılmayan) ve imtisal (buna göre hareket) etmedikçe kavi (güçlü/sağlam) bir hükûmet teşkili (kurulması) muhaldir (olanaksızdır). Siyaset her hal ve kârda dine raptedilmelidir (bağlanmalıdır)."

Ankara'daki ulusalcılara göre, koyu dindar, İngiliz taraftarı ve İslam dünyasını aldatan bir cemiyetti.

Tarık Zafer Tunaya gibi araştırmacılara göre ise, Tarikat-ı Salahiye, "politik İslam masonluğu" kurmayı hedefliyordu. Tarikatlar konusunda uzman Cemalettin Server Revnakoğlu'na göre, İsa Ruhi Paşa, Ahmed Refik (Altınay) gibi diğer üyeler de İslamcı masondular. (aktaran Hüseyin Küçük, *Kurtuluş Savaşı'nda Bektaşîler*, 2003, s. 160.)

Tarikat-ı Salahiye'nin, hem idarî örgütlenmesi, hem hiyerarşik yapısı, hem de tören usulleri hakkında ayrıntılı bir "nizamname"-si vardı. Bu "nizamname"ye baktığınızda karşınızda İslamî bir cemiyetten çok, mason obediyansı veya locası olduğunu düşünüyorsunuz!

Hiyerarşik bağlamda Tarikat-ı Salahiye Cemiyeti'nin başında, yukarıda yazdığım gibi "Hadim ül-İslam" dediğimiz bir başkan/reis bulunuyordu.

Onun hemen altında "Üçler Meclisi", "Yediler Meclisi" ve en sonunda "Kırklar Meclisi" vardı.

Evet, bu terminoloji-sayı simgeselliği Bektaşîlikten alınmıştı.

Gerçekten de Tarikat-ı Salahiye, Bektaşî tasavvuf gelenekleri ile masonluk âdetlerini birleştirmişti. (Thierry Zarcone, *İslam'da Sır ve Gizli Cemiyetler*, 2005, s. 124.)

"Cemiyetin masonik karakteri ise inkâr edilemezdi. Belgeye (nizamnameye) göre, cemiyet içinde bir hiyerarşi vardı:

Rütbece birinci sıradaki "salah-i hal"di ve bir hadim, mürit ve saiden (çalışandan) meydana gelirdi.

İkinci sırada "salah-i nefs" vardı ve bir kâtip, vâkıf ve ariften meydana gelirdi.

Üçüncü sıradaki ise, "salah-i tam" olarak adlandırılır ve bir muallim, muhakkik ve mürşit veya şeyhten meydana gelirdi.

Şeyh, zaviyedeki en yüksek otoriteydi. Onun üstünde şeyh-i kâmil, üstat ve nihayet üstad-ı âzam vardı.[18]

Sıradan üyeler "salih" (erdemli, faziletli) diye adlandırılır ve hepsine birden "suleha-i ümmet" denirdi.

Cemiyete henüz girmemiş üyeler için "haric-i muvakkat" (geçici olarak/henüz üye değil) tabiri kullanılırdı.

Üyeler birbirlerinin seviyesini birtakım gizli işaret ve sözlerle bilebilirlerdi. Bunu belirtmede bazı numaralar da kullanılabilirdi: mesela 11, 12 ve 13 birinci sıradaki derecelere işaret ederdi. 21, 22, 23 ikinci sıradakilere; 31, 32, 33 üçüncü derecedekilere ait numaralardı. (Bu şifreli üye numaraları, aynen İttihat ve Terakki Cemiyeti örgütlenmesinde de vardı. S. Y.) Üstad-ı âzamın numarası 3'tü.

Cemiyet, her 19 eylülde özel bir ayin düzenlerdi. O gün bütün üyeler asitanede, yani diğer dergâhların bağlı olduğu büyük dergâhta toplanıp, geçmiş yıla ait faaliyetlerini gözden geçirirdi.

Bu toplantıda ayrıca özel ayinlerini de yaparlar, sonra da kutlamaya geçer ve misafirleri kabul ederlerdi. Diğer zamanlarda, toplantılar genelde haftada bir yapılır, ancak olağanüstü bir durumda, planlanmayan toplantılar da yapılabilirdi.

Cemiyet bazı kavramlara işaret eden bazı kelimeler de kullanırdı. Mesela, "ümmet" kelimesi cemiyeti, "üss" kelimesi asitaneyi ve "dürr" dergâhı gösterirdi. (Hülya Küçük, *Kurtuluş Savaşı'nda Bektaşîler*, 2003, s. 162.)

Evet görüldüğü gibi bu tipik bir masonik gizli cemiyet yapısıydı. Toplantı biçimleri, zamanları ve oturum şekilleri bile benziyordu.

18. Türkiye'deki İslamcılar arasında da "üstat" hitabı-sıfatı son dönemlerde sıkça kullanılır oldu. Örneğin, Nurcular, Said-i Nursî'ye niye "üstat" diye hitap ediyorlar? (Bkz. *Aksiyon* dergisi, 6 şubat 2006.) Masonların hitabı olan "üstat" Türkiye'deki İslam terminolojisine ne zaman, nasıl, kim tarafından sokulmuştu?

Tarikat-ı Salahiye Cemiyeti, toplantı salonunun yerleşim ritüelini tamamen masonlardan almıştı. Peki masonlar nereden almıştı?

Yahudi Kabalası'nın Pitagoras'tan aldığı, Bektaşî felsefesinde de olan "sudur teorisi" vardır.

Yazdım, anımsatayım: Tanrı, özünü, cevherini kendi dışına yansıtır. Güneş, ay, dağ, deniz, gök, insan vb yaratılan her şeyde Tanrı'nın sıfatları gizlidir. Tanrı'nın nuru aynen bunlara yansır.

Bu maddî dünya Tanrı'nın pelerinidir. Nasıl beden ruhu giydiriyorsa, sefirot denen on gök katmanı da Tanrı'yı giydirir:

1) Keter Elyon: Tanrı'nın en yüksek tacı; 2) Hokhma: Tanrı'nın irfan hikmeti, bilgelik; 3) Bina(h): Tanrı'nın zekâsı-aklı; 4) Hesed: Tanrı'nın aşkı-lütfu 5) Gevura: Tanrı'nın kudreti; 6) Rahamim: Tanrı'nın merhameti; 7) Netsa: Tanrı'nın devamlı tahammülü; 8) Hod: Tanrı'nın haşmeti; 9) Yesod: Tanrı'da tüm faal kuvvetlerin temeli; 10) Malkhut/Şekinah: Tanrı'nın devleti, krallığı olup Zohar'da genellikle "Keneset İsrail" olarak geçer.

Masonlar localarında, Tanrı'nın kutsal on sayısına ("sefirot"a) göre dizilirler: 1) üstad-ı muhterem; 2) kâtip; 3) hatip; 4) hazine emini; 5) hasenat emini; 6) tören üstadı; 7) 1. nazır; 8) 2. nazır; 9) muhakkik; 10) koruyucu.

Masonların en önemli sembolleri arasında olan "üçgen" ve "üçgen içinde göz" Kabala; sarı-lacivert renkler, aslan, tokmak, altın çıngırak, –Yahudilerin kutsal mabedini inşa eden Hiram Usta'nın kullandığı araçlar– gönye-pergel ve ağzında zeytin yaprağı olan beyaz güvercin Tevrat kaynaklıdır...

> Güvercin gagasında yeni kopmuş bir zeytin yaprağıyla akşamleyin geri döndü. (Yaratılış, bab 8, ayet 11.)

Örneğin, Türkiye'de yayımlanan *Şalom* gazetesinin amblemi ağzında zeytin dalı olan beyaz güvercindir...

Tüm mistik hareketleri etkilemiş XVI. yüzyılın ünlü Kabalacısı İzak Luria'nın öğrencisi Moses Yonah'ın kitabının adı, *Güvercinin Kanatları*'ydı (Kanfey Yonah).

Güvercin simgesi. İslam kültürüne ne zaman girmişti? Örneğin Şah İsmail'in (Hatayî) ruhunun simgesiydi beyaz güvercin.

Ama bu benzerliklere bakıp, "değişik anlamlar" çıkarılması yanıltıcı olur; çoğu kişi veya kurum bilmeden, öykünerek amblem seçebiliyor!

Evet, masonluk, felsefesini ve ritüellerini büyük oranda Kabala'dan almıştı. Ama bu etkilenmede, özellikle Ortadoğu'daki binlerce yıllık kültürlerini de göz ardı etmemek gerekiyor.

Yahudiler sünnet olmayı, domuz (Mısırlıların totemiydi) yememeyi Mısırlılardan almadılar mı? Tevrat zaten, Mısır'dan çıkılırken yazılmamış mıydı?

Kültür etkileşiminde Uzakdoğu'nun bile etkisi vardır. Örneğin, Müslümanlar tespih kullanmayı Budist rahiplerden öğrenmediler mi?..

Keza, Kuranı Kerim'de olmamasına rağmen, Müslümanlar arasında da efsanevî güvercin hikâyeleri vardır: Hz. Muhammed Mekke'den Medine'ye hicret ederken, mağaraya gizlendiği sırada, mağara içinde kimsenin olmadığına düşmanların inanması için mağara önüne iki güvercin gelip yuva yapmıştı. Bugün Mekke bölgesindeki güvercinlerin, bu iki güvercinin yavruları olduğuna inanılır...

Yani, bu çalışmada verdiğimiz "benzerlik örnekleri"yle hemen büyük anlamlar çıkarılmasını doğru bulamayız.

Hep övgüyle anacağımız Türkiye'nin en önemli Alevî-Bektaşî araştırmacısı yazar Nejat Birdoğan diyor ki:

> Anadolu Alevîliği'nin zamanla kimi ritüellerinin değişime uğradığını kabul edeceğiz. Üçler Semahı da böyle... Acaba bu ad bu semaha neden verildi? Motif, bir Yunan antik giysisini çağrıştırıyor. Anadolu'nun çok eski kültür kalıntılarından birinin giysileriyle mi karşı karşıyayız, bunu bilemiyorum. Ancak, Orta Anadolu bölgesinde Doğu Roma kalıntıları mimarî olarak oldukça çok. Üstelik bu kalıntıların üzerine Alevî tekke ve türbeleri yerleşmiş. Asya kökenli semahlarla, bu bölgelerin giysileri mi birleşti? Yoksa Amazon adı verilen, bir omuzları çıplak savaşçı Türk kadınlarının izlenimi mi var? Yanıtlardan yoksunuz. (*İttihat-Terakki'nin Alevî-Bektaşî Araştırması*, s. 117.)

Alevî ritüelleri ve Sabetayistler

Sormak durumundayız:

Gelin hepinizin bildiği bir geleneğin üzerine gidelim:

Türkiye'de Sünnîlerin aksine Alevîler neden tavşan yemezler?

Bunun kökeni nedir?

Ek bir soru daha: Başka kimler tavşan yemez?

Yahudiler!

Yahudiler, geviş getirmeyen, çatal ve yarık tırnaklı olmayan hayvanların haram olduğuna inanır.

Peki, bu tavşan yeme yasağı Alevîlere nereden, nasıl geldi? İslam mezheplerinin en eskisi olan Şiîlik'ten geçmiş olabilir mi?

Soruya devam edelim: Peki, Şiîliğe kim getirmiş olabilir?

Bu kişi, Sünnî ortodoksların, "İslam'da ilk fitneyi çıkaran kişi" diye suçladıkları, Yemenli bir Yahudi'yken Müslümanlığı seçen ve Şiîliğin temelini atan Abdullah bin Sebe olabilir mi?

İslam bilimcisi Julius Wellhausen (1844-1918), *İslamiyetin İlk Devrinde Dinî-Siyasî Muhalefet Partileri* adlı çalışmasında, Sebe'nin Hz. Ali hakkındaki inanç, düşünce ve iddialarını onun Yahudi kökenli oluşuna bağlıyor. Ve proto-Alevîliğin, heterodoks İslam olarak "Yahudi kökenli izlenimi uyandırdığını" iddia ediyor.

Çünkü Sebe, Hz. Ali'ye ileri derecedeki sevgisi sonucu, "Tanrı sensin" demiş, Hz. Ali'nin Tanrısal parçalar taşıdığı için ölmediğini söylemiş; yani Mehdî olduğuna inanmıştı:

> Bulut biçiminde gelen, yıldırım görüntüsünde seslenen, şimşek ışığında gülen Ali'dir. Bir gün gökyüzünden inecek ve adaletiyle yeryüzünü dolduracak ve haksızlıkları yok edecektir.

Sadece Sebe midir Hz. Ali'yi Tanrılaştıran, Allah'ın onda tecelli ettiğine inanan? Anadolu'daki Alevî köylerinde gök gürlediğinde, "Ali nara atıyor!" denilmekteydi. "Gök gürültüsü Ali'nin sesi, şimşek ise onun asasının ziyasıdır denilmektedir." (Muzaffer Uysal, *İslam'a Sokulan Bid'at ve Hurafeler*, 1974, cilt I, s. 81.)

Tasavvuf araştırmalarıyla tanınan Gölpınarlı, Sebe adlı bir kişinin yaşamadığını, anlatılanların tamamen uydurma olduğunu iddia ediyor. Ama buna karşı çıkanlar da var...

Sebe var ya da yok, ama ritüeller yaşıyor.

Bazı Alevî-Bektaşîler Hz. Ali'yi en yüksek mertebeye çıkarıyor:

> Şeriat'ta Ali arslandır
> Tarikat'ta Ali Şah-ı Merdan'dır
> Marifet'te Ali büyücüdür
> Hakikat'te Ali'den başka Allah yoktur... (www.karacaahmet.org)

Yani Hz. Ali'nin tüm mertebeleri; dört kapı, kırk makamı geçip Allah bilincine ulaşmış, her canın içindeki bir güçtü.

> Ali, bilimin kapısı idi. Ona el vermeyen Âlemler şehrine giremezdi. Bu Âlem'in adı Âlem-i İlahî (Tanrı Dünyası) idi.
>
> Ali, Şir-i Yezdan (Tanrı'nın aslanı) idi.

> Ali, Murad-ı Süphan (Tanrı'nın istediği şey) idi.
> Ali, zat, Ali, sıfat (hem gerçek varlık, hem o varlığın iyi özelliği) idi.
> Ali, mezarı olmayan bir şehid, Ali cenazesini kendi taşıyan bir ölümsüz idi.
> Ali mazhar-ı mev'ud; sultanı olduğu ruhlar dünyasından Mehdî adıyla gelecek kişi idi.
> Ali ölümsüz, Ali görünen, Ali gizlenen idi... (Nejat Birdoğan, *İttihat-Terakki'nin Alevî-Bektaşîlik Araştırması*, s. 90.)

İslam dininde, ne aslana ne de başka bir hayvana kutsallık izafe edilir.

O halde, "Allah'ın aslanı Ali" tanımlaması, Alevîlere nereden/nasıl/kim tarafından, ne zaman getirildi?

Hacı Bektaş Veli'nin o hep gördüğümüz resminde, kucağında aslan ve geyik tasviri vardır. Bu aslan ve geyik sembolünün, bildiğimiz "avcı-kurban" çelişkisi dışında başka bir anlamı var mıdır?

Mesih'in gelmesiyle, "Onun döneminde kurtla kuzu bir arada yaşayacak, parsla oğlak birlikte yatacak." (Tevrat, Yeşaya, 11/6.)

Hacı Bektaş Veli'nin bu temsilî resmini ilk kim yaptı?

Hacı Bektaş Tekkesi'nin avlusunda, girişte sağ köşede, içinde ağzından su fışkıran bir aslan heykelinin bulunduğu havuz vardır. Bu havuzun suyu Alevî/Bektaşîlere göre kutsaldır.

Alevî-Bektaşîler, şaraba "aslan kanı", rakıya "aslan sütü" demektedir...

Örnekleri çoğaltabiliriz. Ama, samimiyetle söylüyorum; çekiniyorum; kimseyi üzmek istemiyorum; yanlış anlaşılmaktan korkuyorum. Ne acı; soru sormaktan tedirgin olur hale geldik! Evet, yüzyıllardır geleneğimiz olmuş, kanıksadığımız ritüellerin kökenlerini bilmezsek, bugünü anlayamayız. Bu durum kimseye veya bir gruba farklı bakmayı gerektirmez.

Anadolu'da, "geyiğin sırtına binip kuş gibi uçan" Geyikli Baba vardır! XIV. yüzyılda Horasan'dan Anadolu'ya gelip, Bursa'ya yerleşen Geyikli Baba'nın türbesi bugün hâlâ ayaktadır; ama Geyikli Baba hakkında bilgiler maalesef çok azdır.

Yahudilik'te "aslan" ve "geyik" kutsaldı; doğal olarak Sabetayistlerde olduğu gibi:

> Sabetay mektubunu her zamanki gösterişli sözleriyle bitiriyordu: "Baba'nın katına yükselmiş adam, kutsal aslan, kutsal geyik, İsrail'in ve Yahuda'nın Tanrısı'nın Kutsanmışı olan Sabetay Mehmed Sevi böyle buyurdu. (John Freely, *Kayıp Mesih*, 2001, s. 241.)

Aslan Kudüs'ün simgesiydi; geyik Zwi (Sevi) demekti zaten!..
John Freely'in *Kayıp Mesih* kitabından bir alıntı daha yapalım:

> (Sabetay) O sırada orada bulunan ve kendisine karşı oldukları bilinen başhahamla beraberindeki üç hahamı, Kutsal Kitap'ta sözü geçen "eti yenmeyen pis hayvanlara" benzetmiş, kitapta inanmayanların kendi etlerini yiyen hayvanlara benzetilmesine öykünerek, dördünün de "kendi etlerini yemelerini" söylemiş, Benveniste'yi bir deveye, diğer üç hahamı da sırasıyla bir yaban tavşanına, domuza ve tavşana benzetmiştir. (s. 108.)

Mehdî Bozoklu Celal

Bazı Müslümanlar için Hz. Ali figürü, bazı Hıristiyanlar için Hz. İsa figürü ve bazı Yahudiler için Sabetay Sevi figürü aynı anlayışı sembolize etmiyor mu?

Hz. Ali'yi Mehdî olarak bekleyenler ile Mesih'i bekleyen Sabetayistler arasında fark olabilir mi?

Bundan üç asır önce Sabetay Sevi'ye inanan Alevî-Bektaşî yok muydu?

> O zaman bir Mehdî gelecek şaiyası bazı Müslümanlar arasında bile heyecan uyandırmış ve rivayete göre İzmir'de bir Bektaşî dervişinin reisliği altındaki birkaç kişilik bir Müslüman grubu da Sabetay'ın Mesihliğini kabul etmişti. (İbrahim Alaettin Gövsa, *Sabatay Sevi*, 2000, s. 33.)

Şaşırtıcı mı? Hayır.

Bektaşîlik, Babaîlik'ten türemişti. Babaîlere göre Baba İshak Peygamber'di; ölmüş değil, gökteki yerine çekilmişti.

Celalî İsyanları'nın lideri, "Şah Veli" unvanını alan Bozoklu Celal (öl. 1519) Mehdî olduğunu söylemiyor muydu? Yirmi bin taraftarı arasında yoksul Yahudi yok muydu?

Sabetayistler (örneğin Gazzeli Nathan), daha yaşarken Sabetay Sevi'yi Tanrılaştırmadı mı? "Sabatey Sevi İsrail'in melikidir (kralı)" demedi mi?

Sabetay Sevi de, kendisinin Tanrı cevheri taşıyan "Adam Kadmon" olduğuna inandırmadı mı?

Hz. İsa'yı ilahlaştıran da, Yahudi bir hahamken Hıristiyan olan Tarsuslu Aziz Paulus değil miydi?

İlk misyoner Paulus'a göre, Hz. İsa, "Görünmez Tanrı'nın görüntüsü, bütün yaratılışın ilk doğanı"ydı; hem "yasa"ydı (şeriat), hem kurtuluştu, hem de imandı.

"Hıristiyanlığın mimarı" Paulus'un, Hz. İsa'ya bir peygamberin sınırlarını çok aşan yetkiler atfettiği, yani insanüstü vasıflar verip Tanrılaştırdığı açıktır!

Bugün, "Hz. İsa'yı Tanrılaştıran"; Yahudileri "seçilmiş" olarak gösteren Mesihçi, radikal Protestan/Evangelistler, Paulus'un yolundan yürümüyor mu?

Bakın nereden neye geldik:

Bugün ABD yönetimindeki "şahinler", Evangelist inanca sahiptir. Bunlar, Mesih'in ikinci gelişiyle birlikte Hıristiyanların, Kudüs'te Mesih karşıtı olan "Gog ve Magog (Yecüc ve Mecüc) ordusu"nu büyük bir savaş (Armegedon) sonunda yok edeceğine ve bin yıllık Mesih Krallığı'nın kurulacağına inanıyorlar! Bu bin yıllık döneme "milenyum" diyorlar. "Milenyum"un başlamasının öncelikli koşulu İsrailoğullarının "vaat edilmiş topraklarda" toplanmasıydı. Papaz John Nelson'un (1800-1882) ortaya attığı ve "Hıristiyan Siyonizmi" adı verilen bu görüş, Evangelistlerin inancının temelini oluşturur! Bu, bugün ortaya atılan "Büyük Ortadoğu Projesi"nin din ayağıdır!

Türkiye'de nedense pek tartışılmıyor ya da kapalı kapılar ardında cemaat-tarikat toplantılarında konuşuluyor. Aralık 2003 tarihli *Aksiyon* dergisinin kapak haberi, "İnsanlık O'nu bekliyor: Hz. İsa"ydı! Fethullah Gülen cemaatine yakın bu dergi neden böyle bir kapak haberi yapmıştı? Mesih inancının ayetlerde olmadığı biliniyor. Ama buna rağmen Nurcular "Müslüman İsevîler" diye bir tanım ortaya çıkardılar; buna göre Mesih Hz. İsa yeniden dünyaya gelecek ve İsevîliği yeniden getirip Müslümanlıkla birleştirecekti!..

Toparlayalım: Daha yakın tarihe gelelim. Yine aynı soruyu soralım:

Sabetayistler, Müslüman olup tekke-dergâhlara girdiklerinde Yahudi inancının bazı ritüellerini yanlarında getirmiş midir?

Bu ritüelleri eğer Aziz Paulus ve Abdullah bin Sebe[19] getirdiyse, Sabetayist'in getirmemesi mümkün mü?

Ama.

Ord. Prof. Hilmi Ziya Ülken'e göre aksi de söz konusuydu. Ya-

19. Abdullah bin Sebe ve Aziz Paulus hakkında, Yahudilik'ten döndükleri için komplo teoriler üretmek anlamsızdır. Hangi dinden dönerse dönsün, dönen hakkında kuşku duymak hiçbir dindara yakışmaz.
Keza, bugün Türkiye'de okunan Kuranı Kerim meallerinden birisi, Yahudi kökenli Muhammed Esed'indir. (www.sonsaniye.net.)

ni İslam da Yahudiliği etkilemişti. Örneğin, Endülüslü Yahudi İbn Cebron, İslam felsefesinden etkilenmişti. (*İslam Felsefesi*, s. 169-180.)

Evet İslam da etkilemişti; Müslüman olan bazı Sabetayistlerin zamanla inançlarını terk edip veya unutup tamamen Müslüman oldukları da bir gerçektir.

Dinler-mezhepler-tarikatların birbirlerinden etkilenmemeleri mümkün değildir.

Reha Çamuroğlu, Balkanlar'da birçok Hıristiyan'ın, "On İki Havari" ile "On İki İmam" arasında kavramsal akrabalık kurduklarını; "Mehdî"yi, "Mesih" olarak bağırlarına bastıklarını belirtiyor. (*Değişen Koşullarda Alevîlik*, 2000, s. 55.)

İncil-Yuhanna'nın Vahiy Kitabı; bab 1/16 bakın ne diyor:

> Ve sağ elinde yedi yıldız vardı. Ağzından çifte uçlu bir kılıç çıkıyordu. Yüzü bütün gücüyle parlayan güneş gibiydi.

Çifte uçlu kılıç, Hz. Ali'nin kılıcı Zülfikâr'a ne kadar benziyor!

> Tasavvufun, Müslüman inancıyla ilgili olmakla birlikte, Hıristiyanlaşmış ve Helenleşmiş bölgelerde geliştiği doğrudur. (Jean Chevalier, *Sufîlik*, 1993, s. 9.)

Türkolog Prof. Dr. Hans Joachim Kissling bakın bambaşka bir açıdan bakıyor:

> Bektaşîliğin birçok Hıristiyanvarî özelliklerini hatırlayalım. Ben burada Bektaşîlerin yeniçerilerin, yani Hıristiyan asıllı askerlerin karargâhlarındaki vaizlik rollerinden ziyade, onların Osmanlı İmparatorluğu'nun bölgeleri içinde, tam bir Sünnîleşmeye karşı en uzun ve başarılı şekilde karşı koyan ve bugüne kadar Bektaşîlerin kalesi olarak kalan Arnavutluk'ta büyük ölçüde vukubulan yayılmalarını düşünüyorum. (*Tarih ve Toplum* dergisi, 20 ağustos 2005.)

Bektaşî-Alevî-Sabetayist şiirler

"Birbirlerini nasıl etkilemezler" diye düşünüyorsunuz ama yine de şaşırıyorsunuz.

Okuduğumda çok şaşırdığım, Harvard Üniversitesi Houghton Kütüphanesi'nde bulunan ilahiler kitabındaki bir şiiri sizinle paylaşmak istiyorum:

Gel gönül sabreyle katlan bu cevre
Elbet seni ağlatan bir gün güldürür
Niceler kondu göçtü bu haneye
Elbet seni ağlatan bir gün güldürür

Gitti yoldaşlarım deyü ağlama
Ciğerciğim aşk oduna dağlama
Hayıf oldu deyü yanup ağlama
Elbet seni ağlatan bir gün güldürür

Gittiğin yollar da sana ayandır
Cevrin kime ise lütfun anadır
Erler ile evliyaya beyandır
Elbet seni ağlatan bir gün güldürür

Gitti göremedim mihr ü vefayı
Âşık olan çeker cevr ü cefayı
Kelb rakib sürsün zevk ü sefayı
Elbet seni ağlatan bir gün güldürür

Pir Sultan Abdal'ım bunda bir hal var
Özünü yokla ki üstünde yol var
Seni kim ağlattı var ona yalvar
Elbet seni ağlatan bir gün güldürür.

Şiiri okuduğunuzda, klasik bir Alevî-Bektaşî deyişi olduğunu anlıyorsunuz.

Son kıtayı okuduğunuzda kimin tarafından yazıldığını fark ediyorsunuz.

Pir Sultan Abdal'a ait bu nefesin hikâyesi ilginçti:

İbranîce karakterle yazılmış bu kitap İstanbul Üniversitesi'nde 1933-50 yılları arasında sosyoloji profesörü olan babam Dr. Gerhard Kessler'e, Dönme yani XVII. yüzyılda İslam'ı benimseyen sahte Mesih Shabbatai Zevi'nin takipçilerinin ahfadından olan bir öğrenci tarafından verilmiştir. Kitap 1953 yılında Ortodoks Türk hahambaşına gösterilmiş, o da üstünkörü bir inceleme yaptıktan sonra kitabın Judeo-Spanish (Ladino) dilinde yazılmış ve Dönme dini konularını içeren şiirler olduğunu belirtmiştir. Kitap Hans T. Kessler tarafından ekim 1957 tarihinde Harvard Kütüphanesi'ne verilmiştir. (*Tarih ve Toplum* dergisi, sayı 223, s. 14.)

"Dönme" dini konularını içeren şiirlerden bir örnek daha vardı:

Ol şahı âlem geldi cihane
Yaktı bağırcığım etti virane
Affet günahım gel benim canım...

Bu kitabı inceleyen Dr. Cengiz Şişman şu görüşe ulaşıyor:

> Mısraların çoğunun Bektaşî ve Mevlevî ilahilerinden/şarkılarından (nefes) alındığı görülmektedir. Bunlar cemaat mensuplarının ilk zamanlardan itibaren Bektaşî ve Mevlevî tarikatı ve mensupları ile karmaşık bir sosyal ve kültürel ilişki içinde oldukları argümanı için destekleyici birer örnektir. Mısralar, diğer bütün mistik düşünce ve hareketlerde olduğu gibi Tanrı'ya/Mesih'e/Şah'a/ Mehdî'ye/ Sevgili'ye ulaşmakla ilgilidir. (a.g.y., s. 14.)

Evet. Sabetayistler kendilerine yakın buldukları tarikatlara cemaatlere, dergâhlara yöneldiler.

Size bir örnek vereyim; eğer Moldavya'da yaşasalardı bakın hangi tarikata girerlerdi (!):

Bugün Moldavya'daki Gagavuzların büyük çoğunluğu Protestan Yedinci Gün Adventist Kilisesi'ne bağlıdır. Bunlar tıpkı Yahudiler gibi, on buyruğa uyuyorlar; cumartesi günü çalışmıyorlar; domuz, karides, yengeç, tavşan, pullu balık yemiyorlar; Kabala'ya inanıyorlar; hamursuz bayramına harfiyen uyuyorlar; ama Hz. Musa'yı ölümlü bir insan, Hz. İsa'yı ise Tanrı'nın oğlu olarak tanıyorlar. Sünnet olmuyorlar. (Bkz. Kitab-ı Mukaddes: Eski ve Yeni Ahit.)

Yakup Aygil'in *Turanlı Hıristiyanlar* kitabında yazdığına göre, Yedinci Gün Gelişçiliği daha çok Gökoğuz (Gagavuz) Türkleri arasında yaygındı. (s. 127.) Ataları Hazarlardı.

Hazarların "dönme" başka mezhepleri de vardı.

İki örnek:

Sabetaryanlar; Yahudi unsurları benimsemiş Transilvanyalı Unitaryen Hıristiyanlardı. Yahudi bayramlarını kutluyorlardı. Cumartesi çalışmıyorlardı.

Subbotnikler; Ortodoks Hıristiyan inancına sahiptiler, ama Hz. İsa'nın ilahî vasıflara sahip olduğuna inanmıyorlardı. İbranîce isimler alıyorlardı.

Dağıtmayalım: Konumuz Bektaşî-Sabetayist ilişkisi...

Tezimiz, Sabetayistler salt gizlenmek için tarikatlara girmiyorlardı; kendi inançlarınla benzer öz-ritüel vb arıyorlardı.

Sabetayistler için Bektaşîlerde bu benzerlik fazlasıyla vardı. Hatta, yıllardır "karalanmalarına" neden olan çirkin olaylarda bile...

"Kuzu bayramı" ya da "mum söndü"

Alevî-Bektaşîlere yıllardır çalınan kara leke, "mum söndü" iftirasının temelinde Sabetayistlerin "kuzu bayramı" mı vardı? Ne yazık ki bazı çevreler ısrarla bu benzerliği gündeme getirmektedir. Bu nedenle biz de ister istemez bu konuya değinmek, hiçbir benzerlik olmadığını göstermek zorundayız.

İbrahim Alaettin Gövsa'nın, *Sabatay Sevi* adlı kitabından bir alıntı yapalım:

> Bu kuzu bayramı hakkında Sabatay zümresi mensuplarından Karakaşzade Rüştü, 1924 tarihinde *Vakit* gazetesi muhabirine şu izahatı vermişti: "Kuzu Bayramı 22 adarda (mart ayında) yapılır. Bu bayram geceye mahsustur. Ve her sene kuzu eti ilk defa bu bayram münasebetiyle ve hususî merasimle yenir. Bu merasimde en aşağı ikisi erkek ikisi kadın olmak şartıyla evli dört kişinin bulunması lazımdır. Kuzu ziyafetinde bulunacakların sayısı iki cinse mensup evli çiftlerin artırılması şartıyla istenildiği kadar çoğaltılabilir. Kadınlar iyi giyinmiş ve elmaslarıyla süslenmiş oldukları halde sofra hizmetinde bulunurlar. Yemekten sonra biraz eğlenilir ve muayyen zamanda ışıklar söndürülerek karanlıkta kalınır. Bu bayram vesilesiyle doğacak çocuklar bir nevi kudsiyeti haiz tanınırlar. Ona Dört Gönül Bayramı adı verilir." (s. 65.)

Bir alıntı da Kabala konusunda uzman Yahudi profesör Abraham Galante'den yapalım:

> İstanbul Üniversitesi'nde Doğu halkları eski tarihi profesörü olmam ve Doğulu bir sakin olarak, sık sık Yakındoğu'nun bazı yörelerinde henüz uygulanan bazı örf ve âdetleri kıyaslama fırsatı buldum. Burada söz konusu olan mesele mumların söndürülmesinden sonra oluşan gülünç sahneler kaynağını antik Doğu'dan alır. İşte bu kaynağın neden ibaret olduğu. Mitolojiye göre doğa kışın uykuya yatar ve gökyüzü tanrısı zincire vurulur. Güneş tutulunca gökyüzü tanrısı Attis evrenin çiçekleneceğini haber vermek üzere yeryüzüne indiğinde kendisini karşılayan doğa tanrıçası Ma veya Ammas'la evlenir. Bu, bir aşk bayramıdır. Tanrının inişi şu şekilde kutlanıyordu: Bir çam seçilip menekşelerle kaplanıp Attis'in imajı ve dininin simgeleriyle süsleniyordu. İlkbahar nasıl bir sonraki sene tekrar gelmek üzere son bu-

luyorsa, Attis de bir sonraki yıl tekrar ortaya çıkmak üzere ölmeye mecbur olduğu için, imaj aynı bir ölü gibi bandajlarla sarılıydı. Çam, özel bir mecbur olduğu için, imaj aynı bir ölü gibi bandajlara sarılıydı. Çam özel bir törenle, kendilerini en tuhaf bir şekilde içki âlemine kaptırarak Attis ile Ma'nın evlilik törenine katılan halkın birlikte söylediği şarkılar eşliğinde yakılırdı.

Eski tarihi incelersek zaman içinde bu törenin gözlemlendiğini ve izlerine bugün bile rastlanıldığını, Ön Asya'daki bir ekol mensubu grup tarafından uygulandığını görürüz. Kızılbaş ya da Tahtacı olarak tanınan bu grup mensupları kendilerini bu tuhaf içki âlemlerine vermek için büyük mumların söndürüldüğü gece törenleri düzenlerdi.

Garip tesadüf! Biz bu satırları yazarken, İstanbul'da yayımlanan (5 mayıs 1935) *Akşam* adlı bir Türk gazetesi Maraş (Ön Asya) muhabirinin telgrafını yayımlıyordu. İşte bu telgrafın tarafımızdan tercümesi şudur: "Maraş, 4 mayıs 1935 – Bir odada büyük mumların söndürülmesi töreni uygulayan birkaç kişi cürmümeşhut halde yakalandılar. Olay yerinde, erkek ve kadınlardan başka, müzik enstrümanları ve kafası koparılmış bir kara tavuk da bulundu.

Görüldüğü gibi bu tören, Sabetay'ın ekol mensupları tarafından yapılan törenin aynısıdır. Aradaki tek fark, kuzunun yerini tutan kara tavuktur. Bu antik âlemlerin çamuru, oryantal antik Yahudilerin örf ve âdetlerine sıçramadan edememiştir.

......

Günümüzde de, Attis'e yapılan törenin çamurlarının, büyük Kabalist Ribbi Şimon bar Yohay'ın anısına yapılan törene de sıçradığı saptanmıştır. (*Sabetay Sevi ve Sabetaycıların Gelenekleri*, 2000, s. 75-76.)

"Mum söndü" iftirası sadece bağnazların söylemesiyle kalmamış, "bilimsel" kitaplara kadar girmişti. Prof. Galante gibi bir bilim adamı, gazetenin haberini doğru kabul edivermişti.

Peki Galante'yi bile etkileyen bu dedikodu nasıl çıkmıştı?

Nejat Birdoğan'a göre tüm bu yanlış anlamalar cem toplantılarından değil, "musahiplik törenlerinden" çıkıyordu.

Musahip, ikrar verecek, nasip alacak erkek ve kadının (karıkocanın), seçtiği kefil anlamında eş, yol kardeşi, ahiret kardeşliği demektir.

İran kökenli musahiplik törenleri iki aile arasında yapılıyordu:

Musahip olan çiftlerden erkekler baş açık, yalın ayak yere uzanmışken kadınlardan her biri musahip erkeklerin çıplak ayaklarını uzun kefen etekleriyle örterler. Bu hareket onların bacı-kardeş olmalarını simgeler. Nitekim musahip ailelerine nikâh düşmez. Çocukları bile birbirleriyle evlenemez. Durumu böyle benimsemek istemeyen kimi kötü düşünceliler, durumu istedikleri yöne çekmektedirler. Kaldı ki Batı Anadolu Tahtacılarında musahip döşeği diye bir döşek vardır. Musahip olacaklar için dedenin huzuruna bir döşek getirilir. Aday musahipler bu döşek üzerine yan yana yatarak ikrar (söz) verirler. Pir, musahip olacak dört kişinin üzerine bir çarşaf örter. İsm-i Âzam duasını okur. Sonra çarşaf kaldırılır. Bu durum da kimi iftiralara neden olmaktadır. Oysaki Alevîlik'te yol kurallarının özü, ele, dile, bele sağlam olmaktır. (Nejat Birdoğan, *Alevî Kaynakları-1*, 1996, s. 174.)

Birdoğan gibi onlarca yazar, "mum söndü" iftirası konusunda kitaplar yazmışlardır; ancak bu dedikodular kara bir propaganda maksadıyla hâlâ yapılmaktadır.

Sabetayist olduğunu açıklayan yazar Ilgaz Zorlu ise, bağnazların, "kuzu bayramı" geleneğini öne sürerek Sabetaycılara da leke sürmeye çalıştıklarını belirtiyor:

Birkaç yıl öncesinde bu konuda yaptığım bir araştırmada, söz konusu edilen bayramın kutlandığı bir cemaat üyesi tarafından kabul edilmişti. Bu kişi kendisinin bizzat şahit olduğu şekilde bu merasimin yapılışını anlatırken şunları söylemişti: "Bu tarihte her ailenin erkek olan reisleri toplanmakta Khal adını verdikleri dinî bir merkezde bir kuzuyu okumaktadırlar. Hoca ve Ogan adı verilen dinî önderlerin merasim sonrasında bu kuzudan parçalar kestiği ve bu parçaların her aileye dağıtıldığı bilinmektedir. Fakat dikkat edilmelidir ki, burada kadınlar yer almamaktadır ve cinsel bir ritüel de yapılmamıştır. Ancak diğer cemaat üyeleri görmedikleri halde, aile büyüklerinden, bu şekildeki dinî bir merasimin yirminci yüzyılın başlarına kadar yapıldığını duyduklarını, ancak daha sonra Kapancılar grubunda bu hadisenin o zamanki cemaat ileri gelenlerinden olan tüccar Ata Efendi ile Halil Ali (Bezmen ?) Efendi tarafından kaldırıldığı belirtilmektedir. Tabiî bu konu tamamen belgelenememiştir. Mum söndü ritüelinin tüm Sabetaycı gruplarda uygulandığına dair elde hiçbir kanıt yoktur ve bunun gerçekliği de tartışma konusudur. (Ilgaz Zorlu, *Evet, Ben Selanikli'yim*, 1998, s. 63.)

Sabetayist Nazif Özge'nin itirafları...

Yıllardır içe dönük, gizli yaşayan Sabetayistlerin "kuzu bayramı"yla ilgili ritüelleri ne zaman ortaya çıkmıştı?

24 temmuz 1952 tarihinde, başta Ahmet Emin Yalman üzere Sabetayistlere ağır sözlerle saldıran İslamcı *Büyük Doğu* gazetesinin kapısı çalındı. Gelen kişi, "Ben dönmeyim; Selanik dönmelerinden... Fakat tamamıyla hidayete ermiş bir insanım. Size dönmelerin bütün esrarını ifşa edeceğim" diyen Nazif Özge adında bir Sabetayist/Karakaşî'ydi.

Sabetayist/Karakaşîlerin önde gelen ailelerinden, tekstil ticareti yapan Dilber kardeşlerle kavga etmiş, İstanbul Fatih Noterliği'nden 15 mart 1952 tarihli bir ihtarname çekmiş, ama muhataplarının onu adam yerine koymaması üzerine, tüm bildiklerini açıklama kararı almıştı!

Anlattıklarından biri konumuzu ilgilendirdiği için alıntı yapalım:

> Ben Sütlüce'de mezbahada çalışırım. Şark Deri Limited Şirketi'nde bağırsakçıyım. Bir gün evime de mezbahadan bir parça et getirdim. Eve girince ne göreyim. Dönmelerin en büyük hocalarından biri karıma bir kâğıt yazdırıyor. (Adamın adı) Akil Kibar, Yeşildirek Karakolu, Katırcıoğlu Hanı, numara 2'de Abdurrahman Kibar'ın ağabeyidir.
>
> Ben eve girince, o ve karım birdenbire bozuldular. Ne yapacaklarını şaşırdılar. Birbirlerine kaş göz işareti yaptıklarını gördüm. Akil Kibar, birtakım beylik laflar edip çıktı gitti. O gidince karımı zorladım, kendisine yazdırılan kâğıdı aldım...
>
> Evet, karıma tasallut ettiler. Kendi akideleri icabı dönme karıları böyle hocalarla yatıp da hamile kalacak olursa doğacak çocuk (hâşâ) Allah'a yakın olurmuş. Böyle çocuklara da dönmeler cemiyeti bakar ve onları yetiştirir. Karıma tasallut etmeye kalkmışlar, fakat muvaffak olamamışlar. Bilahare kendisiyle bayram yemeğini yediğim Akil Kibar bana, "Bizim dinimizde böyle şeyler günah sayılmaz" dedi.

Nazif Özge'nin anlatıkları doğru muydu?

Sabetay Sevi'nin doktoru olduğu iddia edilen Yeşu Karillo'nun biyografisini yazan Claude Gutman'ın kitabı dilimize *İzmir'in Çılgın Dedikoduları* adıyla çevrildi. Kitap, Hıristiyanlığa dönen Karillo'nun ağzından, Sabetay Sevi'nin eşleri Sara[20] ve Ester'le yaşadığı cinsel ilişkiler başta olmak üzere, Sevi'nin özel yaşamını anlatmaktadır.

Anlatılanların, Tekvin'de (19/20) geçen Sodom ve Gomorra'dan hiç farkı yoktu!..

Bu kitap, Nazif Özge'yi doğruluyor!..

20. Sabetay Sevi'nin evlendiği kadınlardan biriydi Sara. Adı, Yahudi kaynaklarında geçer. Ancak, bizde de "Sare/Sara" ismi vardır. Bunun nedeni Hz. İbrahim'in karısı olmasıdır. Şeyhülislam Üryanîzade Esad Ahmed Efendi'nin kızının adı da Sare ya da Sara'ydı.

Gad Nassi'nin, 18 ekim 1989 tarihinde, Tel-Aviv Üniversitesi'nde toplanan Birinci Uluslararası Türkiye Yahudiliği Kongresi'ne sunduğu tebliğ de ilginçti:

> Sabetaycı akımın liderlerinden Osman Baba'nın mevcut ahlak kurallarının iptal edilerek, birinci derecede akrabalar arasında cinsel ilişkiyi desteklediğini bilmekteyiz.

Peki niye böyleydi?

Kabala'daki Mesih inancı gereği Sabetay Sevi'nin "ahlaksız bir ortam yaratması"; fahişeyle evlenmesi inanılmayacak olaylar değildir aslında. Çünkü Mesih'ten önce toplum o kadar ahlaksız olacak ve çürüme yaşayacaktı ki, Mesih geldiğinde bunların hepsini düzeltecekti!

Daha önce de basite indirgeyerek yazdım; Mesih Hz. İsa'yı örnek gösterdim: Domuz yenmiyorsa, Mesih gelince yenecektir.

Sünnetliyse, Mesih gelince artık sünnetsiz olacaktır!

Sabetay Sevi bu nedenle Yahudi kurallarını hiçe sayıyordu. Tüm yerleşmiş kuralları kaldırıyordu.

Sabetay Sevi'nin ritüelleri buna uygundu.

Örneğin, Tevrat, hayvanî yağların (heleb) yenmesini yasak etmiştir; yemenin cezası cemaatten atılmaktı. Ama Sabetay Sevi "müritlerine" bilerek böbrek yağı yediriyordu.

Yahudi dininde Tanrı'nın "tetragram" olan adı ağza alınamaz, ama Sabetay Sevi bu din yasağını da bozmuştu.

Kadın ve erkeğin eşitliğine inanan düzenlemeler yapmıştı. Dualara, ziyafetlere kadınlar da katılıyor, erkeklerle dans edebiliyorlardı.

Bayramların düzenini-anlamını değiştirerek, Yahudi dininin temel inanç ve yasalarını yerle bir etmişti.

Bütün bu "olumsuzlukları" Mesih gelecek "olumluya" çevirecekti.

Aynı zamanda, Mesih'in gelişini hızlandırmak için, "olumsuzluklar" giderek artırılıyordu!

Bir dakika!..

Son bir not yazmak istiyorum; kimse kimseyi küçük düşürücü sözlerle yargılamasın; tarihin şaşırtıcı bir sayfasıyla karşılaşabilirler...

Alexandre Bennigsen ve Chantal Lemercier-Quelquejay adında iki Fransız, Orta Asya'daki sufî tarikatlarla ilgili çalışmalarında ilginç olaylarla karşılaştılar:

XIX. yüzyılın ikinci yarısında Nakşibendî Yesevîlik tarikatı, Laçiler adıyla bir yapılanmaya girdi. Heterodoks bir nitelik arz eden ve militan bir yapıya sahip bulunan Laçiler, 1870 yılında Hokand hanı tarafından zındık olduğu gerekçesiyle idam edilen Sanivar adlı Yesevî şeyhi tarafından kurulmuştu. Ancak takibata uğraması sebebiyle tarikat varlığını gizli olarak sürdürmüş, özellikle Kırgızlar arasında taraftar bulmuştu. Bu tarikat mensupları gizli gizli düzenledikleri toplantılarda kadın erkek bir araya gelerek musiki eşliğinde "hikmet"ler okudukları için, seks âlemi yaptıkları gerekçesiyle tatbikata uğramaktaydılar. (aktaran Ahmet Yaşar Ocak, *Türk Sufîliğine Bakışlar*, 2004, s. 48.)

Yine uzattık...

Özetle, kına yakmadan, nazardan korunmaya; adak olarak horoz kesmekten, muska yazmaya; ağza tükürmekten, sünnete; gelin hamamından, loğusa yatağına kadar bugün Anadolu'daki birçok örf ve âdet Yahudilerde de vardı!..

Bektaşîlik'teki "takiye" anlayışı Sabetayistlerin zaten yaşam zorunluluğuydu.

Derviş, ağa, baba gibi Bektaşî lakaplarını Sabetayistler önde gelen kişilerine vermişlerdi.

Bu "benzerlikleri" yazdıktan sonra gelelim, Tarikat-ı Salahiye Cemiyeti'ndeki masonik özelliklere:

Ritüelleri, masonlar nasıl Yahudilik'ten almışsa, Tarikat-ı Salahiye de mason localarından almıştı.

Örneğin, toplantılarda para ve diğer bağışları toplamak için yeşil renkli bir kese ve kutu (hasenat kesesi) bulunuyordu; yani masonların "dul kesesi" gibi... Oylamalarda kullanılan "skrüten" kesesi-sandığı ve üyelerin tekliflerini yazıp attıkları "teklif kesesi" aynen masonluktan alınmaydı.

Mason toplantılarında "dul kesesi" ve "teklif kesesi" her toplantı sonunda üyeler arasında dolaştırılırdı; Tarikat-ı Salahiye'de de bu aynen vardı!

Toplantı salonunda tören düzeni; toplantı güvenliği; konuşma sıraları ve âdetleri; kabul merasimi ve üst mertebeye terfi törenleri; giyilen simgesel kıyafetler bile masonlukla benzerdi.

Bitmedi.

Tarikat-ı Salahiye'nin idarî sistemine ve tören usullerine Bektaşîlik'ten ve Hurufîlik'ten esinlenen harf ve sayı gizemciliği derinlemesine nüfuz etmişti. Tarikat-ı Salahiye de Arap harflerinin sayısal değere sahip olma özelliğiyle oynar; örneğin tarikatın simgesi ümmet sözcüğünün sayısal değeri olan 441'dir. Bu konuda da masonlukla hatırı sayılır bir ortaklık söz konusudur. Çünkü masonluk da Arapların "sihirli kareler"inden miras alınmış, Yahudi Kabalacılar ve Hıristiyan Hermesçiler tarafından uyarlanmış gizli bir alfabeye sahiptir. (Thierry Zarcone, *İslam'da Sır ve Gizli Cemiyetler*, 2005, s. 142.)

Bitmedi. Tarikat-ı Salahiye'nin imzası () Yahudilerin ve masonların simgesi "yedi kollu şamdan"a benziyordu...

Tarikat-ı Salahiye'nin üyelerinin kimler olduğunu yazmadan önce, yakın tarihimizden bir olayı size nakletmek istiyorum. İstiyorum ki, masonların Bektaşî tekkeleri içinde ne kadar güçlü olduğunu görünüz...

Dedebabalık seçiminde mason tartışması

Önce bilgi. Bektaşîlerde iki kol vardır: Babagân ve Dedegân.

Dedegân kolunu Hacıbektaş'taki Çelebiler oluşturur ve postnişinlik babadan oğula geçer.

Daha etkin ve güçlü Babagân kolunda ise dedebabalar seçimle gelmektedir.

Bu giriş bilgisinden sonra gelelim, asıl meselemize:

Babagânların son büyük dedebabası Doç. Dr. Bedri[21] (Bedrettin) Noyan 6 kasım 1997 tarihinde vefat edince iki dedebaba ortaya çıktı. Biri, Bedri Noyan'ın vefatının ardından, 12 aralık 1997'de, videoya da çekilen oylamayla seçilen Haydar Ercan, diğeri ise, "masonların kontrolü altında" olduğu iddia edilen Ankara grubunun seçtiği Mustafa Eke!

Babagân Bektaşî camiasına göre, dünya üzerinde aynı anda 1 dedebaba ve ona bağlı 11 halifebaba ile 40 baba olması gerekiyor. Yoksa düzen bozulurdu. Şimdi iki dedebaba vardı ve dolayısıyla düzen bozulmuştu. Her iki grup birbirini kıyasıya eleştiriyordu.

Bedri Noyan'ın oğlu Kurtcebe Noyan, Bektaşîliğe yüz elli yıl

21. Dedebaba Bedri Noyan, 1912 yılında Serez'de doğdu. Babası İsmail Hakkı'nın Osmanlı ordusunda kolağası (kıdemli yüzbaşı) olması itibariyle Anadolu'nun birçok şehrinde bulundu. İlkokulu Manisa'da okudu; Samsun Lisesi'nden mezun olup, İstanbul Tıp Fakültesi'ne kaydoldu, 1937'de doktor çıktı. Ankara Numune Hastanesi'nde Nazi Almanyası'ndan kaçan Prof. Dr. Max Meyer'in asistanı oldu.
Ama onu asıl "yetiştiren" Atatürk'ün ve daha sonra Celal Bayar'ın doktorluğunu yapan, Cumhurbaşkanlığı Çankaya Köşkü'nde oturan, "Baba Erenler" lakaplı, Dedebaba Dr. Hasan Ragıp Erensel'di. Dedebabası Dr. Erensel sayesinde, "yola girdiğinden" itibaren hızla yükseldi. Altı ay içinde derviş ve altı ay sonra da baba oldu. Dr. Erensel, hasta yatağında Dr. Noyan'a "hilafetname"sini yazdırdı. Ve 1953 yılında Dr. Erensel'in ölümü üzerine Dr. Noyan "dedebaba" seçildi.

önce nüfuz eden masonluğun her geçen yıl gücünü artırarak kendi adamlarını dedebabalığa seçtirecek kuvvete ulaştıklarını iddia ediyordu.

Tarikat içinde, masonik Bektaşîlik eğilimi ile geleneksel Bektaşîlik kanadı arasında şiddetli bir çekişme yaşanıyordu. Kurtcebe Noyan, Ankara kolunun fiilî önderi durumundaki 33. dereceden mason Halifebaba İlhami Teoman Güre'nin mason desteğiyle Mustafa Eke'yi "dedebaba" seçtirdiğini söylüyordu.

Kurtcebe Noyan gibi düşünen Halifebaba Haydar Ölmez'in ifadesine göre de, "masonluğun şerefini kurtarmak için" muhalefet hareketini başlatan Teoman Güre, Haydar Ercan'ı yıkmak amacıyla onun ağabeyi mason Kasım Ercan'la ittifak yapmıştı!

Araya girip bir parantez açmak istiyorum: Bu tartışmalarda benim anlamadığım şu: Teoman Güre'nin mason olduğu bilinmeyen bir sır mıydı? Değildi. Bedri Noyan, dedebabalığının 33. yılında (Bektaşîler için 33 sayısının özel bir yeri vardır) 12 mart 1992'de düzenlenen törende okuduğu şiirde şunu diyordu:

> Bir Baba Teoman var, koca üstat, birader,
> O herkesi, herkes de onu elbette sever!..

Şimdi. Bedri Noyan "üstat" ve "birader" deyimlerinin masonluğun ritüellerinden olduğunu elbette biliyordu.

Öyle ki, kendisine el veren Dedebaba Ali Naci Baykal'ın "Bektaşîlik alaturka masonluk; masonluk alafranga Bektaşîlik'tir" dediğini yazıyordu. (Bedri Noyan, *Demir Baba Vilayetnamesi*, 1976, s. 301.)

Zaten gizlenecek bir şey de yoktu; 20 haziran 1997'de Teoman Güre, "Ceviz Kabuğu" programında gazeteci Hulki Cevizoğlu'nun konuğu olmuş; Bektaşîlik ve masonluk hakkında bilgiler vermişti.

Peki Bedri Noyan mason muydu? Oğlunun masonlara bu kadar karşı çıkmasına bakılırsa herhalde değildi! Ama Rotary Kulübü üyesi olduğu biliniyor.

Devam edelim:

Rakibi bazı halifebabalar tarafından mason olmakla itham edilen Teoman Güre'nin, Sabetayist olduğunu ise, *Yarın* dergisinden Müfid Yüksel iddia ediyordu. (www.yarindergisi.com.)

Mason ve Sabetayist olduğu iddia edilen Teoman Güre (İlhami) Halifebaba ise, çeşitli toplantılar ve "Huu Dost" başlıklı bildirileriyle karşı grubu suçladı. Dedebabalık seçiminde 11 oyun sadece 3 oyunu alan Haydar Ercan'ın "dedebaba" olamayacağını iddia etti.

Kavga bugün karşılıklı "yol düşkünü" suçlamalarıyla sürüyor...[22]

Bektaşîler, masonlar, İttihatçılar...

Bu arada bu konuyu kapatmadan bir not düşeyim:

Dedebaba Bedri Noyan'dan sonra Halifebaba Turgut Koca'nın postnişin olmasına kesin gözüyle bakılıyordu; ancak talihsizlik, Turgut Koca, Bedri Noyan'dan yirmi gün önce, 15 ekim 1997'de vefat etti.

Hayır sözü, "İki büyüğünü aniden arka arkaya kaybeden Bektaşîler birbirlerine düştüler" meselesine getirmeyeceğiz! Söylemek istediğimiz şu: Bektaşîler aralarındaki masonları isim isim biliyorlardı.

Şöyle ki, Halifebaba Turgut Koca vefat edince evrakları arasında, kendisinin yazdığı, "İttihat ve Terakki Azaları" başlıklı bir liste bulundu.

Halifebaba Turgut Koca, İttihatçılar; "Bektaşîler", "Masonlar", "Melamîler" ve "Mason-Bektaşîler" başlıkları altında toplamıştı.

Bizi ilgilendiren, listenin "Mason-Bektaşîler bölümü; bakın Halifebaba Turgut Koca'ya göre İttihatçıların içinde kimler "mason-Bektaşî"ydi?

"Enver Paşa, Ali Fethi (Okyar), Kâzım (Karabekir) Paşa, Şeyhülislam Musa Kâzım Efendi, Salah (Cimcoz) Bey, Ethem Ruhi (Balkan), Dr. Miralay Mehmed Ali Bey, İhsan Namık Bey, Ahmed Bedevî (Kuran), Mehmed Cemil Bey, Niğde Mebusu Hayri Efendi, Hakkı Baha Bey, Kara Vâsıf Bey."

Turgut Koca, "Namık Kemal, Ziya Paşa" gibi Jön Türkleri de bu listeye eklemişti. Ayrıca İttihatçılardan ayrılan, Prens Sabaheddin ile Rıza Tevfik de (Bölükbaşı) bu listedeydi.

Düne kadar, aralarında kimin mason olup olmadığını önemsemeyen; masonluğa hiç soğuk bakmayan, dışlamayan Bektaşîler,

22. Sanmayın ki, masonluk tartışması sadece Bektaşîler arasında yaşanıyor. Masonluk meselesi, Nakşibendîler ile Süleymancıları karşı karşıya getirmişti. Şöyle ki: Başbakan Recep Tayyip Erdoğan'ın dünürü Sadık Albayrak, 20 ağustos 1979 tarihinde Millî Selamet Partisi'nin yayın organı *Millî Gazete*'deki makalesinde, "MSP dışındaki partilerin devamlı olarak Yahudi güdümünde olduklarını, kurulu sistemin ana kaynağını Yahudi âlimlerin teşkil ettiğini" belirterek, Mason Cemiyeti'nin acilen kapatılmasını istiyordu. Süleymancıların lideri AP İstanbul milletvekili Kemal Kaçar partisinin grup toplantısında MSP'ye yanıt verdi: "Mason Cemiyeti'nin kapısını kilit vurulamaz. Bu mümkün değil... O zaman demokrasiyi inkâr etmek lazım. Partilerin içinde de, hangi parti olursa olsun masonlar olabilir." Giderek sertleşen bu tartışmaya 12 Eylül 1980 askerî darbesi son noktayı koymuştu: gazeteyi ve Meclis'i kapattı...

bugün neden yoldaşlarını masonlukla itham eder hale gelmişti?

Bir not düşüp bu konuyu da kapatalım artık:

Ulusal Kurtuluş Savaşı yalnızca ordular arasında cephelerde değil, aynı zamanda çeşitli uluslararası lobiler arasında da geçmiş çetin bir mücadeleydi. Taraflar, Londra, Paris, Roma, Washington gibi önemli metropollerde çeşitli baskı gruplarını etkilemek istiyorlardı. Bu etkili baskı gruplarının başında masonlar geliyordu.

Ve hakkını vermek gerekir ki, sol fikirlere yakınlığı olan Fransız Büyük Doğu Locası masonları, zaman zaman Ermenilerin etkisinde kalıp tavır değişikliği gösterseler de, genellikle Ankara Hükûmeti lehine propaganda yaptı. Gerçi asıl nedenleri, İngiliz yayılmacılığının önüne geçmekti, ama olsun, destek vermişlerdi işte.

Dönelim şimdi, Tarikat-ı Salahiye Cemiyeti üyelerinin kimler olduğuna...

Eskişehir'de ne oldu?

İddiaya göre, Tarikat-ı Salahiye'nin ilk reisi Sultan Vahideddin'di. Bir süre sonra fahrî yaveri Kiraz Hamdi Paşa başkan oldu.

Kiraz Hamdi Paşa Bektaşî'ydi. İttihatçı düşmanıydı. Bu nedenle yıldızı Sultan II. Abdülhamid ve Sultan Vahideddin döneminde parladı.

İttihatçılara karşı sürdürdüğü o aynı muhalif tavrını ulusal mücadelenin merkezi Ankara Hükûmeti'ne karşı da devam ettirdi.

Bu arada, İstanbul Hükûmeti tarafından, Ankara'daki 20. Kolordu komutanlığına atandı. Ancak, 20. Kolordu komutanıyken ulusalcı güçlere katılan Ali Fuat Cebesoy, onu Eskişehir'de durdurarak Ankara'ya gitmesine engel oldu.

Burada büyük bir parantez açmam gerekiyor:

Efendi kitabında (s. 281) "Karışık bir olay" başlığı altında, Evliyazadelerin damadı Dr. Tevfik Rüştü Aras'ın tutuklu bulunduğu Bekirağa Bölüğü'nden çıkarak, Ankara'ya yeni ataması yapılmış Kiraz Hamdi Paşa'yla birlikte Eskişehir'e kadar gelip, sonra bir gece Ali Fuat Cebesoy'un yanına kaçtığını yazmıştım.

Bu olay bu çalışmada da yine karşımıza çıktı; çözmeden kurtulamayacağız anlaşılan.

Düşünsenize Dr. Tevfik Rüştü Aras, "Millîciler Ankara'ya her atamaya şüpheyle bakıyorlar; ben sizi Mustafa Kemal ve arkadaşlarıyla tanıştırayım" diyerek Kiraz Hamdi Paşa'yla yola düşüyor ve sonra bir gece Kiraz Hamdi Paşa'nın resmî belgelerini alıp Ali Fuat Cebesoy'un yanına kaçıyor!

Diyeceksiniz ki: "Ne var bunda, Dr. Tevfik Rüştü Aras, Kiraz Hamdi Paşa'yı kandırmış!" Öyle mi acaba?

Bu olayın kodlarını çözmemiz gerekiyor. Çünkü bu mesele Tarikat-ı Salahiye'yle yakından ilgiliydi:

Tarikat-ı Salahiye'yle ilgili yapılan tüm akademik çalışmalar, özel araştırmalar, cemiyetin ulusalcılara karşı olduğunu yazıyor.

Ankara Hükûmeti emriyle kurulan İstiklal Mahkemeleri, cemiyetin üyelerinden bazılarını idam etti, bazılarını mahkûm etti. Şimdi bu gerçeği bilmemize rağmen, şu soruyu sormak istiyorum:Tarikat-ı Salahiye ile Ankara Hükûmeti arasında gizli bir ilişki var mıydı?

Uzun uzun bu konuya yer vermemek için ilk soruyu hemen geçeceğim; Sultan Vahideddin'in Mustafa Kemal'in ulusal hareketi başlatmasına katkısı var mıydı? Dediğim gibi bu tartışmalı bir soru, yanıtı sayfalar alır, bu nedenle hemen geçelim...

Efendi kitabında yazdım; Mustafa Kemal'in Anadolu'ya gitmesinde İttihatçı İsmail Fazıl Paşa[23] ve oğlu İttihatçı Ali Fuat Cebesoy'un büyük katkıları vardı. Bir de dünürleri Hürriyet ve İtilaf Fırkası'nın kurucusu ve Posta Telefon Telgraf Nazırı Mehmet Ali Gerede'nin katkısı yadsınamaz bir gerçekti.[24]

Mustafa Kemal, aile dostu Cebesoylar aracılığıyla, Dahiliye nazırlığına da vekâleten bakan Mehmet Ali Gerede ve onun vasıtasıyla da Sadrazam Damat Ferid Paşa'yla tanıştı. Güvenlerini kazandı. Anadolu'ya çıkış vizesi aldı.

Şimdi dönelim başa ve Eskişehir'de neler olduğuna bir daha bakalım:

Kiraz Hamdi Paşa'nın karşısına kim çıkıyor; Ali Fuat Cebesoy. Yan yana geldiklerine dair bir ipucu şimdilik yok, ama savaşmıyorlar da.

Mehmet Ali Gerede ekibinin gönderdiği Kiraz Hamdi Paşa, Mehmet Ali Gerede'nin damadının kardeşi Ali Fuat Cebesoy tarafından "korkutulduğu" için, İstanbul'a geri dönmek zorunda kalıyor!

Yani yazılanlar kısaca şu: Dr. Tevfik Rüştü Aras, bir gece belgeleri alıp kaçıyor ve Kiraz Hamdi Paşa İstanbul'a dönüyor. Çocuk masalı gibi...

Sultan Vahideddin'in yaveri Kiraz Hamdi Paşa ile Ankara Hü-

23. İsmail Fazıl Paşa, Enver Paşa'yla arası iyi olmadığı için, savaşın ilk yıllarında emekliye ayrılmıştır. Bu nedenle, o dönemde Saray'a yakındı. Mustafa Kemal'in Enver Paşa karşıtlığı biliniyor. İkiliyi, bu nefretin birleştirdiğini de söyleyebiliriz.

24. Mehmet Ali Gerede'nin kız kardeşi Makbule'nin kızı Belkıs, Bezmenlerin yakın akrabası Selanikli Hulki Edin'le evliydi. Belkıs'ın kız kardeşi Nihal ise Kurtuluş Savaşı komutanlarından, DP'nin ilk Bayındırlık bakanı Fahri Belen Paşa'yla evliydi.

kûmeti'nin Eskişehir'de görüşmemeleri mümkün gözükmüyor! Ama görüştüklerine ilişkin de bilgi yok. Burada bir sır var...

İstanbul ile Ankara arasındaki iplerin ilk kopma noktası "Eskişehir görüşmesi" miydi? Eskişehir'de neler oldu?

Devam.

Hiçbir kaynakta yazmıyor; ama sormak zorundayız:

Tarikat-ı Salahiye neden gizli bir cemiyetti?

Öyle ya, Sultan Vahideddin ve yaveri Kiraz Hamdi Paşa bu gizliliğe neden gerek duysunlar? Ankara Hükûmeti'nin söylediği gibi cemiyet, İngiliz yanlısı, siyasal İslamcı, ulusalcılara karşı ise neden illegal olsun?

Saray ve İngiliz desteğini alan bir cemiyet niye gizli olsun?

Kime karşı bu gizlilik?

Bu gizlilik sadece sembolik-masonik bir gizlilik mi?

Ya da bu işin altında başka gerçekler mi var?

Soru çok.

Mehmet Ali Gerede ile Kiraz Hamdi Paşa'nın Yüzellilikler arasında bulunmasının tek nedeni İngiliz yanlısı olmaları mı?

Mehmet Ali Gerede'nin İngiliz eşi Elenaor Louisa Bendon Gerede'nin anılarından yola çıkılarak yazılan *Osmanlı'da Bir İngiliz Gelini* adlı kitapta, Bayan Gerede, Mustafa Kemal ile eşinin Cebesoyların evinde buluştuklarını, sohbetlerin ayrıntılarını vererek anlatıyor. Keza eşine göre, Mehmet Ali Gerede, Mustafa Kemal'in Anadolu'ya çıkması ve İstanbul'da Dr. Tevfik Rüştü Aras gibi isimlerin gözaltına alınmaları konusunda Damat Ferid Paşa'yla anlaşmazlığa düşüp Dahiliye nazırlığından istifa etmişti!

Bay König kimdi?

Eskişehir'de neler olduğunu anlayamadan "derin devlet" işlerini çözemeyiz. "Ne ilgisi var?" demeyin! Size bir olay anlatayım:

18 temmuz 1936'da "Cumhuriyetçi" hükûmet, "Milliyetçi" bir askerî darbeyle yıkılmak istenince, İspanya'da iç savaş çıktı.

İspanya'daki iç savaş dünyayı böldü; Cumhuriyetçileri ABD, Sovyetler Birliği, Avrupa ülkeleri desteklerken, Milliyetçiler Alman Nazilerinden, İtalyan faşistlerinden yardım gördü.

İç savaş uluslararası bir nitelik kazanıp, dünya savaşı çıkma ihtimali belirince İngiltere ve Fransa'nın önerisi üzerine, dünya ülkeleri, İspanya'daki gruplara silah satışı yapmama kararı aldı.

Bu durum uluslararası silah kaçakçılarının işine yaradı. Bunlar her iki tarafa da fahiş fiyatla silah sattılar.

Bu uluslararası kaçakçılardan biri de Ekrem Hamdi König'di.

Birinci Dünya Savaşı'nda Alman subaylarının yanında istihbarat konularında çalışmıştı. Almanlar tarafından kendisine verilen, "König" kod ismini, soyadı kanunu çıkınca soyadı olarak benimsemişti.

Birinci Dünya Savaşı bitince, Alman şirketlerinin Türkiye temsilciliğini yapmıştı. Örneğin, Lufthansa uçak şirketinin.

Ekrem Hamdi König, Paris'te perde arkasında faaliyet gösteren bir Alman gizli komitesiyle, İspanya'daki "Milliyetçilere" silah satışı yapmak üzere anlaştı.

König, Türkiye Cumhuriyeti adına, Kanada'dan 50 savaş uçağı sipariş etti. Doğal olarak bu işteki ortakları, Millî Savunma Bakanlığı ve Dışişleri Bakanlığı üst düzey bürokratlarıydı. O dönemde İstanbul sosyetesinin tanınmış simalarından olan König'in siyasî dostları da hayli güçlü isimlerdi.

Olayın bundan sonrası hâlâ aydınlanamadı. Kimine göre savaş uçaklarının İspanya'da "Milliyetçilerin" kontrolünde olan Cádiz Adası yerine İstanbul'a gelmesi; kimine göre ise, ABD Harp Sanayii İhracat Kontrol Komisyonu'nun, Türkiye adına sipariş edilmiş uçakların fazlalığı nedeniyle kuşkulanması, König'in planını suya düşürdü. König Paris'e kaçtı.

Türkiye olayı hemen örtbas etti. Ancak, Mustafa Kemal'in ölümü üzerine, iktidara gelen İsmet İnönü "König Dosyası"nı yeniden açtı.

"König Dosyası" İsmet Paşa'ya "eski dostlarıyla" hesaplaşma şansını verdi. Millî Savunma Bakanı Kâzım Özalp istifa ettirildi. Olayda adı geçen İçişleri Bakanı Şükrü Kaya daha önce görevden alınmıştı. Dışişleri müsteşarı görevden alındı. Dışişleri memuru Ruhi Bozcalı 3 ay hapse mahkûm edildi. Ekrem Hamdi König Monaco'da tutuklandı. Türkiye'ye iade edildi ve evrakta sahtecilik suçundan kısa süreli bir ceza aldı.

Sultan II. Abdülhamid'in ünlü kaptanpaşası Hasan Paşa'nın torunu Ruhi Bozcalı, cezaevinden çıktıktan sonra bir kitap yazdı: *Komünizm Can Çekişiyor!..*

Birinci Dünya Savaşı'nda Almanlar hesabına çalışan ve Alman Nazilerinin isteğiyle İspanya'daki Franco güçleri "Milliyetçilere" uçak satmak isteyen Ekrem Hamdi König kimdi dersiniz; Kiraz Hamdi Paşa'nın oğlu!..

Geçelim efendim geçelim...

Kim "İngilizci", kim "Almancı", kim "Amerikancı"? Birileri kimi kandırmaya çalışıyor?

O günlerde Ankara Hükûmeti'nin İngiliz, Amerikan düşmanlığı yoktu. Zaten bu iki ülkenin Ankara'ya karşı nasıl bir strateji izleyeceği konusunda kesin bir politikası da yoktu. Bu nedenle İngilizler hep "bekle gör" politikası takip ettiler; Doğan Avcıoğlu'na göre Lloyd George Yunanlıları desteklerken, Lord Curzon ve askerler ise Ankara'yı destekliyordu.

Fransızlar ve İtalyanlarla ise olumlu ilişkiler vardı. Kuşkusuz en sıcak ilişki genç Sovyetler Birliği'yleydi.

O günün düşmanı sadece Yunanlılardı!..

Ve biz de sadece onlarla savaştık...

Yani, kimse İngiliz Muhipleri Cemiyeti üyesi olduğu için "hain" ilan edilmedi. Yoksa, Robert Kolej'de kurulan ve Amerikan mandasını savunan "Wilson Prensibleri Cemiyeti" üyelerine de "hain" dememiz gerekiyor. Halbuki, bu cemiyetin "Amerikan mandası" teklifine Sivas Kongresi destek vermedi mi?

Yani mesele, İngilizci, Amerikancı olma meselesi değildi. Bu iki cemiyet içinde daha sonraki yıllarda "kahramanlık mertebesine" çıkarılan çok isim bulunuyordu; ama, linç edilen, "Wilson Prensibleri Cemiyeti" üyesi Ali Kemal gibi isimler de vardı.

İnsanlar, bağlı oldukları cemiyet, parti, örgüt nedeniyle değil, kişisel tutumları yüzünden "hain" veya "kahraman" mı olmuştu?..

Bir noktaya dikkatinizi çekmek istiyorum:

1926 İzmir Suikastı planı ortaya çıktığında, soruşturmanın çerçevesi çok genişletildi ve İstiklal Mahkemeleri aracılığıyla İttihat ve Terakki Cemiyeti tarihe gömüldü.

İdam edilen İttihatçılar arasında Sabetayist/Karakaşî grubunun "ruhanî lideri" eski Maliye nazırı Cavid Bey de vardı.[25]

Aynı dönemde Sabetayist/Yakubî grubun önde gelen ismi Ahmet Emin Yalman da İstiklal Mahkemesi huzuruna çıkarıldı. O da idamla yargılandı. Son anda affedildi. Uzun süre gazetecilik yapmasına izin verilmedi.

Sorum şu: Mustafa Kemal bu iki stratejik hareketle, Sabetayistlerin "şah" ve "veziri"ni düşürerek, bu grupların kendisine tamamen biat etmesini mi sağladı?

Bunları şunun için yazdım; Mehmet Ali Gerede neden "hain damgası" yiyip Yüzellilikler listesinde yer aldı? Mustafa Kemal'in

25. Mustafa Kemal ile Cavid arasındaki ilişkiyi hep çok merak ettim. Cavid Bey, Ulusal Kurtuluş Savaşı döneminde Ankara'nın "gel" çağrısına olumsuz yanıt vermişti. Ama Halide Edip Adıvar'ı gönderdi. Bu nedenle savaştan sonra Ankara Hükûmeti adına diplomatik girişimlerde bulundu. Fakat, danışman sıfatıyla katıldığı Lozan görüşmelerinde Ankara'yı dinlemeden, bazı kulis faaliyetlerine girdi. İsmet Paşa'yla çatıştı. Uzatmayayım, demem şu: Cavid Bey, Mustafa Kemal'i küçümsüyor muydu? Veya şöyle sorayım: Niye küçümsüyordu? Cavid Bey, bu gücü nereden buluyordu?

Samsun'a gitmesi için her türlü çabayı göstermişti. Eşinin yazdığını göre, Mustafa Kemal yüzünden nazırlık görevinden ayrılmak zorunda kalmıştı! Sonra da, ısrarlara rağmen resmî hiçbir görev almamıştı.

O halde neden "hain"di?

Yoksa, o da, Osmanlı'daki başka güçlü bir lobinin Ankara'ya "biat"ı için "kurban" olarak mı seçilmişti?

Bugüne kadar hep göz ardı edilen bu güçlü lobi kimlerden oluşuyordu?..

Tarih yazıcılığımızda, Osmanlı ve Cumhuriyet dönemindeki lobilerden (masonlar dışında) nedense pek bahsetmeyiz.

Göz ardı edilen bir lobi

Mihaylo Miço Latoş, 1806 yılında Hırvatistan'da Plaşki'de, levazım çavuşu Sırp bir baba ile Polonyalı bir anneden doğdu. Matematik ve resimde çok başarılı olduğu için öğretmenleri tarafından Avusturya İmparatorluğu Harp Okulu'na burslu öğrenci olarak gönderildi.

Dört yıl eğitim aldığı harp okulundan kaçarak, 1826'da Osmanlı topraklarına sığındı. İki yıl çeşitli işlerde çalıştıktan sonra, İstanbul'da yeni açılan askerî okula öğretmen oldu.

Müslüman da olmuştu. Adı Ömer Lütfi'ydi.

> Bu okulda bir yandan ders verip, diğer yandan da kendi öğrenimini sürdürerek üç yıl kaldı. İstanbul ulemasıyla dostluk kurdu ve yeni dünyasının örf ve âdetlerini, askerî usulleri, İslam'ın ibadet ve şartlarını iyice öğrendi. Tüm hal ve davranışıyla örnek bir genç subay ve iyi bir Müslüman olmaya çabalıyordu. Ağzına içki koymuyor, sefih ve gırtlağına kadar borca batmış subaylarla düşüp kalkmıyor, düzenli olarak camiye gidiyordu! Kendinden hiç söz etmiyor, kimseden bir şey istemiyordu ve herkese her an yardıma hazırdı. Sanki hiçbir tutkusu ve hırsı yok gibiydi. Hıristiyanlardan ve dönmelerden uzak duruyor, bir yandan da Fransızca öğreniyordu. (İvo Andriç, *Ömer Paşa*, 2004, s. 150.)

Bir gün şansı döndü. Sultan II. Mahmud okulu ziyaret etti. Tanıştırıldığı bu genç subayı çok beğendi; şehzadeleri Abdülmecid ile Abdülaziz'in eğitimi için saraya davet etti.

Sultan II. Mahmud'un ölümü üzerine, tahta oturan Sultan Abdülmecid'le kurduğu yakın dostluk sayesinde hızla paşa rütbesini aldı. 1848'de Rumeli Ordusu müşiri oldu. Kendisine, ağırlığını Macar ve Polonyalı Yahudilerin oluşturduğu "Murtad Taburu" adlı, gayrinizamî harp yapan özel bir askerî birlik kurdu.

Ömer Lütfi Paşa'nın yardımcısı da Yahudi'yken Müslümanlığı seçen İskender Paşa'ydı (Alexander Antoni İlinski).

Ömer Lütfi Paşa, 1854'te Kırım Savaşı'nda serdarıekrem olarak Rusya üzerine gönderildi.

Ömer Lütfi Paşa, Irak ve Hicaz orduları müşirliği; Kürdistan'ın ıslahatı; Hersek ve Girit isyanlarının bastırılması gibi görevler aldıktan sonra 1869'da Hassa Ordusu müşiriyken vefat etti; Eyüp Mezarlığı'na defnedildi.

Müslüman olan, camiden çıkmayan Ömer Lütfi Paşa, kızı Saffet Hanım'ı; asıl ismi Konstantin Borzecki olan ve Polonya'da 1848 Wielkopolska Ayaklanması'na karıştığı için ülkesini terk edip Osmanlı'ya sığınarak Mustafa Celaleddin adını alan subayla evlendirdi.

Damadı tanıyalım:

Konstantin Borzecki, ailesi tarafından resim eğitimi alması için gönderildiği Varşova'da, Katolik Ruhban Okulu'na kaydoldu. Polonya'daki ayaklanmadan sonra önce Fransa'ya kaçtı, ardından İstanbul'a geldi. Ve ailesine rağmen Katolik Ruhban Okulu'na giden Borzecki, İslam'ı seçti!

Hangi ülkede ise o ülkenin resmî dinini seçmesi ilginçti tabiî.

> XVIII. yüzyılın ikinci yarısında Polonyalı Sabbataycılar eklendi dönmelere ve 1915'te Lehli olarak tanınan aileler vardı. Herhalde İslam'ın mistik yönde, özellikle bazı derviş tarikatlarıyla kesin temaslara girişilmiş olmalıdır. (Gershom Scholem, *Sabetay Sevi Mesih mi, Sahte Peygamber mi?*, 2001, s. 455.)

Mustafa Celaleddin (Konstantin Borzecki), kayınpederi sayesinde Osmanlı ordusunda paşalığa kadar yükseldi. Genelkurmay'da Topografya Bölümü başkanlığını yaptı.

Mustafa Celaleddin Paşa'nın bu hizmetler dışında, Türkiye tarihindeki yeri başkaydı; o Türklerin Arî ırktan geldiğini, Macarlarla akraba olduğunu ilk yazan kişiydi. 1869'da İstanbul'da, bir yıl sonra da Paris'te basılan *Les Turcs Anciens et Modernes* (Eski ve Yeni Türkler) adlı 362 sayfalık kitap Türk milliyetçiliğinin miladıdır!

> Celaleddin Paşa'nın kitabı aslında Batılı güçlerin ve tez sahiplerinin gözünde Osmanlılara prestij sağlamak ve belki de Balkanlar'daki ayrılıkçı eğilimleri tarihsel bir gerekçeyle önlemek amacıyla yazılmış

ereksel bir eserdi. Mustafa Celaleddin Paşa, Türklerin ve Avrupalıların "Turo-Aryan" adını taşıyan aynı ırktan geldiklerini iddia ediyordu. İddiasına göre Turo-Aryan ırkı, Turanî ve Arî halkların bir karışımıydı. (Günay Göksu Özdoğan, *Turan'dan Bozkurt'a*, 2002, s. 61.)

Oğlu Enver Paşa da, Kemalist tarih görüşünden önce Osmanlı'da "Güneş-Dil Teorisi"ni ilk dile getiren kişiydi.

Mustafa Celaleddin Paşa, sadece "akademik" çalışmalar yapmakla kalmadı; Osmanlı ordusuyla görevden göreve koştu ve Arnavut Karabağ cephesindeki savaşta 1876'da şehit düştü.

Mustafa Celaleddin Paşa, oğlu Hasan Enver Paşa'yı, asıl adı Karl Detrois olan ve Osmanlı'ya sığınıp Müslümanlığı kabul eden, Macar ya da Alman kökenli olduğu rivayet edilen Mehmed Ali Paşa'nın Leyla adlı kızıyla evlendirdi.

Hasan Enver Paşa-Leyla çiftinin kızları Münevver, Macar Ali Rifad Bey'in oğlu Samih Rifat'la evlendi.[26]

Karl Detrois'in bir diğer kızı Zekiye Hanım da, İsmail Fazıl'la (Cebesoy) evlendi. Bu evlilikten doğan Mehmet Ali (Cebesoy) Macar Ali Paşa'nın torunu, "hain" damgası yiyen Mehmet Ali Gerede'nin İngiliz eşi Elenaor Louisa Bendon'dan olan kızı Makbule Leyla'yla evlendi.

Bu aile bugüne kadar, Nâzım Hikmet, Mehmet Ali Aybar gibi sosyalistleriyle gündeme getirildi. İleriki sayfalarda göreceğiz, Erbakan-Özal-Erdoğan gibi başbakanlar çıkaran Gümüşhaneli Dergâhı'yla yakın ilişkileri vardı... Bu konuya ileride bakacağız. Şimdi bu lobiyi tanıyalım:

XIX. yüzyılda Rusya ve Avrupa'yı kasıp kavuran ayaklanmalar, ihtilaller ortaya binlerce sürgün çıkardı. Bunların önemli bir bölümü Osmanlı'ya sığındı. Yani sadece bir avuç kişi gelip İstanbul Polonezköy'ü kurmadı, sayıları kabarıktı. Beş bin kişi olduğu tahmin ediliyor.

Bu beş bin kişi nitelikli işgücüydü; yani okuryazardı, eğitimliydi. Osmanlı'da önemli görevler aldılar:

26. Samih Rifat, Dil Türk Kurumu'nun ilk başkanıydı. Mehmet Akif Ersoy'la birlikte *Divanü Lügat it-Türk*'ü çevirdi. Çanakkale milletvekili olarak TBMM'de bulundu.
Kardeşi Ali Rifat Çağatay, İstiklal Marşı'nın ilk bestecisiydi. Eşi Zehra Hanım, Said Halim Paşa'nın kız kardeşiydi.
Ailenin radikali ise Cevat Rıfat Atilhan'dı. Irkçı milliyetçilerdendi; İslam Demokrasi Partisi kurucusu; Yahudi, dönme ve mason düşmanı; Said-i Nursî hayranıydı.
Ataları Macar olan Cevat Rıfat Atilhan'ın "Turan ülküsü"nün bu fikrin ilk filizlendiği Macaristan'daki "Macar Turancılığı"ndan geldiğini artık biliyoruz. "Turan milliyetçiliği" ile "Siyonizm"in aynı yıllarda ortaya çıkmasının analizi daha yapılmamıştır...
Yunus Nadi Edebiyat Ödülü'nü kazanan yazar Serdar Rıfat Kırkoğlu ile ünlü astrolog Hakan Kırkoğlu bu ailenin çocuklarıdır.

Jozef Bem (Murad Paşa) asker; Alfred Bielinski (Rüstem Bey) Washington büyükelçisi; Alexander Antoni İlinski (İskender Paşa) asker; Seweryn Bielinski (Nihad Paşa) asker; Piotr Bonkovski (Bonkovski Bey) Saray kimyacısı-eczacı; Feliks Klemens Breanski (Şahin Paşa) asker; Jakubowski (Yakub ağa) asker; Karol Brzozowski (Kara Avcı) mühendis-konsolos; Ludwik Bystrzonowski (Arslan Paşa) asker- askerî ataşe; Freund (Mahmud Hamdi Paşa) asker; Jan Goscimski (Tufan Bey) asker; Wlodzimierz Kozlowski, hekim; J. Jankowski (İbrahim Bey) asker-yaver; Wladyslaw Czajkowski (Muzaffer Paşa) asker-yaver-Beyrut valisi; Marian Langiewicz (Langi Bey) asker; Baltazar Piotrowski (Murad Bey) asker; Prusti (Laharin Bey) asker; J. Karlinski, padişah'ın özel hekimi; Tomasz Wierzybicki (Murad Bey) asker; Piotr Suchodolski, ressam; Dionizy Zarzycki (Osman Bey) asker...

Hep birbirleriyle evlendiler.

Ve kuşkusuz güçlü bir lobi oluşturdular. Örneğin, Wladyslaw Koscielski (Sefer Paşa) Sultan Abdülaziz'in yaverliğini yaptı; "Saray merasimlerinin üstadı" olarak yıldızı parladı; Sultan Abdülmecid döneminde Saray'daki en nüfuzlu askerdi; "gizli iktidar" olarak tanınıyordu.

Mustafa Celaleddin (Konstantin Borzecki) Paşa'nın oğlu Enver Paşa damadı Samih Rifat'a yazdığı mektupta bu lobinin ipuçlarını veriyor:

> Pederim Polonez olmayan hemşehrilerini asla sevmez ve onlarla görüşmez idi. (*Tarih ve Toplum* dergisi, ocak 1994, s. 9.)

Bu lobiyi salt "diaspora dayanışması" ekseninde düşünmek yanlış olur. Çoğunluğu asker olan bu "göçmenler" Avrupa'da ihtilallere katılmışlardı. Yani hepsi politikti. Namık Kemal, Şinasi gibi birçok Osmanlı münevverini etkilediler. Başta Macar Yahudisi doğubilimci Ármin Vámbéry olmak üzere "Turan ırkını" gündeme getirdiler; Türkoloji üzerine büyük etki yaptılar. Oryantalizmin kurucusu kabul edilen İgnaz Goldziher Macar Yahudisi'ydi. Yani fikir-ideoloji anlamında etkileri çok fazlaydı.

Bu lobi "üyelerinin" hemen hepsi Rusya düşmanıydı. Osmanlı bunu bildiği için, Rusya'yla yapılan savaşlarda ordunun ön cephesine hep bu subayları koydu.

Namık Kemal gibi aydınlarda Rusya fobisi olmasının kökenini buralarda aramak gerekiyor.

Neyse, bizim aradığımız bunlar değil.

Sorumuz şudur: Mehmet Ali Gerede, bu lobinin Ankara'ya boyun eğmesi için mi, "hain" damgası yemişti?

Bu sorunun üzerinde durulması gerekmektedir. Örneğin, Mustafa Kemal'in Cebesoylara darılmasının sebebi de bu olay mıdır?

Tüm bunlar bize, Mustafa Kemal'in nasıl dâhi bir askerî strateji uzmanı olduğu kadar, taktisyen bir siyasetçi olduğunu da göstermektedir.

Tarikat-ı Salahiye yargı önünde

Biz tekrar dönelim Tarikat-ı Salahiye'ye; sanıyorum bu cemiyeti anlattıkça, bazı "meseleler" üzerindeki örtü biraz olsun aralanacaktır...

Cemiyetin "Üçler Meclisi" heyeti içinde Kiraz Hamdi Paşa'yla birlikte Dr. İsa Ruhi Paşa ve yazar Ahmet Refik Altınay vardı.

"Kırklar Meclisi"nde ise şu isimler yer alıyordu:

1) Ahmet Hamdi (Akseki), 2) Ahmed Fakih, 3) Seyyid Abdülvahhab, 4) Davud Vehbi Haydarî, 5) Şerif Zeyneddin, 6) Şerif Haşim, 7) Tevfik Hamdi, 8) Feyzullah, 9) Miruzade, 10) Mehmed Şükrü, 11) Âsım, 12) Mehmed Mihail Mihailov, 13) Lütfi Feyzi 14) Mehmed Emin Ravendizî, 15) İsa Ruhi Paşa, 16) Seyyid Yusuf Zifarî, 17) Ahmet Refik (Altınay), 18) Seyyid Haydarî Zifarî, 19) İmad Hasan Kemaleddin, 20) Yüzbaşı İsmail Hakkı, 21) İsmet, 22) Şeyh Celal Bafrevî, 23) Ağa Bilal, 24) Hafız Şeyh Ömer, 25) Şevket Muhammed Hüsnü, 26) İzmirli Hafız İsmail Hakkı, 27) Tatar Ahmed Muhtar, 28) Sıtkı, 29) A. Rıfkı, 30) Muhammed Şerif, 31) Muhammed Safî, 32) Eşref Edib, 33) Halil Rıfkı Hüseyin, 34) Osman, 35) Mehmed Fahreddin, 36) Şeyh Ramiz, 37) Gazeteci Ahmed Rifat, 38) Hayrullah, 39) Mehmed (Topal) Tevfik Baba, 40) Şerif Yahya Adnan Paşa.

> Cemiyet, Kafkasya, Kürdistan ve Anadolu'da yayılmaya çalışıyordu. Kafkasya'da General Halilov ve Hasan Kâmil (eski Rusya konsolosu), Mısır'da Mehmed Ali (eski Dahiliye nazırı) ve Halep'te Kürt Hamdi, bunun için çalışan militan üyeler arasında idiler. (Hülya Küçük, *Kurtuluş Savaşı'nda Bektaşîler*, 2003, s. 164.)

Prof. Ergün Aybars'a göre, Sultan Vahideddin yurtdışına kaçtıktan sonra cemiyetle ilişkilerini Kiraz Hamdi Paşa ve Mehmed Ali Gerede aracılığıyla sürdürmüştü. (*İstiklal Mahkemeleri*, 1998, s. 320.)

Üstünde bir tarih bulunmamakla birlikte, 1930 yılında Dışişleri Bakanlığı tarafından yazıldığı anlaşılan, 6 sayılı, "mahrem ve hizmete mahsus" damgası bulunan bir istihbarat raporunda, Mehmet Ali Gerede, Kiraz Hamdi, Mustafa Sabri, Vehib Paşa, İzmirli Hafız İsmail Paşa, İzmir Valisi Rahmi Bey vb hakkında bilgiler vardı.

İstihbarat raporuna göre, Mehmet Ali Bey, yaşadığı Paris'te, "Mukaddes İhtilal Millî Hürriyetperver" adlı bir örgüt kurmuştu. "Amacı, Halife Abdülmecid'i, o olmazsa daha münasibini padişah yapmaktı; son zamanlarda görüşünü değiştirmiş, hanedan arasında akıllı biri bulunmadığından, ötede beride haysiyetlerini kırdıklarından onlardan vazgeçmiş; gerektiği şartlar oluşursa hükûmet kurarak yönetimi ele geçirmenin en doğru yol olduğuna inanmıştı."

Yakın arkadaşları, Rauf (Orbay) Bey, İzmir Valisi Rahmi Bey ve Adnan (Adıvar) Bey'di. Başta Yüzellilikler olmak üzere birçok muhalif bu gruba girmek istemekte, ancak bu grup kimseye yüz vermeyip temkinli davranmaktaydı!..

Rapora göre, Romanya'nın Köstence kentinde yaşayan Kiraz Hamdi, İngilizlerden sürekli para alıyordu. Bir İngiliz ajanıyla Bükreş'te buluşmuş, tüm muhalifleri bir çatı altında toplaması gerektiği direktifini almıştı. Bu amaç için, İngiliz ajan ona 500 sterlin vermişti. Parayı alınca, hemen Avupa'daki muhaliflerle görüşmek için yola çıkmış, ancak umduğunu bulamamıştı. Bu arada durumu kötü olan Refi Cevat'a (Ulunay) 15 sterlin ve Gümülcineli İsmail'e ise 30 sterlin vermişti. (*Tarih ve Toplum* dergisi, ocak 1990, s. 49-51.)

Muhalifler yurtdışında ne yapacaklarını bilemeyip beklemekle zaman geçirirken, Ankara Hükûmeti, Tarikat-ı Salahiye Cemiyeti'yle hesaplaşmanın sonuna gelmişti:

1925'teki Şeyh Said Ayaklanması'nın perde arkasında bu cemiyetin olduğu düşünülüyordu. Ankara İstiklal Mahkemesi'nde görülen davada, cemiyet üyesi on bir kişi, Yaver Darendeli İsmet, Burunsuz Tevfik Hamdi, Yeniköy eski belediye başkanı Kemal, Hıristaki, Arap Âsım, Nuri, Osman Daver, Ali Nakil, Romanyalı Halil, Yüzbaşı Nihad, Ertuğrul Şakir 16 ağustos 1925'te Ankara Taşhan önünde asılarak idam edildi.

Sekiz kişi 5'er yıl, yedi kişi 10'ar yıl, üç kişi 15'er yıl ceza aldı. Otuz altı kişi beraat etti.

Yazdığım gibi, Sultan Vahideddin, Kiraz Hamdi, Mehmet Ali Gerede gibi isimler yurtdışına kaçmışlardı.

İlginçtir:

Cemiyetin "Üçler Meclisi"nde bulunan Kiraz Hamdi Paşa gıyaben idama mahkûm edildi. Diğer iki yönetici, İsa Ruhi Paşa ve Ahmed Refik Altınay ise beraat etti!

Mustafa Kemal Paşa, bazı cemiyet üyelerinin beraatı için bizzat devreye girmişti. Örneğin İstanbul Barosu Reisi Lütfi Fikri (Düşünsel) onun girişimiyle suçsuz bulunmuştu! Paşa, mahkemeye Lütfi Fikri'nin suçsuz olduğuna inandığına dair mektup göndermişti. Bu yazı öyle gizlice filan da gönderilmemişti hani; 15 ağustos 1925 tarihli *İnkılap* gazetesinde, "dilekçe"nin aslı vardı...

Lütfi Fikri Düşünsel, beraatından altı ay sonra yeniden İstanbul Barosu başkanlığına seçilecekti!

Beraat eden Ahmet Refik (Altınay) Harbiye'de Mustafa Kemal'in sınıf arkadaşıydı.

Başka kimler kurtulmuştu böyle:

Önce idam cezasına çaptırılan ama mahkeme başkanının, "Jüri, gençliğinizi ve Tevhid-i Tedrisat'taki muhtemel rolünüzü göz önüne alarak sizden faydalanmak için sizi serbest bırakacaktır" sözüyle salıverilen, cemiyetin "Kırklar Meclisi" üyesi Ahmet Hamdi Akseki,[27] gün gelecek 1947-1951 yılları arasında Diyanet İşleri başkanlığı yapacaktı!

Tartışılan dedebaba: Topal Tevfik

İdama mahkûm edilen Damat Ferid hükûmetinin Nafıa nazırı, İngiliz Muhipleri Cemiyeti Başkanı Dr. Cemil Topuzlu, sonra affedilecek ve adı gün gelecek İstanbul'daki sokak ve caddelere verilecekti. Örneğin, Harbiye'deki Cemil Topuzlu Açıkhava Tiyatrosu...

Tarikat-ı Salahiye Cemiyeti mensuplarının kimi bugün hâlâ vatan haini olarak biliniyor; kiminin ise adı, caddelere sokaklara veriliyor.

Kimi ise "dede" diye yere göğe konulamıyor...

Tahliye edilen sanıklar arasındaki Yalvaçlı Mehmed (Topal) Tevfik, medrese hocalığı eğitimi almasına rağmen, Rumelihisarı Şehitlik Tekkesi Şeyhi Nafi Baba vasıtasıyla Bektaşîliğe girmişti...

O da "İngiliz Muhipleri Cemiyeti" ve "Hürriyet ve İtilaf Fırkası"

27. Diyanet İşleri Başkanlığı yapan Ahmet Hamdi Akseki için, bazı muhafazakâr çevreler "dönme" olduğunu yazıyor. Ama bu çevreler, "Tarihimizi, dinimizi, imanımızı yazdı, söyledi. Bu uğurda çekmediği çile kalmadı" dedikleri Osman Yüksel Serdengeçti ile Ahmet Hamdi Akseki'nin akraba olduklarını bilmiyor mu? Ahmet Hamdi Akseki'nin bütün kitapları, Serdengeçti Neşriyat'tan çıkmıştır. Yani fikir birliği de vardır.
MHP'nin ambleminin bozkurttan üç hilale dönüştürülmesi Osman Yüksel Serdengeçti'nin ağırlığını koymasıyla olmuştur. "Allah Müslümanları, Tanrı Türk'ü korusun" sözü ona aittir.

üyesiydi; ama, beraat etmişti! Aslında, Teşkilat-ı Mahsusa'nın son başkanı ve M. M. (Millî Mücadele) Grubu'nun başkanı, aynı zamanda Bektaşî olan Yarbay Hüsameddin Ertürk'ün, "Teşkilatımız adına ajanlık yapıyordu" ifadesiyle kurtulmuştu.

Ayrıca bu gizli faaliyetlerinden dolayı bir de İstiklal Madalyası'yla ödüllendirildi. Bitmedi. Cumhuriyet Hükûmeti, Şahkulu Dergâhı'nda oturması için bir de resmî izin belgesi verdi.

Topal Tevfik ya da Tilki Tevfik, hakkında kitaplar yazılacak, filmler çevrilecek bir şahsiyet.

Şahkulu Tekkesi postnişini Topal Tevfik, kimliği ve yaptıklarıyla bugün hâlâ Bektaşî-Alevî çevrelerinde tartışılmaktadır:

> Bu şahıs, hırs, riya, yalan, hile, ihtiras, desise, komplo, menfaat vb gibi tüm olumsuz fiil ve sıfatların bir insanda nasıl bir arada olabileceğinin tipik bir örneği olarak dünyaya gelmiş gibidir. (www.alewiten.com)

Sultan II. Abdülhamid döneminde, "İttihatçı" diye kendisini jurnal edince deniz subayı şair Edib Harabî, Topal Tevfik hakkında şu şiiri yazdı:

> Ben ehl-i tariykim diye davalar edersin
> Bir hırka giyip heyet-i dervişle gezersin
> Lakin biliriz biz seni her boku yersin
>
> Noksan seni halk etti Hüda çünkü bodursun
> Lanet sana mecra-yı fesad-fitne fücursun...[28]

Gerek Nafi Baba, gerekse Topal Tevfik'e "babalık icazeti" veren Pirevî postnişini Tepedelenli Hacı Feyzullah Dedebaba (öl. 1913) çok eleştiri aldılar. Çünkü, Bektaşîlik'te şeyh olmanın şartlarından biri, "herhangi bir sakatlığı bulunmaması" şartıydı. Buna rağmen "Topak Tevfik" (Tevfik'in ayağı sakattı, sekerek yürüyordu) neden şeyh yapılmıştı?

28. 23 şubat 2006'da atv ekranında Ali Kırca'nın yaptığı "Siyaset Meydanı"nın konusu Alevîlik'ti. Açık oturumun yapıldığı yer Şahkulu Tekkesi'ydi. Ali Kırca, teşekkür etmek için tekke görevlisini ekrana çağırdı. Tekke görevlisi, mikrofunu eline alınca tekkenin büyüklerinden birkaç ulvî şahsiyetin ismini saydı. Saydığı isimler arasında hem Topal Tevfik hem de Edib Harabî vardı! Yıllarca kendisine yapmadığını bırakmayan Topal Tevfik'le adının birlikte anılması sanıyorum şair Edib Harabî'yi mezarında ters döndürmüştür! Peki yüzlerce yıllık bir dergâhta görev yapan biri, bu iki ismi nasıl yan yana getirebilir? Cahillik mi; "kol kırılır yen içinde kalır" popülizmi mi?

Keza Bektaşîliğe aykırı davranışları da olmuştu; örneğin Ermeni bir avukatı Bektaşî yapıvermişti! Bekâr Bektaşî kıyafetinin bir parçası olan küpeyi takmıyordu.

İlginç bir şahsiyetti: Bir bakıyorsunuz Tarikat-ı Salahiye içindeydi, bir bakıyorsunuz ulusalcıların yanına geçivermişti.

İddialara göre, çeşitli entrikalarla "beş yüz yıllık ışık yuvası Şahkulu Dergâhı Tekkesi"nin postnişini oluverecekti...

Üstelik önce 1921'de gelecek, sonra gidip, 1927'de dönecek ve 1935'teki sürgüne kadar görevde kalacaktı. Ama bu sürgün başka sürgündü...

1932 yılında davetli olduğu Beykoz Gregoryen Ermeni Kilisesi'nin mahzeninde bir Ermeni kadınla uygunsuz durumda yakalanmıştı. Olayın gazetelere yansımaması için kendisi de Bektaşî olan Kâzım Özalp Paşa devreye sokulmuştu. Benzer bir olaydan da "deli raporu" alarak kurtulmuştu. Ancak Bektaşîler artık buna tahammül edememiş, Topal Tevfik'in Şahkulu postnişinliği iptal edilmişti. Sakalları kesilerek Bursa'nın Mustafakemalpaşa ilçesine bağlı on haneli Garipçe köyüne sürgün edilmiş ve burada vefat etmişti.

Peki böyle bir kişi nasıl oluyordu da, beş yüz yıllık Şahkulu Tekkesi'nin "kutbu" oluyordu? Selanikli Hacı Hasan Dedebaba ve Mehmed Ali Hilmi Dedebaba gibi önemli şahsiyetlerden sonra, üzerinde bu kadar tartışma yapılan bir kişi nasıl Şahkulu Tekkesi'nin başına gelmişti?[29]

Topal Tevfik, mason Şeyhülislam Musa Kâzım Efendi'nin yakın dostuydu; muhtemelen Topal Tevfik de masondu. Aynı zamanda, Topal Tevfik'in anne tarafından akrabaydılar.

Topal Tevfik'e "Nakşibendî şeyhi" olduğuna dair icazetname veren Üsküdar Nakşibendî Dergâhı postnişini Hasan Huseyin Efendi, İttihat ve Terakki iktidarı döneminde tekke ve zaviyeler müfettişi olarak görev yapmıştı. Topal Tevfik'in arkasında o mu vardı?

Bu destekler bile Topal Tevfik'in inanılmaz yükselişini açıklayamıyor!

Topal Tevfik, İttihatçı mıydı; Hürriyet ve İtilaf Fırkası'ndan mıydı, yoksa ulusalcı mıydı? Bu sorunun yanıtı hâlâ belli değildir...

Keza yaptığı işlere bugün bile kimse akıl erdirememektedir:

Bektaşîlerin tüzüğü olan Balım Sultan erkânnamesine el atarak, Kadirî ve Nakşibendî öğeleri monte edivermişti! Bugün İs-

29. Niyazi Mısrî Rodos'a sürgüne giderken yanına Azbî Efendi adında bir çavuş görevlendirildi. Azbî Efendi askerlik görevinden ayrılıp Mısrî'ye intisap etti. On sekiz yıl hizmet verdi. Niyazi Mısrî ölünce İstanbul'da Bektaşî Elvan Çelebi'ye bağlandı; sülukünü Bektaşî usul ve erkânına göre tamamladı. Elvan Çelebi'den sonra Şahkulu Tekkesi postnişini oldu. 1747'de vefat edince, Şahkulu Tekkesi'ne defnedildi.

tanbul-Eyüp, Aydın-İncirliova ve Bandırma bölgesinde bazı Bektaşîlerce bu erkânname uygulanmaktadır...

Topal Tevfik gibi –aynı zamanda arkadaştılar– aynı cemiyetlerde/örgütlerde bulunmuş bir de Didar Hanım vardı.

Ne yalan söyleyeyim, Topal Tevfik bir yana, Didar Hanım'ı hiç çözemedim!

Didar Hanım, İngiliz taraftarı bir Bektaşî'ydi...

İstanbul Erenköy'de "Didariye" adlı bir tekke kurup, tekkenin başına da kulakları duymayan "Hasan Baba" adında Sultanahmet'te saatçilik yapan Giritli bir esnafı getirerek, burayı politik gayesi için kullanmak istemişti!

Ulusal Kurtuluş Savaşı sonrasında Didar Hanım, Hıristiyan olup Avrupa'ya kaçıverecekti...

Bu iki örnekten yola çıkıp yanlış düşüncelere kapılmayın; Kurtuluş Savaşı'na en büyük desteği Alevî ve Bektaşîler vermiştir.

Ama Didar Hanım gibi Bektaşîlerin asıl "kimliklerini" de ortaya çıkarmamız gerekiyor.

Nafi Baba yaşamı boyunca Topal Tevfik'e neden hep destek olmuştu?

Bunları bilmiyoruz, buralarda bir sır var...

İki dil bilen tekke şeyhi

Bektaşî Şehitlik Tekkesi yönetiminde "erbabiye"lik göz önüne alınarak "evladiye"lik ilkesi uygulanıyordu, yani "baba"lık babadan oğula geçiyordu.

Büyük Mahmud Cevad Baba'dan sonra postnişinliğe kısaca "Nafi Baba" denen Mehmed Abdünnafi Baba'nın oturduğunu belirtmiştik.

Tekkenin adının duyulması da Nafi Baba döneminde oldu.

Şehitlik Tekkesi, "Nafi Baba Tekkesi" olarak bilinmeye başlandı.

Nafi Baba kimdi?

Şeyhülislamlıktan kalma binlerce belgeyi, Diyanet İşleri Başkanlığı "Şer'iye Sicilleri Arşivi"nde sekiz yıllık bir çalışma sonucu tasnif edip, *Son Devir Osmanlı Uleması* kitabını yazan Sadık Albayrak, Şeyh Abdünnafi Efendi (İstanbullu) biyografisi hakkında şu bilgileri veriyor:

> Şehitlik Dergâhı postnişini ve Şeyh Bedreddin'in hafidi Mahmud Cevad Efendi'nin oğlu olup hicrî 1251 senesinde İstanbul'da doğmuştur. Dinî ilimleri Silivri Müftüsü Sadık Efendi ile Adanalı İsmail Efen-

di'den ve Fatih Camii dersiâmlarından Musa Kâzım Efendi'den tahsil eylemiştir.

9 temmuz 1262'de (3 şaban 1264) uhdesine İbtidaî Hariç İstanbul Müderrisliği payesi tevcih buyurulup 1 mart 1271'de müderrislik maaşı tahsis edilmiştir. 25 recep 1288'de Musıla-i Süleymaniye'ye vâsıl olan müderrisliği muharrem 1326'da (22 kânunuisanî 1323) Bilad-ı Mahreçten Halep Mevleviyeti'ne terfi olunup 11 kânunusanî 1324'te mevleviyetten infikak etmiştir.

Bu tarih İkinci Meşrutiyet'in ilan edildiği tarihti; demek ki Nafi Baba "özgürlüğünü" 1908'de ilan etmişti!

Nafi Baba, o tarihe kadar, "takiye" yaparak Bektaşîliğini hep saklamış; Nakşibendî hocalardan dersler almış; Osmanlı Sarayı'yla ilişkilerini düzeltmiş; Saray'daki bazı davetlerin konuğu bile olmuş; ayrıca "ilmiye payesi" alarak kendisine maaş bağlatmıştı.

Bu arada "el altından" İttihat ve Terakki Cemiyeti'ne yardımlarda bulunuyordu. İttihatçıların İstanbul'daki gizli buluşma yerlerinden biri de Nafi Baba Dergâhı'ydı!

İttihatçılar iktidar olunca Nafi Baba da kendi iktidarını kurdu. Tıpkı diğer Bektaşîler gibi...

İttihatçılar iktidar olunca Bektaşîler, 1826'dan beri süren uzaklaşmadan sonra yine merkezî hükûmetle yakın ilişki içine girdiler. Örneğin, Sütlüce Bektaşî Tekkesi şeyhi Münir Baba'nın oğlu Hüseyin Avni Bey, İttihat ve Terakki Cemiyeti'nin mesul kâtip muaviniydi. Onun nüfuzu ve aracılığıyla Merdibanköy/Merdivenköy (Şahkulu) Tekkesi şeyhliğini Filibeli İbrahim Fevzi Baba'ya verdiler.

Muhibben adlı dergiyi çıkarmaya başladılar.

Ancak İttihatçı-Bektaşî ilişkisi zamanla sorun da getirecekti. İttihatçıların "Türkçü-milliyetçi" çizgileri, Arnavut Bektaşîler ile Rumeli ağırlıklı İstanbul Bektaşîlerini karşı karşıya getirdi.

İttihatçıların "İttihad-ı Anasır" politikası, Türkler ile Arnavut Bektaşîlerin yollarını ayırdı. Türk Bektaşîler, Bektaşîliğin İttihat ve Terakki Cemiyeti tarafından resmen tanınacağını düşündüler. Ama Bektaşîlere "resmî hüviyet"i İttihatçılar da veremedi!

"Resmî hüviyet" yoktu ama, geniş bir serbestlik vardı. Bektaşîler artık kimliklerini saklamıyorlardı. Birçok Bektaşî devlet bürokrasisinde önemli görevlere gelmişti...

Nafi Baba, sıradan bir "baba" değildi; Arapça, Farsça dışında İngilizce ve Fransızca biliyordu. İyi bir eğitim gördüğü belliydi. Acaba bunda Robert Kolej'in bir katkısı var mıydı? Bilinmiyor.

Nafi Baba Tekkesi Robert Kolej toprakları içindeydi.

New Yorklu zengin bir tüccar olan Christopher Rheinlander Robert, 1856'da İstanbul'u ziyareti sırasında, Kırım Savaşı'ndan yaralı dönen askerlere, Selimiye Kışlası'nda yardım eden Protestan papaz Dr. Cyrus Hamlin'le tanıştı. İkisi de Protestan Metodist mezhebine mensup misyonerlerdi.

Metodist mezhebi daha çok sağlık alanında misyonerlik çalışması yapıyordu.

Tüccar Robert ile papaz Hamlin, İngilizce eğitim veren bir okul açmaya karar verdiler. C. R. Robert finans yükünü omuzlarken, Dr. Hamlin de kolejin kuruluş sorumluluğunu üzerine aldı. Yer olarak beğendikleri, Şehitlik Tekkesi yanındaki Ahmed Vefik Paşa'ya ait taşocağı arsasıydı. Önceleri paşa arsasını satmak istemiyordu ama devreye kendini yetiştiren Sadrazam Mustafa Reşid Paşa girince satmak zorunda kaldı. Ahmed Vefik Paşa masondu; "üstatlarının", en çok da, hep yanında olduğu Mustafa Reşid Paşa'nın bu arsa satış işinde devrede olduğu düşünülebilir.

"Ahmed Vefik Paşa'nın dedesi dönme"ydi. (Mehmet Şevket Eygi, *Yahudi Türkler yahut Sabetaycılar*, 2000, s. 22.)[30]

Bilinen Ahmed Vefik Paşa'nın dedesi Yahya Naci Efendi'nin, Bulgar mühendisiyken Müslüman olduğuydu; hangi dinden döndüğüne ilişkin bilgi yok.

Padişah fermanı olmadan inşaata başlanmayacağını bilen Amerikalılar, izni beklemeden, önce kiralama yoluyla bir bina bularak öğrenime başladılar. Eylül 1863'te Robert Kolej öğrencilere kapısını açtı...

4 haziran 1869'da padişahtan izin çıktı. Okulun yapımı 1871'de tamamlandı. On yıl sonra ikinci bina yapıldı. Kolej bina ve öğrenci olarak her yıl büyüdü. Okula her din ve dilden öğrenci kabul ediliyordu.

Robert Kolej'in, Bektaşî Şehitlik Tekkesi yanında kurulması muhtemelen tesadüftü. Ancak, o yıllarda Anadolu'yu dolaşan Protestan misyonerlerin en önemli üç hedefi vardı: Ermeniler, Kürtler ve Alevîler!

Yıllardır, kendilerini ifade etme olanağı bulamayan, kimlikleri nedeniyle ezilen, ümmetin parçası kabul edilmeyenleri Protestanlar "dönüştürmek" istiyorlardı. Ancak bu olumsuz koşullara rağmen Müslümanlar misyonerleri pek sevindirmiyorlardı. Ama

30. Güya, Ahmed Vefik Paşa Eyüp'e gömülmeyi vasiyet etmişti. Ancak Sultan II. Abdülhamid buna izin vermemiş ve, "Protestanlara arsa satan adam, kıyamete dek, onların çan sesini dinlesin" diyerek Rumelihisarı mezarlığına gömülmesini emretmişti! (Mustafa Müftüoğlu, *Tarihî Gerçekler*, s. 47.) Cenazenin kaldırılışının gecikmesi dönemin gazetelerinde de benzer yorumlara neden olmuştu. 1 nisan 1891 tarihi açıklanmıştı, 4 nisanda defnedildi.

sayıları çok az olsa da Protestan olanlar vardı.

Protestanlığı kabul etmiş Müslümanlar nerede eğitimden geçiriliyordu dersiniz; Amerikan misyonerlerinin İstanbul Bebek'te kurduğu Bebek İlahiyat Okulu'nda! (Lukas Hans Kieser, *Iskalanmış Barış*, 2005, s. 112.)

Komşuları Amerikan misyonerleri o günlerde harıl harıl çalışırken Nafi Baba, 1908'de vefat etti.

Tekkenin başına oğlu (Neşet Hanım'dan olan) Küçük Mahmud Baba geldi.

Küçük Mahmud Baba hep devlet görevinde çalışmıştı: Dahiliye Nazırlığı Özel Kalemi'nde; Gümrük Müdürlüğü'nde; Maarif Nazırlığı'nda; İngilizce öğretmeni olarak Darülfünun'da vb...

Tekkeler 1925'te kapatılırken, Nafi Baba Tekkesi'nin postnişini Küçük Mahmud Baba'nın oğlu (Cemile Sabiha Hanım'dan olma) Abbas Nusret Baba'ydı (1898-1975).

Abbas Nusret Baba, postnişin olmak için Londra Büyükelçiliği'ndeki görevini bırakıp İstanbul'a gelmişti.

Abbas Nusret Baba aynı zamanda, İngilizlerin "ata sporlarından" kriketi Osmanlı'da ilk oynayan sporculardan biriydi.

Nafi Baba Tekkesi'ne postnişin olarak sonra, İstanbul edebiyat çevrelerinin yakından tanıdığı Nafi Baba'nın kızı Fatma Hayriye'den torunu Hüseyin Pektaş oturdu.[31] Robert Kolej'den sonra öğrenimine Sorbonne'da devam etti. Robert Kolej'de öğretmen oldu. O yıllarda kolejde, "Türk Öğretmen Grubu"nu kurdular. Grupta kendisiyle birlikte, Refik Halit Karay, Rıza Tevfik, Adnan Adıvar, Halide Edip Adıvar, Feridun Nigâr ve İsmail Hikmet Ertaylan vardı.

Hüseyin Pektaş, Mudanya ve Lozan görüşmelerinde sekreter ve çevirmen olarak görev yaptı. 1935'te Robert Kolej'e yönetici oldu. Eşi, Mihri Pektaş, Cumhuriyet'in ilk kadın milletvekillerinden biriydi...

Ve bugün.

Nafi Baba Türbesi, Boğaziçi Üniversitesi'nin kampüsü içerisinde, Boğaz'ın ayaklar altında kaldığı bir yamaçta bulunuyor. Küçük ama oldukça bakımlı bir türbe.

Bu türbenin etrafında irili ufaklı birçok mezar taşı da bulunuyor; bu mezar taşlarından Latin harfleriyle yazılmış olanlar sade-

31. Nafi Baba ailesi soyadı yasası çıktığında "Pektaş" soyadını aldılar. Dikkat edin "Bektaş" değil. Korku hâlâ sürüyor. Keza: Ulusal Kurtuluş Savaşı'nın istihbarat şefi Hamdullah Suphi Tanrıöver'in kayınbabası Hacıbeyzade Ahmed Muhtar "Yeytaş" soyadını almıştı. Düşünün, damadı Cumhuriyet döneminde bu kadar güçlü bir konumdayken, korku hep vardı.

ce iki adet: Edirneli Hayriye Bacıoğlu ve Ömer Lütfü Erselçuk.

Üniversite kampüsü içerisinde bulunan bu türbenin bir başka özelliği de, türbeden haberdar olan Boğaziçi Üniversitesi mezunlarının evlendikten sonra burayı ziyaret edip dua etmeleri...

Nafi Baba'nın soyu, Yener, Yeşim, Atayolu, Eren, Soyak, İpekçi soyadlarıyla sürüyor...

Beşinci bölüm

Melamî Sabetayistler

İstanbul Üsküdar'daki Subaşı Camii cemaati, 2006 yılının başında alışmadık bir olaya tanıklık etti. Başları açık kadınlar, birlikte geldikleri erkeklerle saf tutup namaza durdu.

Erkeklerle birlikte "karma namaz" kılan bu "sosyetik küçük cemaatin" içinde, Başbakan Recep Tayyip Erdoğan'ın danışmanı, AKP kurucusu Cüneyt Zapsu'nun eşi Beyza Zapsu ile Cüneyt Zapsu'nun ağabeyi Aziz Zapsu'nun eşi Gülgün Zapsu da vardı.

Cüneyt Zapsu ailesinden birinci bölümde bahsetmiştik.

Şimdi biraz, Üsküdar Amerikan Koleji mezunu Beyza Zapsu (Boytüzün) Hanım'dan bahsedelim.

Beyza Hanım'ın babası, 3 ekim 1930 İstanbul doğumlu Nihat Boytüzün.

Annesi, geçen yıl kaybettiği Hepsen Boytüzün, İngiliz High School mezunuydu. İngilizce ve Rumca biliyordu.

Hepsen Hanım'ın ailesi mübadeleyle Girit'ten gelmişlerdi.

Baba Nihat Boytüzün, turizm sektörünün önde gelen işadamlarından. İstanbul Hava Yolları, Türkiye Seyahat Acenteleri Birliği ve Green Air gibi şirketlerin kurucusu. Türkiye'de yat turizmini ilk başlatan müteşebbis. Dünya Seyahat Acenteleri Birliği (UFTAA-FUAAW) Dünya Kongresi Başkanlığı yaptı.

Reklamcılık sektörünün duayeniydi: Bugün hâlâ faaliyet gösteren Kamera Reklamı 1959'da kurdu.

Renkli bir kişiliği vardı, 1950'li yıllarda İstanbul Radyosu'nda on yıl süreyle, "Nihat Boytüzün'le Dünya Turu" adlı programı yaptı.

Türkiye'de ilk defa "outdoor" reklamcılık çalışmalarını, spor sahalarında ilk reklam çalışmalarını, ilk billboard çalışmalarını o gerçekleştirdi!

Türkiye'de üç ayrı ülkenin (Hindistan, Maldivler, Senegal) fahrî konsolosluğunu yapan tek fahri konsolos.

Beyza Zapsu'nun annesi rahmetli Hepsen Hanım, Galatasaray eski başkanı Mehmet Cansun'un ablasıydı. Yani Mehmet Cansun, Beyza Hanım'ın dayısıydı.

Burada bir parantez açayım:

Cüneyt Zapsu'nun ağabeyi Aziz Zapsu ile Mehmet Cansun da bacanak!

Gelinler, Gülgün Zapsu ve Nihal Cansun İzmirli'ydi.

Ne güzel: Kürt, Türk; Diyabakırlı, İzmirli, Giritli, hep birbirleriyle evleniyorlar!..

Nihat Boytüzün'ün, elinden tutup reklam sektörüne soktuğu, şirketine genel müdür yaptığı kayınbiraderi Mehmet Cansun, Kamera Açık Hava Reklamcılık Sanayi Ticaret AŞ'nin yüzde 60'ını, Cüneyt Zapsu'nun arabuluculuğuyla, dünya medya imparatoru Yahudi Rupert Murdoch'a sattı. (Mahmut Övür, *Sabah* gazetesi, 23 haziran 2005.)

Ne Kamera Reklam'ın TMSF'den 50 000 dolara kiralamış olduğu HSBC eski genel müdürlük binasını beş katı bir bedelle Beko'ya kiraya vermesi (29 kasım 2004, *Vatan* gazetesi) gibi ticarî işleri ne de Beyza Hanım'ın eltisi Gülgün Zapsu'yla birlikte Davos'taki resmî toplantılarda Türkiye'yi temsil etmesinin TBMM gündemine getirilmesi (27 ocak 2004'te CHP milletvekili Feridun Fikret Baloğlu'nun soru önergesi) gibi siyasî olaylar, bu kitabın konusu dahilindedir!

Bizim aradığımız başka.

Örneğin, bazı çevrelerde nedense hep bir farklı görünme ihtiyacı var.

Kızı Beyza'yı, "Kürt hareketi"nin en tanınmış ismi Abdurrahman Zapsu'nun torunu Cüneyt Zapsu'yla evlendiren Nihat Boytüzün'le ilgili bir anı nakledeyim. Bu "iki farklı yaşamın" ne olduğunu görünüz lütfen.

Anlatan "Kürt-İslamî hareket"in tanınmış isimlerinden Altan Tan:

> Yıllar önce amcamla birlikte Hindistan'ın İstanbul fahrî konsolosu Nihat Boytüzün'ün ziyaretine gittik. Turizmle ilgili ticarî bir konuyu görüşürken söz nereden dönüp dolaştıysa Kürt sorununa geldi. Fahrî konsolos, amcama "Nedir bu Kürtlerin derdi? Ne istiyorlar?" diye sorunca hayatı boyunca dinî ve millî hiçbir endişesi olmayan amcam topu bana attı. (...) Bir iki olmasa da üç beş cümleyle bir şeyler anlat-

maya çalıştım. Konuşmamı tam olarak bitirmemi de beklemeden Boytüzün, "Anladığım kadarıyla Kürtler, Kürtçe anadille eğitim ve medyada Kürtçe radyo, televizyon ve gazete istiyorlar. Yahu verin bunlara bir okulla televizyon bitsin bu iş" diyerek konuyu noktaladı. (*Özgür Gündem* gazetesi, 12 kasım 2000.)

Gördünüz mü, Nihat Boytüzün'ün, dünürleri Zapsuların Kürt meselesi konusundaki siyasî görüşlerinden haberi yokmuş; demek, ev sohbetlerinde bile konu hiç açılmamış!..

Geçelim efendim...

Dönelim, cesur yürek eltilerin, Beyza Zapzu-Gülgün Zapsu'nun "karma namaz" kılma girişimciliğine...

Olay gazete manşetlerine yansıdıktan sonra, başbakanın danışmanı Cüneyt Zapsu çeşitli demeçler verdi.

İlk demecinde, "Benim bildiğim, hanımlar başı açık namaz kılmazlar, bu konuyu eşimle konuşacağım" dedi.

Partisi AKP ile hükûmet çevrelerinden "girişimcilere" eleştiriler sertleşmeye başlayınca, "Ne yani, karımı mı boşayım, danışmanlıktan mı istifa edeyim, ne istiyorsun?" diye konuştu. Tepkiler azalınca bu kez, "Ne olmuş yani, namaz kılmış, elinde içki bardağıyla dolaşsa kimse rahatsız olmazdı" diye sert bir çıkış yaptı.

Sonuçta, krizi başarıyla yönetip, siyasî bir zarar görmeden atlattı.

Cüneyt Zapsu AKP ve hükûmet için önemli bir isim kuşkusuz.

Bu nedenle Başbakan Erdoğan'ın, "Takma kafana, olur böyle şeyler" diye moral vermesi boşuna değil.

Partisi ve hükûmet adına, ABD ve TÜSİAD'la ilişkileri yürüten neredeyse bir tek o. Başta ABD Savunma Bakanı Paul Wolfowitz olmak üzere "Amerikalı şahinler"le evlerinde misafir olacak kadar samimi diyalog içinde! Bazen, bu çevrelere, "Bizim başbakanı istediğiniz gibi kullanın" gibi sözler sarf ettiği söyleniyor, ama ben pek inanmıyorum!..

Cüneyt Zapsu Amerika'daki Yahudi lobilerine de en yakın isim.

İlişkiyi hangi kanaldan girerek kurdu acaba?

Hükûmetin İstanbul sermayesiyle ilişkilerinden de o sorumlu. Başbakan Erdoğan'ı özel ev yemeklerinde İstanbul sermayesinin önde gelen isimleriyle buluşturuyor.

Yani Cüneyt Zapsu sıradan bir danışman değil... Neredeyse tek kişilik "lobi"!

"Karma namaz" girişimciliği konusunda, Cüneyt Zapsu'dan çok, ben Beyza Hanım'ın babası Nihat Boytüzün'ün ne diyeceğini merak ettim. Ama o hiç konuşmadı.

Konuşsa ne derdi acaba?..

Size bir olay anlatayım:

Tarih, 18 ekim 2004.

Ramazan ayının ilk pazar günü Çırağan Oteli'nde AKP kurucusu Mehmet Gazioğlu ve eşi İnci Hanım'ın[1] verdiği iftarın başkonuğu İsrail Başkonsolosu Amira Arnon'du. İftara katılan birçok Yahudi işadamı ile Nihat Boytüzün gibi Müslüman işadamlarına, Mehmet Gazioğlu'nun sponsoru olduğu yirmi ciltlik *Yeni Bir Anlayış Işığında Kur'an Tefsiri* kitabı dağıtıldı.

Yani, kuşkusuz Nihat Boytüzün, bu tefsirleri okumuştur; kızının "karma namaz"a durmasına bu bilgiler ışığında yanıt verecekti; ama kimse sormadı. O da konuşmadı...

Karma namaz meselesine devam edelim; bakalım sonunda ne çıkacak:

"Karma namaz grubu"nun mürşidi Darüşşafaka Cemiyeti Haysiyet Divanı üyesi, emekli dişçi Ahmet Küre'ydi. Yetmiş yedi yaşındaki Küre, Türkiye Eğitim Gönüllüleri Vakfı bağışçısıydı.

"Bir kitap okumuş ve hayatı değişmişti."

Turhan Sonuç'un yazdığı *İslam Tasavvufunda Olgunlaşma Yöntemleri* adlı kitaptan çok etkilenmişti.

Okuduklarını çevresine anlatmaya başlayınca, etrafında küçük bir grup oluşacaktı. Bu grup arada bir toplanıp, sohbet ediyor ve birlikte namaz kılıyordu.

Bunu iki yıldır da sürdürüyorlardı; aksilik karma namaz bir gün medyaya yansıdı. Ortalık karıştı. Ne demekti karma namaz?

Tepkiler üzerine, Ahmet Küre, "Tarikat değil, Atatürkçü bir topluluğuz" dedi.

Karma namazla Atatürkçülüğün ne alakası varsa!

Bir alıntı yapmalıyım. Sabetayist Fatma Arığ anlatıyor:

> Anneannemin niye namaz kılmadığını sorguladığımda, hep "Atatürkçüyüz" cevabını aldım. Laiklik kavramı bir yerde kendilerini rahatlatan bir kavram olduğu için, Atatürk'ün arkasına sığınmış, kendi-

1. İnci Gazioğlu yakın arkadaşı Nadire İçkale'nin organize ettiği ve basında, "Sosyetik umre" başlığıyla verilen haberlere göre birkaç kez bu kutsal görevi yerine getirmişti. "Sosyetik umre"ye katılan diğer arkadaşları şunlardı: Esin Demirören, Esin Çelebi, Hülya Kalkavan, Melek Taranoğlu, Şükran Öztiryaki, Nur Bilici, Yeşim Bilici, Ayşe Akıncı, Gülbin Avcı, Tomris Avşar, Gülay Dağdeviren, Sevda Tanmen, Demet Öztekin, Sinem Korkutata, Bahar Halıcı, Nazife Yavuz, Gül Ördekçioğlu, Türkân Uzel, Neslihan Taki, Sevda Altıparmak, Gülden Özdek...

lerini Selanikli dönme değil, Atatürkçü laik diye tanıtmıştır. (Leyla Neyzi, *Ben Kimim?*, 2004, s. 42.)

Ahmet Küre bu arada grup liderliğini de reddetti:
"Bizde liderlik eden kimse yok. Bizi Allah aşkı bir araya getirdi."
"Karma namaz" kılan yirmi kişilik grubun içinde Dr. Ahmet Küre'nin kızı Ayşe Aydan Chisholm de vardı.
Ayşe Aydan Chisholm gazetelere verdiği demeçte, kırk kişilik bir aile olduklarını belirterek, grubun liderinin babası Ahmet Küre olduğunu açıkladı: "Babam onların babası, dedesi. Herkesin derdini paylaştığı, sorunlarını anlattığı Ahmet dedesi."
Umre'ye de gittiklerini açıklayarak, hiçbir tarikatla bağlantıları olmadığının altını çizerek, "Biz hem Atatürkçüyüz hem de elhamdülillah Müslüman'ız. Cuma namazına gideriz" dedi.
Eşi Lloyd Chisholm'le birlikte günde beş vakit namaz kıldıklarını söyleyen Ayşe Aydan Chisholm, Beyza Zapsu Hanım'la kardeş gibi olduklarını da sözlerine ekledi.
Olaylar biraz tuhaf gelişmeye başladı...
Devam edelim:
Dr. Ahmet Küre'nin damadı, Amerika Baltimore doğumlu Lloyd Chisholm, 1996'da Ayşe Aydan Küre'yle evlenmesiyle birlikte Müslüman oldu. "Mehmet" adını aldı, ama nedense, Müslümanlar için kutsal olan bu ismi hiç kullanmadı.
Damat öyle sıradan biri değildi:
Trompet çalan Lloyd Chisholm, Amerika'da, Art Farmer, Barry Harris, Dizzy Gillespie gibi dünyaca ünlü cazcılarla aynı sahneyi paylaşmıştı.
Chisholm çifti, üç yıl önce ABD'den dönüp İstanbul'a yerleşmişlerdi.
Lloyd Chisholm kendi adına kurduğu "Lloyd Chisholm Dörtlüsü" adlı caz grubuyla Çırağan Bar'da sahneye çıkıyordu.
Grubun albümü de vardı: *From the Moon.*

Amerika'dan ithal karma namaz

Lloyd Chisholm de İstanbul'daki bu "karma namaz"lara katılıyor muydu? Bilmiyoruz, ama eşinin söylediğine bakılırsa, beş vakit namaz kıldığına göre, herhalde katılıyordu.
Ne tesadüf: Lloyd ve Ayşe Aydan Chisholm ile arkadaşları Türkiye'de "karma namaz" kılarken, Amerika'daki "hemşehrileri" de, 23 mart 2004 tarihinde New York Manhattan'daki St. John The Di-

vine Katedrali'nin Synod House isimli salonunda "karma namaz" kılmışlardı. Yani, daha önce kılmaya başlamışlardı da, o gün medyayı da davet etmişlerdi. İstiyorlardı ki, dünya bunu duysun!

Sonuçta, "karma namaz" bize ABD'den ithal olarak gelmişti...

New York'ta elli kişinin katıldığı "karma namaz"a Amerikan medyası büyük ilgi gösterdi. Yüzden fazla gazeteci "Mekke usulü" sıralanıp cuma namazı kılan bu küçük cemaati görüntüledi.

Namazdan önce hutbeyi, Virginia Üniversitesi profesörlerinden, Afrika kökenli "imame" Amina Vedud okudu. Kuranı Kerim'de kadınların namaz kıldırmayacağına; cuma namazına gidemeyeceğine ve erkeklerle birlikte namaz kılamayacağına ilişkin ayet olmadığını söyledi.

Yaptıklarının "Amerikan İslamı" olduğunun da altını çizdi!

Mayıs 2006'da İstanbul'a geldi; verdiği konferansta "Kadın imam olabilir" dedi.

Amerika'daki "karma cuma namazı" kılan bu elli kişilik grubun başında Hindistan doğumlu Esra Numani adlı bir kadın Müslüman vardı.

Wall Street Journal, *New York Times*, ve *Time* dergisinde çalışan Esra Numani, Afganistan ve Irak'ta gazetecilik yaptı.

2003 yılında birden, "hidayete erip" örtündü ve çocuğunu da yanına alarak Mekke'ye hacı olmaya gitti. Döndüğünde, kapağında başörtülü fotoğrafının bulunduğu, *Mekke'de Tek Başına Amerikalı Bir Kadının İslam Ruhuna Ulaşma Mücadelesi* adlı kitabı çıkardı.

Kitabı yayımlayan Harpers Yayınevi'nin sahibi Yahudi Rupert Murdoch'tu. İslamî kitap çıkarmayan bu yayınevi, yazar Esra Numani'de bir ışık görmüştü anlaşılan. Tıpkı Cüneyt Zapsu'nun arabuluculuğuyla, Mehmet Cansun'un Kamera Reklam'ı alması gibi...

Gazeteciliği bırakan Esra Numani, kendini İslam'da reform çalışmalarına adadı. Öyle ya, Amerikan Müslümanı ne de olsa; iki yılda her şeyi öğrenmişti ve "İslam'ı ve Müslümanları" hemencecik düzeltiverecekti! MFÖ'nün şarkısı gibi, "Sen neymişsin be abi!.."

Yeni dünya düzenine "yeni Müslüman" gerekiyordu!

Müslüman yazar Esra Numani hemen kolları sıvadı ve "Müslüman Kadınların Özgürlük Turu" adlı bir kampanya başlattı.

Aslında, Amerikan medyasının çağrıldığı St. John Katedrali'ndeki "karma namaz"dan birkaç hafta önce, ilk cuma namazını, Esra Numani'nin imamelik yaptığı, New York'taki Brandeis Üniversitesi'nin kampüsünde bu iş için tutulan bir binada kılmışlardı. O ilk karma namaza medya çağrılmamıştı...

İşin garip yanı, ilk karma namazın gerçekleştiği Brandeis Üniversitesi, bir Yahudi üniversitesiydi! 1948'de kurulan bu üniversitenin başkanları hep Yahudi olmak zorundaydı!

İslam tarihinde örneği hiç olmayan "karma namaz"a izin veren üniversitenin başkanı İsrail Hayfa doğumlu Yahudi Yehuda Reinharz'dı.

Amerikalı Müslümanlar, üniversitenin Yahudi başkanı Reinharz'ı protesto ederek, "Yahudiler de kadın erkek karışık olarak kadın hahamın önünde ibadet etsin" diye tepki gösterdiler.

Yahudilik'te "kadın haham", Hıristiyanlıkta ise "kadın papaz ve papa" yoktu tabiî. Ama İslam'da yapılmaya çalışılıyordu... Niye?

Cami cemaati, Beyza Hanım'ın imam Ahmet Yılmaz'a giderek, "Bırakın cumayı ben kıldırayım, devrim yapayım" dediğini iddia etti. Bayan Zapsu bu haberi yalanladı; böyle bir şey söylemediğini açıkladı.

Peki.

Cesur eltilerin bulunduğu bu grubun bağlı olduğu tarikat/tekke var mıydı?

Grubun lideri Dr. Ahmet Küre bir açıklamasında, "Biz Melamî değiliz!" dedi.

Prof. Şerif Mardin'in deyişiyle "tarikatlar arasında entelektüel açıdan en aristokratı" Melamîlik meselesi nereden çıkmıştı şimdi?

Gerçekte, Melamîlerde böyle bir uygulama var mıydı?

Ya da hangi Melamîlerde?..

Soruların yanıtını bulmak için zorlu bir yolculuğa çıkmamız gerekiyor...

Bakalım karşımıza yine Sabetayistler çıkacak mı?..[2]

Nedir Melamîlik ya da Melametîlik?

Yaptığı iyilikleri, gösteriş olur endişesiyle gizleyen; işlediği günahları ise nefsiyle mücadele etmek için açığa vuran tasavvufî tarikatın adıydı "Melametîlik" ya da bildik adıyla "Melamîlik".

2. Üsküdar'daki Subaşı Camii'nde karma namaz meselesini basına bildiren A. isimli üniversite öğrencisini *Yeni Aktüel* dergisi buldu. Derginin, "Cemaat arasında konuşulan ama basına yansımayan başka ayrıntılar var mı?" sorusunu, A. şöyle yanıtladı: "Basında iki senedir camiye gittikleri yazıldı ama benim duyduğum yedi sekiz senedir gittikleri. Birlikte gittikleri bir başka caminin de Subaşı'nın hemen ilerisindeki Kotku Camii olduğu söyleniyor.
Bir de Sabetaycı olduklarına dair söylentiler vardı. Ama cemaatin çoğu Sabetaycı'nın ne demek olduğunu bile bilmiyordu. Muhtemeldir ki onlar da birilerinden duymuş." Subaşı Camii'nde olanların Sabetayistlerle ilişkisi ne bir demece ne de basında bir habere yansımıştı. Cami cemaatinin bunun ifade etmesi ilginçti.

IX. yüzyılda Nişapur'da ortaya çıkan bu tasavvuf ekolünün kurucuları; Ebu Hafs Haddad (öl. 883), Hamdun Kassar (öl. 885) ve Ebu Osman el-Hirî'ydi (öl. 910).

X. yüzyıldan itibaren Irak, Suriye ve Anadolu'da yayılan bu akım kısa zamanda Balkanlar'a ulaşıp, geniş bir coğrafyaya dağıldı.

Bu süreç sonunda, kimi araştırmacıya göre zamanla dejenere oldu.

> Laubali ve ibahî tutum takınan (her şeyi mubah gören S. Y.), kimselerin istismar ettikleri bir yol haline gelmiş; Şiî, Batınî ve Hurufî unsurlarla karışmış ve nihayet vahdet-i vücud felsefesinin tesirinde yeni bir anlayış halini almıştır. (Ali Bolat, *Melametîlik*, 2003, s. 19.)

On Dokuz Mayıs Üniversitesi İlahiyat Fakültesi araştırma görevlisi Ali Bolat'ın, "Bir Tasavvuf Okulu Olarak Melametîlik" tezi ehlisünnet bakış açısıyla yazılmıştı. İster istemez bu tür çalışmaların sıhhatli olup olmadığı konusunda kafamızda şüpheler oluşuyor.

Yeri geldi, söyleyeyim: Özellikle son yıllarda heterodoks tarikatlara karşı üniversitelerde bir merak oluştu; bu konuyla ilgili çalışmalarda artış gözleniyor.

Ancak...

Bu çalışmayı yapanların çoğunluğu muhafazakâr görüşte ve tasavvufî tarikatların Vahdet-i Vücud anlayışını Sünnîleştirmek istemektedirler. Niyazi Mısrî gibi Sünnî bir aileden doğmasına rağmen, düşünceleri ortodoks İslam'la taban tabana zıt şairler, halk düşünürleri, şeyhler, dedeler hızla Sünnîleştiriliyor!

Ne yazık ki, bu çevrelerin akademik çalışmalarında şüphe yok, inanç var.

Bunun adı ise belli: skolastik!

Bu kitabı yazarken yararlandığımız bazı akademisyenler, ne yazık ki –herhalde feodal bağları nedeniyle– bilim adamı olmalarına karşın, insanı rahatsız edecek kadar çok "taraftar"lar.

Her yazdıklarını bir süzgeçten geçirmek zorunda kalıyorsunuz. Çünkü aydınlatmaktan çok bulandırıyorlar!

Oysa...

Bilim adamının kendisini beğendirme sorumluluğu ve zorunluluğu yoktur. Ama onlar sanki bağlı bulundukları cemaati düşünerek çalışma yapıyorlar izlenimi veriyorlar.

İyi niyetli bazı akademisyenler ise nedense, tasavvufu, fikir hareketi olmaktan ziyade, bir gönül ve ruh hali meselesi olarak göstermek istiyor.

Sanıyorum, "ilim"den "bilim"e geçmenin zorluğu bunlar:

Dinsel/gelenekçi bir anlam taşıyan "ilim"den, dünyevî/laik bir fonksiyonu olan "bilim"e geçiş sürecinin sancılarını yaşıyoruz.

Batı'da bilim "Kilise"den kolayca ayrılıp özgürleşmedi. Osmanlı'da bilim dinin kontrolündeydi, Cumhuriyet bunu yıktı; ama YÖK de Cumhuriyet'i "yıktı". Özellikle sosyal bilimlerde bunun izleri çok açık görülüyor.

Diğer yandan ne yazık ki, Türkiye'deki belli kesim ise, salt Alevîlik ve Bektaşîlik'le ilgilenmektedir. Bu çevreler haklı olarak, Alevîliğin ve Bektaşîliğin Sünnîleştirilmek istendiğini ifade ederken, aynı felsefî kaynaktan gelen Vahdet-i Vücud'cu diğer tasavvufî tarikatları görmezlikten gelmektedir.

Osmanlı merkezî yönetimine karşı oluşan muhalif hareketlerin dayanağı Vahdet-i Vücud felsefesini neden öğrenmiyorlar, anlamak zor.

Çoğunun, baskılara, zulümlere uğrayan Vahdet-i Vücud'cu tarikatların temsilci ve müritlerinden haberi bile yok.

Bugün, "Vahdet-i Vücud"un içrek bilgisi geri plana çekilip, popülerleştirilerek "astrolojiye" dönüştürülmek istenmesine kimse sesini çıkarmamakta.

Şeyh Bedreddin'e, Yunus Emre'ye sahip çıkanlar, Hacı Bektaş Veli kültü yaratanlar, Hamza Bali'yi, Niyazi Mısrî'yi niye bilmemektedir?

Şeyh Bedreddin'in *Varidat*'ına sahip çıkıp, bu uğurda ölüme, sürgüne giden Osmanlılar'dan neden habersizdir?

Yalçın Küçük haksız mı; Türk aydını Şeyh Bedreddin'ı sadece Nâzım Hikmet'in şiirinden tanımaktadır...

Nâzım Hikmet'in okuyup, esinlendiği Mehmet Şerafeddin Yaltkaya'nın *Simavna Kadısı Oğlu Şeyh Bedreddin* adlı kitabını bile okumamışlardır... Şeyh Bedreddin'in özel mülkiyeti reddetmesini bilmektedirler sadece... Bedenlerin yeniden dirileceğine karşı çıkmasının hiç mi önemi yoktur? Peki ya, yaygın dinî anlayıştan farklı cennet-cehennem yorumlarının...

Bu çevreler; diyalektiği XIII. yüzyılda kabul etmiş, tasavvuf gelişiminin yönünü değiştirmiş, tüm İslam dünyasını etkilemiş Muhyiddin Arabî'nin adını bile duymamıştır!

Ozan Nesimî'yi bilip, onun önderi Fazlullah Esterabadî'yi bilmemek olur mu?

Evet dün olan bugün de devam ediyor: Tasavvufun, aklın ve bilimin öğretisi olmadığı söyleminin kolaycılığına kaçarak, kendi coğrafyamızın kültürünü tanımak istemiyoruz!

Öyle ki, ağlamanın ne kadar önemli mistik bir ritüel olduğunu bilmeden, Fethullah Gülen'in müritlerine hitap ederken gözyaşı dökmesini "karı gibi ağlıyor" dip/mesajını vermek için, dakikalarca televizyonlarda gösterecek kadar cahiliz!..

Tıpkı, Fethullah Gülen'in ağlayarak verdiği vaazda "Tabut üs-Sekine" (Ahit Sandığı) sözü geçince, dinleyenlerin, bunun İbranîce buyruk olup olmadığını bilmeden vecde gelip ağlamaları gibi...

Hadi Osmanlı'yı katmayalım, son yıllarda, üzerinden iki kez tank geçen, ezilen/kırılan medyatik aydınımız giderek bilimsel düşüncenin ayak bağı olmuyor mu?

Acıdır, televizyona çıkmayı, köşe yazarı olmayı, butik üniversitelerde ders vermeyi önemsemektedirler.

Türkiye aydını/akademisyeni ciddi olmak ve artık olgunlaşmak zorundadır.

Sabetayistler ve Üçüncü Devre Melamîleri

Melamîlik meselesine dönebiliriz...

Melamîlik hareketinin tarihsel gelişimi bugün, üç kategoride ele alınıyor:

İlk Devre Melamîleri ya da Tarikat-ı Âliye-i Sıddıkiye; IX. yüzyılda Nişapur'da kurulan hareket. Ebu Türab Nahşebî (öl. 859), Ebu Yezid el-Bistami (öl. 875), Ahmed el-Ferra (öl. 971), Ebu Amr Nüceyd (öl. 975) gibi şeyhler öncülüğünde ilk yayılma dönemini yaşadı.

> Tasavvufa karşı çıkan bir tasavvuf tarikatı... Bu karşı çıkış hiçbir özel bilgi, özel kılık, özel tören toplantı yeri gereksememekle gerçekleştirilmiştir... (Yani) Öğrenilecek ve öğretilecek hiçbir özel bilgileri yoktur. Tarikat biçimlerinin, törenlerinin, öğretilerinin her türlüsünden ayrılmışlardır... Tekke, zaviye vb belli yerleri de yok... Kuran'daki sözcüklerin açık anlamlarının altında kapalı anlamlar aramazlar, açık anlamları daha da açıklamaya çalışırlar. (Orhan Hançerlioğlu, *İslam İnançları Sözlüğü*, 1994, s. 312.)

İkinci Devre Melamîleri ya da Tarikat-ı Âliye-i Bayramiye; XV. yüzyılda Bursalı Ömer Sikkinî (öl. 1475) liderliğinde kurulan hareket, Bayramiye Melamîliği adını almıştır.

Bu dönem Osmanlı-Anadolu Melamîliği olarak da değerlendiriliyor. Melamîler bu devrede Hacı Bayram Veli'nin (öl. 1430)[3] kurduğu Bayramiye tarikatı içinde var oldular. Ancak Vahdet-i Vücud eğilimi ağır basan Ömer Sikkinî yolunu ayırarak Bayramiye Melamîliğini kurdu.

Burada küçük bir ayrıntı verelim:

Bu ayrılığın felsefî boyutu yanında kişisel yönü de vardı.

Fatih Sultan Mehmed'in çok saygı gösterdiği Bayramî bilgini Akşemseddin, Hacı Bayram Veli ölünce, "Tacını, hırkasını, tespihini, seccadesini, asasını bana bıraktı" deyip dergâhın başına geçtiğini açıkladı.

Yıllardır Akşemseddin'le geçinemeyen Ömer Sikkinî, "Söyleyin ona, gerçek taç, hırka, tespih, seccade ve asada değil, kalb-i musaffadadır (temiz kalptedir)" karşılığını verdi.

Sonuçta ortaya iki kutup çıktı: "Bayramiye Melamîliği" ve –Akşemseddin'den dolayı– "Şemsiye Melamîliği".

Gelelim ayrılığın felsefî boyutuna:

Tasavvufa ait çok sayıda eseri bulunan Akşemseddin, bu kitaplarında, Muhyiddin Arabî'ye küfreden dönemin mutasavvıflarına karşı, Kuşeyrî, Gazalî, Cüneyd-i Bağdadî ve Necmeddin Kübra gibi isimlerden alıntılar yaparak, Şeyh Ekberi'nin yanlış anlaşıldığını ispat etmeye çalıştı.

Aslında Akşemseddin Osmanlı muhaliflerinin dayanağı Vahdet-i Vücud felsefesini, Osmanlı'nın resmî sünnî inancı içinde eritmek istiyordu...

Zaten, Akşemseddin'in yolundan giden Şemsiye tarikatı silsilesinden Safeviye'yi çıkartıp klasik Sünnî bir tarikat haline gelince, Osmanlı yönetimince hemen desteklendi. Örneğin Hacı Bayram adına tesis edilen tüm vakıflar bu tarikatın tasarrufuna bırakıldı.

Diğer yandan, Vahdet-i Vücud felsefesine inanan, Ehl-i Beyt sevgisine-muhabbetine bağlı Ömer Sikkinî ise, her türlü özel kıyafetler ve zikir gibi sembolleri/motifleri terk edip sohbeti ön plana çıkararak "Bayramî Melamîliği" kurdu.

Bayramî Melamîleri, Akşemseddin'in aksine tarikat silsilelerini Osmanlı'nın düşmanı Safevîlere dayandırdı.

Hacı Bayram'ın, "bilmek-bulmak-olmak" adı verilen varlık birliği aşamalarına bağlı kaldı: Bayramîliğe giren önce Tanrısal var-

3. Hacı Bayram Veli soyundan gelen Fuat Bayramoğlu, Vehbi Koç'un ablası Zehra Rütükçüoğlu'nun kızı Nesteren'le evliydi. 12 şubat 1951'de Kudüs başkonsolosluğuna atanan Bayramoğlu, 1992'de kurulan (İspanya'dan gelen Yahudilerin anısına) 500. Yıl Vakfı'nın kurucusuydu. Varlık Vergisi döneminde Başbakan Şükrü Saracoğlu'nun özel kalem müdürüydü. Cumhurbaşkanı Fahri Korutürk döneminde ise, Cumhurbaşkanlığı genel sekreteriydi. "Türk-Arap ilişkileri İnceleme Vakfı" gibi birçok derneğe ve vakfa üyedir.

lık birliğini öğrenecek/bilecek; sonra her şeyin Tanrı olduğunu anlayacak/bulacak ve en sonunda da Tanrısıyla birleşecek/bir olacaktı. Doğal olarak (!):

Esnaf kesimiyle ilişkileri nedeniyle geniş halk kitlelerini etkilemeleri, devletin resmî Sünnî düşüncesine aykırı Mehdîci Vahdet-i Vücud inancı konusundaki taviz vermez tavırları nedeniyle, XVI. ve XVII. yüzyıllarda sürekli takibata uğradılar.

İkinci Melamîlik grubu denilen "Bayramî Melamîleri" şeyhlerinin hemen hepsi zulme uğramış, sürgüne gönderilmiş, hapis yatmış ya da idam edilmişti...

Ömer Sikkinî'nin yolundan yürüyen, İkinci Devre Melamîlik hareketinin şeyhleri şunlardı:

Bünyamin Ayaşî (öl. 1520),[4] Pir Ali Aksarayî (öl. 1538), İsmail Maşukî (öl. 1539), Ahmed Sarban (öl. 1545), Hüsameddin Ankaravî (öl. 1557), Hamza Bali Bosnevî (öl. 1561), Hasan Kabaduz (öl. 1601), İdris-i Muhtefî (öl. 1615), Hacı Kabayî Efendi (öl. 1627), Sütçü Beşir Ağa (öl. 1662), Seyyid Muhammed Haşim (öl. 1677), Paşmakçızade Seyyid Ali (öl. 1712), Şehit Ali Paşa (öl. 1716), Seyyid Reşad (öl. 1875), Abdülkadir Belhî (öl. 1923), Ahmet Muhtar (öl. 1933).

Nur Arabî ekolü

Ve gelelim, bize en çok ilgilendiren gruba...

Üçüncü Devre Melamîleri ya da Âliye-i Nuriye; 1810'da Kahi-

4. Vahdet-i Vücud düşüncelerinden ötürü kovuşturmalara uğrayan, hapis yatan ve sonunda idam edilen Bünyamin Ayaşî'nin ahfadının bir bölümünün sırası şöyle sürüyor: Ayaş müftüsü Hasan Efendi, divan şairi ve vali Esad Muhlis Paşa, vezir Sadullah Rami Paşa ve Büyükelçi Nusret Sadullah Ayaşlı. Türk sağının tanınmış kadın yazarlarından Münevver Ayaşlı, büyükelçi Nusret Sadullah Bey'in eşiydi. Selanikli olan Münevver Ayaşlı, bütün eserlerinde, "dönme" olmadığının sürekli altını çizerken, tüm Selaniklileri neredeyse "dönme" ilan etmektedir! Saltanat ve halifelik kurumunun kaldırılmasına karşı çıkan ve eşinin ailesiyle sürekli övünen Münevver Ayaşlı, nedense bir konuyu hep atlamaktadır. Kayınpederi Sadullah Rami Paşa, JönTürk hareketinin finansörü ve "beyni" Mısırlı (Kavalalı) Mustafa Fazıl'ın "özel kalemi"ydi. Mustafa Fazıl'ın kaleme aldığı yazıların son şeklini, kayınpederi Sadullah Paşa veriyordu. Örneğin, Sultan Abdülaziz'e gönderdiği nasihat mektubunda bakın ne diyordu: "Milletlerin hukukunu tahdit ve tayin eden din ve mezhep değildir; ve, din hakayıkı ezeliye makamında durup kalmazsa, yani umuru dünyeviyeye dahi müdahale ederse cümleyi ithaf eder ve kendisi dahi telef olur." Yani diyor ki: "Din ve devlet işleri birbirinden ayrılmalıdır." (Mektubun aslı için bkz, Mithat Cemal Kuntay, *Namık Kemal Devrinin İnsanları ve Olayları Arasında*, 1944, cilt I, s. 279.) Münevver Ayaşlı, sürekli Cumhuriyet kadrolarına karşı saldırgan yazılar kaleme alırken, kayınpederinin ne Jön Türklüğünden ne de masonluğundan bahsetti. Sanki Cumhuriyet kadroları bir günde karar vermişti saltanatın ve hilafetin kaldırılmasına!
Son not: Görümcesi Edibe Ayaşlı, –Sadrazam Ahmed Tevfik Okday'ın oğlu Ali Nuri'yle– Osmanlı'da kadınlı erkekli bir arada yapılan ilk düğünü gerçekleştirmiştir.

re'de doğan, 1887'de Strumica'da vefat eden Seyyid Muhammed Nur Arabî tarafından kuruldu.

Üçüncü Devre Melamîliğin kurucusu Seyyid Muhammed Nur Arabî'ye bu bölümde çok değineceğimiz için, biyografisinden bahsetmemiz gerekiyor:

"Arap Hoca", "Noktacı Hoca" veya "Seyyid Hoca" olarak bilinen Muhammed Nur Arabî'nın ailesi ve çocukluğu hakkında fazla bilgi yok.

Küçük yaşta anne ve babasını kaybetti. Babası İbrahim Kudüslü'ydü; neden Mısır'a göç ettiği bilinmiyor.

Yedi yaşında, dayısı tarafından Camiülezher'e gönderildi. 1826'da Kahire'deki şeyhi Şeyh Hasanül-Kuveysî'nin emri üzerine, Yanyalı Şeyh Ahmed'le Yanya'ya gitti. Burada Nakşibendî şeyhi Yusuf Efendi'ye mürit oldu.

Dokuz ay sonra Nakşibendî tarikatını hatmedip, manevî mertebeleri alarak, şeyhinin isteğiyle Mekke'ye gitti.

Buradan Mısır'a geçti. Şeyhi Hasan ül-Kuveysî'nin yeni emriyle İskenderiye'den Antalya'ya geldi. Oradan da Gelibolu'ya geçti. Fazla kalmadı, Selanik'e gitti. Selanik ve çevresindeki Nakşîlerle tanıştı.

Daha yirmi bir yaşındaydı.

Ancak...

1831-1877 yılları arasında Rumeli Nakşîliği ile Melamîlik arasında bir tasavvuf sistemi kurdu. Aslında yaptığı "takiye"ydi; yazdım: İsmail Maşukî ile Hamza Bali'nin idam edilmesinden sonra, bir dönemin en güçlü tarikatı Melamîlik gücünü kaybetmiş, mensupları başka tarikatlara "bağlanmışlardı".

Yani, Muhammed Nur, özünde Melamî'ydi ama Nakşibendî gözüküyordu.

Tarihi de göz önünde bulundurursanız, Bektaşîler gibi Melamîlerin de "Nakşibendî kisvesi" altında olmasının şartlar gereği olduğunu görürsünüz.

Osmanlı'nın gözünde bir "uslu tarikatlar", bir de "şüpheli tarikatlar" vardı.

"Şüpheli tarikat" Üçüncü Devre Melamîlik için, gizlilik önemliydi.

Artık biliyoruz:

Osmanlı merkezî yönetimi Vahdet-i Vücud düşüncesine karşı büyük kıyımlara girdi. Coşkun bir Vahdetçi olan birçok Melametî, ibadet esaslarını dikkate almadıkları; şeriat tarafından yasaklanan dünyevî zevki helal saydıkları; Tanrı'nın gerçekte insanın kendisi olduğu düşüncesine sahip oldukları; Mehdîlik iddiasında bulundukları gibi savlarla idam edildiler.

İsmail Maşukî,[5] Ahmed Sarban, Hüsameddin Ankaravî, Bosnalı Hamza Bali, Sütçü Beşir Ağa başları kesilerek öldürülen Melametî şeyhlerinden sadece birkaçıydı...

Bu idamların ortaya çıkardığı tartışılması gereken bir soru var; "Tasavvufta başkaldırı yok" deniliyor. Vahdet-i Vücud'cu Şeyh Bedreddin'in başkaldırışını nasıl değerlendirmemiz gerekiyor?

Ya Mehdî olduğunu söyleyerek Celalî İsyanları'nı başlatan Bozoklu Celal'e ne diyeceğiz?

Bu arada, Celal'ler, Bedreddin'ler ve Melamîlerle süren bu idamlar, tasavvufun başkaldırı geleneğini tarihe mi gömdü?

Tartışmamız gerekiyor...

Melamîlerin idam edilmesinin nedeni, "başkaldırı" değildi. Osmanlı merkezî yönetimi Melamîlerin, İran Şiîleriyle (Safevîlerle) işbirliği yapacaklarından korkuyordu; "Vahdet-i Vücud" felsefesine inanmış, "Ehl-i Beyt" sevgisini yücelten sufîleri yok etme girişiminin sonucuydu bu Kuyucu Murad katliamları.

Diğer yanda bu idamlara bakıp, Osmanlı sultanlarını "ortodoks Müslüman" olarak görmek de yanıltıcı olur. Mesele din değil, siyasetti.

Ayrıca... Ne garip çelişkiydi: Yavuz Sultan Selim'in Filistin'i (Arz-ı Mevud) alması, başta Kabalacılar olmak üzere Yahudi cemaati içinde, Yahudi ulusunun kurtulmasının ve Sion'a geri dönülmesinin çok yakın olduğu inancını doğurmuştu. Kurtuluşun Osmanlı'nın eliyle olacağına inanmışlardı. Kabalacılara göre, Osmanlılar, "Tanrı'nın öfkeli sopası"ydı.

Benzer duygu Avrupa'da da vardı; Osmanlı ordusunun yenilemez olmasını Tanrı'nın buyruğu olarak görüyorlardı.

Bu arada Osmanlı sufîlerini idam ederken, Avrupa ne yapıyordu?

Aynı yüzyılda Hıristiyan engizisyonu ise, evrenin sonsuzluğunu savunduğu için Giordano Bruno'yu (1548-1600), Roma'nın Campo dei Fiori Meydanı'nda diri diri yakmıştı...

Ne demişti Bruno:

5. Mehdîlik iddia ettiği suçlamasıyla on iki müridiyle birlikte İstanbul Atmeydanı'nda boynu vurularak idam edilen İsmail Maşukî'nin cesedi denize atıldı. Ceset günler sonra Rumelihisarı'nda karaya vurunca, müritleri cesedi oradaki bir tepeye defnettiler. Yıllar sonra, 1879'da Alikızı Hasena adlı bir kadın mezarına taş dikti. Ve burası Kayalar Mezarlığı olarak bilinir oldu. Yani bugün herkesin yakından bildiği, "kuş yuvası" anlamına gelen "Aşiyan" Mezarlığı! İddialara bakarsanız, bir Sabetayist mezarlığı!..

> Ne gördüğüm hakikati gizlemekten hoşlanırım ne de bunu açıkça ifade etmekten korkarım. Aydınlık ve karanlık arasındaki, bilim ve cehalet arasındaki savaşa her yerde katıldım. Bundan dolayı her yerde zorluklarla karşılaştım ve cehaletin babaları olan resmî akademisyenlerin yanı sıra, kalın kafalı çoğunluğun öfkesinde hedef olarak yaşadım...

Polonyalı gökbilimci Mikola, Kopernik (1473-1543) gibi, evrenin merkezinin Güneş olduğunu iddia eden; Dünya'nın döndüğünü söyleyen Galileo Galilei'yse (1564-1642), engizisyonun hışmından korkup, canını kurtarmak için inkârı seçecekti...

"Sahte Melamîler"

Muhammed Nur, Osmanlı'dan korkup, "Nakşibendî örtüsünü" kullanıyordu.

Ayrıca, güvenirlik ve güvenlik için müritlerinin devlet bürokrasisinden olmasına özen gösteriyordu. Üsküp valileri Hıfzı Paşa ve Servili Selim Paşa, Bosna Valisi Osman Paşa, Müşir Hüsnü Paşa, Müşir İsmail Paşa müritlerinden bazılarıydı.

Muhammed Nur ve müritlerinin bu "ikili yaşamı" 1850'ye kadar sürdü.

18 şubatta müritlerinin davetiyle İstanbul'a gitti.

İkinci Devre Melamîlerine, kendilerine katılmaları için davette bulundu. Teklifi reddedildi.

Böylece İstanbul'daki Melamîler ikiye bölünmüş oldu.

İkinci Melamî grubu daha çok esnaf kesiminden oluşurken, Üçüncü Devre Melamî grubu münevverlerden rağbet gördü.

Bu arada, iki grup arasında çekişme hiç bitmedi; İkinci Devre Melamîleri, Üçüncü Devre Melamîlerini, "Mütelamiye", yani "sahte Melamîler" diye itham etti.

> Muhammed Nur'un Rumeli'yi faaliyet sahası olarak seçmesi tesadüfî olmaktan ziyade, bu bölgede Hamzavîlik, Bektaşîlik ve onlardan önce de Rifaîlik kanalıyla vahdet telakkisi ve Hurufîliğin yaygın olmasından kaynaklanmıştır. (Ali Bolat, *Melametîlik*, s. 390.)

Genellikle Rumeli ve İstanbul'da taraftar bulan Üçüncü Devre Melamîlik zamanla bağımsız bir tarikat haline geldi.

Tarikatın yine de kendisine mahsus, zikir meclisleri, özel kıyafetleri, özel zaviyeleri, tekke ve dergâhları yoktu. "Zikir değil fikir önemliydi." Yani Melametîlikle bu konuda ayrım yoktu.

Peki, tarikatın fikir kaynağı kimdi?

Kitabın her bölümünde karşımıza çıkan isim, Üçüncü Devre Melamîliği'nin de mürşidiydi: Endülüslü Muhyiddin Arabî!

Abdülbaki Gölpınarlı'nın, 1931 yılı basımı *Melamîlik ve Melamîler* adlı kitabından alıntı yapalım:

> Son asırların en nafiz sofisi olan Muhammed Nur'da da bütün sofîlerde olduğu gibi Muhyiddin'in tesiri pek bariz bir surette görünmektedir. Kendisinden evvel gelen sofîlerden Vahdet-i Vücud'da vecd sahibi (coşkulu) ve melamet neşesini haiz olanların hepsine karşı tazimkâr (saygılı) olan Muhammed Nur, en ziyade Muhyiddin'i tevkir etmektedir (yüceltmektedir). Hemen her eserinde Muhyiddin'den istişhat eder (örnek gösterir) ve büyük Vahdet kutbunu (önderini) hürmetle yâdeyler. Kendi isminin nihayetine getirdiği "El Arabî" lakabı da bu tesiri irae ediyor (gösteriyor). Bütün bu mukaddemattan (sunulanlardan) anlaşılabilir ki Muhammed Nur, Şeyh Ekber'i (Muhyiddin Arabî) çok okumuş, çok sevmiş ve tamamiyle onun tesiri altında kalmıştır. (s. 243.)

Üçüncü Devre Melamîliği'nin tasavvuf düşüncesinin temelini "Vahdet-i Vücud" oluşturuyordu.

Yani, Üçüncü Devre Melamîlere göre, evrende Tanrı'dan başka hiçbir varlık yoktu; evrende her şey tekti ve o şey, Tanrı'ydı.

Ayrılıklar görünüşteydi; öz birdi.

Yazdık:

Hallacı Mansur'un "Ben Tanrı'yım" demesi bundandı.

Hz. Ali'ye "Tanrı" denmesinin sebebi de Vahdet-i Vucud felsefesiydi. İlginçtir, Melamîlik Sünnî bir tarikat bilinmesine rağmen, Üçüncü Devre Melamîlik'te Hz. Ali sevgisi Alevî-Bektaşîleri aratmayacak derecedeydi.

Muhammed Nur, "Kasas Suresi'nin son ayetinde (88), 'her nesnenin yok olacağını ve yalnız Allah'ın kalacağını' bizzat Allah buyurmuştur" diyerek, ayeti, "Demek ki evrende Tanrı'dan başka hiçbir şey yoktur, evren Tanrısal varlığın (Vücud) tekliğidir (Vahdet)" şeklinde yorumlamış ve böylece Vahdet-i Vücud felsefesini benimsemişti.

Müritlerine hep kar-su ilişkisi örneğini verdi: Kar, görünür, zahirdir; gizli, batın olan ise sudur. Yani bizler karda suyu göremeyiz ama kar sudur!

Ona göre, bütün varlıklar Tanrı'nın zuhuruydu.

Yaratan ve yaratılan yoktu; evrende sadece Tanrı vardı.

Muhammed Nur, Tanrı'ya ulaşmak için "zikrin" değil, "fikrin" rol oynadığına inanıyordu.

İnsanoğlunun bu sırra ve Tanrı'ya ulaşması için şu altı basamağı geçmesi gerekiyordu:

1) Tevhid-i efal derecesi: Bütün eylemlerin, bütün olmakta olanların varlığın işi olduğunu bilmek.

2) Tevhid-i sıfat derecesi: Yaşamak, görmek, işitmek, söylemek, yani tek sözle bütün niteliklerin varlığa özgü olduğunu bilmek.

3) Tevhid-i zat derecesi, ayrı ayrı gördüğümüz varlıkların tek olduğunu bilmek.

4) Makam-ı cem: Varlığın açıklanıp eşyanın gizlenmesi. Yani, güneş arkamızdayken gölgemizi görürüz, ama güneş yükselip meydana çıkınca gölgemiz yok olur.

5) Makam-ı hazretül-cem: Ana varlığın yeniden gizlenip parça varlıkların yeniden meydana çıkması. Çünkü bütün varlıkların ana varlık olduğu öğrenilmiştir.

6) Makam-ı cemül-cem: Kişinin Tanrılığını duyması. Çünkü varlık onun vücudunda belirmiştir. Önce, sonra, açık, gizli hep kendisidir.

Kabala'da on sefirot varsa, Üçüncü Devre Melamîliği'nde altı derece vardı!

Muhammed Nur, "cifr"e inanıyordu...

Yaptığı hesaplar sonucunda kehanetlerde bulunuyordu:

"Strumica, İştip, Koçana, Üsküp havalisi istilaya uğramayacak."

"Almanya, savaşta Fransa'yı yenecek."

Mutlaka bildikleri de olmuştur!

Endülüslü Muhyiddin Arabî tüm İslam âlemini etkilediği gibi Muhammed Nur'un da dünyasını değiştirmişti...

Muhammed Nur'un feyz aldığı bir diğer mürşidini de, Gölpınarlı bize söylüyor: Simavnalı Şeyh Bedreddin!

Muhammed Nur, Rumeli'de karşılaştığı Şeyh Bedreddin'in *Varidat* adlı eserini, "Bilgisizlere göre, vücut Tanrı'nın vücudundan başkadır, bilgililere göre onun gölgesidir, tasavvufçulara göre onunla aynıdır" diye yorumladı.

Şeyh Bedreddin'in *Varidat* adlı eserine şerh yazdı. Bu eseri Türkçe'ye kim tercüme etti dersiniz; Muhammed Nur'un müritlerden Sabetayist Ali Örfî Efendi!

Sabetayist Ali Örfî Efendi'nin hikâyesini biraz sonra anlatacağız...

Muhammed Nur, *Varidat*'ı tüm müritlerine okumaları için tavsiye etti.

Muhammed Nur'u etkileyen; ona doğru yolu gösteren üçüncü piri kimdi:

Düşüncelerinden ödün vermeyen, Niyazi Mısrî!..

Muhammed Nur müritlerine neredeyse sadece Niyazi Mısrî'nin şiirlerini, ilahilerini okutuyor; kitaplarını derletiyordu.

Muhammed Nur da, Niyazi Mısrî gibi "Kurtarıcı Mehdî" düşüncesine inanıyordu.

Şimdi gelelim meselenin bizi ilgilendiren bölümüne...

"Bazı Melamî dergâhları sinagog olarak kullanılıyor"

Bazı tarikatlar, Melametîlik fikrinin ilk ve orijinal halinin önceleri herkes tarafından takdir edildiğini, ancak zamanla dejenerasyona maruz kaldığını belirterek, Melamîleri zaman zaman acımasızca eleştirdi.

> Melamîliğin, Kelbîlik, Hıristiyanlık veya Yahudilik kökenli olduğu iddiaları dile getirildi. (Ali Bolat, *Melametîlik*, 2003 s. 227.)

Sabetay Sevi'nin torunu olduğunu söyleyen Ilgaz Zorlu'yu dinleyelim:

> (Sabetayistlerin) Masonluk ve Melamîliğe karşı gösterdikleri ilgi bizleri şaşırtmamalıdır. Nitekim adı geçen organizasyonlarda üst kademelere kadar gelmeleri de bunun bir örneğidir. Melamîlerin Sabetay Sevi'nin fikirdaşı olan Niyazi Mısrî'ye karşı duydukları ilgiyle beraber Sabetaycılar bu tarikata intisap etmeye başladılar. Melamîlik'e Yalılar bölgesindeki evini tekke haline getirerek maddî destek sağlayan Ali Örfî Efendi, Sabetaycı cemaatin ileri gelenlerindendi.
>
> Yine aynı cemaate mensup olan Osman Zevkî Efendi de mahlasını bizzat Seyyid'den (Muhammed Nur'dan) almıştı. (Ilgaz Zorlu, *Evet Ben Selanikli'yim*, 1998, s. 45.)

Ilgaz Zorlu'nun *Eğitim Bilim* dergisine yaptığı açıklamaya yer vermemiz gerekiyor:

> Sabetaycılar kendi din adamlarını Melamîlik tarikatı içinde yetiştirmişlerdir. Bu çok ilginç. Adam hahamdır, ama dışarıdan baktığınızda Melamîlik, Mevlevîlik ve Bektaşîlik tarikatları içinde yetişmiş din adamı gibi görünür. Böyle bir tuhaflık da vardır.

Ilgaz Zorlu'ya göre, büyükdedesi Haham Şemsi Efendi Melamîlik tarikatı içinde yetişmişti. (*Eğitim Bilim* dergisi, kasım 2000, s. 62.)

Melamîlik-Sabetayist ilişkisi konusunda bir alıntı daha yapalım:

> Tasavvufta Melamet ve Vahdet-i Vücud ekolüne bağlı olan Nur el-Arabî Hazretleri 17'si Arapça, diğerleri Türkçe olmak üzere 55 civarında eser kaleme almıştır. Buna karşın, Selanik ve Üsküp'te kendisine intisap edenlerin önemli bir bölümü Sabetaycı kökenliydi. Bunlar arasında, Ali Örfî, Usturumcalı Hacı Süleyman Bey, Selanikli Osman Zevkî Bey önde gelenlerdendi. Şeyh Muhammed Nur el-Arabî'nin vefatından sonraları, Rumeli ve İstanbul'da Melamîlik genellikle Sabetaycıların kontrolünde bulunmuştur. Hatta, Üçüncü Devre Melamîliği'ne ait dergâhların bazıları aynı zamanda gizli Sabetaycı sinagogları olarak faaliyet göstermekteydi. Halen de İstanbul ve İzmir'de az sayıdaki Melamîlerin çoğunluğu Sabetaycı kökenlilerden oluşmaktadır. (*Yarın* dergisi, 24 ocak 2005.)

Sabetayist şeyh Ali Örfî Efendi

Önceki sayfada yazdık; Muhammed Nur'un halifelerinden biri Ali Örfî Efendi'ydi.

Büyük Larousse Ansiklopedisi'nde, "Ali Örfî Efendi" için şu bilgiler var:

> Türk mutasavvıf, yazar (Görice ?-1888). Ticaret amacıyla gittiği Mısır'da uzun süre kaldıktan sonra Selanik'e yerleşti. Melamî Şeyhi Muhammet Nurülarabi'ye bağlıydı. *Niyazi-i Mısrî Divanı*'na şerh yazdı; Şeyh Bedrettin'in *Varidat*'ını Arapça'dan Türkçe'ye çevirdi. İlahilerden oluşan bir *Divan*'ı vardır.

Bursalı Mehmed Tahir'in yazdığı altı ciltlik *Osmanlı Müellifleri* adlı kitabın birinci cildinde, "Meşayih ve Mutasavvıflar" (Şeyhler ve Sufîler) arasında Ali Örfî Efendi'nin de adı geçiyor.[6]

Ali Örfî Efendi hakkında en geniş bilgi Abdülbaki Gölpınarlı'nın *Melamîlik ve Melamîler* kitabında var:

6. Nâzım Hikmet'in eşi Piraye'nin ilk kocası, yani yazar Memet Fuat'ın babası, yönetmen Vedat Örfî'nin, Ali Örfî Efendi'nin torunu olduğu şeklinde İnternet'te çıkan yazılar doğru değildir. Vedat Örfî'nin babası Sultan II. Abdülhamid'in yaverliğini yapmış Mehmed Ali Paşa, amcası ise Sultan Abdülmecid'in torunu Ayşe Sultan'la evli Örfî Fuad Paşa'ydı. Mehmed Ali Paşa ve Örfî Fuad Paşa'nın babasının adı Örfî Ali Bey'di. Ama bu Selanikli Örfî Ali Efendi değil, Viyana Büyükelçiliği Birinci Kâtibi Örfî Ali Bey'di. Anlaşılan karışıklık "Örfî" ve "Ali" isimlerinden geliyor.

Gürice'nin "Polyan" karyesinde (köyünde) doğmuş ve ticaret için Mısır'a giderek uzun müddet oturmuş, bilahare Selanik'e gelerek orada tavattun etmiş (yerleşmiş) olan Ali Urfî (Örfî) Efendi hakikaten âlim ve fazıl bir zattır. Seyyid Muhammed Nur'a intisap ve ahzi hilafet ettikten (halifelik aldıktan) sonra Selanik'te Yalılar'daki evini bir tekke haline ifrağ eylemişti (dönüştürmüştü). 1305'te vefat ederek Selanik Mevlevîhanesi civarına defnedilmiştir.

Asarı (Eserleri):

Şerhi Divanı Niyazi Mısrî; Tercemei Hikemi Ataiye; Tercemei Maksadül Eksa; Tercemei İnsanı Kâmil; Şerhi Gazeli Üftade; Es'ile ve Ecvibei Mutasavvıfane; Muhammed Nur'un *Varidat* şerhinin tercemesi; *Kitabürreşad Filmebdei Velmead* tercemesi.

Bunların umumu Türkçe ve gayri matbudur. *Şerhi Varidat* tercemesi Millet Kütüphanesi'nde, "tasavvuf" 983 numarada; Hikemi Ataî tercemesi, Darülfünün Kütüphanesi'nde 16 617 numaradadır. Diğerleri Melamî ihvanında ve müteferrik bir halde bulunmaktadır.

Urfî Efendi'nin manzumeleri de vardır. Bunlar vezin ve kafiye noktai nazarından Abdürrahim Efendi'nin (Muhammed Nur'un damadı ve halifesi S. Y.) manzumelerinden hallicedir. Bir gazelini yazıyoruz:

"Saiki tevhit olanda gaflet olmaz bir vakit
Allah illa Hu diyende gaflet olmaz bir vakit.

Cümleyi Hak gözlemek ahkâmı zikrullahtır,
Zikrile illa görende gaflet olmaz bir vakit.

Gelse de her dem havatır, cehlile varit değil,
Geldiğin kanden bilende gaflet olmaz bir vakit.

Bir kere bidar olan can daima yakzandır,
Gayriyi mahveyleyende gaflet olmaz bir vakit.

Zevki Urfî'dir bu, kastın tecrübeyse bil ki sen,
Varidi mevrut görende gaflet olmaz bir vakit."

Babamda ben baba iken babam doğurdu anamı/Anamda meme emerken anam doğurdu babamı!" beytiyle başlayan ve Abdürrahim Efendi'nin bendegânından ve Kosova vilayeti muhasebe memurlarından İsmail Hakkı Efendi tarafından şerh edilen bir de şathiyesi (ahiret yaşamını konu eden alaylı manzum sözleri) vardı.

Urfî Efendi'nin nesirlerinde lisanı selis, ifadesi vazıh ve muntazamdır. Müritlerinden Yenişehirli Vehbi Efendi'ye yazdığı mektuptan birkaç cümle naklediyoruz.

"Her ne dürlü sıfat irade olunsa, mevsuf (nitelenmiş) hazretlerini beyan ve vasfettiğinden, sıfat, mevsufun aynıdır. Amma mevsuf, sıfatın aynı olamaz. Zira mevsuf, mahsur olmadığı gibi sıfat kaim ve zahir olmak için de mevsufa muhtaçtır. Mesela, ilim, sıfattan bir sıfattır. Ancak mevsuf, ya'ni âlim olmadan ilim bilinmez ve zahir olmaz. Âlim, ilme arif ve muhit olduğundan, ilim, âlimin aynıdır. Amma, âlim, ilmin aynı değildir. Zira âlim, ilmi her sıfatı camidir. İlim, âlimi cami ve muhit olmadığı gibi, ilim zahir ve kaim olmak için de âlime muhtacdır. Hulâsai kelam; fiil, fail ile zahir ve kaim olduğundan failin aynıdır. Fail, fiilin muzhiri ve mutasarrıfıdır. Sıfat dahi böyledir..."

Hulâsa Urfî Efendi'nin bütün asarı ilim ve temkinine bürhandır. (s. 310-311.)

Sabetayist Ali Örfî Efendi biyografilerini okudunuz.

Tek bir soru var kafamda: Mısır'a gitmiş ve uzun yıllar kalmıştı; acaba şeyhiyle daha öerenciliği döneminde orada mı tanışmışlardı?

Sabetay Sevi'nin nasıl "ikinci adamı"/"teorisyeni" Gazzeli Nathan'sa, Muhammed Nur'un da "ikinci adamı"/"teorisyeni" Ali Örfî miydi?

Üçüncü Devre Melamîlik grubu içinde bir diğer Sabetayist Strumicalı Hacı Süleyman'dı.

İstrumca'lıdır. Seyyit (Muhammed Nur), ekseriyette eşrafı beldeden olan bu zatın konağında oturürmuş. Risalelerinden birçoğunu, bu konakta yazdığını sonlarında tasrih ederek kaydetmektedir. Asarını bulamadık. Seyyit'ten sonra tahminen 1307 (1890) senesinde vefat etmiştir. (a.g.e., s. 313.)

Sabetayist Hacı Süleyman'ın kardeşi Hacı Abdülkadir de, Muhammed Nur'un halifelerindendi:

Seyyit bu zata "Şiblii zaman" dermiş. Tikveş'te merkezi kazada yapılan tekkeye Seyyit tarafından hilafet verilerek gönderilmiş ve Abdülkadir Bey Balkan harbinde tekkeyi yağma ve ihraktan kurtarmağa muvaffak olmuştur. Harpten sonra 95 yaşlarında vefat etmiş ve tekkenin haziresine defnedilmiştir.

Abdülkadir Beyin eş'arı da vardır. Fakat Melamî hulefasından ekserisinin manzumeleri gibidir:

"Gözün aç bak ki göresin
Güneştir kim ata tigin
Ne remzi var bu ekvanın?
Kamu ekvan alur feyzin!" beyitleriyle başlayan manzumesini bizzat kendisi şerhetmiştir. Beyin bir de *Musahabei Maarif* isimli risalesi vardır. Bu risale sual cevaplı bir risaledir. Muhtasar, fakat tasavvuf ve melamet hususunda müfittir. Atideki yazıları, mezhur risaleden naklediyoruz:

Sual: Âlemi ma'nada bir pire varup sual ettim ki Hakk'a varmak isterim; yol göster.

Cevap: Yol senin nefsindendir...

Sual: Suret için acaba bir vücut var mı?

Cevap: Hayır, yoktur, kıyamı ise ilmin taallukundandır.

Sual: Benim hayatım ilmim ve iradem ve kudretim nâdir?

Cevap: Buyurdu ki sıfatı ilahiyyenin aynıdır. (a.g.e., s. 213-314.)

Muhammed Nur dergâhında aynı aileden çok kişi vardı.

Hacı Süleyman ve Hacı Abdülkadir'in biraderi Mehmed Efendi'nin oğlu Hacı Kani de, Melami'ydi:

Her iki amcasından da süluk görmüş ve Abdülkadir Bey'den hilafet almıştır. 1341'de (1924) İstanbul'da vefat etmiştir. Asarı yoktur. (a.g.e., s. 314.)

Üçüncü Devre Melamîleri'nde Sabetayist çoktu.

Mahlasını Muhammed Nur'un verdiği Selanikli Osman Zevkî Efendi de Sabetayist'ti:

Bu zata Zevkî mahlası, bizzat Seyyit tarafından verilmiştir. Tahminen 1317 (1900) senesinde Selanik'te vefat etmiştir. Fatiha'yı müfessir bir risalesi varmış (a.g.e., s. 324.)

Hemen hepsi hacı

Yazar Gölpınarlı, Muhammed Nur'un diğer halifelerini tek tek bulmuştu. Onun yazımıyla aktaralım:

Abdürrahim Fedaî Efendi: Pizren'lidir. Seyyit'in halifetül hulefası ve damadı idi. Üsküp'te bir medresede müderris ve Üsküp Melamî tekkesinde şeyh iken 1303'te (1886) Seyyit'le beraber hacdan evdet ederken vapor Süveyş kanalını geçtiği sıralarda vefat etmiş ve cenazesi vapurdan çıkarılıp "Ayni Musa" nam mahalle defnedilmiştir.

Abdürrahim Efendi âlim bir zat imiş. Bir defa ulumi resmiyedden de icazet vermiştir. 1302'de (1885) Muhammed Nur'un mahdumu Hacı Kemal Efendi'ye muazzam bir sünnet düğünü yapılmış ve bu düğüne, İstanbul'dan bile ihvan davet edilmişti. Melamîler, sahralara yayılıp mesela bir kısmı bir tarafta sohbet, diğer bir kitle başka bir tarafta zikir ile meşgul iken, bir kısmı da başka bir tarafta davul zurna ile icrayi aheng ederlermiş. Bu hal, bazı mutaasıp tarafından İstanbul'a "Melamîler davul zurna ile zikrediyorlar" tarzında bildirilmiş ve istifsar için Muhammed Nur, İstanbul'a davet edilmişti. Muhammed Nur İstanbul'a Abdürrahim Efendi'yi göndermiş ve Abdürrahim Efendi meclisi meşayih reisinin Melamî sülukünü sorması üzerine "Edna sülukümüz halktan hakka suut; âlâ sülukümüz haktan halka nüzuldür" deyip icap eden izahatı vermiş ve tekrar Üsküp'e avdet eylemiştir. İstanbul'da Tarsus tekkesinde müsafir olmuştu.

Faik Mehmed Bey: İstrumca'lıdır. Seyyid Muhammed Nur'a biat ve naili hilafet olan Faik Bey, Muhammed Nur'un vefatından sonra dergâhına şeyh olmuş ve 1319 (1902) müsafireten bulunduğu Selanik'te vefat eylemiştir.

Abdülehad Efendi: Üsküp'lüdür. Kurra hafızlarındandır. Asarı yoktur. Üsküp'te tahminen 1332'de (1915) vefat etmiştir.

Hacı Hafız Abdürrauf Efendi: İcazetnameli hocadır. Bir müddet İstanbul'da da bulunmuştur. Beyazit camiinde va'zeder, va'zdan sonra cemaata zikrettirirmiş. 1340'ta (1923) Üsküp'te vefat etmiştir.

Yonus Efendi: Priştine'li olup cezbedar (coşkulu) bir zat imiş. Muhammed Nur Priştine'de bir düğüne davet edilmiş. Şehre girerken Yonus Efendi, bir minareye çıkarak, "Ey Müslümanlar; Muhammed Resulullah geliyor; istikbal edin!" diye bağırmaya başlamış. Bunu duyan hocalar müftüye müracaatla şikâyet etmişler. Nihayet yine hulefadan Hacı Maksud Efendi müftüye gidip "Hz. Peygamber'in vârisi ulumu geliyor" demek istediğini beyan ve ümmi ve cezbeli bir zat olduğundan kusuruna bakılmamasını reca ederek mes'eleyi kapatmış. Priştine'de tahminen 1330'da (1913) vefat etmiştir.

İsmail Efendi: Koçana köylerinden Mayadağlıdır. Rumeli'nin birçok yerinde Telgraf müdürlüklerinde bulunan bu zat takriben 1328'de (1911) vefat etmiştir. Nerede vefat ettiğini öğrenemedim.

Salih Rifat Efendi: İştiplidir. Seyyid Muhammed Nur'a intisabından sonra memleketinde yaptırdığı tekkede irşad ile meşgul iken 1326 (1909) tarihinde vefat etmiş ve tekkenin haziresine defnedilmiştir.

Ali Rıza Vasfi Efendi: Manastır'lı ve Manastır Rifaî tekkesi şeyhidir. Meratibi tevhidi (derecesini) Seyyid'den, meratibi ittihadı Şeyh Ahmed Safî Efendi'den almıştır. Hilafeti de Safî Efendi'dendir. Kesreti müridaniyle (dervişlerin çokluğuyla) meşhurdur. 1331'de (1914) vefat ederek tekkesine defnedilmiştir. Risalelerini bulamadık.

Hoca Abdullah Hulusî Efendi: Mirefte'lidir. İstanbul'da ikmali tahsil ettikten sonra Fatih civarında Kadıçeşmesi Medresesi'ne müderris olarak elli seneden fazla bir müddet tedris ile meşgul olmuştur. Muhammed Nur'a 1288'de (1871) İstanbul'da biat eylemiş ve bilahara da hilafete nail olmuştur. Gayet güzel ta'lik yazdığı cihetle taş basması matbaalarında hattatlık da ederdi. Melamî hulefası içinde hakikaten temkin ve irfan sahibi, tarih ve ulumi sairede bihakkin mütetebbi (araştırmacı) ve âlim, şiir ve inşada mahir, zevahire riayetkâr, edebi Muhammedî'yi hakkiyle gözeten bir zat imiş. Cami'nin Mir'atül Akaid'ini Türkçe şerhedip tabettirmiş ve *Ta'rifatı Seyyid*'i kendisi itman ederek (tamamlayarak) tab'ına muvaffak olmuştur. Bunlardan başka Osmanlıların iptidayi saltanatından itibaren Abdülmecid'in zamanına gelinceye kadar gelip geçen selatinin, sadrıazam, şeyhülislam, kapudanı deryaların tarihi veladet ve vefatlarını, cülus, tayin ve infisallerini birer cetvelle irae eden *Esmerül Hadaik* isminde bir esiri de vardır ki kendi el yazısıyla taş basması olarak 1267'de (1850) tabettirmiştir.

Şeyh Ahmed Safî Efendi: İstanbul'ludur. Babası Müfti hamamındaki Rifaî tekkesinde metfun meşhur vaiz "Kara sarıklı şeyh"tir. İstanbul'da Şehremini'nde Saray meydanındaki Rifaî tekkesi şeyhi idi. 1288'de (1871) İstanbul'da Seyyit Muhammed Nur'a mülaki olup biat etmiş, bilahara da halife olmuştur. Asarı yoktur. Takriben 1310'da (1893) vefat etmiştir. Tekkesinde medfundur (defnedilmiştir).

Vehbi Efendi: Manastır'lıdır. Seyyid'den hilafet alan bu zatın âlim ve fazıl bir zat olduğunu Melamîler rivayet etmektedirler. Başına epeyce adam toplaması istibdat hükûmetini şüpheye düşürmekle Traplusgarb'a nefyedilmiştir (sürgün edilmiştir). Menfasında 5 sene kadar kalup afvedilmiş ve İstanbul'a gelmiştir. 1323'de (1906) İstanbul Beyoğlu Kamerhatun Camii imamı iken vefat edip Kasımpaşa'da İdrisi Muhtefî'nin sağ tarafına defnedilmiştir.

Terlikçi Salih: Abdülkerim Efendi'nin dervişlerindendir. Şehzadebaşı'nda dükkânı vardı. İlmi olmamakla beraber birçok tasavvuf kitapları okumuş, hafızası kuvvetli olduğundan bunları âdeta ezberlemiş; bulunduğu sohbetleri de harfiyen hafızasına almış olduğundan başına birçok kimseleri toplamıştı... Bu zat siyasete de karışmıştır. İttihad ü Terakki Fırkası'na girdiği ve hatta meb'usluğa namzet ilan edildiği halde bir müddet sonra muhalefete başlamış, nihayet Sinop'a nefyedilmiştir. Avdetinden sonra 1341'de (1924) vefat edip Merdivenköyü'ne defnedilmiştir. Tahsili olmadığından asarı yoktur.

Şair Ahmed Hamdi: Terlikçi Salih Efendi'nin müntesiplerinden olan Hamdi Bey İstanbul'ludur. Babası Gureba hastanesi baş doktoru Ahmed Bey'dir. Türk, Arap ve Acem edebiyatlarına vâkıf olduğunu (Bursalı) Tahir Bey merhum yazmaktadır.

Mehmed Bey: İstanbul'ludur. Safi Efendi'den Melamet, Muhammed Nur'un oğlu Şerif Efendi'den hilafet almıştır. 1343 (1926) Ramazan'ının 17'nci gecesi vefat etmiş, Edirnekapusu Mezarlığı'na defnedilmiştir.

Osman Şadî Efendi: 1299'da (1882) İstanbul'da tevellüt etmiş, tahsilini Darülfünun'da ikmal ederek Riyaziyat şubesinden mezun olmuştur. Fransızca, İngilizce, İtalyanca bilirmiş, Mehmed Bey'e intisap etmiş ve mumaileyhten (adı geçenden) hilafet almıştır.

Kaymakam Ahmet Bey: Trablusgarp muhasebecisi Hafız Hilmi Bey'in oğludur. İstanbul'da doğmuş, Askerî rüştiyede okuyup sonra Askerî Baytar mektebine girerek mektebi ikmal etmiştir. Birçok tarikatlara girmiş, hatta meşhur Mehmed Ali Hilmi Dedebaba'ya intisap ederek Bektaşî de olmuştur. Nihayet Selanik'te iken, taburunun binbaşısı Mahmud Bey vasıtasile Seyyid'in hulefasından Doyran'lı İbrahim Efendi ile görüşmüş, bilahara Muhammed Nur'a da mülaki olarak hilafet almıştır. Seyyid bu zata "Yusufum" dermiş. Ahmed Bey siyasete de karışmış ve bu hal, sebebi nükbeti olmuştur. İttihad ü Terakki hükûmeti tarafından Sıvas'a nefyedilmiş, mütarekede İstanbul'a gelmiş, yine itilafcılarla birleşmiş, nihayet Hicaz'a oradan da Şerif Hüseyin'le beraber Kıbrıs'a kaçmış, 1341'de Kıbrıs'ta vefat etmiştir...

Hacı Maksud Efendi: Priştine'lidir. Seyyid Muhammed Nur, oğlu Şerif Efendi ve Abdürrahim Fedaî'den süluk görmüş (tarikata girmiş) ve Muhammed Nur'dan hilafet ahzetmiştir. Erbabı takva ve azimetten olan Maksud Efendi Altı Mermer İmamı iken 1347 (1930) zilhiccesinde (kurban ayında) vefat etmiş ve Sarı Efendi'nin yanına defnedilmiştir. Daima teheccüt (gece) namazı kılar ve ekseriya nafile oruç tutardı. Tahsili de vardı. Hurufî'ydi.

Üçüncü Devre Melamî müritlerinin bazılarının kısa yaşamöyküleri böyle...

Üçüncü Devre Melamîlerinin çoğunun "hacı" olmasının nedeni, bu dergâhta toplu hacca gitme ritüelinin olmasıydı.

Muhammed Nur liderliğinde Melamîlerin ilk toplu hacca gitmeleri, 1879 yılında gerçekleşti. Muhammed Nur, 110 seçkin ihvanıyla Strumica'dan yola çıktı.

Neden topluca hacca gidiyorlardı? Şu nedenle sordum; Sabetayistler arasında hacca gidip gitmemek bölünmelere neden olmuştu. Bir ilgisi var mıydı acaba?

Yazılanlara göre, Osmanlı coğrafyasının dört bir yanına yayılan Melamîleri birbirleriyle tanıştırmak, bilgilerini yenilemek için topluca hacca gidiliyordu.

Keza benzer hareketi 1884 yılında yine yapmışlar, bu kez 130 Melami hacca gitmişti.

Hz. Peygamber soyundan geldiğini belirtip "seyyid" asaletini kullanan; ailesi Kudüslü kendisi Kahire doğumlu olan Muhammed Nur, yaşamını sürdürdüğü Balkanlar'da hep Türkçe konuştu, Türkçe yazdı.

Bir ayrıntı vermeliyiz: Gölpınarlı, *Melamîlik ve Melamîler* adlı çalışmasında, Muhammed Nur'un, Nakşibendî silsilesini; Halvetîşabanî silsilesini; Ekberiye silsilesini; Üveysiye silsilesini ve seyyidlik silsilesini vermektedir.

Ancak Seyyid Muhammed Nur'un aile silsilesinin olmadığını kaydetmektedir...

Ailesine ilişkin tek bilinenin, babası Kudüslü Seyyid İbrahim'in Mısır'a göç ettiği bilgisiydi.

Sabetayist "seyyid" var mı?

Dikkatinizi çekiyor mu; kitapta ne çok "seyyid" var!

Bu şeyhlerin hepsi gerçekten "seyyid" miydi?

Üçüncü Melamîlik grubunun kurucusu Muhammed Nur da, "seyyid" olduğunu söylüyordu.

Peki, Sabetayistlerin İslam'ın "kutsal soy aristokrasisi" diyebileceğimiz seyyidliğe sızdıklarını söyleyebilir miyiz?

Evet, seyyid-şerif bir Sabetayist var mıydı?

Yanıtı zor bir soru.

Seyyid ve şerif olmanın tek kıstası Hz. Muhammed'in ailesi, yani Ehl-i Beyt'e mensup olmaktı.

Ama Ehl-i Beyt'in kimleri içerdiği tarih boyunca hep tartışılmıştı. Şiîlere göre bu kutsal soy, Hz. Peygamber'in kendisi, kızı Fatma, damadı Hz. Ali ve iki torunu Hz. Hüseyin ve Hz. Hasan'dan ibaretti.

Ehlisünnet âlimleri ise bu konuda ikiye ayrılmıştı; kimi bu listeye Hz. Muhammed'in hanımlarını da katarken, bir kısmı hanımlarıyla birlikte amcaları, torunları ve onların soylarını da ekledi.

Ancak tüm Müslümanların üzerinde görüş birliğine vardığı, bu geniş sülale içinde en asil kabul edilenler, Hz. Hüseyin ve Hz. Hasan soyuydu.

Osmanlı Devleti'nde "seyyid" grubuna girerek maddî ve manevî ayrıcalıklardan yararlanmak isteyen bir kişi onay almak zorundaydı. Yani, iddiasını, "nakib ül-eşraf"lık kurulu önünde ispatlamak zorundaydı.

Diğer yanda, bu kurulun önüne çıkmadan, Osmanlı yerel yöneticilerine rüşvet vererek kolaylıkla "seyyid" olanlar da yok değildi.

> Vilayet kâtiplerine birkaç akçe vererek Defter-i Hakanî'ye seyyid yazılmak imkân dahilindeydi. Bundan başka, taklit ve para karşılığı sahte hüccet temini en çok başvurulan yollardandı. (Rüya Kılıç, s. 64.)

Kaçak yollardan olsa da seyyid olmanın tek nedeni, Hz. Muhammed soyuna katılmanın verdiği manevî haz değildi kuşkusuz.

Bunun yanında, işin maddî kazancı göz ardı edilmiyordu. Çünkü, seyyidlerin vergi muafiyeti vardı; vakıflardan yararlanabiliyorlardı.

Dolayısıyla söz konusu maddî ayrcalıklardan da yararlanmak isteyenler seyyid olmanın yolunu bir şekilde buluyordu.

Hz. Muhammed soyundan gelmiş olmanın sağladığı ayrıcalıkların fark edilmesiyle, seyyidlik büyük bir cazibe merkezi haline geldi. Bu maddî ve manevî kazanç özellikle XVI. yüzyıldan (halifelik Osmanlı'ya geçtikten) sonra insanları o kadar cezbetti ki, seyyid sayısında patlama yaşandı. Osmanlı devleti sıkı tedbirler almak zorunda kaldı.

> Yönetim, nakibü'l-eşraflara Anadolu ve Rumeli'de zaman zaman teftişler yaptırmıştır. Bu teftişlerde seyyidlerin ellerindeki seyyidlik

> hüccetleri kontrol edilip defterlere kaydedilmişti. Söz konusu kontrollerde sahte oldukları tespit edilen seyyidlik belgeleri ve yeşil sarıklar toplanıp yetkililere teslim olunmaktaydı. Teftişler esnasında çok sayıda müteseyyid tespit edilmiş, içlerinde bazı nakibü'l-eşraf imzalarının taklit edildiği sahte hüccetlere de rastlanmıştır. Örneğin Konya nakibü'l-eşraf kaymakamına 38, Adana kaymakamına 10 ve Antep kaymakamına 65 sarık teslim edilmişti. Halep kaymakamına teslim olunan sarık adedi ise 300'dür. (a.g.e., s. 68.)

Sonuçta öyle durumlarla karşılaşıldı ki, örneğin Diyarbakır'ın on beş mahallesinde 75, Niğde'nin yedi mahallesinde 18 seyyid vardı!

Osmanlı bu teftişlerine rağmen sahte "seyyid" meselesinin önüne geçemedi.

Hep söylenir ya, Osmanlı'nın son döneminde İstanbul Beyazıt Meydanı'ndaki arzuhalciler, soyağacı düzenleyerek isteyen kişiyi "seyyid" statüsüne yükseltiveriyorlardı! Arap, Türk, Kürt, Çerkez, Arnavut, Sabetayist olmanız önemli değildi hani...

"Sabetayist halife"

Yazmam gerekiyor: Bu çalışmada her şeyden şüphelendik; özellikle herkesin doğru bildiği her şeyden!..

"Sabetayistler arasında seyyid var mıydı?" sorusunun şimdilik yanıtı yok.

Sadece şüphelerimiz olabilir, o kadar...

Kuşkusuz bu soruyu sormamızın özel bir anlamı var.

Tempo dergisi, araştırmacı-yazar Aytunç Altındal ve İslamcı Yazar Mehmet Şevket Eygi'yle ilginç bir röportaj yaptı.

Önce, yazar Aytunç Altındal konuştu:

> Hilafet kurumu, Büyük Ortadoğu Projesi'nin devam ayaklarından biri olarak yakın zamanda hayata geçecek. Laisizm başka, sekülerizm başka. Fransız tipi laisizm Türkiye'ye dar geliyor. Anglosakson yasalarından yola çıkılarak hazırlanan bir sekülerizasyon projesi Türkiye'ye uygun. Hilafet, Diyanet'in üst kurumu. İslam diniyle ilgili kararların alınabildiği bir yer. BOP yürürlüğe girdiği zaman bu da gerçekleşecek. Patriğin ekümenik yapılma isteği de buna bağlı. Yavuz Sultan Selim hilafeti Mısır'dan alınca partriğe de ekümenik olma hakkını verdi. Günümüzde ters gelişiyor. Önce patrik ekümenik olacak, sonra hilafet kurulacak.

Yazar Altındal'ı İslamcı Mehmet Şevket Eygi de destekledi:

ABD ve Avrupalılar İslam dünyasını ehlileştirmek için hilafeti yeniden kurmak istiyorlar. Sabetaycıların Diyanet İşleri başkanı ve halife adayları bile var.

Bu iddiayı Yazar Altındal doğruladı:

Sabetaycıların halife adayları vardı öldü. Yeni aday büyük tartışmalara yol açar; bu yüzden isim zikretmek doğru olmaz. (03 haziran 2004.)

Ne günlere kaldık!..

Başbakan Recep Tayyip Erdoğan'ın basın işlerinden sorumlu danışmanı Mehmet Akif Beki'nin *Erdoğan'ın Harfleri* adlı kitabından bir aktarma yapmak istiyorum:

Başbakan Erdoğan, Musa Peygamber soyundan geliyor. Abdullah Gül de yoldaşı ve iktidar paylaştığı kardeşi Harun'a benziyor. (*Milliyet* gazetesi, 30 mayıs 2003.)

Ama, danışman-yazara göre bu sadece benzetmeydi; kan bağı yoktu; karakteristik özellikleri ve hayat mücadeleleri birbirine benziyordu!

Akif Beki'yi anlayabiliriz. 10 eylül 2004 tarihinde, gazeteci Ali Kırca, Başbakanlık Konutu'nda Başbakan Recep Tayyip Erdoğan'la bir röportaj yaptı. atv'den yayınlanan röportaj sırasında ekranda bir görüntü dikkat çekiyordu; başbakanın oturduğu koltuğun hemen yanında, Atatürk tablosunun altında bulunan sehpa üzerinde, Yahudilerin kutsal yedi kollu şamdanı (menora) vardı.

Yahudilerin kutsal yedi kollu şamdanını Başbakanlık Konutu'na kim, neden koymuştu?

Yahudilerin kutsal yedi kollu şamdanının gösterilmesinin nedeni dekor değildi herhalde. Mutlak bir nedeni olması lazım. Ama ne? Başbakanlık'tan bu konuda hiçbir açıklama gelmedi.

Söz Başbakanlık'tan açılmışken, son günlerde Türkiye gündemine getirilmeye çalışılan bir habere dikkatinizi çekmek istiyorum...

Halifeliğin TBMM tarafından kaldırılmasının üzerinden seksen iki yıl geçti. Son günlerde alttan alta konuşulan bir konuyu siz de duymuşsunuzdur. Deniyor ki: "Allah adına insanlara verilmiş hilafet kaldırılamaz. Zaten TBMM de hilafeti kaldırmadı, Meclis sorumluluğuna bıraktı."

Yani, TBMM hilafeti kaldırmamış, kendi sorumluluğuna almıştı! Bunu tek düşünen Türkiye'deki bazı isimler değil.

CİA geçen yıl, "Global Geleceği Haritalamak" (Mapping The Global Future) adlı bir rapor hazırladı. Kendi İnternet sitesinde de olan bu rapor, dünyanın 2020 yılına dair öngörüleri kapsıyor. Dört bölümden oluşan raporun bir bölüm başlığı ilginçti: "Yeni Hilafet."

CİA, 2020 yılına kadar İslam dünyasının hilafeti yeniden kuracağını iddia ediyor. "Büyük Ortadoğu Projesi" hilafet kurumu olmadan kurulamazdı!

ABD Başkan Yardımcısı Dick Cheney, ABD Savunma Bakanı Donald Rumsfeld, Genelkurmay Başkanı Richard Myers, Irak Merkez Komutanı John Abizaid'in İslam dünyasına ilişkin demeçlerini dikkatli dinleyin; köktendincilere karşı Müslümanları bir araya getirmenin tek yolunun hilafet olduğunu söylüyorlar: "Ilımlı İslam'ın büyük temsilcisi."

Düğmeye basıldı bile. 3 mart 2006'da hilafetin kaldırılışını protesto eden binlerce Endonezyalı, hilafet isteğiyle yürüyüş yaptı...

Türkiye medyasında, "Son halife Abdülmecid'in sürgündeyken halifeliği para karşılığı sattığı" şeklinde haberler çıkıyor...

Hep konu konuyu açıyor. "Halk İslamı" denilen tasavvufî tarikatlara kısa bir ara verelim. Çünkü, "hilafet" denince –pek ilgisi yok ama– benim aklıma hep, "Yüksek İslam"ın en büyük temsilcisi "şeyhülislam" geliyor. Hiç düşündünüz mü; "Kim bu şeyhülislamlar?"

Şeyhülislam hanedanlığı

Efendi kitabında, "Yahudi dönmesi şeyhülislam"dan bahsetmiştik.

Anımsatayım: Sabetay Sevi, Edirne Sarayı'nda sorgulanırken tercümanlığını Saray Başhekimi Hayatîzade Mustafa Fevzi Efendi yapmıştı.

Hekim Hayatîzade, Moşe ben Rafael Abravanel (?-1692) adlı bir Yahudi "dönme"siydi. Bazı kaynaklarda adı, "Cerrah Kasım Paşa" diye geçiyordu.

Gershom Scholem. Hayatîzade'nin sultanın kız kardeşiyle evli olduğunu yazıyor. (*Sabetay Sevi Mesih mi, Sahte Peygamber mi?*, s. 338.)

1665 Temeşvar (Macaristan), 1670 Erzurum valiliği yapmıştı. Sonra Saray'da, Osmanlı'nın 25. hekimbaşısı olarak 23,5 yıl hizmet görmüştü.

Oğlu Müderris Ahmed Efendi'ydi. Bu oğlundan iki torunu vardı: Hekimbaşı Müderris Mustafa Feyzi ve Hekimbaşı Mehmed Emin Efendi.

Ailede hekim çoktu. Kızını talebelerinden Hayatîzade Süleyman Efendi'yle evlendirmişti; o da hekimdi.

Hekimbaşı-Müderris-"Mühtedi" Mustafa Feyzi Efendi'nin oğlu Ahmet Efendi de hekimbaşıydı.[7]

Hayatîzade'nin diğer oğlu Hekimbaşı Mehmed Emin Efendi (?-1748), Osmanlı tarihinde bir ilki gerçekleştirecek; hekimbaşılıktan şeyhülislamlığa gelen ilk kişi olacaktı.

5 nisan 1746'da Osmanlı Devleti'nin altmış beşinci şeyhülislamı olacaktı. Fakat görevinde 6 ay 20 gün kalabilecek, azledilecekti. Mekke kadılığını isteyecek, Sultan I. Mahmud isteğini olumlu karşılayacak, ama Mekke'ye giderken yolda vefat edecekti.

Moşe ben Rafael Abravanel, Saray'ın başhekimi olabilmek için Yahudilik'ten Müslümanlığa dönmüştü.

> Saray vaizi Kürt Hatip yazdığı risalede, bütün yeteneklerine rağmen "İslam ile şereflenmediği" sürece Hayatîzade'nin padişaha hekimlik yapamayacağını yazmıştır ve Hayatîzade, ancak Müslüman olduğunda padişahı tedavi edebilmiştir. (Marc David Bayer, *Toplum ve Bilim* dergisi, sayı 83, s. 216.)

Bu nedenle, Hayatîzade'nin çocukları ve torunları Müslümanlığı ne kadar içselleştirmişlerdi, tartışılır.

"Yahudi dönmesi" şeyhülislam tek örnek vaka değildi.

Doğum tarihi bilinmeyen ve asıl adı Mehmed bin Feramerz bin Ali olan Şeyhülislam Molla Hüsrev Efendi'nin soyu hakkında rivayetler var. Kimine göre Tokat civarındaki Türkmen Arsak kabilesinden. Kimine göre ise İslam'a geçmiş soylu bir Fransız ailesinin çocuğu.

Tarihçi Taşköprüzade ise babasının Rum olduğunu belirtiyor.

7. Dönem Avrupasının Salamanca, Coimbra, Padova, Bologna, Pisa vb ünlü tıp okullları vardı. Osmanlı hekimbaşıların kaçı bu okullardan mezundu acaba? Çok az: A. Mavrokordato, P. Panagioti gibi. Osmanlı'da hekim, deyim yerindeyse, usta-kalfa-çırak ilişkisiyle yetişiyordu. Ve hekimbaşılık bilgi ve tecrübeyle değil, kulis faaliyetleriyle gerçekleşiyordu. "Dönme" doktorlar yetişene kadar Saray'da Yahudi hekim sayısı çok ağırlıktaydı. 1604 yılının ruznamçesinde 63 Yahudi, 21 Müslüman hekim kayıtlıydı. Oran ileri yıllarda, Hayatîzade gibi "Müslüman" hekimler lehine değişecekti. Ama Saray'da, Sultan II. Murad döneminde Yahudi İshak Efendi'yle başlayan Yahudi hekim bulundurma geleneği hep sürecekti.

Feramerz, yani Molla Hüsrev Efendi, 1460'ta Fatih Sultan Mehmed tarafından şeyhülislamlığa atandı. Ve yirmi yıl bu görevde kaldı.

Ayasofya'da müderris olarak bulunduğu dönemde, aralarında, şeyhülislamlık görevini en uzun süre yürüten din âlimlerinden Zembilli Ali Efendi, Muhammed Şah el-Fenarî gibileri olan öğrencilerini sabahleyin topluca evine çağırır, birlikte kahvaltı yaparlardı.

Pek çok köle ve cariyesi olmasına rağmen onları kendi hizmetinde kullanmaz, evini kendi süpürürdü.

Bu niteliklerine bakınca, şeyhülislamın Fransız soyundan geldiği akla yakın geliyor, ne dersiniz?

Birinci bölümde, Aaron Kandiyoti'nin yaşamöyküsünü anlatırken, Şeyhülislam Turşucuzade Ahmed Muhtar Efendi ile "mason üstadı" Şeyhülislam Mustafa Hayri Ürgüplü'nün akraba olduğuna kısaca değinmiştik...[8] Sebatayist/Karakaşî cemaatinin manevî lideri Cavid Bey, Şeyhülislam Ahmed Muhtar Efendi'nin oğlu Necmeddin Molla'yla çok samimiydi. Üstelik bu samimiyet sıradan değildi; İngilizler İstanbul'u işgal ettiğinde Cavid Bey'i saklandığı yerde ziyaret eden isimlerden biriydi Necmeddin Molla.

İlginçtir, Salah Birsel'den öğreniyoruz ki, Cavid Bey bir başka şeyhülislam, Cemaleddin Efendi'nin oğlu Muhtar Bey'le de çok samimiydi.

> Muhtar Bey'in ittihatçılarla ilişkisi sonradan Maliye Vekili olan Cavit Bey'le başlamıştır. Daha Şems-ül Maarif okulunda iken –bu okulu Selanikli Abdi Kâmil Efendi kurmuştur– Cavit Bey'le şeker şerbet olmuştur. Cavit Bey ise Selanik'e gittikten sonra bile, İstanbul'a her gelişinde, günlerin çoğunu Muhtar Bey'in evinde geçirmezse yapamaz. Cavit Bey Meşrutiyet'le İstanbul'a geldiğinde de bu dostluk sürgit olur. (Salah Birsel, *Sergüzeşti Nono Bey ve Elmas Boğaziçi*, 1982, s. 66.)

Cemaleddin Efendi (1848-1917) ikisi İttihatçılar döneminde olmak üzere dört kez şeyhülislamlık makamına oturtulmuştur... Sultan II. Abdülhamid döneminde on yedi yıl bu görevinde kalan bir şeyhülislama İttihatçıların bu kadar güvenmesinin sebebi neydi?

8. Bu şeyhülislam dünürlüğüne bir ekleme daha yapabiliriz: Şeyhülislam Turşucuzade Ahmed Muhtar'ın torunu Fahire'nin kızı Betül Mardin'in görümcesi, (Haldun Dormen'in kız kardeşi) Güler Hanım'ın eşi, Şeyhülislam Aşir Efendi'nin torunu Prof. Dr. Sait Cemil Yiğit'in oğlu Muhtar Yiğit.

Şeyhülislamlar çok ilgimi çekiyor: Hiciv ustası şair Eşref, mason Musa Kâzım Efendi şeyhülislam olunca şöyle yazmıştı:

Avdetîler ile hûkümetimiz
Benzedi devlet-i Yehuda'ya;
Bab-ı fetvayı da çıfıtlık edip
Verdiler ilanihaye Musa'ya!..

Şimdi bu girişi yapmamızın nedenine gelelim...

Şeyhülislam deyince sizin aklınıza ne geliyor?

Dinî ve uhrevî yetkileri olan din bilgini...

En önemli görevi fetva vermek olan devlet görevlisi...

Osmanlı halife-padişahlarının siyasal, ekonomik, kültürel her alandaki kararlarında etkili olan nüfuz sahibi dinî otorite...

İslam dininin başı "halife sultan"a vekâlet eden din bilgini...

Protokoldeki yeri padişah ve sadrazamdan sonra geliyordu.

Mahkemelerden medreselere, vakıfların denetiminden kadı ve müderrislerin terfi atamalarına kadar geniş bir görev alanı bulunan şeyhülislamlar, aynı zamanda bilginlerden oluşan meşihat makamının da başıydı.

Resmî törenlerde istisnasız hiç kimseye ayağa kalkmayan Osmanlı sultanı sadece şeyhülislam için yerinden doğrulurdu.

Ve şeyhülislam, diğer görevliler gibi padişahın el ve eteğini değil, yakasını, omzunu öperdi!

Şeyhülislam hakkında sanıyorum az çok bilgi sahibi olduk.

Peki, görev-yetki tanımı yapmaya çalıştığımız şeyhülislamlar hakkında başka ne tür bilgileriniz var?

Biliyoruz ki, şeyhülislamlık makamına oturacak kişinin Müslüman olması şart. Yukarıda iki örneğini gördüğümüz şeyhülislamların kökeni Yahudi veya Hıristiyan olabilir; ama –zaten yaptığı işi gereği– İslam olmaları şarttı.

Sadece Osmanlı Sarayı'nda değil, dünyanın diğer imparatorluğunda da insanlar iyi-güçlü makamlara ulaşmak için dinlerinden dönüyorlardı. Osmanlı sadrazamlarının çoğunun "devşirme"-"dönme" olduğundan artık haberdarız. Peki ya şeyhülislamların kaçı "dönme"ydi?

Bilmiyoruz. Ne yazık ki bu konudaki özverili çalışmalar bir elin parmaklarını geçmeyecek sayıda ve daha acısı, bu yazarların tarih anlayışları ve yöntemleri, bizim tahlil yapmamıza yetecek olguyu sunmuyor.

Ama bu bizim sorular formüle etmemize engel değil.

Önce. Size bir şeyhülislam ailesi tanıtalım:

Ebu İshak İsmail Efendi (?-1725). Babası, müderrislik ve kadılık görevlerinde bulunmuş Alaiyeli (Antalyalı) Kara İbrahim Efendi'ydi.

İshak Efendi devletin çeşitli makamlarında bulunduktan sonra 9 aralık 1716'da şeyhülislam oldu. Osmanlı'nın elli altıncı şeyhülislamıydı. Bir yıl dört ay görevde kaldı. Azledildi.

Ebu İshak İsmail Efendi'nin oğlu, İshak Efendi (1679-1734) İstanbul doğumluydu. Eğitimini babasından aldı. İbrahim Müteferrika'nın kurduğu matbaada musahhih/düzeltmen olarak görev yaptı.

22 ekim 1733 tarihinde Osmanlı Devleti'nin altmış birinci şeyhülislamı olarak göreve başladı. Bir yıl sonra 31 ekim 1734'te vefat etti.

Şeyhülislam İshak Efendi'nin sadece babası değil, kayınpederi de şeyhülislamdı: Paşmakçızade Seyyid Ali Efendi (1638-1712).

Kayınpeder, Osmanlı Devleti'nin ellinci şeyhülislamıydı. Üç kez bu makama getirildi; birincisinde yirmi üç gün, ikincisinde üç yıl altı ay, üçüncüsünde ise bir yıl yedi ay görev yaptı. Son görevi sırasında vefat etti.

Babası şeyhülislam, kayınpederi şeyhülislam olan Şeyhülislam İshak Efendi'nin kayınçosu da şeyhülislamlık makamına oturdu: Paşmakçızade Abdullah Efendi (1680-1732). Osmanlı Devleti'nin elli dokuzuncu şeyhülislamıydı. 17 mayıs 1731 tarihinde geldiği makamından dokuz ay sekiz gün sonra azledildi.

Durun daha bitmedi.

Şimdi sırada Ebu İshak İsmail Efendi'nin şeyhülislam olan diğer oğlu var: İshakzade Mehmed Esad Efendi (1685-1753). Şeyhülislam ağabeyi gibi ilk dinî bilgileri babasından aldı. Ancak onu din alanında asıl geliştiren, bağlandığı Selanik Mevlevîhanesi oldu. 20 temmuz 1748'de Osmanlı'nın altmış yedinci şeyhülislamı olarak göreve başladı. Bir yıl yirmi iki gün sonra azledildi. Kızı, meşhur kadın şairlerimizden Fıtnat (Zübeyde) Hanım'dı.[9]

Şeyhülislam Mehmed Esad Efendi'nin kayınpederi de şeyhülislamdı: Mirzazade Şeyh Mehmed Efendi (?-1743). Osmanlı Devleti'nin elli sekizinci şeyhülislamıydı.

Mirzazadelerde de çok şeyhülislam çıkmıştı!

Şeyhülislam Mirzazade Şeyh Mehmed Efendi'nin babası, Osmanlı'nın elli dördüncü şeyhülislamı Mirza Mustafa Efendi'ydi.

9. Fıtnat Hanım Kurban Bayramı arifesinde kurbanlık almak için Beyazıt Meydanı'nda dolaşırken, hayranı olan şair Haşmet kendisini görür. Kurbanlık koç alacağını öğrenince de "Bu bayram bendenizi kurban etseniz olmaz mı?" diye espri yapmak ister. Fıtnat Hanım, "Olmaz, bu bayram boynuzsuz kurban keseceğim" der!..

Şeyhülislam Mirzazade Şeyh Mehmed Efendi'nin kayınpederi, Osmanlı Devleti'nin kırk yedinci şeyhülislamı Ebusaidzade Feyzullah Feyzi Efendi'ydi.

Bir de kayınbiraderden bahsetmemiz gerekiyor: Mehmed Said Efendi (1710-1774), Şeyhülislam Mirzazade Mehmed Efendi'nin oğlu; Şeyhülislam Mehmed Esad Efendi'nin kayınbiraderiydi.

2 mart 1770'te Osmanlı'nın yetmiş sekizinci şeyhülislamı oldu. 20 ağustos 1773'te yaşlandığını ileri sürerek görevinden ayrıldı.

Karıştırmayın sakın. Dünürleri, kayınbiraderleri anlattık.

Dönelim asıl aileye:

Şeyhülislam Ebu İshak İsmail Efendi'nin torunu, Şeyhülislam Mehmed Esad Efendi'nin oğlu İshakzade Mehmed Şerif Efendi (1717-1790) Osmanlı Devleti'nin seksen üçüncü şeyhülislamıydı.

Anne ve babadan her iki dedesi de şeyhülislamdı.

21 temmuz 1778'de ve 19 ağustos 1789 iki kez şeyhülislam oldu. Toplam dört buçuk yıl bu görevde kaldı.

Bitmedi...

İshakzadelerin dünürleri Mirzazadeleri yazarken, Osmanlı'nın kırk yedinci şeyhülislamı Ebüsaidzade Feyzullah Feyzi Efendi'den bahsetmiştim.

Biraz daha ayrıntı vereyim:

Şeyhülislam Feyzullah Feyzi Efendi, Osmanlı Devleti'nin yirmi ikinci şeyhülislamı Hoca Sadeddin Efendi'nin torunun oğlu, yirmi altıncı şeyhülislam Esad Efendi'nin torunu, yirmi dokuzuncu şeyhülislam Ebu Said Efendi'nin oğluydu...

Gelin İshakzade ve Mirzazadelerin dünürleri Sadeddinzadelere kısaca bir göz atalım:

Hoca Sadeddin Efendi (1536-1599) büyükbabası Hafız Mehmed Şah İsmail'e intisap etmişti. Kimine göre Tebrizli, kimine göreyse Isfahanlı'ydı. Çaldıran Savaşı'ndan sonra Yavuz Sultan Selim tarafından İranlı âlim ve sanatkârlarla İstanbul'a getirilen Hafız Mehmed'in evlatlarından padişahın nedimi (yakın dostu, sırdaşı) olan Hasan Can Çelebi'nin oğluydu. Sultan III. Murad ve III. Mehmed'in hocalığını yaptı. Safiye Sultan'ın para ilişkilerine göz yumdu. Siyasetle yakından ilgiliydi; İngiliz taraftarıydı.

1 nisan 1598'de şeyhülislam olmuştu. Tam bir yıl bir ay sonra vefat etti.

Safevî etkisinden midir, –günümüz tarihçilerin en önemli kaynaklarından– "Tac üt-Tevarih" adlı eserinde, fetihleri anlatırken "Türk" ismini ilk kullananlardan biriydi.

Bir oğlu, Hocazade Mehmed Efendi (1568-1615) yirmi dördüncü şeyhülislam olarak iki kez bu makama oturdu; toplam dokuz yıl görev yaptı.

Diğer oğlu Sadeddinzade Mehmed Esad Efendi (1570-1625) ağabeyi Şeyhülislam Mehmed Efendi ölünce yerine Osmanlı'nın yirmi altıncı şeyhülislamı olarak bu makama getirildi. Yedi yıl görevde kaldı.

II. Osman'ın öldürülmesiyle görevinden istifa etti. 1625'te tekrar göreve getirildi. Aynı yıl vefat etti.

Mehmed Esad Efendi'nin Aziz Mahmud Hüdayî'ye intisap ettiği söyleniyor.

Şeyhülislam Hoca Sadeddin Efendi'nin Şeyhülislam Mehmed Esat Efendi'den torunu Ebu Said Efendi (1593-1662) üç kez şeyhülislamlık makamına oturdu.

Şeyhülislam Hoca Sadeddin Efendi'nin oğlu Kazasker Abdülaziz Efendi'den torunu Mehmed Bahaî Efendi (1595-1654), Osmanlı Devleti'nin otuz ikinci şeyhülislamı olarak iki kez bu göreve getirildi.

Ebu Said Efendi'nin oğlu Şeyhülislam Feyzullah Feyzi'yi yazmıştık.

Şeyhülislam Feyzullah Feyzi'nin...

Tamam, tamam...

Minkarîzadeler, Dürrîzadeler, Vassafzadeler, Çivilizadeler vb'den bahsetmeyeceğim.[10]

Gelelim meselemize:

Göstermek/anlatmak istediğim, bize anlatılanların dışında bir başka "şeyhülislam gerçeği" olduğudur.

Hep birbirleriyle akrabalar!

Yani, tıpkı Osmanlı hanedanı gibi "şeyhülislam hanedanlığı" oluşturmuşlar!

Tekrar soruyorum, kim bunlar?

Osmanlı sultanlarını etkileyen şeyhülislamları, dönemin siyasal-ekonomik gelişmelerinden bağımsız düşünemezsiniz.

Örneğin, son yazdığım Şeyhülislam Mehmed Bahaî Efendi'yi; birinci bölümde yazdığım "kadızadeliler-sufîler" kavgasından ayırıp değerlendirirseniz yanılırsınız. Şeyhülislam Bahaî Efendi'nin neden sufîlere yakın, kadızadeliler-yeniçeri ağaları ve Kösem Sultan ittifa-

10. Sabetay Sevi'yi Edirne Sarayı'nda sorgulayan heyet içinde Şeyhülislam Minkarîzade Yahya Efendi de vardı. Birçok Şeyhülislam çıkaran Minkarîzade ailesini yazsaydım, günümüzde yaşayan, Prof. Dr. Tarık Minkari, Şirin Tekeli, gibi tanınmış akrabalarından da söz ederdim. Belki, Şeyhülislam (aynı zamanda Mevlevî) Atıfzade Ömer Hüsameddin Efendi'nin meşhur Şakir Paşa ailesiyle ilişkisinden bahsederdim. Ama siz okurlar, "Çok kafamız karışıyor" diyorsunuz!

kına karşı olduğunu tahlil edemezseniz, meseleyi çözemezsiniz.

"Düşünce zincirlerinizi" kırmaya; Kanunî Sultan Süleyman döneminde Osmanlı iktidarını ikiye bölen Kıbrıs'ın fethi meselesinde, Şeyhülislam Ebussuud Efendi'nin Sadrazam Sokullu Mehmed Paşa'ya karşı Yahudi Yosef Nassi'ye neden destek verdiği konusuyla başlayabilirsiniz...

Sokullu Mehmed Paşa, Sırp Millî Kilisesi'ni kurdurmuş, başına da kardeşini koymuştu!

Bir argüman daha sunalım:

Osmanlı Sarayı'nda, Sultan II. Selim'in (1566-1574) annesi (Kanuni Sultan Süleyman'ın eşi) Hürrem Sultan (Roksalan) ile eşi (oğlu III. Murad'ın annesi) Nurbanu (Raşel) Sultan'ın Yahudi "dönmesi" olması tesadüf müydü?

Üstelik babaannesi (Yavuz Sultan Selim'in eşi) Mehd-i Ulya'nın da Polonya Yahudisi olduğu iddia ediliyordu.

Nurbanu Sultan'ın oğlu Sultan III. Murad ile Venedikli Safiye (Baffo) Sultan'dan olan torunu Fatma'yı kimle evlendirdi: Asıl adı Davud ya Nahman Paki olan Yahudi "dönmesi" Sadrazam Halil Paşa'yla! Uzatmayayım, demem o ki, Osmanlı Sarayı, Ester Kira-Eliya Handai, Salomon Aben, Mendesler gibi Yahudi tüccarlar, keza Salomon ben Natan Aşkenazi gibi siyasî danışmanlarla, Yahudi doktorlarla dolu olacak ve şeyhülislamların bu güçlü Yahudi lobisinden bağımsız seçildiğini düşüneceğiz?

Unutmayın: Yahudiler çeşitli devletler idaresi altında köklü bir örgütlenme ustalığına ve geleneğine sahiptiler; Osmanlı idaresi altında bu özelliklerini çok iyi kullandılar. Ve iktidarda oldukları görülüyor.

Daha önceki sayfalarda yazdım; musıkıyi bile bu yüzyılda derinden etkilemişlerdi.

Bizim tarihimizde, 1492 üzerinde hiç durulmamaktadır.

Sefaradlar gelmeden önce, Anadolu'da nüfusu az ve etkisiz bir Romanyot Yahudi cemaati vardı; İspanya'dan gelen büyük ve kalifiye göç, Osmanlı'da o tarihe kadar Müslüman-Hıristiyan gruplaşmasına üçüncü bir halkanın eklenmesine neden oldu.

Bu tarihten sonra, Hıristiyan-Yahudi "hizbi" Osmanlı'yı siyasî ve iktisadî anlamda derinden etkiledi.

Prof. Taner Timur gibi hocalar, Osmanlı'da Batılı anlamda bir "burjuvazi"nin oluşamamasını bu "hizip çatışmasına" bağlıyordu. (*Osmanlı Çatışmaları*, 1989, s. 34.)

Bu çatışmalarda, hangi grup Saray lobisini kontrol altına alıyorsa, sultana sözünü o geçirtiyordu.

Ester Kira gibi zengin Yahudilerin linç edilerek öldürülmeleri, servetlerine el konulması halkın, yoksulluklarına neden gördükleri "Yahudi lobisine" karşı öfkesinin sonucu muydu? Evet. Planlayanlar kimlerdi?

Çevresi Yahudiler ve "dönmelerle" dolu Sultan III. Murad, baş giysileri sarı olan Yahudileri, çıkardığı bir "kıyafet fermanı"yla aşağılamak ve Kızılbaşlarla eşitlemek için, niye kırmızı giymeye zorlamıştı?[11]

Sultan I. Ahmed'in, "Kızılbaşlar, yabancı elçiler ve Yahudilerin esir satın alamayacakları" şeklindeki buyruğunu nasıl analiz etmemiz gerekiyor; Saray'daki Yahudi lobisine duyulan öfkenin devam ettiğine mi?

Hadi gelin bir de "komplo teorisi" üretelim: Sabetayist hareketin Osmanlı'ya başkaldırışının altında yatan, Saray'daki Yahudi lobisinin tekrar gücü ele geçirme planı olabilir mi?

Yoksa, kendisine başkaldıran Sabetay Sevi'ye Osmanlı'nın hoşgörüsünü nasıl açıklayacağız?

Öyle ya, Sabetay Sevi'ye maaş bağlanmasının, bizzat Sultan IV. Mehmed'in, "devrik Mesih"i teyzesiyle evlendirmek istemesinin bir açıklaması olmalı?

Sonuç:

Tarihe başka perspektiften bakabilirsiniz. Osmanlı'nın XVII. yüzyılı bir önemli dönemeçtir; analiz etmemiz şarttır.

Yok oluşun başlangıcı sayabileceğimiz bu "karanlık yüzyılı" hangi etmenler yaratmıştı?

Toparlarsak, sonuç itibariyle söylemek istediğimiz şudur: Tüm bu gelişmeleri şeyhülislamların sadece seyrettiğini mi düşüneceğiz? Ezberimizi bozmalıyız...

Yoksa, "Arapların İslamiyet'i Orta Asya'ya getirmeleri üzerine, Türkler hiçbir baskı altında olmaksızın, büyük kitleler halinde kendi istekleriyle Müslüman oldular... Türk milleti şimdiye kadar hiç esir olmadı..." gibi popülist söylemlerimize devam mı edeceğiz?

Tarihin gerçeğini, halk dalkavukları değil, bilim yazar...

Üçüncü Devre Melamîleri ve İttihatçılar

Meseleye "seyyid"likten girdik, halife derken, nerelere geldik...

Bu kadar ayrıntı yeter, Seyyid Muhammed Nur'un yaşamöyküsüne devam edelim.

Seyyid Muhammed Nur'un yaşadığı dönemde Balkanlar'da ay-

11. Orhan Pamuk, *Benim Adım Kırmızı* adlı romanında bu dönemi anlatmaktadır.

rılıkçı hareketler, örgütlenme safhasından, eyleme geçme aşamasına gelmişti.

Muhammed Nur, müritlerine hiçbir ayaklanma hareketine karışmamalarını söyledi hep. Örneğin, 1879 Arnavut ayaklanmasında hiçbir Arnavut Melamî yoktu. Hatta Arnavut Melamîlerin telkinleri sonucu olaylar fazla büyümeden kontrol altına alındı.

Ama...

Benim dikkatimi çeken başka bir mesele var:

Bu grup Melamîler, siyasete İttihat ve Terakki Cemiyeti'nde başlayıp, kısa bir zaman sonra muhalif saflara katılmışlardı!

Hatta sonra Hürriyet ve İtilaf Fırkası'na geçmişlerdi.

Kuşkusuz İttihat ve Terakki her ne kadar idealist olsa da, ideolojik açıdan sığ bir örgüttü; yekvücut değildi; içinde İslamcı'sını, Türkçü'sünü, Batı taraftarını, Arap milliyetçisini, Siyonistlerini vb barındırıyordu.

Dönemin dört emperyal gücü, İngiltere, Fransa, Rusya ve Almanya'nın bu "cephe örgütü" içinde destekçileri vardı.

Cavid Bey ve Rahmi Bey gibi sivil Sabetayistlerin İngilizlere yakın olması size ilginç gelmiyor mu?

Bu Sabetayistlerin liberal, serbest piyasa ekonomisine olan inançlarından dolayı İngilizlere yakın olduğunu düşünebiliriz. Ya da özellikle, XIX. yüzyıldan sonra oldukça güçlenen İngiltere'deki Yahudi lobisinin etkisiyle bir yakınlaşmanın olduğunu söyleyebiliriz.

Yahudi Benjamin Disraeli'nin iki kez başbakan olduğunu; Avam Kamarası'nda Baron Lionel, Nathaniel de Rothschild, Sir Arthur Montague, Lionel Cohen, Lord İsaac Reading, Sir Julian Goldschmidt gibi büyük servet sahibi Yahudilerin bulunduğunu yazmıştık.

İttihat ve Terakki Cemiyeti içindeki İngilizler zamanla güç kaybettiler; cemiyet özellikle Enver Paşa gibi askerler sayesinde Almanların kontrolüne girdi.

İngilizler, İstanbul'daki büyükelçilikte baş tercüman olarak görev yapan ajanları Fitz Maurice aracılığıyla, "İttihat ve Terakki Cemiyeti Yahudi ve dönmelerin kontrolündedir" propagandasına başladı. Bilgi sızdırdıkları gazetecilerin başında, İngiliz taraftarı *Serbestî* gazetesi sahibi islamcı Mevlanzade Rifat Bey gibi, İttihatçılara muhalif isimler vardı. İttihatçıları yıkmak için, 31 Mart gerici ayaklanmasının organizatörü İttihad-ı Muhammedî Cemiyeti'nin perde arkasında İngilizler bulunuyordu. Bir düşünün, hiçbir Müslüman kendisine "Muhammedî" der mi? Bu bile tercüme kokuyordu!

Bu kaotik süreç aynı zamanda İttihat ve Terakki Cemiyeti'nde bölünmelere neden oldu.

Melamîler hangi gruptaydı?

Muhalif saflara geçenlerin başında Filozof Rıza Tevfik vardı, o da Melamîydi.

Hatta Rıza Tevfik'in, basında yaşanan masonluk tartışmalarında, masonluğa felsefî bir nitelik kazandırmak için, Melamîlik'ten örnekler vermesi tartışmayı bambaşka bir noktaya getirdi.

Melamî olduğunu açıklayan Hoca Vanî Efendi bakın ne diyordu:

> Bugünkü Müslümanlarla Müslümanlığın hakikatine dair bir fikir peydası mümkün ise; bugünkü melamilerle de melamiliğin hakikatine, asıl gayesine de öyle ve o derece bir fikr ve mütalaa sahibi olmak zaruridir. (aktaran, Orhan Koloğlu, *İttihatçılar ve Masonlar*, 2002, s. 226.)

Yani Hoca Vanî Efendi bir ihtiyat payı bırakarak, "Arzulamadığımız halde Melamîliği yanlış amaçlar için kullananlar da var" demeye getiriyordu.

Yanlış anlaşılmasın; "Melamîler masonluğa karşıydı, o nedenle İttihatçılarla yollarını ayırdılar" gibi bir durumun olduğunu sanmıyorum.

Çünkü:

> Üçüncü Devre Melamîleri, İstanbul'da Rumeli'nde, bilhassa Anadolu'nun batı bölgesinde ve İzmir'de çoktur. İçlerinden birçokları, eskiyle yeniyi birleştirmek amacıyla olsa gerek, Masonluğa girmişlerdir. (Abdülbâki Gölpınarlı, *Türkiye'de Mezhepler ve Tarikatlar*, s. 263.)

Sabetayistler, Bektaşîler masonluğu neden tercih ettilerse, Melamîler de aynı nedenle bu gizli örgüte girmişlerdi.

> Manastır'daki cemiyet reisleri ise Melamîliği neşretmişlerdi, bunun da reisi Miralay Sadık'tı. (Rıza Nur, *Hayat ve Hatıratım*, 1992, cilt 1, s. 265.)

Sabetayistlerin tümünün İttihatçı olduğunu düşünmenin yanlış olduğunu daha önceki sayfalarda belirtmiştik.

İttihat ve Terakki muhalifleri arasında da Sabetayistler olduğunu biliyoruz. Garip olan, bunların çoğunluğunun Üçüncü Devre Melamîleri grubu içinde olmaları!

İttihat ve Terakki Cemiyeti'nin 1 numaralı kurucu üyesi Bursalı Mehmed Tahir, Üçüncü Devre Melamîleri grubu içindeydi. İttihatçıların listesinden Bursa mebusu seçilmişti. Sonra ne olduysa ayrılmıştı:

> Bursa mebusu olmuştu. Melamî ihvanına istinaden İttihadü Terakki'den bir grup ayırmaya teşebbüs etmiş ise de siyaset hayatında pek te muvaffak olamayarak dört sene sonra mebusluktan çekilmiş, 1329'da (1912) kaymakamlıktan tekaüt olmuştu. (a.g.e., s. 328.)

Ayrılan sadece o değildi, sayı fazlaydı...

Üçüncü Devre Melamîleri İttihatçılarla yollarını niye ayırmışlardı? *Efendi* kitabında yazmıştım, İttihat ve Terakki Cemiyeti, fikir gücünü Selanik'ten, vurucu gücünü Manastır'dan alıyordu. Manastır ise gücünü Bektaşîlerden, Arnavutlardan ve Üçüncü Devre Melamîlerden alıyordu.

İttihatçılar iktidara gelene kadar cemiyet içinde muhalif kanat yoktu; 1908'den sonra Babıâli'ye yerleşen İttihatçılar arasında sorunlar çıkmaya başladı. Selanik kanadı cemiyet içindeki diğer grupları tasfiye etmeye başladı. Ayrıca emniyet teşkilatı gibi silahlı güçlerin başına Samuel İzisel gibi Yahudilerin getirilmesi gerginliği artırdı. İstanbul'daki bir Melamî tekkesi şeyhinin oğlu Miralay Sadık, Tarikat-ı Salahiye mensubu olarak idam edilecek Ertuğrul Şakir, Rıza Nur ve Terlikçi Salih'in başını çektiği muhalif grup, İttihatçılara karşı olan diğer isimlerle birleşerek Hürriyet ve İtilaf Fırkası'nı ardından da askerî güç Halaskâr Zabitan Grubu'nu kurdular.

> Hürriyet ve İtilaf Partisi'nin fiilî ve fikrî lideri Terlikçi Salih Efendi'ydi. Mahmut Şevket Paşa'ya suikast olayı dolayısıyla o da tevkif edilmiş Sinop'a sürülmüştü. Mustafa Suphi'yle Sinop'ta konuşmuş ve Mustafa Suphi'yi etkilemiştir. Mustafa Suphi'nin İslamcı masonluğu yani Melametîliği bu görüşmeler sonucudur. (Abidin Nesimi, *Yılların İçinden*, 1977, s. 193.)

Kendisi de Melamî Bektaşî olan yazar Abidin Nesimi'nin iddiasına göre, Melamîler, Yahudi Parvus'un ortaya attığı, Balkanlar'da ya sosyalist bir federasyon ya da İslamî sosyalist (Melamî) federasyona sıcak bakıyorlardı.

> Miralay Sadık Bey, Yüzbaşı Şaban Ağa, Terlikçi Salih Efendi hareketi, 1912 Halaskâr Zabitan hareketi, Şeyhülislam Cemaleddin Efen-

di'nin İslamî sosyalist (Melamî) federasyonu kurmak istediğinin sonuçlarıdır. (a.g.e., s. 156.)

Uzatmayalım, Sabetayistlerin sırf İttihatçılar arasında olduğunu düşünmek yanlıştır. Nasıl ki, Bektaşî Sabetayistlerin bir bölümü İttihatçılardan ayrılmışsa, Melamî Sabeteyistler de ayrılmıştı. Bunların başında Rıza Tevfik geliyordu...

Kabala'yı ilk yazan Rıza Tevfik

Rıza Tevfik de, İttihatçı'ydı; cemiyetteki büyük ayrışmaya kadar kurmay kadrosu içindeydi. O da ayrıldı. Terlikçi Salih'in sağ koluydu...

Peki Rıza Tevfik kimdi: Üsküdar Dağ Hamamı'nda inşa edilmiş Yahudi Alyans okulunda öğrenim gördü; savcı babası –Debreli Hoca Mehmed Tevfik Efendi de– Alyans'ta hocalık yaptı.

Meşrutiyet'in akabinde Edirne mebusu olan Rıza Tevfik Selanik'e geldi. Beyazkule Gazinosu'nda Mısırlı Kıraathanesi'nde, Olimpos Palas'ta bizimle uzun uzadıya konuştu ve şunu haber verdi: "Çocuklar yarın akşam Beyazkule bahçesinde Musevî vatandaşlarımıza Yahudice bir konferans vereceğim, muhakkak bulununuz, enteresandır" dedi.

Bahçe Yahudi vatandaşlarla dolu idi. Hepsi memnuniyet ve kahkahalarla dinliyorlar ve hayretlerinden "Adiyo Santo!" diye haykırıyorlardı. Ben merak ettim, tanıdığım Musevî gençlerine sordum, bana, "Mükemmel tam şivesiyle fasih bir İspanyolca" dediler. (Ali Canip Yöntem, *Yakın Tarihimiz*, 1962, c. I, s. 129.)

Öğrendiği İbranîce çoğu zaman işine yarıyordu. Kızı Munise Başikoğlu'dan bir anı anlatayım:

Annemle babam Amerika'ya ayak bastıkları gün bir otomobile binip şoföre, "Bizi şöyle nerede iyi bir otel varsa oraya bırak" derler. Şoförün, babamın upuzun, pamuk gibi beyaz sakalına bakıp, "Siz Hazreti Musa'ya benziyorsunuz. Nereden geliyorsunuz?" diye sorması üzerine, babam, "Kudüs'ten" diye cevap verir. Bunun üzerine şoför, "Tamam" diyerek babamla Yahudice konuşmaya başlar. Nihayet iyi bir otelin önünde durunca babam kaç para vereceklerini sorar. Şoför, "Bu gezinti sekiz dolardır, fakat siz muhterem bir zat olduğunuz için sizden üç dolar alacağım" der. Babam da üç doları verir. (*Tarih ve Toplum* dergisi, kasım 1988, s. 56.)

Rıza Tevfik Amerika gezisi öncesi bıraktığı sakalını ölünceye kadar kesmedi.

Rıza Tevfik, 11 mart 1909'da İstanbul'da Genç Yahudiler Derneği'nde yaptığı konuşmada Siyonist olduğunu açıklamıştı. Daha sonra tepkiler üzerine, Siyonizm'den ayrı bir Yahudi devleti kurulmasını kastetmediğini söyledi. Rıza Tevfik, Yahudi halkları için Siyonist'ti!

Felsefî çalışmaları nedeniyle arkadaşları "Feylesof" lakabını vermişlerdi. Vahdet-i Vücud'un temeli hakkındaki felsefî değerlendirmeleri yapan ilk düşün adamlarından biriydi:

> Yunus Emre ve tekmil emsalini felsefî bir nokta-i nazardan telakki edersek cümlesini birden Pantheisme İdealiste mesleğine taraftar görürüz. Zaten tasavvufta felsefi olan siyak-ı nazar tamamen budur, fakat bu kadarı tasavvuf demek değildir. Zira sufiye mezhebinde şekl-i haricî o ise, esas, aşktır. Keyfiyet-i tekvini aşk üzerine bina ederek Pantheisme ile telif eyleyenler; "İkinci Akademi" namıyla tarihte şöhret-i şaiaya mazhar olan (Neoplatoniciens) Nev-Eflatunîlerdir ki, İskenderiye medresesi demekle malum olan cihan-ı irfanın sinesinde en kuvvetli cereyanı teşkil etmiş idiler. Bunların reisi Yahudi eazım-ı mütefekkirininden meşhur Philon'dur; milad-ı İsa'dan takriben yirmi iki sene evvel İskenderiye'de doğmuş idi. Asarını külliyen Rumca yazmış ve felsefede Eflatun'a tamamen iktida etmiştir. Daha doğrusu Eflatun felsefesini an'anat-ı Yahudiye ile mezcetmiştir.
>
> İşte bu Nev-Eflatunîlerin psikolojisinde esas olan bu akideyi bütün sufiye bir ehemmiyet-i mahsusa ile telakki etmiştir. Hatta yalnız sufiye değil, İbn Sina gibi en büyük feylesoflar dahi benimsemişlerdir. (Abdullah Uçman, *Rıza Tevfik'in Tekke ve Halk Edebiyatı ile İlgili Makaleleri*, 1982, s. 46.)

Rıza Tevfik'in, halk ozanı Kaygusuz Abdal hakkındaki düşüncesi de şöyleydi:

> "Yücelerden yüce Tanrı / Erbabsın sen koca Tanrı / Âlim okur kelam ile / Sen okursun heva Tanrı!.." Bu beyit ıspat ediyor ki, Kaygusuz Hurufîliğe bigane değilmiş. Hurufîlik Yahudi filozoflarının Kabalizm diye maruf olan usul-ı hikmetleriyle Nev-Eflatunîlerin kelam (logos) felsefesinin bir halitasıdır. (a.g.e., s. 186.)

XX. yüzyıl başındaki Osmanlı münevverleri arasındaki tartışma canlılığı, coşkusu, ne yazık ki XXI. yüzyıl Türkiye aydınlarında yok.

Rıza Tevfik'in o dönemdeki bazı makalelerini Abdullah Uçman, 1982 yılında, *Rıza Tevfik'in Tekke ve Halk Edebiyati ile İlgili Makaleleri* adıyla bir kitapta topladı.

Makaleleri okuduğunuzda şunu görüyorsunuz; başta Rıza Tevfik ve Fuat Köprülü olmak üzere Osmanlı münevverleri, tasavvufun felsefî kökenlerini, Kabala'yı, Hurufîliği, Platon'u vb daha yeni yeni öğrenmeye, tartışmaya başlamışlardı.

> Endülüs medeniyetinden bize intikal eden bu iki kitaptan birisi *Sifriyye-i Zirah* yani *Tarih-i Tekvin*, diğeri de *Zuhar* yani *Nur* namıyla bugün pek malum olan eserlerdir. Bunları felasife-i muasırinden Fransalı Mösyö A. Franck layıkıyla tetebbu ve tahlil ederek mahiyet-i felsefîlerini meydana çıkarmıştır. Erbab-ı merak *La Cabale* nam kitabı okusun. (a.g.e., s. 193.)

İbranîce'ye hâkim olan Rıza Tevfik anlamlı da bir soru soruyor:

> Yehudi-i İbranî elifbası yirmi dört harften ibarettir ve bizdeki ebced tertibi İbranî elifbasının tertibinden başka bir şey değildir. İbranî elifbası, "elif be, cim, dal, he, vav, zel, ha, tı, ye, lam, min, nun, sin, ilh..." yani tamamen ebced tertibi üzre gider. Bize ebced tertibinin niçin ve ne surette geçtiğini henüz tahkik edemedim. Bilmiyorum fakat çok mühimdir. (a.g.e., s. 195)

Fazla söze gerek var mı?..

Biz de diyoruz ki, Sabetayistler salt gizlenmek amacıyla tarikatlara gitmiyorlardı...

Rıza Tevfik, Vahdet-i Vücud'cu Üçüncü Devre Melamîlerinin önemli isimlerinden biriydi. Aynı kuşaktan diğer Melamîler kimlerdi, kısaca bakalım...

Diğer Melamîler kimler?

Ahmed Amiş Efendi (1808-1920): Tırnova, Bulgaristan doğumlu. Ailesi hakkında bilgi yok. On dört yaşında Ömer Halvetî'ye intisap etti. Kırım Savaşı'na tabur imamı olarak katıldı. Gördüğü rüya üzerine İstanbul'a gelip, Fatih Zeyrek'teki Çinili Hamam'ın sahibi Muhammed Tevfik Bosnevî'nin sohbetlerinde bulundu. Tekrar memleketine döndüğünde o da hamam işletti.

Üsküp'te Muhammed Nur'la görüştü; icazet aldı. İstanbul'a gelip Fatih türbedarlığını devraldı.

Gümüşhaneli Ahmed Ziyaeddin Efendi'den Nakşibendiye icazeti aldı. Tasavvufta mücadele (cihat) yolunu değil, sohbet ve telkin yolunu tercih etti. Prof. Mehmet Ali Ayni gibi birçok kişiyi kendisine bağladı.

Damadı ve talebesi, hadis metinlerini Türkçe'ye çeviren yazar Babanzade Ahmed Naim'in Şehzadebaşı'ndaki evinde vefat etti.

Vefatına, talebelerinden Selanikli Evrenoszade Sami Bey, "Gitti gülzar-ı cemale pir-i efrad-ı cihan (1388)" mısraıyla tarih düşürdü.

Ayrıca Evrenoszade Sami Bey tarafından mezar taşına bir manzume yazıldı.

Sami Bey, İngiliz Muhipler'in Cemiyeti'nin ve Tarikat-ı Salahiye Cemiyeti'ne mensuptu; şeyhinin ölümünün hemen ardından on yıl ceza alacaktı.

Gel de sorma: Ahmed Amiş Efendi de, bu cemiyetin gizli üyesi miydi?

Bursalı Mehmed Tahir (1861-1924): Bursa'da doğdu. Üsküdarlı Seyyid Mehmed Tahir Paşazade Rifat Bey'in oğluydu. Harbiye'den mezun oldu. Manastır ve Üsküp askerî rüştiyelerinde öğretmenlik yaptı. Selanik'te İttihat ve Terakki Cemiyeti'nin ilk kurucularından biriydi ve 1 numaralı üyesiydi. 1908'de Bursa mebusu olarak Meclis'e girdi. Politikayı bırakınca Topkapı Sarayı Kütüphanesi Müdürlüğü'nde çalıştı; İstanbul kütüphaneleri müfettişi oldu. On beş yılda yazdığı *Osmanlı Müellifleri* (yazarları) eseri çok ünlüdür. Birçok kişinin biyografisini yazdı. Farabî, İbni Sina, Buharî gibi İslam büyüklerinin aslında Türk olduklarını yazmaktadır. Türkçü'dür.

Amiş Efendi'nin öğrencisidir.

Üsküdar'da Mahmuthüdayî Camii haziresine defnedildi.[12]

12. Bursalı Mehmet Tahir'in torunu Ahmet Haluk Şaman, Yapı Kredi Bankası genel müdürlüğü yaparken siyasete atıldı. 1950-1960 arası Bursa DP milletvekilliği, Devlet bakanlığı, Çalışma bakanlığı, Turizm ve Tanıtma bakanlığı yaptı. Masondu. (İlhami Soysal, *Dünyada ve Türkiye'de Masonlar ve Masonluk*, 1978, s. 387.) Murat Locası büyük üstadı, sonra maşrık-ı âzam oldu. (www.parsimony.net) Biraz önce okuduğunuz İttihatçılara muhalif Melamî şeyhi Terlikçi Salih'in İstanbul'daki en önemli müritlerinden biri de "Arşimed Hilmi"ydi (matematikçi olduğu için). Arşimed Hilmi Selanikli'ydi. Ailesi Velibeşe'lerdendi. DP hükûmetinin Ekonomi ve Ticaret bakanı Zühtü Hilmi Velibeşe'nin babasıydı. Bakın Zühtü Hilmi Velibeşe, Hür ve Kabul Edilmiş Masonların İnternet sitesine göre üst düzey masondu. Yani: Demokrat Parti'yi bir de Üçüncü Devre Melamîliği ilişkileriyle değerlendirmemiz gerekiyor...
Son bir not ekleyeyim: 1992-1996 yılları arasında Hür ve Kabul Edilmiş Masonlar Büyük Locası'nın maşrık-ı âzamı Can Arpaç, Ahmet Haluk Şaman'la akrabaydı.
Her ikisi de Sultanahmet'te surların hemen yanındaki Nazikî Tekkesi'nin son şeyhi Esseyid Mehmet Esat Boydar'ın akrabasıydı. Nazikîzade Mehmed Esad'ın torunu Nail Keçili'ydi; şarkıcı Alpay ise kardeşi Nazikîzade Cemal Efendi'nin torunuydu. Söz yazarı Şanar Yurdatapan, sanatçı Lale Mansur bu ailedendir.

Buraya bir not eklemeliyiz:

Tasavvuf tarihimizle ilgili çalışmaları yapan kişi sayısı bir elin parmaklarını geçmez. Bunların başında Bursalı Mehmed Tahir, Fuat Köprülü, Abdülbâki Gölpınarlı gibi isimler gelmektedir. Bugün yapılan çalışmaların hemen tümü bu isimlerin kitaplarını kaynak alır.

Kuşkusuz bu isimlerin çalışmaları takdire şayandır.

Ama, bir kuşkum var. Sanki bu çalışmalarda bir "örtü" var gibi geliyor bana.

Bir örnekle açıklamaya çalışalım:

Türkiye'de modern bilimin öncüsü olarak gösterilen İshak Efendi'yi (1774-1836), hem Bursalı Mehmed Tahir hem de Fuat Köprülü "Karlıovalı bir Türk" diye tanıttılar. Oysa, Ekmeleddin İhsanoğlu, *Başhoca İshak Efendi* adlı kitabında, Yanyalı Yahudi "dönmesi" olduğunu yazıyor. (s. 139.) Keza, *Osmanlılar Ansiklopedisi*'ne göre de "dönme"ydi. (s. 657.)

Bu arada hatırlatayım: İshak Efendi'nin, Yenikapı Mevlevîhanesi'ne intisap ettiğini yazmıştık.

Yukarıda saydığım isimlerden özellikle Köprülü ve Gölpınarlı'nın çalışmalarının, bu açıdan ele alınarak araştırılması tez konusudur...

Babanzade Ahmet Naim (1872-1934): Bağdat mektupçularından Mustafa Zihni Paşa'nın oğludur. Galatasaray Sultanîsi ve Mülkiye Mektebi'ni bitirdi. Hariciye Nazırlığı Tercüme Kalemi'nde çalıştı. Darülfünun'da öğretim üyeliği yaptı.

Sırat-ı Müstakim ile *Sebil ür-Reşad*'da yazdı.

Önceki bölümde yazdık; geliştirelim:

Mehmet Akif ile Babanzade Ahmed Naim çok samimiydi. Direklerarası'ndaki Hacı Mustafa'nın çayhanesinde buluşuyorlardı.

> Babanzade Ahmed Naim her akşam buraya devam ediyor, *Temps* gazetesini cebinden çıkarıyor, bir kitabı bunun içine sıkıştırarak gizlice Akif'e okuyordu. Bu kitap ya Muhyiddin-i Arabî'nin veya İmam-ı Müberred'in bir eseriydi. (Dursun Gürlek, *Ayaklı Kütüphaneler*, 2003, s. 139.)

Kayınpederi Fatih türbedarı Ahmed Amiş Efendi sayesinde tasavvufla tanıştı.

İslam bilginlerinin Kuranı Kerim'den sonra en önemli kitap diye nitelendirdiği, Sahih-i Buhari'nin *Buharî-i Şerif* tercümesini yaptı. Kitaba 500 sayfalık önsöz yazdı. Fransız Fons Griv'in eserini de çevirdi: *İlm ün Nefs*.

Mezarı Edirnekapı Mezarlığı'nda gönül dostları Süleyman Nazif, Mehmet Akif ve Muallim Cevdet'le yan yanadır.

Ahmet Avni Konuk (1868-1938): İstanbul doğumlu. Balmumu tüccarı Musa Kâzım Efendi'nin oğlu. Dokuz yaşında babasını, on yaşında annesini kaybetti. Darüşşafaka mezunu. İttihat Postanesi'nin kalem kâtipliğini yaptı.

"Ruh hocası", hayatını ayrıntılarıyla yazdığımız Selanikli Mehmed Esad Dede'ydi! Ondan, Farsça ve Fransızca öğrendi, Mesnevî okudu.

Yenikapı Mevlevîhanesi'nin ünlü ismi Zekâi Dede Efendi'den musiki dersleri aldı. Bestekâr oldu; kırk bir eseri var. Notalarını *Fihrist-i Makamat* adlı eserinde topladı.

En önemli eseri, *Mesnevî Tercümesi ve Şerhi*'dir, ki *Mesnevî*'ye ilişkin tercümelerin en büyüğüdür (36 cilt, 7 534 sayfa). Ayrıca Mevlana'nın *Fihi Ma Fih* adlı eserini Farsça'dan çevirdi. Mevlana bu eserinde, öğretisini en iyi gayrimüslimlerin anladığını söylüyor.

İsmail Saib Sencer (1869- 1940): Tıp tahsilini yarım bıraktı. Beyazıt Devlet Kütüphanesi'nin müdürlüğünü yaptı.

Kütüphanede onlarca kedi beslerdi; kedi doğumlarında bizzat "ebelik" yapardı. Kütüphanenin adı zaten "Kedili Kütüphane"ydi.

Yardımcısı Alman dönmesi Osman Reşer'di.

Millî Eğitim Bakanı Hasan Âli Yücel, Sencer'in 101 sandık tutan kütüphanesini bakanlık adına satın alarak, Ankara Üniversitesi Dil ve Tarih-Coğrafya Fakültesi Kütüphanesi'ne verdi.

Abdülaziz Mecdi Tolun (1865-1941): Tasavvuf bilgini, şair. İttihat ve Terakki Fırkası Balıkesir mebusu. Son Osmanlı Mebusan Meclisi başkanı vekili. Önceki sayfalarda anlattığımız, İttihatçılar-Melamîler ayrışmasında, parti içindeki muhalif grubun lideriydi.

Süheyl Ünver: Biyografisi hakkında daha önce bilgi vermiştik. Annesinin hiç istememesine rağmen, babasının intisap ettiği hemşehrileri (Tırnovalı) Ahmed Amiş Efendi'ye bağlandı; daha sonra İsmail Saib Sencer ve Abdülaziz Mecdi Tolun'un sohbetlerinin baş konuğu oldu. Eşi Arife Müzehher Ünver'le evlenmelerine Abdülaziz Mecdi Tolun Efendisi arabuluculuk yaptı.

Mecdi Efendi'nin vefatıyla onun sohbetinin müdavimlerinden bazıları, Efendi'nin de teveccühlerinden cesaret alarak, Süheyl Bey'i merkez yapmak istediler. Bu husustaki dilek ve istekler yazılı-sözlü ona iletildi. Süheyl Ünver, büyük bir incelik sergileyerek, kimsenin gönlünü kırmadan, şeyhlik-dervişlik yolunun, merasim faslının Kuşadalı İbrahim Efendi ile sona erdiğini, dolayısıyla başına adam toplayıp gündelik hayatın sorumluluklarını göz ardı ederek bir ekip oluşturmanın, hele de bunun başında görünmenin tutarsızlığını lisan-ı münasiple söylemeye çalıştı. (Ahmet Güner Sayar, *A. Süheyl Ünver, Hayatı Şahsiyeti ve Eserleri 1898-1986*, 1994, s. 305.)

İsmail Fenni Ertuğrul (1855-1946): Tırnova doğumlu. Babası Tırnova Mahallî İdare Meclisi üyesi Mahmud Bey'di. Tırnova Rüşdiyesi'nden sonra medreseye devam etti; Arapça ve İslamî ilimler okudu. Bir yandan da muhasebe kalemine giderek muhasebe öğrendi. 1876'da İstanbul'a geldi; Maliye Nezareti'nde çalıştı. İngilizce ve Fransızca öğrendi.

Musikiyle ilgilendi; kanun, keman çalmasını öğrendi. İki yüz kadar beste yaptı. 1924'te bestelediği bazı askerî marşlar nedeniyle Cumhurbaşkanı Mustafa Kemal tarafından ödüllendirildi.

Modernist İslam filozofu. *Vahdet-i Vücud ve İbn Arabî* kitabının yazarı. Kitabında, İbn Arabî'ye ve görüşlerine yöneltilen tenkitleri yanıtladı; Vahdet-i Vücud felsefesini savundu.

Ayrıca:

Maddiyun Mezhebinin İzmihlali (Materyalizm Mezhebinin Yıkılışı) ve *Lügatçe-i Felsefe* kitaplarını yazdı. Materyalistlerin, "Madde yoktan var, vardan yok olamaz" görüşüne, "Ezelî ve ebedî olan sadece Tanrı'dır; evrenin varlığı, Tanrı'nın varlığından çıkar; madde ve enerji, ezelî ve ebedî olmadığı, yani sonradan meydana geldiği gibi yok da olabilir" tezini ileri sürerek karşı çıktı.

Kitaplarının bir bölümünü müftülüklere dağıtılması için Diyanet İşleri Başkanlığı'na, 9 050 adet kitabını da Beyazıt Kütüphanesi'ne verdi.

Malvarlığını Darüşşafaka'ya bağışladı.

Şeyhine "Üstadım" diye hitap ediyordu.

Evlenmedi. Mezarı Eyüp'tedir.

Mahmut Sadettin Bilginer (1909-1983): Priştinalı. Melamîliğin önde gelen şeyhlerinden Hacı Hulusi Maksud Efendi'nin en küçük oğlu. Tophane Askerî Sanayi Mektebi'ni bitirip, tesfiyeci oldu. Devlet bursuyla Almanya'ya gitti. Kimya mühendisliği diploması aldı. Azot sanayiinde ve Sümerbank'ta çalıştı. *Divanı Şerhi-Niyazi-i Mısrî, Allah ve İnsan, Simavna Kadısıoğlu Şeyh Bedrettin Varidat Şerhi* kitaplarını yazdı.

Osman Nuri Ergin, Hüseyin Avni Konukman, Mehmet Cevdet İnançalp, Raif Yelkenci, Amiran Kurtkan Bilgiseven "Melamîlik okulunun öğrencilerindendi...

> Ve dahi Pir'in en az 360 halifesi vardır. Bir halifesi de İstanbul valiliğinde bulunan Muhiddin Üstündağ'dır.

Bektaşî Turgut Koca'nın vefatı ardından evinde bulunan belgeye göre, bazı Osmanlı dönemi Melamîleri şu isimlerdi:

> Ahmed Şükrü (Maarif vekili), Ali Süavi, Ahmed Vefik Paşa, Ahmed Midhat Efendi, Bezmi Nusret (Kaygusuz), Cemal Paşa, Fevzi Çakmak, Hafız Hakkı Paşa, Hüseyin Avni Paşa, Kadir Efendi (Hoca Mehmed Kadir Nasih), Mustafa Âsım Efendi, Mehmed Tahir (Bursalı), Damat Mahmud Paşa, Necmeddin Molla (Adliye nazırı), Nailî Efendi (Nakşibendî, Şeyh Abdülkadir'in kardeşi), Ömer Seyfeddin, Menemenlizade Rifat Bey, Miralay Sadık Bey, Samipaşazade Sezaî, Saffet Paşa.

Üçüncü Devre Melamîliği Ali Bozkurt Dalay Efendi ve Davud Yılmaz Efendi'yle (babasının adı Harun) bugün İzmir'de sürmektedir.[13]

Sabetayistler... astronomi... astroloji...

Hareketin önde gelenleri hep tarikat olmadıklarını açıklamışlardır; "Melamîlik bir tarikat değil, düşünce ve felsefe sistemi"ydi.

O zaman insana sormazlar mı; peki kardeşim tarikat nedir?

Onun düşüncesi ve felsefî sistemi yok mu?

Sanıyorum, Melamîlik hakkında bunu söyleyenlerin, başka hedefleri/amaçları var.

En iyisi bunu, ABD Kuzey Carolina'da yaşayan "Burç tarikatı"nın lideri olduğu iddia edilen Şeyh Ahmet Hulusi Akten'e sormak.

Keşke her pazar program yaptığı Expo-Channel TV'de bu meseleyi de bir aydınlatsa!

Laf açıldı, bir merakımı paylaşayım sizlerle; hani Kenan Rifaî Dergâhı'nın son kadın şeyhi Cemalnur Sargun'dan bahsetmiştik;

13. İnternet'te, "www.melamilik.com" adresine girerseniz, Davud Yılmaz'ın bir sohbet toplantısını videodan izleyebilirsiniz. Bu toplantıda erkekler ve kadınlar diz dize oturmaktadır. Kadınların hepsinin başları açıktır.

Bayan Sargun da bu televizyonda program yapıyor.

Bir ekonomi kanalında iki "modern din bilgini"nin olmasını ben pek anlayamadım; ama herhalde "Kalvanizm'le/Protestan İslam'la" filan ilişkisi vardır! Öyle ya, yayın yapılan yer, İstanbul Ticaret Odası'nın sahibi olduğu Dünya Ticaret Merkezi![14]

Kendi ifadeleriyle, her iki "çağdaş İslam düşünürü"nün de İnternet sitesi var; birkaç dilde yayın yapıyorlar. Dünyaya bilgilerini, seslerini bu şekilde duyuruyorlar. New York, Londra, Hamburg gibi dünya kentlerinde o toplantıdan o toplantıya koşuyorlar; "modern İslam" hakkında seminerler veriyorlar.

"Evrensel sırlar"a nasıl erişileceğini anlatıyorlar.

Kendisine bir dönem, –Hz. Peygamber soyundan gelmemesine rağmen– "es-Seyyid" unvanı veren Ahmet Hulusi 1945 İstanbul doğumlu. Pertevniyal Lisesi'nden terk. Kendi ifadesine göre, 10 eylül 1963 gününe kadar, Hz. Muhammed'i bile tanımayan dindışı bir hayat sürdü. O gün annesinin zoruyla gittiği cuma namazını kılarken, gelen bir ilhamla din konusundaki tüm derinlikleri araştırma kararı aldı.

İki yıl sonra ilk kitabı *Tecelliyat*'ı yazdı. Aynı yıl tek başına hacca gitti.

1968'de gazeteciliğe başladı; sırasıyla *Dünya*, *Akşam*, *Zaman*, *Millî Gazete*, *Yeni İstanbul*, *Hürses* ve *Ulus* gazetelerinde çalıştı. Sürekli basın kartı sahibiydi.

Yazılı, sesli ve görüntülü hiçbir eserinden telif almayan Ahmet Hulusi, bir "kozmik dindar"dı! Astroloji konusunda kendisini çok yetkin görüyor, "İnsanlığın oluş düzeni ve sistemi astroloji ilminde mevcuttur" diyor.

Söylemiştik; "Vahdet-i Vücud günümüzde 'astrolojiye' dönüştürülüyor" diye...[15]

14. Expo-Channel TV'nin sahipleri Özhan Erem-Ceyda Erem evliydiler, ayrıldılar ama şirkette yine birlikteler. Yazdığım gibi, gerek televizyon binasının gerekse CNR Fuarcılık'ın Yeşilköy'deki yeri İstanbul Ticaret Odası'nın; AKP milletvekili Murat Yalçıntaş İTO başkanı olunca, Erem ailesiyle kiralar konusunda anlaşmazlığa düşecek gibi oldu, ama eylül 2005'de kontratı yenilediler. Ahmet Hulusi ve Cemalnur Sargun'un programlarının bu kontrattan sonra başlaması ilginç.
Neyse, bir başka bilgi verip bu konuyu kapatayım: Ceyda Erem ayrıca, "tarikatçı yapılanmaya dur diyen" 28 Şubat Kararları'nın "mimarı" Emekli Orgeneral Çevik Bir'le ortak; bir güvenlik şirketleri var; *Ulusal Strateji* adlı bir dergi çıkarıyorlar.
Bu arada ne Murat Yalçıntaş'ın Şişli Terakki Lisesi mezunu ne de Çevik Bir'in ailesinin Selanikli olmasının, "Ahmet Hulusi ve Cemalnur Sargun'un Expo-Channel TV'de dinî program yapmalarıyla hiçbir ilgisi yoktur; kompo teorisine gerek yok!

15. *Aydınlık* dergisi, Prof. Dr. Suat Yıldırım'ın yazdığı, *Kur'an-ı Hakim'in Meali*'nin asıl hedefinin Kuranı Kerim'i "İncilleştirmek" olduğunu kapak konusu yaptı. (26 şubat 2006) Prof. Yıldırım, Kuranı Kerim'deki ayetlerin altına, "Markos 10, 25; Luka 18 25" gibi İn-

Ebced ve "cifr"in yerine artık, hangi burçların doğduğunuz saatte kaçar derecelik açılarla beyninizi etkilediği hesaplanıyor!

"Astroloji kehanet değildir" diyen Ahmet Hulusi, onlarca kitabında; "Öz olan kozmik bilince nasıl kavuşulur? Beyin nasıl proğramlanıyor? Beynin gerçek işlevi nedir? Zikir beyni nasıl geliştiriyor? Allah'a ermek nedir, nasıl olur? Cehennem nedir ve nerdedir?" gibi sorulara yanıt veriyordu.

Dua, kişinin beynindeki Allah'a ait özellik ve kuvveler ile istediğini oluşturma mekanizmasıdır. Gökteki tanrıdan istemek değil, özündeki Allah'ın kuvvelerini beyninden açığa çıkartmaktır. Bulunan yerin manyetik alanının da beyin üzerinde çok güçlü etkileri vardır.

Kendisini daha çok sosyetenin takip ettiğini söyleyen Ahmet Hulusi'ye soruyorsunuz:

Hocam/Şeyhim kader nedir?

Hemen yanıtlıyor:

Alınyazısı yani kader, beynin kozmik kalemle, kozmik ışınlarla programlanmasından ibarettir.

Sağ ol hocam!..

Bu kitapta hep bir olgunun altını kalın kalemle çiziyorum: Başka açılardan bakabilirsiniz.

Örneğin astroloji, günümüz insanının yaşamında neden vazgeçilmez bir ihtiyaç haline getirilmiştir?

Yahudilerin gizli bilimler alanında iyice yerleşmiş bir ünü vardı; Hıristiyanlar da, Müslümanlar da Yahudilerin kehanet, sihirbazlık, cin ve şeytanları kovma, simya hususlarında yetenek sahibi olduklarına inanırdı. Daha VII. ve IX. yüzyıllardan itibaren Yahudiler astrolojinin kabul edilmiş ustaları olarak biliniyorlar. Yakub (Yacob) ibn Tarık, Halife Mansur zamanında Hindistan'dan astroloji cetvelleri ithal ediyor. Rabban-el Tabari (yaklaşık 820) ve İran Yahudisi Andruzagar ün yapmışlardı. Doğulu Yahudi astrologların eserlerinin çoğu Latince ve İspanyolca'ya çevrilmişti. Fransa'da Provence'in (Güney Fransa) ilk

cil ve Tevrat'tan aldığı tam 488 bölüm eklemişti. Mesele, Kuranı Kerim'deki ayetlerin diğer kutsal kitaplarda da olduğunun incelenmesi değildi; Prof. Yıldırım bizzat Kuranı Kerim'in mealine bunu yapması kafaları karıştırmıştı! Üstelik, *Zaman* gazetesi gibi bu konularda titiz bir yayın organı, "Herkes onun ne dediğini merak ediyor" diyerek meali kupon karşılığı okuyucularına dağıtmıştı. *Zaman* gazetesi ve Fethullah Gülen'in yakını Prof. Yıldırım, "dinler arası diyalog" konusunu biraz fazla mı abartmışlardı?..

Kabalacıları, İspanya âlimleri, astrolojinin ateşli yandaşlarıydılar. Güney İtalya'da ünlü tabip ve astrolog Sabbatay Donnolo (913-970) astrolojiyi "Babilonya"da öğrenmiş olmalıydı. (Burhan Oğuz, *Türk ve Yahudi Kültürlerine Mukayeseli Bir Bakış*, 2003, s. 845.)

Ahmet Hulusi'nin tüm söylediklerini, Sabatay Sevi'nin "şeyhi" İzak Luria Aşkenazi'nin öncüsü olduğu Lurianik Kabalaistlerde bulabilirsiniz. Evrenin yaratılış sürecini benzer sözcüklerle anlatıyorlar: Tanrı dünyayı yaratmak istedi ve her yeri ışık şeklinde kaplarken içine çekildi ve varlıkların yarattığı boşluğu yarattı. Sonuçta Ahmet Hulusi de son yıllarda giderek büyüyen bu "girdaba" kendini kaptıranlardan.

Şarkıcı Madonna'yla başlayan "Kabala hayranlığı" kısa zamanda Türkiye'yi de etkilemedi mi? "Beyaz Türkler" birbirine Kabala kitaplarını okumayı tavsiye ediyor! Aynı çevrelerin kişisel gelişimleri için, otuz yıl önce ABD'de başlayan ve son beş yıldır Türkiye'de olan "Prizma"ya gitmeleri şaşırtıcı mı? Eğitmen İsrael Berkowitz ve Ceri Behar, "Başarılı olmak için içinizdeki çöplerinizi atın" diyor, belli bir ücret karşılığında seminere katılanlara...[16]

Geçtim bugünden, Sultan Orhan'dan başlayarak Osmanlı Sarayı'ndaki resmî müneccimlerin/astrologların kimler olduğunu araştırırsak, ortaya şaşırtıcı bir tablo çıkacağından eminim.

Hadi birini, Sabetay Sevi olayları sırasında Saray'da bulunduğu için, Sultan IV. Mehmed'in müneccimbaşısı Derviş Ahmed Dede'yi (1631-1702) kısaca anlatmaya çalışalım.

Selanik doğumluydu. Selanik Mevlevîhanesi şeyhi Muhammed Efendi'ye bağlandı. İlk tahsilini burada gördü. Bir müddet Selanik Müftüsü Abdullah Efendi'den ders aldı. Yirmi dört yaşında, İstanbul'a gitti. Galata Mevlevîhanesi şeyhi Arzî Mehmed Dede'nin (öl. 1664) yanında hizmet verdi. Musikiyle çok ilgiliydi.

Devrin ileri gelen âlimlerinden Minkarîzade Yahya Efendi, Mevlana İbrahim Gerede ve Ahmed Nailî'den tefsir ve hadis; Salih bin Nasrullah Efendi'den tıp ve felsefe; Müneccimbaşı Muhammed Efendi'den astroloji dersleri aldı. 1665'te Saray'a müneccimbaşı olarak girdi. Sultan IV. Mehmed'in bütün meclislerinde bulundu. 1687'de sultanın hal'edilmesiyle Kahire'ye sürüldü.

16. Bin beş yüz üyesi olduğu açıklanan, "Dünya Kardeşlik Birliği Mevlana Yüce Vakfı" adlı İstanbul'daki cemiyetin başkanı, Atatürk'ün yaveri Mazhar Çorak'ın kızı Vedia Bülent Çorak'ın bir kitabı var: *Bilgi Kitabı*.
Dış dünyada ve insanda var olan Tanrısal bilgeliği konu alan bu kitap, bu vakfın elkitabı niteliğinde.

Dört yıl sonra Mekke'ye geçti. Burada iki yıl Mevlevîhane şeyhliği yaptı. 1702'de Mekke'de vefat etti.

Sultan IV. Mehmed'in hekimbaşısı Moses ben Rafael Abrabanel'di, yani Hayatîzade Mustafa Feyzi Efendi; ibriktarbaşısı Sabetayist Bezmenlerin büyük dedeleri Osman Çelebi, kapıcıbaşısı Sabetay Sevi yani Mehmed Aziz Efendi ve müneccimbaşısı Selanikli Derviş Ahmed Dede'ydi!..

Farklı bakmayı öneriyoruz; bunlar tesadüf olamaz...

Atasay Kuyumculuk sunar

"Astrolog"-"teolog" Ahmet Hulusi, Başbakan Recep Tayyip Erdoğan'ın yakın arkadaşı, Atasay Kuyumculuk'un sahibi Cihan Kamer'in ablası Cemile Kamer'le evli. ABD'de yaşıyorlar.

Ne diyor reklam: "Sadece kadınların altıncı hissi vardır. Ve bu onları Atasay'a götürür!"

Baba Atasay Kamer 1941 Denizli Çivril doğumlu. Çivril'de sarraflık ve manifaturacılık yapan babası Hacı Mustafa Efendi'nin yanında mesleği öğrenen Atasay Kamer, kuyumculukta karar kıldı. Genç yaşta İstanbul'un ve Kapalıçarşı'nın cazibesine kapıldı.

Önce, Opel marka arabasıyla "gezgin kuyumculuğa" başladı. Kuyumculuk ve mücevherat işinin gayrimüslimlerin elinde olduğu o yıllarda, genç adam ancak bu şekilde "kayıt dışı" ama girişimci ruhla hareket ederek sermaye biriktirdi.[17]

Gerekli sermaye birikimini oluşturunca Kapalıçarşı'da dükkân açtı. İşler büyüyor ama bir noktada tıkanıyordu. İşte Turgut Özal'ın başbakanlığı yıllarında yurtdışından altın ticaretini "legalize" etmek için başlatılan operasyonda, baba Atasay Kamer de yer aldı.

"Atasay.com" sitesinde yazdığı üzere Başbakan Turgut Özal'la şahsen görüşüp sektörün alacağı şekli tartışan birkaç kişiden biriydi baba Atasay Kamer...

Hatırlatalım, o dönemde aynı sorundan dolayı İsviçre'de yaşamak zorunda kalan bir başka önemli işadamının adı da altın işinin serbestleşmesiyle aklandı...

Meraklılar İbrahim Betil'in *Hafiften Bankacılık* adlı kitabını okuyabilirler.

Baba Atasay Kamer kendi adını taşıyan şirketi hızla büyüttü. İlk ihracatını 1981 yılında Suudî Arabistan'a yaptı.

17. Meraklılar, Kapalıçarşı'daki mücevherat işini gayrimüslimlerden almak için kimlerin neler yaptığını Soner Yalçın'ın *Behçet Cantürk'ün Anıları* (Doğan Kitapçılık) adlı kitabından öğrenebilirler.

Sonra, Arap ve Ortadoğu piyasasına açıldı, bugün 950 kişinin çalıştığı fabrikayı kurdu.

1982'de Arpaş Kuyumculuk'u, 1987'de Asgold Kuyumculuk'u, 1989'da Atasay Kuyumculuk'u, 1992'de Tolga Kuyumculuk'u, 1997'de Atagold Kuyumculuk'u, 1999'da Atanaz Kuyumculuk'u kurdu.

Altın sektöründe Atasay Kamer'in rakipleri de Denizli Çivril'den akrabaları, Rifat Kemahlı ve Raşit Hoşgör'dü...

Osmanlı'dan günümüze sarraflık Ermeni ve Yahudilerin elinden, ne şekilde "Beyaz Müslümanlar"ın kontrolüne geçtiği iyi bir araştırma konusudur...

Kamer ailesi, ABD'den Meksika'ya, İtalya'ya kadar pek çok önemli yerde "merkez" açtı ve değerli taş alımına başladı. Bilenler bilir:

Kuyumculuk piyasası ABD'de İtalyanların kontrolündedir. Son birkaç yıl içinde Türk markaları yaptıkları ataklarla piyasada ciddi bir yer kazandılar. Altını yalnızca klasik tipte işlemeyip platin, pırlanta gibi değerli taşlarla süslemeyi başardılar. Yine bilenler bilir ki, dünyada değerli taş ticareti hâlâ Anvers[18] ve Rotterdam'daki bazı Yahudi ailelerin elindedir. Onlarla iyi geçinmeyen, onlardan "onay" almayan "müteşebbisler" dünya piyasalarında iş yapamaz.

Hele hele siz dünyanın en büyük on firmasından biriyseniz...

Ve ihracatınızın yüzde 80'ini ABD'ye yapıyorsanız...

Artık yavaş yavaş bu bölümü toparlayalım: Başbakan Recep Tayyip Erdoğan'ın danışmanı Cüneyt Zapsu'nun eşi ve yengesinin "karma namaz" kılmasıyla başlamıştık.

Bölümü de Başbakan Recep Tayyip Erdoğan'ın en yakın arkadaşı işadamı Cihan Kamer'in eniştesi Ahmet Hulusi'yle bitiriyoruz...

Nedir Başbakan Erdoğan'ın, bu yakın çevresinin farklı İslam anlayışlarından/düşüncelerinden çektiği!..

AKP'li bir Sabetayist!..

Önce AKP kulislerinde fısıltıyla konuşulmaya başlandı:

"Recep Tayyip Erdoğan, İstanbul gibi bir kenti bir Sabetayist'e teslim etti!"

18. Belçika Anvers'in yıllık cirosu 23 milyar dolar. Pırlanta sektöründe 1 500 firma var. Dünyadaki ham elmasın yüzde 60'ı Anvers'ten geçiyor.
Türkiye'de mücevher denilince akla gelen ilk şirket Molu Mücevher. Molu'nun sahipleri Mehmet Sermet Molu ve İlhan Molu, Belçika'da jamaloji (değerli taşlar) eğitimi aldı.
Türkiye Molu ailesini, Necmettin Erbakan'ın oğlu Fatih'le, İlhan Molu'nun kızı Beyza'nın Çırağan Sarayı'ndaki düğünüyle duydu...

Sonra bir gün bu fısıltılar, *Vakit* gazetesiyle kamuoyuna duyuruldu.

AKP İstanbul İl Başkanı Dr. Alaattin Büyükkaya, bu gazetenin ifadesiyle yazarsak, "dönme"ydi. Yani Sabetayist'ti.

İslam çevreleri ilk kez AKP'den bir ismin Sabetayist olduğunu iddia ediyordu.

Kimdi Dr. Alaattin Büyükkaya?

1950 Tokat doğumluydu. İstanbul Üniversitesi İktisat Fakültesi'ni bitirdikten sonra İngiltere ve Fransa'da sigortacılık üzerine mastır yapmıştı. Dönüşünde, Başbakanlık Sigorta Denetleme Kurulu'nda çalışmış, daha sonra İmtaş Sigorta'da genel müdür yardımcılığı ve Aksigorta'da genel müdürlük yapmıştı.

Sonra kendi şirketi Merkez Sigorta'yı kurmuştu. TÜSİAD'a, Rumelili İşadamları Derneği'ne, İş Dünyası Vakfı'na ve Aydınlar Ocağı'na üyeydi. İngilizce, Almanca ve Fransızca biliyordu.

AKP kurucusuydu.

AKP İstanbul İl Başkanı Dr. Büyükkaya neden Sabetayist olmakla itham edilmişti?

Kendisi bu iddiaların nereden çıktığını şöyle yorumluyordu:

> Ben Sabetayist değilim, bunu net olarak söylüyorum. Aile olarak aslen Konya-Karamanlı'yız. Ailemiz Orhan Gazi zamanında Evlad-ı Fatihan olarak Selanik'e gönderilmiş. Annem ve babam orada doğup büyümüşler. Dedemler Selanik'te uçbeyi olarak görev yapmışlar. 1924'te tekrar geri dönmek zorunda kalmışlar. Müslüman-Türk ve muhafazakâr bir insanım.

Kuşkusuz Dr. Büyükkaya'nın dediğini doğru kabul etmek zorundayız. Değilse değildir. Ancak bu cümlede bazı karışıklıklar var.

Fatih Sultan Mehmed Karaman'ı 1466'da aldı. Eğer Dr. Büyükkaya'nın ailesi Karamanlı ise, Orhan Gazi döneminde değil, bu tarihten sonra Rumeli'ye gitmiş olabilirler. Dr. Büyükkaya tarihleri karıştırmıştı herhalde.

Keza... Annesi babası, Selanik'te doğup büyümüşler ve 1924 mübadelesiyle Türkiye'ye gelip 1950'de kendisini dünyaya getirmişlerdi! Dr. Büyükkaya, bir tıp mucizesi değilse, bu durum imkânsızdır. Tarihlerde bir karışıklık var.

Ayrıca... AKP'li Dr. Büyükkaya'nın "dönme" diye itham edilmesinin nedeni herhalde sadece anne ve babasının Selanik doğumlu olmasıydı.

Her Selanikli'nin "dönme" olarak yazılması doğru değildir. Evet,

Selanik nüfusunun çoğunluğu Yahudi'ydi. İkinci sırada Türk-Müslüman nüfus geliyordu. Sabetayistler bu ikinci grup içinde ne kadarını oluşturuyordu, bilemiyoruz. Ama Sabetayist olmayan Müslümanlar da vardı.

Her Selanik'ten geleni Sabetayist görmek hatadır.

Dr. Büyükkaya daha sonra AKP İstanbul il başkanlığından ayrıldı; AKP İstanbul milletvekili olarak Parlamento'ya girdi.

Millî Gazete'nin iddiasına gore adı Murat Başesgioğlu yerine Çalışma bakanlığı için geçiyordu.

Neyse...

Başbakan Erdoğan'ı fazla sinirlendirmeden bu bölümü kapayalım...

Yoksa, başbakan, Anti-Defamation League (Karalamaya Karşı Mücadele Birliği) adlı Yahudi örgütün başkanı Abraham Foxman karşısında mahcup duruma düşebilir...

Öyle ya, nedir bu İslamcı gazetelerin yayınları?

Sadece İslamcı yayınlar da değil; bakın 24 nisan 2003'te Uğur İpekçi, "Bir bilinmeyen: Bülent Arınç" adlı makalesiyle Haber Türk'te nasıl bir polemik başlattı.

Bülent Arınç, 1948 Bursa doğumlu. Dünyanın sola savrulduğu bir dönemde devrimci olmaması ilginç. Siyasal İslam'la nasıl tanıştığına ilişkin hiçbir bilgi yok.

Babası İbrahim Arınç, astsubay.

Annesi Sevdiye, ev kadını.[19]

İbrahim-Sevdiye çiftinin dört çocukları vardı: Ümit Doğay, Bülent, Kutlay, Yıldırım.[20]

Bülent Arınç'ın laik bir ailede, laik bir eğitim sisteminde büyüdüğü ortada. Çocukluğu Bursa ve Manisa'daki askerî lojmanlarda, kışlalarda geçti. Manisa Lisesi mezunu.

19. Biz de onomastik (isim bilim) olmaması, sosyal bilimler açısından büyük yoksunluktur. Sanatçı çift, Ayla-Beklan Algan'ın kızlarının adı "Sevi"dir. Yunus Emre sevgisinden dolayı kızlarına bu adı verdiklerini söylüyorlar. Doğrudur!
Bizde isim bilim yok, adların kökenlerini bilemeyeceğiz, ama merak ettiğim şu: Sevi, Sevim, Sevin, Sevinç, Sevgi, Sevig, Sevigen, Sevdiye vb adlar ne zamandan/kaçıncı yüzyıldan itibaren kullanılmaktadır? Bu isimler hakkında polemik yapılması doğru olmaz; kesinlik yoktur çünkü, bizde isimler daha çok öykünmeyle konulmaktadır.

20. Bülent Arınç'ın ağabeyi Prof. Dr. Ümit Doğay Arınç, Celal Bayar Üniversitesi'nin kurucu rektörlüğünü yaptı. Sonra YÖK tarafından görevinden alındı. Recep Tayyip Erdoğan döneminde İstanbul Büyükşehir Belediyesi'nde çalıştı.
Erdoğan'ın, ağabeyine yaptığı bu nazik davranış nedeniyle mi AKP'ye geçti acaba?
Bülent Arınç'ın diğer kardeşi Kutlay Arınç, Türkmenistan'da anahtar teslim tekstil fabrikası kurdu; bir müddet Sabancıların SASA'sında çalıştı; İstanbul sosyetesinin pek rağbet ettiği, New York, Barcelona, Dubai ve İran'da mağazaları olan Dilhan Tekstil'in ortağıydı...

1970'lerin başında, Ankara Üniversitesi Hukuk Fakültesi'nde okuyordu.

Üniversite bitince Manisa'ya dönüp serbest avukatlık yaptı.

Politikayla ilgilendi. O yıllar ailenin tek sağcısı, Millî Görüşçü'süydü.

Erbakan, kendisini oğlu gibi seviyordu.

Manisa MSP il başkanlığına seçildi.

Münevver Arınç'la evlendi.

Münevver Arınç Manisalı.

Manisa Kız Meslek Lisesi'ni bitirdi. Ardından Ankara'da üniversite bitirip öğretmen oldu.

Başı hep açık.

Kırşehir Kaman'da öğretmenlik yaptı.

Bu arada Manisa MSP İl Başkanı Bülent Arınç görücü usulüyle, Münevver'i babası İsmail Tay'dan istedi.

Münevver evlenmek istemedi, öğretmenliği çok seviyordu. Babası evlenmesi için baskı yaptı. Boyun eğdi.

Evlendiler.

Kocasının Münevver'den iki isteği oldu:

Bir: Örtüneceksin. İki: Çalışmayacaksın.

Münevver yine boyun eğdi.

Benim gelmek istediğim nokta burası değil...

Bülent Arınç'ın kimliği benim kafamı sürekli karıştırmıştır.

Hep düşünürüm: Bülent Arınç, ABD askerinin Türkiye'de konuşlanmasına izin veren tezkerenin Meclis'ten çıkmaması için elinden geleni yapmıştır. ABD'lilerin Türkiye'nin gözüne soka soka İskenderun'dan Kuzey Irak'a silah taşıması karşısında, "Tüylerim diken diken oluyor" deme yürekliliğini göstermiştir.

Kerkük-Kıbrıs konusunda ABD ve AB'yi eleştiren sert demeçler vermiştir. Tüm bunların altına ben de imza atarım. Peki arkadaş, siz Recep Tayyip Erdoğan'ın, Abdullah Gül'ün AKP'yi kurmadan önce ve sonra ABD ve dolayısıyla Yahudi lobisiyle dirsek temasında olduğunu bilmiyor muydunuz?

AKP için kimden icazet alındı? Bal gibi biliyordunuz. Necmettin Erbakan daha AKP kurulmadan önce, Balgat'taki evinde sohbet toplantıları düzenleyip bunları size uzun uzun anlatmadı mı? Anlattı. Hadi bundan vazgeçtim. Recep Tayyip Erdoğan'ın danışmanlarının ilginç ilişkilerinden bihaber olamazsınız. Bu konuda Bülent Arınç neden sessizdir? Soruyorum size, türban sorunu bu ülkenin bağımsızlık sorunundan daha mı önemlidir? Daha mı ivedidir? Bile bile türbanı neden hep gündeme getiriyorsunuz? Ya hâlâ "taşralı politikacı" kimliğinizden kurtulamıyorsunuz ya da işin içinde başka işler var! İkinci olasılık daha ağır basıyor gibi...

Diyorum ya, Bülent Arınç kimliği benim kafamı hep karıştırmıştır: Örneğin Bülent Arınç Türk müdür? Bilmiyorum. Bildiğim Türkçe sözlükte "arınç" diye bir sözcüğün olmadığı. Manisa'da Türk-Müslüman nüfus çoğunluğu 1912 Balkan Savaşı ve onu izleyen yıllardan sonra oluşmuştur. Mübadelede tam 3 662 aile Manisa'ya yerleştirildi; Manisa, en çok mübadil yerleştirilen yedinci şehirdi. Arınç ailesi kaç yıldır Manisalı'dır? Yalçın Küçük, Bülent Arınç'ın Sabetayist olduğunu düşünüyor...

Bülent Arınç hangi tarikata mensuptu? Mesir macununun mucidi Denizlili Merkez Efendi'nin "yolundan yürüyüp" Halvetî tarikatına girmiş olabilir mi? Sabetaycıların, Mevlevî-Bektaşî-Melamî-Nakşibendî gibi Halvetî tarikatına girdiği biliniyor. Kafamı karıştıran bir başka haberi de sizinle paylaşmak istiyorum.

Türk Solu dergisi (30 aralık 2002), Doç. Dr. Necip Hablemitoğlu'nun öldürülmeden bir hafta önce Eskişehir'de yaptığı konuşmasında, Bülent Arınç'ın, Kürt devleti istediği bir konuşmasının kasedini yakında açıklayacağını söylediğini yazdı.

Bu makaleden üç hafta sonra Bülent Arınç, makalenin çıktığı Haber Türk'ün "Basın Kulübü" programına katıldı.

Gazetecilerin, "Siz Sabetayist misiniz?" sorusuna, sert tepki gösterdi ve Sabetayist olmadığını söyledi.

Biz, Bülent Arınç'ın söylediğine inanıyoruz...

Uğur İpekçi, 14 mayıs 2003 tarihinde Bülent Arınç'a yine Haber Türk'teki köşesinden yanıt verdi:

> TBMM Başkanı Bülent Arınç'ı Haber Türk'teki Basın Kulübü'nde izledim. Sayın Arınç, üç saati aşkın program esnasında sadece bir kez sinirlendi; o da, "Siz Sabetaycı (Yahudi dönmesi) bir aileden mi geliyorsunuz" sorusu yöneltildiğinde. Niye bu kadar sinirlendiğini ben pek anlayamadım. "Değiliz" deyip tartışmayı bitirirdi. Onun yerine başka sözler söyledi. Ve hep sinirli konuştu... Bülent Arınç'ın bizim makalemiz hakkında, danışmanlarının dava açmak için gerekli izni istediklerini ancak kendisinin vermediğini de öğrenmiş olduk. Tekrar soralım: Ne oluyor yahu? Bu ne şiddet bu celal? Bir insana Sabetayist olduğunu söylemek ne zamandan beri suç?
>
> Film karesi gibi:
>
> – Bayım, siz Gregoryen misiniz?
>
> – Ne, hemen sizi mahkemeye veriyorum!

Komik bile değil...

Geçelim, diğer söylediklerine... Bülent Arınç söyleşi sırasında bir konuya da açıklık getirdi: "Arınç" soyadının Türkçe sözlüklerde olduğunu söyledi. Yanıt veriyorum: Vallahi de yok, billahi de yok! Osmanlıca'da da yok! Biz sadece soyadından mı yola çıkarak Sayın Arınç'ın Sabetaycı bir aileden gelebileceğini söylüyoruz. Hayır! Bülent Arınç diyor ki, "Biz aslında Manisalı değiliz, baba tarafı Bergamalı, annem ise Alanyalı." Bilgi notu: "Bergama (Pergame): milattan 130 yıl önce bu şehirde bir Yahudi cemaati vardı. Küçük Asya'daki diğer Yahudi cemaatleri gibi Bergama da Kudüs'ün kutsal mabedine yardım gönderirdi. Alaiye: Roma devrinde Alaiye'de (şimdiki Alanya) bir Yahudi cemaati vardı ve Kıbrıs Yahudi cemaatiyle ilişkide bulunurdu. Küçük Asya'da Manisa da dahil olmak üzere 46 Yahudi yerleşim yeri vardı. 1492'de İspanya'dan gelen Yahudilerin (Sefarad) büyük çoğunluğu bu merkezlere yerleştirildi." (Avram Galanti, *Türkler ve Yahudiler.*) Minik bir örnek daha: "Bergama'da 1819 yılında 30 Yahudi aile yaşıyordu. 1908 yılında Bergama'da 297'si kadın, 308'i erkek olmak üzere 605 Yahudi yaşıyordu. 1927 yılında Yahudi nüfusu 852'ye yükseldi. 1905 tarihli Maarif Salnamesi'ne göre, İzmir sancağına bağlı kazalar arasında sadece Tire ve Bergama'da birer Yahudi okulu bulunmakta idi. Bergama'daki 1868 yılında kurulmuştu." (Siren Bora, *İzmir Yahudileri Tarihi.*)

Son alıntı:

"F. W. Hasluck, dönmeler hususunda bize şunları anlatıyor: Konunun tuhaflığı bakımından Bergama civarında Trahalla köyünde yaşadığı söylenen bir Krypto Yahudi cemaatini zikrediyorum. Bu köyü Mac Farlane 1828-29'da ziyaret ediyor; anlattığına göre, sakinlerin fizikî tipleri bunların Yahudi kökenlerini açığa vuruyor ve dıştan Müslüman olmalarına rağmen, cumartesiyi tatil günü yapıyorlar. Biz bunların İzmir'in dönme cemaatinin, muhtemelen Bergama çevresinin XVIII. yüzyılda Karaosmanoğlu ailesinin idaresindeki mamuriyetinin cezbettiği bir bölüğü olduğunu tahmin ediyoruz." (Burhan Oğuz, Türk ve Yahudi Kültürlerine Bir Mukayeseli Bakış.) Türk beyliği olarak bildiğimiz Germiyan Oğulları prens isimlerinin çoğunun Tevrat kökenli olmasının sebebi nedir?

Şeyh Bedreddin'in sağ kolu Torlak Kemal, Manisalı bir Yahudi'ydi...

Tüm bunlar Bülent Arınç'ın Sabetayist ya da İbranî kökenli olduğunu göstermez. Bu olgular bizim bir gerçeğin peşinde koştuğumuzun delilidir sadece. Bülent Arınç sıradan biri olsa, onun ne siyasal kimliği, ne dini, ne de ırkı bizi ilgilendirirdi. Türban sorununu kasıtlı olarak Türkiye gündemine getirdiğini iddia ediyoruz. Ve bunun nedenini arıyoruz. Arayışımız buna yöneliktir. Bir kez daha yazıyorum: Çıkar ve açıkça, "Arınç ailesi Sabetaycı değildir" deseydi tartışma son bulurdu. TBMM Başkanı Arınç'ın öfkelenmeye hakkı yoktur. Hele hele dava açma tehdidini savurması anlamsızdır.

Ayrıca, Sabetayist iddiası TBMM başkanını niye bu kadar öfkelendiriyor? Sabetayistler TC vatandaşı değil midir? Sabetaycılığı küfür olarak mı algılamaktadır? Ya da öyle mi görünmek istemektedir? Hangisi doğru? TBMM Başkanı Bülent Arınç, Türk'ün, Kürt'ün, Rum'un, Ermeni'nin, Yahudi'nin, Sabetayist'in, Hıristiyan'ın hepsinin temsilcisidir. O halde bu öfke, bu tehdit niye? Sabetayist meselesinde hassas olan Bülent Arınç'ın, "Sabetaycıların okulu" olarak bilinen Fevziye Mektepleri'nde bir sergi açılışı yapmasına ne buyrulur?

Dediğim gibi: Bülent Arınç çıkar, ailesinin Sabetayist olmadığı açıklamasını yapar ve tartışma son bulur. Bizim ne Yahudi ne de Sabetaycı vatandaşlarla bir sorunumuz olabilir. Üstelik içlerinde çok özel dostlarımız bulunmaktadır. Aralarında örnek aldıklarımız, gurur duyduklarımız vardır. Biz, Türkiye'yi vatan bilen herkesle dost kalmak için elimizden geleni yaparız...

Makale böyle.

Bülent Arınç Sabetayist mi, bilemeyiz. Olmadığını söylüyorsa, doğrudur.

Mesele zaten bu değil. Mesele, Sabetayist/İbranî "dönmesi" bir ailenin dünden bugüne, tarihsel süreç içerisinde toplumsal hayattaki konumlanışını (örneğin, siyasî görüşlerinin değişimi) vb görebilmektir.

Hep söylemeye çalışıyoruz:

"Osmanlı o kadar hoşgörülüydü ki, 1492'de İspanya'dan kovulan Yahudilere kapısını açtı" cümlesini aşamayan, çocukça değerlendirmeler yapılıyor hâlâ.

Gelen Yahudi sayısının 800 000 olduğu tahmin ediliyor. (Özdemir Nutku, *IV. Mehmet'in Edirne Şenliği*, 1972, s. 14.) Bu dönemde İstanbul 44 sinagogu ve 30 000'i bulan Yahudi nüfusuyla Avrupa'nın en kalabalık Yahudi cemaatini barındıran şehri haline gelmişti.

Peki bu kadar çok nitelikli işgücü bizim kültürel, iktisadî ve siyasî hayatımızı nasıl etkiledi?[21]

21. A. Einstein, S. Freud, A. Adler, K. Marx, B. Spinoza, E. Durkheim, G. Bizet, F. Mendelssohn, J. Pissarro, G. Segal, M. Chagall, S. M. Ayzenştayn, W. Allen, İ. Ehrenburg, F. Kafka, A. Miller, H. Pinter, Y. Menuhin gibi bilim adamı, sanatçı, edebiyatçı bizim topraklardan çıkmış bir entelektüel Yahudi gösterebilir misiniz? Peki niye yok? Bizim topraklarımızda yaşamış ve sonra, başka ülkeye gidip dünyaca ünlü bir isim olan Yahudiler var, ama bizim topraklarda yok. Neden? Bu bile araştırılıp değerlendirme yapılacak bir konu değil mi? Üstelik, sürekli sosyete dergilerinde boy gösteren bizim Yahudilere ders olur!

Gershom Scholem bir tespitte bulunuyor:

> Kovuluşa kadar zahidlerin (elitlerin) zikri olan Kabala, kovuluş ertesinde halka inmiştir. (*Sabetay Sevi Mesih mi, Sahte Peygamber mi?* 2001, s. 30.)

Ne benzerlik, tıpkı bizim, Mevlevîlik, Bektaşîlik, Melamîlik gibi...

Scholem, kovuluştan sonra Kabala'nın XVI. yüzyılda zirveye çıktığını söylüyor ve ekliyor: Kovuluş travması, Kabala'nın Mesihçi düşüncesiyle birleşip, Sabetay Sevi sendromuna neden oldu!

Ekleme yapmalayım: İspanya'dan kovulanlara kapılarını açan sadece Osmanlı değildi; Fransa da göçmen Yahudileri kabul etti.

Ama, XVI. yüzyılda Fransa Yahudilerini kovdu! Binlerce Yahudi Katolik oldu.

Bu arada Katoliklerden, İspanya'dan sonra ikinci büyük darbeyi Fransa'dan yiyen Yahudiler, Ortodokslardan sonra Katoliklerden de uzaklaştılar; Hıristiyan dünyasında tek yakınlığı Protestanlarla kurucaklardı...

Tüm bu travmaların Osmanlı Yahudilerini etkilememesi söz konusu değildi; Sabetay Sevi meselesine bu acıdan da bakılabilirdi.

Sonuçta, teologlar, müzikologlar, siyaset bilimcileri, antropologlar, felsefeciler, sosyologlar, yazarlar, gazeteciler, sanatçılar, bu anlatılanlar bizim tarihimiz...

Mesele salt Yahudi tarihi değil; Osmanlı tarihi, insanlık tarihi.

Artık geçmişimize yeni bir tarih kurgusuyla bakmak zorundayız.

Yahudi doktrinine göre, Yahudi tarihi olmayan bir dünya tarihi olamaz!

Ama bizde var! Niye?

Bu belirsizliğe bir son vermek gerekmiyor mu?.. Söylemeliyiz: Yahudi'yi bizim tarihimizden Yahudilerin çıkardığını düşünüyoruz!

Evet. "Tarih belirli aralıklarla yeniden yazılmalıdır."

Büyük düşünür Goethe, "Bu yalnızca yeni olgular ortaya çıktığı için değil, zamanla bakış açıları değiştiği için" diye de ekler...

Bizden bir şiirle nokta koyalım bu bilime:

İttihatçı memurlar
darbeci zabitler
ve mektepliler
elenerek hakiki bir zaman sarraflığından
doğru değerlendirilmeli Osmanlı
doğru değerlendirilmeli düvel

çıkarılan sonuçlar görülmeli herkesçe müşahhas[22]
bir denizden mutasarrıf levantenler gibi
karşı çıksa da
Askeriye paşaları
Perili komprador
ve işbirlikçi eşhas[23]

Murathan Mungan
(Osmanlıya Dair Hikayat)

22. Müşahhas: belirgin, somut.

23. Eşhasi şahıslar, kişiler.

Altıncı bölüm

Sabetayistlerin kontrolündeki dergâh

İstanbul Üsküdar'da, Bülbüldere-Bağlarbaşı ile Selanikliler Sokağı arasında bulunan Bülbülderesi Mezarlığı hakkında, çeşitli kaynaklarda, "Sabetayistlerin mezarlığı" diye yazılmaktadır.

Doğrudur.

Ama buranın tümüne "dönmelerin mezarlığı" demek doğru olmaz; arazinin eğiminin arttığı üst taraftaki 1. adada bulunan mezarlar Sabetayistlere aittir.

> (Zaten buradaki mezarlar) konumları ve biçimsel özellikleri bakımından yalnızca bu mezarlıktakilerden değil, İstanbul'un bütün mezarlıklarından ayrılan özellikler göstermektedir. XIX. yüzyılın sonlarından günümüze kadar olan zaman dilimini kapsayan, oldukça pahalı mermerden mezarlar, Güney Avrupa mezarlarında olduğu gibi çeşitli motiflerle (kesilmiş sütunlar, üzeri örtülmüş kül vazoları, açılmış kitap gibi kitabeler vb) süslenmiştir. Ayrıca dik yamaçlara büyük bir özenle teraslanarak oturtulan mezarlar, burada İstanbul'un hiçbir mezarlığında olmayan bir etkinin söz konusu olduğunu da göstermektedir. (Hans Peter Laqueur, *İstanbul'da Osmanlı Mezarlıkları ve Mezar Taşları*, 1997, s. 16.)

Yani aslına baktığınızda burası salt bir "dönme mezarlığı" değildi; sadece bir bölümünde Sabetayistler vardı; tıpkı Karacahmet, Feriköy ve Zincirlikuyu mezarlıklarının bir bölümünde olduğu gibi...[1]

1. Alman Türkolog Hans Peter Laqueur, *İstanbul'da Osmanlı Mezarlıkları ve Mezar Taşları* adlı çalışmasında Edirnekapı Mezarlığı'nda karşılaştığı bir mezar taşını şöyle yorumluyor:
"Türk-İslam mezarlarında çoğunlukla dik duran mezar taşlarına karşılık bu mezarın taşı, Yahudi mezarlıklarındaki gibi mezarın üzerinde bulunmaktadır. Taşın üzerindeki ya-

Ama, bizim konumuz Bülbülderesi Mezarlığı.

Bülbülderesi Mezarlığı'ndaki kabirleri incelediğinizde, en eski mezar taşlarının, 1914 İsmail Halil, 1915 Abdurrahman Tevfik Kalyoncu, 1920 Osman Barda, 1922 Felek Ali Bengisu, 1928 Hüsnü Cezzar adlı kişilere ait olduğunu görüyoruz.

Latin harfleri 1928 kabul edildiğine ve Soyadı Kanunu da 1934'te çıktığına göre mezar taşlarının sonradan yenilendiğini düşünebiliriz.

Çok acı verir buradaki mezar taşlarında yazanlar:

"Sakladım, söylemedim derdimi, gizli uyuttum..."

İkili yaşamın zorluğudur bu.

Bülbülderesi Mezarlığı ne zamandan beri Sabetayistler'in mezarlığıydı?

Biliyoruz ki, Sabetayistler İstanbul'da Şişli-Nişantaşı'nda oturuyor. Neden o semte yakın bir mezarlık değil de, karşı kıyıdaki bir bölgeyi mezarlık olarak seçtiler?

Kutsal Talmud'a göre Mesih bülbüllerin sesine gelecek. Ve inanç o ki, Mesih tekrar geldiği zaman bülbüller şakıyacak ve tüm ölülerin ruhları ayağa kalkacak.

Mesih kimdi; Sabetay Sevi!

Yani, Sabetay Sevi, dünyaya tekrar Mesih olarak döneceği zaman, bülbül seslerinin olduğu yere gelecekti.

Peki mesele sadece "isim" miydi? Yani, Mesih Sabetay Sevi, Bülbülderesi Mezarlığı'na ismi nedeniyle mi gelecekti?

Yoksa isme değil de, bülbüllerin öttüğü yere mi gelecekti?

Aksi takdirde işin özü isim olsa, Cumhuriyet kadroları içinde hayli güçlü konumda olan Sabetayistler, Nişantaşı'na yakın bir mezarlık bulup adına da "Bülbül Mezarlığı" diyebilirlerdi.

Yani, konu isim değil!

Peki, bugün Bülbülderesi Mezarlığı'nda bülbüller ötüyor mu?

Üzücü bir haberim var; maalesef, araba kornalarından ürküp hepsi kaçmış!

zılar bir Yahudi yıldızının üzerine iki dilde birden yazılmıştır:

'Odesada Mütevellinden/Mühtediye/Fatma Hanım/binti Müteveffa/Avramın Ruhuna Fatiha/Tevellüdü 1881/Vefatı 16 Mayıs 1930.

'Hier ruht/FRAU CHANE/Tochter v. Abraham ben Itzchok/aus Odessa/gest.im. Alter v. 49 Jahren 16 Mai 1930/ Ruhe Sanf.'

Kitabenin ilk yarısında, ölen kadının din değiştirerek sonradan Müslüman olduğu (mühtediye) ve Odesa'daki dinî bir vakfın mütevellisi bulunduğu belirtilirken, Almanca yazılı ikinci yarısında adının İbranîcesinin belirtilmesi arasındaki çelişki dikkat çekicidir." (s. 27.)

Belge-kaynak sıkıntısı çeken akademisyenler için mezar taşları tarihî bir zenginliktir; Yalçın Küçük'ün dediği gibi: "Mezar taşları okunmadan Türkiye'de tarih yapılamaz." Kâmil Akarsu'nun *Celvetiye Tekkelerinde Bulunan Mezar Taşları ve Kitabeler* kitabı da yararlandığımız başarılı çalışmalardandır.

Sorularımızı sürdürelim: Bülbülderesi Mezarlığı'nın adı ne zaman konulmuştu?

Bu sorunun yanıtını bilen bir kişiye ulaşamadık! Ama Talmud'a göre Mesih bülbül sesine gelecekse ve mezarlığın adı "Bülbülderesi" ise, bu ismi kimlerin koyduğu belli...

Peki, Osmanlı döneminde Sabetayist mezarlığı/mezarlıkları var mıydı?

Bu soru, Sabetayistlerin tarikatlar ve dergâhlarla ilişkisinin bir başka sebebini bize gösterebilir mi?

Şöyle:

Osmanlı döneminde defin işlemi Cumhuriyet Türkiyesi'nde olduğu gibi birtakım yasal, bürokratik işlemlere tâbi değildi.

Tarikatların özel mezarlıkları vardı. Örneğin, Selanik'teki Mevlevîhane'nin hemen yanında dergâhın mezarlığı bulunuyordu.

Önceki sayfalarda okudunuz; bugün Boğaziçi Üniversitesi kampüsü içinde bulunan Nafi Baba Tekkesi'nin bahçesinde de mezarlık vardı.

Keza, Sabetayist Mevlevî Mehmed Esad Efendi, Kasımpaşa Mevlevîhanesi haziresine defnedilmişti.

Şimdi yavaş yavaş asıl konumuza geliyoruz:

Bülbülderesi Mezarlığı'nın, Osmanlı döneminde bir dergâh mezarlığı olması büyük ihtimal. Mezarlık büyük olduğundan mı, yoksa araya hatırlı isimlerin girdiğinden mi bilinmez, Cumhuriyet özellikle tekke ve zaviyeleri kapattıktan sonra, dergâhlara defin işlemleri durdu. Bülbülderesi Mezarlığı'nı "dergâh mezarlığı" statüsünden çıkardı.

Bülbülderesi, genel Müslüman mezarlığı sınıfına sokuldu.

İz üzerindeyiz.

Girişinde "Asadar Baba Türbesi" bulunan Bülbülderesi Mezarlığı hangi dergâhın mezarlığıydı?

Burada bir alıntıya ihtiyacımız var.

Alıntıyı, Bülbülderesi Mezarlığı'nda büyük dedesi Şemsi Efendi'nin de anıtmezarı bulunan Ilgaz Zorlu'dan yapalım:

> Sabetaycıların din değiştirmeleri sonrasında İstanbul'da yaptıkları ilk eylem, zamanın Halvetî Dergâhı pirlerinden olan ve bugün Üsküdar'da yatan Aziz Mahmud Hüdayî'nin tekkesinin yapılışında maddî destek sağlamalarıdır. Bunun ana nedeni uzun bir süre Sabetaycıların bu dergâha devam etmeleriydi. (...) Yine Bülbülderesi Mezarlığı'nın girişinde yer alan Fevziye Hatun Camii de Sabetaycı aileler tarafından yaptırılmıştır. (*Evet, Ben Selanikli'yim*, 1998, s. 41.)

Gördünüz mü; karşımıza ne çıktı?

Şeyh Aziz Mahmud Hüdayî Yahudi kökenli değildi herhalde!

O halde, Bülbülderesi Mezarlığı ile Aziz Mahmud Hüdayî'nin nasıl bir ilişkisi vardı?

Aziz Mahmud Hüdayî'nin yaşamöyküsüne bakarak bu sorulara yanıt bulmaya çalışalım...

İlhan İrem'in İtalyan büyükdedesi

Aziz Mahmud Hüdayî'nin ailesi hakkında pek bilgi yok.

Seferihisar ya da Şereflikoçhisar doğumlu olduğu yazılıyor.

Doğum tarihi olarak 1541, 1542 ve 1543 yılları veriliyor.

Ailesi hakkında tek bilgi, babasının adının Fadlullah bin Mahmud olduğu.

Aziz Mahmud Hüdayî küçük yaşında babasıyla birlikte İstanbul'a geldi.

Dönemin önemli ilim merkezlerinden, İstanbul Küçükayasofya Medresesi'nde hocası Nazırzade Ramazan Efendi'den "zahirî ilimler" alırken, Halvetî şeyhi Filibeli Nureddinzade Muslihiddin'in sohbetlerinde ruhunu zenginleştirdi.

Eğitimini tamamladıktan sonra, hocası müderris Nazırzade Ramazan Efendi'nin yanında muitlik (müderris yardımcılığı) görevine getirildi. Hocasının tayinleri nedeniyle, onunla birlikte Edirne, Mısır ve Şam'da bulundu.

1573'te Bursa Ferhadiye Medresesi müderrisliği ve Cami-i Atik Mahkemesi naipliği (kadı vekilliği) görevini üstlendi.

Hocasının vefatından bir yıl sonra, otuz altı yaşında Bursa'da kadılık yaparken, gördüğü bir rüyanın etkisiyle memurluk görevinden ayrılıp, Hacı Bayram Veli'nin halifelerinden Mukad Hızır Dede'nin halifesi, Bayramî şeyhlerinden Muhyiddin Üftade'ye (öl. 1580) bağlandı.

"Hüdayî" mahlasını, hilafetnamesini aldığı şeyhi verdi.

Niye bu mahlası vermişti acaba?

Tevrat'ın Aramca çevirisi Targum'da "Hüdayî", "Yahudi" demekti, ama onunla bir ilgisi yoktu herhalde.

"Hüda" Osmanlıca'da, "doğru yolu gösterme; Tanrı; Kutsal Kitap" anlamlarında kullanılıyordu. Sanıyoruz, bu daha akla yakın...

Aziz Mahmud Hüdayî, İstanbul'daki öğrenciliği döneminde, sohbetlerine gittiği Filibeli Nureddinzade Muslihiddin Efendi'den Rumeli kökenli Halvetîliğin Melamî-meşrep tasavvuf anlayışını öğrenmişti. Ayrıca, gittiği Mısır'da, Halvetî tarikatının Demirtaşîlik koluna mensup Kerimüddin Halvetî'nin etkisinde kalmıştı.

Bursa'da ise, dönemin ünlü din âlimlerinden Şeyh Üftade sayesinde Bayramîliğin etkisinde kaldı.

Sonraki yıllarda kurduğu Celvetîlik, tasavvuf tarihinde Bayramîliğin bir kolu olarak yazılsa da, aslında o, Rumeli Halvetîliği ile Anadolu Bayramîliğini kaynaştıran yeni bir tasavvuf ekolü yaratmıştı.

Aziz Mahmud Hüdayî, 1580'de İstanbul'a döndü. Küçükçamlıca'da kendisine çilehane yaptırdı ve burada bir süre inzivaya çekildi.

Celvetiye Dergâhı'nın ilk yeri, İstanbul'daki ilk merkezi olan Küçükayasofya oldu. Burada sekiz yıl postnişin olarak kaldı. Daha sonra inşaatı biten Üsküdar'daki Celvettiye Asitanesi'nin başına geçti.

Yirmi yıl padişahlık yapan Sultan III. Murad başta olmak üzere, devrin önde gelen şahsiyetleriyle; Sadrazam Halil Paşa, Dilaver Paşa, Şeyhülislam Hoca Sadeddin Efendi, Şeyhülislam Hocazade Esad Efendi, Okçuzade Mehmed Efendi, Nevîzade Atayî Efendi'yle yakın dostluklar kurdu.

Sultan I. Ahmed,[2] Aziz Mahmud Hüdayî'yi o kadar sevmişti ki, bugün Ümraniye semtinin bulunduğu toprakları ona bağışladı! Cumhuriyet dönemine kadar, sınırı Bulgurlu'ya varan bu bölge, vakfın malı olarak kaldı.

Şeyh Hüdayî'nin, Osmanlı siyasî otoritesiyle kurduğu ilişkinin iki temel dayanağı vardı. Birincisi, Osmanlı'nın karşılaştığı sorunlarla ilgili bulduğu çözüm önerilerini mektuplarla padişahlara iletmesiydi!

Örneğin, Sultan III. Murad'a yazdığı mektupta, "Deden Kanunî Sultan Süleyman nasıl Istranca'dan su getirip İstanbul halkını suya kavuşturduysa, sen de Bolu ormanlarından odun getirip bu kış İstanbul halkına tevzi et" diyordu.

İkincisi ise, padişahların rüyalarını yorumlamasıydı! Bu rüya yorumları kimi zaman önemli devlet kararlarının alınmasında etkili olmuştu!

Sultan I. Ahmed rüyasında, Avusturya imparatoruyla güreşe tutuşmuş, fakat sırtüstü yere düşerek, tuş olmuştu!

Aziz Mahmud Hüdayî bu zorlu rüyayı şöyle yorumladı:

"Alahüteala insan vücudunda arkayı, cansız mahluklarda ise toprağı, en kuvvetli olarak yarattı. İnsan ile toprağın birbirine değmesi, bu iki kuvvetin bir araya gelmesi demektir. Böylece, pa-

2. Günümüzde, Süleyman Demirel'e ait olduğu düşünülen, "Dün dündür bugün bugündür" sözünü Osmanlı'da ilk kullanan Sultan I. Ahmed'di.

dişahımızın arka üstü yere yatması ile bu iki kuvvet birleşmiştir. Dolayısıyla bu rüyadan İslam'ın temsilcisi olan padişahımızın küffara karşı zafer kazanacağı anlaşıldı."

Bu rüya tabirciliği işi, zamanla Celvetiye müritleri arasında yaygınlaşacak, gelenek haline dönüştürülecekti...

Sultan IV. Murad'a kılıç kuşatacak kadar Osmanlı merkezî yönetimiyle yakın olan Aziz Mahmud Hüdayî'nin asitanesi kısa sürede İstanbul'un en önemli kültür merkezi haline geldi.

1628'de bugünkü Aziz Mahmud Hüdayî türbesinin bulunduğu yerde vefat etti.

Aziz Mahmud Hüdayî'nin, tasavvuf konulu şiirler ile ilahilerden oluşan *Divan*'ı olmak üzere, yirmiden fazla Türkçe ve Arapça eseri vardır.

Kim umar senden vefayı
Yalan dünya değil misin?
Muhammed ül-Mustafa'yı
Alan dünya değil misin?
Kimisini nalan edip
Kimisini giryan edip
Âhirikâr üryan edip
Soyan dünya değil misin?
İşin gücün daim yalan
Çok kişiden arta kalan
Nice kere boşalarak
Dolan dünya değil misin?..

Sonuç:

Görüldüğü gibi, Aziz Mahmud Hüdayî'nin bizzat kendisinin, Sabetayistlerle hiçbir ilgisi yoktu. Aziz Mahmud Hüdayî doksan iki yaşında vefat ettiğinde Sabetay Sevi henüz daha iki yaşındaydı.

Araştırmanın dibi yoktur: "Tamam Sabetayist olamaz ama, belki Yahudi kökenlidir!"

Konuyu dağıtmayalım, mesele Aziz Mahmud Hüdayî'nin Yahudi kökenli olup olmadığı değil; Sabetayistlerin bu dergâha neden, nasıl girdikleri!

Bu nedenle Şeyh Hüdayî'nin kurduğu "Celvetiye tarıkatı"nın felsefesine, ritüellerine bakmamız daha doğru olur...

Sabetayistler, Aziz Mahmud Hüdayî'yle aynı dönemde yaşamamışlardı.

Anladık. Peki, aynı yoldan yürüdüklerini söyleyebilir miyiz?

Yani, "felsefî birlik-ritüel yakınlık-motif benzerliği" var mıydı?

Bakalım...

Hüseyin Vassaf'a göre Aziz Mahmud Hüdayî'nin tasavvuf yolu, "Şeyh Ekber'in yolu"ydu. (*Sefine-i Evliya*, 1999, cilt 2, s. 640.)

Şeyh Ekber'i artık biliyorsunuz:

Aziz Mahmud Hüdayî gibi birçok mistik düşünürün feyz aldığı, Endülüslü Muhyiddin Arabî'ydi.

Teori böyle olabilir ama pratik farklıydı.

Ya da şöyle diyelim: Aziz Mahmud Hüdayî, diğer bölümlerde tanıdığımız Vahdet-i Vücudcular gibi "radikal" değildi. Şeyh Ekber onun için sadece bir tasavvuf büyüğüydü, o kadar.

Çünkü:

O dönemde hem Osmanlı Sarayı'yla iyi ilişkiler kurup hem de "devlet düşmanlarıyla" aynı düşüncede olmak biraz zordu.

Aksine, Aziz Mahmud Hüdayî, Celalî İsyanları'nın bastırılması için, Alevî-Bektaşî köylerine Sünnî imam atanmasını teklif edecek kadar "gözü kara" bir din adamıydı!

Kuyucu Murad Paşa'yla birlikte, Canbuladoğullarını, Kalenderoğullarını yok eden, binlerce insanın kılıçtan geçirildiği "Doğu Seferi"ne katılmıştı.[3]

Şeyh Hüdayî, Vahdet-i Vücud anlayışına bağlı kalmış, ancak onu Sünnîleştirmişti:

> Hüdayî, Vahdet-i Vücud'u, şeriata uygun bir tarzda kabul eder; zahitliği (dinin yasak ettiğinden sakınıp, buyurduklarını yerine getirmeyi), tarikatın esası bilir. Simavna Kadısıoğlu Bedreddin'in ve onun yolunu tutanların şiddetle aleyhindedir, bu hususta padişaha verdiği bir arîzada (dilekçede), olmayan şeyleri de, kendisinin de bir aralık aralarına girmiş olduğunu söyleyerek oluyor gösterip onları töhmetlemekten (suçlamaktan) çekinmez. (Abdülbâki Gölpınarlı, *Türkiye'de Mezhepler ve Tarikatlar*, s. 236.)

Sanırım, Gölpınarlı bu konuya son noktayı koydu:

Şeyh Hüdayî, Muhyiddin Arabî'nin düşüncelerine "mesafeli"ydi.

Eee, Sabetayistler ile Aziz Mahmud Hüdayî'nin "ortak noktası" neydi peki?

Devam edelim, belki bir şeyler buluruz...

3. Sultan I. Ahmed tarafından 1604 yılında İran'a sefere gönderilen ve Urmiye'de büyük bir bozguna uğrayan Sadrazam Cigalazade Yusuf Sinan Paşa aslen Cenovalı/İtalyan'dı. Asıl adı Scipione di Cicala'ydı ve 1544 doğumluydu. *Tarih ve Toplum* dergisinin 9 eylül 1984 tarihli sayısında Halil Erenoğlu imzalı mektupta, sanatçı İlhan İrem'in, Cigalazade'nin torunu olduğu belirtilerek, "müzik yeteneği belki İtalyan kanından" geliyor denmekteydi.

İki ülke iki şeyh

Aziz Mahmud Hüdayî, Halvetîlik'le yola çıkmış, Bayramîliği benimsemiş ve "Halk içinde Hak'la birlikte olmak" anlamına gelen "celvet"i esas alan "Celvetiye tarikatı"nı kurmuştu.

"Kulun, Tanrı'nın varlığında yok oluşu" anlamına gelen "celvet" düşüncesini, Şeyh İbrahim Zahid Gilanî (öl. 1300) geliştirecek, ama Celvetiye tarikatını Aziz Mahmud Hüdayî kuracaktı.

Bursalı İsmail Hakkı'ya göre, "Celvetiye tarikatı İbrahim Zahid Gilanî devrinde hilal, Üftade zamanında yarımay, Hüdayî asrında ise dolunay durumundadır."

Tarikat kuşkusuz Sünnî'ydi.

Entresandır:

Şeyh İbrahim Zahid Gilanî, İran'da Safevi tarikatının kurucusu Şeyh Safiyüddin İshak Erdebilî'nin (1252-1334) hocasıydı. Ve aynı zamanda damadıydı.

Yani, "toprağa tohumu atan" Şiî'ydi.

Ama bir açıklaması vardı:

İddialarına göre, Safevî tarikatı sonradan Şiîleşmişti. Ayrıca, ne Safiyüddin Erdebilî ne de aynı soydan geldiği söylenen Şeyh Cüneyd-i Bağdadî (öl. 910) "seyyid"di. Bunu Safevî tarihçiler uydurmuştu!

Bizim tarihimiz böyle "ikirciklerle" doludur; konu Safevîler olunca "seyyid" olmayanlar, mesele Osmanlı'yla ilgili olunca "seyyid" yapılıveriyor!

Şöyle ki:

Cüneyd-i Bağdadî Safevî tarihi ele alındığında "seyyid" değildi.

Öte yandan, konu Aziz Mahmud Hüdayî olunca işler değişiyordu.

Şeyh Hüdayî'nin aile sicili Cüneyd-i Bağdadî'ye dayandığından dolayı, Hz. Ali soyundan geldi iddia ediliyor ve "seyyid" olduğu söyleniyordu!

İslam tarihi, ne yazık ki buna benzer anlam karışıklıklarıyla doldurulmuştu.

Geçelim...

Peki, aynı tarikatın iki ayrı devletteki şeyhlerinin birbirine düşman olması söz konusu olabilir mi?

Şeyh İbrahim Zahid Gilanî'nin öğrencisi Safiyüddin Erdebilî İran'da Safevîliği kuracak ve Osmanlı'nın karşısına çıkacak; Şeyh İbrahim Gilanî'nin yolundan giden Aziz Mahmud Hüdayî ise Safevîlere karşı Osmanlı'nın yanında yer alacaktı!

Şeyh Hüdayî, Şeyh Safiyüddin Erdebilî'ye karşı, Ferhad Paşa'yla birlikte "Tebriz Seferi"ne çıkacaktı...

Aynı dinsel kaynaktan "beslenenler", mesele siyaset olunca karşı karşıya geliyorlardı. Ya da bunun altında bilmediğimiz başka tarihî gerçekler mi vardı?

Neyse, konumuzu dağıtmayalım. Aradığımız başka...

Celvetiye ile Sabetayistler arasındaki ilişkiyi bulmaya çalışıyoruz.

Devam edelim.

İzmir, İstanbul, Balıkesir başta olmak üzere Balkanlar'da yaygın olan Celvetiye tarikatının üç temel ilkesi vardı:

- Kendi özünü Tanrı'dan başka bütün varlıklardan arındırmak (tezkiye).
- Gönlü kötülüklerden arındırmak (tasfiye).
- Allah'ın kendiliğinden ortaya çıktığını bilmek (telciye).

Tarikata bağlanmanın da belli yolları vardı:

- Tanrı'nın varlığını akıl yoluyla benimsemek.
- Tanrı'nın adlarını anmak, anış törenleri düzenlemek.
- Duygularına, tutkularına, doğal eğilimlerine egemen olmak.

Bu tarikatın en önemli ritüellerinden biri dinî musikiydi.

Aziz Mahmud Hüdayî, kendi yazdığı ilahileri yine kendisi besteleyerek dergâhında sürekli okutturdu.

Hafız Kumral, Şaban Dede gibi halifelerine zakirbaşılık yapardı.

Zikir Celvetiye tarikatının olmazsa olmazıydı.

İran'daki Celvetiye, Hz. Ali soyundan gelen bir tarikat olduğu için "cehrî zikir"i esas alırken; Osmanlı'daki Celvetiye, Aziz Mahmud Hüdayî'nin "tevhit zikri" adıyla anılan "kelime-i tevhit zikri"ni uyguluyordu.

Zikir dizler üzerinde durularak yapılıyordu.

Diğer yanda, Celvetîlerin garip ritüelleri vardı:

Pazartesi ve perşembe günleri oruç tutuyorlardı.

Öğleden önce, öğleden sonra ve gece; günde üç kez namaz kılıyorlardı.

Saçlarını genellikle uzatıyorlardı.

Başa, on üç dilimli yeşil başlık (takke) giyiyorlardı.

Şeyh Hüdayî, kurduğu tarikatın tasavvufî öğretisinin "halvet"ten ayrılma anlamına gelen ve "tevhit"e işaret eden "celvet" kavramı etrafında şekillendirmişti; Halvetî ve Bayramî zikrinin esasını meydana getiren "esma-i seba"ya ilaveler yaparak 12'ye çıkartmış ve "tevhit" akidesiyle birlikte 13 sayısının kutsallığını sembolize eden, 13 terkli tacı Celvetiye tarikatının sembolü yapmıştı.

Aziz Mahmud Hüdayî ve "Celvetiye tarikatı" hakkında biraz

bilgi sahibi olduk. O halde soruyu unutturmamak için bir daha soralım:

Sabetayistler, mezarlık olarak neden Bülbülderesi'ni seçtiler? Ve Şeyh Aziz Mahmud Hüdayî ya da Celvetiye tarikatıyla ne ilgileri vardı?

İpucu aramaya devam...

Bülbülderesi Mezarlığı'nın girişinde Feyziye Camii'nin[4] avlusu yanında, iki çatallı çınar ağacının yanında bir açık türbe var. Türbede Celvetî sikkeli bir mezarlık kitabesi (şahide) bulunmakta. Kitabenin üzerinde şunlar yazılı:

"Asadar Baba Pir Aziz Mahmud Hüdayî Hazretleri'nin Asadarı, Lillahi'l-Fatiha Sene 1038 (1628-1629)."

Yorum:

Asadar Baba, Aziz Mahmud Hüdayî'yle aşağı yukarı aynı yıl vefat etmişti. Demek ki, dergahın mezarlığı, bugünkü Bülbülderesi Mezarlığı'nın olduğu yerdi. O halde bugün Bülbülderesi Mezarlığı'nın bulunduğu bölge dört yüz yıldır mezarlıktı.

Mezarlıktaki Sabetayist kabirlerin en eskisi taş çatlasa yüz yıllıktı.

O halde, Ilgaz Zorlu'nun yazdığı, "Sabetayistler 1924'ten sonra Aziz Mahmud Hüdayî tarikatıyla ilgilenmeye başladılar" bilgisi doğru muydu?

Bu bilgiyi, "Sabetayistler mübadeleden sonra Aziz Mahmud Hüdayî Dergâhı'yla ilişkilerini geliştirdiler; daha çok Sabetayist dergâha gitmeye başladı" diye düzeltebilir miyiz?

Çünkü, Sabetayistlerin bu dergâhla ilgilenmelerinin tarihi eskiydi.

Örneğin, Bülbülderesi Mezarlığı'nın girişine yapılan Feyziye Camii'nin yapım yılı 1883'tü.

Yani, ilişki eskiydi; mübadeleden sonra gelişti...

Mübadele sonrası Türkiye'ye gelen Sabetayistlerden birinin, Karakaşî grubunun din görevlisi "ogan"ınına[5] gidip, "Sayın 'ogan'ım,

4. Bülbülderesi Mezarlığı Sabetayist Karakaşî grubunun mezarlığıydı. Bildiğiniz gibi Feyziye Mektepleri de aynı grubun okuludur. Dolayısıyla mezarlarının bulunduğu yere yaptırdıkları caminin adı da Feyziye Camii olacaktı! Sabetayistlerin cami yaptırma "geleneğinin" olduğunu biliyoruz. *Efendi* kitabında Selanik'in en büyük camii, Yeni Cami'den bahsetmiştim. (s. 58.) 1899'da ölen Rabia Adviye adlı Sabetayist bir hanımın "Bedevî Dergâhı" yaptırdığı da yazılmaktadır. (Ilgaz Zorlu, *Evet, Ben Selanikli'yim*, 1998, s. 42.) Recaizade Mahmud Ekrem'in (Ercüment Ekrem Talu'nun babası) annesinin adı Rabia Ayverdi'ydi. İsim benzerliği mi, bilemiyorum.

5. Adını veya soyadını "Ogan" olarak seçen Sabetayistler var. Örneğin, Bülbülderesi Mezarlığı'nda mezarı bulunan Osman Senai Ogan (1900-1957), Zeynep Senehat Ogan (1916-1933) gibi. Ama adı veya soyadı "Ogan" olan herkesin Sabetayist olacağını sanmak

ben araştırdım buldum, Üsküdar'da Bülbülderesi diye bir mezarlık varmış; hani Mesihimiz bülbülün öttüğü yere gelecek ya, biz ölülerimizi buraya defnedelim" dediği doğru değildir...

Dese bile, İstanbul'un hâlâ önemli dinî merkezlerinden biri olan Aziz Mahmud Hüdayî Asitanesi yönetimi izin vermeden, mezarlığa dışarıdan gelip cenaze defnetmek kolay mı?

Dergâh, tekke mezarlıkları öyle herkese de açık değildi. Bunu bir örnek olayla izah etmeliyim:

Haşim Baba (1718-1783), Celvetiye tarikatına bağlı Bandırmalızade Tekkesi'nin şeyhi Yusuf Nizameddin Efendi'nin oğluydu. Celvetî adap ve erkânını öğrenerek büyüyen Haşim Baba, daha sonra Bektaşîliğe ve Üçüncü Devre Melamîliğine bağlandı. Cifr ilmi ve ebced hesabıyla geleceğe ait bazı bilgiler veren Haşim Baba, bu çok yönlü kişiliği sebebiyle hiçbir tarikat ve dergahta karar kılamadı. Hayatını irşat ve tarikat hizmetiyle geçirmesine rağmen vefat ettiğinde, cenazesi Celvetiye'nin merkezi olan Aziz Mahmud Hüdayî Asitanesi'ne getirildi; ancak dönemin postnişini Ruşen Efendi cenazeyi içeri almadı. Cenaze namazı ancak dergâhın alt kapısında Cennet Efendi haziresi önünde kılınabildi...

Görüldüğü üzere, dergâh mezarlığına defin meselesi o kadar kolay değildi...

O halde şunu düşünebiliriz:

Sabetayist/Karakaşîlerin cenazeleri Bülbülderesi Mezarlığı'na geçmişten günümüze rahatça defnedilebiliyorsa; Aziz Mahmud Hüdayî Dergâhı ile bu grubun geçmişte başlayan bir ilişkileri var demektir.

Sorular bitmiyor: Peki, Sabetayistler, Aziz Mahmud Hüdayî Dergâhı'na nasıl, ne zaman intisap ettiler/bağlandılar?

Aziz Mahmud Hüdayî'den sonra tarikat silsilesi şöyle devam etmişti: Dizdarzade Ahmed Efendi, Zakirzade Biçare Abdullah, Şumnulu Osman Atpazarı, İsmail Hakkı Bursevî, Pertev Ahmed, Mehmed Ruşen (doğ. 1719), Mehmet Şahabeddin, Seyyid Abdurrahman Nesib (öl. 1842), Seyyid Mehmed Ruşen Tevşkî (öl. 1891), Şeyh Şahab Efendi, Şeyh Gülşen Efendi (öl. 1921)...[6]

yanıltıcı olur. Aksine, Türkiye'de milliyetçi hareketin önde gelen isimlerinden M. Raif Ogan vardı; *Masonluk, İçyüzü, Sırları* adlı kitabı 1950'li yıllarda hayli ses getirmişti; *İslam Dünyası* adlı bir dergi çıkarmıştı; Fahrettin Kerim Gökay gibi birçok öğrenci yetiştirmişti. İlahiyatçı Ogan'ın Sebatayist olması düşünülemez herhalde! Değil mi?

6. Aziz Mahmud Hüdayî'nin soy zincirinde bildiğimiz iki isim var: torunu Müneccimbaşı Seyyid Sadullah Efendi ve onun oğlu, takvim ve astronomi sahasında kitapları bulunan Müneccim Ahmed Muhsin Efendi (öl. 1849).

Hangi şeyh döneminde Sabetayistler bu tarikata girmişti?
Bu sorunun yanıtı için galiba yine bir yolculuğa çıkacağız...
(Pes etmeyin, güzel sürprizler var!)

Tarikat silsilesinden rasgele bir şeyh seçelim:
Celvetiye tarikatı daha çok, Trakya Aydoslu İsmail Hakkı (1652-1725) tarafından yayıldı. Üsküp, Edirne ve İstanbul'da oturan İsmail Hakkı, daha sonra Bursa'ya yerleşti. Otuz yıl yaşadığı bu şehirden dolayı "Bursevî" mahlasını kullandı.
Aziz Mahmud Hüdayî'nin halifelerinden Osman Fazlı'nın en gözde müridiydi. Gözde olmasının nedeni, okuryazardı, hattattı ve çok zekiydi. Ama onu diğerlerinden ayıran özelliği, kendisinin ikinci bir Muhyiddin Arabî olduğunu iddia etmesiydi.
İddiasını üç yüz tane basılmamış, on beş tane basılmış eser yazarak ispat etmeye çalıştı. Bu kitaplardan, tasavvufa dayanan, fakat usul-i tefsire uymayan dört ciltlik, Arapça kaleme aldığı *Ruh ül-Beyan* tefsiri tasavvuf bakımından önemli sayılan eserlerdendir. Eserleri arasında, Vahdet-i Vücud risalesi de vardır.
Tek bir örnek ispatlamaz ama, görüldüğü gibi Şeyh Aziz Mahmud Hüdayî öldükten sonra, bazı şeyhler Muhyiddin Arabî'nin Vahdet-i Vücud felsefesine yakınlaşmıştı.
Ve dikkat ederseniz, Celvetiye şeyhi İsmail Hakkı; Sabetay Sevi, Niyazi Mısrî gibi dönemin mistiklerinin, Kabala ve Vahdet-i Vücud'cu görüşleriyle geniş kitleleri etkilediği bir dönemde yaşamıştı...
İsmail Hakkı, Sabetay Sevi hakkında ne düşünüyordu?
Aynı felsefeyi savunduklarına göre, karşı olmadığını söyleyebilir miyiz?
Tanışıyorlar mıydı acaba?
Bu sorulara yanıt verecek belge ve bilgi bulamadık.
O halde daha yakın bir zamana gelelim...

Son postnişin: Mehmet Esat Düzgünman

Aziz Mahmud Hüdayî Dergâhı'nın "son postnişini" Mustafa Esat Düzgünman'dı; 1953'ten 1979'a kadar dergâhın türbedarlığını yaptı.
9 şubat 1920'de İstanbul Üsküdar'da doğdu. Babası, aynı semtteki Azizmahmuthüdayî Camii'nin imamlığını yapan Sami Efendi'ydi.
İlkokulu bitirdikten sonra babasının Üsküdar çarşısında, baha-

rat, ev ilaçları gereçleri satan aktar dükkânında çalışmaya başladı.

Yaşamını annesinin dayısı hattat Necmeddin Okyay (1885-1976) değiştirdi.

Devlet Güzel Sanatlar Akademisi'nde hocalık yapan Necmeddin Okyay, yeğenini, okulun Türk Tezyinî Sanatlar Bölümü'ne kaydettirdi.

Mustafa Esat, burada öğrendiği ebru sanatını yaşamının sonuna kadar sürdürdü; ebru sanatında "Düzgünman ekolü"nü yarattı.

Mustafa Esat Düzgünman, ebru sanatı dışında dinî musikiyle de meşgul oldu; Üsküdar'daki Çarşamba Rifaî Dergâhı şeyhi Hayrullah Taceddin Yalım ve Üsküdar'daki Rifaî Asitanesi şeyhi Hüsnü Sarıer gibi hocalardan ders aldı.

Çarşamba Rifaî Dergâhı şeyhi Hayrullah Taceddin Yalım'ı hatırladınız mı? Ömer Fevzi Mardin'in halası Cemile, Üsküdarlı şeyh Tevfik Efendi'nin oğlu Necati Yalım'la evliydi.

Ömer Fevzi Mardin'in eniştesi Avukat Necati Yalım'ın ağabeyi ise Üsküdar'daki Rifaî Dergahı'nın şeyhi Hayrullah Taceddin Yalım'dı!..

Efendim! Hep aynı isimler mi? İyi. Demek iz üzerindeyiz.

Düzgünman musikiyi de çok ilerletti; ilahiler besteledi.

Niyazi Sayın gibi bir ney üstadına musiki âleminin kapısını ilk o açtı. Neyzen Niyazi Sayın da, Türkiye'ye Mercan Dede'yi kazandırdı!

12 eylül 1990'da vefat eden Düzgünman, eski tarz körüklü makinesiyle bine yakın hat örneğini emüsyonlu cama tespit etmişti; bu fotoğraf camlarının asıllarını vefat etmeden önce Türkpetrol Vakfı'na hediye etti.

Diyeceksiniz ki, Aziz Mahmud Hüdayî Dergâhı'nın Türkpetrol Vakfı'yla ne ilgisi var?

Sadece Türkpetrol Vakfı değil, Türk Eğitim Vakfı (TEV), Koç Vakfı, TÜSEV, TEMA, İstanbul Trafik Vakfı, Türk Musikisi Vakfı, Kalp Vakfı, Türk Kültürüne Hizmet Vakfı, Aydınlar Ocağı gibi çok sayıda vakfın ve derneğin kurucu yöneticisi olan kişinin adı Ahmet Aydın Bolak'tı.

Başta Fethullah Gülen olmak üzere Müslüman çevrelerin her daim takdirlerini kazanan Aydın Bolak, 1924 Balıkesir doğumluydu. Millî mücadele hareketini Balıkesir'de ilk başlatan, 1920'deki ilk Meclis'te yer alan ve Maarif vekilliği (eğitim bakanlığı) yapan Mehmed Vehbi Efendi ile Fatma Safvet Hanım'ın oğluydu.

İstanbul Üniversitesi Hukuk Fakültesi'nden sonra kısa bir süre kaymakamlık yaptı. Hürriyet Partisi'nin kuruluşunda yer aldı.

1961-1965 yılları arasında CHP'den Balıkesir milletvekili olarak Meclis'e girdi.

1964 yılında Türkiye'de Türk Medenî Kanunu'na göre kurulacak vakıfların önünü açan yasa teklifini hazırlayan isimdi. Yasa teklifini 27 arkadaşıyla birlikte TBMM'ye verip, yasallaşmasını sağladı.

1965'ten sonra başta petrol (Türkpetrol), turizm (Turtel), gemi inşa ve gıda (Kırlangıç) sektörlerinde çok sayıda şirket kurdu. Turgut Sunalp'la birlikte MDP'nin kurucusuydu. TÜSİAD'ın genel kurullarında uzun yıllar Divan başkanlığını yaptı. Hat sanatı ve tespih koleksiyonu vardı. Boğaz'da paha biçilemeyen Serverbey Yalısı'nda oturuyordu.

Teşvikiye Camii'nde düzenlenen cenaze töreninin ardından tekbir sesleriyle son yolculuğuna uğurlanan Aydın Bolak Aşiyan'daki aile mezarlığına defnedildi.

Yaşar Kemal'in, *Teneke* adlı romanındaki, insanların insanca yaşamaları için mücadele eden kaymakam karakteri Aydın Bolak'tı.

Doğan Avcıoğlu *Yön* dergisindeki makalesinde, Aydın Bolak'ın Türk-İslam sentezini savunan görüşlerini eleştirerek, "*Teneke*'nin kaymakamı teneke çıktı" diyecekti.

İş dünyasında babası kadar başarılı olan Doğan Bolak, 1995 yılında, Yahudi sermayesinin önde gelen şirketlerinden Marks& Spencer'ı Türkiye'ye getirdi.

Cem Boyner'in eşi Ümit Hanım'ın ilk eşi Aydın Bolak'ın oğlu Halil Doğan Bolak'tı.

Cem Boyner'in ilk eşi Bilgün (Sazak) Hanım boşandıktan sonra M. Sinan Dereli'yle evlendi...

Aydın Bolak'ın ilk eşinden olan oğlu Varol Dereli, Şaban Karataş, Turan Yazgan, Tevfik Yamantürk ve Mustafa Birim'den oluşan Türk Dünyası Araştırmalar Vakfı yönetim kurulu üyesiydi.

Meksika'nın İstanbul fahrî konsolosluğunu yaptı.

İleri sayfalarda okuyacağınız Lübnan kökenli "Habbab"ların Delta adlı petrol şirketinde danışmanlık yapıyor. Otomobil sporlarına meraklı Varol Dereli, eşi Nilgün Dereli, kızı Zeynep Dereli'yle birlikte İstanbul cemiyetinin önde gelen isimlerinden.

Aydın Bolak'la ilgili bölüme Türkpetrol Vakfı'yla başladık, Türkpetrol Vakfı'yla bitirelim. Türkpetrol Vakfı'nın genel sekreterliğini yıllarca, Türk-İslamcı çevrelerin önde gelen ismi Fethi Gemuhluoğlu yaptı.

Gemuhluoğlu vefat edince, bu göreve, Kenan Rifaî Dergâhı'na intisap eden, Mesut Yılmaz'ın kuzeni Doç. Dr. Çiçek Derman'ın eşi eczacı Uğur Derman getirildi.

Türkpetrol'ün çıkardığı *Yakın Tarihimiz* adlı tarih dergisine bir göz attığımızda, hemen her sayıda Sabetayist/Karakaşî cemaatinin "manevî lideri" Cavid Bey'le ilgili haberlere, yazı dizilerine, hatıratlara rastlıyorsunuz. "Cavid Bey'in Zindandan Eşine Yazdığı Mektuplar", "Cavid Bey'in Sorgusu", "Cavid Bey'in Son Saatleri", "Cavid Bey'in Hatıratından" gibi yazı dizilerinin biri bitiyor, diğeri başlıyordu. Dergiyi, Ahmet Emin Yalman, *Vatan* gazetesi matbaasında basıyordu.

Uzatmaya gerek yok... Geçelim...

Öğretmeni Yahudi olan cemaat önderi

Yaklaşık beş yüz yıl önce yaşamış Aziz Mahmud Hüdayî'nin hayatının ve öğretilerinin yeni nesillere belletilmesi için bir grup gönüllü, özellikle son yirmi yıldır çok çaba harcıyor.

Önce vakıf kurdular: "Aziz Mahmud Hüdayî" Vakfı, 4 ocak 1986 tarih ve 1978 sayılı *Resmî Gazete*'de yayımlanan kararla resmen tescil edildi.

Eğitim-öğrenim faaliyetlerine önem verdiler.

Vakıf, 1987'de yükseköğrenim öğrenci yurdu olarak, "Hüdayî Erkek Öğrenci Yurdu"nu açtı. 1997'de bu yurda "Uhud Ortaöğretim Öğrenci Yurdu"nun öğrencileri yerleştiğinden dolayı adı, "Hüdayî Ihlamurkuyu Ortaöğrenim Erkek Öğrenci Yurdu" olarak değiştirildi.

Vakıf bu kez, 1999'da "Alemdar Erkek Kuran Kursu" öğrenimini faaliyete geçirdi. Bir yıl sonra da, 2000 yılında "Aziz Mahmud Hüdayî Kız Kuran Kursu"nu açtı. Kursa katılan 350 kız öğrencinin 250'si yatılıydı.

Vakfın Ümraniye'de huzurevi vardı.

"Hüdayî Tasavvuf Müziği Topluluğu" kuruldu. Alaeddin Yavaşça'nın, Aziz Mahmud Hüdayî'nin şiirlerini okuduğu CD çıkarıldı.

Çocukları da unutmadılar. Aziz Mahmud Hüdayî'nin yaşamının anlatıldığı çizgifilm yaptılar; DVD ve VCD olarak satıyorlar.

Ayrıca, "Aziz Mahmud Hüdayî Vakfı İlmî Araştırmalar Merkezi"ni (İLAM) kurdular; dergi çıkarıyorlar.

Gerek vakfın kurulmasında ve gerekse bu faaliyetlerin hayata geçirilmesinde hep bir kişinin adı öne çıkıyordu: Musa Topbaş!

Musa Topbaş 1916 ya da 1917'de Konya Kadınhanı'nda doğdu.

Babası Kadınhanı esnafından Topbaşzade Ahmed Hamdi Efendi'ydi.

Dedesi ise Mevlana Halid-i Bağdadî (1779-1827) hulefasından,

Şeyh Memiş Efendi Hazretleri'nin (1784-1852) halifelerinden Kadınhanlı Topbaş Ahmed Kudsî Efendi'ydi. Daha doğrusu aile "resmî tarihlerini" böyle anlatıyor.

Ara not:

Konya Üçpınar beldesinin AKP'li belediye başkanı Ziya Kuz'un, *Konya Bozkır* gazetesi yazarı Ali Akgül'e anlattığına göre, dedesi Şeyh Memiş Efendi'nin (Muhammed Kudsî Bozkırî) ilginç bir yaşamöyküsü vardı: Şam'da Halid-î Bağdadî'nin sohbetlerine katılmış, feyz almış ve yaşadığı Bozkır'ın Karacahisar köyüne dönmüştü.

> Bölgede kendisini çekemeyenlerin çoğalması üzerine şahsına defalarca suikast düzenlenmiş, tüfekle kendisini öldürme esnasında iken manevî bir elle tüfek başka bir cihete yön değiştirmiştir. Karacahisar'dan aynı kazanın (Bozkır) Hocaköyü'ne hicret etmiştir. Bu köyde 17 yıl irşad ve müderrislik görevini yürütmüştür. Hocaköyü'nde de hasedcilerin ve kendisini çekemeyenlerin çoğalması üzerine Seydişehir'e gittiler. Orada beş ay kaldıktan sonra (Seydişehir'e daha önceleri Abdullah Efendi'yi görevlendirmişti), kendisine, "Efendim buraya gelecektiniz de beni niye görevlendirdiniz?" gibi bir söz söylenmesi üzerine aynı kazanın Çavuş isimli nahiyesine hicret etti. Zira bu nahiyede kardeşi İsa Efendi ve onun çocukları bulunmakta idi. (23 şubat 2006.)

Bitmedi.

Yazılanlara göre, Hocaköyü halkı yaptıklarından pişman oluyor, şeyhe geri dönmesi için çağrıda bulunuyorlar, ama şeyh dönmüyor.

Nedense, meselenin özünün ne olduğu yazılmıyor; kimler, neden şeyhe sürekli suikast düzenliyor; şeyh niye gittiği yerlerden kovalanıyor vb.

Gerçekten ilginç bir yaşamöyküsü...

Devam edelim...

Belediye Başkanı Ziya Kuz dedesi Şeyh Memiş Efendi'nin otuz beş halifesinin adını söylüyor: İstanbul'dan Hacı Feyzullah Efendi; Alanya'nın Kızılağaç köyünden Ahmed Efendi; Rodos'tan Ali Talib Efendi; Buhara'dan Taşkentli Fazıl Efendi; Mersin'in Lefke köyünden Ali Efendi; Kırımlı Hacı Efendi; Denizli Tavas'tan Mustafa Efendi (Kanal 7'de program yapan Prof. Dr. Cevat Akşit'in dedesi)...

Bu isimler arasında Topbaş Ahmed Kudsî Efendi yoktu.

Herhalde unutuldu; zaten halife sayısının kırk altı olması gerekiyordu.

Neyse biz "resmî Topbaş tarihi"ni doğru kabul edelim...

Topbaş Ahmed Kudsî Efendi'nin babası Nakşibendî şeyhlerinden Topbaşzade Hacı Mustafa Efendi'ydi.

Konya, Mekke, Medine ve İstanbul'da büyük âlimlerden ders almıştı. Kırk bin hadis ezberlediği için kendisine, "Seyyid-ül-Muhaddisîn" deniliyordu.

Topbaşlar, Konya'nın Saideli (Kadınhanı'nın eski adı) kasabasında oturuyorlardı. Topbaşzade Ahmet Kudsi Efendi, rüyasında Mevlana Celaleddin Rumî'nin "Civarımıza gel" sözüyle Konya'ya, Mevlana Türbesi civarına yerleşti.

Topbaşlar artık Konya'nın kazasından şehir merkezine taşınmışlardı. Bu taşınmada mutlaka rüyanın etkisi vardı; ancak, XVIII. yüzyılda Osmanlı'nın genelinde olduğu gibi Konya bölgesinde de tımar sisteminin bozulması, üretimin azalmasının, uzun süren savaşların, vergilerin artmasının, eşkıyalığın çoğalmasının ve fakirliğin de etkisi yok değildi...

Ayrıca, bölge sürekli göç alıyordu.

Örneğin Topbaşların ilçesi Saideli'nin köylerine 1889-1890 yılı kayıtlarına göre Rumeli muhacirleri yerleştirilmişti:

Sarayini köyüne 172 hane Rumeli muhaciri;

Mesudiye köyüne 29 hane Rumeli muhaciri;

Ladik köyüne 3 hane Rumeli muhaciri...

Saideli'yle ilgili bir not daha yazmalıyım:

Fatih Sultan Mehmed, 1467'de Konya bölgesindeki Karamanoğullarını yıkarak, topraklarını Osmanlı Devleti'ne kattı.

Osmanlı'dan kaçıp Karamanoğullarına sığınan ve sadık taraftarı olan Turgutoğulları Saideli'nde oturuyorlardı.

Fatih Sultan Mehmed, isyan etmesinler diye bir bölümünü bölge dışına sürdü. Halep yoluyla Mısır'a giden Turgutoğullarına mensup aileler, yıllar sonra çıkarılan afla Osmanlı'ya dönüp, Manisa'nın Turgutlu ilçesini kurdular...

Kadınhanı Belediyesi'nin internet sitesinden son bir bilgi yazıp, Topbaşlara devam edeyim:

> Kadınhanı, Konya ve Ladik'le beraber ilkçağlara kadar uzanan oldukça eski bir tarihe sahiptir. Klasik Doğu Roma döneminde Yunan-Roma yolu üzerinde İkonium (Konya), Laodica Cambustra (Ladik), Pira (Saideli/Kadınhanı), Philomelion (Ilgın) gibi önemli şehirler bulunmaktaydı. Bu önemli yol, Doğu ticareti (İpek Yolu) ve Kral Yolu

olarak çok önemliydi. Posta teşkilatı da bu yolu kullanmaktaydı. Daha sonraki dönemlerde bu yol Bizans askerî yolu olmuştur. XIX. yüzyılda Konya'dan Eskişehir'e, oradan İstanbul'a ulaşan araba yoludur. Kudüs'e giden hacılar da bu yolu takip etmekteydi.

Kadınhanı ticaret yolunun üzerindeydi ama Topbaşların ticaretle ilgilenmeleri sonraki yıllarda olacaktı.

Konya merkeze yerleşen Musa Topbaş'ın dedesi Ahmed Kudsî Efendi, yıllarca cami imamlığı, medrese müderrisliği yaptı. Hat sanatını öğrendi. Birçok risale ve kitap yazdı. *Hidayet'ül Mürtab Fazail'il Ashab* adlı eserini Elmalılı Hamdi Yazır Türkçe'ye çevirdi. 1888'de vefat etti.

Kafanız karıştıysa, Topbaş ailesinin silsilesini hatırlatayım: Hacı Mustafa Efendi, Ahmed Kudsî Efendi, Ahmed Hamdi Efendi ve Musa Topbaş...

Tüccarlığa ilk adımı atan Topbaş, Musa Topbaş'ın babası Ahmed Hamdi Efendi'ydi. Hatta "işlerini büyütmek" için Konya'dan taşındı.

İstanbul'un Erenköy semtine yerleştiler. Topbaşzade Ahmed Hamdi Efendi, tekstilcilerin merkezi Sultanahmet'te mağaza açtı. Gün gelecek çocukları, Türkiye'nin en büyük tekstil markalarını buradan edindikleri tecrübeyle hayata geçireceklerdi...

Musa Topbaş, Kadıköy'deki misyoner Fransız Katolik Écoles Chrétiennes rahiplerine ait Saint Joseph Lisesi'ne verildi. Okul bedava değildi; üstelik pahalıydı; yıllık ücreti 15-20 liraydı.

Konya'da cami imamlığı yapan Ahmed Hamdi Efendi'nin oğlunu bir misyoner okuluna göndermesini nasıl değerlendirmeliyiz, bilemiyorum.

Musa Topbaş'ı zorlu bir öğrenim süreci bekliyordu: İki yıl hazırlık, üç yıl rüşdiye, üç yıl idadî olmak üzere on bir yıl okuyacaktı.

Fransızca mecburî, diğer diller seçmeliydi.

Fransızca'yla arası iyi değildi. Babası bu nedenle Prof. Angel isminde bir Yahudi'den ders aldırdı.

Prof. Angel'in kim olduğunu bulamadık.

Ama Yahudi Angeller İstanbul'un tanınmış ailelerinden. Örneğin, Sami Angel ünlü bir tekstilciydi. Acaba Sultanahmet'te Topbaşlarla dükkân komşusu muydu? Prof. Angel'i o mu önermişti?

Musa Topbaş'ın Yahudi Prof. Angel'den ders alması tam beş yıl sürdü. Ve bu dersler sayesinde Fransızca'sını iyi bir seviyeye getirdi; zamanla Fransızca kitap yazacak, Fransızca'dan tercümeler yapacaktı.

Fransız Saint Joseph'te de beş yıl okudu; liseye, babasının mağazasına yakın olduğu için Nuruosmaniye'deki İnkılap Lisesi'nde devam etti. Okul çıkışı, ticaret öğrenmek için babasının mağazasına gidiyordu.

İnkılap Lisesi'ne iki yıl devam etti, sonra okuldan ayrıldı; öğrenimine son noktayı koymuştu.

Musa Topbaş'ın bu tarihten sonra yaşam hikâyesi birden değişecekti...

Müspet ilimlerin yerini dinî bilgiler alacaktı.

Ailesi, "dinimizi öğrensin" diye Musa Topbaş'ı, Elmalılı Hamdi Yazır'a gönderdi. Musa Topbaş burada Kuran okudu, dinî bilgiler aldı.

"Cumhuriyet döneminde dinî bilgilerin alınmasına izin verilmiyor" deniliyordu. Hatta, "Kuran öğrenmek isteyenler devletin şiddetiyle karşılaşıyor"du.

Musa Topbaş, Kuran öğreniyordu. Bazı kişilere böyle bir kısıtlama yoktu anlaşılan!..

Elmalılı Hamdi Yazır'ın Musa Topbaş'a dinî eğitim verdiği yıllarda işi başından aşkındı. "Halk okuduğu, dinlediği Kuranı Kerim'i anlasın" diyen Mustafa Kemal, Hamdi Yazır'dan Kuranı Kerim'in tefsirinin yazılmasını istemişti.

Elmalılı Hamdi Yazır, Mustafa Kemal'in teklifi gelmeden önce Mısırlı Prens Abbas Halim Paşa'nın maddî yardımıyla *Büyük İslam Hukuku Kamusu* kitabıyla meşguldü. Kuranı Kerim'in mealini ve tefsirini yazmak için, bu işi yarım bırakmak zorunda kaldı.

Aslında Kuran'ın tefsirini kendi, mealini Mehmet Akif Ersoy yazacaktı; hatta bu nedenle millî şaire 6 000 lira ödenmişti. Fakat Mehmet Akif, iddiaya göre, Türkiye camilerinde, Kuran'ın aslı yerine kendi tercümesinin okutulacağını düşünüp endişeye kapılarak Mısır'a gitmiş, tercümeyi vermeyip, aldığı 6 000 lirayı da iade etmişti.

Bakın, buraya bir mim koyunuz; büyük şairin bu "sıradan nedenlerle" meali vermediğine inanmak zor; başka bir nedeni olmalı?

Sonuçta: Elmalılı Hamdi Yazır, Kuran'ın hem mealini hem de tefsirini yazmak zorunda kaldı.

Çalışması on iki yıl sürdü; dokuz ciltlik eser 1936'da 10 000 adet basıldı.

Bir gerçeğin altını çizmek gerekiyor; Hamdi Yazır'ın kaleme aldığı tefsirin üzerinden yetmiş yıl geçti ve ne acıdır ki, bu tefsirden bir tane daha yazılamadı! Hâlâ, Yazır'ın tefsiri kaynak olarak kullanılmaktadır. Bu bile tek başına Kemalist Cumhuriyet'in başarısı değil midir?

Neden tartışmıyoruz?

Cumhuriyet, İslamî reformları "sarıklı hocalar"a yaptırdı.

3 mart 1924'te hilafet lağv edildi. Bu mevzudaki 431 sayılı kanun değişikliğini Meclis gündemine getiren kişi, Urfa mebusu Şeyh Saffet Efendi'ydi.[7] Teklifini 53 mebus imzalamıştı ve bunların içinde İlyas Sami, Yahya Galib gibi din hocaları da vardı.

Ezanın Türkçe okunmasında da yine bir din hocasının etkisi olmuştu:

1926 yılında İstanbul Göztepe Camii imamı Cemaleddin Efendi, namazı Türkçe kıldırmak istedi. Bu olay, Türkiye kamuoyunu ikiye böldü. Türkçe ibadeti destekleyen *Vakit* gazetesine konuşan Cemaleddin Efendi, "Nasıl ki Hıristiyanlık içinde bir Protestanlık zuhur etmiştir, Müslümanlık içinde de musaffa (arıtılmış) bir Müslümanlık lazımdır kanaatindeyim" dedi. (*Toplumsal Tarih* dergisi, kasım 1997.)

Tartışmalar aylarca sürdü. O arada "modernist İslamcı" öğretim üyelerinden oluşturulan, İstanbul Üniversitesi'ndeki bir ilim komisyonu, "dinde reform" projesi hazırladı.

Komisyonun raporu, bugüne kadar bazı çevreler tarafından hep küçümsenmek amacıyla sulandırıldı. Hep rapordaki bazı talepler üzerinde duruldu:

1) Camilere kilise gibi sıralar konulmalı.

2) Camilere ayakkabılarla girilmeli.

3) Mabetlere musiki aletleri sokulmalı.

Bunlar vardı, doğru. Ama meselenin özü, dini insanların anlamısına yardımcı olmaktı. Olmadı.

Rapor aslında, Osmanlı'nın son döneminde başlayan tartışmaya son noktayı koymak için düzenlenmişti.

Amaç, "İslam'ın anlaşılabilir hale getirilmesi"ydi.

Raporu yazanların görüşü şuydu: Avrupa'da benzer uygulamalar vardı. Keza birçok toplum kendine has mezhepler geliştirdiğine göre Türklerin de kendilerine özgü bir İslam anlayışı yani "Türk Müslümanlığı" olabilirdi.

Meselenin özü şuydu aslında:

Aklı ve bilimi topluma egemen kılmak isteyen Kemalist Cum-

7. Şeyh Saffet Efendi'nin oğlu Ankara Üniversitesi rektörlüğü yapan, yazar Suut Kemal Yetkin'di. Suut Kemal Yetkin'in kızı Gülmen Hanım, 12 Mart ve 12 Eylül askerî darbe hükûmetlerinde devlet bakanı olarak bulunan İlhan Öztrak'la evlendi. Şeyhin diğer oğlu Kadri Yetkin'in kızı Şeyma Hanım ise, gazeteci İzzet Sedes'le dünya evine girdi. İzzet Sedes'in kız kardeşi Nazan ise, Hasırızade Elif Efendi Tekkesi'nin şeyhi Yusuf Zahir'in torunu Murat Sertoğlu'yla evlendi. Gazeteci Sedat Sertoğlu bu evlilikten doğdu.

huriyet, Lutherci Protestanlık, Kutsal Kitap'ı kendi diline çevirdiğinde, Hıristiyanlık nasıl "çağdaşlık" yoluna girdiyse, benzer bir dinsel reformla Müslüman Türklerin de "muassır medeniyet"e kavuşacağına inanıyordu.[8]

> Bir ülke ki camiinde Türkçe ezan okunur
> Köylü anlar manasını namazdaki duanın
> Bir ülke ki mektebinde Türkçe Kuran okunur
> Küçük büyük herkes bilir buyruğunu Hüda'nın
> Ey Türkoğlu, işte senin orasıdır vatanın...

Komisyonun hazırladığı "Dini Islah Beyannamesi" adlı raporun altında şu akademisyenlerin isimleri vardı:

Fuat Köprülü, İsmail Hakkı İzmirli, Mehmet Ali Aynî, İsmayıl Hakkı Baltacıoğlu, Şerafeddin Yaltkaya, Prof. Halil Halid, Prof. Halil Nimetullah, Prof. Arapkirli Hüseyin Avni, Prof. Hilmi Ömer, Yusuf Ziya Yörükan.[9]

Rapora muhalifler de vardı: Babanzade Ahmed Naim ve Ferit Kam imzalamamıştı!

Ama, beyanname çok tepki alınca, sadece ezanın ve hutbelerin Türkçe okunması; camilerde namaz dışında Kuran'ın Türkçe okunması kabul edildi.

1932 yılında yasaklanan Arapça ezan, DP hükûmeti tarafından 17 haziran 1950'de kaldırıldı.

Ne ilginç değil mi, DP hükûmetinin Arapça ezanı yasak eden kanunu kaldırmasını hararetle destekleyenler arasında, İslamî basının her fırsatta eleştirdiği Sabetayist Ahmet Emin Yalman da vardı!..

Konuyu, TBMM gündemine kimlerin getirdiğini, yasa teklifini

8. Bu reformlar Avrupa'da daha önce başladı; Aydınlanma Çağı'nda hızlandı. En tutucu Yahudiler bile dinlerinde reform yaptılar. Örneğin, Moses Mendelssohn (1729-1786) ilk defa din ile dünya işlerini ayırmanın zorunluluğundan bahsetti. İbadet şeklinin, kadın-erkek ayrımının, cumartesi yasaklarının (şabatta ışık yakmamak, otomobil kullanmamak gibi) kaldırılmasına öncülük etti.

9. Yıllar sonra, 27 mayıs 1960 günü İstanbul Üniversitesi Rektörü Ord. Prof. Sıddık Sami Onar ve İstanbul Hukuk Fakültesi Dekanı Prof. Naci Şensoy ile hukukçu öğretim üyeleri Ord. Prof. Hıfzı Veldet Velidedeoğlu, Prof. Hüseyin Nail Kubalı, Prof. Ragıp Sarıca, Prof. Tarık Zafer Tunaya ve Doç. Dr. İsmet Giritli, askerî müdahalenin merkezi Genelkurmay'a çağrıldı. Orgeneral Cemal Gürsel öğretim üyelerine bir konuşma yaptı: "Biz üniversiteye inanıyoruz. Hayır iman ediyoruz. Sizlerden yeni bir anayasa yapmanızı istiyoruz. Hiçbir müdahale fikrinde değiliz. Yalnız, yapacağınız bu anayasada iki şeyin olmasını istiyoruz. Din istismarını yasaklayan hükümler ve ikinci bir meclis olsun." Askerler Türkçe ezanın tekrar hayata geçirilmesini tartışmışlar ama Millî Birlik Komitesi'ndeki subayların çoğunluğu karşı çıkınca vazgeçmişlerdi.

Meclis komisyonlarından ve genel kuruldan kimlerin geçirdiğini sanıyorsunuz?

Gelin bu konuyu farklı bir bakış açısıyla ele alalım...

Bir soruyla başlayalım:

Arapça ezan yasağının kaldırılması için mücadele edenler, İslam'ın kutsal metinlerinin Latin harfleriyle okunmasına ve yazılmasına neden karşı çıkmadılar?

"Allahüekber"in "Tanrı uludur" şeklinde söylenmesine karşı çıkıldı; peki yazılmasına niye kimse tepki göstermedi?

Türkler hep övünmez miydi, "Kuranı Kerim Mekke'de Peygamber'e inmiştir; Kahire'de usulüne gore okunmuştur; İstanbul'da en başarılı hüsn-i hatla yazılmıştır" diye.

İşin özüne baktığınızda, ezanın Türkçeleştirilmesinden çok, kelamın Latin alfabesiyle yazılmasına karşı çıkılması gerekmiyor muydu?

Şöyle ki:

Yazı, Allah'ın kelamının (sözünün) ifadesiydi.

Ama ezan Tanrı'nın buyruğu değildi.

Dolayısıyla ezanın sözleri de Allah kelamı değildi; Kuranı Kerim'de yoktu.

Ezan, Müslümanları Allah'ın emri namaza çağırmak için yüksek sesle söylenen çağrı sözleriydi.

Üstelik doğal olarak değişikliklere de uğramıştı.

Örneğin önce sözleri kısaydı; sadece "es-salat" (haydi namaza) diye çağrı yapılırdı. Daha sonra, Abdullah bin Zeyd el-Ensarî, Hz. Muhammed'e rüyasında yeşiller giymiş birini gördüğünü ve onun kendisine ezanda söylenecek birtakım sözler öğrettiğini bildirmiş. Peygamber bu sözleri kabul etmiş. (Orhan Hançerlioğlu, *İslam İnançları Sözlüğü*, s. 94.)

Ezan yedi cümleden oluşuyor ve okunuşunda da çeşitli mezheplerce farklılıklar var. Örneğin, ilk cümle sadece Malikî mezhebinde iki kez, öbür mezheplerde dört kez tekrarlanıyor.

İran, ezana "Aliyyün Veliyullah" yani "Ali Allah'ın velisidir" eklemesini yaptı.

Hele bir gidin Çin'de ezan sesi dinleyin, anlayana büyük ödül var!

Peki ezan Türkçe okundu diye niye fırtınalar koparıldı?

Gelin popülizmi bir yana bırakıp bu meseleyi soğukkanlılıkla tartışalım:

Mesele aslında bize ait kültürel bir özelliğimizden kaynaklanıyor; biz okumuyoruz! Hadi bir bahane bulalım; sözlü geleneğimiz olduğu için, okuduklarımızla değil, dinlediklerimizle "öğrendiğimizi" sanıyoruz...

Ezanı işittiğimiz için, onun değiştirilmesine tepki gösteriyoruz. Ama aynı değişiklik Kuranı Kerim'de olduğunda, sesimiz bile çıkmıyor; çünkü haberimiz bile olmuyor!

Lütfen söyler misiniz, Kuranı Kerim'in Latin alfabesiyle Türkçe yazılması ne zaman olmuştur?

Sorduğum ilahiyatçı arkadaşlar bu sorunun yanıtını hemen veremediler. Bu soru yöneltildiği zaman, hepsinin aklına 1928'deki Kuranı Kerim'in meali ve tefsiri geliyor; ama benim sorum netti: Kuranı Kerim ne zaman Latin alfabesiyle Türkçe yazıldı?

Kimse tarih veremedi!

Nasıl olmuş biliyor musunuz: Türkiye'de saatli maarif takvimleri basan bir şirket, Kuranı Kerim'in sayfalarını Latince yazmaya başlamış! Kimsenin ne haberi olmuş ne de tepkisi...

Bilmem derdimi anlatabiliyor muyum; Türkiye'de her alanda olduğu gibi, manevî dünya da okunmuyor, sadece dinleniliyordu; işin özünde bütün mesele buydu.

Bu nedenle ezanın Türkçe okunmasına karşı çıkanların, Kuranı Kerim'in Latin alfabesiyle Türkçe yazılmasından haberi bile yoktu.

Prof. Yaşar Nuri Öztürk'ün dediği gibi, Kuranı Kerim bizim evlerimizde sadece beyaz işlemeli örtü içinde duvarda asılı duruyor.

İbrahim Müteferrika'ya matbaa kurma izni 1718'de çıktı. Ölümüne kadarki yirmi yıllık sürede sadece 17 kitap basıldı. Ondan sonra matbaaya kırk altı yıl ara verildi! Avrupa'da aynı yıllarda yılda 50 000 adet kitap basılıyordu.

Evet okumuyoruz.

Başta Kuranı Kerim olmak üzere dinî eserleri de okumuyoruz.

Kuşkusuz dindarımız çok. Ama bu dindarlık sadece "Allah'a inanmakla sınırlıdır" diyebilir miyiz?

Bizde imanın zayıf olmasının nedeni olarak hep Kemalist Cumhuriyet rejimi gösterildi. Büyük haksızlık. Orta Asya, Selçuklu ve Osmanlı'da durum farklı mıydı?

Türkler, İslam'ın kılıcı olmuştu, ama âlimi olmamıştı.

"İman eksikliği" nedeniyle mi, Türkçe ezana karşı çıkılıp, Latin alfabesine kimse sesini çıkarmadı?

Türkiye'de Müslümanların çoğu, okumadığı için, her duyduğuna inanmayı hâlâ sürdürüyor. İsminin başına "hacı" ya da "hoca" sıfatı koyan herkes büyük saygı görüyor. "Halife"dir diye yere göğe sığdırılamayan Osmanlı padişahlarından bir kişi bile Mekke'ye gidip "hacı" olmadı. Her "sakalı uzun cüppeli"nin söylediği doğru kabul ediliyor! Kimse dinin özüyle ilgili değil, hep göstermelik. Bu her şeyden önce, İslam'a ayıptır. Hz. Peygamber yollara tükürmenin hata olduğunu söylemiştir. Hatta mendilini çıkarıp içine tükürüp katlayarak, nasıl yapılacağını bile göstermiştir. Bu tüm hadis kitaplarında yazar. Peki öyleyse hâlâ yere tüküren Müslümanları nasıl değerlendireceğiz? Müslüman'ın cahilini nasıl aydınlatacağız?

Önceki bölümde yazdım; Hıristiyan "dönme" Molla Süleyman, hiçbir bilgisi olmamasına rağmen, eline Kuranı Kerim alıyor ve güya ondan okuyor gibi aklına ne geliyorsa söylüyordu; sonuçta bu uyduruk sözlerle yörenin âlimi oluvermişti!

Bugün ne değişti?

Bir düşünün: İslamî tarikatlarda-cemaatlerde iyi vaaz veren hocaları herkes tanır, çok saygı gösterir de, kitap yazanları, araştırma yapanları niye kimse bilmez?

Okumuyoruz; dinliyoruz, seyrediyoruz. Ve üstelik bildiğimizi sanıyoruz...

Çoğumuz daha, "peygamber" sözcüğünün Farsça olduğunu bilmiyor.

Türkçe ezana karşı çıkanlar, kutsal olduğunu sandığı bazı sözcüklerin Hz. Muhammed döneminde kullanılmadığını bilmiyor. Söyler misiniz, o dönemin, "Mekke dili"nin bugün Araplar arasında bile konuşulmadığını kaç kişi biliyor? Hangi Arapça'dan bahsediliyor; İslam öncesi kuzey ve doğu Arapçası, klasik öncesi Arapça, klasik Arapça, yeni Arapça, orta Arapça, modern Arapça...

Hz. Muhammed döneminde Mekke'de konuşulan Arapça'yı bilen nadir isimlerden, din bilgini Turan Dursun'u da ne yazık ki teröre kurban verdik.

Bugun "onomastik"le (özeladbilim) ilgilenenlere neden "deli yaftası" yapıştırılmak isteniyor sanıyorsunuz? Din bezirgânları iktidarlarını her şekilde koruyor...

Sonuçta, 1950'de Türkçe ezanın kaldırılması, bir hükûmeti yıllarca ayakta tutmaya yaradı. Demek ki o yıllarda, iyi bir siyasal strateji uygulanmıştı!

Benim zavallı halkımın dinsel inancını biraz okşayınca sana dünyaları bile veriyor; Sabetayist bir hükûmet olsan bile... (Bkz. *Efendi* kitabı.)

Fransız İhtilali'nin önderlerinden Jean-Paul Marat ne diyordu: "Halkı zincire vurmak için önce uyutmak gerekir."

Reformun ayak sesleri

Dinsel reformları Cumhuriyet hayata geçirmişti ama, öncesi vardı. Arap alfabesindeki reform girişimleri Osmanlı'da Münif Paşa'yla başladı. Münif Paşa başkanı olduğu Cemiyet-i İlmiye-i Osmaniye'de 1 mayıs 1862 tarihinde verdiği konferansta Arap alfabesinin Türkçe kelimelerin yazımında yetersiz olduğunu söyledi. Örneğin özel isim yazmakta çok zorlanılıyordu. Türkçe'nin ses varlığına uygun değildi.

Münif Paşa'nın önerisi, Latin harfleri değildi kuşkusuz; Arap harflerinin ıslahıydı; harflerin altına ve üstüne harekeler, yeni işaretler koymak; kelimeleri harfleri birleştirmeden yazmak gibi...

Başta Osmanlı olmak üzere, Müslümanların Latin alfabesini kullanması gerektiğine dair görüş ilk kez XIX. yüzyıl başında ifade edildi. Fransız dilbilimci C. François Volney'in yayımladığı, *Avrupa Alfabesinin Asya Dillerine Uygulanması* adlı kitabındaki bu önerisi, Kuranı Kerim'in Arap harfleriyle yazılmış olması sebebiyle tartışılmasını bile imkânsız hale getirmişti. O yıllar, "yazıyı değiştirmenin din değiştirmek" gibi algılanıldığı bir dönemdi.

Benzer çalışmaları Azerbaycan'da düşün adamı Mirza Feth Ali Ahundzade yapmış, hatta projesini devrin Sadrazamı Fuad Paşa'ya sunmuştu.

Münif Paşa'ya destek veren ise Sadrazam Ali Paşa'ydı.

Fuad Paşa ile Ali Paşa'dan bahsetmiştim; hani Yenikapı Mevlevîhanesi'ni anlattığım bölümde. Yenikapı Mevlevîhanesi de Arap alfabesinin ıslah edilmesi girişimlerini destekliyor muydu acaba?

İttihatçılar bu konuda bir iki çalışma yaptılar, ama hayata geçirmeye korktular.

Osmanlı'nın düşünüp yapamadığı birçok reformu Kemalist Cumhuriyet gerçekleştirdi. Dinî reformların yapıldığı 1928'de, "Türkiye Devleti'nin dini, din-i İslamdır" hükmü Anayasa'dan çıkarıldı.

Milletvekilleri TBMM'de yemin ederken artık "vallahi" yerine "söz veririm" diyecekti.

Böylece, din siyaset hayatından çıkarıldı.

Ama, bu reformlar, politikacıların dini kullanmasına engel olamadı.

Konunun bir de "entelektüel" boyutu var. Batı'ya göre, Martin Luther (1483-1546) İncil'i Almanca'ya çevirerek çığır açmıştı. Kitaplar böyle diyor. Öyle ya, her reformun merkezi "Batı"!

Okullarımızda bize gösterilen dünya haritasının merkezinde bile Avrupa var; nedense? Çin'deki haritalardaysa, dünyanın merkezinde Çin var; Amerika kıtasında ABD!

Neyse. Anlatmak istediğim şu:

Gidin görün; İstanbul'daki İslam Eserleri Müzesi'nde ilk Müslüman Türk devleti Karahanlılar (840-1212) döneminden kalma Kuranı Kerim'in en eski Türkçe tercümesi vardır. Martin Luther'den 250 yıl önce gerçekleşmiştir bu çeviri!

Karahanlılardan 750 yıl sonra, TBMM kararıyla Kuran'ın meali ve tefsiri Elmalılı Hamdi Yazır'a yazdırıldı.

Hakkını teslim edin, bu başarı kimindir?

Kemalist Cumhuriyet'in İslam'ı, aklı yok eden bilgisiz ve cahil pirlerin, şeyhlerin, dedelerin elinden alıp özgürleştirdiği bir gerçek değil midir?..

Okan Bayülgen'in büyükdedesi

Aziz Mahmud Hüdayî Dergâhı Vakfı kurucusu, Şeyh Musa Topbaş'ın yaşamını öğrenebilmek için, "din bilgisi öğretmeni" Elmalılı Hamdi Yazır'ı yakından tanımamız gerekiyor.

Ama önce, ilginizi çekmek için bir taktik uygulamalıyım:

Elmalılı Hamdi Yazır, televizyonların "haşarı çocuğu" Okan Bayülgen'in anne tarafından büyükdedesiydi!..

Elmalılı Muhammed Hamdi Yazır, 1878 yılında Antalya'nın Elmalı ilçesinin, Karyağdı Mahallesi'ndeki üç numaralı evde dünyaya geldi.

Elmalı denince akla ilk gelen, Hacı Bektaş Veli'nin felsefesini Anadolu'ya yayan Abdal Musa'nın türbesi ve dergâhıdır.

Hamdi Yazır'ın Bektaşîlik'le bir ilgisi yoktu.

Elmalı, annesinin memleketiydi. Babası Numan Efendi Burdur'un Gölhisar kazasına bağlı Yazır köyündendi; Elmalı Şer'iye Mahkemesi'nde başkâtipti.

Görev yaptığı sırada Elmalı ulemasından Sarlarlı Mehmed Efendi'nin kızı Fatma Hanım'la evlendi.

İlk ve orta öğrenimiyle birlikte hafızlığını da Elmalı'da tamamlayan; Arapça'yı burada öğrenen Elmalılı Hamdi Yazır, dayısı Mustafa Zeki Efendi'yle İstanbul'a geldi.

Bir dönem Aziz Mahmud Hüdayî'nin gittiği Küçükayasofya Medresesi'ne yazdırıldı.

İlim eğitimi yanında, Beyazıt Camii'nde Kayserili Mahmud Efendi'nin sohbetlerine katıldı, ondan icazet aldı.

Ayrıca Bakkal Arif Efendi ve Sami Efendi'den hat sanatını öğrendi.

Siyasetle ilgiliydi: Sultan II. Abdülhamid yönetimine muhalifti. İttihat ve Terakki Cemiyeti'ne katıldı; İlmiye Şubesi'ne üye oldu. İslamcı düşüncenin önde gelen isimlerinden biri olarak tanınmaya başladı.

İkinci Meşrutiyet'le birlikte İttihatçıların listesinden Antalya mebusu seçildi. 31 mart 1909'daki gerici ayaklanmanın ardından, İttihatçıların, Sultan II. Abdülhamid'i tahttan indirmesine rıza göstermeyen Fetva Emini Nuri Efendi'yi ikna etti ve hal (istifa) fetvasının müsveddesini bizzat kendisi yazdı...

Çok okuyan bir din âlimiydi. Fransızca, İngilizce, Arapça ve Frasça biliyordu.

Sırat-ı Müstakim ile *Sebil ür-Reşad*'da makaleler kaleme aldı.

Elmalılı Yazır'a gore, İslam dünyasının içine düşmüş olduğu durumun nedeni dinin kendisi değil, Müslümanların bu dinin ilkelerini tam olarak özümseyememiş olmalarıydı.

Samiha Ayverdi, Nezihe Araz, Safiye Erol ve Sofi Huri tarafından kaleme alınan, *Kenan Rifaî ve Yirminci Asrın Işığında Müslümanlık* kitabından öğreniyoruz ki, Elmalılı Hamdi Yazır ile Kenan Rifaî çok iyi görüşen iki dosttu. (s. 563.)

1918'de Şeyhülislamlık bünyesinde kurulan Dar ül-Hikmet ül-İslamiye azalığına getirildi. 1919'da bu müessesenin reisliğine tayin oldu. Yine aynı dönemde ısrarlı teklifler karşısında Damat Ferid Paşa'nın birinci ve ikinci kabinelerinde Evkaf nazırlığı (mayıs-ekim 1919 ve ekim 1919-mart 1920) görevini üstlendi. Bakanlığı döneminde ikinci dereceden Osmanlı nişanıyla ödüllendirildi.

1919'da Âyan Meclisi (Senato) üyeliğine tayin edildi.

Ulusal Kurtuluş Savaşı döneminde lehte veya aleyhte bir davranışta bulunmadı. Medresede okuyanlar arasında uzman yetiştirmek üzere kurulan "Medreset ül-Mütehassisîn"de mantık hocası olarak görevliydi.

Ankara Hükûmeti zafer kazanınca, Elmalılı Hamdi Yazır, Damat Ferid Paşa kabinelerinde yer alması nedeniyle, ulusal güçler aleyhindeki bu kabinelerin verdiği kararlardan sorumlu tutuldu; gıyabında idama mahkûm edildi. İstanbul'da gözaltına alınarak Ankara'ya götürüldü; kırk gün tutuklu kaldı. İstiklal Mahkemesi tarafından –iddialara göre– İttihat ve Terakki Cemiyeti'ne üye olması sebebiyle suçsuz bulunarak serbest bırakıldı. Yüzellilikler listesine bile konulmadı! Bu iddia pek geçerli gözükmüyor; benzer durumda olan pek çok kişinin akıbeti hiç de hayırlı olmadı. Ama neden affedildiğini bilemediğimizi yazabiliriz.

Ama...

Elmalılı Hamdi Yazır, İstiklal Mahkemesi travmasını üzerinden atamadı; söylenenlere göre Şapka Devrimi'nden sonra yirmi yıl evinden dışarı çıkmadı. Bir diğer iddiaya göre, Cumhuriyet devrimlerini protesto etmek için evinde inzivaya çekilmişti. Bu iddia doğruysa "Türkçe ibadet" için niçin yardımcı olmuştu?

Oğlu, Fenerbahçe Kulübü Haysiyet Divanı eski üyelerinden Hamdun Yazır'a göre, babası cuma namazı için bile dışarı çıkmamıştı!

Hamdi Yazır, İstanbul'da Kayserili Bekir Sami Efendi'nin kızı Firdevs Hanım'la evlendi. Üçü erkek biri kız dört çocukları oldu. Ortanca oğlunu on altı yaşında, tek kızını ise 1946'da çocuk dünyaya getirirken kaybetti.

Büyük oğlu Muhtar Yazır, Galatasaray Lisesi'ni ve Siyasal Bilgiler Fakültesi'ni bitirdi. Bir süre devlet kadrolarında hukukçu olarak çalıştı, ama sonra istifa edip ticarete atıldı... Diğer oğlu Hamdun Yazır, Selanik kökenli Melike (Kurt) Hanım'la evlendi. Çocuklarına Hamdi adını verdiler.

Musa Topbaş dinî bilgiler öğrenmek için Elmalılı Hamdi Yazır'ın evine gidiyordu. Buraya bir bilgi eklemeliyim: Hamdi Yazır ile Topbaşlar akrabaydı. Hamdi Yazır'ın kız kardeşi Topbaşlara gelin gitmişti...

Konu konuyu açıyor; Elmalılı Hamdi Yazır'ın kaleme aldığı, *Hak Dini Kur'an Dili-Yeni Meali Türkçe Tefsiri*'nden bir örnek verelim:

Elmalılı'nın yorumuna göre, Hz. Muhammed'in adı Tevrat'ta geçiyordu.

Nitekim Habbuk Kitabı'nda şöyle deniliyor:

> Allah Tur-i Sina'dan, Kudsi Faran Dağı'ndan geldi. Muhammed'in kıymetinden sema bir açılsa ve hamdinden yeryüzü bir dolsa (...) Ey Muhammed, oklar senin emrinle tam bir kanış kanacak, yeryüzü nehirlerle gürleyecek. Seni dağlar gördü titredi, sel yağmurları senden bir yana çekildi. (cilt I, s. 414-415.)

Elmalılı Yazır'ın Tevrat'ta Habbuk diye adlandırdığı bölüm, Nahum'dan sonra gelen Habakkuk'tu. Üstelik Tevrat'ın bırakın bu bölümünü, hiçbir yerinde Muhammed adı geçmiyordu. Benzetme bile söz konusu değildi.

Doğrusu neydi:

> Tanrı Teman'dan, Kutsal Tanrı Paran Dağı'ndan geldi. Sela görkemi kapladı gökleri, O'na sunulan övgüler dünyayı doldurdu. Duruşuyla dünyayı sarstı. Titretti ulusları bakışıyla, yaşlı dağlar darmadağın oldu, dünya kurulalı beri var olan tepeler O'na baş eğdi. Tanrı'nın yolları değişmezdir. Uçuşan okların pırıltısından, parlayan mızrağın ışıltısından, yerlerinde durakaldı güneş ve ay. Sense atlarınla çiğneyip geçtin büyük denizleri, sularını köpürterek.

Bu çalışmayı ben yapmadım, "www.islamacevap.net" adlı, Hıristiyan propagandası yapan bir İnternet sitesinden alıp, özetledim.

Sonuçta, Hıristiyanlar diyor ki:

> Görüldüğü gibi Hamdi Yazır, okuyucunun nasıl olsa bir araştırma içine girmeyeceğinden emin bir şekilde, diğer birçok İslam yazarının yaptığını yaparak, Muhammed'i yüceltmek için olmadık saptırmalar içine girmekte ve okuyucuyu yanlış bilgilendirmektedir. Bunları okuyan Müslümanlar da, Tevrat'ın Muhammed'den hem de övgüyle bahsettiğine kolaylıkla inanabilmektedir.

Hıristiyan misyonerler, sahip oldukları bu İnternet sitesinde, bazı Müslümanlardaki Yahudi hayranlığını anlayamadıklarını yazıyorlar!..

Neyse...

Kahramanız Musa Topbaş'a dönelim:

Buharalı Bekir Hâkî Efendi

Musa Topbaş kendisinden iki yaş büyük ablası Müşerref'le birlikte, Hamdi Aytaç'tan hat dersleri aldı. Nazif Çelebi'yle evlenen ablası Müşerref Çelebi zamanla Türkiye'nin önde gelen hat sanatçılarından biri oldu.

Musa Topbaş bu sanatı sevmişti ama aradığı başkaydı...

Sultanahmet'te müezzinlik yapan Buharalı Bekir Hâkî Efendi, Esad Erbilî'nin halifesi Eminönü Müftüsü Ali Yekta Efendi ve 27 Mayıs 1960 askerî harekâtından sonra Diyanet İşleri başkanlığına getirilen Ömer Nasuhî Bilmen gibi, İstanbul'un son ulema nesli diyebileceğimiz şahsiyetlerin sohbetlerinde bulundu.

Bu sohbetler, –Kenan Rifaî müritlerinden bahsederken yazmıştım– İsmetefendi Camii'nde yapılıyordu. Bu sohbetlere, CHP milletvekili (7.-8. dönemler) ve Adalet bakanı (1963-1964) Sedat Çumralı gibi isimler de katılıyordu.

Musa Topbaş okumaya meraklıydı; "27 Mayıs'ın din bilgini" Ömer Nasuhî Bilmen'in, sekiz ciltlik *Kuran-ı Kerim'in Türkçe Meal-i Âlisi ve Tefsiri* ile iki ciltlik *Büyük Tefsir Tarihi*'ni o yıllarda elinden düşürmedi.

Devrin din âlimleri, terbiyesiyle kendisini herkese sevdiren Musa Topbaş'ı hep övdüler.

> İstanbul'a geldiği zamanlarda Bediüzzaman Saidi Nursî'ye de arabasıyla hizmet ettiğini kendisi anlatırdı. (...) Mûsâ Efendi'nin hayatında en büyük değişiklik Ramazanoğlu M. Sami Efendi'yi tanıdıktan sonra gerçekleşmiştir. Kendisi ile ilk defa 1950 yılında Bursa'da tanıştı. Bu tanışmadan sonra zaman zaman Sami Efendi'nin ziyaretine gitse de esas intisabı 1956 yılındadır. (www.altinoluk.com)

Ve şimdi karşımıza bir başka din âlimi çıktı:

Mahmut Sami Ramazanoğlu, 1892'de Adana'da dünyaya geldi.

Babası Mücteba Efendi, annesi Ümmü Gülsüm Hanım'dı.

İlk, orta ve lise tahsilini Adana'da gördükten sonra İstanbul'da Darülfünun Hukuk Mektebi'ne girdi. Okul yıllarında, önce Gümüşhanevî Dergâhı'na intisap etti. Daha sonra ise Kelamî Dergâhı'nda, Şeyh Esad Erbilî'ye bağlandı.

Medyada yazılıp söylenenlere göre, ünlü şovmen Mehmet Ali Erbil'in büyükdedesi olan Şeyh Esad Erbilî'yi tanımadan geçersek, meseleyi tam değerlendiremeyiz. O halde karşımıza bir biyografi daha çıktı...

Nakşibendî Kürtler-Nakşibendî Türkler farkı

Şeyh Muhammed Esad Erbilî, 1847'de Musul yakınlarındaki Erbil'de doğdu. Babası Halidî Tekkesi'nin postnişini Şeyh Muhammed Said'di. Dedesi, Halid-i Bağdadî'nin halifelerinden Şeyh Hidayetullah'tı.

Mevlana Halid-i Bağdadî Erbil'de inşa ettirdiği dergâhı bu aileye bırakmıştı.

Bağdadî'nin halifelerinden Taha el-Harirî'den seyr ü sülukunu tamamlayıp icazet aldığı 1875 yılında hac vazifesini yapmak için Hicaz'a gitti.

Şeyhinin vefat haberini alınca İstanbul'a geldi. Kısa zamanda ünlendi. Sultan II. Abdülhamid'in damadı Dervişpaşazade Halid

Paşa'ya Arapça öğretti ve dinî bilgiler dersi verdi. Fındıkzade'deki bir Kadirî tekkesi olan Kelamî Dergâhı'na tayin olundu.

Kimine göre sürgün, kimine göre bilinmeyen bir misyon için görevli olarak, Sultan II. Abdülhamid tarafından Erbil'e gönderildi. On yıl sonra, 1908'de tekrar İstanbul'a dönmesi gösteriyor ki, II. Abdülhamid tarafından zorunlu ikamet için Erbil'e gönderilmişti.

Tekrar Kelamî Dergâhı'nda göreve başladı. Sultan Mehmed Reşad boşalan Üsküdar'daki Selimiye Dergâhı'nı da Esad Erbilî Efendi'ye verdi. O da oğlu Mehmed Ali'yi görevlendirdi.

İkinci Meşrutiyet'in getirdiği özgürlük ortamında, dervişlerin haklarını korumak; tasavvuf kültürünün topluma aktarılması için geleneksel yollar haricinde yeni arayışlar bulmak için, "Cemiyet-i Sufiye" adlı derneği kurdu. Derneğin başkanı dönemin şeyhülislamı Musa Kâzım Efendi'ydi. Esad Erbilî Efendi ikinci başkandı. *Tasavvuf* adında bir dergi çıkardılar. Yazdıklarının ana hatları şuydu: Tasavvufî hayat vazgeçilmezdir. Ancak bugünkü tasavvufî hayat ıslaha muhtaçtır. Bozulmuş bir tasavvufî hayatın ortaya çıkardığı derviş tipini genelleştirmek yanlıştır...

Esad Erbilî Efendi ateşli bir İttihatçı'ydı. 1914'te Meclis-i Meşayih'in önce üyeliğine sonra başkanlığına getirildi.

Kendisi gibi II. Abdülhamid döneminde Trablusgarp'a sürgüne gönderilmiş Bektaşî şeyhi Nailî Baba ve çevresiyle de sıkı görüşüyordu. Bu çevrelerden de aldığı yardımlarla tekkelerin ıslahı ve şeyhliklerin ehliyetli kişilere verilmesi için çalışmalar yürüttü.

"Surre emini" olarak hacca gitti.

Millî Mücadele başlayınca Fevzi Çakmak, Ankara'ya gitmeden önce gelip elini öptü, hayır duası etmesini istedi.

Esad Erbilî Efendi'yi 1925 yılında ziyaret eden ve dergâhında on dört gün kalan Danimarkalı parapsikolog Carl Wett, İzmir valiliği, Bahriye nazırlığı, Berlin büyükelçiliği görevlerinde bulunmuş, Mahmud Muhtar Paşa'nın davetiyle İstanbul'a gelmişti.

Avrupa ve Hindistan'da psişik araştırmalar yapan Wett'in amacı, dervişlerin kendilerine has usullerle ulaştıkları coşkun ruh halini gözlemlemekti.

Carl Wett'in *Dervişler Arasında İki Hafta* adlı kitabından öğreniyoruz ki, Mehmed Ali Aynî, Ferit Kam, Ahmed Muhtar Paşa Esad Erbilî'nin sohbetlerine de katılıyorlardı. Birlikte çekilmiş fotoğrafları vardı. (s. 248.)

Şeyh Esad Erbilî'yi tanınmış kılan ünlü müritleri değildi kuşkusuz. 1925'te tekke ve zaviyeler kapatılınca Erbil'e dönmemiş, aksine Erbil'deki mallarını satarak Erenköy'deki Şevkipaşa Köşkü'nü satın almış ve hiç sokağa çıkmama kararı almıştı.

Ancak 23 aralık 1930'da Asteğmen Kubilay'ın şehit edildiği isyanı teşvik suçundan oğlu Mehmed Ali Erbilî'yle birlikte gözaltına alındı. Bir ay sonra İstiklal Mahkemesi baba ile oğul hakkında idam cezası verdi. Yaşı altmış beşten büyük olduğu için Şeyh Esad Erbilî'nin cezası müebbet hapse çevrildi; oğlu Mehmed Ali Erbilî 28 kişiyle birlikte idam edildi.[10]

İdam edilen 29 kişinin arasında, Menemen'de bakkallık yapan Hayım oğlu Yosef de vardı. İsyancıların, şehit Asteğmen Kubilay'ın kesik başını yeşil bayrağın tepesine asmak için kullandığı ipi o satmıştı.

Oğlunun idamından bir ay sonra 4 mart 1931'de Şeyh Esad Erbilî tedavi gördüğü Menemen Askerî Hastanesi'nde vefat etti.

Kimine göre ise zehirlenek öldürüldü...

Menemen'deki isyanda Şeyh Esad Erbilî'nin iki müridi daha vardı. Ama bu, baba ile oğulun isyanı düzenledikleri anlamına gelmezdi herhalde. Yani, ortada somut delil yoktu. Duruşmalarda ortaya çıktı ki, İstanbul polisi şeyhin köşkünü hep gözaltında tutmuştu.

Acaba mesele şu muydu?

Şeyh Esad Erbilî Kürt'tü. İsyancı Kürt Şeyh Said'in yakın arkadaşıydı.

İkisi de, Nakşibendî tarikatına mensuptu; Halidî ekolünden geliyorlardı.

İttihatçı olduğu için bazı din adamları idam sehpasından alınırken; İttihatçı olan; tekkelerin, şeyhlerin reforma tâbi tutulmaları gerektiğini söyleyen; çevresinde okumuş yazmışları toplayan Şeyh Esad Erbilî neden yok edilmişti?

Sanıyorum, Cumhuriyet, Halidî Nakşibendîliğinin Kürt kolunu kesmek istemişti...

Meydan, Halidî Nakşibendîliğinin Türk koluna, "Beyaz Müslümanlar"a kalmıştı...

Yani, mesele dinî değil ırkîydi.

10. İdam edilen Mehmed Ali Erbilî, şovmen Mehmet Ali Erbil'in dedesi miydi? Mehmet Ali Erbil'e göre dedesi Mustafa Erbil'di ve polis memuruydu. Yani basında yazılanlar doğru değildi: Ayrıca 1874 doğumlu Mehmed Ali Erbilî'nin tek oğlu vardı; Bahaeddin. Şeyh Esad Erbilî'nin Mehmed Ali Erbilî'den başka, iki kızı bir oğlu daha vardı. Oğlu Muhammed Erbilî, hep Erbil'de yaşadığı için onun aile sicilini bilemiyoruz. Basında, sanıyorum isim benzerliği nedeniyle Mehmed Ali Erbilî'den dolayı akrabalık var dense de, eğer akrabalık söz konusuysa, bu ancak Muhammed Erbilî kanalından olabilir. Keza polis memuru Mustafa Erbil, Kuzey Irak'tan Türkiye'ye gelmişti.

Düşünsenize, Said-i Kürdî nasıl Said-i Nursî oldu?

Çizgideki bu değişimin sebebi sadece "Eski Said"-"Yeni Said" meselesi miydi?

Kürtlüğünü değil Müslümanlığını öne çıkarması bile, ne zorluklar getirmişti yaşamına. Hatta öldükten sonra bile...

Yeri gelmişken Said-i Nursî'yle ilgili bilinmeyen bir gerçeği, ilk kez bu kitapta açıklıyorum:

Said-i Nursî 23 mart 1960'ta Urfa'da vefat etti. İsteği üzerine Halilürrahman Camii haziresine defnedildi. 27 Mayıs 1960 askerî müdahalesinden sonra, "Mezarı siyasî bir sembol haline getiriliyor" iddiasıyla, 12 temmuzda mezarından çıkarıldı ve bilinmeyen bir yere götürüldü. Bugüne kadar bu bilinmeyen yerin Isparta olduğu söyleniyor ve yazılıyordu. Doğrusu şudur: Mezardan çıkarılan Said-i Nursî'nin tabutu Kıbrıs açıklarında denize atıldı!

Evet, Said-i Nursî'nin cesedi Akdeniz'e atıldı. Bu nedenle bugün Said-i Nursî'nin ceseti bulunamamaktadır...

Ne yazık ki dönemin şartları gereği yapılan bu anlamsız ve çirkin hareketi bugün Türkiye'de savunacak bir kişi bulamazsınız...

Ama...

Nedense bu tür çirkinlikleri sadece sol hükûmetlerin yaptığı sanılıyor.

Halbuki...

Süleymancıların lideri Süleyman Hilmi Tunahan 16 eylül 1959'da öldüğünde, müritleri onu Fatih Camii'ne defnedecekken, DP hükûmetinin emriyle cenaze Karacaahmet Mezarlığı'na götürüldü ve burada polis nezaretinde defnedildi.

Bu nedenle, Süleymancılar, liderlerine büyük güçler atfederek, Adnan Menderes'in de 16 eylülde idam edilmesini gayet manidar bulurlar!

Konuyu dağıtmayayım...

Aynı ekolden gelen Nakşibendîlerin bir bölümü yok edilirken, Nakşibendî "Beyaz Müslümanlar"ın önü açılmıştı!..

Bu nedenle İstanbul'un göbeğindeki merkezinde irşat faaliyetlerini sürdüren Gümüşhanevî Tekkesi'ne, İsmail Ağa Dergâhı'na kimse ses çıkaramazken, Adıyaman'daki Menzil Dergâhı hep gözaltında tutulacaktı...

Şimdi dönelim tekrar Mahmut Sami Ramazanoğlu'nun hikâyesine:

Şeyh Mahmut Sami Ramazanoğlu, şeyhi Esad Erbilî gibi Kürt değildi. Dergâhın İnternet sitesi, "www.altinoluk.com"a göre Türkmen aşireti Ramazanoğullarına mensuptu.

Şeyh Ramazanoğlu, tekke ve zaviyelerin kapatılmasından sonra memleketi Adana'ya döndü.

Hac yolunun açıldığı 1946'da ilk kez Mekke'ye gitti.

1951'de İstanbul'a geldi ve iki yıl kaldı. Tekrar hacca gitti. 1953'te hac dönüşü Şam'a yerleşti. Bu ikameti dokuz ay sürdü. Tekrar İstanbul'a geldi ve şeyhi Esad Erbilî'nin yaşadığı Erenköy'e yerleşti.

İrşat faaliyetlerini Erenköy Zihnipaşa Camii'nde sürdürdü.

Sohbet halkası her geçen gün büyüdü; sohbetlerine özellikle zengin işadamlarının gelmesi dikkat çekiyordu. Kendi ailesinin de zengin olması nedeniyle bu çevrelerle daha iyi ilişkiler kurduğuna yorumlanıyordu bu durum.

Şeyhliği süresince Tahtakale'de bir şirketin muhasebesini tutuyor olması da bu çevrelerle ilişkisini güçlendiriyordu. (Ruşen Çakır, *Ayet ve Slogan*, 1991, s. 56.)

Erenköy cemaatinin şeyhi Mahmut Sami Ramazanoğlu 1979'da Suudî Arabistan'a hicret etti. Ömrünün kalan kısmını burada geçirdi ve 12 şubat 1984'te vefat etti.

Gazeteci Ruşen Çakır'a göre, şeyhin ölümünden sonra dergâhın başına tek bir kişi geçmedi; faaliyetler birbirinden görece bağımsız olan dört kişilik bir heyet tarafından yönlendirildi.

Bu dört isimden biri de Musa Topbaş'tı...

Musa Topbaş, dergâhın sanki yayın işlerinden sorumluydu; 1980 yılında Erkam Yayınları'nın kurulmasına öncülük etti. 1986 yılında da *Altınoluk* dergisinin çıkarılmasına önayak olduğu gibi, aynı yıl Üsküdar'da Aziz Mahmud Hüdayî Vakfı'nın kuruluşuna maddî ve manevî katkıda bulundu. Sabetayist Ilgaz Zorlu, Sabetayistlerin Aziz Mahmud Hüdayî Dergâhı'na maddî yardımda bulunduklarını söylüyordu. Ama sanırım, Musa Topbaş'ı kastetmiyordu!..

Musa Topbaş bütün bu faaliyetlerinde yalnız değildi. Kardeşleri Muammer Topbaş, Hulusi Topbaş, Nuri Topbaş ve Abidin Topbaş hemen hemen aynı süreci yaşadılar. Aynı hocalardan ders aldılar, aynı sohbetlere katıldılar deneklere, vakıflara yardımlarda bulundular...

Bu arada iş dünyasında da hızla büyüdüler...

1951 yılında, gün gelecek Türkiye'nin tanınmış tekstil firmalarından olacak Bahariye Mensucat'ı kurdular.

Aynı yıl İstanbul'da kurulan İlim Yayma Cemiyeti'nin kuruluşunda yer aldılar. İlk kurucular arasında şaşırtacak kadar çok

Topbaş vardı: Hulusi Topbaş, Abidin Topbaş, Muammer Topbaş, Sabahattin Topbaş, Mustafa Topbaş, Eymen Topbaş ve Osman Nuri Topbaş.

Komünizmle mücadeleyi ana hedefi haline getiren İlim Yayma Cemiyeti'nin kuruluşunda bu kadar çok Topbaş'ın olmasını nasıl değerlendirmemiz gerekiyor?

Bilmiyorum... Belki ileri sayfalarda ipuçları bulabiliriz...

Sosyetik Topbaşlar...

Topbaş ailesinin din ağırlıklı ilişkiler ağını Musa Topbaş'ın şahsında görmeye çalıştık.

Şimdi de, yeğen Eymen Topbaş'ın şahsında, ailenin ticaret-siyaset ilişkilerini öğrenmeye çalışalım.

Topbaşlar ticaret konusunda son derece ileri görüşlüydüler. Örneğin, 1951 yılında Bahariye Mensucat'ın reklamlarını radyoda yayınlattılar. Üstelik dönemin yıldızı Orhan Boran'a hayli büyük paralar vererek, ilk konulu reklamı çeken firma olmuşlardı.

Bana ilginç geldi; tıpkı Topbaşlar gibi ailece İlim Yayma Cemiyeti'ne kurucu olan Ülker ailesi de reklamın yararına inanmış, o yıllarda Ülker Bisküvileri'nin reklamını radyoya vermişlerdi...

"Beyaz Türkler" radyoda reklamın gücünü keşfetmemişken "Beyaz Müslümanlar"ın bu konuda öncü olmalarını nasıl analiz etmeliyiz!..

Rastlantı mı; zamanla "Beyaz Müslümanlar"ın iş alanı tekstil, "manken sektörü"nü de patlatacaktı. Televolelere karşı çıkanlar bu neden-sonuç ilişkisi üzerine düşündüler mi?

Bahariye Mensucat'ın ilk yönetim kurulu başkanı aileyi İstanbul'a getiren baba Ahmed Hamdi Efendi'ydi. Onun vefatının ardından bu göreve oğlu Hulusi Topbaş getirildi. Ondan sonra ise yönetim kurulu başkanlığını Hulusi Topbaş'ın oğlu Eymen Topbaş devraldı.

Eymen Topbaş bu zorlu görevi yürütürken en büyük yardımı ağabeyi Faruk Topbaş'tan gördü.

Faruk Topbaş, Suudî işadamı İbrahim Şakir ile Semiha Şakir'in kızı Ghade'yle evlendi.

1905 İstanbul doğumlu, Türkiye'nin en hayırsever kadını olarak gösterilen Semiha Şakir kimdi?

Ailesi Bosnalı'ydı. Bursa'ya göç etmişlerdi; tekstilciydiler; ipek fabrikaları vardı.

Semiha Şakir'in ağabeyi Rifat Pekiş'in kızı Yüksel, Fehmi Behlil'le evliydi.

İkinci Dünya Savaşı yıllarında Berlin Üniversitesi'nde iktisat eğitimi alırken savaşın çıkmasıyla Bosna'ya, oradan da Türkiye'ye gelir. İthalat işine yönelir, Türkiye'de ilk radyo ve televizyon işi yapanlardan olur. Hükûmet bir ara televizyon ithal ve montaj edebilme yetkisini sekiz kişiye vererek dondurduğunda Fehmi Behlil de sekiz kişiden birisi olur. Fehmi Bey, şirketini daha sonra Alarko'ya satar. Fehmi Behlil evliliğini ise, Arif Mardin'in evinde tanışacağı Pekiş ailesinden Yüksel Hanım'la yapar. Yıl 1954'tür. (Cemal A. Kalyoncu, *Paranın Efendileri*, 2003, s. 136.)

Fehmi Behlil'in dedesi Adana'daki Bossa (o zamanki adı Bosna) fabrikasının ilk sahibi Salih Bosna'ydı. Yani tekstilciydi.

Fehmi Behlil'in kız kardeşi Bedia, TKP'nin önde gelen isimlerinden Rasih Nuri İleri'yle evliydi.

Fehmi Behlil'in amcası İbrahim'in oğlu Hakan ilk evliliğini TİP Genel Başkanı Mehmet Ali Aybar'ın kızı Güllü Aybar'la yaptı.

Fehmi-Yüksel Behlil çiftinin çocukları Zeynep Fadıllıoğlu'dur.

Ünlü modacı Rifat Özbek, Yüksel Hanım'ın kız kardeşi Melike'nin oğludur. Diğer evlat ise, Ürdün Fahrî Konsolosu Mithat Özbek!

Yüksel Hanım'ın diğer kız kardeşi Cenap Hanım, işadamı Şerif Egeli'nin eşidir.[11]

Semiha Şakir'in akrabaları arasında ünlüler çoktu. İzmirli Özgörkeyler; Cemal Özgörkey ve Armağan Özgörkey, kız kardeşi Feriha'nın torunlarıydı.

Semiha Şakir, yirmi yaşında Suudî işadamı İbrahim Şakir'le evlenerek Lübnan'a gitti. Uzun yıllar Beyrut, Mısır, Mekke, Riyad, Londra ve İstanbul'da yaşadı.

İki oğlu Ghazi ve Ghassan ile bir kızı Ghade oldu.

8 eylül 1998'de tedavi gördüğü Gülhane Askerî Tıp Akademisi (GATA) Haydarpaşa Hastanesi'nde doksan üç yaşında vefat etti. Arkasında onlarca hastane, sağlık ocağı, okul, huzurevi bıraktı.

Faruk Topbaş'ın eşi Ghade ve kızı Dina Topbaş sadece İstanbul

11. Şerif Egeli'nin kardeşi Selim Egeli, Rona Yırcalı'nın ablası Demet Yırcalı'yla evlidir. Kamuoyu Selim Egeli'yi, Turgut Özal'ın reklam ve tanıtım işlerini yaptığında tanıdı. Her iki kardeş de Şişli Terakki'de ve ardından Robert Kolej'de öğrenim görmüşledir. Şerif Egeli, Şişli Terakki'den okul arkadaşı Şarık Tara'nın ENKA'sının hissedarlarındandı. ENKA'yı büyüten ilk büyük iş Suudî Arabistan'da gerçekleşti; ardından Ürdün, Cezayir, Libya ve Irak geldi. Şerif Egeli, Yahudilerin İspanya'dan gelişlerinin 500. yılı nedeniyle kurulan "500. Yıl Vakfı" kurucusudur.

sosyetesinin değil Avrupa jet-set'inin önde gelen iki ismidir. Düğünleriyle, davetleriyle, partileriyle hep gündemdeler. Flörtleriyle gündeme gelen Dina Topbaş'ı bugüne kadar kimse nikâh masasına oturtamadı.

Dina Topbaş, Semiha Şakir Vakfı Yönetim Kurulu başkanlığını yürütüyor.

Semiha Şakir'in yardımseverliğini çocukları sürdürüyor.

Yıllardır Arap ve Türk sosyetesinin evlerini dekore eden Zeynep Fadıllıoğlu son projesini, "Bir cami tasarlamak istiyorum" diye açıklamıştı. Semiha Şakir'in üç çocuğu Ghassan, Ghazi ve Ghade, Karacaahmet'te yaptıracakları caminin tasarımını Zeynep Fadıllıoğlu'na verdiler. Kime vereceklerdi ki? Semiha Şakir, Zeynep Fadıllıoğlu'nun annesinin halası değil miydi?

İslamî çevrelerin yakından tanıdığı Topbaş ailesinin bir ferdi; Eymen Topbaş'ın ağabeyi Faruk, İstanbul sosyetesinden Ghade Şakir'le evlenmişti.

Peki, ANAP'ın "takunyalılar takımı"ndan diye bilinen Eymen Topbaş kimle evlendi: İstanbul sosyetesinin yakından tanıdığı Ali Ferruh-Ferhunde Verdi çiftinin kızı Füsun Verdi'yle...

Bu evliliği daha iyi anlayabilmek için bu kez kısaca, Verdi ailesine bir göz atmalıyız:

Fazıl Verdi ve eşi Nigâr Hanım Giritli'ydi. Zaten orada evlenmişler, Girit Yunanistan'a geçince İstanbul Moda'ya taşınmışlardı.

XX. yüzyılın başında Moda'da İngiliz Levantenler nüfus olarak ağırlıktaydı. İngilizce bildikleri için Verdiler, kısa sürede İngilizlerle çok samimi oldular.

Fazıl Verdi, İngilizlerle ortak ticaret yapmaya başladı. Bu ortaklık Cumhuriyet döneminde de sürdü; Türkiye'nin ilk ithalatçıları arasındaydı. Özellikle otomotiv ve savunma sanayii sektörünün önde gelen isimlerindendi.

Fazıl-Nigâr Verdi'nin üç çocukları oldu: Ali Ferruh, Perihan ve Nejat.

Ali Ferruh Verdi, uzun bir süre İrlanda fahrî konsolosluğu yaptı. Anlaşılan İngiliz dostluğu hiç bitmemişti.

Türkiye'de özel uçağı olan ilk işadamıydı.

Ferhunde Hanım'la evliliğinden Füsun isminde bir kızı ve Bülent isminde bir oğlu oldu.

Ali Ferruh Bey, 8 kasım 2003'te vefat etti. Eşi Ferhunde Hanım, hâlâ İstanbul sosyetesinin en güzel hanımefendilerinden biri.

Perihan Verdi ilk evliliğini Doktor Muzaffer Canpolat'la yaptı.

Canpolatlar da Giritli'ydi. Aileler oradan tanışıyordu. Yunanlılar adayı ele geçirince Canpolatlar önce Kıbrıs'a taşınmışlardı.

Perihan-Muzaffer Canpolat çiftinin bir oğlu oldu: Faruk Canpolat.

Perihan Hanım, eşinin ölümünden sonra Bulgaristan asıllı ABD vatandaşı işadamı Ely Todorrow'la hayatını birleştirdi. Ely Todorrow bir süre, New York Manhattan'da, Robert Kolej İstanbul Derneği başkanlığını yürüttü.

Nejat Verdi, Alman Lilo Hanım'la evlendi. Türkiye'nin ilk otomotiv sektörünü kuran isimlerden biri olarak biliniyor. Tuzla Jeep'in ilk üreticisiydi. Üç çocukları var: Aylin Bahar, Nilüfer Verdi ve Fazıl Murat Verdi.

1953 doğumlu, Berkeley mezunu Murat Verdi, bankalara ve nakit akışı yüksek kuruluşlara para toplama, saklama, sayma, dağıtma hizmeti veren güvenlik şirketi "Secur Verdi"nin sahibi. Dokuz bankanın parasını onun şirketi taşıyor. 6 000 metrekarelik İstanbul Kadıköy'deki şirket merkezinde 800 kişi çalışıyor.

Ankara, İzmir, Bursa, Adana ve Antalya'da şubeleri var.

Murat Verdi, bankaların ve büyük kuruluşların paralarını saymakla, taşımakla kalmıyor, memleket ekonomisi likide sıkıştığında hemen para yetiştiriyor...

Yani, Türkiye'de paranın kimde olduğunu bir tek o biliyor!..

La Traviata, *Aida*, *Nabucco*, *Rigoletto* gibi klasik operaların yaratıcısı İtalya'nın ünlü bestecisi Giuseppe Verdi'yle bizim Verdilerin görünürde bir akrabalığı yok. Ancak, gerek Murat Verdi gerekse Nilüfer Verdi müzikle çok ilgililer. Orkestralarda çalıyorlar; Murat Verdi iyi bir perküsyon ustası.

Caz piyanisti Nilüfer Verdi Bilgi Üniversitesi Müzik Bölümü başkanı ve TRT İstanbul Hafif Müzik ve Caz Orkestrası şefi Neşet Ruacan'la evliydi. 1997'de *Mana* adlı albüm çıkardı.

Eşinin kız kardeşi, Türkiye'nin en iyi sesi Nükhet Ruacan'a eşlik edip konserler verdi.

Yani görünen şu ki, İtalyan millî marşını bile bestelemiş olan dâhi besteci Giuseppe Verdi'nin ailesi kim bilir belki de Girit'ten İtalya'ya göçmüştü!..

Evet, sadece ağabey Faruk Topbaş değil, Eymen Topbaş da İstanbul sosyetesinin tanınmış isimlerinden biriyle, Füsun Verdi'yle evlenmişti.

Meseleye bir de başka açıdan bakalım:

Füsun Verdi Bahariye Mensucat'ın sahibi Eymen Topbaş'la evlenmişti.

Füsun Topbaş'ın kardeşi Bülent Verdi kiminle evlendi dersiniz; Narin Mensucat'ın sahibi, tekstilci Halit Narin'in kızı Mine Narin'le...

Biz de sanıyoruz ki "Verdi" bir perde adı!

Türkiye'nin iki büyük tekstil firması Bahariye Mensucat ve Narin Mensucat meğer akrabaymış! Adana ve Bursa'daki tekstilcileri de unutmayalım lütfen.[12]

Bakalım Topbaşlarda daha ne akrabalıklar çıkacak?..

Bu konuya girmeden önce bir soru yöneltmek istiyorum: Türkler tekstil işini, tüccarlığını kimden öğrendi? Araştırılması gereken bir soru.

Araştıracak kişilere bir ön bilgi vereyim; bu konuda dilimize yerleşmiş sözcüklerin çoğunun İbranîce olması ilginç değil mi?

Antariye (entari), astar (astar), atlas (atlas), basma (basma), batista (patiska), baul (bavul), bindallı (bindallı), bohça (bohça), camaşir (çamaşır), dulbent (tülbent), esnaf (esnaf), fustan (fistan), gerdan (gerdan), hirka (hırka), cepken (cepken), cube (cüppe), katife (kadife), koltuk (koltuk), kürk (kürk), kuşak (kuşak), mendil (mendil), oya (oya), pabuç (pabuç), peştamal (peştamal), şalvar (şalvar), secade (seccade), şerik (şerit), sırma (sırma), yaşmak (yaşmak), yazma (yazma), yemeni (yemeni), yelek (yelek)...

Bu sözcüklerin önemli bir bölümü de İspanya'dan gelen Yahudilerin kullandığı Ladino dilinden geçmişti.

Evet, araştırılması gereken önemli bir konu; böylece biz de "tekstil kardeşliği"nin nerelere dayandığını öğrenebiliriz...

Aklıma geldi: İbranîce'de "kutsal yerlere gitme"nin karşılığı "ziyarat"tı.

Topbaşlara devam edelim. Bakalım daha ne akrabalıklar var?

Eymen-Füsun Topbaş çiftinin tek çocukları oldu: Esra Topbaş.

Esra Topbaş, İstanbul iş çevrelerinin yakından tanıdığı Mehmet-Roula Habbab çiftinin oğlu Sami Habbab'la evlendi.

Geçen yıl evlenen çiftin, Saithalimpaşa Yalısı'ndaki düğününü İstanbul Büyükşehir Belediye Başkanı Kadir Topbaş kıydı. Esra

12. Sanıyorum dikkatinizi çekti; bu kitapta adı geçen herkesin neredeyse iş alanı tekstil! Sabetayistlerin tekelinde olan sektör daha sonra Müslüman işadamlarının eline nasıl geçmişti? Ya da aslında geçmedi mi? Araştırılması gereken bir konu değil mi? Mevlevî Mehmed Esad Efendi'yi yazarken akrabaları Bezmenlerden bahsetmiştim. Bir başka konuyu araştırırken tesadüfen karşıma, Mehmed Esad Efendi'nin öğrencisi ve *Sefine-i Evliya* kitabının yazarı Hüseyin Vassaf'ın torunları çıktı. "Erler" soyadını alan torunlar otuz üç yıl, dokuma makineleri üretiminde dünya lideri olan Belçikalı Picanol firmasının Türkiye distribütörlüğünü yaptılar. Erler Makine ve Mümesillik AŞ bugün, öğrenimini Şişli Terakki'de ve ABD'de Clemson Üniversitesi'nde tekstil üzerine gören, dördüncü kuşak Ahmet Erler'in başarılı yönetimiyle, tekstil sektörünün önde gelen firmalarındandır.

Topbaş'ın şahitliğini amcası Faruk Topbaş ile kuzeni Fazıla Bahar yaparken, damat Sami Habbab'ın şahitliğini kız kardeşi Selin Habbab ile Lübnan Odalar Birliği Başkanı Adnan Kassar yaptı.

Erkek tarafının şahidinden de anlaşıldığı gibi Habbab ailesinin kökeni Lübnan'dı. Tekstil sektöründeydiler; yıllar önce Beyrut'ta, Afrika'yla iş yapan tek tekstilci onlardı. 1971'de Beyrut ateşler içinde kalınca İstanbul'a gelip Nişantaşı'na taşındılar. Türk vatandaşı oldular.

Habbablar zamanla iş hayatında sektör değişikliği yaptılar.

Transteknik Holding sahibi Habbablar ağırlığı enerji sektörüne verdiler. Delta Petrol, Irak, Gürcistan ve Azerbaycan gibi ülkelerle petrol işi yapıyor. Konica Minolta gibi ürünlerin Türkiye distribütörüydüler.

Mehmet Habbab, Türkiye-Lübnan İş Konseyi başkanı.

21 ekim 2001 tarihli *Milliyet* gazetesi, "*Milliyet*, CİA'nın hazırladığı raporu ele geçirdi: İşte Türk Ladinciler" başlığıyla verdiği haberde, Usame bin Ladin bağlantılı işadamlarını açıkladı. Bunlardan biri de işadamı Mehmet Habbab'dı. Ancak ertesi gün işadamı Habbab, Usame bin Ladin'in değil Baba Bush'un dostu olduğunu gösteren fotoğraflarla açıklama yaptı.

Ertesi gün *Milliyet*, Mehmet Habbab'ın haberi yalanlayan açıklamasını vermekle yetindi.

Peki CİA raporu yalan mıydı? Ya da raporun varlığı doğru, içerdiği bilgiler mi yalandı?

İçeriği yalan bile olsa, bir raporun varlığı söz konusuydu; çünkü haber "Raporu ele geçirdik" diye verilmişti.

O halde bu belgeyi kim, neden *Milliyet*'e sızdırmıştı?

Karışık bir iş; zaten Sovyetler Birliği'ne karşı Müslümanları Usame bin Ladin liderliğinde cihada çağıran ve bu nedenle yıllarca oluk oluk para akıtan CİA değil miydi?

Türkiye'deki "CİA-İslamî örgütler ilişkisi"ni kim araştıracak?

Paul Henze-Ruzi Nazar-Murat Bayrak-Cemalettin Kaplan ilişkileriyle başlanabilir...

Neyse, bunlar karışık mevzular, biz Topbaşların[13] biraz da ticarî ilişkilerine bakalım...

13. Türk edebiyatının ünlü yazarı Tarık Buğra'nın (1918-1994), teyzesi Alim Pudu Hanım vasıtasıyla Topbaşlara akraba olduğu söyleniyor. TRT'ye dizi olarak da çekilen *Küçük Ağa* romanının yazarı Buğra, Akşehir doğumlu. İstanbul Lisesi ile Konya Lisesi'nde okudu. Edebiyat Fakültesi'ni bitiremedi. Şişli Terakki Mektebi'nde öğretmenlik yaptı. Abdi İpekçi vasıtasıyla uzun yıllar *Milliyet* gazetesinde yazıları ve öyküleri yayımlandı. İlk evliliğini Jale Baysal'la yaptı; bu evlilikten olan Boğaziçi Üniversitesi öğretim üyesi Ayşe Buğra, Osman Kavala'yla evlendi. Ünlü gazeteci Yalçın Doğan'ın annesi Mehire ile Tarık Buğra, başka bir üvey kardeştiler.

"Mukaddes milyarlar"

1980'li yıllarda basının hiç gündeminden düşmezdi, ANAP'lı muhafazakârların icraatları...

Topbaşlar ANAP'ın en büyük destekçisiydi. Eymen Topbaş parti kurucusu bile olmuştu. Ayrıca ANAP İstanbul il başkanlığını yürütüyordu.

İlişki sadece siyasî değildi; Topbaşlar ile Özallar ticarette de ortaktılar. ANAP'ın hükûmet olmasıyla ardı ardına şirketler kurulmuştu.

Bu şirketlerin ortakları ise çokuluslu Arap şirketleriydi...

Gelin sizi yıllar öncesine götürelim. 1986 yılında Mustafa Sönmez *Yeni Gündem* dergisinde bakın neler yazmıştı:

> Eğer İstanbul'da yolunuz herhangi bir vesileyle Zincirlikuyu üzerinden Mecidiyeköy'e düşüyorsa ya da hafta sonu Ali Sami Yen Stadı'ndaki bir futbol maçına gidiyorsanız, çevrenize şöyle bir göz atın, yeni yapılan bir inşaatı arasın gözleriniz. Ali Sami Yen'e varmadan 100 metre ileride, Pamukbank Genel Müdürlüğü ile Tekel Likör Fabrikası'nın arasındaki dev inşaatı hemen fark edeceksiniz. İnşaatın künyesini oluşturan tabelaya da göz atın. Üstünde, "İşin Adı: Akabe Ticaret Merkezi, Mal Sahipleri: Akabe İnşaat Sanayi ve Ticaret A.Ş. Vahit Ağaoğlu ve Memduh Ağaoğlu, Firması: Akabe İnşaat Sanayi ve Ticaret A.Ş." yazar.
>
> Bu isimler size bir şey ifade ediyor mu ? Etmiyorsa söyleyelım. Akabe İnşaat, Başbakan Turgut Özal'ın kardeşi Korkut Özal ile ANAP İstanbul İl Başkanı Eymen Topbaş'ın ortağı oldukları bir şirket. Dolayısıyla İstanbul'un en önemli iş merkezi Gayrettepe'de yükselen bu dev inşaatın sahipleri arasında Korkut Özal ile Eymen Topbaş da var.
>
> Yapımı hızla süren inşaat 17 000 metrekare üzerine kurulu. Arsa, Ağaoğlu ailesinin. Özal-Topbaş ailesiyle yapılan anlaşmayla iş merkezi inşaatına karar kılınmış. Projenin gerektirdiği üçgen şeklindeki Belediye'ye ait bir alan da Şişli Belediye Başkanı M. Emin Sungur'un oluru ile satılmış. Sungur, Tarım Bakanı Hüsnü Doğan'ın eniştesi, Hüsnü Doğan da Özalların teyze oğlu.
>
> Üçü zemin kat altında olmak üzere 15 katlı bir ticaret merkezi olarak 1987 sonlarında tamamlanması beklenen Akabe Ticaret Merkezi'nin bazı katları satılmaya başlanmış bile. Her kat kaç lira dersiniz ! 1milyar TL. Evet, tam 1 milyar. Böyle olunca Akabe Ticaret Merkezi en azından 15 milyarlık bir yapı olarak değerlendiriliyor. Ama ne 15 milyarlık ticaret merkezi, ne de Dolapdere'de yeni yapılacak gökde-

lenler için de arsa almış oldukları söylentileri Özalların son üç yılda göstermiş oldukları hızlı yükselişi yansıtabiliyor. ANAP iktidarında geçirilen son üç yılın bilançosu çok daha çarpıcı: On şirket, bir "faizsiz banka"ya da dolaylı ortaklık ve İstanbul'un göbeğine dikilen 15 katlı bir iş merkezi, dinsel özelliği ağır basan 3 vakıf...

Özal-Topbaş ortaklığının ekonomik çapı hakkında on beş katlı bir iş hanının pek bir fikir vereceğini sanmıyorum. Zaten Mustafa Sönmez de bunu haberine sadece giriş yapmıştı. İş ilişkisinden önce Turgut Özal'ın parti kurma kararından sonra destek arayışları için nerelere gittiğini kısaca bir anımsayalım:

> 1983 yazı, Özal biraderler için bir hayli hareketliydi. 1982 sonlarında parti kurma kararı veren Turgut Özal, ilk yurtdışı ziyaretini Suudî Arabistan'a yaptı. Cidde'de birkaç gün kalan Özal, o sırada İslam Kalkınma Bankası müşaviri olan Prof. Dr. Nevzat Yalçıntaş'la uzun uzun görüştü. İlginçtir, Korkut Özal'ın bakanlık yaptığı MC hükûmetleri döneminde TRT genel müdürlüğü yapan Yalçıntaş, İslam Kalkınma Bankası'ndaki bu görevini bir süre sonra Korkut Özal'a terk edecekti.
>
> Turgut Özal Cidde'de olduğu sırada, İslam Konferansı Sekreteryası, Dünya İslam Birliği ve İslam Kalkınma Bankası'yla özel temaslarda bulundu. Suudî Arabistan dönüşü İstanbul'da kısa bir süre kalan Özal, 14 aralık 1982'de de ABD'nin yolunu tutuyordu. New York, Washington, Houston arasında âdeta mekik dokuyan Özal, orada ABD hükûmet üyeleri, İMF ve Dünya Bankası yetkilileri ile görüştü, parti kuracağını açıkladı.
>
> Turgut Özal, "icazet turu"nu andıran diş gezilerini sürdürürken, diğer birader Korkut Özal da, bir ayağı Suudî Arabistan'da olmak üzere, ardı ardına kuracağı şirketlerin hazırlıklarını yapıyordu. Korkut Özal ticarî yaşamına ilk adımını, daha sonra ANAP il başkanı olacak Eymen Topbaş'in şirketi Hak Yatırım'da atmıştı. Hak Yatırım'a yüzde bir hisse ile ortak olan Korkut Özal aynı yıl Topbaş ailesi ile ortaklaşa Akabe İnşaat'ı kurdu. Korkut Özal, Topbaş ailesi ile Hak Yatırım'ın dışında Hak Ticaret Tekstil ve Kimya AŞ adlî bir ortaklık daha oluşturmuştu. Böylece Topbaş ailesi ile ortaklık, Akabe, Hak Ticaret ve Hak Yatırım aracılığıyla kurulmuştu. Akabe İnşaat kurulduktan bir süre sonra Suudî Arabistan'da, Cidde'de, büyük bir inşaat işi almıştı. Bu inşaat daha sonra Türkiye'de Al Baraka Türk adıyla faaliyete geçecek Dallah ya da Al Baraka Grubu'nundu. Al Baraka, o sıralar Türkiye'de "özel finansman kuruluşu" oluşturma girişimlerini sürdürüyordu.

Grubun başkanı, dönemin başbakanı Ulusu ile görüşüyor, ancak gerekli mevzuat bir türlü çıkmıyordu. Al Baraka, sonuçta Korkut Özal-Topbaş ortaklığı Hak Yatırım'a, "Gelin bu işi birlikte yapalım" diyecekti.

Ortaklık konusunda ilke anlaşmalarına varılır, paylar belirlenirken, Turgut Özal'ın partisi ANAP da 6 kasım 1983 seçimlerine, kaynağı soru işaretlerine yol açan, oluk oluk para harcayarak hazırlanıyordu.

Özal-Topbaş ikilisinin Suudî sermayesiyle kaynaşmasını sağlayan Al Baraka Türk AŞ'nin kuruluşu, 16 aralık 1983'e yani Turgut Özal iktidarının kuruluşundan hemen iki gün sonraya denk geliyordu. Al Baraka'nın faaliyetlerine olanak sağlayan mevzuat önceden hazırlanmış ve iş imzaya bırakılmıştı. Turgut Özal'ın başbakan olur olmaz ilk işlerinden biri "Özel finansman kurumlarının kurulmasına ve faaliyetlerine ilişkin kararname"yi imzalamak oluyordu.

Artık Korkut Özal-Topbaş ortaklığı Suudî sermayesiyle bütünleşiyordu. Beş milyar sermaye ile kurulan Al Baraka Türk'te ANAP İl Başkanı Eymen Topbaş'ın kardeşi Mustafa Latif Topbaş ikinci başkan olurken, Korkut Özal'ın sağ kolu olarak tanınan ve diğer şirketlerinde ortak-yönetici olan Talat İçöz yönetim kurulu üyeliğine getiriliyordu. Al Baraka'nın Arap ortakları ise Korkut Özal'ın müşavirliğini yaptığı İslam Kalkınma Bankası, Katar İslam Bankası, Bahreyn İslam Bankası, Bahreyn İslam Yatırım Bankası ve Ürdün İslam Bankası'ydı.

Al Baraka çokuluslu bir finans grubuydu. Türkiye dışında 11 ülkede, 12 şirketi vardı. Bunlardan ikisi İngiltere'de, diğerleri Suudî Arabistan, Tunus, Bahreyn, Sudan, Tayland, Moritanya, Bangladeş, Ürdün, Lüksemburg ve Danimarka'da bulunuyordu. İşte Başbakan Turgut Özal'ın kardeşi, eski MSP milletvekili, MC hükûmeti döneminin bakanı Korkut Özal, böyle bir çokuluslu finans kuruluşunun dolaylı da olsa ortağı olmuştu. Bu çokuluslu ilişkinin ANAP ile ilgili diğer önemli halkası, Al Baraka'ya ANAP İstanbul İl Başkanı Eymen Topbaş ailesinin ortak olması idi.

Yeni Gündem dergisinin yirmi yıl önceki haberi böyleydi. Bu habere bir ekleme yapalım: Al Baraka Türk Özel Finans Kurumu'nun yönetim kurulu da şu isimlerden oluşuyordu:

Başkan: H. E. Saleh A. Kamel; ikinci başkan: Mustafa Topbaş; üyeler: Mahmoud Jamil Hassoubah, Dr. Abdul Razzak Kamel, Talat İçöz ve Kemal Unakıtan.

AKP'nin Maliye bakanı Kemal Unakıtan o yıllarda Bahariye Mensucuat'ta çalışıyordu. Ayrıca Topbaşların, Akabe İnşaat, BEM

Dış Ticaret, Bedir Dış Ticaret, MKS Marmara Kimya, Sakarya Gıda, Bereket İplik AŞ gibi şirketlerin yönetimindeydi. (Nedim Şener, *Fırsatlar Ülkesinde Bir Kemal Abi*, 2005, s. 26.)

Tanıdık isimler

Gelin bu şirketlerden birini mercek altına alalım:

Örneğin Bereket İplik AŞ'nin ortaklarına bir bakalım: Abidin Topbaş, Ahmet Topbaş, Kemal Unakıtan, İbrahim Çağlar, İlhan İmik, Salim Alkan, Mehmet Emin Özcan, Adnan Büyükdeniz ve Ahmet Ertürk.

Topbaşları tanıyorsunuz.

Kemal Unakıtan AKP hükûmetinin Maliye bakanı olmadan önce Topbaş ailesiyle birlikte Al Baraka Türk'ün kurucusu ve yöneticisiydi.

Ahmet Ertürk, Tasarruf Mevduatı Sigorta Fonu'nun (TMSF) başkanı olmadan önce, Al Baraka Türk'ün genel müdür yardımcısıydı.

Adnan Büyükdeniz, AKP hükûmetinin Merkez Bankası başkanlığı için düşündüğü isimdi. Adı Çankaya Köşkü'nden geçmedi. O da Al Baraka Türk'ün çeşitli kademelerinde görev yaptı.

Mehmet Emin Özcan da Al Baraka Türk'te görev yaptı. AKP hükûmetiyle birlikte sırasıyla Emlakbank, Halkbank ve Ziraat Bankası gibi kamu bankalarının üst düzey yöneticiliğini yaptı. Halen Ziraat Bankası Yönetim Kurulu üyesi ve Kazakistan Ziraat Bankası Yönetim Kurulu başkan vekili.

Salim Alkan, Al Baraka Türk genel müdür yardımcısıyken TMSF ikinci başkanlığına atandı. TMSF tarafından el konulan birçok şirketin yönetim kurulunda yer aldı.

İlhan İmik, Ülker grubuna ait Family Finans ile Boydak grubuna ait Anadolu Finans'ın birleşmesiyle kurulan Türkiye Finans Katılım Bankası Yönetim Kurulu üyesi.

AKP'nin kurucularından İbrahim Çağlar, seçimlerde Murat Yalçıntaş'ın listesinden girdiği İstanbul Ticaret Odası'nın başkan yardımcısı.

Yalçın Öner, Al Baraka Türk'ün ikinci başkanıydı. Aynı zamanda Ülker grubunda denetçilik görevini üstlendi. Bu gidişle o da bir kamu görevine atanabilir...

Başta Kemal Unakıtan olmak üzere bu isimlerden bazıları hayalî ihracat, vergi ve gümrük kaçakçılığı iddiasıyla yargı önüne çıkmaktan son anda AKP hükûmetinin 4 nisan 2003'te çıkardığı "vergi affı"yla kurtuldu...

Bu kitabın konusu AKP hükûmeti ve "yeşil sermaye" değil.

Bizim üzerinde durmak istediğimiz bir başka konu var.

Bereket İplik AŞ örneğini vermemizin nedeni başka. Gördüğünüz gibi AKP hükûmeti parayla ilgili kamu kuruluşlarının başına, Al Baraka Türk gibi faizsiz bankacılık yapan özel finans kuruluşlarının yöneticilerini atamaktadır.

Al Baraka Türk yöneticilerinin, AKP hükûmeti tarafından parayla ilgili kamu kuruluşlarının başına getirilmesi çok tartışıldı.

Tartışmalarda, kimi, AKP'nin parayı kontrol etmek istediğini söyleyerek, bürokratlarını kendi görüşlerinden insanlar arasından seçmesinin doğal olduğunu belirttti; kimi ise, "yeşil sermaye"nin devleti ele geçirme hareketi olarak yorumladı bu atamaları.

Bizim aradığımız başka:

Turgut Özal hayranlarına sorarsanız, faizsiz finans sistemini Türkiye'ye getirip, Müslümanların elindeki paraları ekonomi çarkına sokarak büyük bir icraat yapmıştı.

Doğruluk payı var. Ama bilgi eksik; "faizsiz bankacılığın" global bir yapı kazanmasında ABD faktörü vardı.

Ayrıca bir ekleme yapmalıyım: Türkiye'de yaygın inanç olarak faizsiz finans kurumlarının Arap ülkelerinden geldiği sanılır. Yanlıştır. Turgut Özal döneminde bu finans kurumlarına yasal altyapı oluşturulurken İngiltere'de bu şekilde faaliyet gösteren bir kurumun ana sözleşmesi aynen tercüme edilmişti!

Faizsiz bankacılık fikri eski yıllara dayanıyor. Hammurabbi'den Hanefî fakihlere, Venedik tüccarlarından Galata sarraflarına kadar uzanıyor.

Ve unutmayınız; faiz Hıristiyanlık ve Yahudilik'te de yasaktır!

Yahudilik'te faiz yasağı olmakla birlikte, "Kardeşinden faiz almayacaksın" hükmüyle Hıristiyanlardan ve Müslümanlardan faiz alınabilmektedir.

İddiaya göre Yahudiler, Hıristiyan ve Müslümanlardaki faiz yasağı nedeniyle dünya "faiz imparatorluğu"nu ele geçirdi!

Hıristiyanlık, Martin Luther tarafından kurulan Protestanlık'la bu yasağı deldi. Böylece Hıristiyanlar "serbest pazar"a güçlenerek girdi.

Faizsiz bankacılığın asıl gelişimi son yirmi beş yılda oldu.

1970'li yıllarda ABD, İngiltere gibi kapitalizmin devlerinin kaynak sorunu vardı. Diğer yanda 1974 petrol krizi nedeniyle, petrolü pahalıya satan Arapların elindeki servet çok büyüdü.

Bu servetin (paranın), "İslam bankacılığı", "faizsiz bankacılık", "kâr-zarar ortaklığı", "gelir ortaklığı", "gelir desteği" gibi türlü kavramlarla, ideolojik manipülasyonlarla "sistem"e girmesi gerekiyordu.

Petrol zengini Müslüman sermayesinin Batı'ya gelmesi için önce birkaç adım atıldı:

İngilizler kendileri için tarihsel bir simge olan Harrods Mağazalarını bile Arap el-Fayed'e sattı.

Londra'daki o güzelim tarihî evler, köşkler, villalar hep Arapların oldu..

Ama Batı, sadece mağaza, ev satarak Arapların elindeki parayı New York'a, Londra'ya getiremeyeceğini biliyordu.

Batılı kuruluşların iştahı çok kabarmıştı. Daha çok para gelmeliydi. Ve hemen gelmeliydi.

Faizsiz finans kurumları, Dallah-Al Baraka grubu, Dar-a Maal Al İslami, Faisal Finans Kurumu, Kuwait Finance House gibi aracılarla Müslüman sermayesi dünya ekonomik sistemine entegre edildi.

Zapsuların ilginç ortağı

İşin bir başka yönünü de hatırlatayım: Afganistan'da Sovyetler Birliği'ne karşı CİA tarafından başlatılan "cihat" ile faizsiz finans sisteminin gelişmesi hemen hemen aynı yıllara denk geldi. Kızıl Ordu'yla yapılan savaşın maddî faturasını bir göz önüne getirin. Artık biliyoruz ki, CİA dünyanın her yanından topladığı mücahitlerle kendisi temas kurmuyordu. Aracı kimlerdi? Paralar kimler aracılığıyla cihat için çarpışan el-Kaide'ye, Taliban'a gidiyordu.

Dememiz o ki, özellikle 1980'li yıllarda büyük bir güç haline gelen faizsiz finans kurumlarını bir de bu açıdan düşünün...[14]

Ama...

Faizsiz bankacılığın gelişim çizgisi 2000'li yıllarda büyük bir sarsıntı geçirdi. 11 eylül 2001 tarihinde New York'taki İkiz Kuleler'e saldırıdan sonra, Afganistan'daki "cihat"a yapılan yardımların adı "terörü desteklemek" oluverdi. Artık, Dallah-Al Baraka gibi çokuluslu finansal şirketler gözetim altındaydı.

Bu nedenle, Türkiye'de Topbaşların, Zapsuların ortağı gözüken Yasin Abdullah el-Kadı'nın, birdenbire Usame bin Ladin'in en büyük finans kaynağı olduğu ortaya çıkıvermişti!

Oysa, Suudlu el-Kadı sıradan bir işadamı değildi. Suudî Arabistan'daki M. M. Badkook Co.'nun başkan yardımcısıydı. ABD Ne-

14. 2005 yılında ABD'de Pulitzer Ödülü'nü kazanan gazeteci Steve Coll'un *Hayalet Savaşları* adlı kitabında bu ilişki açıkça anlatılır. Kitabın iki "başrol oyuncusu" vardır; biri ABD istihbaratı CİA; diğeri de Suudî Arabistan istihbaratıdır.

vada eyaletindeki Global Diamond Resource'ün direktörlüğünü yapmıştı. Artık ABD tarafından terörizmle mücadelede en önemli hedef haline gelen Ortadoğu kaynaklı finansal kurumların çoğuna ortaktı.

Dün cihat için "mücadele" verenler, 11 eylül 2001'den sonra yeni dünya düzenine çabuk "adapte" olamayınca terörist yapılıvermişti!..

Dolayısıyla, Usame bin Ladin'e finans yardımında bulunduğu için, Birleşmiş Milletler'in yasaklılar listesine aldığı, ABD'nin malvarlığına el koyduğu Yasin Abdullah el-Kadı, Topbaşlar ile Zapsuların sahip olduğu BİM şirketler grubuna 1999'da ortak olmuştu. İki yıl yönetim kurulunda görev yapmış, 1 ekim 2001 tarihli genel kurulunda da yönetime seçilmişti; ancak birkaç ay sonra hem yönetimden hem de ortaklıktan ayrılmak zorunda kaldı...

Pakistanlı büyük işadamı Ağa Hasan Abedi'nin kurduğu –CİA'yla içlidışlı olduğu artık su yüzüne çıkan– Uluslararası Kredi ve Ticaret Bankası (BCCİ), ne tesadüftür ki, Afganistan'daki savaşın bitmesinin ardından 1991 yılında Amerikan mahkemelerinde açılan dolandırıcılık ve rüşvet davaları sonucu battı!

Diyoruz ya, olayları ve gelişmeleri farklı "okumamız" gerekiyor...

Sizin için, Al Baraka Türk Genel Müdür Yardımcısı Ahmet Ertürk'ün TMSF başkanı olması ne ifade ediyor?

Ahmet Ertürk'ün şahsıyla hiçbir problemimiz yok. Meseleyi anlamaya çalışıyoruz sadece.

– 1969'da Mussolini'nin kara gömlekli faşistlerine özenip Malatya komando kampında mavi gömlek giyen antikomünist Müslüman gençlerin arasında Ahmet Ertürk de vardı.

– Kapitalizmin geliştirdiği faizsiz bankacılık sisteminin, Al Baraka Türk'ün yöneticisi Ahmet Ertürk'tü.

– Ve bugün kimine göre İMF, kimine göreyse "Kemal Derviş yasaları"nı uygulayan hükûmetin ekonomik politikalarını hayata geçiren kurumlardan biri olan TMSF'nin başkanı da Ahmet Ertürk.

Dediğimiz gibi Ahmet Ertürk sadece bir örnek. "Bu çarkın" içinde olan sadece o değildi.

Meseleye daha geniş bakmanızı öneriyoruz. İlişkiler Soğuk Savaş döneminde kurulmuştu; örneğin İlim Yayma Cemiyeti'nin mütevelli heyetinde Eymen Topbaş'la birlikte Kemal Unakıtan da vardı.

Kemal Unakıtan'ın Al Baraka'dan gelip Maliye bakanlığı koltuğuna oturduğunu anımsatırken, Dışişleri Bakanı Abdullah Gül'ün İslam Kalkınma Bankası'nda görev yaptığını unutmamalıyız.

Yeri gelmişken yazmalıyız: Abdullah Gül Cidde'de İslam Kalkınma Bankası'nda 1983-1990 yılları arasında çalıştı. Uzman olarak görev yaptığı İslamî Kalkınma Bankası Araştırma ve Eğitim Enstitüsü'nün başkanı Nevzat Yalçıntaş'tı.[15]

Nevzat Yalçıntaş ailesi

Türkiye, Nevzat Yalçıntaş'ın adını, Birinci Milliyetçi Cephe (AP-MSP-MHP) koalisyon hükûmetinin, TRT Genel Müdürü İsmail Cem'i olaylı ve tartışmalı bir biçimde görevden almasıyla, Cem'in yerine genel müdür olduğu 1975'te duydu.

Yalçın Küçük, *Tekelistan* adlı kitabında yazdığı "Nevzat Yalçıntaş Sabetayist"tir iddiasını, katıldığı Flash TV'deki programda tekrarlayınca, Nevzat Yalçıntaş yayına katıldı ve Sabetayist olmadığını söyledi.

Bir kişi hakkındaki hükmümüzü onun kendisiyle ilgili düşüncesine göre veremezsek de, "doğrudur" demek zorundayız...

O yıllarda sağ basın çok kaba bir söylemle İsmail Cem'in hep "dönme" olduğunu gündeme getirdi. Yazmadıklarını bırakmadılar. "Dönmelerin" okulları, mahalleleri, ne iş yaptıkları bir bir yazıldı. İsmail Cem'in rakibi Nevzat Yalçıntaş'ın oğlu Mehmet Yalçıntaş o günlerde "dönmelerin okulu" Şişli Terakki'ye gidiyordu! Nişantaşı'nda İsmail Cem'in amcasının oğlu Abdi İpekçi'yle komşu olan Nevzat Yalçıntaş, tüm bu kaba ve küfürlü yayınlara rağmen, çekinip veya korkup oğlunu Şişli Terakki'den almadı.[16]

15. İslam dünyasını bir çatı altında buluşturan, "İslam Konferansı Teşkilatı" gibi tüm dayanışma örgütlerinin kuruluşuna, 1967 Arap-İsrail Savaşı neden olmuştu. Özellikle 1969'da Kudüs'teki Mescidiaksa'nın kundaklanması büyük bir reaksiyon yaratmış ve İslam ülkelerini bir araya getirmişti. Bu kuruluşların kilit noktalarına zamanla Türkiye'den bazı Sabetayistlerin getirildiği biliniyor; diğer katılımcı elli altı ülkeden de benzer nitelikte isimlerin getirilip getirilmediği, ayrı bir incelemeye ve değerlendirmeye muhtaç bir konudur.

16. İnternet ortamında Şişli Terakki ve Feyziye Mektepleri gibi öğretim kurumlarının kurucularının Sabetayist aileler olduğu, bu okullardan mezun öğrencilerin listeleri yayınlanarak, "bunlar Sabetayist" ithamları yapılıyor; önyargılarla değişik yorumlarda bulunuluyor; bunlar doğru bir yöntem değildir. Sakat bir anlayıştır. Size bir örnek vereyim: Cemil Meriç, Feyziye Mektepleri'nde Fransızca öğretmenliği yapmıştır. İki çocuğu Mahmut Ali ve Ümit, Şişli Terakki'de okumuşlardır. Meriç ailesi, sanıldığı gibi Hataylı değil, Rumeli (Dimetoka) göçmenidir. Yakın arkadaşı Kemal Sülker'in anlatımına göre, Cemil Meriç sürekli adını değiştiriyordu: "Hüseyin Cemil", "Djemil", "Hüseyin Cemil Yılmaz", "Hüseyin Cemil Meriç"... Yaşamının kısa bir döneminde Suriye vatandaşı oldu. Siyasî olarak da, Türkçü oldu, Marksist oldu, muhafazakâr oldu. Ama tüm bu olgular, Cemil Meriç hakkında fikir yürütmemize yetmez. Tek söyleyeceğimiz o bir "düşünce seyyahı"ydı. Tüm bu olgulara rağmen Sabetayist miydi, bilmem.

Nevzat Yalçıntaş'ın diğer oğlu Murat ise Saint Joseph Fransız Lisesi'nde okuyordu.

Peki Nevzat Yalçıntaş kimdi:

Nevzat Yalçıntaş'ın babası Hasan Efendi Ankaralı'ydı. Birinci Dünya Savaşı'nın yokluk yıllarında kocası tehcir nedeniyle sürgüne gönderilmiş bir Ermeni fırıncı kadının yanında çalışma hayatına başlamıştı. Sonra bakkallıktan toptancılığı kadar ticarette büyümüştü. Ankaralı Vehbi Koç'la aynı muhitte esnaftı.

Nevzat Yalçıntaş'ın eşi Meliha Hanım'ın babası Türkiye'nin ilk sanayicilerinden Mehmet Fahrettin Üretmen'di. İTO Başkanı Murat Yalçıntaş verdiği röportajlarda dedesinin Ankara'nın ilk sanayicilerinden olduğunu söylüyordu.

Oysa...

Mehmet Fahrettin Üretmen, ticaret hayatına 1930 yılında İzmir'de başlamıştı. İkinci Dünya Savaşı sona erdiğinde İstanbul'da kırtasiye ve nalburiye alanlarında faaliyet göstermişti. Balat'ta birkaç çivi makinesiyle kurduğu imalathanesini geliştirerek 1947 yılında Topçular'da Kışla Caddesi'nde her türlü tel mamulleri üreten bir fabrika kurmuştu. 1965'te aynı sahada entegre üretim gerçekleştirmek ve kütük üretmek üzere "Arkçelik Ltd Şti"yi; 1966'da Ortadoğu ve Balkanlar'ın en büyük refrakter malzeme üreticisi Süperateş, "Ateşe Mukavim Malzeme Sanayii AŞ"yi; 1969'da Emaş, "Endüstriyel Metalurji San. ve Tic. AŞ"yi kurdu.

Metal aksamlar, otomotiv ve traktör parçaları üreten Mehmet Üretmen, İlim Yayma Cemiyeti üyesiydi.

Mehmet Üretmen 1980 yılında vefat etti, ama şirketleri zamanla çok büyüdü: Etiler'deki Akmerkez benzeri bir alışveriş merkezini Esenler'de kurdular. Cağaloğlu'nda 137 bağımsız bölümden oluşan "Üretmen İş Hanı" adı verilen ticaret merkezini yaptılar. Şirket sayısı özellikle 1990 yılından sonra hızla arttı:

1992: Gamma Pak Sterilizasyon San. ve Tic. AŞ;

1996: Genesis Genel Enerji Sistemleri İnş. Taah. ve Dış Tic. Ltd. Şti;

1997: BAB Spag Staretejik Planlama Araştırma Geliştirme ve Tic. AŞ;

1998: BAB Dış Ticaret Tekstil İnşaat San ve Tic. Ltd Şti;

2003: Aset Bilişim Hizmetleri San. ve Tic. AŞ;

2004: Maranda Turizm İnşaat ve Dış Tic. AŞ;

2004: MMS Motor Makine San. ve Tic. AŞ.

Mehmet Üretmen'in iki torunu Murat Yalçıntaş ve Mehmet Yalçıntaş bu şirketlerin çoğunun yönetim kurulunda yer aldılar.

Yönetim kurulunda yer alan Hande Üretmen aynı zamanda Bodrum İncilipınar Turizm Su Sporları Derneği başkanlığını yapmaktaydı.

Yalçıntaş ailesinde herkes çok faaldi:

Baba Nevzat Yalçıntaş on yıl (29 haziran 1988-27 haziran 1998), Aydınlar Ocağı'nın başkanlığını yürüttü.

Anne Meliha Hanım'la ilgili bir bilgi verelim: Bünyesinde iki lise, iki ilköğretim okulu ve bir anaokulu bulunan Şefkat Vakfı'nın başkanı olan Meliha Hanım, Başbakan Recep Tayyip Erdoğan'ın oğlu Bilal ile Reyyan Uzuner'in evlenmelerine önayak oldu. Şefkat Vakfı'nın halkla ilişkiler sorumlusu avukat Reyhan Uzuner'in kızını çok beğenip bunu Emine Erdoğan'a söylemesiyle, Bilal ve Reyyan'ın düğünü gerçekleşmişti.

Gelinin yaşı evliliğe müsait olmadığı için Fatih 3'üncü Sulh Hukuk Mahkemesi'nin, baba mühendis Orhan Uzuner ve anne avukat Reyhan Uzuner'in istediği izni vermesiyle evlilik gerçekleşti.

Gelin ile damat, İtalya Başbakanı Silvio Berlusconi ve Nevzat Yalçıntaş'ın tanıklığıyla evlenip, hayatlarını sürdürecekleri ABD'ye gittiler.

Başbakan Erdoğan'ın gelini Reyyan'ın dayısı Fatih Çıtak, ünlü *Matrix* filmi için ilginç sözler sarf etmişti. *Matrix* filminin tasavvuftaki tüm aşamaların aynen filme taşınmasıyla oluştuğunu, dayandığı felsefenin tasavvuf olduğunu savunmuştu. Filmdeki tasavvuf aşamaları şöyleydi:

"Neo önce kendini sorguluyor, bulunduğu âlemin farkında değil. Tasavvuftaki rehber, yani Morpheus'la karşılaşıyor. Morpheus, yani rehber Neo'yu mürşide, yani Kâhin'e yönlendiriyor. Tasavvuftaki rüya halinin yerini *Matrix*'te simülasyon almış. Tasavvuftaki Kaf Dağı'nın ardı, *Matrix*'te Zion. Neo kendi benliğini yendiğinde bakabillah aşamasına geçiyor."

Yazdığım gibi, tasavvuf artık "bir başka yola" sokulmaya çalışılıyordu. Son bilgi: Uzuner ailesi, Kenan Rifaî'nin müridi Samiha Ayverdi'nin yakın dostlarıydı. Konu Dışişleri Bakanı Abdullah Gül'den açıldı. Hadi bir not daha ekleyelim. Prof. Nevzat Yalçıntaş'la birlikte, Abdullah Gül'ün yaşamında etkili olmuş bir hoca daha vardı: Prof. Sabahattin Zaim. Bu çevrenin en etkili figürlerinden biriydi.

İlim Yayma Cemiyeti, Aydınlar Ocağı, İslamî İlimler Araştırma Vakfı, Türkiye Millî Kültür Vakfı, Milletlerarası İslam İktisatçılar Cemiyeti kurucusu; İsviçre ile ABD'deki Milletlerarası Endüstri İlişkileri Cemiyeti üyesi Prof. Sabahattin Zaim'in yaşamöyküsüne kısaca bir göz atalım.

Rumelili Zaim ailesi

Zaim ailesi Rumelili'ydi. Babası kereste tüccarı Mehmet Efendi İştipli, annesi Saime Hanım Selanik/Köprülülü'ydü. Prof. Zaim'in teyzesi Nazire Hanım'ın oğlu, Köprülü doğumlu Prof. Cevat Babuna'ydı.

Aynen Prof. Sabahattin Zaim gibi İlim Yayma Cemiyeti ve Aydınlar Ocağı kurucusu olan tıp profesörü Cevat Babuna, *Bilimden İmana* adlı üç ciltlik kitabında insanın ve kâinatın yaratılışıyla ilgili ilginç iddiaları kaleme aldı; Darwinist teorileri eleştirdi.

Prof. Babuna son yıllarda, lösemi hastası olduğu iddiasıyla yurt çapında kendisi için kan örnekleri toplanan oğlu Dr. Oktar Babuna'yla gündeme geldi. Kemik iliği kampanyasının aldatıcı olduğu iddiasıyla hakkında soruşturma açıldı. Sağlık eski bakanı Mustafa Güven Karahan, "Bu kampanyanın arkasında ya Balkan ya Anadolu kökenli ünlü bir bilim adamı ya da Girit kökenli bir zengin var" dedi. Dönemin Sağlık bakanı Osman Durmuş ise, "Türkiye'nin en büyük zenginliği" dediği toplanan 40 000 kan örneğine el koydu. Bu açıklamaların ardından kampanya tartışılmaya başlandı. Bu arada bir mucize gerçekleşti; Amerikan M. D. Anderson Hastanesi'nde tedavi gören Dr. Oktar Babuna iyileşti.

Ancak tartışmalar bitmedi; bu kez Babuna kardeşlerin kamuoyunda "Adnan Hoca" olarak bilinen Adnan Oktar'ın "müridi" oldukları iddia edildi.

Gruba ait "Bilim Araştırma Vakfı"nın yaratılış teorisiyle ilgili yayınlarının perde arkasında da Babuna ailesinin olduğu belirtildi...

Ailede bir de ünlü gazeteci vardı: Prof. Sabahattin Zaim'in dayısı İbrahim Vardar'ın oğlu gazeteci Ahmet Vardar.

Prof. Zaim, gazeteci Cemal A. Kalyoncu'ya ailesiyle ilgili yaptığı açıklamada, babasının Balkan Savaşı ile Birinci Dünya Savaşı'na gönüllü olarak katıldığını açıkladı.

İlginçti; bu savaşlara katılan Mehmet Efendi nedense 1934 yılına kadar Rumeli'de yaşamayı sürdürecekti!

Yıl 1934'tür. Baba Mehmet Bey, reis-ül ulemaya danışarak, "Burada İslamî bakımdan hürriyetimiz kalmadı. Ama Türkiye'den de İslamî bakımdan iyi haberler gelmiyor. Ne yapalım?" diye sorar. Ulemanın cevabı, "Orası Türkiye'dir. Yarın başka türlü olur. Burada kalırsanız çocuklarınıza evlenecek kız bulamayacaksınız" olunca birçok Türk aile gibi Zaim ailesi de yollara düşer. (*Paranın Efendileri*, 2003, s. 150.)

Diyorum ya, bizim tarihimiz çocuk tiyatrosu gibi! Devam edelim:

> Zaim ailesi mallarının bir kısmını satar; ama parayı transfer etmek hiç de kolay değildir. Para transferi için bulunan yollardan biri İstanbul'daki Yahudi komisyonculara yüksek meblağlar ödeyerek bu transferi gerçekleştirmektir. Onlar da öyle yapar. (a.g.e., s. 150.)

İştip'te tulumbaların bulunduğu meydanda büyük bir Yahudi mahallesi vardı. Muhtemelen Yahudi İştipli'ydi.

Sekiz yaşındaki Sabahattin Zaim'in ailesi Selanik'ten bindikleri gemiyle Türkiye'ye geldi. O yıl Soyadı Kanunu çıktı: Amcaları Hüseyin ve Ahmet "Özyürek" soyadını, Mehmet Efendi ise "Zaim" soyadını aldı.

Prof. Zaim, Mülkiye'yi bitirdikten sonra bir süre kaymakamlık yaptı; 1955'te İstanbul Üniversitesi İktisat Fakültesi'nde, "İstanbul Mensucat Sanayiinde Ücretler" başlıklı doktora teziyle akademisyen olmaya karar verdi. ABD'ye gitti. Cornell Üniversitesi'nde öğretim üyesi olarak çalıştı. Dönüşünde, dayısı onu Zeyrek'teki Abdülaziz Efendi'ye götürdü. Aynı yıllar özel sektörde çalışmaya başladı.

İlk çalıştığı yerlerden biri, –birinci bölümde Zapsuları anlatırken bahsetmiştim– Uzel Traktör Sanayii oldu. Ardından Koç Holding'de çalıştı. İslam Kalkınma Bankası'na transfer oldu; Yönetici Seçme ve Değerlendirme Komitesi üyeliği yaptı. Ardından İslam Konferansı İslam Bankacılığı müşavirliğinde bulundu.

Kuveyt-Türk Özel Finans Kurumu'nda murakıp olarak çalıştı. Faisal Finans Kurumu'nun kurucu başkan vekiliydi.

Türkiye-Suudî Arabistan Dostluk Cemiyeti üyeliği yapan Prof. Zaim, İslam ekonomisi ve İslam ülkeleri arasında ekonomik işbirliği imkânlarının araştırılması konusunda yazılar kaleme aldı.

Bu çalışmaları sonucu ABD İslam Bankası tarafından hizmet ödülüne layık görüldü.

Kayserili işadamı Galip Cıngıllıoğlu'nun kızı; Demirbank'ın sahibi Halit Cıngıllıoğlu'nun teyzesi Ulya Hanım'la evlendi. Ulya, ne güzel isim; "yüce" demek. İzmir'in ünlü belediye başkanlarından, Sabetayist/Karakaşî Osman Kibar'ın eşinin adı da Ulya'ydı. Artık yeni nesil böyle isimler koymuyor çocuklarına...

Zaim çiftinin beş çocukları oldu: Mehveş, Selim, Kerim, Abdülhalim ve Halil.

Sabahattin Zaim'in kardeşi, İlim Yayma Cemiyeti kurucusu Burhaneddin Zaim de Demirbank'ta müdürlük yaptı; Ülkerlerle çalıştı. Oğlu Mehmet Zaim, Sanayi ve Ticaret Bakanı Ali Coşkun'un kızı Işıl Hanım'la evliydi. Bu evlilikten oğulları Sina olmuştur. Mehmet Zaim, Ülker gıda grubunda, Burhaneddin Zaim'in diğer oğlu Halit, Siemens şirketinde çalışmaktadır.

Sabahattin Zaim'in diğer kardeşi Mustafa, Eczacıbaşı Holding ve Uzel Traktör Sanayii'nde çalıştı.

Zaimler, Yalçıntaşlar, yıllarca Millî Güvenlik Kurulu Genel Sekreterliği bünyesinde faaliyette bulunan, psikolojik harp görevini yürüten, Toplumla İlişkiler Başkanlığı (TİB) bünyesinde görev yaptılar; yayın organlarında çalıştılar. 12 Eylül askerî darbesinin ürünü YÖK'ün üyesi oldular!

Faizsiz bankacılık kimin çıkarına

Uzattık, faizsiz bankacılık meselesinde son sözümüzü söyleyelim: Kapitalizm, işleyişine aykırı olanı pazarında yaşatmaz. Kapitalist üretim tarzının egemenliği altında bir "İslam ekonomisi" de pek tabiî gerçekleşemez.

Sevgili Müslüman kardeşim: Suudî Arabistan Genelkurmay Başkanı Prens Halid bin Abdullah'ın, Yahudi işadamı Sami Ofer'in yatında tatil yaptığı söyleniyor, ne diyorsun? Al Baraka eski yöneticisi Maliye Bakanı Kemal Unakıtan'ın Sami Ofer'le buluşmalarını nasıl yorumluyorsun?

Bir alıntı yapayım:

> Bin Ladin, en yüksek seviyede ABD onayıyla, Suudî gizli servis şefi Prens Türkî el-Faysal tarafından işe alındı. (Mahmood Mamdanî, *İyi Müslüman Kötü Müslüman*, 2004, s. 142.)

Meseleyi, "Yahudi düşmanlığı", "Müslüman kardeşliği" gibi kategorik tanımlamalarla çözmeye çalışırsan, eli silahlı "piyona" dönüşüverirsin. Önce Usame bin Ladin'i kimin "yarattığını" bileceksin!

Sanıyorum konuyu en iyi örnek olaylar açıklıyor. 27 eylül 2004'te İstanbul'da kırkı aşkın faizsiz finans uygulayacısının katıldığı, Uluslararası İslamî Finans Forumu düzenlendi. Amerikan finans şirketi Dow Jones İndexes'in desteğiyle organize edilen toplantının sponsoru, Suudî Arabistan National Commercial Bank ile HSBC grubunun Global İslamî Finans Bölümü olan HSBC Amanah'tı!..

Dünya genelinde 267 kuruluş tarafından uygulanan ve yaklaşık 260 milyar dolarlık bir piyasa potansiyeline sahip bu faizsiz finans sistemini Müslümanlara bırakmazlar kardeşim. Bunun 140 milyar dolarını ABD bankaları yönetiyor.

Citibank, J. P. Morgan, Deutsche Bank, ABN Amro gibi dünyanın önde gelen bankaları faizsiz düzene dayanan departmanlar açıyor! Ünlü yatırım bankası UBS geçtiğimiz yıl, Dubai'de "İslam Bankası"nı kurdu.

Genel müdürlüğü Nişantaşı'nda olan Türk Arap Bankası hakkında ne biliyoruz?

Müslüman neye inanıyorsa, Batılı bankalar ona uygun sistemi kuruyorlar. Sırada "İslamî mortgage" (ev kredisi) var! ABD'li Citigroup Malezya'da bu uygulamayı başlattı bile... Birleşik Arap Emirlikleri, Endonezya ve Pakistan üzerinden herhalde yakında Türkiye'ye gelecek...

Kapitalizmin temel yasasıdır; piyasada neye talep varsa arzı yapılır. Müslüman faiz istemiyorsa, Batı ona uygun bir sistemi ekonomik hayata sokar. Başta Amerika olmak üzere Batı, piyasayı seyretmez, yönetir ve yönlendirir.

BİM'in web sayfasında, Zapsu kardeşlerin, Topbaşlarla birlikte ana sermayedarları; Bank America İnternational İnvestment; finans kuruluşu Merill Lynch ve World Wide gözüküyor. Sen hâlâ "büyük kâfir" olarak Amerika'yı görüyorsun; sonra gidip Müslümanların dükkânında alışveriş yapıyorsun!

Topbaşlar, Ülkerler gibi "Beyaz Müslümanlar" da bu sisteme entegre olmak için yabancı sermayeyle işbirliği yaparlar; ortaklık kurarlar. Sen onların zenginliğini, kendi zenginliğin sanırsın!.. Ama, yanılırsın! Çünkü iş başka, dostluk başka. Öyle ya, dinin ve paranın kimde olduğunu nereden bileceksin?..

"Babacığım, unutma Ülker getir"

Topbaşların asıl ticarî ortaklığı Ülker grubuyla. Bu "ortaklık" sadece ticarî ve siyasî değil, iki aile birbirlerine dünürler.

Ülker'in kurucusu Sabri Ülker'in torunu (kızı Ahsen'in ilk eşinden olup, soyadını değiştiren), Ülker Grubu Başkanı Ali Ülker ile Topbaşların kızı evli. İkiz çocukları var.

Siyaseten ortaklıksa, yıllar önce İlim Yayma Cemiyeti'yle başlamıştı.

Dün ANAP ve RP'yle süren bu ilişkiler bugün AKP'yle devam ediyor. Bu yakınlığı sadece bir partiyi destelemek olarak görmeyiniz. Ailece yakınlar. Örneğin, Başbakan Recep Tayyip Erdoğan'ın kızı Esra'nın kına gecesi Mustafa Latif Topbaş'ın Vaniköy'deki görkemli villasında yapıldı.[17]

Topbaşlar ile Ülkerlerin ortak oldukları şirketler şunlardı: BİM, Ak Gıda, Bahar Su, Sakarya, Natura, Karma ve Link Gıda, Cola Turka...

İranlılar Zemzem Cola, Fransızlar Kıble Cola-Mecca Cola üretir de bizimkiler Cola Turka yapamaz mı?..

Topbaşlar zamanında Türkiye'de faizsiz bankacılık denince akla ilk gelen Al Baraka'nın ortağı olurken, Ülkerler de yıllar sonra Faisal Finans'ı İsviçre'deki Olfo SA aracılığıyla Kombassan Holding'den satın aldılar. Ama adını değiştirip Family Finans yaptılar! Bu işi organize eden isim ise gelecekte Maliye bakanlığı koltuğuna oturacak Kemal Unakıtan'dı. Ama işlemlerde usulsüzlük olduğu için soruşturmaya uğradılar.

Bugün 4 milyar dolarlık bir servetleri olduğu iddia edilen Ülker ailesi kimdi? Önce ailenin büyüğünü kısaca tanıyalım:

Adı, İslam'dı...

XX. yüzyılın başında Kırım'dan Türkiye'ye göç etti. Kırklareli'nin Karamehmet köyünde Numanzadelerin kızı Şakire'yle evlendi. 1911 yılında oğlu Âsım dünyaya geldi. İslam Efendi Kırklareli'nde fazla kalamadı; tekrar Kırım'a döndü. Dönüş nedeni büyük ihtimalle Balkan Savaşları olmalı.

Aşağıda vereceğimiz bilgilerin direkt Ülker ailesiyle bir ilgisi yok. Ama, Kafkaslar'dan gelen göçmenler hakkında bilgi dağarcığımızı biraz artıralım...

Klasik, resmî tarihin bize dayattığı bilgiler dışında Kırım göçleriyle (1792-1860-1864-1891-1902-1910 gibi) ilgili ne biliyorsunuz? Örneğin, Kırımçakları bilir misiniz?

> On altıncı yüzyılda, Kırımçak mezhebi Kırım'daki en büyük Yahudi toplumu olarak boy gösterdi. Kırımçaklar, on dördüncü yüzyıl sonları ve on altıncı yüzyıl başlarına kadar olan dönemde Tatar dilini konuşan, Rabbinik Yahudilerdi. Lehçeleri, bazı İbranîce sözcükler de

17. Yıllardır *Millî Gazete*'nin başyazarlığını yapan Sadık Albayrak, oğlu Berat'ı Başbakan Recep Tayyip Erdoğan'ın kızı Esra'yla evlendirdikten sonra AKP'ye muhalif bir yayın izleyen *Millî Gazete*'den ayrıldı. Olabilir. Ama, AKP kurulmadan önce, Millî Görüş içindeki AKP'lileri, "Refah bilgisayarına girmiş bir virüs" olarak tanımlamış, "Millî Görüş'ün bu virüsü dışarı atacağını" söylemişti. Bir dönemin en sert muhalif "omurgalı yazar"ının, bugün sadece dünürlüğü nedeniyle, kapısında yirmi dört saat polis nöbet tutuyor! Ne acı...

kullanmalarına karşın, Kırım Tatarcası'nı temel alıyordu. (...) Kırımçaklar birçok Kırım şehrinde -özellikle Bahçesaray, Karasu Bazar (günümüzdeki adı Belogorsk'tur), Eski-Krim, Kaffa, Kerch, Mangup, Sıvastopol, Simferopol, Yalta ve Yevpatoria- yaşamışlardı." (Kevin Alan Brook, *Hazar Yahudileri*, 2005, s. 427-428.)

Peki ya, Karayları (Karaimleri) bilir misiniz?
760 yılında Irak'ta Anan ben David tarafından kurulan bu Yahudi mezhebi, Torah'ın yazılı kurallarına bağlıydı. Talmud gibi benzeri sözlü yasaları reddediyorlardı. Standart Yahudi takvimini de kullanmıyorlardı.
Daha basit anlatımıyla, Müslümanların nasıl Sünnî ve Alevî mezhepleri varsa; Yahudilerin de vardı; Karaylar "Sünnî"ydi.
Bu mezhepte başlangıçta sadece İsrail kavminden insanlar vardı; ancak kısa sürede başka ırklardan insanlar da bu mezhebe girmeye başladılar ve bu başka ırklardan insanlar giderek çoğunluğu oluşturdular. Bir süre sonra İsrail kökenliler tamamen yok oldukları gibi, Türklerin dışındakiler de zamanla azınlığa düştüler. XIX. yüzyılın sonlarına doğru mezhep mensuplarının neredeyse tamamını Türkler oluşturmaya başladı. Dolayısıyla kelime artık bir dini veya mezhebi ifade etmekten çok, bir Türk kavmini temsil etmeye başladı. Tatarca konuşuyorlardı artık ve dualarını da Tatarca etmeye başladılar.

> Musevî mezhebini kabul eden Hazar Türkleri "Karay" ismini aldılar. Karayların en kesif kısmı Kırım Yarımadası'na yerleşmiş olan Türklerdi. Fakat onlardan başka bilhassa Dağıstan mıntıkasında, Volga ve Don nehirleri arasındaki Komanlar içerisinde de Musevîlik büyük rağbet kazandı. (Hilmi Ziya Ülken, *Türk Tefekkürü Tarihi*, 2004, s. 76.)

> Karaylar, her yerleştikleri yerde Yahudi gibi karşılanırlardı. Ancak XVIII. yüzyıl sonlarında Kırım, Rusların eline geçince, Rabbanitlerle (Yahudi mezhebi) Karaylar arasında kanun karşısında farklılıklar doğdu. 1795'te Kraliçe Katerina II, Yahudilere uygulanan çift vergiden Karayları muaf tutu. Ayrıca Karayların toprak edinmelerine izin verdi. Kanun karşısında iki grup arasında eşitsizlik 1827'de daha da artırıldı ve Kırım Karaylarıyla Kırım Tatarları gibi Çar I. Nikolas'ın koyduğu zorunlu askerlik kanunundan hariç tutulurken Yahudilere bu hak verilmedi. (*Şalom*, 1 mayıs 1985.)

Karay mezhebine mensup olan Türkler zamanla Kırım'dan da

ayrıldılar. Karayların bir kısmı direkt olarak İstanbul'a giderken, diğer bir kısmı önce Romanya'ya, oradan Edirne'ye ve oradan da İstanbula gelip yerleştiler ve "Karaköy" (eskiden Karayköy'dü) semtine adlarını verdiler.[18]

Tüccarlıkta başarılıydılar. Hatta Kapalıçarşı'da Karay Sokağı vardır.

Şalom gazetesinin araştırmasına göre, İstanbul'da eskiden bin Karay ailesi vardı; sayısı son yıllarda azalmıştı.

Babası Mevlevî olan, ünlü yazar Refik Halit Karay gibi bu cemaatin üyeleri zamanla Türk Müslümanlarla karışmışlardı...

Dışta Ermeni, içte Yahudi gibi yaşayan "Pakrudini"lerin hikâyesini üçüncü bölümde anlatmıştım. Yahudilerin Kafkasya'daki acıları XX. yüzyıl başında da sürdü.

Prof. V. Mikaelin'ın, bundan altı yıl önce, Ermenistan Ulusal Bilimler Akademisi'ne sunduğu, "Yahudilerin Ermeni Ritüeline Uygun Olarak Hıristiyanlığa Geçmeleri (1910-1915)" başlıklı bildirisinden alıntılar yapmak istiyorum:

> Rusya'nın çeşitli yörelerinde yaşayan çok sayıda Yahudi 1910-1915 yılları arasında ruhanî ve idarî mercilere yaptıkları başvurularda, Yahudilik'ten vazgeçip, Ermeni-Gregoryen Kilisesi ritüellerine göre vaftiz olarak Hıristiyanlığa geçme talebinde bulunmuştur. Rusya Merkezî Devlet Tarih Arşivi'nde (Sen-Petersburg) bulunan çok sayıdaki evrak bu konuyu doğrulamaktadır.
>
> Ruhanî İşler Departmanı'na ilk ve en sık başvuru Nahçıvan-Besarabya Ermeni-Gregoryen dinî konseyi tarafından yapılmıştır. Nahçıvan-Besarabya dinî konseyinin bu konuyla yakından ilgilenmesinin nedeni, kendi kontrolü altındaki kiliselerin bulunduğu bölgelerdeki Yahudi nüfusunun yüksek olmasıydı (Moldavya, Ukrayna, Kırım, Ekaterinoslavskaya, Guberniya vb).
>
> 11 eylül 1910 tarihinde sözü geçen konseyin üyelerinden M. Zatik-

18. Arthur Koestler, *On Üçüncü Kabile* kitabında, Adolf Hitler'in gaz odalarında ve fırınlarda imha ettiği Doğu Avrupa Yahudilerinin, Hazar Devleti'nin yıkılmasıyla Avrupa'ya göç eden Türk kökenliler olduğunu iddia etti. Bu görüş Avrupa'da yaygındır. Orhan Pamuk da, *Kara Kitap*'ta bu konuya değiniyor: "Doğu Avrupa ve Amerika'daki Yahudilerin çoğunun Kafkaslar ve Volga arasında bin yıl önce hüküm süren Yahudi Hazar devleti ahalisinden geldiğini biliyorduk mesela. Hazarların aslında Yahudiliğe geçen Türkler olduğunu da biliyorduk. Ama bilmediğimiz şey, Yahudilerin Türk olması kadar, Türklerin de Yahudi olduğuydu. Kardeş olan bu iki kavmin, yirmi yüzyıl boyunca, göçlerle birbirlerine kavuşamadan, ama hep birbirlerine teğet geçerek, gizli bir müziğin ritmiyle birbirleriyle dans eder gibi, birbirlerine mahkûm umutsuz ikizler gibi dalgalanmalarını izlemek ne kadar, ne kadar ilginçti." (s. 127) Benim bildiğim, Hazar Yahudileri, Doğu Avrupa Yahudileri gibi "Talmud"cu (Rabbani) değil, "Tevrat"çıydılar (Ananist).

yan İçişleri Bakanlığı'na yaptığı başvuruda, konuyla ilgili kesin talimatları istemiştir. Zatikyan başvurusunda, "Yahudi dinine bağlı çok sayıda kişi Ermeni-Gregoryen Kilisesi'ne geçmek için talepte bulunmuştur. Bu durum karşısında konseyimiz İçişleri Bakanlığı'ndan konuyla ilgili ne gibi bir prosedür takip edileceği yolunda bilgi almak istemektedir. Konseyimiz her talep için İçişleri Bakanlığı'na ayrı ayrı başvurmalı mıdır, yoksa tüm talepler tek bir prosedür kuralı çerçevesinde değerlendirilebilir mi?" diye sormaktadır.

Ruhanî İşler Departmanı Başkanı A. Khazurin, 6 kasım 1910 tarihli yanıtında konseye, her talebin ayrı ayrı değerlendirilmesi gerektiğini vurgulamıştır. Khazurin, üst düzey hükûmet yöneticilerinin o tarihlerde ülkede ve kendi aralarında yaygın olan antisemitizmi gözardı edemeyeceklerini, bu nedenle de Yahudilikten Ermeniliğe toplu geçişleri onaylamayacaklarını belirtmiştir. Khazurin'e göre, çoğu durumlarda Yahudiler, Hz. İsa'nın yüksek öğretilerine olan içten inaçları ya da Ermeni Gregoryen Kilisesi'ne duydukları yakınlıktan değil, Yahudilerin Hıristiyanlığa geçtiklerinde kanunî olarak kazandıkları maddî haklar nedeniyle din değiştirme talebinde bulunmaktaydılar.

Yahudiler, Rus Ortodoks Kilisesi inançlarına göre vaftiz edilmek yerine neden Ermeni Kilisesi'ni seçmişlerdi? (...) Bu konunun nedeni şöyle açıklanabilir: Rus Ortodoks Kilisesi inançları doğrultusunda vaftiz olan bir Yahudi'nin Yahudiliği devam etmekte, bu nedenle de kendisine yönelik nefret ve eziyetten kurtulamamaktaydı. Halbuki dinlerini değiştirmelerinin esas amacı Yahudilere yönelik sistematik eziyetler, hakaretler ve pogromlardan kurtulmaktı.

Ve deniyor ki, 1910-1915 yılları arasında Ermeniliğe dönen Yahudi, daha sonra Müslümanlığa da geçmiş olabilir...

Mesut Yılmaz'ın babaannesi "mühtedi"

Neyse, bugün Türkiye'de soyları Kafkasya'ya, Kırım'a dayanan birçok Müslüman aile var. Kimsenin ailesi hakkında tereddütlerin oluşmasını istemeyiz.

Örneğin, eski başbakanlardan Mesut Yılmaz'ın dedesi Vasapların Ahmed, Kırım'da on yıldan fazla bir süre fırıncılık yaptı. Kendinden on üç yaş küçük Sonya'yı yanına eş olarak alıp, Karadeniz'deki Çayeli'nin Cimil köyüne döndü. Sonya, Müslüman oldu, "Ayşe" adını aldı. Nüfus kütüğüne "mühtedi" diye şerh kondu. Sonya'nın Ermeni mi, Yahudi mi olduğu bilinmiyor.

Erol (Akçal) Bey bakanken (Turizm ve Tanıtma bakanı) babaannesinin Kırım'daki köklerini bulmak için babası İzzet (Akçal) Bey gibi çok uğraşır, ama kaynak bulup yol alamaz. Babaannesinin bir kısım akrabalarının Rusya'ya, bir kısmının da Amerika'ya göç ettiği bilgisiyle yetinmek zorunda kalır. (Cemal A. Kalyoncu, *Saklı Hayatlar*, 2004, s. 175.)

Ahmet ve eşi Ayşe daha sonra İstanbul'a göç ettiler; Karaköy'deki –Leyla Gencer'in dedesine ait– Tatlıcılar Hanı'nın yanındaki fırında pasta, börek, çörek yapıp sattılar.

Beş çocukları oldu: Havva, Zeliha, Yusuf İzzet (Akçal), Hüseyin (Yılmaz) ve Hasan (Yılmaz).

Zamanla tekstil işine giren Hasan Yılmaz'ın, mağaza komşusu Saraybosna göçmeni Raşit Özbarlas'ın kızı Güzide'yle evliliğinden, Mesut, Turgut ve Nilüfer oldu.

Bu ufacık Kırım hikâyesinden sonra tekrar Ülkerlere dönelim: İslam Efendi, Kırım'dan Kırklareli'ne geldi. Sonra tekrar Kırım'a döndü.[19]

İslam Efendi'nin neden tekrar Kırım'a döndüğü konusunda ne yazık ki bilgimiz yok; ancak tarihsel olaylara bakarak tahmin yürütebiliriz. Elimizdeki tek bilgi, 26 aralık 1912 tarihinde, Kırım'a bağımsızlık yolunu açan bir gelişmenin olması. Bu tarihte, Kırım Halk Cumhuriyeti ilan edildi. İslam Efendi'nin ülkesinin bağımsızlık kazanmasıyla birlikte topraklarına döndüğünü düşünmemiz güçlü bir ihtimal.

Demek mesele, Bolşeviklik değildi. İslam Efendi'nin, sosyalizmle bir alıp veremediği yoktu.

Kırım 1920'de Bolşeviklerin eline geçti. 1921'de Kırım Muhtar Sovyet Sosyalist Cumhuriyeti, Sovyet Birliği'ne katılma kararı aldı. *Yahudi Tarihi* yazarı Yusuf Besalel, sosyalist devrimin ilk yıllarında Yahudilerin kendi dillerinde eğitim gördüğünü, Stalin döneminde ise Yahudilere baskıların arttığını yazmaktadır.

Ama bu baskılar, tüm Yahudi cemaatine değil, ağırlığını Yahu-

19. Görünüyor ki, "Kırım meselesi"nin iyi araştırılması gerekiyor. Çayelili Ahmet Hamdi İshakoğlu, Kırım'la ticaret yapan geniş İshakoğlu ailesinin çocuğuydu. Zamanla İstanbul'a göçüp çok zengin oldu. Ermeni ve Yahudilerle birlikte Türkiye'de ilk boya üretimine giren Türk oydu. İshakoğlu'nun 1952 yılından beri üzerinde durduğu mesele, Taksim'e cami yaptırmaktı. Bu nedenle, Taksim Cami Yaptırma Vakfı'nı kurdu ve ikinci başkanlığını yürüttü. Vakfın başkanı, dayısı ve aynı zamanda kayınpederi Süleyman İshakoğlu'ydu. İnsan sormadan edemiyor; Ahmet Hamdi İshakoğlu gibi ticarete çok yatkın biri, Türkiye'nin yoksulluğunun önüne geçecek projeler üretmek yerine, neden Taksim'e cami yaptırmak için yıllarca inat etti? Yine tartışmalara neden olan, Göztepe'ye cami fikri de onundu.

dilerin oluşturduğu Stalin'e muhalif olan Troçki liderliğindeki hareketeydi.

Kırımlı İslam Efendi'nin ikinci çocuğu Sabri 1920 yılında Kırım'da doğdu. Sabri dokuz yaşına geldiğinde İslam Efendi, ikinci kez Türkiye'ye dönme kararı aldı. Eşi Şakire ve üç oğlu, bir kızıyla (Âsım, Sabri ve ailenin en küçüğü –ve genç yaşta vefat eden– Hakkı ile Sıdıka) birlikte, 1929'un ağustos ayında İstanbul'a geldi. Neden döndükleri konusunda bilgi yok. Aile özel ailevî bilgilerini basına vermemekte çok kararlı olduğu için, İslam Efendi'nin İstanbul'da ne iş yaptığını da bilemiyoruz.

Bildiğimiz, 21 haziran 1934 tarihinde Soyadı Kanunu çıktığında, İslam Efendi "Berksan" soyadını aldı. Ancak gelin görün ki, iki oğlu Âsım ve Sabri nedense, on dokuz yıl sonra, 1953 yılında "Berksan" soyadını bıraktılar, "Ülker" soyadını aldılar! Ama ilginçtir. Âsım Ülker daha iki üç yaşında olan iki oğlu A. Selçuk ile Ö. Faruk'un soyadını değiştirmedi; onlar "Berksan" soyadını devam ettirdiler!..

"Berksan"ın anlamı neydi? Sözlüklerde yok, bilemiyoruz.

Yalçın Küçük'ün bu konuda bir iddiası var: "berg" Türkçe "berk" yapılıyor. Aşkenazi Yahudilerinin dili olan Yidiş bir sözcük olarak Yahudilerde en çok taşınan soyadlarından birisidir; Soğuk Savaş'ta Sovyet casusu oldukları gerekçesiyle idam edilen Rosenbergleri hatırlamayan herhalde yoktur; karıkoca Yahudi'ydiler. Sözcük Almanca kökenlidir, yalnız artık daha çok Yahudilere işaret etmektedir. Aile belki de bu belirgin işaretten çekinerek, Berk'i bırakıp Ülker soyadını almıştı. (*Tekelistan*, 2004, s. 256.)

Türk Dil Kurumu'nun *Türkçe Sözlük*'e göre, "Ülker", Boğa burcunda yedi yıldızdan oluşan takımın adıydı. (s. 1553.)

Tevrat'ın Eyüp babında da geçiyordu.

Öte yandan, bu ailede "soyadı meselesi" çok önemliydi.

Şöyle ki: Sabri Ülker'in kızı Ahsen Hanım'ın ilk eşinden olan oğlu Ali'nin de soyadı daha sonra mahkeme kararıyla "Ülker" yapılacaktı...

"Hikâyeye devam... Baba İslam Berksan vefat edince ailenin bütün yükü Âsım Ülker'in omzuna bindi. Ancak İkinci Dünya Savaşı başlamıştı ve Âsım askere alınmıştı. Sabri Ülker hem okuyor hem çalışıyordu. Bir yandan İktisadî ve Ticarî İlimler Akademisi'nde okuyor, diğer yandan Besler Bisküvi Fabrikası'nda çalışıyordu. Okul bitince buradaki bir ustayla ortak imalathane kiraladılar ve bisküvi yapmaya başladılar.

Ara not: Türkiye'deki pastacıların büyük çoğunluğunun Karadenizli olduğunu sanırım herkes bilir. Peki Karadenizlilere bu işi, Rumlar, Ermeniler, Yahudiler, kim öğretti?

Sabri Ülker ağabeyini de yanına alarak, borç harç Eminönü Nohutçu Hanı'nda, içinde 6 kazan, küçük bir fırın, 4 çuval şeker ve 12 çuval un bulunan 100 metrekarelik bir imalathaneyi satın aldı ve bisküvi üretmeye başladılar. İki kardeş 1944 yılında Ülker Gıda Sanayii'ni kurdular. Asıl mesele üretilen bisküvilerin Türkiye'nin dört bir yanına nasıl dağıtılacağıydı. Ülker, 1955'te nakliye farkı almadan fabrika fiyatına ülkenin her yanına ürün teslim etme kararı aldı.

Türkiye'de radyoya ilk reklamı veren kurumlardan biri Bahariye Mensucat'la birlikte Ülker'dir. 1950'li yıllarda, Türkiye'nin haberleri, hükûmet bildirilerini merakla beklediği saat 19.00 ajansının hemen önünde Ülker reklamı yayınlanırdı: "Önce güneş, hava su, sonra bol gıda gelir... Akşama babacığım, unutma Ülker getir..."

Ne diyelim, ticaret Ülker kardeşlerin "genlerinde" var!

1970'te Anadolu Gıda halka açık bir şirket olarak Ankara'da kuruldu. 1974'te ihracaat başladı; hedef Ortadoğu'ydu. Ürünlerin üzerinde "Domuz yağı yoktur" yazısı vardı. Ve zamanla Cidde'de çikolata fabrikası kuruldu.

Ortadoğu'da bisküvi ve gofrette bir numara...

"Tesadüf" diyebilir miyiz?

"Dinci" olarak bilinen Ülker kardeşlerin önünü hep "laik" askerî darbeler açtı:

27 Mayıs 1960. Ülkede döviz sıkıntısı had safhada. Ama, askerler, Ülker'e 250 000 dolar döviz tahsis etti! 12 Eylül 1980. Ülker, yaptığı ihracatlardan aldığı vergi iadeleriyle büyüdü. Son 28 Şubat "postmodern laik darbe"de, Ülker önce "yasaklı şirketler" arasında gösterildi. Türk Silahlı Kuvvetleri (TSK) kantinlerinde Ülker ürünlerinin satılması yasaklandı. Ama sonra nedense Ülker listeden çıkarıldı. Bu arada, mazlum gösterilen Ülker'in satışlarında patlama yaşandı! Listeye girip çıkan Ülker grubu, TSK Mehmetçik Vakfı'na 500 000 dolar; Türk Silahlı Kuvvetleri'ni Güçlendirme Vakfı'na 500 000 dolar ve TSK El Ele Vakfı'na 500 000 dolar, yani toplam 1,5 milyon dolarlık bağışta bulundu.

Ülker kardeşlerin en belirgin siyasî özellikleri antikomünist olmaları: Sabri Ülker kurucusu olduğu "antikomünizmin kaleleri" Aydınlar Ocağı, İlim Yayma Cemiyeti gibi örgütlere ve *Tercüman* gazetesi gibi yayın organlarına para akıtıyordu. Elinin sıkı olmasıyla biliniyordu, ama bu konularda nedense çok cömertti.

Sabri Ülker maddî yardımda bulunuyor, Nazlı Ilıcak gibi "kalemlerinden kan damlayan" yazarlar solculara karşı en sert yazılarını kaleme alıyordu... Topbaşlar da bir ara basın dünyasına girmek istediler. Muammer Topbaş eski *Sabah* gazetesini satın aldı. Başına Ömer Öztürkmen'i getirdi.

Ömer Öztürkmen o yılları şöyle anlatıyor:

> (AP) Milletvekilliğim zamanında Muammer Bey *Sabah* gazetesini satın almıştı. Mehmet Emin Alpkan Ağabeyimle benden birkaç ay gazeteye bakmamı istediler. Gerçekten de üç ay kadar Ankara'dan gelip üç dört gün yardım ediyordum. Muammer Bey'i de o zaman tanıdım. Daha sonraları Sabahattin Topbaş'la Mekke'de Bekir Berk merhumun evinde tanıştık. Yaptıkları hayır ve hasenatın yanı sıra İlim Yayma Cemiyeti'ni kurmuşlardı. (www.omerozturkmen.com)

Topbaşlar gazete işini yapamadılar, vazgeçtiler...

1985 yılında Âsım ve Sabri Ülker kardeşler bölündü: Büyük ağabey Âsım Ülker hisselerini kardeşine devredip, çocukları Selçuk Berksan ve Faruk Berksan'la birlikte "Kardeşler Şirketler Topluluğu"nu kurdu. Ancak –vardır mutlaka bir hikmeti– 1990 yılında grup adını, "Kar Şirketler Topluluğu" olarak değiştirdi. Söylediklerine göre, değişikliğin nedeni, "Kardeşler" sözcüğünün toplumda yanlış anlaşılmasıydı!

Uzay Gıda'yı alıp Türkiye'de ilk cips üretimini gerçekleştiren Kar Şirketler Topluluğu'nun, 23'ü yurtiçinde, 8'i yurtdışında olmak üzere 31 şirketi ile 1 vakfı vardı: Topair Havacılık, Hezarfen Havaalanı, Novaplast, Umde, Çamlıca İnşaat, Arcon Handels, Resport...

Şirketlerinin çoğunluğu çok ortaklıydı.

Örneğin, "Işık Sigorta AŞ"nin ortakları arasında, kız kardeşleri Gülsüm Betül Karagöz'den başka İhsan Kalkavan, İrfan Hacıosmanoğlu gibi isimler vardı.

Selçuk ve Ömer Faruk Berksan kardeşler, bu şirketleri adına ve şirketlerini de birbirlerine kefil yaparak, birçok bankadan kredi aldılar. Ancak ödeme sıkıntısı yaşadılar. Mallarını satmak ve devretmek zorunda kaldılar. Eşlerinden boşandılar. Kalan mallar ise zaten finansal kiralama yoluyla alındığı için, haczi mümkün olmadı. Nihayet Asya Finans'ın kurulmasından birkaç gün sonra, Kar grubunun malları, Asya Finans'ın 800 milyar liralık alacağından dolayı haczettirildi. Asya Finans'ın haczinden sonra yasal işlemlere girişen alacaklı bankalar ise, karşılarında sadece leasing'li mallar ile söz konusu haczi gördüler. Yani hiçbir şey yapamadılar. Sonuçta, Berksan kardeşler başta olmak üzere M. Emin Hasırcılar (İGS kurucusu, Hasırcılar Tekstil), Mustafa Kavurmacı (Aydınlı Giyim), Turgut Aydın (Aydın Örme) gibi tekstilci ağırlıklı, Fethullah Gülen grubuna ait olduğu yazılan Asya Finans tarihe gömüldü.

"Asya Bank" doğdu!

Olan garip Müslüman'ın cebindeki üç kuruşa oldu... Berksan kardeşler, 2002 yılında Kar Gıda'yı ABD'li Kraft'a sattılar.

Ömer Faruk Berksan aynı zamanda 1980-1986 yılları arasında Türkiye-Suudî Arabistan Dostluk ve Kültür Derneği genel sekreterliğini yaptı. Türkiye Musikî Vakfı üyesiydi...

Faruk Berksan renkli bir işadamıydı. Yazar Alev Alatlı, Prof. İlber Ortaylı, işadamı Adnan Polat, müzik sanatçısı Tuluğhan Uğurlu, işkadını Aynur Bektaş, Dr. Doğan Birgül'le birlikte Kapadokya'daki Mehmedşakirpaşa Medresesi'ni Kapadokya Üniversitesi'ne dönüştürdüler...

Faruk Berksan, Türkiye Otomobil ve Motor Sporları Federasyonu başkanlık seçimlerinde Mümtaz Tahincioğlu'nun karşısına rakip olararak çıktı, ama kazanamadı..

İki çocuğu vardı: Sinan (1975) ve Serra (1979).

AKP hükûmeti öncesi Ülker grubunun başı beladaydı. Hani belirtmiştim: Faisal Finans'ı alıp adını değiştirerek Family Finans yapmışlardı. Mesele biraz değişikti:

6 haziran 2002 tarihli gazetelerden bir haber:

> İçişleri Bakanlığı mülkiye müfettişleri, Faisal Finans Kurumu'nun el değiştirerek "Family Finans" adını almasının ardından, bu kurumun faaliyetlerini mercek altına aldı. Müfettişlerin, Family Finans Kurumu Başkanı Sabri Ülker'in de aralarında bulunduğu otuz dört yönetim kurulu üyesi hakkında, "Cürüm işlemek için teşekkül oluşturma, dolandırıcılık, Bankalar Kanunu'na muhalefet etme ve sahtecilik" suçlamasında bulundukları 20 şubat 2002 tarihli raporu dikkate alan Beyoğlu Cumhuriyet Başsavcılığı, Ülker Gıda'nın sahibi Sabri Ülker ile oğlu Murat Ülker'in de aralarında bulunduğu Family Finans Kurumu'nun yönetim kurulu üyeleri hakkında soruşturma başlattı.

Bu ticarî ilişkileri uzatmaya gerek yok.

Sabri Ülker bugün Türkiye'nin sayılı zenginleri arasındadır. İş dünyasında, en çok nakit paranın Ülker grubunda olduğu söyleniyor.

Spordan (Ülkerspor) staretejik araştırma merkezine (ASAM), din araştırmalarından (Diyanet Araştırma Merkezi) vakıflara, derneklere kadar maddî yardımı esirgemeyen Ülker grubunun, son yıllarda en büyük desteği AKP'ye verdiği biliniyor. Üstelik, Başbakan Recep Tayyip Erdoğan'la ticarî ortaklığı vardı: Başbakan Erdoğan yıllar önce Ülker grubunun İstanbul Asya bölgesi dağıtım ağını oluşturmuştu. Bu amaçla kurulmuş üç şirketleri vardı:

Bisküvi ve çikolota ürünlerini dağıtan Emniyet Gıda AŞ.

Süt, yağ ve yoğurt ürünlerini dağıtan İhsan Gıda AŞ.

Cola Turka ve Çamlıca gibi meşrubatları dağıtan Yenidoğan Pazarlama AŞ.

Yanında kardeşi Mustafa Erdoğan'la birlikte, eniştesi Ziya İlgen ve Sabri Ülker'in damadı Orhan Özokur'un kardeşi Atilla Özokur vardı.

Bu bölüme son noktayı koymadan önce Ülker Grubu İstişare Konseyi üyelerinin isimlerini vermek istiyorum:

– Yahudilerin Osmanlı'ya gelişlerinin 500. yılında kurulan "500. Yıl Vakfı" kurucusu, Turizm ve Tanıtma eski bakanlarından CHP İzmir milletvekili Alev Coşkun.

– Yahudi cemaati eski başkanı, Akmerkez'in ortaklarından Rifat Hassan.

– Bu kitapta bahsi geçen Rona Yırcalı.

– 27 Mayıs Anayasası'nın "teorisyeni" Prof. Hüseyin Nail Kubalı'nın Talas Amerikan Koleji mezunu[20] oğlu, Danimarka fahrî konsolosu Ali Nail Kubalı.

– 12 Eylül'ün Dışişleri bakanı, Emekli Büyükelçi İlter Türkmen.

– Bülent Ecevit'in başbakanlığı döneminde başdanışmanlığını yapan Emekli Korgeneral Turhan Özer.

– ANAP'lı, Adalet ve Millî Savunma eski bakanlarından Oltan Sungurlu...

Bu kitap çalışmasını sonlandırdığım günlerde, Ülker Grubu, Boyner Ailesi'yle ortak iş merkezi kurma projesine girmişlerdi...

MÜSİAD başkanı kimdir?

Şaşırmayı seviyorum.

1991'de kurulan MÜSİAD'ın (Müstakil İşadamları Derneği) kurucusu ve ilk başkanı Erol Yarar'dı.

20. Hani, "Tarihin Sonu" makalesiyle bir dönem dünyanın gündeminde olan siyaset bilimci Amerikalı Francis Fukuyama vardı; işte onun Protestan misyoneri olan babası 1946-1948 yılları arasında Talas Amerikan Koleji'nde öğretmenlik yaptı.

Erol Yarar ve ablası Meral Yarar, Feyziye Mektepleri-Işık Lisesi mezunuydular. Anneleri Münire Yarar, yedi yıl Amerikan Kız Koleji'nin müdür muavinliğini yapmıştı. Ondan önceki görevi, ABD Büyükelçiliği'ndeki Amerikan Haberler Merkezi'ndeydi.

İlk yerli deterjan üreticisi baba Ali Özdemir Yarar TÜSİAD kurucusuydu. Rotaryen'di; İstanbul Rotary Kulübü üyesiydi...[21]

Unutmadan bir not eklemeliyim: Yalçın Küçük, *Tekelistan* adlı kitabında Ülkerlerin Sabetayist olduğunu iddia etti. Sabri Ülker, Yalçın Küçük'e gönderdiği 25 temmuz 2004 tarihli mektubunda, Sabetayist olmadıklarını belirtti...

Nâzım Hikmet'in akrabası Sabri Ülgener

Türkiye ekonomisine yön veren iki aileyi anlattıktan sonra, "İslam ve iktisat" konularında çalışmalar yapmış bir akademisyenle devam edelim...

Modern sosyolojinin kurucusu Alman düşünür Max Weber (1864-1920), Protestan ahlakının her ne kadar kapitalizmin ilk ve temel nedeni olmasa da, bireyciliğin, sıkı çalışma ve disiplinin, rasyonel davranış ile özgüvenin önemini vurgulayan bir kültür doğurduğu için, kapitalizmin doğuşunda ve gelişiminde önemli bir rol oynadığını savundu.[22]

Bu görüşten yola çıkan Weber, İslam dini için genelleyicilik arz ederek, "İslam kapitalizmle bağdaşmaz" tezini ileri sürdü. Prof. Sabri Ülgener, Weber'in bu tezini hem kabul etti hem de reddetti. Hak verdi; ama bunu engelleyenin İslam değil, halk tarafından yorumlandığı haliyle "tasavvufî İslam" olduğunu ileri sürdü!

Prof. Ülgener'e göre suçlu, tevekküle dayanan "halk tasavvufu"ydu!

21. 8 şubat 1956 tarihinde DP döneminin TBMM başkanı Refik Koraltan'ın oğlu Oğuzhan R. Koraltan başkanlığında kurulan İstanbul Rotary Kulübü'nün kurucu üyeleri şunlardı: Rifat Bereket, İsmail Hakkı Kutbay, Kâzım Taşkent, Eli Rosenthal, Hilmi Naili Barlo ve John A. Caouki.

22. Yeri gelmişken yazalım: Bizim ilköğretim, lise tarih kitapları Protestanlığın kurucusu Martin Luther'i, hep aydınlıkçı olarak gösterirken, Katolikliği yobazlık sınıfına sokmaktadır! Bu nedenle son yıllarda televizyonlardaki tartışmalarda Luther'den hep "ilerici" diye bahsedilir oldu. Oysa Batı dünyası Luther'in "ilerici" olup olmadığına daha karar vermiş değildir! Öyle ya, gökbilimci Kopernik'e "zıpçıktı" dememiş miydi? Luther'e bu sempatinin kaynağı, Osmanlı'nın Katoliklere karşı hep Protestanların yanında yer alması olabilir mi?
İşin bir diğer garip yanı da, bağnaz bir Hıristiyan olan Luther'in, acımasız bir Türk düşmanı, Yahudi dostu olmasıdır: "Yahudiler bizim Tanrımızın akrabaları, kuzenleri ve kardeşleridir. Katoliklere sesleniyorum, bana kâfir demekten yorulduklarında Yahudi desinler." Luther'in "gizli Yahudi" olup olmadığı hâlâ tartışılmaktadır.

Dünya işlerine sırt çevirmiş, hiçbir şeyi umursamadan Tanrı'ya ulaşmaya çalışan "rintlik" ekonomiyi köstekliyordu.

Yani Prof. Ülgener'e göre Müslüman, değişen, gelişen dünyada yerini almak istiyorsa, dünün sayı ve hesapla uğraşan ruhanî, huzurlu dünyasını terk etmeliydi. Sayı ve hesabı sadece iktisadî anlamda kullanmalıydı.

Max Weber'in takipçisi Prof. Ülgener'in yıllar önce söylediği, bugün Türkiye'nin gündemine geldi: "İslamî Calvinizm."

Fransız Calvin, faizin Hıristiyanlık tarafından yasaklanmasını eleştiren bir "reformcu"ydu. Ama "ilericiliği" iktisatla sınırlıydı, çünkü o da döneminin bilimsel çalışmalarına karşı çıkmıştı.

Bugünlerde Türkiye'de televizyonlara çıkıp, "İslam Calvanizmi"ni ayet ve surelerden örnekler vererek açıklamaya çalışan Müslümanlar gibi, Calvin de, *De Usuris* (Faiz) adlı kitabında İncil'den örnekler veriyordu.

Ne rastlantı değil mi, aynı günlerde Türkiye, –ABD'den ithal edilen– erkeklerle aynı saflarda namaz kılan başı açık kadınları tartışıyordu.

Ne diyordu doktrin: Müslüman serbest piyasasının oluşması için, zihniyet engellerinin kaldırılması, yani "dinde reform" şarttı!

Yani, düşünce değişimini gerçekleştirmeden iktisadî girişimcilik olamaz!

Bunu daha önce de görmüştük: Cemaleddin Afganî, İslam'ın şartlarını değiştirerek, –Protestanlığın İngiltere'ye has yorumu olan Anglikanizm gibi– bir "Müslüman Anglikanizmi" oluşturmak istemiyor muydu?

Prof. Ülgener aynı yolda yürüyordu; kapitalizmin önünü şeriatın değil, İslam tasavvufunun tıkadığını söylüyordu...

Weberci "kapitalizm ruhu"nun Türkiye piyasasına nasıl uygulanabileceğinin yol ve yöntemini izah etmeye çalışan Prof. Ülgener'in o dönemde etkilendiği hocası, Alman Nazilerden kaçıp Türkiye'ye sığınan, ekonomist ve sosyolog ordinaryüs profesör Alexander Rustow'du.

Rustow, neoliberalizm savunucusu Alman Freiburg okulu temsilcisiydi. Prof. Ülgener'in "Weberci" olmasında, Weber'e fikren ve ruhen yakın olan hocası Prof. Rustow'un büyük katkısı vardı.

Ülgener'in J. S. Bach'ı sevip dinlemesinde bile Alman hocası Rustow'un etkisi vardı.

Almanların, Prof. Ülgener'i nasıl etkilediğini öğrencisi ve asistanı Ahmet Güner Sayar bakın nasıl anlatıyor:

> Okumayı keyifli bir meşgale haline getirdiği divanlar, bazı vakanüvis tarihleri, fıkıh ve tasavvufa ait kitaplardan kafasına yığılan bilgilerle bir yere varamamamın sıkıntısını içinde yaşıyordu. Onun kafasındaki bu karmaşayı âdeta kozmik bir ahenge götürecek ışık ya da dışsal (teorik) şok 1933 yılında yurdumuza sığınan Alman hocalardan geldi. Gerçekten de Alman hocalarla temastan sonra, kafasındaki fırtınalar yerini tam bir sükûnete bıraktı. Artık kendi ismini Türk sosyoloji düşüncesine taşıyacak çalışmaların eşiğine ulaşmış, Weber sosyolojisinin aydınlattığı uzun ince yolda, Osmanlı iktisat tarihinden hareketle ekonomi ile din (İslamiyet) arasında sağlıklı köprüler kurmak için malzeme toplamaya başlamıştı. Alman hocaların sihirli dokunuşu Sabri Ülgener'de fıtrî bir eğilim olan İslamî tasavvuf neşesine somut-tarihî olgular dünyasına bakmada farklı bir boyut ilave etti. (Ahmet Güner Sayar, *Bir İktisatçının Entelektüel Portresi*, Sabri F. Ülgener, 1998, s. 20.)

Yanında çalıştığı Alman hocalardan biri olan Prof. Fritz Neumark, Sabri Ülgener'in Almanca'sını çok övüyordu. Almanca'sı o kadar iyiydi ki, Prof. Neumark, onun Alman Lisesi mezunu olduğunu sanıyordu. Halbuki o İstanbul Erkek Lisesi mezunuydu; Almanca'yı bu okulda öğrenmişti. Bu dili mükemmel konuşup yazmasında, –birazdan anlatacağımız– akrabalarının katkısı var mıydı, bilinmiyor.

Prof. Fritz Neumark, Almanya'dan kaçıp Türkiye'ye sığınan bilim adamlarıyla ilgili anılarını topladığı *Boğaziçine Sığınanlar* adlı kitabında, bizim konumuzla ilgili bakın ne diyor:

> Bir de nüfus kütüklerinde olmasa bile konuşma dilinde kullanılan "dönme" tabiri vardır. Bu terimle İslam dinine geçen, ama hâlâ "kendi aralarında kalan" (kanımca bu iddia gerçeklere uymuyor) ve eski dinî inançlarını tamamen bırakmayan Yahudiler ifade edilmektedir. İspanyol Yahudilerinin tersine bir "dönme", hele eğer Osmanlı bir aileden evlenerek sözüm ona "karışım" veya asimilasyon eğilimi ispat ederse, yüksek ve en yüksek devlet makamlarına çıkabiliyordu. Üniversite meslektaşlarım arasında böyle çok kişi vardı ve daha önce adı geçen Rüştü Aras –Atatürk'ün Dışişleri bakanı– bile söylendiğine göre onlardanmış. (1982, s. 92.)

İstanbul Üniversitesi İktisat Fakültesi'nde ders veren profesörler, öğretim üyeleri ve asistanların bazıları şunlardı: (Babanzade) Şükrü Baban, Cemil Bilsen, Ömer Lütfi Barkan, İbrahim Fazıl Pelin, Ömer Celal Sarç, Muhlis Edhem Ete, Ziyaeddin Fahri Fındıkoğlu, Samim Gönensay, Sıddık Sami Onar, Ali Fuat Başgil, Yavuz Abadan, Osman Okyar, Ahmet Ali Özeken, Refii Şükrü Suvla, Orhan Dikmen, Orhan Tuna, Mehmet Oluç, Nurettin Mahruki, Mihri Belli, Faik Ökte, Halil İlbeter, Nakibe Topuz (Uzgören), Rüştü Adak, Nevzat Güneş...

Hangileri "dönme"ydi bilmiyoruz.

Prof. Sabri Ülgener "dönme" olabilir mi?..

Önce süpriz: Prof. Ülgener, Türk solunun iki önemli ismi Nâzım Hikmet ve Mehmet Ali Aybar'la kuzendi...

Yazmıştım, anımsatayım:

Alman asıllı, 1834 doğumlu Karl Detrois, Osmanlı'ya sığınarak Müslüman olmuş ve "Mehmed Ali" adını almıştı. Osmanlı ordusundaki başarılarından dolayı müşirliğe kadar yükselen Mehmed Ali Paşa, Kafkas/Dagıstan göçmeni bir ailenin kızı olan Ayşe Sıdıka'yla evlendi. Dört kızları oldu:

1) Hayriye Hanım, 31 Mart gerici isyanı çıktığında Selanik'te oluşturulan Hareket Ordusu'nun ilk komutanı olan Hüseyin Hüsnü Paşa'yla evlendi. Bu evlilikten doğan Yarbay Tahsin'ın oğlu Mehmet Ali Aybar'dı. Salah Birsel'e göre, Hüseyin Hüsnü Paşa ailesi "Salamanko" adıyla tanınıyor. (*Sergüzeşti Nono Bey ve Elmas Boğaziçi*, 1982, s. 243.)

2) Leyla Hanım, Polonya'dan kaçarak gelip ihtida etmiş Mustafa Celaleddin Paşa'nın oğlu Hasan Enver Paşa'yla evlendi. Kızları Celile, Nâzım Hikmet'in annesiydi. Diğer kızları Münevver ise, şair Oktay Rifat'ın annesiydi.

3) Zekiye Hanım, İsmail Fazıl Paşa'yla evlendi. Bu evlilikten Ali Fuat Cebesoy ile Mehmet Ali Cebesoy oldu.

4) Adviye Hanım, Tevfik Bey ve Selami Bey'le evlenmiş ama iki eşinden de çocuğu olmamıştı.

Gelelim Prof. Ülgener'le akrabalığa:

Mehmed Ali Paşa'nın eşi Ayşe Sıdıka Hanım, Prof. Sabri Ülgener'in anneannesi Hatice Hanım'ın ablasıydı.

Ayşe Sıdıka ve Hatice Hanım, Dagıstan göçmeni Hafız Mehmed Paşa'nın kızlarıydı.

Hatice Hanım, tıpkı ablası gibi bir askerle, Karamanlı Hasan Sabri Paşa'yla evlendi.

Hasan Sabri Paşa'nın Ahmed Efendi adında bir kardeşi daha vardı. Ahmed Efendi'nin oğlu kimdi dersiniz; Kâzım Karabekir Paşa!

Yani, Ulusal Kurtuluş Savaşı'na karar veren subaylardan Kâzım Karabekir ile Ali Fuat Cebesoy akraba sayılırdı.

Size yine bir "rastlantıdan" bahsedeyim; Müşir Mehmed Ali Paşa, 1878'deki "93 Harbi"nde Osmanlı Tuna Orduları başkomutanıydı; bu savaşta şehit oldu. Yerine kimi atadılar; bacanağı Hasan Sabri Paşa'yı! Ne yazık ki o da şehit olacaktı. Art arda eşlerini şehit veren iki kız kardeş, Ayşe Sıdıka ile Hatice Hanım birbirlerine kenetlendiler.

Hasan Sabri Paşa-Hatice Hanım evliliğinden doğan ve altı yaşında yetim kalan –Prof. Sabri Ülgener'in annesi– Emine Behice Hanım'ın, ulema sınıfından Safranbolulu Mehmed Fehmi Efendi'yle evlenmesinin ilginç bir hikâyesi vardı.

Bu evliliğe önayak olan "çöpçatan"ları okuyunca şaşıracaksınız:

> Bu evlilikte kilit isim Emine Behice Hanım'ın teyzesi Ayşe Sıdıka Hanım'dır. Bu İstanbul hanımefendisi ruhen bağlı olduğu Nakşibendî piranından Gümüşhanevî Ahmed Ziyaeddin Efendi'yi Cağaloğlu'ndaki Fatma Sultan Camii dergâhında muntazam aralıklarla ziyaret ederdi. Ancak bu ruhî yakınlığın derecesini bilmiyoruz. Bilinen şey Ayşe Sıdıka Hanım'ın hazreti ziyaretleri ve dergâhta icra olunan usul-i tarikatı izlemesidir. İşte bu ziyaretlerden birinde Ayşe Sıdıka Hanım bu meclislerde fikir ve sohbetlere katılan Ahmed Ziyaeddin Efendi'ye yakın genç ve yakışıklı hoca Mehmed Fehmi Efendi'yi görür. Sorar soruşturur, bu genç hoca efendinin bekâr olduğunu öğrenir. Bunun üzerine kalbi şefkat dolu bu teyze küçük yaşta yetim kalan yeğeni Emine Behice'yi evlendirmek hevesine kapılır. Bu işte Büyük Efendi ile eşi Havva Seher Hanım'ın da rızası alınır. Mehmed Fehmi Efendi de evlilik için ikna edilir. (Ahmet Güner Sayar, *Bir İktisatçının Entelektüel Portresi*, Sabri F. Ülgener, 1998, s. 43.)[23]

Bu evlilikten, 1908 yılında Mesude doğdu. Mesude Hanım, avukat İhsan Mukbil Onger'le evlendi. İki çocukları oldu: Doktor Oktay Onger ve Fransız Filolojisi mezunu ressam Verda Onger.

Mehmed Fehmi-Emine Behice çiftinin Mesude'den sonra ikinci çocukları İsmail Sabri Ülgener 1911'de doğdu.

Sabri Ülgener'in doğduğu ev, Şeyh Ahmed Ziyaeddin Efendi'nin Mehmed Fehmi Efendi'ye bıraktığı Fatmasultan Camii Gümüşhaneli Dergâhı içindeki iki odalı bir yerdi.

23. İddiaya göre, Yahya Kemal, yazar arkadaşı Yakup Kadri Karaosmanoğlu'yla gittiği bir Bektaşî dergâhında Ayşe Sıdıka Hanım'ın torunu Celile Hanım'ı (Nâzım Hikmet'in annesi) görmüş ve âşık olmuştu. Yahya Kemal-Celile Hanım aşkının filizlendiği bu tekke, Yakup Kadri Karaosmanoğlu'nun *Nur Baba* adlı romanındaki dergâhtı. Celile Hanım'ın eniştesi (kız kardeşi Münevver'in eşi) Samih Rifat da Bektaşî'ydi; Bektaşî nefesleri derlemişti. Aşklar ve evliliklerin dergâhlarda doğması ilginç...

Mehmed Fehmi Efendi'nin babası; İsmail Sabri Ülgener'in dedesi İsmail Necati Efendi, Şeyh Gümüşhaneli'nin 116 halifesi içinde Hasan Hilmi Efendi'den sonra ikinci büyük halifesiydi.

Torunu İsmail Sabri'nin doğduğu yıl, dergâhın postnişini oldu.

Gümüşhaneli Ahmed Ziyaeddin Efendi'nin "iktisadî girişimci" ilk şeyh olmasıyla, Prof. Ülgener'in "İslam Calvinizmi"ni savunması tesadüf olabilir mi? Keza, Gümüşhaneli Dergâhı'nda yetişen kuşakların, Turgut Özal'ların, Recep Tayyip Erdoğan'ların "serbest piyasacı" olmaları da tesadüftü zaten!

Şeyh dedesinin 6 şubat 1919'daki ölümünden sonra, Ülgener ailesi Cağaoğlu'nda bir eve taşındılar.

Bu tabloya bakıp Mehmed Fehmi Efendi hakkında yanlış değerlendirmeler yapmanızı istemem: Vefa ve Mercan idadîlerinde Arapça, İstanbul İdadîsi ve Mekteb-i Sultanî'de (Galatasaray Lisesi) din dersi öğretmenliği yaptı. İstanbul Darülfünunu İlahiyat ve Hukuk fakülteleri ile Mekteb-i Mülkiye'de fıkıh ve mecelle hocalığında bulundu.

Cumhuriyet döneminde İstanbul müftülüğü makamında oturdu.

Mehmed Fehmi Efendi aynı zamanda oğlunun da ilk hocasıydı...

İsmail Sabri Ülgener, Aşiyan ve İstanbul iptidaîleri ile İstanbul Sultanîsi'nden (İstanbul Erkek Lisesi) sonra, İstanbul Darülfünunu (üniversitesi) Hukuk Fakültesi'ni bitirdi.

Hocası Prof. Rustow'un direktifleriyle lisansüstü eğitim için Harvard Üniversitesi'ne gitti. Bir buçuk yıl kaldığı ABD'den doçent olarak döndü. 1951'de profesör oldu.

1950 yılına kadar Türkiye'de gazetecilik eğitimi yüksek öğrenim içinde yer almamıştı. *Hürriyet* gazetesi sahibi Sedat Simavi, İstanbul Üniversitesi Rektörü Ord. Prof. Sıddık Sami Onar'la yaptığı işbirliği sayesinde, üniversite bünyesinde "Gazetecilik Enstitüsü"nün kurulmasını sağladı.

29 kasım 1950'de kurulan enstitünün ilk başkanlığını Ord. Prof. Şükrü Baban yaptı. 1952-1956 yılları arasında ise enstitünün başkanı Prof. Sabri Ülgener'di.

Prof. Ülgener, bu tarihten sonra yıllarca birlikte çalıştığı Alman hocaların bulunduğu üniversitelerde konuk öğretim üyeliği yaptı.

1958-1959 yılları arasında Federal Almanya'daki Münih Üniversitesi'nde, 1964-1965 yılları arasında ABD Columbia Üniversitesi'nde konuk profesör olarak ders verdi.

1958'de Ruhi Aytaç'ın, 1926 doğumlu kızı Sevim Aytaç'la ikinci evliliğini yaptı. İlk evliliği hakkında bilgimiz yok. Oğlu, Mehmet Fehmi 1960'ta dünyaya geldi. Profesör oldu, İstanbul Hukuk Fakültesi'nde görev aldı. TOBB Tahkim Divanı'nda çalıştı. Korkut Özal ile Eymen Topbaş'ın ortağı olduğu Bayraktar ailesine ait, Bayraktar Denizcilik Şirketler Grubu'nun avukatlığını yaptı.

Sabri Ülgener'in, Sabri Kaan adında bir torunu var.

Sevim Aytaç, Sabri Ülgener'in asistanıydı. Evlendikten sonra akademisyenliği bıraktı.

Ülgener'in kürsüsünde asistan olan Gülten Kazgan ise Türkiye'nin ilk kadın iktisat profesörü oldu.

Arnavutköy Amerikan Kız Koleji mezunu F. Gülten Kazgan'ın, Prof. Ülgener'in kürsüsüne asistan olmasında neyin rolü vardı acaba? Gülten (Nasuhîoğlu) Kazgan'ın aile soyağacı Üsküdarlı Şeyh Mehmed Nasuhî'ye dayanıyordu. Dedesi Said Efendi, Nasuhî Dergâhı'nın son şeyhiydi.

"Emeği toplumun temel değeri" sayan Sosyalist Kültür Derneği kurucusu Prof. Kazgan ile sosyalist akımlara karşı fakülte bünyesinde bir direnç odağı oluşturan Prof. Ülgener'i hangi ortak değer yan yana getiriyordu?

Bir diğer asistanı Tevfik Ertüzün (DYP milletvekili olacaktır) daha önce yazdığım Prof. Sabahattin Zaim'in teyze çocuğu Prof. Cevat Babuna'nın kızı Ceyda Hanım'la evliydi.

Prof. Ülgener'in sadece akademisyenlerden değil, edebiyat dünyasından da yakın dostları vardı. Örneğin Ahmet Hamdi Tanpınar'la buluşup bir iki kadeh rakı içerlerdi. Kalamış'taki Todori'nin meyhanesine gidilirdi ara sıra... (a.g.e., s. 121-122.)

Askerlikten okul yaşamına, Harvard'dan tatillerine kadar Prof. Ülgener'in hep yanında olan dostu Prof. Sulhi Dönmezer'di.

Yani zengin bir çevresi vardı.

1 temmuz 1983'te Erenköy'deki evinde vefat etti.

1934 yılında soyadı kanunu çıktığında, aile neden "Ülgener" soyadını almıştı?

Sabetay Sevi'nin vefat ettiği Ülgen ile Ülgener ailesinin hiçbir bağı var mıydı acaba?

Ya da... Feyziye Mektepleri'nde on dört yıl felsefe öğretmenliği yapan Prof. Hilmi Ziya Ülgen'in, ne bileyim, Elmalılı Hamdi Yazır'ın torunu Okan Bayülgen'le ilgisi var mıydı? Veya Orgeneral Rafet Ülgenalp'le; ilk Deniz Kuvvetleri komutanı Oramiral Mehmet Ali Ülgen'le ya da Bülbülderesi Mezarlığı'nda mezarları bulunan "Ülger" soyadıyla ilgisi var mıydı? Örnek: Mehmet Sadullah Ülger (1915-1969).

Bizde "özeladbilim"le uğraşmak "delilik" zaten!..
Onomastiği (özeladbilimi) kim neden üniversiteye sokmuyor?

Suudî Arabistan'daki "Sabetayistler"

Bu kitapta tek istediğimiz, olaylara farklı perspektiften bakılabileceğini göstermek.

Örneğin bu bölümde sık sık Suudî Arabistan'dan söz ettik. Size, neden farklı okumanız gerektiğini gösterecek bir "ipucu" vereyim:

Mekke'ye Giden Yol adlı bir kitap var. Yazarı Yahudilikten Müslümanlığa dönen Muhammed Esed.

Esed 1925'te yazdığı kitabında, Suudî Arabistan'daki "Sulubîler"den bahsediyor.

> Sulubîler bütün araştırmacılar için bir muamma olarak kalmışlardır bugüne kadar. Gerçekten kökenlerini kimse tam olarak bilmemektedir. Arap olmadıkları kesindir: Mavi gözleriyle açık kumral saçları, tenlerindeki güneş yanığı rengin sonradan kazanılmış bir özellik olduğunu açığa vurmakta ve onların kuzeyli kavimlerden olduklarını akla getirmektedir. Eski Arap tarihçileri Sulubîlerin, Salaheddin Eyyubî tarafından tutsak edilip, Arabistan'dan getirilen Haçlı kitlelerin soyundan geldiklerini ve sonradan Müslüman olduklarını yazıyorlar; nitekim sulubî sözcüğü "salib" (haç) sözcüğüyle aynı kökten türemekte ve "salib" sözcüğü de düpedüz "haçlı" anlamına gelmektedir. Yine de bu açıklamanın doğru olduğunu söylemek zor. Her ne hal ise, bedevîler Sulubîleri Arap olarak görmemekte, onlara karşı hoşgörüyle, ama bir çeşit pasif bir küçümsemeyle davranmaktadırlar. Her zaman insanların eşitliği üzerinde ısrar eden Araplar kendi seciyelerine uymayan bu küçümsemeyi ise Sulubîlerin Müslümanlıklarında samimi olmamalarına ve Müslümanlar gibi yaşamamalarına bir tepki olarak açıklamaktadırlar. (f1.parsimony.net)

Suudî Arabistan'daki Sulubîler, bizim Sabetayistlerle aynı kaderi paylaşıyorlardı anlaşılan...

Suudî Arabistan hakkında bilgilerimiz sınırlı. Örneğin, ülkenin istihbaratının başında bulunan Kemal Atam vardı; İstanbul'da büyüdüğü için "Türk" diye anılırdı; Kral Faysal'ın kız kardeşi İffet'le evliydi. İstihbarat örgütünün temelini 1973'te İstanbul'da CİA'yla yapılan toplantıda atıyor. Bir yıl sonra da, –Turgut Özal döneminde meşhur olacak, Tansu Çiller'le baş başa toplantılar yapacak–

ABD'li petrolcü Roger Tamroz'la ortaklık kuruyor. Kemal Atam halen New York'ta yaşıyor... Uzatmayalım; sanıyorum söylemek istediğimiz anlaşılmıştır.

O kadar farklı konulara girdik ki, Aziz Mahmud Hüdayî Dergâhı'nı unuttuk!

Sabetayist Ilgaz Zorlu'nun söylediğine göre, Sabetayistler 1924'ten sonra dergâhı kontrolleri altına almışlardı.

Bilginin doğruluğundan emin olmak için, uzun bir yolculuğa çıktık. Bulabildiğimiz tüm olguları sıraladık.

Sizce Ilgaz Zorlu'nun söylediği doğru olabilir mi?..

Bu bölümü hazırlarken, "www.hudayivakfi.org" adlı internet sitesine girdim; site, Şeyh Aziz Mahmud Hüdayî'nin biyografisini yaza yaza sadece on cümleyle yazmıştı!

İnsan ister istemez düşünmeden edemiyor; Şeyh Aziz Mahmud Hüdayî sadece "örtü görevi"ni mi üstleniyor?

Bu ilgisizliğin başka bir sebebi olabilir mi?..

Neyse, hepsini geçelim.

Yolunuz düşerse, Aziz Mahmud Hüdayî Dergâhı'na gidin.

Günün hangi saatinde giderseniz gidin, yüzlerce yoksul "Siyah Müslüman" göreceksiniz; hepsi daha iyi bir yaşam için dua ediyor.

İnşallah duaları kabul edilir...

Gelelim son söze...

Efendi kitabında ve bu çalışmamızda kendisi söylemediği sürece, kimseye "Sebatayist" demedik.

Demeyi de doğru bulmuyoruz.

Ama...

Sabetayistler bizim tarihimizin çok önemli bir olgusu; siyasî-iktisadî ve kültürel hayatımızı derinden etkilediler. Böylesine önemli bir gerçeği yok sayamayız...

Sabetayistlerin "Beyaz Müslümanlar"la ilişkisi konusunda bir ufuk turu yaptık. Umarız, bu çalışmaların arkası gelir...

Ne demiştik *Efendi* kitabında:

"Bu kitap Türkiye'de hâlâ tabu olan 'bir sırrın' üzerindeki örtüyü aralayabilmek amacıyla yazıldı... Sabetayizm bizim gerçeğimizdir; onu yok sayarak tarih yazamayız..."

Ve ek:

Erasmus *Deliliğe Övgü* kitabında ne diyordu:

> Mademki söyleyeceklerim doğru, ne diye susayım ki...

İstanbul, mayıs 2006

Kaynakça

Kitaplar

Abduh, Muhammed, *Tevhid Risalesi*, Fecr Yayınları, Ankara, 1986.

Adıvar, Halide Edip, *Mor Salkımlı Ev*, Özgür Yayınları, İstanbul, temmuz 2000.

Sinekli Bakkal, Özgür Yayınları, İstanbul, 2000.

Afyoncu, Erhan, *Sorularla Osmanlı İmparatorluğu I*, Yeditepe Yayınları, 2002.

Ağaoğlu, Samet, *Babamın Arkadaşları*, Nebioğlu Yayınevi, İstanbul.

Kuvayı Milliye Ruhu, Kaynak Yayınları, İstanbul, ocak 1999.

Ahmad, Feroz, *İttihatçılıktan Kemalizme*, Kaynak Yayınları, İstanbul, kasım 1985.

Modern Türkiye'nin Oluşumu, Kaynak Yayınları, İstanbul, ekim 1995

Ahmet Mithat Efendi, *Fatma Aliye-Bir Osmanlı Kadın Yazarın Doğuşu*, Sel Yayıncılık, kasım 1994, İstanbul.

Ahmet Rasim, *İki Hatırat Üç Şahsiyet*, Çağdaş Yayınları, İstanbul, kasım 1976.

Ahmet Refik, *Osmanlı'da Hoca Nüfuzu*, Toplumsal Dönüşüm Yayınları, İstanbul, 1997.

Ahmed Rıfat Seyid, *İslamî Direniş Haritası –Benna'dan İslambuli'ye–*, İşaret Yayınları, İstanbul, şubat 1989.

Akar, Rıdvan, *Aşkale Yolcuları, Varlık Vergisi ve Çalışma Kampları*, Belge Yayınları, İstanbul, ocak 2000.

Akbayar, Nuri, *Osmanlı Yer Adları Sözlüğü*, Tarih Vakfı Yurt Yayınları, İstanbul, ekim 2003.

Akçura, Gökhan, *Aile Boyu Sinema*, İthaki Yayınları, İstanbul.

Akdamar, Anibal; Ünal, Samih Turgay (derleyenler), *Türkiye'de Laiklik İlkesi ve Yehova'nın Şahitleri*, Kule Kitapları, İstanbul, 1983.

Akdoğan, Şahin, *Siyasal İslam-Refah Partisi'nin Anatomisi*, Şehir Yayınları, İstanbul, temmuz 2000.

Akgündüz, Ahmed, *Arşiv Belgeleri Işığında Silistreli Süleyman Hilmi Tunahan*, Osmanlı Araştırmaları Vakfı Yayınları, İstanbul, 1997.

Akman, Muvaffak, *Yaşantımda Hacettepe ve Sonrası, Bir Emekli Rektörün Anıları*, Emek Ofset Matbaacılık, Yalova 1995.

Akpınar, Alişan; Rogan, Eugene L., *Osmanlı Devleti'nde Aşiret Mektebi*, Aram Yayıncılık, İstanbul, aralık 2001.

Akseki, A. Hamdi, *Askere Din Kitabı*, Diyanet İşleri Başkanlığı Yayınları, Ankara, 1982.

Aktar, Ayhan, *Varlık Vergisi ve "Türkleştirme" Politikaları*, İletişim Yayınları, İstanbul, 2001.

Aktay, Yasin, *Türk Dininin Sosyolojik İmkânı*, İletişim Yayınları, İstanbul, 1999.

Akyol, Taha, *Haricîler ve Hizbullah-İslam Toplumlarında Terörün Kökleri*, Doğan Kitapçılık, İstanbul, nisan 2000.

Akyüz, Vecdi, *Mukayeseli İbadetler İlmihali*, İz Yayıncılık, İstanbul, 1995.

Aksoy, Nazan, *Rönesans İngilteresi'nde Türkler*, İstanbul, 1990.

Akşin, Sina, *Jön Türkler-İttihat ve Terakki*, İmge Kitabevi, Ankara, kasım 1998.

Albayrak Haşim, *Tarih Boyunca Doğu Karadeniz'de Etnik Yapılanmalar ve Pontus*, Babıâli Kitaplığı, İstanbul, nisan 2003.

Albayrak, Sadık, *Son Devir Osmanlı Uleması* (5 cilt), İstanbul Büyükşehir Belediyesi Kültür İşleri Daire Başkanlığı Yayınları, İstanbul, 1996.

Al-Azmeh, Aziz, *İslamlar ve Moderniteler*, İletişim Yayınları, İstanbul, 2003.

Ali Haydar Mithat, *Hatıralarım*, Mithat Akçit Yayını, İstanbul, 1946.

Alkan, Mehmet Ö., *İmparatorluk'tan Cumhuriyet'e Selanik'ten İstanbul'a Terakki Vakfı ve Terakki Okulları 1877-2000*, Boyut Yayın Grubu, İstanbul, 2003.

Allouche, Adel, *Osmanlı-Safevî İlişkileri, Kökenleri ve Gelişimi*, Anka Yayınları, İstanbul, ekim 2001.

Almaz, Ahmet, *Tarihin Esrarengiz Bir Sahifesi-Dönmeler ve Dönmelerin Hakikati*, Kültür Yayıncılık ve Dağıtım.

Altunsu, Abdülkadir, *Osmanlı Şeyhülislamları*, Ayyıldız Matbaası, Ankara, 1972.

Amca, Hasan, *Nizamiye Kapısı ve Yarıda Kalan İhtilal*, Arba Yayınları, İstanbul, 1958.

Anastassiadou, Meropi, *Tanzimat Çağında Bir Osmanlı Şehri Selanik*, Tarih Vakfı Yurt Yayınları, İstanbul, kasım 2001.

And, Metin, *16. Yüzyılda İstanbul-Kent Saray Günlük Yaşam*, İstanbul, 1993.

Andıç, Fuat, *Selanik Kahpe Selanik*, Eren Yayıncılık, İstanbul, 2004.

Andıç, Fuat; Andıç, Süphan, *Sadrazam Ali Paşa-Hayatı, Zamanı ve Siyasî Vasiyetnamesi*, Eren Yayıncılık, İstanbul, 2000.

Andriç, İvo, *Ömer Paşa*, İletişim Yayınları, İstanbul, 2004.

Andreadis, Yorgo, *Gizli Din Taşıyanlar*, Belge Yayınları, İstanbul, ağustos 1999.

Andrews, Peter Alford, *Türkiye'de Etnik Gruplar*, Ant Yayınları, İstanbul, aralık 1992.

Anzerlioğlu, Yonca, *Karamanlı Ortodoks Türkler*, Phoenix Yayınları, Ankara, ekim 2003.

Araz, Nezihe, *Anadolu Evliyaları*, Atlas Kitabevi, İstanbul, 1975.

Armağan, Mustafa, *Refik Ahmet Sevengil-Her Gün Bir Ediple*, L&M Yayınları, İstanbul, ağustos, 2004.

Arsel, İlhan, *Toplumsal Gerginliklerimizin Sorumluları*, Kaynak Yayınları, İstanbul, aralık 1996.

Şeriat'tan Kıssa'lar, Kaynak Yayınları, İstanbul, ağustos 1996.

Aşkar, Mustafa, *Niyazi-i Mısrî ve Tasavvuf Anlayışı*, Kültür Bakanlığı Yayınları, Ankara, 1998.

Atik, M. Kemal; Bardakoğlu, Ali; Kırca, Celal; Polat, Selahattin; Toksarı, Ali, *İslamî Kavramlar*, Sema Yazar Gençlik Vakfı Yayınları, Ankara, 1997.

Atilhan, Cevat Rıfat, *Yahudiler Dünyayı Nasıl İstila Ediyorlar?*, Aykurt Neşriyat, 1973.

Arai, Masami, *Jön Türk Dönemi Türk Milliyetçiliği*, İletişim Yayınları, İstanbul, 2003.

Arıç, Sabahattin, *Masonların Dünyası*, Tekin Yayınevi, İstanbul, 1996.

Armaner, Nedai, *İslam Dininden Ayrılan Cereyanlar-Nurculuk*, Ankara Üniversitesi İlahiyat Fakültesi Yayınları, Ankara, 1964.

Armaoğlu, Fahir, *Filistin Meselesi ve Arap İsrail Savaşları (1948-1988)*, Türkiye İş Bankası Kültür Yayınları, Ankara, 1989.

Arsel, İlhan, *Arap Milliyetçiliği ve Türkler*, Kaynak Yayınları, İstanbul, mart 1999.

Aydın ve "Aydın", Kaynak Yayınları, İstanbul, mart 1997.

Ataman, Sabri, *Asurlar, Süryanîler*, Kaynak Yayınları, İstanbul, mayıs 1997.

Atay, Falih Rıfkı, *Zeytindağı,* Bateş AŞ, İstanbul, 1981.
Attali, Jacques, *Uyanmışlar Tarikatı,* Truva Yayınları, İstanbul, aralık 2005.
Avagyan, Arsen; Minassian, Gaidz F., *Ermeniler-İttihat ve Terakki İşbirliğinden Çatışmaya,* Aras Yayıncılık, İstanbul, haziran 2005.
Avcıoğlu, Doğan, *Türkiye'nin Düzeni* (I. cilt), Bilgi Yayınevi, Ankara, 1969.
Milli Kurtuluş Tarihi (3 cilt), İstanbul, 1974.
Avşar, Servet, *Birinci Dünya Savaşı'nda İngiliz Propagandası,* Kim Yayınları, Ankara, mart 2004.
Ayaşlı, Münevver, *Dersaadet,* Timaş Yayınları, İstanbul, mart 2002.
İşittiklerim Gördüklerim Bildiklerim, Timaş Yayınları, İstanbul, mart 2002.
Rumeli ve Muhteşem İstanbul, Timaş Yayınları, İstanbul, ocak 2003.
Aybars, Ergün, *İstiklal Mahkemeleri,* Milliyet Yayınları, İstanbul, eylül 1998.
Ayda, Adile, *Sadri Maksudi Arsal,* Kültür Bakanlığı Yayınları, Ankara, 1991.
Aydemir, Abdullah, *Tefsirde İsrailiyyat,* Diyanet İşleri Başkanlığı Yayınları, Ankara, 1979.
Aydın, Erdoğan, *İslamcılık ve Din Politikaları,* Gendaş AŞ, İstanbul, 2002.
İslamiyet Gerçeği (1. ve 2. cilt), Kaynak Yayınları, İstanbul, kasım 1992.
İslamiyet Gerçeği (3. cilt), Kaynak Yayınları, İstanbul, mart 1993.
İslamiyet Gerçeği (4. cilt), Kaynak Yayınları, İstanbul, mayıs 1993.
Nasıl Müslüman Olduk? Türklerin Müslümanlaştırılmasının Resmî Olmayan Tarihi, Başak Yayınları, Ankara, nisan 1994.
Aygil, Yakup, *Turanlı Hıristiyanlar,* İnkılap ve Aka Kitabevleri, İstanbul, 2003.
Ayverdi, Samiha, *Abide Şahsiyetler,* Kültür Bakanlığı Yayınları, İstanbul, 1976.
Boğaziçi'nde Tarih, Kubbealtı Neşriyatı.
Dost, Hülbe Baytaş Yayınları, Ankara.
Hey Gidi Günler Hey, Kubbealtı Neşriyatı, İstanbul, ağustos 2002.

Millî Kültür Mes'eleleri ve Maarif Davamız, Kültür Bakanlığı Yayınları, İstanbul, 1976.

Mülakatlar, Kubbealtı Neşriyatı, İstanbul, 2005.

Ne İdik Ne Olduk ?, Hülbe Yayınları, İstanbul, 1985.

Ayverdi, Samiha; Erol, Safiye; Araz, Nezihe; Huri, Sofi, *Kenan Rifaî ve Yirminci Asrın Işığında Müslümanlık*, Kubbealtı Neşriyatı, İstanbul, kasım 2003.

Bağış, Ali İhsan, *Osmanlı Ticaretinde Gayri Müslimler*, Turhan Kitabevi, Ankara, 1998.

Bahar, Beki L., *Ordan Buradan Altmış Yılın Ardından*, Gözlem Gazetecilik Basın ve Yayın AŞ, İstanbul, 1995.

Balcı, İbrahim, *Milli Mücadelede Boğaziçi*, Diğer Yayıncılık, İstanbul, mart 2004.

Bali, Rıfat N., *Aliya: Bir Toplu Göçün Öyküsü (1946-1949)*, İletişim Yayınları, İstanbul, 2003.

Bir Türkleştirme Serüveni (1923-1945), İletişim Yayınları, İstanbul, 2000.

Devlet'in Yahudileri ve Öteki Yahudi, İletişim Yayınları, İstanbul, 2004.

Musa'nın Evlatları Cumhuriyet'in Yurttaşları, İletişim Yayınları, İstanbul, 2001.

Banarlı, Nihad Sami, *Kitaplar ve Portreler*, Kubbealtı Neşriyatı, İstanbul, 1985.

Baran, Tülay Alim, *Vasıf Çınar ve İzmir'e Doğru Gazetesi Yazıları*, Arma Yayınları, İstanbul, temmuz 2001.

Bardakçı, Murat, *Şahbaba*, Pan Yayıncılık, İstanbul, kasım 1999.

Barthold, W.; Köprülü, M. Fuad, *İslam Medeniyeti Tarihi*, Diyanet İşleri Başkanlığı Yayınları, Ankara, 1973.

Bastıyalı, Mehmet, *Dinlerin ve İslam'ın Sırları*, İzmir, 1993.

Baş, Eyüp, *İslam'ın İlk Döneminde Müslüman-Yahudi İlişkileri*, Gökkubbe Yayınları, İstanbul, 2004.

Başyurt, Erhan, *Dünya İmparatorluğu Peşindeki Seçkinler*, Karakutu Yayınları, İstanbul, nisan 2005.

Bayar, Bekir Sıtkı, *İbretnüma*, Türk Tarih Kurumu Basımevi, Ankara, 1968.

Bayrak, M. Orhan, *İstanbul'da Gömülü Meşhur Adamlar*, Milenyum Yayınları, İstanbul, mayıs 2002.

Türkiye'yi Kimler Yönetti, Yılmaz Yayınları, İstanbul, 1992.

Behar, Cem, *Musikiden Müziğe*, Yapı Kredi Yayınları, İstanbul, 2005.

Behmoaras, Liz, *Bir Kimlik Arayışının Hikâyesi,* Remzi Kitabevi, İstanbul, ocak 2005.

Mazhar Osman, Remzi Kitabevi, İstanbul, ağustos 2001.

Türkiye'de Aydınların Gözüyle Yahudiler, Gözlem Gazetecilik Basın ve Yayın AŞ, İstanbul, 1993.

Kimsin Jak Samanon, Sel Yayıncılık, İstanbul, 1997.

Belli, Mihri, *Türkiye-Yunanistan Nüfus Mübadelesi,* Belge Yayınları, İstanbul, eylül 2004.

Benbassa, Esther; Rodrigue, Aron, *Türkiye ve Balkan Yahudileri Tarihi,* İletişim Yayınları, İstanbul, 2001.

Bentov, İtzhak, *Yaratılışın Mekaniği Üzerine Kozmik Kitap,* Dharma Yayınları, İstanbul, eylül 2001.

Berktay, Halil; Hassan, Ümit; Ödekan, Ayla; Akşin, Sina (yayın yönetmeni), *Türkiye Tarihi* (5 cilt), Cem Yayınevi, İstanbul, 1997.

Besalel, Yusuf, *Osmanlı ve Türk Yahudileri,* Gözlem Gazetecilik Basın ve Yayın AŞ, İstanbul, ocak 2004.

Ünlü Yahudiler, 1999.

Yahudi Tarihi, Gözlem Gazetecilik Basın ve Yayın AŞ, İstanbul, mart 2003.

Beşikçi, İsmail, *Türk Tarih Tezi,* Yurt Kitapları, Ankara, 1991.

Bezmen, Fuat (derleyen Nermin Bezmen), *Bir Duayenin Hatıratı,* PMR Publications, İstanbul, mart 2002.

Bezmen, Halil, *Neden? Halil Bezmen,* Literatür Yayınları, İstanbul, nisan 2006.

Bildirici, Faruk, *Hanedanın Son Prensi,* Ümit Yayıncılık, Ankara, 2002.

Binark, İsmet, *Ekrem Hakkı Ayverdi Bibliyografyası,* Kubbealtı Neşriyatı, İstanbul, 1999.

Birdoğan, Nejat, *İttihat-Terakki'nin Alevî-Bektaşîlik Araştırması,* Berfin Yayınları, İstanbul, 1994.

Alevî Kaynakları-1, Kaynak Yayınları, İstanbul, 1996.

Çelebi Cemalettin Efendi'nin Savunması, Berfin Yayınları, İstanbul, 1994.

Anadolu Alevîliği'nde Yol Ayrımı, Mozaik Yayınları, İstanbul, 1995.

Birsel, Salah, *Sergüzeşti Nono Bey ve Elmas Boğaziçi,* Türkiye İş Bankası Yayınları, Ankara, 1982.

Bleda, Mithat Şükrü, *İmparatorluğun Çöküşü,* Remzi Kitabevi, İstanbul, 1979.

Bolat, Ali, *Melametîlik,* İnsan Yayınları, İstanbul, ekim 2003.

Bora, Siren, *İzmir Yahudileri Tarihi 1908-1923*, Gözlem Gazetecilik Basın ve Yayın AŞ, İstanbul, 1995.

Bora, Tanıl; Can, Kemal, *Devlet Ocak Dergâh*, İletişim Yayınları, İstanbul, 1991.

Borak, Sadi, *Atatürk ve Din*, Kırmızı Beyaz Yayınları, İstanbul, eylül 2004.

Bozkurt, Fuat, *Çağdaşlaşma Sürecinde Alevilik*, Doğan Kitapçılık, İstanbul, 2000.

Bozkurt, Mahmut Esat, *Masonlar Dinleyiniz!*, Kaynak Yayınları, İstanbul, ağustos 2005.

Bölügiray, Nevzat, *Doruktaki İrtica*, Tekin Yayınevi, İstanbul, 1994.

Braver, Erich; Patai, Rapasel, *Kürdistanlı Yahudiler*, Avesta Yayınları, İstanbul, 2005.

Brook, Kevin Alan, *Hazar Yahudileri*, Nokta Kitap, İstanbul, şubat 2005.

Budak, Ali, *Münif Paşa*, Kitabevi Yayınları, İstanbul, 2004.

Buğra, Ayşe, *Devlet ve İşadamları*, İletişim Yayınları, İstanbul, 2003.

Bulaç, Ali, *Din, Devlet ve Demokrasi*, Zaman Kitap, İstanbul, nisan 2001.

Bulut, Faik, *Allah Devletinde Demokrasi-Şeriat Düzeninin Eleştirisi*, Berfin Yayınları, İstanbul, kasım 2004.

İslam Komüncüleri, Doruk Yayıncılık, Ankara, mart 1997

Kim Bu Fethullah Gülen-Dünü Bugünü Hedefi, Kafkas Yayıncılık.

Resmî Belgeler Işığında Ordu ve Din 1826-1997-Devlet Gözüyle İslamcı Faaliyetler, Doruk Yayıncılık, Ankara, 1997.

Tarikat Sermayesi (2. cilt), Su Yayınları, İstanbul, mart 1999.

Bülbül, Kudret, *Bir Devlet Adamı ve Siyasal Düşünür Olarak Said Halim Paşa*, Kadim Yayınları, Ankara, ocak 2006.

Büyükaksoy, Kâzım, *Mesnevi Hatıraları*, Ahmet Sait Matbaası, İstanbul, 1953.

Caldwell, Erksine, *Din Tüccarı*, Toplumsal Dönüşüm Yayınları, İstanbul, nisan 1995.

Can, Şefik, *Hz. Mevlana'nın Rubaileri I*, Kültür Bakanlığı Yayınları, 1990.

Candan, Abdülcelil, *Kur'an Okurken Zihne Takılan Ayetler*, Elest Yayınları, İstanbul, nisan 2004.

Carr, Edward Hallet, *Tarih Nedir,* İletişim Yayınları, İstanbul, temmuz 1993.

Cemal, Behçet (tamamlayan ve tertipleyen), *Hatıralar-İttihat ve Terakki ve Birinci Dünya Harbi-Cemal Paşa Bahriye Nazırı ve 4. Kolordu Komutanı,* Selek Yayınları, 1959.

Cerrahoğlu, A., *İslamiyet ve Osmanlı Sosyeteleri-İslamiyet ve Yöncü Sosyalistler,* Ersa Matbaacılık Kolektif Şirketi, 1964.

İslamiyet ve Sosyalizm Bağdaşabilir mi ?, Kervan Matbaası, İstanbul, 1964.

Cevizoğlu, Hulki, *Kur'an Şifrecilerine Cevaplar-Edip Yüksel "Çöpe At",* Ceviz Kabuğu Yayınları, Ankara, aralık 2002.

Nurculuk-Dünü Bugünü, Beyaz Yayınları, İstanbul, ağustos 1999.

Türkçe İbadet, Beyaz Yayınları, İstanbul, ekim 1998.

Masonluk ve Rotaryenlik, Ceviz Kabuğu Yayınları, Ankara, 2003.

Chevalier, Jean, *Sufilik,* İletişim Yayınları, İstanbul, 1993.

Cizre, Ümit, *Muktedirlerin Siyaseti Merkez Sağ-Ordu-İslamcılık,* İletişim Yayınları, İstanbul, 1999.

Cleveland, William İ., *Batıya Karşı İslam-Şekip Arslan'ın Mücadelesi,* Yöneliş Yayınları, İstanbul, şubat 1991.

Cohen, Mark R., *Haç ve Hilal Altında Ortaçağ'da Yahudiler,* Sarmal Yayınevi, İstanbul, nisan 1997.

Cornish, Kimberley, *Linz Yahudisi Hitler ve Wittgenstein: Akıl Üzerine Gizli Savaş,* Doğan Kitapçılık, İstanbul, ocak 2000.

Crow, W. B., *Büyünün Cadıcılığın ve Okültizmin Tarihi,* İstanbul, şubat 2002.

Coşkun, Süleyman, *Türkiye'de Politika,* Cem Yayınevi, İstanbul, 1999.

Çadırcı, Musa, *Tanzimat Döneminde Anadolu Kentlerinin Sosyal ve Ekonomik Yapıları,* Türk Tarih Kurumu Basımevi, Ankara, 1991.

Çağalı Güven, Gül (yayına hazırlayan), *Kâmil Paşa'nın Anıları,* Arba Yayınları, İstanbul, ağustos 1991.

Çakır, Ruşen, *Ayet ve Slogan,* Metis Yayınları, İstanbul, ocak 1991.

Direniş ve İtaat, İki İktidar Arasında İslamcı Kadın, Metis Yayınları, İstanbul, kasım 2000.

Çakır, Ruşen; Çalmuk, Fehmi, *Bir dönüşüm Öykücü, Recep Tayyip Erdoğan,* Siyahbeyaz Metis, İstanbul 2001.

Çalışlar, Oral; Çevik, Tolga, *Erbakan-Fethullah Gülen Kavgası*, Sıfır Noktası Yayınları, İstanbul, eylül 2000.

Çamuroğlu, Reha, *Günümüzde Alevîliğin Sorunları*, Ant Yayınları, İstanbul, 1992.

Değişen Koşullarda Alevîlik, Doğan Kitapçılık, İstanbul, 2000.

İsmail, Doğan Kitapçılık, İstanbul, ekim 2000.

Yeniçerilerin Bektaşîliği ve Vaka-i Şerriye, Ant Yayınları, İstanbul, şubat 1991.

Çandar, Cengiz, *Ortadoğu Çıkmazı*, Hil Yayınları.

Çelebi, Mehmet, *I. Ehlibeyt Kurultayı 26-27 nisan 1997*, İstanbul, 1997.

Çelik, Recep, *Milli Mücadelede Din Adamları I-II*, Emre Yayınları, İstanbul, kasım 1999.

Çeliker, Yalçın; Gün, İzzet Nuri, *Masonluk ve Masonlar-"İsimler Belgeler"*, Yağmur Yayınları, İstanbul, 1968.

Çetin, Mahmut, *Boğazdaki Aşiret*, Edille Yayınları, İstanbul, 1998.

X İlişkiler, Marifet Yayınları, İstanbul, nisan 2002.

Çetiner, M. Sait, *Matemiyye*, Ayyıldız Yayınları, Ankara.

Çığ, Muazzez İlmiye, *İbrahim Peygamber*, Kaynak Yayınları, İstanbul, ekim 1997.

Kur'an İncil ve Tevrat'ın Sümer'deki Kökeni, Kaynak Yayınları, İstanbul, nisan 2005.

Çiftçi, Cemil, *Tasavvuf Kitabı*, İstanbul, kasım 2003.

Çulcu, Murat (yayına hazırlayan), *Erkân-ı Harb Binbaşısı Vecihi Bey'in Anıları-Filistin Ricatı*, Arba Yayınları, İstanbul, haziran 1993.

Marjinal Tarih Tezleri, e Yayınları, İstanbul, 2000.

Dabağyan, Levon Panos, *Türkiye Ermenileri Tarihi*, IQ Kültür Sanat Yayıncılık, İstanbul 2004.

Dalan, Bedrettin, *Türkiye'de İrtica ve Cemaat Kuşatmasında Eğitim*, Morajans, İstanbul, 1998.

Danişmend, İsmail Hami, *Tarihî Hakikatler* (1. ve 2. cilt), Tarih ve Kültür Yayınları, İstanbul, 1979.

Türkler ve Müslümanlık, İstanbul, 1959.

İzahlı Osmanlı Tarihi Kronolojisi I-II, İstanbul, 1971.

Davison, Roderic H., *Osmanlı İmparatorluğu'nda Reform*, Agora Kitaplığı, İstanbul, kasım 2005.

Deacon, Richard, *İsrail Gizli Servisi*, Anahtar Kitaplar Yayınevi, İstanbul, 1993.

Demirci, Kürşat, *Yahudilik ve Dinî Çoğulculuk,* Ayışığı Kitapları, İstanbul, mayıs 2005.

Bir Hıristiyan Mezhebi Olarak Ortodoksluğun Teolojisi, Ayışığı Kitapları, İstanbul, mayıs 2005.

Derman, Uğur (yayına hazırlayan), *Mes'ut Cemil-Tanburî Cemil'in Hayatı,* Kubbealtı Neşriyat, İstanbul, aralık 2002.

Dilipak, Abdurrahman; Zorlu, Ilgaz, *Şişli Terakki Davaları,* Zvi-Geyik Yayınları, İstanbul, ekim 2001.

Dinçmen, Kriton (hazırlayan ve çeviren), *600'lü Yıllardan 1461'e,* Arion Yayınevi, İstanbul, mayıs, 2004.

Doğan, Hatice, *Osmanlı Devleti'nde Hahambaşılık Müessesesi,* Gözlem Gazetecilik Basın ve Yayın AŞ, İstanbul, nisan 2003.

Doğan, İsmail, *Osmanlı Ailesi,* Yeni Türkiye Yayınları, Ankara, ekim 2001.

Doğan, Muhammed Nur, *Lale Devri Şairlerimizden Şeyhülislam İshak Efendi ve Divanı'ndan Seçmeler,* Kültür Bakanlığı Yayınları, 1990.

Döğen, Şaban, *Kur'an'dan Tekniğe,* Yeni Asya Yayınları, İstanbul, 1983.

Duben, Alan; Behar, Cem, *İstanbul Haneleri,* İletişim Yayınları, İstanbul, 1998.

Dursun, Turan, *Allah,* Kaynak Yayınları, İstanbul, haziran 1991.

Din Bu, Kaynak Yayınları, İstanbul, eylül 1990.

Hayatını Anlatıyor, Kaynak Yayınları, İstanbul, kasım 1992.

Kutsal Kitapların Kaynakları (3 cilt), Kaynak Yayınları, İstanbul, kasım, 1995.

Müslümanlık ve Nurculuk, Kaynak Yayınları, İstanbul, mart 1996.

Durakpaşa, Ayşe, *Halide Edip-Türk Modernleşmesi ve Feminizm,* İletişim Yayınları, İstanbul, 2000.

Dündar, Ali (derleyen), *Muhyiddin-i Arabî'den Altın Öğütler,* Kozmik Kitaplar, İstanbul, mart 2005.

Dündar, Fuat, *İttihat ve Terakki'nin Müslümanları İskân Politikası,* İletişim Yayınları, İstanbul, 2001.

Düzdağ, M. Ertuğrul (yayına hazırlayan), *Meclis'te Başörtüsü Mücadelesi-Malatya Milletvekili M. Bülent Çaparoğlu'nun Hatıraları,* Şule Yayınları, İstanbul, 1998.

Yakın Tarihimizde Gizli Gerçekler, Zvi-Geyik Yayınları, İstanbul, nisan 2004.

Ebüzziya Tevfik, *Yeni Osmanlılar Tarihi*, Hürriyet Yayınları, İstanbul, mart 1973.

Ege, Nezahat Nurettin, *Prens Sabahaddin-Hayatı ve İlmi Müdafaaları*, Güneş Neşriyatı, İstanbul, 1977.

Ekdal, Müfid, *Kapalı Hayat Kutusu Kadıköy Konakları*, Yapı Kredi Yayınları, İstanbul, şubat 2004.

Ekşi, Aysel, *Din Devletleri*, Ümit Yayıncılık, Ankara, 1995.

Eliade, Mircea, *Dinsel İnançlar ve Düşünceler Tarihi-Muhammed'den Reform Çağına*, Kabalcı Yayınevi, İstanbul, kasım 2003.

Dinsel İnançlar ve Düşünceler Tarihi-Gotama Budha'dan Hıristiyanlığın Doğuşuna, Kabalcı Yayınevi, İstanbul, temmuz 2003.

Dinsel İnançlar ve Düşünceler Tarihi-Taş Devrinden Eleusis Mysteria'larına, Kabalcı Yayınevi, nisan 2003.

Emecen, Feridun M., *Unutulmuş Bir Cemaat Manisa Yahudileri*, Eren Yayıncılık, İstanbul, 1997.

Epstein, Perle, *Kabala-Musevî Mistiklerinin Yolu*, Dharma Yayınları, İstanbul, aralık 1998.

Ercan, Yavuz, *Osmanlı Yönetiminde Gayrimüslimler*, Ankara, 2001.

Erdemir, Hüseyin Avni, *Kur'an-ı Kerim Mealinden Özetler, Hadiseler, Güzel Sözler*, Emel Matbaacılık Sanayii, Ankara, 1989.

Erden, Fethi, *Türk Hekimleri Biyografisi*, İstanbul, 1948.

Erdoğan, Latif, *Fethullah Gülen Hocaefendi-"Küçük Dünyam"*, AD Yayıncılık, İstanbul, eylül 1995.

Ergun, Sadettin Nüzhet, *Türk Musikisi Antolojisi*, İÜ Yayınları, İstanbul, 1. cilt 1942, 2. cilt 1943.

Ergüven, Abdullah Rıza, *Dinlerin Kökeni ve İslam'da Reform*, Berfin Yayınları, İstanbul, kasım 1996.

Erhat, Azra, *Gülleyla'ya Anılar*, Can Yayınları, İstanbul, 2002.

Mitoloji Sözlüğü, Remzi Kitabevi, İstanbul, 1978.

Erkoç, Ethem, *Beşiktaş Muhafızı Yedi Sekiz Hasan Paşa ve Bir Devrin Hikâyesi*, Pegasus Görsel İletişim Hizmetleri, Çorum, 2004.

Erol, Safiye, *Makaleler*, Kubbealtı Neşriyatı, İstanbul, nisan 2002.

Esatlı, Mustafa Ragıp, *İttihat ve Terakki*, Hürriyet Yayınları, İstanbul, mayıs 1975.

Evans-Pritchard, Edward, *İlkellerde Din*, Öteki Yayınevi, Ankara, eylül 1998.

Eygi, Mehmet Şevket, *Yahudi Türkler yahut Sabetaycılar,* Zvi-Geyik Yayınları, İstanbul, 2000.

Eyüboğlu, Hughette, *Kanadalı Bir Gelinin Türkiye Anıları,* Kültür Yayınları, İstanbul, şubat 2003.

Eyüboğlu, İsmet Zeki, *Atatürk Devrimleri Işığında Laiklik,* Say Yayınları, İstanbul, nisan 1994.

İslam'da Bölünmeler Çelişmeler ve Refah'ın Tırmanışı, Miletos Yayınları, İstanbul, 1994.

Tasavvuf Tarikatlar, Mezhepler Tarihi, İstanbul, 1987.

Türk Şiirinde Tanrı'ya Kafa Tutanlar, Kaynak Yayınları, İstanbul, kasım 1991.

Faraç, Mehmet, *Son Gâvur,* Günizi Yayıncılık, İstanbul, aralık 2004.

Faroqhi, Surayia, *Anadolu'da Bektaşîlik,* Simurg Yayınları, İstanbul, 2003.

Osmanlı Kültürü ve Gündelik Yaşam, Tarih Vakfı Yurt Yayınları, İstanbul, mayıs 1997.

Hacılar ve Sultanlar (1517-1638), Tarih Vakfı Yurt Yayınları, İstanbul, eylül 1995.

Feyzioğlu, Osman Güngör; Okutan, Ahmet; Durukan, Turgut, *Askerin Din Bilgisi,* Basılı Evrak Depo Müdürlüğü, Ankara, 1981.

Fiş, Radi, *Bir Anadolu Hümanisti Mevlana,* Evrensel Basım Yayın, İstanbul, nisan 2005.

Freely, John, *Kayıp Mesih,* Remzi Kitabevi, İstanbul, 2001.

Fromkin, David, *Barışa Son Veren Barış, Modern Ortadoğu Nasıl Yaratıldı?* Sabah Kitapları, İstanbul, temmuz 1993.

Galante, Abraham, *Sabetay Sevi ve Sabetaycıların Gelenekleri,* Zvi-Geyik Yayınları, İstanbul, ağustos 2000.

Galanti, Avram, *Ankara Tarihi I-II,* Çağlar Yayınları, Ankara, 2005.

Türk Harsı ve Türk Yahudisi, Fakülteler Matbaası, İstanbul, 1953.

Türkler ve Yahudiler, Gözlem Gazetecilik Basın ve Yayın AŞ, İstanbul, 1995.

Türklük İncelemeleri, Yeditepe Yayınevi, İstanbul, mayıs 2005.

Gelardin, Errol, *Sabetaycı Selim'in Öyküsü,* Pherma Yayınları, nisan 2006.

Georgeon, François, *Türk Milliyetçiliğinin Kökenleri-Yusuf Akçura (1876-1935),* Tarih Vakfı Yurt Yayınları, İstanbul, ocak 1996.

Gıyaseddin, M., *İslam Dünyası ve Milliyetçilik*, Pınar Yayınları, İstanbul, ocak 1991.

Goodwin, Godfrey, *Yeniçeriler*, Doğan Kitapçılık, İstanbul, aralık 2001.

Goodwin, Jason, *Ufukların Efendisi Osmanlılar*, Sabah Kitapları, İstanbul, haziran 1999.

Golden P. B., Zuckerman C.; Zajaczkowski A., *Hazarlar ve Musevîlik*, Karam Yayınları, Çorum, mayıs 2005.

Göle, Nilüfer, *Modern Mahrem Medeniyet ve Örtünme*, Metis Yayınları, İstanbul, ağustos 1994.

Gölpınarlı, Abdülbaki, *Melamîlik ve Melamîler*, Devlet Matbaası, İstanbul, 1931.

Mevlana'dan Sonra Mevlevîlik, İnkılap ve Aka Kitabevleri, İstanbul, 1983.

Tasavvuf, Milenyum Yayınları, İstanbul, şubat 2004.

Tasavvuftan Dilimize Geçen Deyimler ve Atasözleri, İnkılap Kitabevi, İstanbul, 2004.

Türkiye'de Mezhepler ve Tarikatlar, İnkılap Kitabevi, İstanbul.

Yunus Emre ve Tasavvuf, İnkılap Kitabevi, İstanbul, 1992.

Gönültaş, Nuh, *Mason Dul Kadının Çocuğu*, Karakutu Yayınları, İstanbul, aralık 2002.

Gövsa, İbrahim Alaettin, *Sabatay Sevi*, Milenyum Yayınları, İstanbul, ekim 2000.

Griffe, H. Mirgül Eren, *Osmanlının Hizmetkârı*, Babil Yayıncılık, Ankara, 2005.

Groepler, Eva, *İslam ve Osmanlı Dünyasında Yahudiler*, Belge Yayınları, İstanbul, ekim 1999.

Gumilev, Lev Nikolayeviç, *Eski Türkler*, Selenge Yayınları, İstanbul, 2003.

Hazar Çevresinde Bin Yıl, Selenge Yayınları, İstanbul, 2003.

Gutman, Claude, *İzmir'in Çılgın Dedikoduları*, Cep Kitapları, İstanbul, 1994.

Güleryüz, Naim, *Türk Yahudileri Tarihi I* (20. yüzyılın başına kadar), Gözlem Gazetecilik Basın ve Yayın AŞ, İstanbul, 1993.

Gülsoy, Ufuk, *Osmanlı Gayrimüslimlerinin Askerlik Serüveni*, Simurg Yayınları, İstanbul, 2000.

Gün, İzzet Nuri; Çeliker, Yalçın, *Masonluk ve Masonlar*, Yağmur Yayınları, İstanbul 1968.

Günbulut, Şükrü, *Ortadoğu Din Kültürü*, Kaynak Yayınları, İstanbul, aralık 1996.

Güngör, Necati, *Safiye Ayla'nın Anıları*, Milliyet Yayınları, İstanbul, 1996.

Gürdoğan, Ersin, *Görünmeyen Üniversite*, İz Yayıncılık, İstanbul, 1991.

Gürel, Nazlı Rana, *Bir Osmanlı Aydını İbrahim Edhem Pertev Paşa*, Berikan Yayınevi, Ankara, 2004.

Gürlek, Dursun, *Ayaklı Kütüphaneler*, Kubbealtı Neşriyatı, İstanbul, ekim 2003.

Haker, Erol, *Bir Zamanlar Kırklareli'nde Yahudiler Yaşardı...*, İletişim Yayınları, İstanbul, 2002.

İstanbul'dan Kudüs'e Bir Kimlik Arayışı, Kitap Yayınevi, İstanbul, haziran 2004.

Halil Edhem, *Hatıra Kitabı* (2 cilt), Türk Tarih Kurumu Basımevi, Ankara, 1947.

Halikov, A. H., *Rus Tanınan 500 Bulgar-Tatar Türk Asıllı Sülale*, Türk Dünyası Araştırmalar Vakfı Yayınları, İstanbul, 1995

Hançerlioğlu, Orhan, *İslam İnançları Sözlüğü*, Remzi Kitabevi, İstanbul, 1994.

Hekimoğlu, Müşerref, *Anılar*, Cumhuriyet Kitap, İstanbul, 2005.

Heller, Otto, *Yahudiliğin Çöküşü*, İnter Yayınları, İstanbul, haziran 1992.

Helminski, Camille Adams, *Sufî Kadınlar-Saklı Bir Hazine*, Samsara Kitapları, İstanbul, şubat 2004.

Herbette, Maurice, *Fransa'da İlk Daimi Türk Elçisi "Moralı Esseyit Ali Efendi" (1797-1802)*, Pera Trurizm ve Ticaret AŞ, İstanbul, 1997.

Herzl, Theodor, *Hatıralar*, Boğaziçi Yayınları, İstanbul, nisan 2002.

Hovhanesyan, Sarkis Sarraf, *Payitaht İstanbul'un Tarihçesi*, Tarih Vakfı Yurt Yayınları, İstanbul, temmuz 1996.

Hume, David, *Din Üstüne*, Kaynak Yayınları.

Hürmen, F. Rezan, *"Bir Devlet Adamının" Mehmet Tevfik Beyin (Biren) II. Abdülhamid, Meşrutiyet ve Mütareke Devri Hatıraları I-II*, Akma Yayınları, İstanbul, kasım 1993.

Hüseyin Nâzım Paşa (yayına hazırlayan Yıldırım Tahsin), *Hatıralarım*, Selis Kitaplar, İstanbul, 2003.

İacovella, Angelo, *Gönye ve Hilal, İttihad-Terakki ve Masonluk*, Tarih Vakfı Yurt Yayınları, İstanbul, aralık 1999.

İbn Arabî, Muhyiddin, *Endülüs Sufîleri*, Dharma Yayınları, İstanbul, aralık 2002.
İhsanoğlu, Ekmeleddin, *Başhoca İshak Efendi*, Kültür Bakanlığı Yayınları, Ankara, 1989.
İleri, Celal Nuri, *Türk İnkılabı*, Kaktüs Yayıncılık, İstanbul, haziran 2000.
İlyasoğlu, Aynur, *Örtülü Kimlik*, Metis Yayınları, İstanbul, ekim 1994.
İmam-ı Gazalî (hazırlayan Hüseyin Hilmi Işık), *Huccet-ül-İslam Eyyühel Veled*, Salah Bilici Kitabevi, İstanbul, 1973.
İnalcık, Halil, *Osmanlı Tarihine Toplu Bir Bakış*, Ankara, 1999.
Osmanlı İmparatorluğu-Klasik Çağ (1500-1600), Yapı Kredi Yayınları, İstanbul, mayıs 2003.
İnbaşı, Mehmet, *Rumeli Yörükleri 1544-1675*, Erzurum, 2000.
İnan, Arı (yayına hazırlayan), *Enver Paşa'nın Özel Mektupları*, İmge Kitabevi, Ankara, şubat 1997.
Tarihe Tanıklık Edenler, Çağdaş Yayınları, İstanbul, şubat 1997.
İz, Mahir, *Tasavvuf*, Kitabevi Yayınları, İstanbul, 1990.
Kalyoncu, Cemal A., *Paranın Efendileri*, Zaman Kitap, İstanbul, 2003.
Saklı Hayatlar-1/2, Zaman Kitap, İstanbul, nisan 2004.
Kanar, Mehmet, *Osmanlı Türkçesi Sözlüğü*, Derin Yayınları, İstanbul, 2005.
Kandemir, *Siyasî Dargınlıklar*, Ekicigil Tarih Yayınları, İstanbul, 1955.
Kant, Albert, *Bir Yahudinin Anıları*, Kastaş Yayınevi, İstanbul, temmuz 2003.
Kaplan, Sefa, *Derviş'in Siyaseti Siyasetin Derviş'i*, Metis Yayınları, ekim 2002.
Kara, Abdülvahap, *Gamalı Haç ile Kızıl Yıldız Arasındaki Yazar Cengiz Dağcı*, Ufukötesi Yayınları, İstanbul, 2006.
Kara, İsmail, *Türkiye'de İslamcılık Düşüncesi Metinler/Kişiler I*, Risale Yayınları, İstanbul, 1987.
Türkiye'de İslamcılık Düşüncesi-Metinler/Kişiler II, Risale Yayınları, İstanbul, 1989.
Karaca, Mehmet İsa, *Türban ve Ötesi*, Türk Devrim Kurumu Yayınları, Ankara, 1991.
Karaer, Nihat, *Tam Bir Muhalif-Refik Halid Karay*, Temel Yayınlar, İstanbul, 1998.

Karakaş, Mahmut, *Müspet İlimde Müslüman Âlimler,* Kültür Bakanlığı Yayınları, Ankara, 1991.

Karal, Enver Ziya, *Halet Efendinin Paris Büyük Elçiliği (1802-1806),* İstanbul Üniversitesi Yayınları, İstanbul, 1940.

Karaosmanoğlu, Yakup Kadri, *Nur Baba,* İletişim Yayınları, İstanbul, 2004.

Vatan Yolunda Milli Mücadele Hatıraları, Selek Yayınevi, İstanbul, 1958.

Karadeniz, Ekrem, *Türk Musikisinin Nazariye ve Esasları,* İş Bankası Yayınları, İstanbul, 1983.

Kardavî, Yusuf el-, *Müslümanlar Gayri Müslimlere Nasıl Davrandı ?,* İlha Yayınları, İstanbul, ağustos, 1977.

Karpat, Kemal H., *Osmanlı Nüfusu (1830-1914),* Tarih Vakfı Yurt Yayınları, İstanbul, nisan 2003.

Kasap, İsmail; Kurnaz, Cemal; Tatcı, Mustafa, *Hüseyin Vassaf-Hayatı, Eserleri ve Şiirlerinden Seçmeler,* Akçağ Basım Yayım, Ankara, 1999.

Katar, Mehmet, *Yahudilikte, Hristiyanlıkta ve İslamda Tövbe,* Andaç Yayınları, Ankara, temmuz 2003.

Kaya, Mehmet, *Mitolojik Türk Kültürü Üzerine Çelişkiler,* Mani-İzm Türk Kültürü Araştırmaları Yayanları, İstanbul, eylül 2002.

Kayalı, Kurtuluş, *Türk Kültür Dünyasından Portreler,* İletişim Yayınları, İstanbul, 2002.

Kayaoğlu, Taceddin, *Türkiye'de Tercüme Müesseseleri,* Kitabevi Yayınları, İstanbul, haziran 1998.

Kaygusuz, Bezmi Nusret, *Şeyh Bedreddin,* İleri Yayınları, İstanbul, nisan 2005.

Kepel, Gilles, *Allah'ın Batısında,* Metis Yayınları, İstanbul, ağustos 1995.

Kılıç, Altemur, *Kılıç'tan Kılıç'a,* Remzi Kitabevi, İstanbul, 2005

Kılıç, Hüseyin, *Hazret-i Muhammed'den İki Emanet,* Ufuk Matbaası, İstanbul, 1989.

Kılıç, Rüya, *Osmanlı'da Seyyidler ve Şerifler,* Kitap Yayınevi, İstanbul, 2005.

Kılıç Ali (derleyen Turgut Hulusi), *Atatürk'ün Sırdaşı Kılıç Ali'nin Hatıraları,* Kültür Yayınları, İstanbul, ocak 2005.

Kieser, Lukas Hans, *Iskalanmış Barış,* İletişim Yayınları, İstanbul, 2005.

Kocabaş, Süleyman, *Türkiye'de Gizli Tarih II-Dönmelik ve Dönmeler,* Vatan Yayınları, Kayseri, ekim 2003.

"Vaat Edilmiş Toprak" Filistin İçin Mücadele Türkiye ve Siyonizm, Vatan Yayınları, İstanbul, haziran 1987.

Kocabaşoğlu, Uygur, *Majestelerinin Konsolosları*, İletişim Yayınları, İstanbul, 2004.

Kocabaşoğlu, Uygur; Berge, Metin, *Bolşevik İhtilali ve Osmanlılar*, Kebikeç Yayınları, Ankara, kasım 1994.

Kocahanoğlu, Osman Selim (hazırlayan), *Ali Fuat Cebesoy-Bilinmeyen Hatıralar*, Temel Yayınları, İstanbul, 2001.

–Maliye Nazırı Cavid Bey– Felaket Günleri Mütareke Devrinin Feci Tarihi I-II, Temel Yayınları, İstanbul, 2000.

Kocal, Hayati Ferdi, *Büyükada Hatıralarım*, Büyükada Kültür ve Yardımlaşma Derneği Yayınları, İstanbul, temmuz 2001.

Koç, Murat, *Yeni Türk Edebiyatı'nda Boğaziçi ve Boğaziçi Medeniyeti*, Eren Yayıncılık, İstanbul, 2005.

Koçak, Azmi, *Atatürk'ün İlk Öğretmeni Şemsi Efendi*, Düşler Sokağı Reklam Yayın ve İletişim Hizmetleri Ltd. Şti., İstanbul, eylül 2000.

Koestler, Arthur, *On Üçüncü Kabile (Hazar İmparatorluğu ve Mirası)*, Say Yayınları, İstanbul.

Koloğlu, Orhan, *Avrupa'nın Kıskacında Abdülhamit*, İletişim Yayınları, İstanbul, 1998.

İttihatçılar ve Masonlar, eylül Yayınları, İstanbul, nisan 2002.

Arap Kaymakam, Aykırı Yayıncılık, İstanbul, 2001.

Cumhuriyet Döneminde Masonlar, Pozitif Yayınlar, İstanbul, ekim 2004.

Korkmaz, Esat, *Eski Türk İnançları ve Şamanizm*, Anahtar Kitaplar, İstanbul, 2003.

Kozanoğlu, Zeynel, *Anıt Adam Osman Nevres-"Hasan Tahsin"*, Ticaret Matbaacılık TAŞ, İzmir.

Köker, Levent, *Modernleşme, Kemalizm ve Demokrasi*, İletişim Yayınları, İstanbul, 2000.

Köprülü, Fuad, *Osmanlı Devleti'nin Kuruluşu*, Türk Tarih Kurumu Yayınları, Ankara, 1991.

Türk Edebiyatında İlk Mutasavvıflar, Diyanet İşleri Başkanlığı Yayınları, Ankara, 1976.

Köstüklü, Nuri, *Vatan Savunmasında Mevlevihaneler (Balkan Savaşlarından Milli Mücadeleye)*, Çizgi Kitabevi, Konya, şubat 2005.

Kuneralp, Sinan, *Son Dönem Osmanlı Erkân ve Ricali*, İsis Yayınları, İstanbul, 1999.

Kuntay, Mithat Cemal, *Namık Kemal Devrinin İnsanları ve Olayları Arasında-I*, Maarif Matbaası, İstanbul, 1944.

Kurnaz, Cemal (hazırlayan), *Osmanlı Şairleri-Muallim Naci*, Kültür Bakanlığı Yayınları, Ankara, aralık 1986.

Kutay, Cemal, *Şehit Sadrazam Talat Paşa'nın Gurbet Hatıraları* (3 cilt), Kültür Matbaası, İstanbul, 1983.

Kutlu, Mehmet Necati, *Türkiye'de Bir Gezgin Şövalye Nogales Méndez*, Gendaş AŞ Yayınları, İstanbul, 2000.

Kutlu, Şemsettin (hazırlayan), *Sadrazam Sait Paşa-Anılar*, Hürriyet Yayınları, İstanbul, aralık 1977.

Kutluay, Yaşar, *İslam ve Yahudi Mezhepleri*, Anka Yayınları, İstanbul, 2004.

Siyonizm ve Türkiye, Çatı Kitapları, İstanbul, haziran 2004.

Küçük, Hülya, *Kurtuluş Savaşı'nda Bektaşîler*, Kitap Yayınevi, İstanbul, 2003.

Küçük, Sezai, *Mevlevîliğin Son Yüzyılı*, Simurg Yayınları, İstanbul, 2003.

Küçük, Yalçın, *İsyan* (2 cilt), İthaki Yayınları, İstanbul, 2005.

Tekelistan, İthaki Yayınları, İstanbul, 2004.

Putları Yıkıyorum, İthaki Yayınları, İstanbul, 2004.

Küçükköy, İrfan, *Bir Uyanışın Anatomisi-Mücadele Birliği*, Alagöz Matbaa Ambalaj AŞ, Konya, nisan 2005.

Kür, İsmet, *Yarısı Roman*, Yapı Kredi Yayınları, İstanbul, ağustos, 1995.

Landau, Jacob M., *Tekinalp-Bir Türk Yurtseveri (1883-1961)*, İletişim Yayınları, İstanbul, 1996.

Türkiye'de Sağ ve Sol Akımlar, Turhan Kitabevi, Ankara, 1979.

Pan-İslam Politikaları-İdeoloji ve Örgütlenme, Anka Yayınları, İstanbul, 2001.

Laqueur, Hans Peter, *İstanbul'da Osmanlı Mezarlıkları ve Mezar Taşları*, Tarih Vakfı Yurt Yayınları, İstanbul, nisan 1997.

Levi, Avner, *Türkiye Cumhuriyeti'nde Yahudiler*, İletişim Yayınları, İstanbul, 1992.

Lewis, Bernard, *İslam Dünyasında Yahudiler*, İmge Yayınları, Ankara, nisan 1996.

Ortadoğu, Sabah Kitapları, İstanbul, ağustos 1999.

Semitizm ve Anti-Semitizm-Çatışma ve Önyargıya Dair, Everest Yayınları, İstanbul, mayıs 2004.

Tarihte Araplar, Anka Yayınları, İstanbul, ağustos 2003.

Liman von Sanders, *Türkiye'de 5 Yıl*, Burçak Yayınevi, istanbul, 1968.

Lowr, W. Heath, *Trabzon Şehrinin İslamlaşma ve Türkleşmesi (1461-1583)*, Boğaziçi Üniversitesi Yayınevi, İstanbul, 2005.

Mahmud Celaleddin Paşa (hazırlayan İsmet Miroğlu), *Mir'at-ı Hakikat-Tarihi Hakikatlerin Aynası* (3 cilt), Berekat Yayınevi, İstanbul, 1983.

Mamdanî, Mahmood, *İyi Müslüman Kötü Müslüman*, 1001 Kitap Yayınları, İstanbul, 2004.

Mantran, Robert, *Osmanlı İmparatorluğu Tarihi II*, Adam Yayınları, İstanbul, mart 1999.

Mardin, Şerif, *Bediüzzaman Said Nursî Olayı*, İletişim Yayınları, İstanbul, kasım 1992.

Türk Modernleşmesi Makaleler 4 (derleyenler Mümtazer Türköne, Tuncay Önder), İletişim Yayınları, İstanbul, temmuz 1994.

Mardin, Yusuf, *Kocataş Yalısı Anılarım*, Güryay Matbaacılık, İstanbul, 1988.

Mehmed Süreyya, *Sicill-i Osmanî-Osmanlı Ünlüleri I-II-III-V-VI*, Kültür Bakanlığı ve Tarih Vakfı yayını, İstanbul, nisan 1996.

Mehmet Ziya, *Yenikapı Mevlevihanesi*, Tercüman 1001 Temel Eser.

Menocal, Maria Rosa, *Dünyanın İncisi Endülüs Modeli*, Etkileşim Yayınları, İstanbul, şubat 2006.

Meram, Ali Kemal, *Padişah Anaları*, Toplumsal Dönüşüm Yayınları, İstanbul, şubat 1997.

Mercan, Faruk, *Boğaz'ın Şövalyesi Üzeyir Garih'in Son Randevusu*, Zaman Kitap, İstanbul, ekim 2002.

Meriç, Cemil, *Bu Ülke*, İletişim Yayınları, İstanbul, mart 1995.

Jurnal (2. cilt), İletişim Yayınları, İstanbul, 2005.

Umrandan Uygarlığa, İletişim Yayınları, İstanbul, 2005.

Meriç, Ümit, *Babam Cemil Meriç*, İletişim Yayınları, İstanbul, 1994.

Messadie, Gerald, *Davud*, Doğan Kitapçılık, İstanbul, şubat 2001.

Mevdudî, Ebu'l Ala el-, *İslamî Hareketin Dinamikleri*, Nehir Yayınları, İstanbul, 1989.

Mordtmann, Andreas David, *İstanbul ve Yeni Osmanlılar*, Pera Yayıncılık ve Kitapçılık AŞ, İstanbul, 1999.

Morris, Brian, *Din Üzerine Antropolojik İncelemeler*, İmge Yayınları, Ankara, 2004.

Mumcu, Uğur, *Rabıta*, Tekin Yayınevi, İstanbul, 1993.

Tarikat Siyaset Ticaret, Tekin Yayınevi, Ankara, 1989.

Munson, Henry, *Ortadoğu'da İslam ve Devrim*, Akademi Yayınları, İstanbul, 1990.

Muradoğlu, Abdullah, *İpekçiler ve İsmail Cem*, Bakış Yayınları, İstanbul, ekim 2002.

Garih: Sıradışı Bir Musevinin Portresi, Bakış Yayınları, İstanbul, kasım 2001.

Mustafa Nuri Paşa, *Netayic ül-Vukuat-Kurumları ve Örgütleriyle Osmanlı Tarihi I-II*, Türk Tarih Kurumu Basımevi, Ankara, 1979.

Netayic ül-Vukuat-Kurumları ve Örgütleriyle Osmanlı Tarihi III-IV, Türk Tarih Kurumu Basımevi, Ankara, 1980.

Mutlu, Şamil, *Osmanlı Devleti'nde Misyoner Okulları*, Gökkube Yayınevi, İstanbul, 2005.

Mutlu, Şemsettin, *Sadrazam Sait Paşa-Anılar*, Hürriyet Yayınları, İstanbul, aralık 1977.

Müftüoğlu, Mustafa, *Tarihî Gerçekler I-II*, Başak Yayınları, İstanbul, mart 2005.

Müneccimbaşı Ahmet Dede, *Müneccimbaşı Tarihi I-II*, Tercüman 1001 Temel Eser.

Nahum, Henri, *İzmir Yahudileri*, İletişim Yayınları, İstanbul, 2000.

Nakdimon, Şalom, *Irak ve Ortadoğu'da Mossad*, Elips Kitap, Ankara, 2004.

Necatigil, Behçet, *Edebiyatımızda İsimler Sözlüğü*, Varlık Yayınları, İstanbul, eylül 2000.

Neftçi, Nermin, *Demokrasinin Kilittaşı Anılar*, Tesav Yayınları, Ankara, ekim 1997.

Neumark, Fritz, *Boğaziçine Sığınanlar*, İstanbul Üniversitesi İktisat Fakültesi Maliye Enstitüsü Yayını, İstanbul, 1982.

Nesimi, Abidin, *Yılların İçinden*, Gözlem Gazetecilik Basın ve Yayın AŞ, İstanbul, mayıs 1977.

Neyzi, Ali H., *Beyzade-Paşazade 1890-1930*, Yanar Yayınları, haziran 1991.

Beyzade-Paşazade 1930-1990, Yanar Yayınları, temmuz 1991.

Hüseyin Paşa Çıkmazı No: 4, Karacan Yayınları, nisan 1983.

Neyzi, Leyla, *Ben Kimim? Türkiye'de Sözlü Tarih Öznellik,* İletişim Yayınları, İstanbul, 2004.
Küçük Hanım'dan 'Rubu Asırlık Adam'a-Nezihe Neyzi'den Oğlu Nezih Neyzi'ye Mektuplar 1947-1948, Sel Yayıncılık, İstanbul, 1999.
Neyzi, Nezih Halim, *Kızıltoprak Anıları,* Peva Yayınları.
Nicholson, Reynold A, *İslam Sufîleri,* Kültür Bakanlığı Yayınları, Ankara, 1978.
Noyan, Bedri, *Demir Baba Vilayetnamesi,* Can Yayınları, İstanbul, mayıs 1976.
Bütün Yönleriyle Bektaşilik ve Alevilik (2 cilt), Ardıç Yayınları, 1998.
Nur, Rıza, *Hayat ve Hatıratım I-II-III,* İşaret Yayınları, İstanbul, mayıs 1992.
Nutku, Özdemir, *IV. Mehmet'in Edirne Şenliği,* Türk Tarih Kurumu Yayınları, Ankara, 1972.
Ocak, Ahmet Yaşar, *Türk Sufîliğine Bakışlar,* İletişim Yayınları, İstanbul, 2004.
Odyakmaz, A. Nejat, *Bektaşilik, Mevlevilik, Masonluk,* Özne Yayıncılık, İstanbul, 1999.
Oğuz, Burhan, *Mezartaşında Simgeleşen İnançlar,* Anadolu Aydınlanma Vakfı Yayınları, İstanbul, 1996.
Türkiye Halkının Kültür Kökenleri 3, Anadolu Aydınlanma Vakfı Yayınları, İstanbul, şubat 2001.
Türk ve Yahudi Kültürlerine Bir Mukayeseli Bakış, Anadolu Aydınlanma Vakfı Yayınları, İstanbul, ocak 2003.
Olgunlu, Ali Canip, *Ana Tanrıça'dan Mevlana'ya,* Karakutu Yayınları, İstanbul, nisan 2005.
Olsson, T.; Özdalga, E.; Raudvere, C., *Alevi Kimliği,* Tarih Vakfı Yurt Yayınları, İstanbul, mart 1999.
Omur, Sinan, *Büyük Mareşal Fevzi Çakmak'ın Askerî Dehası ve Siyasî Hayatı,* Sinan Matbaası ve Neşriyat Evi, İstanbul, 1965.
Onur, Oral, *1492'den Günümüze Edirne Yahudi Cemaati,* İstanbul, 2005.
Oral, Haluk; Özsoy, M. Şeref, *Erol Güney'in Ke(n)disi Göçmen-Çevirmen-Gazeteci-Sevgili,* Yapı Kredi Yayınları, İstanbul, ocak 2005.
Oral, Zeynep, *Tutkunun Romanı-Leyla Gencer,* Doğan Kitapçılık, İstanbul, mayıs 1999.
Orbay, Rauf, *Cehennem Değirmeni Siyasî Hatıralarım I-II,* Emre Yayınları, İstanbul, mayıs 2000.

Ortaç, Yusuf Ziya, *Bir Varmış Bir Yokmuş-Portreler,* Akbaba Yayınları, İstanbul, 1960.
Bizim Yokuş, Akbaba Yayınları, İstanbul, 1966.
Ortaylı, İlber, *Osmanlı İmparatorluğu'nda Alman Nüfuzu,* Kaynak Yayınları, İstanbul, mart 1983.
Osmanlı İmparatorluğu'nda İktisadî ve Sosyal Değişim, Turhan Kitabevi, Ankara, nisan 2004.
Osmanlı Toplumunda Aile, Pan Yayıncılık, İstanbul, şubat 2001.
Osmanoğlu, Osman Selaheddin (hazırlayan), *Bir Şehzadenin Hatıratı, Vatan ve Menfada Gördüklerim ve İşittiklerim,* Yapı Kredi Yayınları, İstanbul, ekim 2004.
Ozankaya, Özer, *Türkiye'de Laiklik,* Cem Yayınevi, İstanbul, aralık 1993.
Öke, Mim Kemal, *Din-Ordu Gerilimi-Küresel Toplumda Dışlanan Demokrasi,* Alfa Yayınları, İstanbul, temmuz 2002.
Kutsal Topraklarda Siyonistler ve Masonlar-İhanetler... Komplolar... Aldanmalar..., Çağ Yayınları, İstanbul, 1991.
Saraydaki Casus, İrfan Yayıncılık, İstanbul, 1998.
Ökte, Faik, *Varlık Vergisi Faciası,* Nebioğlu Yayınevi, İstanbul.
Ökdem Niyazi, *Laiklik Din ve Alevilik,* Ant Yayınları, İstanbul, 1994.
Önal, Sami (hazırlayan), *Hüsrev Gerede'nin Anıları,* Literatür Yayınları, İstanbul, ekim 2002.
Öncü, Ahmet; Tekelioğlu, Orhan, *Şerif Mardin'e Armağan,* İletişim Yayınları, İstanbul, 2005.
Öndeş, Osman, *Son Levantenler* (1. cilt), Denizler Kitabevi, İstanbul, aralık 2003.
Önen, Nizam, *İki Turan-Macaristan ve Türkiye'de Turancılık,* İletişim Yayınları, İstanbul, 2005.
Öngören, Reşat, *Tarihte Bir Aydın Tarikatı Zeyniler,* İnsan Yayınları, İstanbul, ekim 2003.
Örnek, Sedat Veyis, *100 Soruda İlkellerde Din, Büyü, Sanat, Efsane,* Gerçek Yayınevi, İstanbul, ekim 1988.
Öz, Baki, *Osmanlı'da Alevi Ayaklanmaları,* Ant Yayınları, İstanbul, 1992.
Öz, Gülay, *Aleviliğin Tarihi Kökleri ve Anadolu Erenleri,* Uyum Yayıncılık, İstanbul, 1996.
İslamiyet, Türkler ve Alevilik, Ulum Yayınları, İstanbul, şubat 1997.

Yeniçeri-Bektaşi İlişkileri ve II. Mahmut, Uyum Yayınları, İstanbul, mart 1997.

Öz, Sayra, *Seniye Fenmen*, Bileşim Yayınları, İstanbul, 2003.

Özakıncı, Cengiz, *İblisin Kıblesi*, Otopsi Yayınları, İstanbul, ekim 2005.

Türkiye'nin Siyasi İntiharı 'Yeni-Osmanlı' Tuzağı, Otopsi Yayınları, İstanbul, kasım 2005.

United States of İrtica 1945-1999, Soğuk Savaş Dönemi'nden Yeni Dünya Düzeni'ne Türkiye'de İrtica ve Emperyalizm, Otopsi, Yayınları, mayıs 1999.

Özalp, Kâzım, *Milli Mücadele 1919-1922* (1. cilt), Türk Tarih Kurumu Basımevi, Ankara, 1971.

Milli Mücadele 1919-1922 (2. cilt), Türk Tarih Kurumu Basımevi, Ankara, 1972.

Özbalkan, Müslim, *Gizli Belgelerle Barış Gönüllüleri*, Ant Yayınları, İstanbul, şubat 1970.

Özdamar, Mustafa, *Nureddin Cerrahi ve Cerrahiler*, Kırk Kandil Yayınları, İstanbul, kasım 2004.

Hüsameddin Uşşaki ve Uşşakkiler, Kırk Kandil Yayınları, İstanbul, kasım 2001.

Özdoğan, Günay Göksu, *Turan'dan Bozkurt'a*, İletişim Yayınları, İstanbul, 2002.

Özen, Saadet, *Yüz Elli Yılın Tanığı Notre Dame de Sion*, Yapı Kredi Yayınları, İstanbul, ocak 2006.

Özgül, Metin Kayahan, *Ali Ekrem Bolayır'ın Hatıraları*, Kültür Bakanlığı Yayınları, Ankara, 1991.

Özkan, Ercümend, *İnanmak ve Yaşamak*, Yöneliş Yayınları, İstanbul, nisan 1988.

Özkırımlı, Atilla, *Toplumsal Bir Başkaldırının İdeolojisi-Alevilik-Bektaşilik*, Cem Yayınevi, İstanbul, 1990.

Özpekel, Osman Nuri, *Kemani Nurhan Hekimoğlu'nun Günlüğü-Kemanımla Sana Bir Ses...*, Kaf Müzik, İstanbul, 2001.

Özsoylu, Şinasi, *İhsan Doğramacı ile 40 Yıl*, Özlem Matbaacılık Sanayi Ltd. Şti., Ankara, 1995.

Öztoprak, Halil, *Kur'an'da Hikmet Tarih'te Hakikat ve Kur'an'da Hikmet İncil'de Hakikat*, Can Yayınları, haziran 1990.

Öztuna, Yılmaz, *İslam Devletleri*, Kültür Bakanlığı Yayınları, Ankara, 1989.

Pamuk, Orhan, *Kara Kitap*, İletişim Yayınları, 1999.

Pamuk, Şevket, *Osmanlı Ekonomisinde Bağımlılık ve Büyüme (1820-1913)*, Tarih Vakfı Yurt Yayınları, İstanbul, ağustos 1991.

Pamukciyan, Kevork, *Zamanlar Mekânlar ve İnsanlar*, Aras Yayıncılık.

Pandazi, Despina, *İstanbul'un Kızı Selanik*, Doğan Kitapçılık, İstanbul, 2003.

Parla, Taha, *Türkiye'nin Siyasal Rejimi / 1980-1989*, İletişim Yayınları, İstanbul, 1995.

Parlar, Suat, *Barbarlığın Kaynağı Petrol*, Anka Yayınları, İstanbul, mayıs 2003.

Patrick, Mary Milles, *Bir Boğaziçi Macerası İstanbul Kız Koleji (1871-1924)*, Tez Yayınları, İstanbul, şubat 2001.

Pekdemir, Nuray, *Dinde değil, Kuran'da Reform*, Su Yayınları, İstanbul, kasım 2000.

Polat, Emre, *Osmanlı'nın İlk Yahudi Sosyalisti Avram Benaroya ve Faaliyetleri*, Truva Yayınları, İstanbul, aralık 2004.

Ramsaur, E. E., *Jön Türkler ve 1908 İhtilali*, Sander Yayınları, İstanbul, 1972.

Raudvere, Catharina, *Çağdaş İstanbul'da Sufî Kadınlar*, Kitap Yayınevi, İstanbul, aralık 2003.

Rıza Tevfik (yayına hazırlayan Abdullah Uçman), *Biraz da Ben Konuşayım*, İletişim Yayınları, İstanbul, şubat 1993.

Rodinson, Maxime, *İslam ve Kapitalizm*, Spartaküs Yayınları, İstanbul, aralık 1996.

Rodrigue, Aron, *Türkiye Yahudilerinin Batılılaşması*, Ayraç Yayınları, Ankara, 1997.

Russell, Bertrand, *Din ile Bilim*, Say Yayınları, İstanbul, 1994.

Sakaoğlu, Necdet, *Bu Mülkün Sultanları*, Oğlak Yayınları, İstanbul, 1999.

Sanay, Eyüp, *Hilmi Ziya Ülken*, Kültür ve Turizm Bakanlığı Yayınları, Ankara, aralık, 1986.

Sandalcı, Mert, *Feyz-i Sıbyan'dan Işık'a Feyziye Mektepleri*, Feyziye Mektepleri Vakfı, İstanbul, eylül 2005.

Sarıcan, Bayram, *1930'lardan Günümüze Bursa'da Dini Hayat-Gördüklerim Duyduklarım Yaşadıklarım Hatıralar*, Düşünce Kitabevi Yayınları, İstanbul, 2003.

Sarıhan, Zeki, *Mehmet Akif*, Kaynak Yayınları, İstanbul, kasım 1996.

Sayar, Ahmet Güner, *A. Süheyl Ünver-Hayatı, Şahsiyet ve Eserleri 1898-1986*, Ötüken Neşriyat AŞ, İstanbul, 1994.

Bir İktisatçının Entelektüel Portresi-Sabri F. Ülgener, Eren Yayıncılık, İstanbul, 1998.

Hasan Âli Yücel'in Tasavvufî Dünyası ve Mevlevîliği, Ötüken Neşriyat AŞ, İstanbul, 2002.

Scholem, Gershom, *Sabetay Sevi Mesih mi, Sahte Peygamber mi?*, Burak Yayınları, İstanbul, ocak 2001.

Schwartz, Philipp, *Kader Birliği*, Belge Yayınları, İstanbul, ekim 2003.

Sertel, Sabiha, *Roman Gibi*, Ant Yayınları, İstanbul, şubat 1969.

Sertel, Zekeriya, *Hatırladıklarım (1905-1950)*, İstanbul, 1968.

Sever, Erol, *Çoktanrıcılık, Hıristiyanlık ve Kâbe-İslamın Kaynakları I*, Kaynak Yayınları, İstanbul, mart 1995.

Sevinç, Necdet, *Osmanlıdan Günümüze Misyoner Faaliyetleri*, Milenyum Yayınları, İstanbul, mart 2004.

Portre Denemeleri, Ötüken Neşriyat AŞ, İstanbul, 2000.

Selahattin Adil Paşa, *Hayat Mücadeleleri*, Zafer Matbaası, İstanbul, 1982.

Semih Mümtaz S., *Tarihimizde Hayal Olmuş Hakikatler*, Hilmi Kitabevi, İstanbul, 1948.

Sertoğlu, Mithat, *Tarihten Sohbetler*, Türk Tarih Kurumu Yayınları, Ankara, 1994.

Simavi, Lütfi, *Son Osmanlı Sarayında Gördüklerim*, Örgün Yayınlar, İstanbul, 2004.

Singer, Amy, *Kadılar, Kullar, Kudüslü Köylüler*, Tarih Vakfı Yayınları, İstanbul, ekim 1996.

Sinoué, Gilbert, *Kavalalı Mehmed Ali Paşa-Son Firavun*, Doğan Kitapçılık, İstanbul, ekim 1999.

Soysal, İlhami, *Dünyada ve Türkiye'de Masonlar ve Masonluk*, Der Yayınları, İstanbul, eylül 1978.

Soysü, Hale, *Kavimler Kapısı I*, Kaynak Yayınları, İstanbul, kasım 1992.

Sözen, Zeynep, *Fenerli Beyler-110 Yılın Öyküsü (1711-1821)*, Aybay Yayınları, İstanbul, haziran 2000.

Sunar, Cavit, *Melamilik ve Bektaşilik*, Anadolu Aydınlanma Vakfı Yayınları, İstanbul, 2003.

Sümer, Ali, *Hacı Bektaş Veli*, Ayyıldız Yayınları, 1990.

Stathis, Pinelopi, *19. Yüzyılın İstanbul'unda Gayrimüslimler*, Tarih Vakfı Yurt Yayınları, İstanbul, haziran 2003.

Şahin, Fadime, *Sahte Tarikatların Perde Arkası-Fadime Şahin'in Anıları*, AD Yayıncılık AŞ, İstanbul, ağustos 1997.

Şahin, İbrahim, *Selanikli Fazlı Necib'in Hayatı ve Eserleri,* Bilge Yayınları, Ankara, aralık 2004.

Şahiner, Necmeddin, *Bilinmeyen Taraflarıyla Bediüzzaman Said Nursi,* Yeni Asya Yayınları, İstanbul, 1976.

Şakir, Ziya, *Mahmut Şevket Paşa,* Muallim Fuat Gücüyener Anadolu Kitap Deposu.

Şamsutdinov, A. M., *Türkiye Ulusal Kurtuluş Savaşı Tarihi 1918-1923,* Doğan Kitapçılık, İstanbul, mayıs 1999.

Şarman, Kansu, *Türk Promethe'ler,* Türkiye İş Bankası Yayınları, İstanbul, şubat 2005.

Şaylan, Gencay, *İslamiyet ve Siyaset-Türkiye Örneği,* V Yayınları, Ankara, ekim 1987.

Türkiye'de İslamcı Siyaset, V Yayınları, Ankara, ağustos 1992.

Şehbenderzade Filibeli Ahmed Hilmi, *İslam Tarihi,* Anka Yayınları, İstanbul, 2005.

Şener, Nedim, *Fırsatlar Ülkesinde Bir Kemal Abi,* Güncel Yayınlar, İstanbul, 2005.

Şimşir, Bilal N., *Bizim Diplomatlar,* Bilgi Yayınevi, Ankara, nisan 1996.

Rumeli'den Türk Göçleri I, Türk Kültürünü Araştırma Enstitüsü Yayınları, Ankara, 1968.

Rumeli'den Türk Göçleri II, Türk Kültürünü Araştırma Enstitüsü Yayınları, Ankara, 1970.

Tan, M. Şahap, *Bugünün Dervişi Kimdir,* Garanti Yayınları, İstanbul, 1970.

Tanilli, Server, *İslam Çağımıza Yanıt Verebilir mi ?,* Cem Yayınevi, İstanbul, 1995.

Tansu, Samih Nafiz, *İki Devrin Perde Arkası,* Pınar Yayınevi, İstanbul, 1960.

İttihat ve Terakki İçinde Dönenler (anlatan Galip Vardar), İnkılap Kitabevi, İstanbul, 1960.

Tanyer, Turan, *Taş Mektep,* Yapı Kredi Yayınları, İstanbul, ağustos 2005.

Tanyu, Hikmet, *Tarih Boyunca Yahudiler ve Türkler, I, II,* Elips Kitap, Ankara, mayıs 2005.

Türkçülük Davası ve Türkiye'de İşkenceler, Altınışık Yayınevi, Kayseri, 1950.

Yehova Şahitleri, Diyanet İşleri Başkanlığı Yayınları, Ankara.

Tarakçı, Celal, *Muallim Naci,* Kültür Bakanlığı Yayınları, Ankara, 1994.

Tatlıcan, İsa, *Hıristiyanlığın Gizli Tarihi*, Düşünce Yayınları, İstanbul, ağustos 2005.

Tayyar, Şamil, *Refahyol Tutanakları*, Ümit Yayıncılık, ekim 1997.

Tektaş, Nâzım, *Sadrazamlar*, Çatı Kitapları, İstanbul, mayıs 2002.

Temo, İbrahim, *İbrahim Temo'nun İttihad ve Terakki Anıları*, Arba Yayınları, İstanbul, 1987.

Tepeyran, Ebubekir Hazım, *Hatıralar*, Pera Yayınevi, İstanbul, 1998.

Tevetoğlu, Fethi, *Milletlere Işık Tutan İki Beyanname*, Komünizmle Mücadele Yayınları, Ankara, 1963.

Timur, Taner, *Osmanlı Çatışmaları*, V Yayınları, Ankara, ocak 1989.

Osmanlı Kimliği, İmge Kitabevi, Ankara, mart 1998.

Timuroğlu, Vecihi, *Ahmet Kutsi Tecer-Kişiliği Sanat Anlayışı ve Tüm Şiirleri*, Türkiye İş Bankası Kültür Yayınları, Ankara, 1980.

İnançları Uğruna Öldürülenler, Yurt Kitap, Ankara, 1992.

Togan, Zeki Velidi, *Hatıralar*, Türkiye Diyanet Vakfı Yayınları, Ankara, 1999.

Topçuoğlu, Ümid Sinan, *Mareşal*, Eğitim-Öğrenci Yayınları, İstanbul, ocak 1977.

Toprak, Zafer, *İttihad-Terakki ve Cihan Harbi Savaş Ekonomisi ve Türkiye'de Devletçilik*, Homer Kitabevi, İstanbul, 2003.

Toros, Taha, *Mazi Cenneti*, İletişim Yayınları, İstanbul, 1998.

Türk Edebiyatından Altı Renkli Portre, İsis Yayınları, İstanbul, şubat 1998.

Toutai, Hourai, *Ortaçağda İslam ve Seyahat-Bir Âlim Uğraşının Tarihi ve Antropolojisi*, Yapı Kredi Yayınları, İstanbul, kasım 2004.

Tunaşar, Seyhun, *Türk Ulusal Masonluğunda 1935 Uykuya Yatma Olayı*, Piramit Yayıncılık, Ankara, 2005.

Tunaya, Tarık Zafer, *İslamcılık Cereyanı-I*, Yenigün Haber Ajansı Basın ve Yayıncılık AŞ, şubat 1998.

Türkiye'de Siyasal Partiler, İletişim Yayınları, İstanbul, 2000.

Türkiye'de Siyasî Partiler 1859-1952, Arba Yayınları, İstanbul, 1995.

Tunçay, Mete, *Eleştirel Tarih Yazıları*, Liberte Yayınları, Ankara, 2005.

Tuşalp, Erbil, *Şeriat A.Ş.*, Bilgi Yayınevi, Ankara, ekim 1994.

Türkay, Cevdet, *Osmanlı İmparatorluğu'nda Oymak, Aşiret ve Cemaatler*, İşaret Yayınları, İstanbul, mayıs 2001.

Türkgeldi, Ali Fuad, *Görüp İşittiklerim*, Türk Tarih Kurumu Yayınları, Ankara, 1951.

Türköne, Mümtazer, *Siyasi İdeoloji Olarak İslamcılığın Doğuşu*, Lotus Yayınevi, Ankara, mart 2003.

Türküsev, Sevda, *Sınıf Atlamış Dindarların Yaşam Tarzı-Muhafazakâr Burjuva*, Akis Kitap, İstanbul, mart 2005.

Uçman, Abdullah (hazırlayan), *Rıza Tevfik'in Tekke ve Halk Edebiyatı ile İlgili Makaleleri*, Kültür ve Turizm Bakanlığı Yayınları, Ankara, ekim 1982.

Uçuk, Cahit, *Erkekler Dünyasında Bir Kadın Yazar-Silsilename I*, Yapı Kredi Yayınları, İstanbul, ocak 2003.

Yıllar Sadece Sayı-Silsilename II, Yapı Kredi Yayınları, İstanbul, mayıs 2003.

Ulubelen, *İngiliz Gizli Belgelerinde Türkiye*, Cumhuriyet Kitapları, İstanbul, 2005.

Uluçay, M. Çağatay, *18. ve 19. Yüzyıllarda Saruhan'da Eşkıyalık ve Halk Hareketleri*, Berksoy Basımevi, İstanbul, 1955.

Padişahların Kadınları ve Kızları, Türk Tarih Kurumu Yayınları, Ankara, 1992.

Uludağ, Süleyman, *Tasavvuf Terimleri Sözlüğü*, Kabalcı Yayınevi, İstanbul, mart 2002.

Uşaklıgil, Halid Ziya, *Saray ve Ötesi*, İnkılap ve Aka Kitabevleri, 1981.

Uygur, Ziya, *İnkılaplar, İhtilaller ve Siyonizm*, Üçdal Yayınları, İstanbul, 1968.

Uysal, Muzaffer, *İslama Sokulan Bid'at ve Hurafeler* (2 cilt), İstanbul, 1974.

Uysal, Sermet Sami, *Baki Kalan bu Kubbede*, L&M Yayınları, İstanbul, kasım 2005.

Eşlerine Göre Ediplerimiz, L&M Yayınları, İstanbul, ağustos 2004.

Uzunçarşılı, İsmail Hakkı, *Midhat Paşa ve Yıldız Mahkemesi*, Türk Tarih Kurumu Basımevi, Ankara 1967.

Osmanlı Devletinin Saray Teşkilatı, Ankara, 1988.

Osmanlı Tarihi I-III, Ankara, 1988.

Üçok, Bahriye, *İslam Tarihi Emevîler- Abbasîler*, Millî Eğitim Basımevi, Ankara, 1979.

Ülken, Hilmi Ziya, *İslam Düşüncesi*, Ülken Yayınları, İstanbul, 2000.

Türk Tefekkürü Tarihi, Yapı Kredi Yayınları, İstanbul, 2004.
Üşür, Serpil, *Din Siyaset ve Kadın*, Alan Yayıncılık, İstanbul, ocak 1991.
Üzmez, Hüseyin, *Çilenin Böylesi*, Timaş Yayınları, İstanbul, şubat 2002.
Vanilişi, Muhammed; Tandilava, Ali, *Lazlar'ın Tarihi*, Ant Yayınları, İstanbul, 1992.
Vassaf, Gündüz, *Annem Belkıs*, İletişim Yayınları, İstanbul, 2000.
Vassaf, Hüseyin, *Sefine-i Evliya* (2 cilt), Seha Neşriyat, İstanbul, 1999.
Veinstein, Gilles, *Osmanlı Sefiri 28 Mehmet Çelebi'nin Fransa Anıları*, Ark Kitapları, İstanbul, 2002.
Selanik 1850-1918, İletişim Yayınları, İstanbul, 1999.
Verdanî, Salih el-, *Mısır'da İslamî Akımlar*, Fecr Yayınevi, Ankara, 1988.
Mısır'da İslamî Akımlar II, Fecr Yayınevi, Ankara, temmuz 1991.
Vett, Carl, *Kelamî Dergâhından Hatıralar*, Muradiye Kültür Vakfı Yayınları, şubat 1993.
Wellhausen, Julius, *İslamiyet'in İlk Devrinde Dinî-Siyasî Muhalefet Partileri*, Türk Tarih Kurumu Yayınları, Ankara, 1989.
Werup, Jacques, *Simonov'un Seyahatleri*, Doğan Kitapçılık, İstanbul, 2002.
Yahya Kemal, Beyatlı, *Siyasi ve Edebi Portreler*, İstanbul Fetih Cemiyeti Yayınları, İstanbul, 1986.
Yakut, Esra, *Şeyhülislamlık*, Kitap Yayınevi, İstanbul, 2005.
Yenileşme Döneminde Devlet ve Din, Kitap Yayınevi, İstanbul, mayıs 2005.
Yalçın, Hüseyin Cahit, *Siyasal Anılar*, Türkiye İş Bankası Kültür Yayınları, İstanbul, haziran 2000.
Yalçın, Feza, *Hangi Lider Daha Zengin*, Öteki Yayınlar, Ankara, 1998.
Yalçın, Soner, *Beyaz Türklerin Büyük Sırrı-Efendi*, Doğan Kitap, İstanbul, 2004.
Hangi Erbakan, Öteki Yayınevi, Ankara, nisan 1994.
Yalçın, Tülün, *Osmanlı'da Bir İngiliz Gelin*, Can Yayınları, İstanbul, 2004.
Yalman, Ahmet Emin, *Yakın Tarihte Gördüklerim ve Geçirdiklerim*, Pera Turizm-Ticaret, İstanbul, 1970.
Yardım, Mehmet Nuri, *Safiye Erol Kitabı*, Benseno Yayınevi, İstanbul, nisan 2003.

Yarman, Arsen, *Osmanlı Sağlık Hizmetlerinde Ermeniler ve Surp Pırgiç Ermeni Hastanesi Tarihi*, Surp Pırgiç Ermeni Hastanesi Vakfı Yayınları, İstanbul, 2001.

Yazgan, Aykut, *Duvarcı Ustaları*, Ayna Yayınevi, İstanbul, mayıs 1998.

Yazgan, Haydar, *Galata Bankerleri* (1. cilt), İstanbul, 2005.

Yerasimos, Stephanos; Bethier, Annie (hazırlayanlar ve notlayanlar), *Albertus Bobovius ya da Santuri Ali Ufki Bey'in Anıları-Topkapı Sarayı'nda Yaşam*, Kitap Yayınevi, İstanbul, eylül 2002.

Yesevizade, *Süleyman Demirel veya Yalan Üzerine Kurulu Bir Politik Hayat*, Hakikati Arayış Neşriyatı, Ankara, nisan 1990.

Yeşil, Ahmet, *Türkiye Cumhuriyeti'nde İlk Teşkilatlı Muhalefet Hareketi-Terakkiperver Cumhuriyet Fırkası*, Cedit Neşriyat, Ankara, 2002.

Yeşilyurt, Süleyman, *Ermeni Yahudi Rum Asıllı Milletvekilleri*, Kültür Sanat Yayınları, Ankara, eylül 2005.

Yetkin, Çetin, *Türkiye'nin Devlet Yaşamında Yahudiler*, Gözlem Gazetecilik Basın ve Yayın AŞ, İstanbul, ekim 1996.

12 Eylül'de İrtica Niçin ve Nasıl Gelişti, Ümit Yayıncılık, Ankara, ağustos 1994.

Yıldırım, Ali, *Alevî Öğretisi*, İtalik Yayınları, İstanbul, 2000.

Osmanlı Engizisyonu, Öteki Yayınlar, Ankara, 1996.

Yıldırım, Ergün, *İktidar Mücadelesi ve Din*, Bilge Yayıncılık Eğitim Hizmetleri, İstanbul, şubat 1999.

Yücebaş, Hilmi, *Ahmet Rasim-Aşkları ve Hatıraları*, Dizerkonca Matbaası, İstanbul, 1957.

Bütün Cepheleriyle Mehmet Akif, Dizerkonca Matbaası, İstanbul, 1958.

Filozof Rıza Tevfik-Hayatı, Şiirleri, Hatıraları, Dizerkonca Matbaası, İstanbul, 1957.

Ulunay-Hayatı, Hatıraları, Eserleri, Arkın Dağıtım, İstanbul, 1969.

Yücekok, Ahmet, *Türkiye'de Din ve Siyaset*, Gerçek Yayınevi, İstanbul, aralık, 1983.

Zaim, Burhaneddin, *İştip ve Köprülü Hatıraları*, Şehir Yayınları, İstanbul, 2005.

Zachariadou, A. Elizabeth (editör), *Osmanlı Beyliği (1300-1389)*, Tarih Vakfı Yurt Yayınları, İstanbul, ağustos 1997.

Zarcone, Thierry, *İslam'da Sır ve Gizli Cemiyetler*, Alkım Yayınevi, İstanbul, 2005.

Zelyut, Rıza, *Öz Kaynaklarına Göre Alevîlik*, Anadolu Kültür Yayınları, İstanbul, 1990.

Ziya Gökalp, *Türkçülüğün Esasları*, İnkılap ve Aka Kitabevleri, İstanbul, 1978.

Zorlu, Ilgaz, *Selanikliler ve Şişli Terakki Yolsuzluğu-Gülçin Telci'nin Yazamadıkları*, Temel Ofset, İstanbul, 2000.

Evet, Ben Selanikli'yim, Belge Yayınları, İstanbul, 1998.

Ansiklopediler, bildiriler, tezler vb.

Ahmed Ziyaüddin Gümüşhanevi Sempozyumu Bildirileri, Seha Neşriyat ve Ticaret AŞ, İstanbul, 1992.

Balkanlar'da İslam Medeniyeti Milletlerarası Sempozyumu Tebliğleri, Sofya, nisan 21-23, 2000, İslam Tarih Sanat ve Kültür Araştırma Merkezi, İstanbul, 2002.

Birinci Din Şûrası Tebliğ ve Müzakereleri I-II (1-5 kasım 1993), Diyanet İşleri Başkanlığı Yayınları, Ankara, 1995.

Cavidanname-i Sagır, Ayyıldız Yayınları, Ankara.

Celvetiye Tekkelerinde Bulunan Mezar Taşları ve Kitabeler (Kâmil Akarsu), Gazi Üniversitesi Sosyal Bilimler Enstitüsü, Ankara, 1985.

Çok Kültürlü Bir Dünyada İmanlı Anlamlı ve Barış İçinde Yaşama Pratiği; Risale-i Nur Yaklaşımı, Nesil Yayınları, İstanbul, ekim 2004.

Ders Alalım, Genelkurmay Başkanlığı, Ankara.

Evliya Çelebi Seyahatnamesi (2. cilt) Yapı Kredi Yayınları, İstanbul, mart 2003.

Felaket Günleri (2 cilt) [Cavit Bey], Temel Yayınlar, İstanbul, 2000.

Hz. Muhammed S.A.V. Ehl-i Beyti İçin Söylediği Kutsal Sözler Ayet ve Hadiseler, Ayyıldız Yayınları, Ankara.

İshak Çelebi ve Selimnamesi (Hamdi Savaş), Erciyes Üniversitesi Sosyal Bilimler Yayınları, Enstitüsü, Kayseri, 1984.

İslam Ansiklopedisi, Diyanet Yayınları, Ankara.

İslam ve Demokrasi, Anadolu Matbaası ve Ticaret Kolektif Şti., İstanbul, 1994.

İslam ve Laiklik, Gazeteciler ve Yazarlar Vakfı, İstanbul, aralık 1998.

İsrail'in Gerçekleri, İsrail Enformasyon Merkezi, Kudüs, 1994.

Kitab-ı Mukaddes-Eski ve Yeni Ahid, İstanbul, 1958.

Kim Kimdir ansiklopedisi, Profesyonel İletişim Organizasyonları Uluslararası Ticaret ve Sanayi Limited Şirketi.

Kur'an-ı Kerim ve Türkçe Meali, Ankara, 1961.

Lübnan'da İslami Hareketler, İnkılap Yayınları, İstanbul.

Masonluğun İçyüzü, *Yeni İstanbul* gazetesinin yayını, İstanbul, 1968.

Milletlerarası Tarihte ve Günümüzde Şiilik Sempozyumu, İslami İlimler Araştırmalar Vakfı Yayınları, İstanbul, 1993.

Modern Türkiye'de Siyasi Düşünce Tarihi-Tanzimat ve Meşrutiyet'in Birikimi (1. cilt), İletişim Yayınları, İstanbul, 2002.

Modern Türkiye'de Siyasi Düşünce Tarihi-Kemalizm (2. cilt), İletişim Yayınları, İstanbul, 2002.

Modern Türkiye'de Siyasi Düşünce Tarihi-Milliyetçilik (4. cilt), İletişim Yayınları, İstanbul, 2002.

Modern Türkiye'de Siyasi Düşünce Tarihi-Muhafazakârlık (5. cilt), İletişim Yayınları, İstanbul, 2003.

Modern Türkiye'de Siyasi Düşünce Tarihi-İslamcılık (6. cilt), İletişim Yayınları, İstanbul, 2004.

15.-16. Yüzyıllarda Safevi Propagandası ve Etkileri (Nilgün Dalkesen), Hacettepe Üniversitesi Sosyal Bilimler Enstitüsü, Ankara, 1999.

Osmanlı Ansiklopedisi (2. cilt), Yapı Kredi Yayınları, İstanbul, 1999.

Osmanlı Mebusan Meclisi Reisi Halil Menteşe'nin Anıları, Hürriyet Vakfı Yayınları, İstanbul, kasım 1986.

Tanzimat'tan Cumhuriyet'e Türkiye Ansiklopedisi (6 cilt), İletişim Yayınları, İstanbul.

Türk Dış Politikası 1919-1980 (1. cilt), İletişim Yayınları, İstanbul, 2001.

Türkiye Cumhuriyeti Danışma Meclisi Albümü, Millet Meclisi Vakfı, 1982.

Uluslararası Bediüzzaman Sempozyumu 3, Yeni Asya Yayınları, İstanbul, 1995.

Yahudi Atasözleri, Milenyum Yayınları, İstanbul, eylül 2005.

Yahudilik ve Masonluk, Bilim Araştırma Yayınları, İstanbul, aralık 1986.

Yakın Tarihimiz (3. cilt), Türkpetrol Vakfı Yayınları.

Yaşamları ve Yapıtlarıyla Osmanlılar Ansiklopedisi I-II, Yapı Kredi Yayınları, İstanbul, 1999.

Yehova'nın Oğulları ve Masonlar, Bilim Araştırma Grubu, İstanbul, eylül 1993.

Dergiler

Aktüel (1997, 1999, 2000, 2001)

Aksiyon (2000, 2001, 2002, 2004, 2005, 2006)

Antik Dekor (1994)
Atlas (2005)
Aydınlık (1995, 2004, 2006)
Belleten (1954, 1956, 1958, 1960, 1992, 1993)
Berfin Bahar (2004, 2005)
Büyük Doğu (1952)
Chronicle (2005)
Cornucopia (2005)
Diyanet İşleri Başkanlığı
Eğitim Bilim (2000)
Ekonomik Panoroma (1989)
Erciyes
Haftalık (2004, 2005, 2006)
Hayat (1972)
Hayat Tarih (1969, 1970, 1977)
Klips (2002)
Nokta (1989, 2004)
Popüler Tarih (2000, 2004, 2005)
Tarih Araştırmaları (1982)
Tarih ve Edebiyat (1978)
Tarih İncelemeleri (1990)
Tarih ve Toplum (1984, 1985, 1986, 1987, 1988, 1989, 1990, 1991, 1992, 1997, 2002, 2003)
Teori (1990)
Tempo (2001, 2002, 2004, 2006)
Toplumsal Tarih (1995, 1997, 1998, 2002, 2005)
Toplum ve Bilim (1993, 2000)
Türk Dünyası Araştırmaları (1984, 1992)
Türkiyat (1980)
Türk Kültürü (1965)
Vakıflar (1968)
Virgül (2002)
Yarın (2004, 2005)
Yaşama Sanatı (1994, 1995)
Yeni Aktüel (2005, 2006)

Gazeteler

Akşam (1938, 1986, 2002)
Birgün (2005)
Bozkır (2006)
Cumhuriyet (1963, 1977, 1989, 1994, 1997, 1999, 2001, 2002, 2005)

Gündüz (1998)
Her Gün (1977)
Hürriyet (1978, 1986, 1994, 2002, 2005)
Millî Gazete (1979, 1989, 2003)
Milliyet (1968, 1974, 1993, 2001, 2003)
Özgür Gündem (2000)
Radikal (2001, 2002, 2004, 2005)
Sabah (2002, 2005, 2006)
Star (2003)
Vakit (2001, 2003)
Vatan (2004, 2005)
Yeni Gündem (1986, 1988)
Yeni Asya (1990, 2005)
Yeni Mesaj (2004)
Yeni Şafak (2001, 2002, 2004, 2005)
Zaman (1992)

Televizyon kanalları

atv
CNN Türk

İnternet

http://arsiv.aksiyon.com.tr
http://arsiv.hurriyetim.com.tr
www.ahmedhulusi.com
www.alistanbul.com
www.aksam.com.tr
www.aksiyon.com.tr
www.alevibektasi.org
www.aleviyol.com
www.alewiten.com
www.alperenler.com
www.altinoluk.com
www.angelfire.com
www.ataturk.net
www.aydinlarocagi.org
www.balkan.gen.tr
www.bediuzzaman.net
www.beklenenmehdi.com
www.biyografi.net
www.cemalnur.org

www.dinibilgiler.org
www.dusuncegezgini.com
www.efrayim.com
www.f1.parsimony.net
www.f27.parsimony.net
www.geltag.com
www.geocities.com
www.hafif.org
www.harunyahya.org
www.hermetics.org
www.hilafet.com
www.hurriyetim.com.tr
www.hudayivakfi.org
www.iktibas.net
www.islamacevap.net
www.ismetefendi.org
www.istanbulrotary.org
www.izmir-bld.gov.tr
www.kadinlar.com
www.karacaahmet.com
www.karakalem.net
www.kenthaber.com:80
www.kentimistanbul.com
www.kerbela.net
www.kimkimdir.gen.tr
www.klanktap.com
www.kubbealti.org.tr
www.kurannesli.org
www.kurtulus-online.com
www.markopasa.net
www.masonluk.net
www.medyamasada.com
www.melami.com
www.mfa.gov.tr
www.msb.gov.tr
www.milligazete.com.tr
www.milliyet.com.tr
www.neyatölyesi.com
www.oguzoktay.com
www.orienternet.de
www.osmanli700.gen.tr

www.parsimony.net
www.radikal.com.tr
www.referansgazetesi.com
www.risale-inur.org
www.sabah.com.tr
www.sabetay.50.g.com
www.sakarya.pol.tr
www.strategyoceon.com
www.solemagazin.com
www.sonsaniye.net
www.sureyya.com
www.terakki.org.tr
www.t-k-p.org
www.ussaki.net
www.uzeyirgarih.8m.net
www.vefatlarimiz.com
www.yayim.meb.gov.tr
www.yeniasya.com.tr
www.yenidünyadergisi.com
www.yenisafak.com
www.yenisafak.com.tr
www.yesil.org
www.zaman.com.tr
www.31brinkster.com
http://turkoloji.cu.edu.tr
file:///C/ WİN89ENG/Desktop/HURRIYETİM.htm
file:///C/ WIN89ENG/Desktop/sebatians.htm
wysiwyg://1/file:/C/WIN89ENG/Desktop/Koc.htm

Dizin

B

C

Ç

D

E

F

G

H

I

İ

L

M

N

O

Ö

S

U

Ü

Z

İçindekiler